KB272092

고구려·발해 연구의 최전선

고구려·발해 연구의 최전선

고구려·발해 연구의 최전선

이 준 성 엮음

혜안

함께 답하고, 다시 묻다
'고구려 주니어 포럼' 10년을 마무리하며

1

근대역사학의 성립 이후 고구려·발해사 연구에는 동아시아 각국의 기억과 상상, 정치적 담론과 학문적 논의가 교차하였습니다. 한국, 중국, 일본, 북한이 각각의 역사적 관점과 정치적 환경 속에서 고구려와 발해를 해석해 왔음은 여러 차례 지적된 바 있습니다. 그 해석의 차이는 단순한 학문적 의견 차이를 넘어 서로 다른 '국민 서사'를 만들었고, 이 '서사들'은 때때로 국가 정체성 및 국제관계의 층위와 맞물리기도 했습니다.

지난 2014년부터 2023년까지 10년간 이어진 「고구려 주니어 포럼」은 그동안 각국이 구축한 '국민 서사들'의 공간을 벗어나, 새로운 대화의 장(場)과 학문적 공간을 만들기 위해 기획되었습니다. 10년의 기간 동안 한국, 중국, 일본, 북한의 소장학자들은 총 63편의 논문(한국 35편, 중국 23편, 일본 4편, 북한 1편)을 발표하였고, 이 과정에서 국경과 언어, 방법론의 경계를 넘나들며 서로에게 질문하고 함께 답을 찾았습니다.

이들은 고구려·발해사가 '누구의 역사인가'라는 낡은 질문에서 벗어나 세계사 속의 고구려·발해사, 동아시아사 속의 고구려·발해사, 일국사 속의 고구려·발해사, 지방사로서의 고구려·발해사 등을 교차하며 다양한 시도를 거듭했습니다. 이 과정은 해석의 확장이기도 했고, 또한 역사

서술의 틀 자체를 다시 짜는 시도이기도 했습니다. 서로 다른 곳에서 출발하여 각자의 길을 만들어가던 이들이 모여 함께 교류하며 토론하고 축적한 성과들을 집약하여 결과들은 지난 2018년 출간된 『소장학자들이 본 고구려사』와 2020년 출간된 『경계를 넘어서는 고구려·발해사 연구』에 담겨 있으며, 『고구려·발해 연구의 최전선』은 앞선 두 권의 책에 이은 세 번째 결과물입니다.

2

그러나 막상 이 세 번째 단행본을 정리하는 시점에서, 우리는 다시 새로운 문제를 제기하고 질문하지 않을 수 없습니다. 무엇보다 먼저 주목해야 할 것은 연구 환경의 급격한 전환입니다. 인공지능(AI)과 디지털 인문학의 비약적인 발전은 고구려·발해 연구에도 근본적인 변화를 가져오고 있습니다.

디지털화된 방대한 사료와 텍스트 마이닝·자연어 처리 기술의 결합은, 기존에는 포착하기 어려웠던 용어 변화와 서술 방식의 패턴, 사료 간 상호 참조 관계를 정밀하게 추적할 수 있게 해줍니다. 네트워크 분석을 통해 인물·제도·공간·사건이 얽힌 관계망을 시각화하고 구조적으로 파악하는 방식도 보편화되고 있습니다. 또한 GIS(지리정보시스템)와 3D 재현 기술의 발달은 유적의 공간적 배치와 구조를 정밀하게 복원하여, 과거의 공간을 새로운 분석 단위이자 역사 서술의 무대로 재해석할 수 있게 해주고 있습니다.

더 나아가, 최근의 AI기술은 단순한 도구를 넘어 역사 연구의 질문 자체를 변화시키고 있습니다. 대규모 언어모델(LLM)을 활용한 사료의 자동 주제 분류와 맥락 추적, 이미지 인식 기반 고고학 유물 판독 등은 연구자의 문제의식을 확장시키고, 방대한 사료 속에서 새로운 패턴을 발견할 수 있는 가능성을 높여줍니다. 특히 이러한 기술의 활용은 개별 연구자의 역량을 보완할 뿐 아니라, 공유된 데이터셋과 알고리즘을 매개로 한 협력적 연구 생태계를 형성할 수 있다는 점에서 의미가 큽니다. 결국 이러한 흐름은 역사 연구의 방법론과 서술 방식을 근본적으로 재편할 가능성이 크다고 하겠습니다.

한편 이러한 변화와는 별개로, 동아시아 세계의 벽은 오히려 점점 더 높아지고 있으며, 이는 연구 현장에서 직면하는 현실적 문제로 작용하고 있습니다. 미·중 경쟁의 심화 및 이와 연동하는 동아시아 각국의 외교적 긴장 지속은 학문적 교류 환경을 제약하며, 다양한 경계와 장벽을 강화하고 있습니다. 이로 인해 고구려와 발해의 역사 무대였던 여러 지역에 산재한 사료와 유적에 대한 접근 또한 여전히 제한적일 수밖에 없습니다. 결국 한 국가의 연구만으로 고구려·발해사의 전체상을 조망하는 데에는 분명한 한계가 있으며, 이러한 조건은 '고구려주니어포럼'을 시작했던 10년 전과 크게 달라지지 않았습니다. 따라서 지금도 국제적 협력과 상호 신뢰에 기반한 공동 연구야말로, 점차 높아지는 장벽을 넘어설 수 있는 가장 현실적인 돌파구라 할 수 있겠습니다.

연구 환경과 국제 환경의 이러한 상이한 변화 속에서, 역사가 다시 국경과 이념의 틀 속으로 회귀하지 않도록 하기 위해서는 공동의 자료, 지식, 해석의 축적과 이를 매개하는 협력 네트워크가 그 어느 때보다 중요합니다. 협력의 기반을 지키고 확장하는 일은 단순한 연구 방식의 문제가 아니라, 학문 공동체가 스스로의 존재 이유를 지켜내는 일이기도 합니다. 우리는 이러한 인식을 바탕으로, 제한된 조건 속에서도 연구 교류의 통로를 넓히고, 자료와 성과를 적극적으로 공유하며, 상호 신뢰에 기반한 협력의 토대를 더욱 공고히 해 나가고자 합니다.

3

이 책은 총 4부로 구성되어 있습니다.

제1부(동아시아 고구려사 연구의 성과와 전망)에는 2000년대 이후 한국, 중국, 일본, 북한 학계의 고구려사 연구를 종합적으로 검토한 네 편의 글을 수록하였습니다. 이를 통해 동아시아 각국이 고구려를 어떤 시각으로 이해해 왔는지를 점검하는 동시에, 고구려사가 더 이상 한 나라의 민족사 범주 안에서만 설명될 수 없는 주제라는 인식이 확산되고 있음을 확인할 수 있습니다.

이준성은 2000년대 이후 한국 학계의 고구려 연구가 점차 거시적 담론에서 정치 구조, 제도 운영, 외교 정책 등 구체적 주제로 옮겨가며 연구의 심화를 이루었음을 지적합니다. 특히 고구려를 단순한 민족국가로 파악하기보다는, 동북아 국제 질서 속에서 주변 세력과 능동적으로 관계를 맺으며 성장한 국가로 이해하려는 시도가 활발해졌으며, 고고학 자료와 문헌 사료를 결합한 연구가 본격화되었다는 점을 강조합니다. 鄭京日과 包雨鑫은 중국 학계의 고구려사 연구가 2000년대 이후 양적으로 폭발적으로 성장했으나, 그 방향성은 '중화민족사' 서술 체계 속에 고구려를 편입하려는 경향이 두드러진다고 분석합니다. 책봉체제와 조공관계를 강조하여 고구려를 중국 질서 안에 위치시키려는 시도는 2000년대 후반 이후에도 꾸준히 이어지고 있으며, 동시에 동아시아사의 범주 안에서 고구려사를 재위치시키려는 움직임도 조금씩 나타나고 있음을 지적합니다.

植田喜兵成智는 일본 학계가 새로운 문제의식을 제기하는 움직임을 보이긴 하지만, 여전히 사료 비판 단계에 머무르는 연구가 많아 일정한 정체(停滯) 상태에 있음을 비판적으로 평가합니다. 권순홍은 북한 학계의 변화를 『조선단대사』(2006~2008) 분석을 통해 살펴보았습니다. 여전히 국가사·민족사 중심의 서술 속에서 주체사관과 반침략서사를 유지하며 국가 중심의 일관된 서사를 강화하는 방향으로 전개되고 있음을 지적합니다.

이러한 차이는 단순한 해석의 문제가 아니라, 각국의 역사관과 정치적 맥락이 반영된 결과입니다. 제1부의 네 편의 논문은 이러한 현실을 직시하게 함과 동시에, 상호 이해와 협력을 토대로 새로운 연구 지평을 열어야 한다는 과제를 제시하고 있습니다.

　제2부(고구려의 국가 운영과 제도)는 고구려의 국가 운영 방식을 제도, 행정, 사회 구조의 측면에서 탐구합니다. 기존의 연구가 전쟁이나 영토 확장, 왕 중심의 서사에 집중했다면, 최근 연구들은 국가 운영의 구체적 메커니즘을 규명하는 데 초점을 맞추고 있습니다.

　김성현은 고구려가 정복 지역을 단순히 점령하는 데 그치지 않고, 조세·노동력·행정 책임을 통합적으로 관리하는 지방 지배 체계를 구축했음을 밝힙니다. 특히 고구려 초기 정복 지역에서의 지배 방식은 '조부통책권(租賦統責權)'이라는 개념을 통해 규명할 수 있음을 제시합니다.

　한편 이종록은 고구려와 동부여의 관계가 일방적 종속이 아니라 상호 정치적 역학과 협력의 요소를 지닌 복합적 관계였음을 분석하며, 고구려 성장 과정에서 동부여의 역할을 재평가할 수 있음을 강조합니다. 또한 김효진은 태조왕 대의 대후한 관계를 외교·군사 양면에서 분석하여, 고구려가 단순히 후한의 압력에 수동적으로 대응한 것이 아니라, 정세를 주도적으로 활용해 전략적 외교와 군사 활동을 병행했음을 보여줍니다.

　다음으로 이규호는 고구려 중기의 관제가 단순한 외래 제도의 모방이 아니라, 내부의 노객(奴客) 제도와 결합하여 고유한 행정체계를 형성했으며, 이를 통해 국가 통치의 구조적 안정성을 뒷받침했음을 강조합니다. 마지막으로 나유정은 광개토왕릉비의 수묘인연호에 반영된 구민(舊民) 편제를 분석하여, 고구려가 정복민을 제도적으로 재편입시켜 국가 통합과 지배력을 강화했음을 논증하였습니다.

　결국 제2부에 수록된 다섯 편의 논문은 고구려의 국가 운영을 전쟁과 왕 중심의 서사에서 벗어나, 지방 지배, 주변 세력과의 정치 관계, 외교 전략, 행정 체계, 주민 통합 정책 등 구체적인 제도 운영의 측면에서 분석하고 있습니다. 이를 통해 고구려 국가의 형성과 발전 과정을 보다 다양한 층위에서 입체적으로 드러내고자 하는 연구 경향을 확인해 볼 수 있습니다.

　제3부(국제관계 속의 고구려·발해)는 고구려와 발해를 동아시아 국제 질서 속의 주체적 행위자로 조명합니다. 이러한 관점에서 이 시기의 역사를 전하는 여러 사서에 대한 면밀한 사료 비판은 필수적인 과제로 제기됩니다.

　張芳은 『위서』 고구려전을 분석하여, 당시 수집 가능한 여러 사료를 편집·가공함으로써 중국 중심적 질서 속에 고구려를 위치시킨 텍스트임을 밝힙니다. 이를 통해 『위서』가 중국 측의 인식 구조와 정치적 서술 전략이 반영된 자료임을 지적합니다. 다음으로 전상우는 『동번풍속기』를 수대의 주도적 정보 수집 활동의 산물로 파악하며, 중국이 주변국을 전략적으로 파악하고 관리하기 위해 체계적인 정보 수집과 지식 편찬 체계를 구축했음을 강조합니다. 이를 통해 동아시아 국제 질서 속에서 일종의 '정보의 정치학'이 작동하고 있었음을 드러냅니다.

　한편 馮立君은 수말·당초의 정세 변화 속에서 고구려가 외교와 군사 정책을 어떻게 조정했는지를 추적하여, 고구려가 단순한 수동적 존재가 아니라 정세의 변화를 능동적으로 활용한 행위자였음을 보여줍니다. 辛時代는 발해가 고구려의 제도를 계승하면서도 당의 제도를 선별적으로 수용하여 독자적인 행정체계를 발전시켰으며, 이를 바탕으로 새로운 외교 전략을 전개했음을 밝힙니다. 이를 통해 발해가 단순한 고구려의 후계국이나 중국의 주변국이 아니라, 자율적 주체로서 국제 관계에 참여했음을 강조합니다.

　이처럼 제3부에 수록된 네 편의 논문은 고구려와 발해를 중국 중심 질서 속의 주변적 존재로 파악하는 기존의 시각을 넘어, 사료의 형성과 편찬 과정에 대한 비판적 검토를 토대로 이들을 동아시아 국제 질서 속의 능동적 행위자로 재구성하고 있습니다. 동시에 정보의 수집과 서술, 외교와 군사 전략의 운용, 제도의 수용과 변용 등 다양한 차원을 입체적으로 분석함으로써, 국제 관계 속에서 두 국가가 어떠한 전략적 선택을 통해 자신들의 위상을 형성해 나갔는지를 구체적으로 드러내줍니다.

이러한 접근은 고구려와 발해사를 보다 다층적이고 관계사적인 맥락에서 이해할 수 있는 새로운 시각을 제시하는 것이라 생각합니다.

제4부(고구려·발해 유적 조사와 새로운 역사상)는 최근의 고고학 조사 성과를 통해 고구려와 발해의 역사를 새롭게 조망합니다. 문헌 자료만으로는 파악하기 어려웠던 공간과 생활, 지배 구조의 구체적 양상을 드러내며, 고대사 연구의 방법론적 지평을 넓히는 시도들이 담겨 있습니다.

먼저 鄭京日은 평양 낙랑구역 긴골동 고분을 분석하여, 이 고분이 구조·벽화·장식 양식에서 기존 유형과는 다른 다양성과 복합성을 보여준다는 점을 지적합니다. 이를 통해 평양 고분 문화의 위상과 지역적 특수성을 재평가할 수 있으며, 문헌으로는 확인할 수 없는 고구려 장제문화의 실상에 한층 더 접근할 수 있음을 제시합니다. 王天姿는 최근 중국 학계에서 진행된 안시성의 위치에 대한 검토를 진행합니다. 전쟁사의 측면에서 검토하던 기존 연구경향을 벗어나려는 의도가 간취되며, 한국학계의 성과와 비교해볼 때 향후에도 여전히 활발하게 논의할 주제임을 감지케 합니다.

한편 김영길은 함경북도 부거리 발해 고분군 조사를 통해 발해 북방 영역의 실체를 구체적으로 드러내고, 이를 통해 발해의 지방 지배 방식과 문화적 다양성을 실증적으로 제시합니다. 마지막으로 梁會麗는 길림성 일대 발해 유적을 분석하여 발해의 공간적 확장과 복합적 지배 방식을 실증적으로 보여주며 발해사의 지리적·정치적 위상을 새롭게 조명하고 있습니다.

이처럼 제4부에 수록된 네 편의 논문에는 고구려와 발해의 역사를 유적과 고고학적 성과를 매개로 입체적으로 복원하려는 시도가 담겨 있습니다. 이는 고대사 연구가 텍스트에만 머물지 않고 공간·물질 자료를 결합한 종합적 해석으로 확장되고 있음을 보여줍니다.

4

　「고구려 주니어 포럼」의 초창기부터 함께해 온 당시 30대, 40대의 '소장학자'들은 어느덧 40대, 50대로 성장했습니다. 이들은 지난 10년 동안 발표자·토론자·사회자의 역할을 번갈아 맡으며 서로에게 배우고 서로를 가르치며 학문 공동체를 함께 일궈왔습니다. 이러한 시간이 가능했던 것은 무엇보다 국내외 여러 기관과 연구자들이 뜻을 함께하고 지원해주셨기 때문입니다. 특히 연세대학교 근대한국학연구소, 고구려발해학회, 동북아역사재단, 도서출판 혜안의 후의는 든든한 버팀목이 되어주었습니다. 성장의 기반이 되어주신 여러분들께 깊이 감사드립니다.

　이제 우리는 지난 10년간 함께 쌓아온 성과 위에서, 고구려·발해사에 대해 새로운 질문을 던져야 할 시점에 서 있습니다. 앞으로의 고구려·발해사 연구는 주도권 경쟁이 아니라 연대, 배제가 아니라 공유, 단선적 해석이 아니라 다층적 접근으로 나아가야 합니다. 이 책이 그러한 새로운 방향을 모색하는 하나의 디딤돌이 되기를 기대합니다. 그리고 앞으로의 10년, 나아가 그 이후에도 협력과 연대를 통해 고구려·발해사 연구의 지평이 한층 더 넓어지기를 소망합니다.

2026년 4월

집필자들의 마음을 모아 이준성 씀

ǀ추기ǀ '고구려 주니어 포럼'은 지난 2014년 이인재 교수님의 기획으로 시작되었습니다. 2023년 2월 퇴임하신 교수님께서는 퇴임 전 마지막 10년 동안 '마당을 펼쳐주고, 그 위에 울타리를 치지 않겠다'는 말씀을 원칙삼아 성장하는 연구자들이 자유롭게 생각하고 토론할 수 있는 포럼의 장을 마련해 주셨습니다. 이러한 교수님의 넓은 배려와 깊은 가르침에 이 지면을 빌어 진심으로 감사의 말씀을 드립니다.

글싣는 차례

함께 답하고, 다시 묻다 '고구려 주니어 포럼' 10년을 마무리하며 ·········· 5

기조강연

이인재 | 조공제도에서 중화민족으로 –중국 중심 질서 담론의 변천– ······· 19
  머리말 ··· 19
  1. 중국 조공제도의 원형과 부여·고구려의 조공제도 채택 ················· 21
  2. 고구려·발해 인식에 미친 중화민족주의의 현재와 미래 ················· 38
  맺음말 ··· 51

제1부 동아시아 고구려사 연구의 성과와 전망 · 53

이준성 | 2000년대 이후 한국의 고구려사 연구 동향 ························· 55
  머리말 ··· 55
  1. 석·박사 학위논문 동향 ·· 62
  2. 단행본, 학회지 논문 및 학술회의 동향 ·· 68
  맺음말을 대신하여 : 고구려사 연구 환경의 변화와 전망 ··················· 75

鄭京日·包雨鑫 | 2000년 이후 중국학계의 고구려사 학위논문의 현황과 과제
  ·· 81
  머리말 ··· 81
  1. 학위논문의 주요 연구 주제 ·· 81

2. 석·박사 학위논문 산출 주요 대학교 ·············· 90
맺음말 ··· 91

植田喜兵成智 | 최근 일본 학계 고구려사 연구의 전개와 '정체' ·········· 93
머리말 : 1945~2022년의 동향 ····························· 93
1. 일본의 한국사 연구 속 고구려 ························· 96
2. 인접 분야 속 고구려 ··································· 103
맺음말 : 향후 연구를 지속하기 위한 전망 ················ 107

권순홍 | 2000년대 이후 북한의 고구려사 연구-『조선단대사 : 고구려사』(2006~
2008) 분석을 중심으로- ································· 109
머리말 ··· 109
1. 저술 배경 ·· 111
2. 구조적 특징 : 구조의 변화와 시기 구분 ·············· 115
3. 내용적 특징 : '국토통일' 개념의 공고화 ············· 118
맺음말 ··· 123

제2부 고구려의 국가 운영과 제도·127

김성현 | 고구려 초기 정복 지역 지배 방식과 '조부통책권(租賦統責權)'
··· 129
머리말 ··· 129
1. 『삼국지』 동옥저전에 나타난 고구려의 동옥저 지배 기사 해석 ·········· 131
2. 정복 지역에서 조부(租賦) 수취 과정과 '조부통책권(租賦統責權)' ········· 139
3. 고구려의 정복 지역 지배구조와 영역 지배구조의 관계 ····················· 146
맺음말 ··· 150

이종록 | 3세기 이전 고구려와 동부여의 관계에 대한 재검토 ·········· 153
머리말 ··· 153
1. 고구려본기와 『위서(魏書)』의 동부여 관계 기록 ··············· 156
2. 동부여의 위치와 고구려의 두만강 유역 진출 ··············· 171
3. 고구려 초기 동부여 지배의 양상 ························· 182
맺음말 ··· 191

김효진 | 고구려 태조왕대 대후한(對後漢) 관계의 동인(動因)과 전개 ·· 193

    머리말 ··· 193
    1. 고구려–후한의 '은신(恩信)' 성립과 추이 ······················· 196
    2. 고구려–후한의 전쟁과 종결 ·· 211
    맺음말 ··· 229

이규호 | 고구려 중기 관제(官制)의 구조적 특징과 노객(奴客) ········· 231

    머리말 ··· 231
    1. 중기 관제로의 전환과 특징 ·· 234
    2. 사자, 형의 분화와 중기 관제의 발전 양상 ··················· 241
    3. 사자, 형의 배열에 깃든 군신관계와 노객(奴客) ············· 247
    맺음말 ··· 258

나유정 |「광개토왕릉비」 수묘인연호에 나타난 고구려의 구민(舊民) 편제
    ·· 261

    머리말 ··· 261
    1.「광개토왕릉비」 구민(舊民) 수묘인연호의 기재양식 ········· 263
    2. 편호방식에 따른 특정 차정대상 기재 ························· 273
    3. 구민 지역 간 대민편제방식 차이 ······························ 283
    맺음말 ··· 290

제3부 국제 관계 속의 고구려·발해 · 291

張 芳 |『위서·고구려전』의 사료 출처에 관한 고찰 ······················· 293

    머리말 ··· 293
    1.『위서』의 두 종류의 사료 출처 ··································· 294
    2.『위서·고구려전』의 문헌기록 ······································ 296
    3.『위서·고구려전』의 구술 자료 출처 ····························· 307
    맺음말 ··· 311

전상우 | 수대(隋代)의 외국 정보 수집과『동번풍속기(東藩風俗記)』···· 313

    머리말 ··· 313
    1. 수대의 외국 정보의 수집 ·· 314

2. 『동번풍속기』의 편찬과 일문(逸文)의 재구성 ················· 324

3. 당대(唐代) 문헌의 『동번풍속기』 인용 방식 ················· 333

맺음말 : 『동번풍속기』를 통해 본 고구려의 한강 유역 상실 ················· 339

馮立君 | 이연(李淵)과 수당시기 동아시아 관계의 변화 ················· 343

머리말 ················· 343

1. 회원진을 독운한 시기의 이연 ················· 344

2. 요동지역(遼東之役)과 태원기병 ················· 355

3. 건국 초기 당의 해동정책 특징 ················· 360

맺음말 ················· 368

辛時代 | 발해국 중앙사무기구에 대한 초보적 검토 ················· 371

머리말 ················· 371

1. 발해중앙사무기구의 대체적 상황 ················· 372

2. 중앙사무기구의 기능 ················· 377

3. 발해국과 당나라 정치제도의 관계 ················· 385

제4부 고구려·발해 유적 조사와 새로운 역사상 · 387

鄭京日 | 최근 평양시 낙랑구역에서 이룩한 발굴 조사 성과에 대하여－긴골동 고구려 벽화무덤을 중심으로－ ················· 389

머리말 ················· 389

1. 긴골동 고구려고분군의 위치 및 분포상황 ················· 390

2. 긴골동8호무덤 ················· 391

3. 긴골동10호무덤 ················· 395

맺음말 ················· 404

王天姿 | 고구려 안시성 지리적 위치에 대한 새로운 고찰 ················· 411

머리말 ················· 411

1. 고구려 안시성에 관한 문헌기록 및 안시성 전투의 경위 ················· 411

2. 고구려 안시성 지리적 위치에 대한 여러 견해와 그에 대한 논평 ················· 419

3. 개주 청석령진 고려성산성의 고구려 안시성 비정 ················· 431

맺음말 ················· 438

김영길 | 북한 함경북도 청진시 부거리 일대 발해 고분 연구 ·········· 441

머리말 ·· 441
1. 부거리 일대 고분군의 연구현황과 조사내용 ············· 444
2. 부거리 일대 고분군의 무덤 구조와 출토유물 ············ 462
3. 부거리 일대 고분군의 문화적 귀속성 문제 ·············· 476
맺음말 : 결론을 겸하여 ·· 504

梁會麗 | 중국 길림성 지역의 발해유적 ···································· 509

머리말 ·· 509
1. 두만강 유역 ··· 510
2. 목단강 유역 ··· 513
3. 송화강 상류지역 ·· 515
4. 압록강 유역 ··· 518
5. 송화강 중하류지역 ·· 520
6. 동요하(東遼河) 유역 ··· 522

필자 소개 ··· 529

이 인 재 (기조강연)

조공제도에서 중화민족으로
─중국 중심 질서 담론의 변천─

머리말

연세대학교 미래캠퍼스 근대한국학연구소는 고구려발해학회와 함께 2014년부터 2023년까지 10회에 걸쳐 고구려주니어 포럼을 개최하였다. 그 성과는 두 차례에 걸쳐 『소장학자들이 본 고구려사』(2018)와 『경계를 넘어서는 고구려·발해사 연구』(2020)로 묶어내었고,[1] 이제 마지막 1권의 책으로 묶어낼 과제만 남기고 있다.

그 사이 이 포럼에 참가했던 청년 학자들은 이미 한중일 고구려·발해 연구의 중심 연구자들로 학계 위치가 바뀌었다. 10년이란 세월을 감안해보면, 어쩌면 자연스러운 일이겠다. 특히 중국에서는 주니어포럼을 모델로 하여 2018년 이후 "고구려·발해연구 청년학자 공작방"을 구성하여 중국 고구려·발해학계 연구자의 세대교체도 이루어내고, 그들이 주도하는 연구의 양적·질적 발전도 성취하였다.[2]

---

1) 정경일 외 지음, 이인재 엮음, 2018, 『소장학자들이 본 고구려사』, 혜안 ; 정경일 외 지음, 이인재 엮음, 2020, 『경계를 넘어서는 고구려·발해사 연구』, 혜안.
2) 권순홍, 2022, 「최근 중국학계 고구려사 연구(2018~2021)의 몇 가지 변화」 『동북아역사논총』 77.

그렇지만 아쉽게도 한중 간의 고구려·발해 연구의 입장 차를 크게 좁힐 수는 없었다. 상호 입장 차의 배경에는, 특히 전근대 동아시아 천하질서를 설명해온 조공제도에 관한 이해와, 20세기 중국의 역사적 경험이 진하게 배어 있는 '중화민족'이라는 용어의 발명에 원인이 있다고 생각하였다. 전근대 동아시아 천하질서는 전근대라는 시대적 특성에 맞게 이해해야 하는데, 조공질서를 마치 근대 제국주의—식민지 질서와 유사하게 이해하고 있다는 의구심을 거둘 수 없었고, 20세기 중국을 건설한 중국내 다민족을 '중화민족'으로 표현하는 것은 불가능하다고 판단하였기 때문이다.

그러므로 본고에서는 첫째, 조공제도가 중국 주나라에서 어떻게 만들어졌는지 살펴보고, 부여·고구려에서 시행되었던 회동(會同)과 주나라 조공제도와의 상관성과 차별성을 설명해 보고자 한다. 필자는 전근대 동아시아 유학적 천하질서는 각국이 함께 만들어 갔다고 생각하고 있다. 각각 제도의 기원은 출발점이 있지만, 상호 교류를 통해 각국 역사의 개별성과 천하질서의 보편성이 확보되었다는 것이다. 이런 점에 유의하면서 조공제도의 원형과 부여·고구려의 채택에 대해 살펴보겠다.

둘째, 20세기 초에 발명되어, 2018년 중국 개정헌법에 삽입된 '중화민족'이라는 용어의 역사성을 살펴보고자 한다. 그를 통해 현재 중국 영토에 사는 한국계 중국인, 즉 조선족과 이웃 나라 남북한 한국인이 함께 만들어 나간 고구려·발해역사를, 중국 입장에서 어떻게 인정해 줄 수 있는지에 관한 새로운 안목의 대강을 제안해 보고자 한다. 쉽지 않은 과제이긴 하지만, 양국 관련 학자들의 꾸준한 노력이 지속되다 보면, 우리가 미처 생각하지 못한 새로운 안목이 만들어질 수 있다는 기대감을 떨치지 않으려고 한다.

1. 중국 조공제도의 원형과 부여·고구려의 조공제도 채택

1) 조공제도의 원형

중국사에서 조공은 조근과 입공을 모두 포함하는 말이다.[3] 조관(朝觀)은 조근(朝覲), 회동(會同), 입조(入朝) 등이라고도 하는데, 제후들이 왕의 제사에 참석하기 위하여 경사(京師)에서 왕을 만나는 일을 말하고, 입공(入貢)은 해당 제후들이 제사드리기 위해 분담받은 물품을 들고 제사에 참여하는 것을 말한다. 그러므로 조공은 제후들이 왕의 제사에 필요해서 분담받은 물품을 가지고(입공) 경사에서 왕을 만나 제사드리는 일(조근)을 말하는 것으로, 조공의 가장 중요한 목적은 입공이 아니라 제사 참여이다.

제후들이 왕의 제사에 참석하면서 하는 회담을 조(朝)·관(觀)·종(宗)·우(遇)·회(會)·동(同)이라고 한다. 왕과 제후는 일 년에 4차례 봄, 여름, 가을, 겨울 정기적으로 만나기도 하고, 부정기적으로 만나기도 하였으며, 한 명씩 만나기도 하고, 제후 다수와 왕이 만나기도 하였다. 왕과 제후가 봄에 만나는 것을 조(朝)라고 하고, 여름에 만나는 것을 종(宗)이라고 한다. 가을에 만나는 것을 관(觀)이라고 하고, 겨울에 만나는 것을 우(遇)라고 하였다.

그래서 조근을 조관 혹은 종우(宗遇)라고도 하였다. 회동이라는 말을 쓰기도 하였는데, 부정기적으로 일대일로 만나는 시견(時見)을 회(會)라고 하고, 단체로 만나는 은견(殷見)을 동(同)이라고 했기 때문이었다.[4]

조관(봄·가을 만남), 즉 봄에 만날 때(朝)에는 주로 그해 수행해야 할 정책 사안의 가부를 기획하고, 가을에 만날 때(觀)에는 해당 정책이

---

3) 이춘식, 1969, 「조공의 기원과 그 의미」 『중국학보』 10. 본고는 이 논문을 전적으로 참고하였고, 특별한 경우가 아니면 참고내용의 註記는 생략한다.

4) 『주례 춘관』 동백 "以賓禮親邦國 春見曰朝 夏見曰宗 秋見曰觀 冬見曰遇 時見曰會 殷見曰同".

성과를 거두었는지 못 거두었는지를 비교하는 일을 했다.5)

종우(여름·겨울 만남), 즉 여름에 만날 때(宗)에는 해당 계책의 장단점을 나열해 비교해 보고, 겨울에 만날 때(遇)에는 같은 생각, 다른 생각들을 서로 맞추어 볼 수 있도록 논의도 하였다.

회동, 즉 부정기적으로 만날 때(會)도 있고, 단체로 만날 때(同)도 있는데, 불시에 사방에서 일어난 단독 지역, 단독 사안에 대해 필요한 정책을 낼 때에는 부정기적으로 만나고, 천하를 위한, 말하자면 연합 지역, 연합 사안에 대해 정책을 낼 때에는 단체로 만나기도 하였다.

왕과 제후가 만나는 이러한 여섯 가지 방법에 대해서는 모두 글로 적어 놓았는데, 기획하고 비교하고 나열하고 맞추어 본다는 것(圖·比·陳·協)은 모두 '제사 지내는 의식 설명서(考績)'에 나오는 말이다. 조관, 종우, 회동과 입공, 헌공이 제후가 왕을 대하는 예의였다면, 왕은 제후들이 조근할 때 국가 운영 정책에 관한 이런저런 정보를 다수가 와도 살피게 하고(頻省 ; 覜省) 혼자 와도 편하게 묻게 했다(存頻省聘問). 이렇게 하는 것이, 왕이 신하를 대하는 예의였다.6) 어느 시기이건 정보공유는 무엇보다 중요했다.

주나라에서는 이런 목적으로 조근하는 제후들을 위해 소행인(小行人)이라는 직책을 두었다.7) 소행인은 각국 나라 손님들을 맞이하는 방법(賓客之禮籍)에 입각하여 사방에서 오는 사자(使者)들을 맞이하였다. 제후들이 봄에 방문할 때(朝)에는 제사 참여요건으로 분담받은 물품을 가지고 오고 (入貢), 가을에 방문할 때(觀)에는 자신의 지역에서 펼친 정책 성과평가서를 가지고 왔다(獻功).

---

5) 『주례 추관』 사구하 "春朝 諸侯 而圖天下之事 秋觀 以比邦國之功 夏宗 以陳天下之謨
　　冬遇 以協諸侯之慮 時會 利發四方之策 殷同 以施天下之政 … 此六事者 以王見諸侯
　　爲文 圖比陳協 皆考績之言".
6) 『周禮傳』 권5下 "朝覲 宗遇會同 君之禮也 存頻省聘問 臣之禮也".
7) 『周禮秋官』 司寇 "小行人 掌邦國賓客之禮籍 以待四方之使者 令諸侯春入貢 秋獻功
　　王親受之 各以其國之籍 禮之".

그러면 왕은 직접 물품이나 성과평가서를 받되, 각기 해당 나라의 예적(禮籍)에 따라, 방문한 제후들을 대접했다. 손님맞이가 왕 중심이 아니라 방문 제후가 익숙한 그 나라의 방식이라는 점이 매우 흥미롭다. 이러한 방식은 이른바 이적의 나라에도 그대로 적용되었겠다.

그런데 조공행사는 공적 행사만 있는 것이 아니었다. 행사 후 잔치도 있었다. 잔치는 사방에서 바친 지역 특산물, 즉 입공을 활용하여 잔치(饗燕)를 벌였다.8) 이 파티에 참석한 사람을 사방에서 온 손님(四方賓客)이라고 했는데, 이 손님들이 바로 조(朝)하러 온 제후와 빙(聘)하러 온 대부들이었다.

당연히 잔치는 참석자들의 교류를 중심으로 이루어졌다. 참석자 가운데 동성 제후들(형제국)은 제사 지낸 고기(脤膰)를 나누어 먹으며 친분을 쌓았다. 참석자 가운데 이성 제후들(이성국)은 각국의 축하할 일들을 거론하여 서로 축하하면서(賀慶) 연대감을 높였다. 조공한 제후들에게 가장 중요한 행사는 제사가 아니라 잔치였다. 문화와 교양 등 각종 정보가 교류되던, 말 그대로 잔치 자리였다.

요컨대 조공은 왕과 제후들이 모여 제사와 잔치, 회담을 통해 국가 운영 정보와 방식을 공유하던 제도적 장치였던 것이다.

일찍이 주나라를 세우는데, 결정적인 공을 세운 주공(周公)은, 임금이 조회를 받던 정전(正殿)인 명당(明堂) 회의에서 참석자들의 자리 배치를 하였다.9)

그런데 공·후·백·자·남 등 작록을 받은 사람들의 자리 배치와 함께, 궁궐 동문밖, 서문밖, 남문밖, 북문밖에 각기 궁궐 문을 바라보며 동이, 서융, 남만, 북적 사자 일행들의 자리도 배치하였다.

---

8) 『주례』 종백 상 "以饗燕之禮親四方之賓客 以脤膰之禮親兄弟之國 以賀慶之禮親異姓之國".

9) https://db.history.go.kr/item/compareViewer.do?levelId=ko_004_0020_0010

天子之位　負斧扆南面立

三公之位　中階之前　北面東上

諸侯之位　阼階之東　西面北上

諸伯之位　西階之西　東面北上

諸子之位　門內之東　北面東上

諸男之位　門內之西　北面東上

九夷之國　東門之外　西面北上

八蠻之國　南門之外　北面東上

六戎之國　西門之外　東面南上

五狄之國　北門之外　南面東上

四塞九藩之國　世告至者, 應門之外, 北面東上

이런 사이계(四夷系) 소국뿐만 아니라 사새(四塞)와 구번(九藩)의 나라 중에서 조(朝)하기 위해서가 아니라 재위 중(1世=30년)에 한 번 고(告)하기 위해서 오는 경우에도, 대궐 정문(응문) 밖에 천자를 바라보며 오른쪽에 자리 배치해 주었다. 필요에 따라 상서(象胥)라는 통역사도 붙여 주었다.[10] 이렇게 이적 국가들에게 조공도 하고, 고공도 할 수 있는 제도적 장치를 마련해 두었다. 경우에 따라 국내 질서를 천하질서로 확장할 수 있도록 의도한 것이었다.

조공제도의 본질을 이해하는 데 결정적인 것이 그 다음 조치였다. 당시 주나라는 주공 주도로 주나라 수도인 종주(宗周)에서 명당 회의에서 의 논의를 거쳐 중국과 이적의 국가들이 공감할 수 있는 예와 악을 제정하 고(制禮作樂) 도량형을 반포하였다(頒 度·量). 앞서 언급한 대로 예악을 변화시키고, (그런 예악을 기준으로) 제도를 혁신시키고자 하였다. 예악 변화와 제도 혁신이 성과가 있다고 판단하여, 말하자면 천하가 크게 심복하였을 경우엔, 모든 나라가 각기 자기 나라의 특산물을 교류하면서

---

10) 『玉海』 152 "象胥掌蠻夷閩貉戎狄之使　掌傳王之事　易諭說焉　以和親之".

(天下大服, 萬國 各致其方賄) 상호 외교에 적극 나섰다.

요컨대 중국 제후를 비롯한 여러 봉작 국가들이나 이적의 국가들이 자기 나라의 특산물을 들고, 천자의 조회에 참가하려던, 말하자면 조공의 가장 큰 목적은, 각국이 함께 만들어 나간 예악이라는 선진 문물의 공유에 있었다.

이러한 것이 조근과 입공이었다. 그러니 이적(夷狄)들이 경사로 입조한다는 원래 목적은 봄에 제사를 지내는 그 짧은 시간 안에 만나 그 해 수행할 정책 사안의 가부를 기획한다는 것이 아니라, 예악으로 대표되는 전근대 유학적 천하질서를 유지하기 위해 양자가 공인한 형식적인 만남이라고 판단하는 것이 타당하겠다. 이렇듯 이적 국가의 조근은 원래 조근이 목적한 도비진협(圖比陳協)의 방식대로 진행되는 것이 아니었다. 그보다 본질적이라고 할 만한 문화교류 필요에 따라 진행되었던 것이다.

그렇다면 조근과 함께 붙어 다니는 입공, 이른바 조공의 공은 무엇이었을까? 왕의 제사 참여 자격, 즉 조근 자격과 방법을 분류한 것이 주나라의 오복(五服)인데, 그 내용은 다음과 같다.11) 우선 설명해야 할 내용은 후복(侯服)·전복(甸服)·남복(男服)·채복(采服)·위복(衛服)·요복(要服)이다. 이 단어들은 모두 서경 하서 우공에 나온다.

하나라 때에는 후복보다 전복이 먼저 나오는데, 이때의 복(服)은 사(事)이다. 전복은 밭(甸)의 일(服)을 말하는 것이고, 후복은 후국의 일을 말하는 것이다.12) 남복은 남작 정도가 관할하는 소국의 일을 말하는 것이고, 채복은 경대부(卿大夫)의 읍지(邑地) 일을 말한다. 위복은 위(衛)의 일이라는 뜻인데, 왕기로부터 1천3백리 이상 떨어진 땅에서는 글로서는 안

---

11) 『周禮傳』 권5下, “邦畿 方千里 其外 方五百里 謂之侯服 歲一見 其貢 祀物 又其外 方五百里 謂之甸服 歲一見 其貢 嬪物 又其外 方五百里 謂之男服 三歲一見 其貢 器物 又其外 方五百里 謂之采服 四歲一見 其貢 服物 又其外 方五百里 謂之衛服 五歲一見 其貢 材物 又其外 方五百里 謂之要服 六歲一見 其貢 貨物 九州之外 謂之蕃國 歲一見 各以其所貴寶爲摯”.

12) 이 구절에서 服事制라는 단어가 나온다.

邦畿　方千里

其外　方五百里	謂之①侯服	歲一見　其貢　祀物
又其外　方五百里	謂之②甸服	歲一見　其貢　嬪物
又其外　方五百里	謂之③男服	三歲一見　其貢　器物
又其外　方五百里	謂之④采服	四歲一見　其貢　服物
又其外　方五百里	謂之⑤衛服	五歲一見　其貢　材物
又其外　方五百里	謂之❶要服	六歲一見　其貢　貨物
九州之外	謂之❷蕃國	世一見　各以其所貴寶爲摯

되는, 군사력으로 관할해야 할 땅이 있는데, 그와 관련된 일이라는 뜻이다. 여기까지가 5복이다.

요복은 왕기와 멀리 떨어진 이적의 땅에 관한 일을 말한다. 이적의 글이 중국의 글을 요약한 것 같다고 해서 요(要)라는 말을 썼다고 하니, 요복은 이적이 사는 곳의 일이라고 보는 것이 타당하겠다.[13] 그리고 구주 밖을 번국(蕃國)이라고 하였다. 그런데 요복과 번국은 둘이 아니라, 만이진번(蠻夷鎭藩) 등 넷이었다.[14]

당연히 후국과 기전은 매해 조근했을 터인데, 그들이 지참했다는 입공 물품이 매우 흥미롭다. 가령 이들이 조근, 즉 경사에서 천자의 제사에 참여한다면, 그 비용이 상당히 들었을 것인데, 후국의 경우엔 제사에 쓰이는 물품(祀物) 정도이고, 기전의 경우엔 손님 접대에 필요한 경비(嬪物)

---

13) 甸服은 畿內之地也라 甸은 田이요 服은 事也니 以皆田賦之事라 故로 謂之甸服이라 (중략) 侯服者는 侯國之服이니 (중략) 采者는 卿大夫邑地라 男邦은 男爵이니 小國也요 諸侯는 諸侯之爵이니 大國, 次國也라 (중략) 綏服은 內取王城千里하고 外取荒服千里하여 介於內外之間이라 故로 以內三百里로 揆文敎하고 外二百里로 奮武衛하여 文以治內하고 武以治外하니 (중략) 要服은 去王畿已遠하여 皆夷狄之地니 (중략) 荒服은 去王畿益遠하여 而經略之者 視要服에 爲尤略也라 以其荒野라 故로 謂之荒服이라 (중략) 周制에 九畿曰侯甸男采衛蠻夷鎭藩이요.
(http://db.cyberseodang.or.kr/front/sabuList/BookMain.do?bnCode=jti_1b0201&titleId=C185)

14) 이렇게 服이 事라고 보면, 이 시기에 服事制라는 단어는 있을 수 없겠다.

정도를 부담했다.

우리가 알고 있는 조공품이라기보다는, 천자와 제후의 제사 경비 분담 정도인데, 그 경비도 후국이나 기전의 경우 그나마 그럴 듯했으나, 3년, 4년, 5년에 한 번씩 조근하는 소국(남복), 채읍(채복) 변경 군사요충지(위복)의 경우 각각 제사에 쓰는 그릇(器物)이나 제사용 의복(服物), 식자재 일부(材物)가 분담의 전부였다.

6년에 한 번 조근하거나 30년에 한번 조근하는 만이진번(蠻夷鎭藩) 지역인 요복과 번국의 경우 화물(貨物)이나 귀보(貴寶) 등 해당 지역 특산물 정도 부담하면, 조근 자격이 주어진다. 경제적 부담이 전혀 없었다. 당연히 조근과 입공을 근거로 해당 지역의 국가 정치나 국가 경제에 관해서는 전혀 간여치 않았다.

五百里	旬服	百里	賦納總	二百里	納銍	三百里	納秸服	四百里	粟	五百里	米
五百里	侯服	百里	采	二百里	男邦	三百里	諸侯				
五百里	綏服					三百里	揆文敎	二百里	奮武衛		
五百里	要服					三百里	夷	二百里	蔡		
五百里	荒服					三百里	蠻	二百里	流		

원래 하(夏)나라 당시의 5복을 보면, 정치·경제 불간여 취지가 보다 분명하다.[15] 전복(旬服)의 경우 부납(賦納)할 때 지켜야 할 오곡의 형태에 관한 것을 기록해 두었지만, 후복·수복·요복·황복은 해당 지역의 성격에 관한 설명을 해 놓았을 뿐이다.

특히 중국과 이적의 중간 지대에 해당하는 수복(綏服) 지역에 대해서는 중국에 가까운 300리 수복 지역은 글로 가르치고(文敎), 이적에 가까운

---

15) 五百里 旬服 百里 賦納總 二百里 納銍三百里 納秸服 四百里 粟 五百里 米 五百里 侯服 百里 采 二百里 男邦 三百里 諸侯 五百里 綏服 三百里 揆文敎 二百里 奮武衛 五百里 要服 三百里 夷 二百里 蔡 五百里 荒服 三百里 蠻 二百里 流.

200리 수복 지역은 군사력으로 지키라고 하였다. 요복 지역과 황복 지역은 주나라 시대의 만이진번(蠻夷鎭藩) 지역인데, 이 지역 역시 이(夷)와 채(蔡=放), 만(蠻)과 류(流)로 구분해 놓았다. 상술해 놓지는 않았지만, 전복 지역의 부납 모델을, 다른 지역도 따라 했으면 좋겠다는 정책 의도가 있었을 수도 있다. 그러나 이 구절에서 부납 모델을 따라 해야 한다고 강요한 흔적은 찾아보기 어렵다.

5복 지역의 부납은 입공 물품과 전혀 상관없는 내용이다. 입공 물품은 제사에 필요한 물품 조달 분담 내용이라고 한다면, 부납에서 기술한 내용은 부납 거리에 따른 곡식 가공 정도를 세밀하게 정리해 놓은 것이다.

가령 100리 거리 안 지역은 밭에서 긴 낫을 사용하여 밑동만 자른 상태(恩)로 부납을 하고,[16] 200리 거리 안 지역은 짧은 낫을 사용하여 곡식 중간만 자른 상태(銍)로[17] 부납을 하였다. 300리 거리 안 지역은 곡식 중간만 자른 상태에서 겉잎을 벗긴 상태(秸)로 부납을 하되, 300리 거리까지는 왕성과 가까우므로 운반하는 일이 어렵지 않아 총(恩)·질(銍)·갈(秸) 어느 상태라도 부납이 가능하나, 굳이 갈(秸)만 쓴 것은 총(恩)·질(銍)은 이미 앞에서 썼기 때문이라고 보충 설명해 놓았다. 400리 거리부터는 탈곡한 벼 상태로 부납을 하고, 500리 거리부터는 탈곡하여 껍질을 벗긴 쌀 상태로 부납을 하라고 하였다. 이렇게 전복 지역 부납 모델을 제시하고 있긴 하지만, 여타 지역에 똑같이 집행하라고 하지는 않았다.

주나라 만이진번들 가운데 요복 지역은 6년에 한 번이라고 했지만 실제 조근(=입조)은 시행되지 않았을 것이고, 만이진번 가운데 번국은, 번국의 군주가 즉위할 때 한 번만 조근을 한다고 했으나, 이 역시 실제 조근은 시행 자체가 되지 않았을 것이다. 굳이 조근할 정치 군사적 이유가 없었기 때문이었다.

조근을 통해 이적에 대한 형식적인 중국 문화 영향력을 확장하기 위해

---

16) 禾本全曰總.

17) 刈禾曰銍.

당시 중국이 제시한 방식이 경제적인 인센티브였다. 제나라 환공(桓公, B.C. 716~B.C. 643)과 관중(管仲, ?~B.C. 645)의 대화를 살펴보면, 그렇게 생각할 이유는 충분하다.

"四夷가 복종하지 않는 것은 아마도 잘못된 정치(逆政)가 천하에 퍼져서 그런 것으로 이로 인해 과인이 상하게 될까봐 걱정되는데, 이를 위해서(=사이가 복종할 수 있도록) 과인이 행할 방법이 있겠소?"라고 桓公이 물었다.

이에 대해 管子가 다음과 같이 말하였다. "吳·越이 조근하지 않겠다면, 청컨대 珠象을 화폐[幣]로 해 주면 어떻겠습니까? 發·朝鮮이 조근하지 않겠다면, 청컨대 文皮·毤服을 화폐[幣]로 해 주면 어떻겠습니까? 禺氏가 조근하지 않겠다면, 청컨대 白璧을 화폐[幣]로 해 주면 어떻겠습니까? 崑崙이 조근하지 않겠다면 청컨대 璆琳(아름다운 옥)·琅玕(아름다운 돌)을 화폐[幣]로 해 주면 어떻겠습니까?

(오·월에서는) 쥐어도 손에 보이지 않고 머금어도 입에 보이지 않으면서도 (가치가) 천금을 넘어서는 것이 珠입니다. (값을 제대로 계산해 준다면) 8천리 떨어진 오·월도 조근할 것입니다. (발·조선에서는) 한 장의 표범 가죽으로서 천금을 넘어서는 것이 바로 문피·타복입니다. (값을 제대로 계산해 준다면) 8천리 떨어진 발·조선도 조근할 것입니다. (우씨에게는) 품어도 가슴에 드러나지 않고 끼어도 겨드랑이에서 드러나지 않으면서도 천금을 넘어서는 것이 백벽입니다. (값을 제대로 계산해 준다면) 8천리 떨어진 우씨도 조근할 것입니다. (곤륜에서는) 비녀·귀걸이로 천금을 넘어서는 것이 구림·낭간입니다. (값을 제대로 계산해 준다면) 8천리 떨어진 곤륜도 조근할 것입니다.

그런데 (천자가 될 나라에) 화폐를 주관하는 사람도 없고, 조근과 화폐를 연결하는 일도 다루지 않습니다. 멀고 가까이 있는 四夷들이 서로 이렇게 할 수 있다(자신들의 나라에서 화폐 대용으로 쓰는 물건들을 중국에서로 화폐 대용으로 쓸 수 있다)는 것을 알지 못하면, 결코 조근하지 않을 것입니

다".18)

　제나라 환공은 사이(四夷)가 자신에게 불복하는 것은, 자기 처신을 바르게 한 후에 명령을 내리지 않고, 자신에게는 관대하면서 남을 가르치려고 했기 때문이라고 진단한 바 있다. 순정(順政)하지 않고 강제한 역정(逆政)이 문제라는 것이다. 사이가 불복한다는 것은 중국의 예의가 사이를 변화(用夏變夷)시키지 못하고 있다는 것이다. 그러한 천하질서를 염두에 두면서 제 환공은 용하변이를 할 수 있도록 하는 조근 유도책이 있을까, 고민하고 있었던 것이다.

　이때 관중이 제시한 사이 조근 유도책이 사이 지역 화폐를 중국 지역 화폐로 사용하도록 하자는 것이었다.19) 제나라를 중심으로 당시 천하 교역의 장을 만들자는 제안이었다.

오월(吳·越)	주상(珠象)
발조선(發·朝鮮)	문피타복(文皮·毷服)
우씨(禺氏)	백옥(白璧)
곤륜(崑崙)	구림낭간(璆琳·琅玕)

　천자의 제사와 관련된 조근과 입공 등과 같은 문화적 행사 참여만으로는

---

18) 『管子』 권23, 輕重甲 "桓公曰 四夷不服 恐其逆政游於天下而傷寡人 寡人之行 爲此有道乎. 管子對曰 吳越不朝 珠象而以爲幣乎 發朝鮮不朝 請文皮毷服而以爲幣乎 禺氏不朝 請以白璧爲幣乎 崑崙之虛不朝 請以璆琳琅玕爲幣乎 故夫握而不見于手 舍而不見于口 而辟千金者 珠也 然后八千里之吳越可得而朝也 一豹之皮 容金而金也 然後八千里之發朝鮮可得而朝也 懷而不見于抱 挾而不見掀 而闕千金也 白璧也 然后八千里之禺氏可得而朝也 簪珥而辟千金者 璆琳琅玕也 然后八千里之崑崙之虛可得而朝也 故物無主 事無接 遠近無以相因 則四夷不得而朝矣".

19) 고조선이 중원사회가 요구하는 형식적인 외교적 관계를 받아주면서 비싼 값에 문피를 팔았다고 보기도 한다. 박준형, 2019, 「고조선의 대외관계사 연구를 위한 새로운 모색」『한국고대사연구』 95, 17쪽.

사이가 중국을 방문할 이유가 없었다. 그래서 제시된 것이 경제적 인센티브 제공이었다. 경사 지역 사람들이 이적 지역의 유명 물품들을 사용할 수 있고, 이적 지역 사람들도 중국 지역 유명 물품들을 사용할 수 있다면 양자가 기꺼이 동의할 수 있으리라는 제안이었다. 이적 사람들에게 조근과 입공 문제를 새롭게 대처할 수 있는 새로운 대책이 제시된 셈이었다. 이 일이 이렇게 추진되면 더 이상 입공 문제는 부담이 되지 않은 일이었다.

이러한 조공과 짝지은 제도가 책봉이다. 책봉이란 책(冊, 문서)를 주어 봉건한다는(授冊封建) 뜻이다. 주공이 명당(明堂) 회의에서 자리를 배치한 공·후·백·자·남 등 작록을 받은 사람들이 모두 책봉을 받은 사람들이다. 후복·전복·남복·채복·위복 등이 바로 조회 참석 의무를 말한다. 이런 제도가 바로 책봉인 것이다. 책봉을 주는 국가와 책봉을 받는 국가는 관작호(官爵號)·인준 문서(誥命)·인장(印章) 등을 주고받음으로써 전근대 유학적 천하질서를 유지하기 위한 명목적이고 형식적인 관계를 맺는다.

일찍이 고구려와 백제, 신라도 4~6세기부터 중국 왕조의 책봉을 받았다.[20] 실제 355년 고국원왕은 고구려에서 처음으로 전연으로부터 '고구려 왕'이라는 본국 왕의 칭호와 함께 '영주제군사(營州諸軍事) 정동대장군(征東大將軍) 영주자사(營州刺史) 낙랑공(樂浪公)'이라는 중국 관작을 받았고, 372년 근초고왕은 백제에서 처음으로 동진으로부터 '진동장군(鎭東將軍) 영낙랑태수(領樂浪太守)'라는 중국관작을 받았으며, 565년 진흥왕이 신라에서 처음으로 북제로부터 '신라 왕'이라는 본국 왕의 칭호와 함께 '사지절(使持節) 동이교위(東夷校尉) 낙랑공(樂浪公)'이라는 중국 관작을 받았다. 발해와 고려도 같은 방식으로 본국 왕의 칭호와 함께 중국 관작을 받았다.

조공·책봉관계는, 전근대 중국에게는 국내 질서를 확장하여 천하질서

---

20) 여호규, 2006, 「책봉호 수수를 통해 본 수·당의 동방정책과 삼국의 대응」 『역사와 현실』 61 ; 채미하, 2017, 「신라의 책봉의례와 그 기능」 『사학연구』 127 ; 백길남, 2020, 「4세기말~5세기 초엽 백제왕 호의 책봉배경과 도독백제제군사」 『역사와현실』 115 ; 정동준, 2023, 「북위와 고구려의 사례를 통해 본 책봉의 의미」 『한국사연구』 202.

를 포섭시키는 장치였고, 그런 의도를 이미 파악하고 있는 이웃 국가들에게 조공·책봉관계는, 중국으로 수렴된 고급 문화와 수준 높은 교양을 받아들이는 수단이었다. 주례에 입각하여 이적의 나라들은 군주가 아니라 조공사가 대신 갈 수 있었고, 입공도 목적에 맞게 부담하면 되는 것이었다. 입공 물품도 특산물 위주였기 때문에 자국내 필수품 중심의 교환경제 순환에 무리를 주는 것도 아니었다.

책봉사 왕래도 마찬가지였다. 조공·책봉 관계를 맺은 양국을 제국주의 체제(제국주의-식민지관계)로 오해하지 않는 한, 전근대 동아시아 독립국가 간의 외교로 정리해도 크게 무리가 없다. 조공·책봉 관계는 정치·경제·군사적으로 아무 간섭도 하지 않는, 동아시아 '제국의 질서'였던 것이다.

2) 부여·고구려의 자국중심 조공제도 채택

기원전 4세기 중국 전국시대 상업의 신이라고 불렸던 백규(B.C. 370 추정~B.C. 300 추정)와 맹자(B.C. 372 추정~B.C. 289 추정)의 대화 속에 기자조선의 국가 사정이 나온다.[21] 두 사람의 대화 소재는 국가 세금이었다. 뜬금없이 백규가 맹자에게 1/10세가 너무 무거우니 1/20세로 해도 괜찮지 않겠느냐고 질문하였다. 이에 맹자가 정색을 하면서, 이웃 국가인 기자조선이 1/20세를 거두는 것은 그럴만한 이유가 있다고 설명하였다. 중국이 취해서는 안 되는 제도라는 것이다. 당시 맹자의 고조선에 관한 설명은 다음과 같다.

우선 고조선 지역은 전반적으로 농토가 척박하다고 평가하였다. 그래서 고조선 농민들은 오곡 생산을 골고루 하지 못하고, 기장(黍) 생산에 주력한

---

21) 『맹자』 고자 "白圭曰 吾欲二十而取一 何如 … 孟子曰 子之道貉道也 … 夫貉五穀不生 惟黍生之　無城郭宮室宗廟祭祀之禮無諸侯幣帛饔飱無百官有司　故二十取一而足也 … 欲輕之於堯舜之道者　大貉小貉也　欲重之於堯舜之道者　大桀小桀也 … 什一而稅堯舜之道也　多則桀　寡則貉". 이인재, 2020, 「한국 고·중세 결부제의 전개과정」『학림』 46, 42쪽.

다고 하였다. 그러니 다음 해 종자 쌀을 남겨두고, 농민들이 먹고살고, 농민들이 직접 소속된 지방정부인 부족국가에 세금을 내고 나면, 정작 부족연맹체 국가, 곧 중앙정부는 세금을 적게 거둘 수밖에 없다. 그래서 1/20세를 걷는다는 것이다.

중앙정부가 거두는 세금이 적으니, 중앙정부 재정이 넉넉할 리 없었다. 어쩌면 굳이 넉넉할 필요도 없었다. 맹자가 보기에 고조선 국가는 이미 부족국가 단위의 성곽은 있을 수도 있으나, 부족연맹체 국가의 중앙정부에는 중국 같은 성곽이라 할 만한 성곽 시설은 없었다. 마찬가지 이유로 부족연맹체 국가 중심지역에는 중국 같은 궁실도 없었다. 부족연맹체 국가 단위의 종묘와 제사 시설을 겸비하지 않아도 되기 때문이었다. 이 점이 동시기 중국과 다른 점이었다.

중국의 경우에는 그럴듯한 종묘 제사 시설을 두니, 그러한 종묘 제사에 참여하기 위해 조공(조공과 입공)이라고 하여 4계절별로 제후국을 비롯한 여러 소국들이 봄에는 1년 계획을 하고, 가을에는 1년 성과를 비교하며 정보를 교환하고 국가 전체 운영 계획과 성과 보고회로 들썩거렸는데, 고조선은 그렇게 국가를 운영할 필요가 없었다.

그렇기 때문에 고조선 산하의 부족국가 군주들에게, 중국과 같이 조근하여 제사에 참여한 이후에 입공하면서 갖고 온 지역 특산물 중심의 잔치(饗燕)에서의 교류, 제사 음식을 나누어 먹으면서(脤膰) 높아지는 연대감, 스스로 축하할 만한 일을 전체가 축하해 주면서(賀慶) 높아지는 친밀감과 같은 행사가 굳이 필요하지 않았다. 이런 고조선의 국가 사정을, 맹자는 기자조선에는 제후들 사이에 예물을 주고받는 일도 없고, 음식 대접하는 일도 없다고 설명하였다. 그러니 당연히 중국과 같이 전국을 상대로 한 국정을 담당하는 백관도, 유사도 없었다고 하였다. 고조선이, 1/20세만 거두어도 충분했던 이유였다.

B.C. 4세기경 고조선의 국가 운영은 맹자가 지적한 대로 그렇게 운영되었겠다. 성곽과 궁실이 없지는 않았겠지만, 맹자가 사는 중국의 성곽과

궁실 같지는 않았다. 어쩌면 왕권 집중도가 중국과 다르다면, 고조선 왕경에는 규모 면에서 중국 같은 성곽과 궁실이 필요하지 않았을 것이다.

더구나 전국을 통치하는 방식도 중국과 같이 조관과 종우, 회동과 같은, 1년의 수차례에 걸친 조공을 통해 전국 각지의 정보를 지방 지배층과 중앙 지배층이 공유하지 않았다면, 종묘 제사도 전국 단위가 아니라 왕경 단위에서 이루어졌을 것이기 때문에 중국 같은 종묘 시설이 필요 없을 수 있다.

당연히 지방지배층과 중앙지배층 사이의 교류, 지방지배층 상호간의 교류 방식도 차이가 있었을 것이다. 전국에서 입조한 사람들이 가져온 입공으로 베푸는 잔치도 없었을 것이고, 제사 음식을 나누어 먹는 동성 제후들도 없었을 것이며, 각 소국의 축하 정보를 공유하는 자리도 없었을 것이기 때문이었다.

고조선은 부족국가들의 연맹체 국가였기 때문에, 부족국가 군주들과는, 회동만 하였다. 즉 해당 부족국가의 사안 가운데 중앙정부에 영향을 줄 만한 사안이 있을 때 기자카한을 방문하여 만나거나, 중앙정부에 영향을 주지 않더라도 여러 부족국가 사이에 서로 얽힌 사안이 발생하였을 때 단체로 기자카한을 방문하여 논의하는 방식이었다. 개별적으로는 부정기 회동인 시견(時見, 會)이고, 단체 회동인 은견(殷見, 同)이었다.

[朝鮮]侯 準이 尊號를 盜用하여 王이라 일컫다가 燕나라에서 亡命한 衛滿의 공격을 받아 나라를 빼앗겼다. 魏略 : 옛 箕子의 후예인 朝鮮侯는 周나라가 쇠약해지자, 燕나라가 스스로 높여 王이라 칭하고 東쪽으로 침략하려는 것을 보고, 朝鮮侯도 역시 스스로 王號를 칭하고 군사를 일으켜 燕나라를 逆擊하여 周 王室을 받들려 하였는데, 조선의 大夫 禮가 諫하므로 중지하였다. 그리하여 禮를 서쪽에 파견하여 燕나라를 설득하게 하니, 燕나라도 전쟁을 멈추고 [朝鮮을] 침공하지 않았다.[22)

고조선의 군주들은 스스로를 왕이라 불렀다. 자신을 왕으로 부르는 것은 고조선 군주들에게는 당연한 일이었고, 중국 주나라와 상관없는 일이었다. 중국은 고조선의 자칭을 존호(尊號)를 도용(盜用)했다는 뜻으로 참호(僭號)했다고 하였지만, 그것은 중국의 입장이었다. 고조선은 자국의 역사와 전통에 따라 칭왕한 것이다. 물론 중국과 교류할 때는 중국의 외교 관례에 따라 조선후와 같이 후작을 쓸 수도 있었다.23) 상대국의 외교 역사와 전통을 존중해 주는 것은 어느 시기나 국제 외교의 원칙이었다. 연왕이 자존(自尊) 칭왕(稱王)하는 것과 처지가 달랐다.

기원전 323년의 일이다. 주나라가 쇠망해 가는 틈을 타서 연나라가 조선을 침략하려고 하자, 조선 역시 군사를 일으켜 연나라에 역습하려고 하였다. 이렇게 양국간의 군사 충돌 위기가 고조되자, 조선의 대부 예가 외교로 해결하자는 제안을 하였고, 자신이 직접 연나라에 사신으로 가서 외교로 연나라의 공격을 막아냈다. 이 시기는 그런 시대였다. 그렇기 때문에 중국이 전국 7웅으로 나뉘어 있었을 때까지도 오랜 기간 지속해 온 고조선식 국가 운영이 큰 문제라고 생각하는 고조선 사람들은 거의 없었겠다.

그런데 이웃에 강력한 통일성을 갖춘 진(秦) 제국이나 한(漢) 제국이 등장한다면 사정이 달라진다. 위협을 느낄 수 있기 때문이다. 그 결과 고조선 내부 정치세력 중에는 제국의 질서가 미래 방향이라고 주장하는 국제파가 등장하였을 것이고, 제국의 질서가 중요하지 않은 것은 아니나, 자국의 역사 전통이 중요하다는 자주파도 등장하였을 것이다.24) 그러한

---

22) 『삼국지』 동이전 한 "侯準 既僭號稱王, 見前滅國傳注. 爲燕亡人衛滿所攻奪, 魏略曰 : 昔箕子之後朝鮮侯, 見周衰, 燕自尊爲王, 欲東略地, 朝鮮侯亦自稱爲王, 欲興兵逆擊燕 以尊周室. 其大夫禮諫之, 乃止. 使禮西說燕, 燕止之".

23) 중국과의 책봉은 외교적 형식에 지나지 않는다. 이것을 고조선의 시각에서 본다면, 고조선은 중원 제국과 외교관계(조공)을 맺으면서 교역할 때 후의 자격이었다는 것을 얻어낼 수 있다. 박준형, 2019, 「고조선의 대외관계사 연구를 위한 새로운 모색」 『한국고대사연구』 95, 24쪽.

24) 그러나 국제파나 자주파의 외교 정책 차이는 크지 않았다. 대표적인 국제파인

토대를 갖고 있으므로 고조선 쇠망 후의 고조선 재건 운동에 나서는 열국·삼국이 이웃 나라 중국의 국제질서, 그중에서 조공·책봉관계를 대하는 자세는 시대적 특성 및 외교 사안의 성격에 따라 매우 다양하게 드러날 수밖에 없었다.

열국·삼국 시대에 국제적 조류에 가장 발 빠르게 대처한 국가는 부여와 고구려였다. 부여는 중국이 보기에 인정할 만한 성읍 시설도 갖추고 있었고, 규모를 갖춘 궁실도 있었다.[25] 부여 농민들은 기장 농사에 국한하지 않고, 오곡 농사도 지었다. 군신 간의 만남이나 지배층들이 서로 만날 때 인사하는 방식(揖讓)이나, 조근 중의 하나인 회동, 즉 부정기적으로 만날 때(會)와 단체로 만나는 방식(同)도 고조선의 전통을 지키면서 중국 조근제도와 유사하였다. 변하지 않으면 국제적인 흐름에 뒤처질 수 있는데, 고조선 내부에서는 가장 강력하게 고조선의 전통을 유지해 왔던 국가였지만, 강력한 이웃 국가를 옆에 두자, 바꿀 수 있는 부분은 바꾸려고 노력하였다. 부여식으로 바꿔 받아들인 중국의 제도가 읍양(揖讓)과 회동이었다.

부여 회동 기록에서는 알 수 없는 회동 참석 규칙을 설명해 주는 사례가 고구려의 왕과 여러 대가들(諸大加)이 서로 만날 때 지켜야 했던 주의 사항이다.[26] 왕의 종족(宗族)인 대가는 자국의 휘하에 사자·조의·선

김부식이 신라의 제도가 唐夷相雜, 중국의 제도와 동이의 제도가 서로 섞여 있다고 판단하였으니, 자주파의 대표라 할 수 있는 왕건이 중국 제도를 참고하려 할 때 殊邦異土, 각국의 역사와 문화가 다르니 자국의 역사와 문화를 잘 고려해서 새로운 제도를 만들어야 한다고 주장할 정도이니, 자주성과 국제성은 비율의 문제였겠다.

25) 『진서』 동이전부여국 "有城邑宮室, 地宜五穀. 其人强勇, 會同揖讓之儀有似中國. 其出使, 乃衣錦罽, 以金銀飾腰".

26) 『삼국지』 동이전 "其國有王其官有相加·對盧·沛者·古雛加·主簿·優台·丞·使者·皂衣·先人 尊卑各有等級 (중략) 其置官, 有對盧則不置沛者, 有沛者則不置對盧 王之宗族, 其大加 皆稱古雛加. 涓奴部本國主, 今雖不爲王, 適統大人, 得稱古雛加, 亦得立宗廟, 祠靈星·社稷. 絶奴部世與王婚 加古雛之號. 諸大加亦自置使者·皂衣先人, 名皆達於王, 如卿大夫之家臣, 會同坐起, 不得與王家使者·皂衣先人同列. 其國中大家不佃作, 坐食

인을 두었다. 대가소국(大加小國) 휘하에 둔 사자·조의·선인은 중국의 경대부(卿大夫) 가신(家臣)과 같았다고 한다. 경대부 가신은 제후국 휘하에 제후국 군주가 임명한 모든 신하를 말하는 것으로, 평소 제후국 군주가 경(卿)을 불러 국사(國事)를 의논하면, 경은 자신이 감독하는 대부(大夫)를 불러 국책(國策)을 전달하고 정령(政令)을 집행하고, 물품들을 관리하게 하였다.

그렇다면 대가소국 휘하의 사자·조의·선인 가운데 대가국 군주는 경과 같은 사자를 불러 국사를 의논하면, 사자는 대부와 같은 조의를 불러 국책을 전달하고 정령을 집행하고, 사(士)와 같은 선인을 불러 국가 통치 업무를 실행한 셈이 된다.

고구려 왕 휘하에도 역시 사자·조의·선인이 있었다. 고구려 왕은 전체 국가를 통솔하기도 하지만, 자신의 직할지 역시 통치해야 했다. 직할지 통치는 왕 휘하의 사자·조의·선인이 맡아서 실행하였을 것이다.

그런데 제후 즉 대가가 종묘 제사에 참석하여 대가국의 국정 운영과 관련하여 왕과 상의하러 오는, 말하자면 단독으로 혹은 여럿이 모여 왕을 뵙는 회동의 경우, 대가 휘하의 가신들(사자·조의·선인)과 왕 직할지 관할 가신들(사자·조의·선인)이 같은 자격으로 취급될 수는 없었다.

왕 직할지 관할 가신들(사자·조의·선인)은 상가(相加)·대로(對盧)·패자(沛者)·고추가(古雛加)·주부(主簿)·우태(優台)·승(丞) 등 고구려 국가 전체를 관할하는 통치자들과 함께 격을 같이하는 사람들로 간주하였다. 그에 반하여 대가 휘하의 가신들(사자·조의·선인)은 회동할 때에 자신들의 신상명세서를 왕 직할지 관할 가신들(사자·조의·선인)에게 제출하여야 했다.

者萬餘口". 이 자료의 여러 대가에 대해 대로, 패자, 고추가로 해석하기도 하였다. 이준성, 2016, 「고구려 초기 대가의 성격과 상위 관제의 작적 운영」『동북아역사논총』 53, 322쪽 ; 이승호, 2022, 「부여 관제의 구조와 특성 - 고구려 초기 관제와 비교·검토를 겸하여」『고구려발해연구』 72.

전체는 아니지만 이렇게 부여와 고구려는 자국 중심의 봉건제, 자국 중심의 조공제 등을 운영하고 있었다. 그것도 중국과 달리 시대를 거슬러 올라가 중서(中書), 즉 부여·고구려 지식인들이 공부한 중국 유래의 유학 고전이 알려준 방식대로 자국 사정에 맞추어 변형시켜 유학적 천하질서를 받아들이고 있었다.

그것이 부여·고구려가 자국식으로 바꾼 중국식 조공제도를 수용하는 방식이었다. 기원은 중국에서 하였으나, 고조선·부여·고구려의 역사적 전개 과정에 맞추어, 말하자면 자국 정치 문화에 맞추어 조공제도를 운영하고 있는 것이다. 이러한 자국 중심의 조공·책봉 운영 경험이 있었기 때문에, 중국이 원하는 중국식 천하질서로서의 조공·책봉제도도 큰 거리 낌없이 수용하였다. 역사와 전통이 있는 나라 사이의 교류는, 이렇게 일방적이 아니고 쌍방적이다.

2. 고구려·발해 인식에 미친 중화민족주의의 현재와 미래

1954년 제정되고 2018년 개정된 중화인민공화국 헌법(이하 중국 헌법) 전문(前文)에 따르면 중국은 여러 민족(=다민족)이 공동으로 세운 국가이다. 민족연합국가인 것이다. 그런데 중국 헌법에서는 민족연합국가 대신 '단일한' 다민족국가라는 용어를 사용하였다. 20세기 전후반 중화민국에서 중화인민공화국으로 변천해 나간 중국 역사의 특수성이 흠뻑 배어 있는 헌법 구절이다.

원래 중국 헌법에는 '중화민족' 관계는 나오지 않는다. 대신 중국식 사회주의 민족 관계가 나온다. 중국 헌법에서 중국내 민족에 관한 내용을 언급한 조항이 헌법 전문(前文)과 제4조, 제119조이다.[27] 헌법 전문에

---

27) (前文 중에서) 중화인민공화국은 전국 각 민족 인민이 공동으로 세워낸 단일한 다민족 국가이다. 평등·단결·상부상조·조화의 사회주의 민족관계는 이미 확립

따르면 중국은 여러 민족이 공동으로 세운 국가이기 때문에, 민족 상호 간에 평등하고, 서로 돕고, 조화로워야 했다.

특히 민족 상호 간의 단결을 도모하기 위해서는 국수주의로 빠질 수 있는 대민족(大民族)주의, 대한족(大漢族)주의를 배격해야 하고, 국수주의로 빠질 수 있는 특정 소수 민족 중심의 지방 민족주의도 반대하여야 한다고 하였다. 국수주의에 빠지지 않으면서 중화인민공화국 건국에 기여한 어느 민족이라도 공동 번영해야 한다는 중국식 사회주의 민족 관계의 기초라고 할만한 조항이었다.

전문에 이어 민족간 불평등 조장을 경계하기 위해 헌법 4조에서 민족 상호 간의 평등을 재차 강조하고 있다. 국가는 어느 민족이라도 차별하거나 차별대우를 받아 민족 분열을 조장하는 행위를 일체 금지해야 하고, 오히려 모든 소수 민족의 합법적 권리와 이익을 보장해야 함을 일반론으로 제기하고 있다.

이러한 일반론에 따라 소수민족의 경제와 문화는 해당 소수민족의 특색과 필요에 따라 지원하도록 하였다. 소수민족의 역사성과 독자성을 두루 살펴 중앙정부는 지역 경제와 지역 문화 발전을 도와야 한다는

하였고, 지속적으로 강화할 것이다. 민족 단결을 지키는 투쟁 과정에서 대민족주의를 반대하고, 대한족주의를 더욱 반대하고, 지방민족주의 또한 반대한다. 국가는 모든 노력을 기울여서 전국 각 민족의 공동번영을 촉진한다. 제4조 중화인민공화국 각 민족은 일률적으로 평등하다. 국가는 각 소수민족의 합법적 권리와 이익을 보장하고, 각 민족의 평등·단결·상부상조·조화 관계를 수호하고 발전시킨다. 어떤 민족에 대한 차별 대우와 억압을 금지하고, 민족 단결을 파괴하고 민족 분열을 조장하는 행위를 금지한다. 국가는 각 소수민족의 특색과 필요에 따라서 각 소수민족 지역의 경제와 문화 발전을 돕는다. 각 소수민족이 거주하는 지방은 지방자치를 시행하며, 자치기관을 설립하고, 자치권을 행사한다. 각 민족이 자치하는 지방은 모두 중화인민 공화국에게 불가분의 관계이다. 각 민족은 모두 각자의 언어 및 문자를 사용하고 발전시킬 자유가 있으며, 각자의 풍속 및 습관을 유지하고 개혁할 자유가 있다. 제119조 민족자치지방의 자치기관은 자주적으로 본 고장의 교육·과학·문화·위생·체육사업을 관리하고, 민족의 문화유산을 보호하고 정리하며, 민족문화를 발전시키고 번영하게 한다. (법제처 세계법제정보센터, 「중화인민공화국 헌법」 2018. 3. 11 개정)

것이다.

소수민족이 주로 거주하는 지방은, 소수민족 중심의 지방자치를 시행할 수 있도록, 지방자치기관을 설립해 자치권을 행사할 수 있도록 하였다. 뿐만 아니라 소수민족은 모두 각자의 언어와 문자를 사용하고 발전시키며, 자신만의 풍속 및 습관을 유지하고 개혁할 수 있도록 하였다.

전문, 제4조의 정신은 제119조로 이어지는데, 가령 소수민족 자치지방 자치기관은 자주적으로 해당 지방에 사는 주민을 위한 교육·과학·문화·위생·체육 사업을 집행하고, 해당 민족의 문화유산을 보호하고, 정리하며, 해당 민족문화를 발전시키고 번영하게 한다고 하였다.

이렇게 관련 조항을 모아서 해석해 보면, 전문에 등장한 '단일한' 다민족 국가라는 용어의 '단일한'이라는 용어는 중화인민공화국 건설에 기여한 어느 민족이라도 다른 민족에게 차별받지 않고, 공동 번영할 수 있도록 하겠다는 것이다. 이상이 중국 헌법에 반영된 '중국식 사회주의 민족관계'이다.

그런데 역사학에서도, 중국학에서도 요즘 많이 사용하는 용어가 중화민족주의이다.[28] 혹자는 '중화민족의 위대한 부흥'이라는 중국 공산당의 정책 목표가 설정된 이후, 중국 민족주의를 중화민족주의라고 부르지만, 이 용어가 타당한지 별도의 논의가 필요하다고 보기도 한다.[29] 문제는 제정 이후 60여년간 중국 헌법에 나오지 않았던 중화민족, 중화민족의 위대한 부흥이라는 용어가 2018년 개정 헌법 전문 두 곳에 삽입되었다는 것이다.

---

28) 나영주, 2012, 「중화민족주의, 중화역사패권주의, 동북공정」 『민족연구』 52 ; 황종원, 2019, 「20세기초 양계초의 중화민족주의와 지리 - 문명 지식체계의 근대적 구성」 『중국학논총』 63 ; 양시은, 2020, 「문화정책에 따른 중국 동북지역 박물관의 역할과 특징」 『동북아역사논총』 69 ; 이욱연, 2023, 「중화 민족주의의 중국사상과 치욕 기억 서사의 의미」 『중국학보』 30.

29) 이욱연, 2023, 「중화 민족주의의 중국사상과 치욕 기억 서사의 의미」 『중국학보』 30, 278쪽.

먼저 등장하는 곳은 중국식 사회주의 현대화 과제와 관련된 구절이다.[30] 우선 주목해야 하는 것은 중국식 사회주의 현대화 과제를 수행하는 주체가 각 민족 인민이라는 것이다. 중화민족이 아니다. 2018년 개정헌법에도 여전히 제정 이래 견지해 온 중국식 사회주의 민족 관계를 전제로 하고 있음이 확인되는 부분이다.

그러면 중화민족이라는 용어는 어떠한 맥락에서 등장하는 것일까?[31] 해당 구절을 면밀히 정리하면 다음과 같다. 10가지 중국식 사회주의 과제를 완수하면 도달하는 중국 미래는, 부강하고 민주적이며, 문명적이고 조화롭고 아름다운 사회주의 현대 강국인데, 이렇게 되면 역사적으로 '중화민족의 위대한 부흥'이 실현된다는 것이다. '단일한 다민족'을 한 마디로 설명코자 하는 의도인 것 같은데, 뭔가 뜬금없다.

두 번째로 등장하는 곳이 통일전선과 관련되는 항목이다.[32] 통일전선의

---

30) "국가의 근본 임무는 중국 특색의 사회주의 노선을 따르며 온 힘을 모아 사회주의 현대화를 이루는 것이다. 중국 각 민족 인민은 계속 중국 공산당의 지도를 받으며 마르크스·레닌주의와 마오쩌둥 사상과 덩샤오핑 이론과 "3가지 대표" 주요 사상과 과학적 발전관과 시진핑 신시대 중국 특색 사회주의 사상이 이끄는 대로, ① 인민민주주의 전제정치를 견지하고, ② 사회주의 노선을 견지하고, ③ 개혁개방을 견지하고, ④ 사회주의 각 항목 및 제도를 개선하고, ⑤ 사회주의 시장경제를 발전시키고, ⑥ 사회주의 민주를 발전시키고, ⑦ 사회주의 법치가 건강하고 온전해 지게 만들고, ⑧ 新 발전이념을 관철하고, ㉮ 자력갱생하고 고군분투하여 공업·농업·국방·과학기술의 현대화를 점차 실현하고, ㉯ 물질문명·정치문명·정신문명·사회문명·생태문명의 조화로운 발전을 추진하여, ㉮ 우리나라를 부강하고 민주적이며 문명적이고 조화롭고 아름다운 사회주의 현대 강국으로 세우고, ㉯ 중화민족의 위대한 부흥을 실현할 것이다".

31) 중화민족의 위대한 부흥이라는 용어는 장쩌민 집권시기인 1997년 제15차 당대회에서 처음 등장한 이래, 후진타오 집권 시기에 지속적으로 사용되다가, 시진핑 집권시기인 2019년 19차 당대회에선 '위대한'이라는 단어가 75회, '중화민족'이라는 단어가 43회, '부흥'이라는 단어가 32회, '중화민족의 위대한 부흥'이라는 단어가 15회 사용되면서, 중화민족의 부흥이 중국 공산당의 역사적 임무이자 중국의 미래비전으로 확실하게 자리잡았다고 보기도 한다. 이욱연, 2023, 「중화민족주의의 중국사상과 치욕 기억 서사의 의미」『중국학보』30, 283~284쪽.

32) 사회주의 건설사업은 반드시 노동자·농민·지식인에게 의지하여야 하고, 모든 단결할 수 있는 힘을 모아야 한다. 장기적인 혁명·건설·개혁과정 중에 중국

주요 참여자는 각 민주당파와 각 인민단체 참여자(②-1) 사회주의 노동자 ②-2) 사회주의 사업의 건설자 ②-3) 사회주의를 옹호하는 애국자와 ②-4) 조국 통일을 옹호하고 중화민족의 위대한 부흥을 위하여 힘쓰는 애국자)인데, 각 인민단체 네 참여자 중의 하나가 "조국 통일을 옹호하고 '중화민족의 위대한 부흥'을 위하여 힘쓰는 애국자"라는 것이다. 앞서 사회주의 과제 완수에 등장한 중화민족과는 또 다른 용례로 쓰인 용어이다.

그런데 여기서 등장하는 중화민족을 중화민족주의로 해석하면, 이는 첫째, 헌법 전문에서 배격하고자 애썼던 대민족주의, 대한족주의, 지방민족주의라는 오해를 살 여지가 있고, 둘째, 중화민족을 '단일한' 다민족으로 해석케 되어 마치 민족연합 민족이라는 성립하기 어려운 용어가 된다. 어쨌든 제정 이후 중국 헌법에서 설명하고 있는 '중국식 사회주의적 민족 관계'와는 양립할 수 없는 용어이다. 오히려 중화민족이 아니라 중화사상의 위대한 부흥이라는 용어를 쓰는 것이 훨씬 적절했을 것이다.

21세기 중국 헌법에서조차 20세기 초 풍전등화와 같은 위태로운 시절, 여전히 위기감에 충만했던 20세기 후반기 중국 학자들이 겪었던 혼란을 그대로 드러내는 것은 20세기 중반 이후 성취해 나가던 중국식 사회주의 민족 관계조차 위태롭게 할 수 있는, 그런 혼란이라고 보인다.

주지하다시피 20세기 전반기 중화민족이라는 용어는 량치차오(梁啓超, 1873~1929)가 1902년 처음 사용하였다.[33] 량치차오는 중화민족을 화족이라고 줄여 말하였는데, 여기서의 화족은 한족이었다. 만주족이 지배하던 청나라를 겪은 30대 청년 량치차오의 입장에서는 당연하였다.

그런데 20세기 전반기는 중국이 제국주의 열강의 침략 대상이 될 수

공산당이 이끌어서 ① 각 민주당파와 ② 각 인민단체에 참여하는 모든 ②-1) 사회주의 노동자 ②-2) 사회주의 사업의 건설자 ②-3) 사회주의를 옹호하는 애국자와 ②-4) 조국통일을 옹호하고 중화민족의 위대한 부흥을 위하여 힘쓰는 애국자를 포함하는 광범위한 애국통일전선이 이미 결성되었으며, 이 통일전선은 앞으로 계속 견고해지고 발전해 나갈 것이다.

33) 梁啓超, 1902, 『중국 학술사상 변천의 대세』.

있는 위기의 시대였다. 열강의 분할 정책으로 인해 부분적인 영토 강제
점령과 함께 민족 분할 위험도[34] 있었다. 그러니 량치차오의 중화민족에
대한 정의가 혼란스러웠을 것이다.

그 가운데 이런 민족 분열의 위기 앞에서 양두(楊度, 1875~1931)가 1907년
금철주의설(金鐵主義說)이라는 글에서, 몽(蒙)·회(回)·장(藏) 지역의 교통
인프라를 확충하고 교육을 강화하는 한편 한(漢)·만(滿) 갈등을 완화시키
는 방편으로 중국내 모든 민족을 혼합한 중화민족(中華民族)이 되어야
한다고 주장한 바 있다. 그래야 분열의 위기를 극복할 수 있다는 것이다.[35]

여기서 양두가 언급한 중화민족은 한족만이 아니다. 한족을 비롯한
중국내 모든 소수 민족을 합한 다민족이다. 중화민족이란 용어가, 쓰는
사람, 보는 사람에 따라서 달라질 수 있게 된 것이다. 량치차오처럼
본다면 중화민족은 단일민족인 한족이지만, 양두처럼 보면 중화민족은
56개 민족을 다 포함한 다민족이다.

이 가운데 후자의 생각을 계승하여 1988년 페이샤오퉁(費孝通, 1910~
2005)이 「중화민족 다원일체 구조」라는 글에서 "한족은 이민과 통상을
통해 비한족 지역과 점과 선으로 결합된 네트워크를 형성하고, 동아시아라
는 땅의 민족을 하나로 엮어 중화민족이라는 자연발생적 민족을 형성하여
대일통의 구조를 확보하였는데, 이 자연발생적 민족 즉 중화민족이 서방
열강의 압력에 저항하는 과정에서 기쁨과 슬픔을 함께하여 다원적 통일체
가 되었기 때문에, 이들 56개 다민족이 곧 중화민족"이라고 정의하였다.

페이샤오퉁(費孝通)의 주장에서 주목해야 할 단어가 대일통(大一統)과
다원일체(多元一體)라는 단어이다. 중화민족이란 실질적으로 50여개 민족
을 뜻하는 것(多元)인데, 대일통할 수 있는 주체는 한족이기 때문에 대표성

---

34) 중국이 한(漢)·만(滿)·몽(蒙)·회(回)·장(藏) 등 소수민족 단위로 분열될 위험을
   말한다.
35) 김종학, 2021, 「중국의 국사교육과 '중화민족의 의미」『국립외교원 외교안보연구
   원 주요국제문제분석세미나 발표문』. 양두와 페이샤오퉁의 주장은 이 글에서
   재인용.

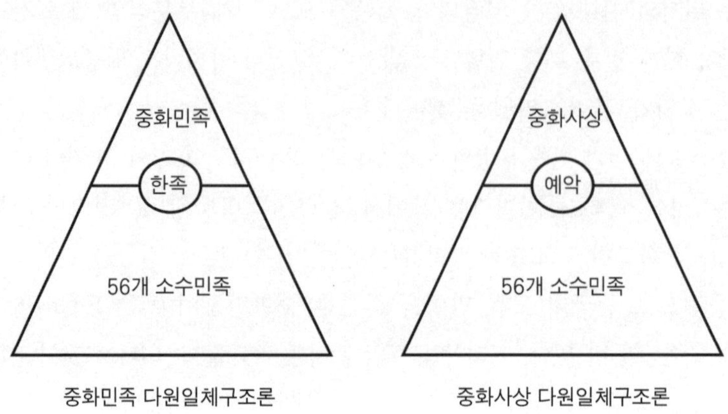

중화민족 다원일체구조론   중화사상 다원일체구조론

은 한족이 갖는다는 설명이다. 말하자면 56개 민족이 기층이고, 중화민족
이 상층인데, 중화민족은 고대로부터 한족이 중심이 되어 여러 민족들을
수렴해 온 실제 민족이라는 것이다. 그래서 다수민족이 한족 한몸(一體)으
로 수렴된다고 정리할 여지가 생겼다. 위험성을 가지게 된 것이다. 중국
헌법에서 그렇게 경계하던 대민족주의, 대한족주의를 전면에 내세운
반헌법적 주장으로 오해받을 여지가 있다.

그에 따라 기본적으로 현재의 중국 땅에 살고 있는 사람들은, 그 사람이
어느 민족 출신이건 중국 사람이고, 현재 중국 사람들이 살고 있는 중국
땅에서 벌어진 과거의 역사는 모두 중국의 역사가 된다는 다원일체라는
용어의 용례가 만들어졌다.

전술한 바와 같이 중화민족이 다민족이라는 용어는 성립할 수가 없다.
중국 헌법 제정 이후에는 '단일한' 다민족국가이므로, 중화민족이라는
용어를 쓰는 순간 이해할 수 없는 용어가 된다.

그런데 중화민족 대신 중화사상, 말하자면 전근대 유학적 천하질서를
상층에 두면, 전근대 동아시아 세계를 이해하는데 훨씬 자연스러울 것이
다. 소수민족이 주로 거주하는 지방은, 소수민족 중심의 자치를 시행할
수 있도록, 자치기관을 설립해 자치권을 행사하는 한편, 모두 각자의

언어와 문자를 사용하고 발전시키며, 자신만의 풍속 및 습관을 유지하고
개혁해 나가되 중화사상으로 수렴되는 예악을 중심으로 전근대 동아시아
의 보편성과 각국의 특수성을 모두 이해할 수 있게 되는 것이다. 이렇게
이해하게 될 때, 중국 헌법정신도 역사성을 띠게 되지 않을까 생각하게
되는 것이다.

그런데 페이샤오퉁이 정리한 바로 이 다원일체, 대일통을 근거로 전근대
동아시아 세계를 이해한 학자가 리다룽(李大龍, 1964~현)이다. 전근대
동아시아 여러 민족의 역사적 다원성을 인정하면서도 대일통을 근거로
그 대표성은 한족이 갖는다고 해석해 버린 것이다.

A) 정월은 왕의 정월이 되니, 천하는 한 사람의 통치하에 하나가 되어야만
비로소 안정함을 할 수 있다. 天上에는 두 개의 태양이 없고, 疆土에는 두
명의 왕이 없다. 가정에는 두 명의 주인이 없고, 尊位에는 두 개의 상좌가
없다. 도로에는 두 개의 종점이 없고, 政事에는 두 개의 경로가 없다. B)
경서를 연구하는 자들은 백가를 몰아내고 공자만을 존경하여, 六藝의 범위
내에 있지 않은 것은 자신들과 함께 나란히 있지 못하게 하였다. C) 통치자는
政事가 모두 中書에서 나와야, 禮樂을 변화시키고, (그런 예악을 기준으로)
제도를 혁신하여, 형벌 등이 그 뒤를 따르게 하였다. 이는 國事인 政事가
하나로 귀결됨을 보여주는 것이다. D) 만약 민간에 衙門을 열고, 공공 규칙을
폐지한다면, 매 사람들은 자신의 편리만을 위해 일을 할 것이며, 사람들
각자가 정치를 하게 되니, 춘추에서 말하는 대일통의 뜻에 어긋나게 된다.
(『여씨춘추집해』 권1)[36]

春秋 大一統의 주지는, (천자가 거주하는) 京師가 핵심이 되어, 밖으로는
華夏를 이끈다. (그리고 경사와 화하를 합한) 중국이 핵심이 되어 밖으로는

---

36) 李大龍, 2006, 『漢唐藩屬體制研究』, 中國社會科學出版社에서 재인용.

(이적인) 吳·楚를 이끈다. 周王을 받들어야 覇權을 억압할 수 있고, 이적을 토벌하여 선을 보호할 수 있으니, (이렇게 해야만) 天理로 전란의 근원을 막을 수 있다. (『춘추집해』 상설·강설)[37]

2006년 『한당번속체제연구(漢唐藩屬體制研究)』를 출간한 리다룽은 이 구절의 대일통을 근거로, 이른바 번속체제라는 통치권 중심의 전근대 제국의 질서를 구상하였다. 목표는 전근대 제국의 질서인데, 실제는 마치 21세기 중국이 중심이 된 20세기 제국주의 질서처럼 보인다.

그런데 위 인용문의 중국은, 안보를 중심으로 주변국을 힘으로 통제하려는 근현대 강대국 중국이 아니라, 예의를 만드는 전근대 국가, 중국이었고,[38] 천하를 예의로 변화시키려는 중국이었다.[39]

사실 전근대 중국 역시, 이른바 '이적(夷狄)'과 더불어 끊임없이 소통하고 융합하는 다민족국가였다. 그 당시 중국 사람들에게 중국과 이적은 서로 다른 나라였다.[40] 강소국(强小國) 중국은 예의를 만드는 나라이고, 주변의 여러 나라로 구성된 약대국(弱大國) 이적은 금수와 이웃해 사는 사람들이었다.[41]

중국은[42] 총명하고 지혜로운 사람들이 모여 사는 곳이고, 만물과 재용이 모이는 곳이며, 성현의 가르침과 인의가 시행되어, 시서예악(詩書禮樂)의 쓸모가 있는 땅이었지만, 당대 중국이 규정한 이른바 '이적'으로 사는 사람들은[43] 탐욕스러워 이익만을 쫓고, 머리를 묶지 않고, 옷깃을 왼쪽

---

37) 李大龍, 2006, 『漢唐藩屬體制研究』, 中國社會科學出版社에서 재인용.

38) 『春秋胡氏傳』「襄公」 7년 "中國者, 禮義之所出也".

39) 『春秋胡氏傳』「僖公」 23년 "固天子之事也, 而尤謹於華夷之辨. 中國之所以爲中國, 以禮義也. 一失則爲夷狄, 再失則爲禽獸, 人類滅矣".

40) 김동민, 2022, 「공양전 화이관의 이중적 구조와 그 특징」 『유교사상문화연구』 87.

41) 『春秋胡氏傳』「襄公」 7년 "中國者, 禮義之所出也, 夷狄者, 禽獸之與鄰也".

42) 『史記』 권43, 「趙世家」 "中國者, 蓋聰明徇智之所居也. 萬物財用之所聚也, 賢聖之所敎也, 仁義之所施也, 詩書禮樂之所用也".

앞으로 여미며, 사람 얼굴을 했으나 짐승의 마음을 지니고 있는 사람들이
었다. 중국과 비교해서 장복(관복)도 다르고, 습속도 다르며, 음식이
같지 않았고, 언어도 서로 통하지 않는 사람들인 것이다.

그러므로 이 시기 천명(天命)을 받아 천하(天下)를 다스려야 하는 천자(天
子)가 해야 할 가장 큰 일은 화(華)와 이(夷)를 변별(辨別)하는 일이었다.
변별하여 배제하는 것이 아니라, 예악 공유를 통해 함께 사는 세상을
만드는 일이었다. 당시 중국이 중국인 것은 예의가 있기 때문이었다.
그렇지만 이미 중국이었더라도, 예의를 잃으면 이적이 될 수도 있었다.
이에 그치지 않고 예의 잃음이 더 심해지면 금수로 떨어질 수도 있었다.
그렇게 되면 인류는 멸망한다.[44] 중국이 상수가 아니라 변수인 것이었다.

이렇게 당시 중국 사람들은, 전근대 유학적 천하질서의 중심인 중국이
예의를 잃으면, 중국이 아니라 이적이 되고 금수가 되어 마침내 인류가
멸망한다고 생각하였다. 그러니 이 구절의 인류는 중국의 예의를 이적에
전파하여 이적을 중국이 되도록 만들어야 하는 의무가 있었다. 이런
생각을 하고 있으니 예악을 중심으로 한 중국의 국가 질서를, 전근대
유학적 천하질서로 확장시켜야 할 의무감을 갖는 것은 당연한 생각이었다.

이렇게 정리해 놓고 위 인용문을 보면, 인용문의 중국이 추구하는
국사(國事)인 정사(政事)의 본질은 중서(中書)를 토대로 예악(禮樂)을 변화
시켜 제도를 혁신하는 것이었다. 그리고 이러한 나랏일은 당연히 예의를
만들어 중국과 이적을 구분해 내는 천자의 경사에서 모범을 보여야 했다.
민간에서 할 수 있는 일이 아니었다.

입조, 조근이 중요한 것은 중국조차 경사에 직접 와서 보고, 경험해야
천하의 선을 유지할 수 있기 때문이었다. 경사를 서울 경에, 스승 사자를

---

43) 『漢書』 권4하, 「匈奴傳」 "夷狄之人, 貪而好利, 被髮左衽, 人面獸心. 其與中國 殊章服,
    異習俗, 飮食不同, 言語不通, 辟居北垂 寒露之野, 逐草隨畜, 射獵爲生".
44) 『春秋胡氏傳』 「僖公」 23년 "固天子之事也, 而尤謹於華夷之辨. 中國之所以爲中國,
    以禮義也. 一失則爲夷狄, 再失則爲禽獸, 人類滅矣".

쓴 것도 매우 주목할 만하다. 이렇게 생각하는 사람들은, 이적의 군주가 금수가 될 수도 있는 까닭은 중국처럼 조근하지 않기 때문이라고 생각하였다.[45] 조근하여 '예악을 중심으로 한 전근대 유학적 천하질서(중화사상)'를 공유해야, 이적에서 벗어날 힘이 생긴다고 본 것이다.[46] 이후 천하 국가들에 조공책봉관계를 설파할 수 있었던 기본 동력이었다.

인간은 천성(天性)으로 인해 선하다(性善說)고 생각한 맹자는 유학적 천하질서에 대해 보다 구체적으로 설명하였다. 유학적 천하관에서의 치국(治國) 즉 국가 질서유지 철학의 요체란 무엇인가? "국가에는 통치하는 노심자(勞心者)가 있고, 통치를 받는 노력자(勞力者)가 있는데, 통치를 받는 노력자가 통치자인 노심자를 먹여 살리고, 통치자인 노심자는 통치를 받는 노력자에게 얻어먹는다는 것을 아는 것"이라고 하였다.[47] 전근대 유학적 천하질서(중화사상)에 나오는 민본(民本)은 이런 생각에서 나오는 것이다.

중국 질서의 또 다른 하나인 유학적 천하관에서의 평천하(平天下) 즉 유학적 천하 질서유지 철학의 요체는 무엇인가? 이에 대해서 맹자는 "큰 나라는 어질기 때문에 작은 나라를 섬기는 것(事小)이고, 작은 나라는 지혜롭기 때문에 큰 나라를 섬기는 것(事大)인데, 큰 나라 군주가 작은 나라를 섬기는 것(以大事小)은 하늘의 이치를 즐기는 것(樂天者)이고, 작은 나라 군주가 큰 나라를 섬기는 것은 하늘의 뜻을 두려워하는 것(畏天者)으로, 락천자(樂天者)만이 천하를 보존(保天下)하고, 외천자(畏天者)라야 그 나라를 보존(保其國)할 수 있다."고 설명하였다.[48]

---

45) 『公羊傳』「襄公」 18년 "白狄來. 白狄者何? 夷狄之君也. 何以不言朝? 不能朝也".

46) 『춘추좌전』 소공 7년 "普天之下 莫非王土 率土之濱 莫非王臣". 당시 중국사람들은 "하늘 아래 왕의 땅이 아닌 곳이 없고, 땅끝까지 왕의 신하가 아닌 사람이 없다."는 천하관을 가지고 있었다. 그리고 이러한 천하에 중국과 이적이 각각 있는 셈이다.

47) 『맹자』 등문공 상 "故曰 或勞心 或勞力 勞心者治人 勞力者治於人 治於人者食人 治人者食於人 天下之通義也".

48) 『맹자』 양혜왕 하 "以大事小者, 樂天者也 ; 以小事大者, 畏天者也. 樂天者保天下,

이러한 유학적 천하질서는 예악을 중심으로 국가의 질서를 잡고, 세계의 질서를 잡는 것이었다. 따라서 대일통(大一統)은 『여씨춘추집해』에서 설명한 바대로 "B) 경서를 연구하는 자들은 백가를 몰아내고 공자만을 존경하여, 육예(六藝)의 범위 내에 있지 않은 것은 자신들과 함께 나란히 있지 못하게 하였다. C) 통치자는 정사가 모두 중서에서 나와야, 예악을 변화시키고, (그런 예악을 기준으로) 제도를 혁신하여, 형벌 등이 그 뒤를 따르게 하였다. 이는 국사인 정사가 하나로 귀결됨을 보여주는 것"을 의미하는 것이다.

예악을 기준으로 한 제도 혁신의 시작은, 바로 시간의 근본을 세우는 건원(建元)이다. 건원은 시간의 대일통을 세우는 일이다. B.C. 722년(隱公 원년)에 시간의 근본인 원년과 4계절의 시작인 봄, 왕이 정사를 보는 12개월의 시작인 정월을 기준(元年 春正月)으로 새로운 시간의 시작을 세는 방법을 시작했다. 즉위년 기년법보다는 즉위 다음 해를 기준으로 삼는 원년 기년법을 쓰는 것은 하늘의 근본(乾元)이 만물을 태동케 하고, 봄이 이를 생육케 하기 때문이다.

당시 사람들은 임금이 즉위하면 근본을 체득하여 몸가짐을 바르게 한다(體元以居正)고 보았다.[49] 사계절이 분명해지면, 사방의 개념도 분명해지고, 사람들이 해야 할 바도 분명해진다. 동쪽 모퉁이에 살면서 해 뜨는 것을 관찰하여, 해가 뜨는 지점이 중간이 되는 때가 밤낮의 길이가 같은 춘분이 되고, 이 시간부터 사람들은 농사의 시작임을 알게 되어 농사를 짓게 된다는 말이다.

대일통은 이렇게 사람이 임금을 내세워 시간의 근본을 세우고, 공간을 나누어 때와 장소에 맞추어 사람들이 해야 할 바른 도리와 행동을 할 수 있게 도와주는 생각이다. 이렇게 했기 때문에 국가를 넘어 전근대 동아시아 세계, 곧 천하가 수용하는 유학적 천하질서, 넓은 의미의 중화사

畏天者保其國".
49) 『春秋』 春王正月 注 "人君卽位 欲其體元以居正".

상이 될 수 있었다.

이웃 국가들도 그렇게 생각했다. 중국과 마찬가지로 이웃 국가들도 모두 농업국가였기 때문에, 이름을 어떻게 짓건 4계절에 따라, 24절기에 따라 진행하는 농업 활동이 다를 수 없었다. 더구나 이웃인 동이 국가 사람들은, 중국 정사 25사를 지은 역사가들이 모두 이러한 입장에서 동이전의 역사를 서술하였다고 받아들였기 때문에, 이른바 중국에서 말한 동이 국가 사람들은, 예악을 기준으로 제시한 천하질서, 형식적으로는 조공책봉제도를 포함한 유학이 제시한 천하질서에 쉽게 공감할 수 있었다.

이른바 '동이' 국가들에게, 공자(孔子)는 국적이 있어도, 공자의 사상, 중화사상은 국적이 없었다. 이미 인류의 공동 자산이었다. 이웃들은, 이미 세계인의 자산이 된 중국 기원의 유학을, 다시 중국 국내에 가두어 버릴 수는 없다고 생각한다. 오히려 이른바 '이적'의 국가들은 공맹(孔孟)의 유학 사상을 자신들의 역사에 맞추어 변용이 가능한 세계적인 보편성을 가지고 있다고 판단해 왔다.

이에 더해 이웃 국가들이, 중국이 앞장 선 유학적 천하질서를 쉽게 수용했던 배경에는 중국 역시 스스로를 그 시대의 전통 질서 안에 가두지 않고, 끊임없이 새로운 천하질서를 수용해 왔다고 생각했기 때문이었다. 중국의 수당제국을 연구한 한 학자는 중국 역사의 그런 성격을 호한체제(胡漢體制)라고 설명하였다.

후한말이후 중국 서북방유목민족(호족)이 오랜 기간 농경민족(한족)으로 살아온 중원에 진입하면서, 서로의 관습을 익히고 혼혈됨으로써 형성된 국가가 수·당제국이라는 것이다. 이러한 수당제국으로 말미암아 전근대 중국은 세계 최대의 족단을 가진 국가가 되었고, 땅은 넓고 물산이 풍부한 국가(地大物博)가 되었다고 보았다.[50]

---

50) 박한제, 2019, 『중국 중세 호한체제의 사회적 전개』, 일조각.

실제 전근대 중국은 요·금·원·청 등 지금은 소수민족이지만 당시에는 한족을 소수민족으로 두고 주류민족이 되었던 여러 민족의 역사가 중국 전근대사였기 때문에, 중국 전근대사의 역사는 중국 일국사이면서도 세계사로 간주되었고, 중국적 세계질서, 천하질서라는 말도 쓸 수 있었다. 말 그대로 중국적 세계질서이지 중국사는 아니었던 것이다.

이러한 유학적 천하질서를 전근대 중국적 세계질서라고 한다면, 다원일체적(多元一體的) 국내질서를 다원일체적 세계질서로 확장하는 것이 근현대 중국적 세계질서 형성의 지향점이고, 이를 근현대에 맞게 잘 서술한 것이 중국의 헌법정신에 맞는다. 21세기 강대국 중국이 새로운 중세론에 입각하여 국가 이익과 세계 이익을 일치시키려고 하는 노력은, 역사적으로도 정당하다고 평가할 만하다. 그래야 이웃 국가들도 공감할 수 있을 것이다.

맺음말

21세기 한중간의 고구려·발해 역사에 대한 새로운 시각을 가지려면, 20세기 역사적 경험의 결과로 정리된 조공제도와 중화민족의 정의와는 다른 새로운 설명을 할 수 있어야 한다고 생각하였다. 이를 위해 본고에서는 조공제도의 원형 탐구에서 재출발하였다. 그 결과를 두 가지만 정리하면 다음과 같다.

첫째, 조공은 경사에서 진행하는 왕의 제사에 참석하기 위하여, 해당 제후들이 분담한 물품을 가지고(入貢) 왕을 만나 제사 드리는 일(朝覲)을 말하는 것이다. 조공의 가장 중요한 목적은 입공도 아니고 조근도 아닌 제사 참여이다. 그와 함께 중요한 것이 조관, 종우라는 봄, 여름, 가을, 겨울의 정기적인 회담을 통해, 그 해의 국가 운영 정책을 기획하고 비교하고 나열하고 맞추는 일이다(圖·比·陳·協). 이를 통해 국가 운영 정보를 공유할 수 있었다. 더불어 참석자들의 친밀도를 높이는 잔치 역시 중요하였다. 따라서 조공에서 가장 중요한 행사는 제사와 회담, 잔치, 특히 잔치였다. 요컨대 조공은 왕과 제후 등 참석자들이 모여 제사와 잔치, 회담을 통해 경사 중심적 국가 운영 정보와 방식, 특히 예악을 중심으로 한 전근대 유학적 천하 질서를 공유하던 제도적 장치였다.[51]

둘째, 중화민족이라는 용어는 중국 국내적으로는 20세기초 만주족의 주도성에 대항하는 한편 국제적으로는 제국주의 열강의 민족 분열정책에 대항하기 위해 만든 용어였다. 그런데 1954년 제정된 중국헌법에는 '단일한 다민족 국가'라는 용어와 '중국식 사회주의 민족관계'라는 용어로 정리되었다. 그러다 2018년 중국 개정헌법에 '중화민족'이라는 용어가 두 군데 나온다. 한군데는 중국식 사회주의 과제가 완수되면, 이를 역사적으로 중화민족의 위대한 부흥이라고 평가할 수 있다는 용례이고, 다른 하나는 통일전선의 한 주체로 중국인들 가운데 중화민족의 위대한 부흥을 위해 힘쓰는 애국자라는 용례로 나온다. 대신 중국 사회주의 과제를 수행하는 사람은 '각 민족 인민'이다.

---

51) 20세기 세계학계처럼 조공을, 중국의 이웃 나라가 중국에게, 혹은 중국 인접국가 상호간에 사신을 파견하며 예물을 바친 행위를 중심으로 판단해서는 조공의 원래 의미를 놓칠 위험성이 높아진다.

제1부

동아시아 고구려사 연구의 성과와 전망

이 준 성

2000년대 이후 한국의 고구려사 연구 동향

머리말

해방 이후 한국고대사 연구의 지형 속에서 고구려사는 오랜 기간 '여러 분야 중 연구가 가장 미진한 부분'으로 평가받아 왔다.[1] 심지어 '삼국시대에 대해서는 신라 연구가 진전된 반면 백제, 고구려는 무시당한 것으로 보인다'는 지적이 나오기도 했다.[2] 냉전구조와 분단상황의 고착 속에서 고구려사의 주 무대라 할 수 있는 중국 동북부 지역과 북한의 현지 답사가 제한된 상황이었을 뿐 아니라 관련 자료와 연구성과를 구하여 확인하는 것조차 쉽지 않았던 시기가 오래 이어졌기 때문에 연구의 활성화를 기대하기는 어려운 일이었다.[3]

---

1) 노태돈, 1999, 「서론」『고구려사 연구』, 사계절.

2) 濱田耕策, 1975, 「1974年の歷史學會 ; 回顧と展望－朝鮮」『史學雜誌』 84-5.

3) 2000년 이전 고구려사 연구의 집성과 관련하여서는 1987년과 1988년에 걸쳐 연세대 국학연구원에서 간행한『고구려사연구』논문편 및 자료편이 주목된다. 이 두 권의 저서는 연강학술재단의 연구비를 지원받아 문헌목록과 해제, 관계사료를 정리하는 작업의 결과물이다. 한편, 2000년 이전 고구려사 연구논저 목록으로는 다음이 참고된다. 김광수, 2002,『고구려사 연구 지원을 위한 기초 연구－부록 연구논저목록』(교육부 정책과제 보고서) ; 고구려연구재단 편, 2004,『고구려사연구논저목록』, 고구려연구재단.

그런데 최근 들어 고구려사는 '한국고대사에서 지난 10년간 가장 큰 변화상을 보였던 분야'로 평가받고 있다.[4] 그 원인에 대해서는 『삼국사기』 초기기사에 대한 적극적 활용을 통해 연구 방향과 방법론이 새롭게 모색되고, 북한과 중국의 고고학 조사 성과가 늘어나면서 세분화된 연구가 가능해졌다는 점이 제시되어 왔다. 아울러 2002년부터 중국이 추진한 '동북변강역사여현상계열연구공정(東北邊疆歷史與現狀系列研究工程: 이하 동북공정)'에 대한 대응 과정, 그리고 2004년 중국과 북한에서 각각 고구려 유적을 UNESCO 세계유산으로 등재하면서 고조된 관심 등 외부적인 요인 역시 고구려 관련 연구 성과가 양적·질적으로 성장하는 하나의 요인으로 작용하였다.[5]

2000년 이후 한국 학계에서 생산된 고구려사 관련 연구성과는 총 2,300여 편(권)에 달한다.[6] 박사학위논문은 52편, 석사학위논문 159편이 제출되었으며, 단행본은 270권과 학술지 논문 1,186편이 출간 및 발표되었다. 매년 평균적으로 100편(권) 내외의 고구려 관련 연구 성과가 나온 것이다.[7] 이를 년도별로 나눠 살펴보면 다음 〈표 1〉 및 〈그림 1〉과 같다.

---

4) 동북아역사재단 한국고중세사연구소 편, 2020, 「책머리에」 『고구려의 기원과 성립(고구려통사 ①)』.

5) 고구려사 연구의 특징 중 하나는 남한과 북한, 중국, 일본 등 동아시아 각국에서 서로 다른 시각과 방법론을 통해 진행되어 왔다는 점이다. 정통론적 인식을 강조하는 북한학계, '동아시아론'의 입장에 입각한 측면이 강한 일본학계, 역사 귀속문제에 집중한 중국학계 등 고구려사를 둘러싼 국제적 환경은 여타 한국고대사 분야와 구분되는 지점이라 할 수 있다.

6) 사실 2000년대 이후 한국고대사 연구에서 양적 증가 추세가 고구려사에 국한된 것은 아니다. 그렇지만 후술하는 바와 같이 2000년대 이후 고구려사 연구의 증가 추세는 다른 분야에 비해 가파른 것 또한 부정할 수 없다.(이경섭, 2017, 「기로에 선 한국고대사 연구와 전망」 『역사학보』 235 ; 정동준, 2019, 「한국고대사 연구의 양적 증가와 새로운 동향」 『역사학보』 243 ; 한영화, 2022, 「2000년대 이후 한국고대사 석·박사학위 논문의 현황과 대학원 교육의 방향」 『사림』 82.)

7) 학위논문은 2023년 8월까지, 단행본과 학회지 논문은 2022년 12월까지의 성과를 기준으로 집계하였다.

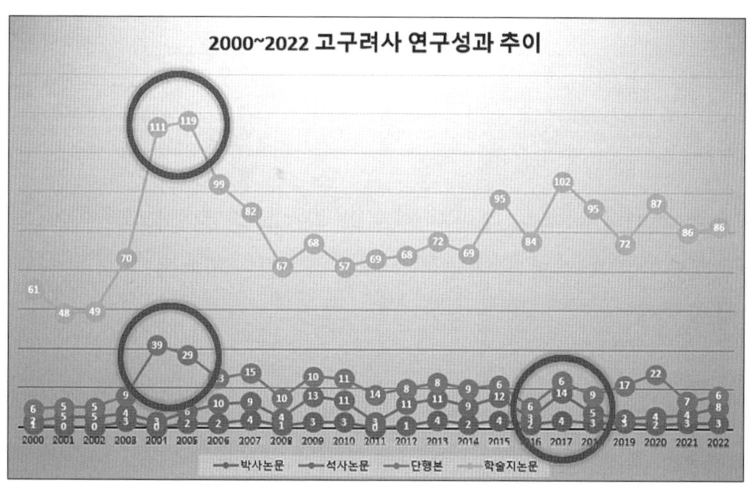

〈그림 1〉 2000년 이후 연도별 고구려사 연구성과 추이(1)

〈표 1〉 2000년 이후 연도별 고구려사 연구성과 추이(2)

년도	박사학위논문[8]	석사학위논문	단행본[9]	학술지 논문
2000	2	2	6	61
2001	-	5	5	48
2002	-	5	5	49
2003	3	4	9	70
2004	-	3	39	111
2005	2	6	29	119
2006	2	10	13	99
2007	4	9	15	82
2008	1	4	10	67
2009	3	13	10	68
2010	3	11	11	57
2011	-	3	14	69
2012	1	11	8	68
2013	4	11	8	72
2014	2	9	9	69
2015	3	12	6	95
2016	2	3	6	84
2017	4	14	6	102
2018	3	5	9	95
2019	3	2	17	72
2020	2	4	22	87

2021	3	4	7	86
2022	3	8	6	86
2023	2	1	-	-
계	52	158	270	1,730

한편 2000년 이후 고구려사 연구의 활성화를 확인할 수 있는 지표 중 하나는 연구 성과를 검토하는 논문만 해도 40편이 훌쩍 넘는다는 것이다.

• 한국학계

임기환, 2003, 「고구려 정치사의 연구 현황과 과제」『한국고대사연구』31.

박경철, 2003, 「고구려 '민족'문제 인식의 현황과 과제」『한국고대사연구』31.

조법종, 2003, 「고구려 사회경제사의 연구 현황과 과제」『한국고대사연구』 32.

임기환, 2006, 「고구려사 연구의 어제와 오늘」『백산학보』76.

여호규, 2010, 「1990년대 이후 고구려 문자자료의 출토현황과 연구동향」 『한국고대사연구』57.

강진원, 2017, 「고구려 國家祭祀 연구의 경향 및 쟁점 – 한국학계의 동향을 중심으로 – 」『인문학연구』34.

윤용구, 2014, 「중국 출토 고구려·백제유민 묘지명 연구동향」『한국고대사연구』75.

김현숙, 2015, 「고구려 수묘제 연구의 현황과 쟁점」『국학연구』26.

조영광, 2015, 「광개토왕비에 보이는 대외 관계와 고구려 천하관에 대한 연구 현황과 과제」『동북아역사논총』49.

여호규, 2016, 「韓·中·日 3國 學界의 〈集安高句麗碑〉 研究動向과 課題」『동방학지』

---

8) 사학과, 국사학과, 한국사학과, 역사문화학과, 역사교육과, 고고학과, 문화재협 동과정 등을 포함하였고, 교육대학원, 예술대학원, 국어국문학과, 체육학과, 음악학과, 회화과 등을 제외한 수치이다.

9) 전공서 및 대중서를 포함하였고, 어린이도서는 제외한 수치이다.

177.

김현숙, 2018, 「'고구려사에서의 말갈' 연구의 현황과 과제」 『동북아역사논총』
    61.

장원섭, 2021, 「入唐高句麗移民研究의 現況과 問題」 『한국사학사학보』 43.

· **중국학계**

申瀅植·趙二玉·徐日範, 2000, 「中國學界의 韓國古代史 研究活動」 『국사관논총』
    91.

여호규, 2003, 「중국학계의 고구려 대외관계사 연구현황」 『한국고대사연구』
    31.

김영천, 2008, 「中國 學界의 高句麗 對外關係 研究動向」 『사총』 66.

김현숙, 2016, 「동북공정 종료 후 중국의 고구려사 연구동향과 전망」 『동북아역
    사논총』 53.

백종오, 2017, 「中國內 高句麗山城의 發掘 現況과 主要 遺構·遺物의 檢討 - 2005
    年~2016年 發掘調査를 중심으로 -」 『선사와고대』 53.

정호섭, 2017, 「중국의 POST 東北工程과 고구려사 관련 동향 분석」 『한국사학
    보』 51.

안정준, 2017, 「高句麗의 영역지배에 대한 연구현황과 과제」 『사림』 62.

이승호, 2017, 「2007년 이후 중국의 고구려 종교·사상사 연구 동향」 『고구려발
    해연구』 57.

이준성, 2017, 「동북공정 종료 후 중국학계의 고구려 '대외관계사' 연구 동향」
    『선사와고대』 53.

조영광, 2017, 「포스트 동북공정, 중국의 고구려 국가형성 및 초기 정치제제
    연구 동향」 『한국학논총』 47.

정동민, 2017, 「최근 중국 학계의 고구려 전쟁사 연구」 『군사』 102.

판언스·진비, 2018, 「2010년 이래 중국학계의 고구려사 연구 성과 정리」
    『고구려발해연구』 61.

권순홍, 2022, 「최근 중국학계 고구려사 연구(2018~2021)의 몇 가지 변화」, 『동북아역사논총』 77.

• 일본학계

이노우에 나오키, 2008, 「1945년 이후 일본에서의 고구려사 연구동향」, 『선사와 고대』 28.

• 북한학계

백종오, 2008, 「북한의 고구려 유적 연구 현황 및 성과」, 『한국학』 31.

김현숙, 2012, 「'동북공정' 이후 북한의 고구려사 연구동향」, 『국학연구』 21.

양시은, 2016, 「최근 북한 고고학계의 고구려 연구 동향 : 『조선고고연구』를 중심으로」, 『고구려발해연구』 56.

정경일, 2016, 「최근 북한학계에서 이룩한 고구려 고고학 성과」, 『선사와고대』 47.

정경일, 2017, 「최근 북한경내 고구려 벽화무덤의 발굴조사 현황과 과제」, 『사학연구』 126.

강현숙, 2020, 「북한의 고구려 고고학 조사·연구의 성과와 과제」, 『문화재』 53.

• 고고학(고분벽화 포함)

전호태, 2004, 「외국학계의 고구려 고분벽화 연구동향(1997~2003)」, 『역사와현실』 52.

양시은, 2012, 「연변 지역 고구려 유적의 현황과 과제」, 『동북아역사논총』 38.

최종택, 2014, 「남한지역 고구려유적 연구현황과 과제」, 『고구려발해연구』 50.

양시은, 2014, 「고구려 도성 연구의 현황과 과제」, 『고구려발해연구』 50.

양시은, 2014, 「남한지역 출토 고구려 토기의 현황과 특징」『호남고고학보』
46.

전호태, 2014, 「세계문화유산 등재 고구려벽화고분의 현황과 과제」『고구려발
해연구』50.

최종택, 2016, 「湖西地域 高句麗遺蹟의 調査現況과 歷史的 性格」『백제연구』63.

윤성호, 2019, 「남한지역 고구려 관방시설의 연구 성과와 과제」『군사』110.

김진순, 2019, 「고구려 고분벽화 연구 동향과 과제—한국 학계의 미술사
연구를 중심으로—」『동양미술사학』9.

김근식, 2021, 「高句麗 壁畵古墳 墨書 硏究의 現況과 그 課題」『고조선단군학』
46.

먼저 한국학계의 연구 동향을 살핀 논문을 살펴보면, 2000년대 초반에
는 정치사, 사회경제사, 민족문제 등으로 구분하여 동향이 정리된 반면,
2010년대 이후로는 문자자료, 묘지명, 수묘제, 천하관, 종족 문제 등
보다 구체적인 단위로 구분되어 현황과 쟁점이 논의되고 있다는 점이
특징적이다. 중국학계의 고구려사 연구 동향도 다각도로 검토되었는데,
특히 '동북공정'이 마무리된 지 10년이 지난 2017년을 전후하여서는 공동
연구를 통해 정치사, 대외관계사, 전쟁사, 종교사상사 등 분야별로 분석한
결과가 제출되었다.[10]

이와 함께 해방 이후 일본학계의 고구려사 연구동향을 분석하면서
광개토왕비 연구를 위시하여 문헌사학과 고고학 분야에서의 동향 변화
등을 추적한 연구도 있다. 북한 학계의 고구려사 연구에 대해서는 대체로
새롭게 조사·발굴된 고고학 성과에 대한 검토가 주를 이루는 가운데,
2007년 발간된 『조선력사지도첩』을 중심으로 확인되는 남북 학계 사이
인식의 간극이 검토되었다. 마지막으로 고고학의 경우 고분벽화, 토기,

---

10) 연구 결과는 김현숙 외, 2017, 『동북공정 이후 중국의 고구려사 연구 동향—분석과
비판 2007~2015』, 역사공간으로 묶어 출간되었다.

관방시설 등 분야별 분석과 함께 남한지역, 연변지역, 호서지역 등 지역별 유적들의 연구 현황이 정리되었다.

이처럼 연구 동향에 대한 분석조차도 점차 세분화되어 진행되고 있는 상황에서 2000년대 이후 고구려사 연구 전반의 동향을 세밀하게 분석하는 것은 개인이 감당하기 어려운 작업이 되었다. 그럼에도 불구하고 거시적인 틀 내에서 고구려사 연구의 전반적인 흐름을 따라가며 정리하는 작업은 필요한 것 또한 사실이다. 이에 본고에서는 관련 연구 성과의 연도별 동향을 파악한 후, 텍스트 마이닝 기법 중 가장 기초적이면서도 직관적인 워드클라우드 방식을 통해 주제별(문헌사, 고고학 등), 연구 대상 시기별(초기, 중기, 후기 등) 핵심 키워드가 무엇이었는지 제시할 것이다.[11] 또한, 고구려사를 둘러싼 연구 환경의 변화를 살피면서 앞으로의 연구 전망을 간략하게 더하고자 한다.

1. 석·박사 학위논문 동향

1) 연도별 학위 배출 규모

2000년~2023년에 걸쳐 발표된 고구려 관련 박사학위논문은 총 52편이

---

11) 박사학위논문의 경우 국문초록 및 결론 부분의 내용 요약을 대상으로 하였으며, 석사학위논문과 단행본, 학술지논문은 제목을 수집하여 분석하였다. 먼저 한자 → 한글 변환 작업, 불용어 제거 등 전처리 과정을 거친 후 출현 빈도를 계산하고 이를 시각화하였다. 특정 분야의 연구 동향 파악을 위한 텍스트마이닝 기법 활용에 대해서는 그 장점과 한계가 함께 지적되고 있다. 이에 역사학분야에서는 「회고와전망」 등 기존 연구사정리 성과들을 적극적으로 검토하면서, 텍스트마이닝 기법을 통한 분석 결과를 비교하고 확인하는 제한적인 수준에서 활용하고 있다.(서호준, 2021, 「빅데이터와 한국 고대사 연구경향」『대구사학』 144) 본고에서도 분야별, 연도별 대략의 흐름을 시각적으로 확인하는 정도의 목적으로 활용하고자 한다.

다. 이 중 문헌사 논문은 42편이고, 고고학 논문은 10편이다. 매년 두 명 이상의 고구려사 박사가 배출된 것이다. 같은 기간 한국고대사 전체를 대상으로 석·박사학위 논문의 현황 분석한 결과에 따르면,[12] 고구려를 주제로 한 박사학위논문은 전체 대상 논문의 21.1퍼센트에 해당한다. 이는 신라(35.4퍼센트, 통일신라 포함)보다 낮지만 백제(18.6퍼센트), 고조선(3.1퍼센트) 및 고대사 통합논문(9.3퍼센트)보다 높은 수치이다. 또한 이러한 경향은 1990년~1999년 기간 동안 고구려를 주제로 한 논문이 전체 고대사 논문 중 8퍼센트였던 것에 비교해 볼 때 크게 높아진 것이다.

이 기간 발표된 고구려 관련 석사학위논문은 총 159편이었는데, 문헌사 논문이 103편이고 고고학 논문이 56편이다. 같은 기간 고대사 전체 석사학위논문의 22.9퍼센트를 차지하는 수치이다. 이는 박사학위논문이 고대사 전체에서 차지했던 비중과 비슷한 것이며, 1990~1999년 사이 12.1퍼센트에 비해 10퍼센트 이상 높아진 경향 역시 박사학위논문의 경우와 유사하다. 이상과 같이 학위배출자의 규모로 보았을 때 2000년대 이후 고구려사 연구는 이전 시기에 비해 양적으로 증가했을 뿐 아니라 고대사 전체에서 차지하는 비중 역시 증가한 것을 확인할 수 있다.

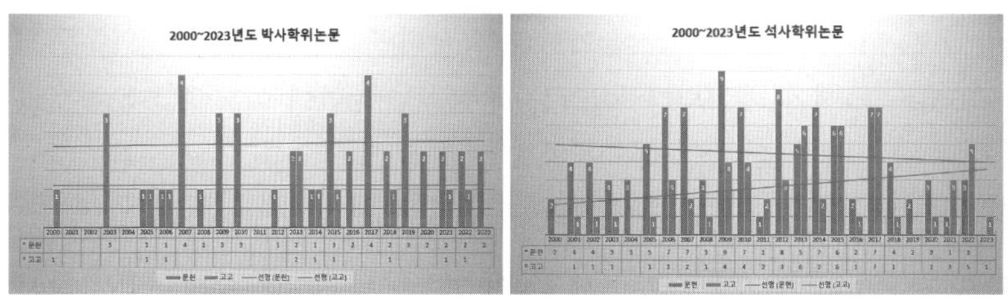

〈그림 2〉 2000년 이후 연도별 고구려사 관련 박사/석사학위논문 추이

---

12) 한영화, 2022, 「2000년대 이후 한국고대사 석·박사학위 논문의 현황과 대학원 교육의 방향」 『사림』 82, 8~9쪽. 이 논문의 분석 대상은 2000년에서 2021년까지로 본고와 약간의 차이를 보이지만 대체적인 경향을 파악하는 데에는 큰 무리가 없으리라 생각한다.

박사학위논문 배출 경향을 연도별로 살펴보면, 문헌사 관련 논문의 경우 2000년~2002년까지 3년 동안은 배출된 성과가 없으나 2003년 3편이 발표된 이후 꾸준하게 1~4편 사이의 성과가 제출되었다. 특히 2012년 이후로는 한 해도 거르지 않고 문헌사 박사학위논문이 제출되는 추세가 이어졌다. 위 그래프를 보면 2000년대 초·중반보다는 2010년대 이후 기간에 밀집도가 높은 것도 확인할 수 있다. 석사과정에 진학한 후 박사 졸업까지 걸리는 기간을 고려해 보았을 때, 2000년대 초반 석사과정에 입학한 연구자들이 2010년대 중·후반 경 박사로 배출되었음을 추측할 수 있다. 반면 고고학 논문의 경우 2000년에 고분과 성곽을 주제로 한 2편이 발표된 것을 시작으로 격년에 1편 정도가 꾸준하게 제출되고 있다. 문헌사에 비해 연도별 편차가 크게 나타나지 않았다는 점이 특징적이다.

석사학위논문의 경우 박사학위논문에 비해 뚜렷한 시대별 변화가 간취된다. 위 그래프를 보면 문헌사 연구는 2000년대 중반 이후 급격하게 늘어나기 시작하여 2009년 9편을 정점으로 다시 빠르게 줄어드는 경향을 보인다. 이러한 추세가 향후 지속될지 예단하기 어렵지만, 현재 석사과정에 재학 중인 예비 연구자들의 전공 선택 현황을 고려하면 고구려 전공자의 숫자가 현재보다 줄어들 가능성이 커보인다. 고고학 연구의 경우 2000년대 후반 이후 논문 성과가 늘어나기 시작하여 2010년대 중반 이후까지 점증하는 추세가 확인된다. 이러한 추세는 2010년대 이전에는 문헌사와 고고학 학위논문이 차지하는 비중에도 큰 영향을 미쳤다. 2010년대 이전에는 문헌사(54편)의 비중이 75퍼센트로 고고학(18편)에 비해 월등하게 많았으나, 2010년 이후 연구에서는 문헌사 49편, 고고학 38편으로 문헌사가 차지하는 비중이 56퍼센트로 낮아졌다. 고고학이 차지하는 비중이 높아지고 있는 추세는 앞으로도 지속될 여지가 크다. 이를 바탕으로 고고학 연구의 성과가 문헌사 연구에도 반영되고, 또한 융합적인 방법론을 활용한 연구가 증가하는 방향으로 나아가면서 고구려사 연구에 새로운 돌파구가 마련되어야 할 것이다.

2) 주제별·대상 시기별 동향

2000년~2023년 기간 동안 학위논문에서 다뤄진 핵심 키워드를 살펴본다. 먼저 해당 기간 전체를 대상으로 워드클라우드 방식으로 시각화한 연구 동향은 다음과 같다. 박사학위논문에서는 지역, 세력, 관계, 지배, 당, 중국, 정치, 변화, 고분, 국가, 평양 등이 상위 키워드로 자리잡고 있으며, 석사학위논문에서는 고분, 벽화, 중심, 지역, 관계, 초기, 평양, 구조, 출토, 한강 등이 중심 키워드로 나타났다. 박사학위논문의 경우 고고학(10편)에 비해 문헌사(42편)의 비중이 높기에 주로 정치사 및 대외관계사 관련 키워드가 상위에 배치되고 있지만, 벽화, 고분, 적석총, 와당 등의 키워드도 노출 빈도가 높았음을 알 수 있다. 석사학위논문의 경우 반대로 고고학 관련 키워드가 상위에 위치하고 있는데, 이는 문헌사(103편)의 연구 주제는 시기별/주제별로 분산된 반면 고고학(56편) 분야의 연구 주제는 고분(적석총, 묘지)과 벽화, 와당, 토기 등에 집중된 경향이 반영된 것으로 판단된다.

보다 세밀한 동향 분석을 위해 박사학위논문을 대상으로 분야별(문헌사, 고고학) 및 시기별(초기, 중기, 중후기, 후기)로 나누어 키워드를 제시하면 다음 〈그림 3, 4〉와 같다.

먼저 문헌사와 고고학을 구분하여 살펴보면, 문헌사 연구에서는 세력, 지역, 관계, 지배, 집단 등 정치사와 국제관계사 연구 관련 개념들이 상위에 노출되었고 그 대상으로는 당, 수, 북위, 현도군 등을 포함한 중국, 신라, 부여 등의 언급 빈도가 많았다. 또한 천도, 도성, 유민, 부흥(운동), 왕권(왕실) 등이 주요 키워드로 분석되었다. 각 시기별로 고구려가 주변 국가들과 어떻게 관계를 맺었는지, 세력 확장과 관련된 사건들이 어떠한 영향을 주었는지 등에 연구가 집중된 것이다. 반면 고고학 연구에서는 와당(기와, 연화문, 권운문), 산성(성곽, 보루), 벽화, 고분(적석총, 봉토) 등 연구 주제와 관련된 용어들이 상위를 차지하였고, 중국, 북한,

〈그림 3〉 고구려 학위논문의 연구키워드. 박사논문(좌), 석사논문(우)

〈그림 4〉 고구려 박사학위논문의 분야별 연구키워드. 문헌사(좌), 고고학(우)

백제, 한강, 북조, 남한, 임진강, 아시아 등 지역을 나타내는 용어들의 빈도가 높게 나타났다. 이 기간 동안 고고학 연구는 특정 지역의 고고학적 발굴 결과(산성, 벽화고분 등)과 유물(와당, 토기 등)을 통해 고구려의 생활 양식, 기술 수준 등을 분석하고 영향을 주고받았던 주변 지역과의 관련성을 논하는 연구가 주된 경향을 이뤘음을 알 수 있다.

다음으로, 연구 대상 시기별(초기, 중기, 중후기, 후기)로 분석하면 다음과 같은 결과를 얻을 수 있다.

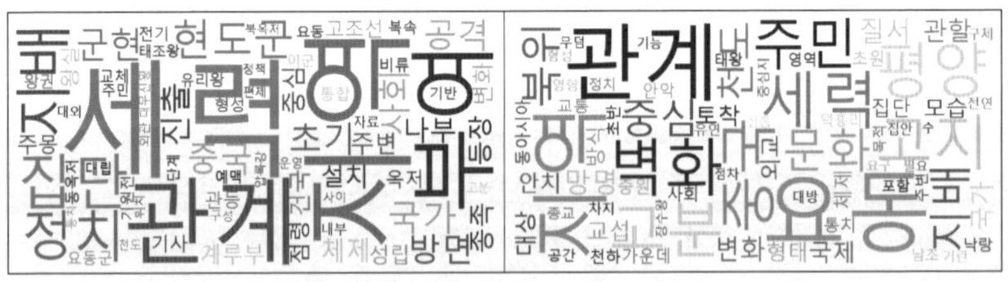

〈그림 5〉 고구려 박사학위논문의 대상 시기별 연구키워드. 초기(좌), 중기(우)

고구려 초기사 연구는 건국 과정과 함께 주변 세력과의 관계 설정이

〈그림 6〉 고구려 박사학위논문의 대상 시기별 연구키워드. 중후기(좌), 후기(우)

주된 연구 주제였다. 세력, 지역, 집단, 사회, 종족, 왕실 등 국가형성 과정을 설명하는 키워드가 상위에 노출되었고, 부여와 현도군, 요동(군), 고조선, 옥저(북옥저), 예맥 등 세력들과의 관계를 살필 수 있는 공격, 진출, 등장, 설치, 점령, 통합, 복속 등이 자주 언급되었다. 다음으로 4~5세기에 해당하는 중기 연구에서는 국제관계에 대한 관심이 압도적으로 높았다. 요동, 평양, 북위, 전연, 유연, 중원, 낙랑, 대방, 초원 등과의 관계에서 지배, 망명, 외교, 교섭, 안치 등의 행위를 통해 국제 교류의 대상과 질서가 어떠한 방식으로 변화되었는지가 주된 관심이었음을 알 수 있다. 특히 동아시아라는 틀 속에서 이 시기 고구려 국제관계를 이해하려는 시도도 적지 않았다.

4세기에서 7세기까지를 대상으로 다루고 있는 논문들은 '중후기'로 분류하였는데, 이 경우 북위를 비롯하여 수·당과의 관계, 불교의 영향, 지역적 확장과 세력의 변화 등이 주된 연구 주제였다. 아울러 신라, 유연, 거란, 돌궐, 북연, 요하, 일본 등 국가/지역과의 관계가 연구되었으며, 평양(장안성)으로의 천도 및 지방통치 방식과 연관된 산성(성곽)의 분포 등에 대한 관심이 높았다. 마지막으로 6세기 이후 후기를 집중적으로 다룬 후기사 논문들에서는 주로 수·당과의 전쟁과 신라, 백제, 돌궐 등과의 관계 변화, 연개소문과 보장왕 및 귀족 세력의 동향에 대한 연구, 그리고 멸망 과정 및 부흥운동(검모잠, 안승)과 유민에 대한 연구가 진행되었다. 다른 시기에 비해 주요 키워드들이 차지하는 비중이 훨씬 큰 것으로 보아 관련 주제에 대한 연구 집중도가 컸다는 점도 알 수 있다.

2. 단행본, 학회지 논문 및 학술회의 동향

1) 단행본, 학회지 논문

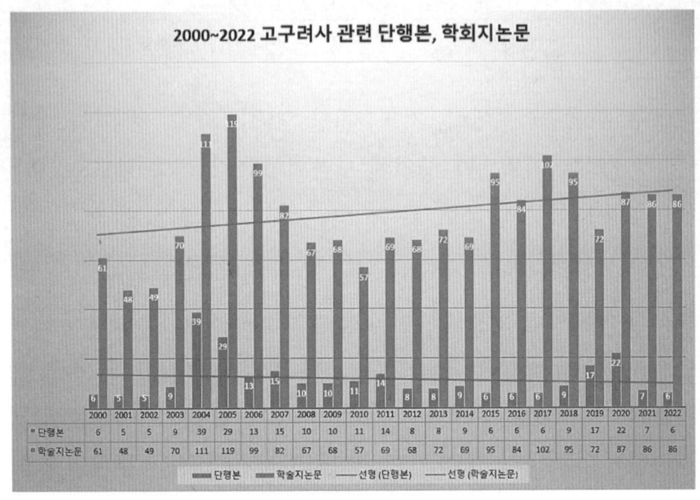

	2000	2001	2002	2003	2004	2005	2006	2007	2008	2009	2010	2011	2012	2013	2014	2015	2016	2017	2018	2019	2020	2021	2022
단행본	6	5	5	9	39	29	13	15	10	10	11	14	8	8	9	6	6	9	17	22	7	6	
학술지논문	61	48	49	70	111	119	99	82	67	68	57	69	68	72	69	95	84	102	95	72	87	86	86

〈그림 7〉 2000년 이후 연도별 고구려사 관련 단행본, 학회지논문 추이

　　2000년~2022년까지의 고구려사 관련 단행본 및 학회지 논문을 연도별로 제시하면 위의 그래프와 같다. 먼저 이 시기 간행된 단행본은 270권에 이른다. 매년 평균 11.7권에 이르는 수치이다. 2004년 39권, 2005년에 29권이 출간되었고, 2019년과 2020년에도 각각 17권, 22권이 출간되어 막대그래프의 양쪽에서 높은 수치를 나타내고 있지만, 선형 그래프를 통해 추세를 살펴보면 전반적으로는 우하향하는 것을 알 수 있다.[13]

---

13) 이 수치는 소위 '유사역사학'이라 할 수 있는 범주의 출판물을 제외하고 제시한 것이다. 예를 들어 2016년 발행된 『고구려의 평양과 그 여운』의 경우 고구려 때의 평양이 현재 북한의 평양 지역이 아니라 요양(현재 중국 랴오닝성 랴오양시)이라고 하는 등 역사적 사실에 부합하지 않는 내용으로 채워져 있다. 이 사례를 비롯해 2000년대 이후 '유사역사학자'들의 활동으로 인한 혼란과 그에 대한 관련 기관과 학계의 대응은 해당 시기 고구려사 연구의 특징 중 하나라 할

이 중 2000년대 중반 단행본이 예년에 비해 2~4배 가량 급증한 것은 주지하다시피 ‘동북공정’이 국내에 알려진 이후 그에 대응 과정 및 사회적 관심에 따른 것이라 하겠다. 앞서 살펴본 학위논문의 연도별 추이에서 2000년대 후반에 이르러 논문수가 가파르게 증가하는 것에 비해, 단행본의 경우에는 2004년과 2005년에 즉각적으로 대응 결과가 나타난 것으로 파악할 수 있다. 다만, 이 시기 간행된 단행본의 경우 출간 권수가 늘었다는 점에 더해, ‘위대했던’, ‘중국을 뒤흔든’, ‘올바른’ 등의 수식어가 붙는 저서들이 다른 시기에 비해 큰 비중을 차지하고 있다는 특징도 나타난다.

한편 2019년과 2020년에도 각각 17권과 22권의 단행본이 출간되었다. 이는 예년에 비해 두 배 이상이 되는 수치로, 동북아역사재단에서 오랜 기간 동안 수행한 대형 프로젝트의 결과물들이 이 시기에 집중적으로 출간된 결과이다. 총 10권으로 출판된『중국 소재 고구려 유적과 유물』을 비롯하여 역시 10권으로 완간을 앞두고 있는『고구려통사』를 비롯하여 『고구려 남자, 고구려 여자』,『고구려와 수·당 70년 전쟁』등 교양총서 시리즈가 이때부터 순차적으로 간행된 것이다. 이 결과물들은 문헌사와 고고학 분야를 망라하고 있어 향후 고구려 연구 및 일반 시민의 역사 이해에 기여할 것으로 기대된다.

이 기간 제출된 학술지 논문은 총 1,816편으로, 매년 평균 78.9편에 이르는 수치이다.[14] 연도별 편차가 꽤 큰 편이지만, 선형그래프를 통해 보면 점진적으로 우상향하는 경향을 확인할 수 있다. 단행본과 마찬가지로 2004~2005년 사이 성과가 급격하게 늘어난 것은, 후술하는 바와 같이

수 있으나, 연구 동향을 다루는 본고에서는 이에 대해 자세히 언급하지 않고자 한다. 이에 대해서는 정요근, 2017,「청산되어야 할 적폐, 국수주의 유사 역사학」 『역사와현실』105 등 참고.

14) 해당 수치는 국사편찬위원회에서 집계하는『한국사연구휘보』를 기준으로 ‘고구려’를 제목에 포함한 연구성과를 추출한 후, 해외학술지 게재 논문, 서평 및 번역 논문 등을 제외하고 역사학 및 고고학 논문에 한정하여 별도로 집계한 것이다.

이 기간 중에 여러 학회와 기관이 앞다투어 고구려 관련 학술회의를 기획한 결과물이 '특집 논문'이나 '기획 논문'으로 묶어 공간된 경우가 많았기 때문이다. 반면, 2010년대 초반에는 다시 가파르게 논문 편수가 줄어들어 2010년에는 2000년대 초반 수준인 57편으로 줄었고, 이후 2010년대 후반에는 대략 80~90편이 발표되는 추세가 유지되고 있다.

해당 시기 고대사 연구 전체에서 고구려사 논문이 차지하는 비중도 살펴보고자 한다. 『한국사연구휘보』를 기준으로 파악할 때 고구려사 논문이 차지하는 비중은 2001년 16.12퍼센트, 2002년 13.1퍼센트였으나 2003년 21.0퍼센트로 높아진 이후 2004년 29.6퍼센트, 2005년 24.7퍼센트, 2006년 26.7퍼센트까지 높아졌고, 2007년 21.3퍼센트, 2008년 20.4퍼센트에 이르기까지 6년 동안 20퍼센트 대를 유지하였다.[15] 이후 2009년 16.7퍼센트, 2010년대 11.8퍼센트 등으로 하향한 후 2010년대 후반~2020년대 대체로 15퍼센트 안팎의 비중을 차지하고 있다.[16]

〈그림 8〉 전체 기간 단행본(좌), 학술지 논문(우)

다음으로 워드클라우드 방식을 통해 키워드를 시각화한 결과를 살펴보면, 단행본의 경우 벽화, 중국, 유적, 고분, 유물, 문화 등이 노출이 많은

---

15) 해당 수치는 국사편찬위원회 『한국사연구휘보』를 기준으로 정리한 것이다.

16) 「회고와전망」에서도 비슷한 경향으로 파악하고 있다. 고구려사 논문이 차지하는 비중은 2017~2018년 15.7퍼센트(신라 19.6퍼센트, 백제 16.1퍼센트), 2019~2020년 15.1퍼센트(신라 26.1퍼센트, 백제 13퍼센트) 등으로 확인된다.(정동준, 2019, 「한국고대사 연구의 양적 증가와 새로운 동향」 『역사학보』 243 ; 박성현, 2021, 「고대사학에서 고대학으로」 『역사학보』 251.)

상위 키워드로 나타났다. 고고학적 유적 조사의 결과물이 책자 형태로 간행된 결과가 반영된 것이며, 이에 더하여 고분 벽화를 소재로 하는 대중서의 비중이 높았던 추세를 반영한다. 한편, 동북공정과 함께 한국, 동아시아, 동북아, 세계 등의 키워드가 자주 등장하였고, 광개토왕비(광개토왕릉, 광개토왕릉비) 관련 서적 역시 대중서 위주로 꾸준하게 간행되었음이 확인된다.

학술지 논문의 경우 벽화, 고분(묘지, 왕릉), 와당, 유적, 출토 등 키워드들이 하나의 군집을 이루고 있다. 역시 고고학 분야 연구의 주된 관심사가 반영된 결과이다. 다음으로 주변국(세력)과의 외교, 전쟁 등이 주요 연구 주제가 되었음을 알 수 있는데, 부여, 신라, 백제, 수, 당, 발해, 북위 등과의 관계가 주로 논의된 것을 알 수 있다. 아울러 유민 묘지명과 삼국사기 등이 상위 키워드로 등장한 것은 이 시기 연구에서 해당 사료를 이용한 횟수가 증가했음을 말해준다. 고구려를 제외한 다른 국가별 동향을 보면 이 기간 동안 목간을 비롯한 신자료 출토를 통한 연구가 변화를 이끌어간 커다란 요인 중 하나였음이 지적되는데,[17] 고구려사의 경우 목간을 대신해 '유민 묘지명'이 그 위치를 차지하고 있음을 알 수 있다.

2) 주요 기획 학술회의

2000년 초반 고구려사 관련 학술회의는 고구려연구회를 중심으로 기획되었다. 2000년 '중원고구려비의 신조명', 2001년, '고구려 유적 발굴과 유물', 2002년 '광개토태왕과 고구려 남진정책', '고구려의 국제관계', 2003년 '고구려 천도 2000주년 기념 학술대회', '고구려 벽화의 세계' 등을 주제로 국제/국내 학술회의를 기획하고 관련 연구성과를 발표하였다.[18]

---

17) 이재환, 2003, 「성장 시대의 끝에서 화학적 결합을 꿈꾸다」 『역사학보』 259.
18) 고구려연구회의 학술대회에 대해서는 고구려연구회 연구원 엮음, 2009, 『고구려연구회 15년사』, 학연문화사 참고.

　　2004년과 2005년에는 '동북공정'의 영향 및 '유네스코 세계유산 등재' 등의 이슈로 인해 고구려사 관련 학술회의가 급격하게 증가하였다. 2000 년 이후 2023년에 이르는 시기 동안 총 75번 정도의 고구려 관련 학술회의 가 진행된 것으로 파악되는데, 그 중 30퍼센트에 해당하는 22번의 학술회 의가 2004년과 2005년 2년 사이에 집중된 것이다. 2년 동안 진행된 고구려 사 관련 학술회의를 나열하면 다음과 같다.

<표 2> 2004~2005년 고구려사 관련 주요 학술회의

	주최	주제	장소	날짜
1	한국고대사학회	최근 중국의 고구려사 연구 및 유적 정비현황과 대응방안	대우재단빌딩	04.1.30.
2	중국의 고구려사 왜곡 공동대책위원회	고구려의 역사와 문화유산	서울역사박물관	04.3.26.-27.
3	한국역사민속학회	한국역사민속학회 2004년 학술심포지엄	중앙대	04.4.13.
4	(사)국학원	고구려와 중국의 동북공정	세종문화회관	04.6.8
5	고구려연구회 한국청년회의소	고구려의 정체성	세종문화회관	04.6.28.-30.
6	독립기념관	한국 근대사와 고구려·발해인식	한국프레스센터	04.8.13.
7	한국역사연구회	한·중 역사인식의 접점, 고구려사를 어떻게 볼 것인가?	서울역사박물관	04.9.11.
8	충주문화원	고구려는 어떤 나라인가	충주후렌드리호텔	04.10.5.
9	문화재청/유네스코	고구려 고분의 보존과 관리	타워호텔	04.10.25.-28.
10	중앙대 민족발전연구원	고구려의 해외진출과 그 활동		04.11.27.
11	고구려연구회	환인·집안지역 고구려 유적 발굴 성과의 검토	단국대	04.11.27.
12	고구려연구재단 중국사회과학원	고구려 문화의 역사적 가치	중국 북경 이생원	04.12.21.-22.
13	고구려연구회	고구려 문화의 원류와 한강유역	경기문화재단	05.4.29.
14	고구려연구회	고구려와 백제	국립공주대	05.6.3.-4.
15	고구려연구재단	고구려 고분벽화의 보존과 복원문제	고려대	05.6.24.
16	강원발전연구원	강원도와 고구려	두산리조트	05.7.15.
17	한국고대사학회	집안 지역 고구려 왕릉의 제문제 (제7회 한국고대사학회 하계세미나)	동학산장	05.8.4.-5.

18	한일관계사학회	동아시아 속에서의 고구려와 倭	서울역사박물관	05.10.14.
19	한국고대학회	고구려 미술문화의 재조명	덕성여대	05.10.29.
20	고구려연구회	광개토태왕릉의 제문제	단국대	05.11.3.-5.
21	고려대 미술학부	고구려벽화의 이미지 복원	고려대	05.12.3.
22	경기도박물관	'우리 곁의 고구려' 특별전 기념 학술 강연회	경기도박물관	05.12.23.

  2006년 이후에는 고구려사를 주제로 한 학술회의가 다시 급격하게 줄어들었는데, 2006년 '동아시아의 전쟁과 고구려(고구려연구회)', 2007년 '역사와 고구려·발해 드라마(고구려연구회)', 2008년 '고구려의 역사적 의의 및 계승 발전 방향(한국고대학회)' 등 대중친화적인 주제가 논의되었다. 또한 2007년 '고구려의 족원과 기원(고구려연구회)'. 2008년 '卒本 시기 고구려 역사 연구(동북아역사재단)', 2011년 '압록강 중상류 고구려 유적·유물의 역사적 성격' 등 초기사 관련 학술회의가 이어지는 흐름도 있었다.

  2010년대 이후에는 '지안고구려비'의 발견과 연동하여 이를 검토하는 학술회의가 고구려발해학회(2013.02, 신발견 고구려비의 예비적 검토)와 한국고대사학회(2013.04, 신발견 '集安 高句麗碑' 종합 검토)에 의해 연이어 개최되었고, 광개토왕릉비 건립 1600주년을 기념하는 학술회의도 겨레얼 살리기운동본부(2014) 동북아역사재단·한국고대사학회·고구려발해학회(2014)에 의해 두 차례 기획되었다. 또한 한강 이남 지역에 대한 고구려의 진출 과정 및 '중원문화'에 대한 관심과 연구성과가 증가하면서 '고구려와 충주'(2013, 고구려발해학회·예성문화연구회), '고구려의 재발견'(2013, 한국고대학회·한국교통대 박물관), '융합의 공간, 中原 : 中原과 고구려(2022, 충청북도문화재연구원·충북대 중원문화연구소) 등이 논의되었고, 충주고구려비 발견 40년을 맞이한 2019년에는 '충주 고구려비의 어제와 오늘(2019, 한국교통대 박물관·한국고대학회), '충주 고구려비의 재조명(동북아역사재단·한국고대사학회) 등을 통해 기존 연구성과가 정리되고 새로운 판독이 시도되었다.

  2010년대 중후반을 지나면서는 새로운 분야의 연구 주제에 대한 관심이 반영된 학술회의들이 기획되었다. 고구려 유민 묘지명의 발견 사례가 늘어나면서 '唐代 墓誌銘을 통해 본 고구려, 백제 遺民 一族의 동향'(2015, 한국역사연구회·동북아역사재단), '泉男生墓誌銘에 대한 새로운 이해' (2015, 한국고대사탐구학회) 등을 주제로 한 논의가 진행되었고, '(고구려 멸망 1350주년 기획) 고구려 멸망의 재조명'(2018, 대구사학회)를 통해 주변국의 대응과 귀속문제 등이 다뤄졌다. 또한 '고구려와 발해의 都市, 文化, 그리고 世界'(2019, 고구려발해학회·한국학중앙연구원·길림대학고 고학원), '동북아시아의 인적·물적 네트워크와 고구려·발해'(2019, 고구려 발해학회·경희대 IKAA), '고구려, 발해의 대외 팽창과 邊境'(2020, 고구려 발해학회), '고구려 도성 경관과 방어체계의 새로운 인식'(2022, 국립문화 재연구원 고고연구실) 등을 통해 도시, 네트워크, 변경, 도성, 경관 등에 대한 이해가 심화되었다.

<표 3> 1~10회 고구려주니어포럼 주제

회차	주제	날짜
1회	고구려사 연구의 최근 동향과 전망	14.8.7.-8.
2회	21세기 한·중의 고구려 연구성과	15.8.6.-7.
3회	한-중 고구려사 연구 쟁점의 이해와 공유	16.11.05.
4회	한중일 고구려 발해사 연구의 새로운 동향	17.12.02
5회	경계를 넘어서는 고구려·발해사 연구	18.11.5.
6회	고구려사 연구의 국제적 동향과 새로운 모색	19.11.2.
7회	고구려-발해 연구의 최전선	20.11.14.
8회	고구려사 연구의 최전선	21.11.27.
9회	한·중 고구려·발해사 연구의 쟁점	22.11.26.
10회	동아시아 고구려사 교류의 성과와 전망	23.11.24.

  마지막으로, '고구려 주니어포럼'을 통해 한국·중국·일본의 신진학자들 이 교류하는 기회를 마련할 수 있었다. 이 포럼은 동북공정 이후, "서로 입장이 다르다 하더라도 학술적 교류를 확대하고 그 과정에서 서로의 의견을 교환하며 논쟁하고 설득하고 자극을 받는" 공간이 필요하다는

제안에 의해 기획되었다.[19] 첫 해인 2014년를 제외하고(연세대 근대한국학연구소 단독 주최) 2015년 2회부터 2023년 10회에 이르기까지 '코로나19' 기간을 포함하여 매년 연세대 근대한국학연구소와 고구려발해학회가 공동으로 개최하였다. 10회 동안의 포럼을 통해 한국 신진학자 35편, 중국 신진학자 23편, 일본 신진학자 4편, 북한 신진학자 1편 등 총 63편의 논문이 발표되었고, 그 성과를 엮어 『소장학자들이 본 고구려사』(2018), 『경계를 넘어서는 고구려·발해사 연구』(2020) 등 두 권의 단행본을 간행하는 성과를 남길 수 있었다.

맺음말을 대신하여 : 고구려사 연구 환경의 변화와 전망

지금까지 2000년 이후 고구려사 연구 동향을 학위논문, 단행본, 학술지 논문, 학술회의 등으로 분류하여 살펴보았다. 이제 맺음말을 대신하여 고구려사 연구가 활성화될 수 있었던 연구환경의 변화를 이 기간 구축된 DB 및 사료·유물 집성화 현황을 통해 살펴보고, 향후 연구의 질적 성장을 위한 약간의 전망을 하고자 한다.

2000년을 전후한 고구려사 연구 환경의 변화를 살필 때, 가장 먼저 언급할 수 있는 것은 역시 데이터베이스(DB)의 구축 및 보급이라 할 수 있다. 지식정보자원관리사업으로 인해 역사자료의 전산화가 본격화된 것이 2000년 이후이기 때문이다.[20] 그 이전이었던 1990년대 후반 '한국사사료연구소'를 통해 『삼국사기』 CD가 제작되었을 당시 '컴퓨터를 통해 사료들을 검색, 활용될 수 있는 놀라운 학문적 성과'로 평가되었던 것[21]을

---

19) 이인재, 2018, 「총론 : 한·중 소장학자들의 고구려사 연구와 21세기」, 『소장학자들이 본 고구려사』, 혜안.
20) 류준범, 2008, 「역사 자료 전산화와 사료 비판」, 『역사문제연구』 20.
21) 조법종, 2000, 「인터넷을 이용한 韓國古代史 關聯史料의 검색과 활용 —中國의 25史를 중심으로—」, 『한국고대사연구』 18.

상기해보면, 2000년대 이후 DB의 구축 속도와 방향은 매우 빠르고 광범위한 것이라 하겠다.

　고구려사 연구와 관련된 주요 사료들의 DB화 과정을 살펴보면, 먼저 국사편찬위원회에서는 지난 2005년 『중국정사 조선전』[22]을 시작으로 2008년에는 『한국고대금석문자료집』,[23] 『역주 한국고대금석문』,[24] 『한국고대사료집성(중국편)』[25] 등 책자 형태로 간행되었던 기존 사료(집)를 DB로 구축하였다. 또한, 2009년 '한국고대사료집성 DB구축사업'을 통해 『삼국사기』, 『삼국유사』 등의 원문과 국역, 주석, 이미지가 DB화되었고, 2015년에는 원문의 표점 작업이 추가되었다. 이에 더해 2019년~2023년에 걸쳐 『삼국사기』 및 『한국고대금석문』 「고구려편」의 고도화를 진행하여 최신의 연구성과까지 반영된 역주를 제공하면서 연구 입문 및 동향 파악에 도움을 주고 있다.

　동북아역사재단에서도 2013~2014년 『중국정사 외국전』, 2015년 『사고전서 속의 한국 고대사』, 2021년 『역주 중국정사 동이전』 등을 디지털화하였다. 이 외에도 2014년 구축된 『고구려 문화유산자료』에서는 중국, 일본 등에 분포하고 있는 유적 및 유물의 소장처를 중심으로 출토지, 조사 내용, 특징과 사진 등을 제공하고 있다.[26] 이들 DB의 활용을 통해 고구려

---

22) 국사편찬위원회에서 1987~1990년에 걸쳐 간행한 『中國正史朝鮮傳 역주』 1~4책 및 『국역 中國正史朝鮮傳』 1책을 대상으로 한 것이다.

23) 국사편찬위원회에서 1995~1996에 걸쳐 간행한 『韓國古代金石文資料集』을 대상으로 한 것이다. 총 3책으로 Ⅰ. 高句麗·百濟·新羅篇, Ⅱ. 新羅·伽耶篇, Ⅲ. 統一新羅·渤海篇으로 구성되어 있다. 2008년에 DB로 구축되었다.

24) 1992년 가락국사적개발연구원에서 간행한 책자를 대상으로 한 것이다. 2008년에 DB로 구축되었다.

25) 국사편찬위원회에서 2006년 간행한 『韓國古代史料集成―中國篇』을 대상으로 한 것이다. 1~7책으로 1권 선진문헌류, 정사류 해제 및 원문, 2~3권 정사류 해제 및 원문, 4권 정사류, 총서류 해제 및 원문, 5권 총서류 해제 및 원문, 6권 시문집류 해제 및 원문, 7권 시문집류, 승전류 해제 및 원문으로 구성되어 있다. 2005년~2008년에 걸쳐 DB로 구축되었다.

26) 해당 아이템에는 책자로 출간된 바 있는 『일본 소재 고구려 유물(1~5권)』 및

사 연구의 외연 및 사료 활용의 폭이 넓어지고 있음은 부정할 수 없다.[27]

이 밖에도 국립문화유산연구원에서 2014년 발간한『북방지역 고구려·
발해 유적 지도집』에는 중국 동북지방과 러시아 연해주지방의 유적 800여
개소의 위치와 조사내용, 관련 참고문헌 등이 수록되어 있고, 2019년
간행된『고구려 고고학 논문 해제집』Ⅰ·Ⅱ·Ⅲ에서는 2018년까지 중국
정기간행물에 보고된 고구려 고고학 관련 논문의 주요 내용을 수록하고
있다. 이들 자료집은 국가유산 지식이음 홈페이지 등을 통해 PDF 파일로
도 열람이 가능하다. 그 외 토기를 기종별로 제시하고 주요 출토 유적을
정리한『고구려의 토기』[28]와 중국과 북한, 한국의 유적 64개소에서 확인된
782점의 철기 자료를 수록하고 있는『고구려의 철기』[29] 등을 통해 고구려
고고학 연구의 성과물이 집대성되고 있다.[30]

향후 고구려사 연구가 한단계 더 성장하기 위해 연구 시각 및 방법론적인
측면에서 다음 두 가지를 제시한다. 먼저 연구 시각의 문제에서 세계사로
서의 고구려사, 동아시아사로서의 고구려사, 한국사로서의 고구려사,
지방사로서의 고구려사 등 여러 층위에서의 구상이 지금보다 입체적으로
시도될 필요가 있다. 이를 위해서는 여러 차례 지적되어 온 바와 같이

『중국 소재 고구려 유적과 유물(1~10권)』등의 내용을 모두 망라하고 있다.
특히『중국 소재 고구려 유적과 유물(1~10권)』에서는 성곽 301개소와 성곽의
개별 유구 31기를 비롯하여 고분군 246개소와 개별 고분 269기, 기타 유적
40개소와 개별 유물 84개 등 총 971건의 유적과 유물이 정리되었다.(양시은,
2023,「고구려 연구자를 위한 친절한 길라잡이」『고구려발해연구』77.)

27) 다만, 데이터베이스의 활용으로 인해 검색된 결과를 중심으로 논지를 전개하는
과정에서 사료의 앞뒤 맥락에 대한 주의를 기울이지 못한다거나, 혹은 소재주의
에 의한 연구가 증가하고 있다는 지적 역시 유념해야 할 것이다.

28) 국립문화유산연구소, 2016,『고구려의 토기』.

29) 국립문화유산연구소, 2017,『고구려의 철기』.

30) 한편, 지난 20여 년 동안 한·중 관계의 추이에 따라 고구려 현지 답사가 제한되거
나 발굴 자료 등을 확보하는 데에 시차가 생길 수 있음을 이미 확인한 바
있다. 이러한 점은 앞으로의 고구려사 연구에 장벽이 될 소지가 농후한다.
지금까지 축적해 놓은 관련 기관의 노하우와 성과를 바탕으로 앞으로 더 많은
공구서 및 자료집 등이 지속적으로 간행되어야 하는 이유라 하겠다.

국가와 민족을 중심에 놓고 연구를 진행하던 인식의 변화가 선행되어야
할 것이다. 아울러 중국사, 일본사, 베트남사를 비롯하여 로마사 등의
영역에서 논의되는 주제들에 대한 관심 증대 및 비교사적 시각의 함양,
그리고 고대 사회의 다원적 국제질서를 그려나갈 수 있는 새로운 이론
등에 대한 고민이 필요하다.

　다음으로 방법론적인 측면에서는 무엇보다 고고학, 미술사, 건축사
등 주변학문 분야에 대한 이해도를 높이고, 활용하는 방법을 훈련해야
할 것이다. 문헌·문자자료를 이용한 전통적 연구의 비중이 53.6퍼센트를
차지하는 반면 물질자료를 통한 연구가 38.2퍼센트에 달한다는 통계와
관련하여, 그러한 경향이 고대사 연구자들이 물질자료를 대상으로 연구를
진행해서가 아니라 물질자료를 대상으로 하는 고고학·미술사 연구자들의
활동이 급증하고 있기 때문이라는 진단은 시사하는 바가 크다.31) 현재까
지는 이러한 경향이 가야사 및 삼한사 등에 더 부합하는 이야기일 수
있지만, 본고의 2장에서 분석한 바와 같이 현재 고구려 학위논문의 배출
추세 역시 문헌사 분야는 줄어드는 반면 고고학 분야의 성과는 늘고
있음이 확인되었다. 『삼국사기』 초기기사의 활용 및 묘지명, 고분벽화의
신출 등의 내적 요인과 함께 동북공정을 위시한 외적 요인 등에 의해
지난 20년 동안 양적으로 크게 성장한 고구려사 연구는 이제 여러 측면에서
다시 변화를 요청받고 있다.

---

31) 박성현, 2021, 「한국역사학계의 회고와 전망, 고대. 고대사학에서 고대학으로」
　　『역사학보』 251 ; 권오영, 2021, 「한국 고대사 연구의 미래를 위하여」 『역사와현
　　실』 122.

[부록 1] 2000년~2023년 제출된 고구려사 박사학위논문 목록(총 52편)

고고학 분야(10편)

2000	강현숙	고구려 고분 연구 : 編年과 分布를 中心으로	서울대
2000	서일범	북한지역 고구려산성 연구	단국대
2005	백종오	高句麗 기와 研究	단국대
2006	심광주	南韓地域 高句麗 城郭研究	상명대
2013	양시은	高句麗 城 研究	서울대
2013	王飛峰	高句麗 瓦當 研究	고려대
2014	박유미	고구려음식문화 연구	인하대
2018	송준혁	중국 북조 고분미술과 고구려 벽화의 비교 연구	한중연
2021	이정범	아차산 일대 고구려 보루의 구조와 축조수법 연구	고려대
2022	신광철	관방체계를 통해 본 고구려의 국가전략 연구	고려대

문헌사 분야(42편)

2003	박노석	고구려 초기의 영토 변천 연구	전북대
2003	강선	高句麗와 北方民族의 관계 연구 : 鮮卑. 契丹. 柔然. 突厥과의 관계를 중심으로	숙명여대
2003	이성제	5-6世紀 高句麗의 西方政策 研究 : 北朝와의 對立과 共存의 관계를 중심으로	서강대
2005	정선여	高句麗 佛敎史 研究	충남대
2006	篠原啓方	高句麗的 國際秩序認識의 成立과 展開 : 4-5世紀를 中心으로	고려대
2007	김미경	高句麗 前期의 對外關係 研究	연세대
2007	김락기	5~7世紀 高句麗의 東北方 境域과 勿吉 靺鞨	인하대
2007	이정자	古代 中國正史의 高句麗 認識 : 對外關係記事를 중심으로	한중연
2007	문은순	高句麗의 平壤遷都 研究	한중연
2008	김희선	6~8세기 東아시아 都城制와 高句麗 長安城	한중연
2009	정호섭	高句麗 古墳의 造營과 祭儀	고려대
2009	최희수	高句麗 地方統治 運營 研究	서강대
2009	윤병모	고구려의 전쟁과 요서진출연구	성신여대
2010	조우연	4~5세기 高句麗 國家祭祀와 佛敎信仰 研究	인하대
2010	윤상열	高句麗 天下觀의 형성배경 연구 : 지배구조와 대외관계를 중심으로	연세대
2010	김진한	高句麗 後期 對外關係史 研究	한중연
2012	조영광	高句麗 初期의 國家 形成	경북대
2013	이정빈	고구려-수 전쟁의 배경 연구	경희대
2013	정원주	高句麗 滅亡 研究	한중연
2014	김지영	7세기 고구려의 대외관계 연구	숙명여대
2015	강진원	高句麗 國家祭祀 研究	서울대
2015	김종은	고구려 초기 정치집단 연구	숙명여대
2015	최일례	고구려 시조묘 제사의 정치성 연구	전남대
2016	이동훈	고구려 중·후기 지배체제 연구	고려대

2016	안정준	高句麗의 樂浪·帶方郡 故地 지배 연구	연세대
2017	기경량	高句麗 王都 研究	서울대
2017	이경미	鴨綠江~遼河 유역 고구려 성곽과 지방통치 연구	한국외대
2017	김수진	唐京 高句麗 遺民 研究	서울대
2017	정동민	高句麗와 隋 전쟁 연구	한국외대
2018	방용철	淵蓋蘇文 집권기 고구려의 정치 운영	경북대
2018	김강훈	高句麗復興運動 研究	경북대
2019	권순홍	고구려 도성 연구	성균관대
2019	이준성	고구려의 형성과 정치체제 변동	연세대
2019	장병진	고구려의 성립과 전기 지배체제 연구	연세대
2020	김근식	고구려 벽화고분의 묵서 연구	동국대
2020	최호원	고구려 후기 국내정세와 신라관계	고려대
2021	김성현	高句麗 初期 支配勢力의 再編과 政治體制의 變動	서울대
2021	이규호	高句麗 官制 研究	동국대
2022	박종서	高句麗 南進 研究	단국대
2022	이종록	高句麗 前期 동해안지역 복속과 濊族社會 연구	고려대
2023	김효진	高句麗 初期 對中 관계와 胡族 세력의 동향	고려대
2023	백다해	4~6세기 高句麗 국제관계의 전개와 遼東	이화여대

鄭京日 · 包雨鑫 번역 : 鄭運紅(延邊大學 外國語學院 碩士 修了)

2000년 이후 중국학계의
고구려사 학위논문의 현황과 과제

머리말

고구려사 연구는 호태왕비의 발견 이후 지금까지 130여 년 동안 끊이지 않았는데, 2000년에 들어서면서 중국학계의 고구려사 연구가 활발히 전개되었다. 특히 2004년『고구려 왕성, 왕릉 및 귀족무덤』이 세계문화유산으로 등재되면서 중국학계의 고구려사 연구가 활성화되면서 석·박사 양성이 본격화 되었다. 본문은 CNKI로 "고구려"를 키워드로 검색한 2000년 이래 석·박사 학위논문, 그리고『고구려 발해국사 연구 문헌 목록』[1]의 학위논문을 기반으로 2000년 이후 중국학계의 고구려사 연구현황을 정리하고 분석하기로 하겠다.

1. 학위논문의 주요 연구 주제

2000년 이래 중국학계의 석·박사 학위논문을 보면 대개 역사학, 유적·유

---

1) 尹鉉哲, 2016,『高句麗渤海國史研究文獻目錄』, 延吉 : 延邊大學出版社.

물, 민족학, 문화 분야, 기타 등으로 나누어 볼 수 있다. 그 중 역사학과 고고학이 주를 이루는데 구체적으로 역사학은 정치사, 대외관계사, 전쟁사, 교통사, 사료 분석 등이 포함되며 유적·유물에서는 무덤, 도성, 유물, 유적 보존 등 주제가 대부분을 차지하고 있다.

1) 역사학 주제

정치사 분야에서 안링(安玲)의 『고구려 정치체계 발전 연구』는 고구려 정치체계를 연구 대상으로 삼아, 고구려 정치체계의 시기별 특징을 정리하고 요약하였다. 고구려 고대국가 구조와 중앙 및 지방 통치제도의 변천을 통해 고구려 정치제도의 변화 과정을 분석하고, 고구려 정치제도의 변화 추세 및 변천 특징을 고찰하였다.[2] 왕청청(王程程)의 『고구려 5부 역사 연구』는 고구려 5부의 형성시간, 위치 및 문화를 논술하면서 두 차례의 천도로 인한 5부 분포 지역의 변화에 대해 종합 서술하고 고구려 국가의 발전에 따른 5부 관제의 변화를 중점적으로 분석하였다.[3]

관계사 주제의 연구는 중원 왕조와의 조공·책봉 관계, 동아시아 속의 고구려, 그리고 기타 지역과 나라와의 관계로 집중 나타나고 있다. 류원젠(劉文健)의 『고구려와 남북조 조공관계 연구』는 고구려의 남북조에 대한 조공 활동을 "균등" 조공단계(413~475), "일변도" 조공단계(476~519), "기복변화" 조공단계(520~589)의 세 시기로 나누어 각 단계의 양측의 정세 및 동북아 지역의 전반 상황을 분석하고, 이를 바탕으로 고구려와 남북조 간의 조공과 책봉 상황 및 고구려에 미친 영향에 대해 논술하였다.[4] 팡이(房奕)의 『동아시아 국제질서 와해 과정에서의 중고 각국 관계』는 동아시아의 시각에서 중고시기 중국과 주변 국가의 관계를 다루면서

---

2) 安玲, 2019, 『高句麗政治體系發展研究』, 延邊大學 석사학위논문.
3) 王程程, 2011, 『高句麗五部歷史研究』, 東北師範大學 석사학위논문.
4) 劉文健, 2007, 『高句麗與南北朝朝貢關係研究』, 吉林大學 석사학위논문.

북위와 고구려는 안정적이고 지속적인 외교 관계를 수립할 기초가 부족하였다고 주장한다.[5] 진훙페이(金洪培)의 『고구려와 삼연 관계 연구』는 주로 전연 건국 전 고구려와 모용선비의 관계, 고구려와 전연의 관계, 고구려와 후연의 관계, 고구려와 북연의 관계, 그리고 삼연문화가 고구려에 미치는 영향에 대해 서술하였다.[6] 창러(常樂)의 『고구려와 북위 교섭 관계 연구』는 주로 양국이 병존하는 시기에 발생한 위연(魏燕)전쟁, 쌍방의 화친 문제, 양국의 사신 파견 등 관련 역사 사건에 초점을 맞추어 양자의 외교 관계 발전과정 및 외교 책략을 탐구하였다.[7] 쑝이민(熊義民)의 『서기 4~7세기 동북아 정치관계사 연구』는 중국·일본·한국 사료와 고고자료를 바탕으로 동북아 지역을 전반 범위로 4~7세기 각 정권과 부족 간의 정치관계사를 다루었다.[8] 이 외에도 중원왕조의 한반도 정책과 관련된 다수의 학위논문이 작성되었다.[9]

전쟁사 또한 이 분야의 주된 연구 대상이었다. 리정러(李正樂)의 『당나라와 한반도 삼국의 논쟁』은 당의 한반도 삼국 경략 과정과 그들 사이의 상호 교류의 역사적 사실을 서술함으로써 당나라가 한반도에 군사를 사용한 결과 및 그 역사적 영향을 분석하였다.[10] 장궈량(張國亮)의 『당의 고구려 정벌 전략 연구』는 당의 고구려 정벌 전략을 고찰하면서 고당전쟁 전략과 고수전쟁 전략을 비교하고 고구려 정권의 멸망은 비록 여러 가지 원인으로 인한 것이지만, 고구려군의 전략 실수를 중요한 원인의 하나로

---

5) 房奕, 2007, 『東亞國際秩序瓦解過程中的中古各國關係』, 復旦大學 박사학위논문.
6) 金洪培, 2011, 『高句麗與三燕關係硏究』, 延邊大學 박사학위논문.
7) 常樂, 2014, 『高句麗與北魏交涉關係硏究』, 延邊大學 박사학위논문.
8) 熊義民, 2003, 『公元四至七世紀東北亞政治關係史硏究』, 暨南大學 박사학위논문.
9) 畢曉暉, 2008, 『武則天時期的對外政策』, 吉林大學 석사학위논문 ; 張偲, 2016, 『武則天至唐玄宗時期朝鮮半島政策的演變』, 延邊大學 석사학위논문 ; 劉楠楠, 2017, 『論隋唐(前期)對高句麗·渤海政策的展開與突厥因素』, 延邊大學 석사학위논문 ; 王欣媛, 2018, 『高句麗"南進"硏究』, 東北師範大學 석사학위논문 ; 張自華, 2023, 『隋朝的朝鮮半島經略與東亞格局演變』, 山東大學 석사학위논문.
10) 李正樂, 2008, 『論唐與朝鮮半島三國之爭』, 吉林大學 석사학위논문.

꼽았다.11) 지앙밍셩(姜明勝)의『수당과 고구려 전쟁의 원인 및 영향 분석』
은 중외 학자들의 수당 정벌전쟁의 원인에 대한 분석을 바탕으로 전쟁
초래의 근본 원인과 동아시아 지역에 미친 영향에 대하여 논술을 전개하였
다.12) 쑨웨이란(孫煒冉)의『이근행의 한반도 정벌전쟁 사적 고론』은 이근
행의 한반도 정벌을 중심으로 고당전쟁 과정과 당의 동북 변강 경략
정책, 이근행의 역사상 지위와 역할에 대해 평가하였다.13)

사료 연구를 바탕으로 한 고구려사 종합 연구도 학위논문의 주된 주제이
다. 리웨이(李巍)의『〈자치통감〉 수당 고구려 사료 연구』는『자치통감』
중 수당 고구려 사료의 출처 및 관련 내용을 분석하고『자치통감』의
수당 고구려 사료를 평가하였다.14) 허지아(許佳)의『〈통전·고구려〉연구』
는 두우(杜佑)의『통전·변방전』에 기재된 고구려 사료를 긍정하는 전제
하에 이 문헌에서 고구려 명칭이 혼란스럽고, 시간이 구체적이지 않으며,
순서가 어지럽고, 기록이 잘못된 등의 부족함을 지적하였다.15) 송웨이(宋
偉)의『〈삼국사기·고구려본기〉 사료 집론』은 고구려 민족기원, 건국설화,
왕계, 후추(侯騶), 천도 등 쟁점에 대해 분석하였다.16) 펑야란(馮雅蘭)의
『〈일본서기〉 중 고구려 사료에 대한 연구』는『일본서기』의 고구려 사료를
정리 분류하고, 한중 문헌 기록과의 비교 분석을 통해 한중 사서에 기재되
지 않은 내용을 찾아내고,『일본서기』고구려 사료에 존재하는 문제점을
지적하였다.17) 웨에아오판(岳傲凡)의『고구려 체육 사료 연구』는 고구려
체육 활동을 분석하여 고구려 민족의 체육 문화 특징을 분석하였다.18)

---

11) 張國亮, 2008,『唐征高句麗之戰的戰略研究』, 吉林大學 석사학위논문.
12) 姜明勝, 2008,『隋唐與高句麗戰爭原因及影響探析』, 延邊大學 석사학위논문.
13) 孫煒冉, 2010,『李謹行征戰朝鮮半島事跡考論』, 延邊大學 석사학위논문.
14) 李巍, 2012,『〈資治通鑒〉中隋唐高句麗史料研究』, 福建師範大學 석사학위논문.
15) 許佳, 2014,『〈通典·高句麗〉研究』, 福建師範大學 석사학위논문.
16) 宋偉, 2018,『〈三國史記·高句麗本紀〉史料輯論』, 東北師範大學 박사학위논문.
17) 馮雅蘭, 2019,『〈日本書紀〉中高句麗史料的研究』, 長春師範大學 석사학위논문.
18) 岳傲凡, 2020,『高句麗體育史料研究』, 西北民族大學 석사학위논문.

2) 유적·유물 주제

고구려 유적의 세계문화유산 신청 및 등재를 계기로 고구려 유적에 대한 발굴이 활성화 되었다. 이로 많은 유적을 정비하고 새롭게 발굴하면서 학위논문을 포함한 고구려 유적·유물 주제의 연구 성과들이 대폭 늘어났다.

도성과 산성 연구에서 츠웨이리(崔莉)의『고구려 도성 역사 변천 체계 연구』는 고구려 도성을 연구 대상으로 하여 그 변천 과정을 살펴보고 각 시기의 특징을 분석하였으며 고구려의 도성은 뚜렷한 민족적 특색을 지니는 동시에 중원문화의 영향도 많이 받았음을 지적하였다.[19] 쑨웨이웨이(孫維偉)의『고구려 도성체제 및 그 방어체계 연구』는 고구려 도성체제 및 군사 방어체계를 연구대상으로 도성체제와 방어체계의 전반적 발전 과정과 특성을 체계적으로 서술하고 고구려 도성의 구조, 건축방법, 기능 배치와 군사방어를 살펴보았다.[20] 주젠(朱尖)의『고구려 도성 변천 연구』는 고구려 도성 문헌 자료와 고고학 자료를 바탕으로 고구려 도성 변천 과정 및 관련 문제를 체계적으로 연구하여 전반 고구려 도성 변천 과정과 역사 맥락을 그려냈다.[21] 리룽빈(李龍彬)의『석대자 고구려 산성 및 무덤 발견과 연구』는 1997~2005년 산성 성벽, 문지, 건축지, 저수지, 전망대 등 유적에 대한 저자의 발굴자료 및 2002~2004년 산성 주변 고구려 무덤에 대한 조사와 발굴자료를 바탕으로 산성의 배치 특징을 토론하고, 각 건축시설 구축의 중요한 특징과 기능을 밝히며, 산성의 연대, 성격, 지위를 종합적으로 논증하였다.[22] 이밖에 도성 및 산성을 주제로 한 학위논문은 도성 형태, 도시 공간 배치, 산성 입지 선정과 분포 등을

---

19) 崔莉, 2005,『高句麗都城歷史演變體系研究』, 東北林業大學 석사학위논문.
20) 孫維偉, 2017,『高句麗都城體制及其防禦體系研究』, 延邊大學 석사학위논문.
21) 朱尖, 2017,『高句麗都城變遷研究』, 東北師範大學 박사학위논문.
22) 李龍彬, 2006,『石臺子高句麗山城及墓葬發現與研究』, 吉林大學 석사학위논문.

둘러싸고 여러 가지 논의가 있었다.[23)]

무덤 연구에서 순하오(孫顥)의 『집안 고구려 적석묘 왕릉 연구』는 『집안 고구려 왕릉 : 1990~2003년 집안 고구려 왕릉 조사보고서』를 기초로 집안 고구려 적석묘 왕릉의 형태, 출토유물, 지점 분포 세 가지 내용을 종합적으로 고찰하고 형식 분류와 시기구분을 통해 집안 고구려 적석묘 왕릉의 서열을 확정하고 문헌과 결합하여 집안 도성기의 왕릉들을 추정하였다.[24)] 자오쮠제(趙俊傑)의 『4~7세기 대동강, 재령강 유역 봉토석실묘 연구』는 4~7세기 한반도 서북부 대동강, 재령강 유역 봉토석실묘를 연구 대상으로 무덤의 문화 요소에 대한 분석을 통하여 봉토석실묘의 집단을 한계와 고구려계로 나누고 양 집단의 무덤 변천을 탐구하였다. 이어 4~7세기의 대동강, 재녕강 유역 사회는 한(漢) 세력이 점차 쇠락하고 고구려 세력이 강성함에 따라 결국 진정한 고구려 사회를 형성하게 되었다고 밝혔다.[25)] 최근에는 옥도리 벽화고분 등 특정 무덤에 대한 학위논문도 나오기 시작하였다.[26)]

유물 연구에서 정원철(鄭元喆)의 『고구려 토기 연구』는 중국 길림성과

---

23) 鄭元喆, 2010, 『高句麗山城硏究』, 吉林大學 박사학위논문 ; 徐鑫, 2014, 『高句麗中期都城的城市形態硏究』, 瀋陽建築大學 석사학위논문 ; 賈曉亮, 2014, 『基於軍事防禦的中國境內高句麗城池硏究』, 瀋陽建築大學 석사학위논문 ; 李茂龍, 2014, 『遼東地區高句麗山城硏究』, 吉林大學 석사학위논문 ; 韓彬, 2016, 『基於高句麗國內城遺址保護的集安城市空間布局策略硏究』, 瀋陽建築大學 석사학위논문 ; 王志剛, 2016, 『高句麗王城及相關遺存硏究』, 길림대학교 박사학위논문 ; 王天姿, 2018, 『高句麗遼東安市城·建安城硏究』, 延邊大學 박사학위논문 ; 羅藝, 2018, 『基於原型理論的高句麗城市型制演化機制硏究』, 吉林建築大學 석사학위논문 ; 金田, 2018, 『基於原型理論的高句麗宮殿建築演化機制硏究』, 吉林建築大學 석사학위논문 ; 劉釗, 2020, 『中國境內高句麗山城選址硏究』, 瀋陽建築大學 석사학위논문 ; 徐超, 2020, 『中國境內高句麗山城空間形態硏究』, 瀋陽建築大學 석사학위논문 ; 李新, 『中國境內高句麗城址的分布格局硏究』, 東北師範大學 석사학위논문 ; 郭信志, 2021, 『高句麗時期五女山城選址與空間形態硏究』, 瀋陽建築大學 석사학위논문.

24) 孫顥, 2006, 『集安高句麗積石墓王陵硏究』, 吉林大學 석사학위논문.

25) 趙俊傑, 2009, 『4~7世紀大同江·載寧江流域封土石室墓硏究』, 吉林大學 박사학위논문.

26) 王策, 2013, 『朝鮮玉桃里高句麗墓葬硏究』, 吉林大學 석사학위논문 ; 鄭京日, 2016, 『玉桃里高句麗壁畫墓硏究』, 延邊大學 박사학위논문.

요녕성을 중심으로 하되 북한 평양 일대와 한국 서울 한강 유역 일대에 분포한 유적에서 출토된 토기를 연구대상으로 형식분류, 편년을 통해 시기별 변화 성격을 추적했다.[27] 이 밖에 고구려 무기,[28] 기와,[29] 토기,[30] 마구[31] 등에 대한 연구도 있다.

3) 민족학 주제

민족학으로 마원차오(馬文超)의 『서기 3~5세기 초 고구려의 민족융합』은 3~5세기 중국 위진시대 고구려에 유입된 다양한 민족과 고구려 본 민족 간의 융합과 이러한 융합이 고구려 민족에 미친 여러 영향을 탐구하였다.[32]

쥬리예(祝立業)의 『집단공동체 형성 시각으로서의 고구려 왕국 발전과정 고찰』은 고구려 집단공동체 형성과 고구려 왕국 발전의 상호관계에 착안하여 고구려 정권이 수립된 후 다종족집단의 대집단공동체로의 발전, 집단공동체 형성 과정에서 왕국 관리 메커니즘이 집단공동체 구축에 미친 영향, 집단을 형성하는 과정에서 공통된 선조 기억에 대한 의식적인 선택, 필터링, 포기, 재구성 및 보편적인 인식, 집단공동체로서의 고구려 각종 경계가 어떻게 스스로 확정되고 또 어떻게 타자에 의해 확정되어 오늘날의 의미의 고구려를 구성하였는가 하는 문제들을 논의하였다.[33]

---

27) 鄭元喆, 2005, 『高句麗陶器研究』, 吉林大學 석사학위논문.

28) 陳爽, 2010, 『高句麗兵器研究』, 吉林大學 석사학위논문.

29) 李睿哲, 2012, 『高句麗遺跡出土磚瓦研究』, 吉林大學 석사학위논문 ; 任嘉敏, 2022, 『高句麗復合主題紋飾瓦當研究』, 吉林大學 석사학위논문 ; 馬銀笛, 2022, 『東北地區出土的高句麗瓦當分類研究』, 遼寧大學 석사학위논문.

30) 孫顥, 2012, 『高句麗陶器研究』, 吉林大學 박사학위논문.

31) 朱麗媛, 2016, 『中國境內高句麗馬具研究』, 黑龍江大學 석사학위논문.

32) 馬文超, 2012, 『公元3至5世紀初高句麗的民族融合』, 東北師範大學 석사학위논문.

33) 祝立業, 2018, 『族群共同體形成視閾下的高句麗王國發展歷程考察』, 長春師範大學 박사학위논문.

까오자오한(高照寒)의『수당시기 동북 소수 종족집단의 조토(助討) 문제
연구』는 수당정권과 소수 집단의 군사협력 관계에 대하여 분석하고,
수당시기 동북 소수 종족집단의 조토 행위의 기원, 과정 및 영향을 고찰하
였다.[34]

4) 문화 주제

고구려 문화를 주제로 한 연구는 벽화연구를 대상으로 한 학위논문이
다수 차지하며 민속연구와 문화비교 등 연구도 나타나기 시작하였다.
벽화연구로 궈시우(郭秀)의『고구려 묘실 벽화의 장식 표현기법 연구』
는 고구려 묘실 벽화의 사회적 배경, 벽화 내용, 장식 특징에서 출발하여
고구려 벽화의 기원과 독특한 민족적 장식 양식을 논술하였다.[35] 쟝잉신
(姜贏鑫)의『고구려 벽화의 형태 흐름』은 고구려 묘실 벽화가 형성된
문화 배경, 벽화의 형태 내용 및 벽화의 풍격 변화를 중점적으로 토론하고
중원 미술이 고구려 묘실 벽화의 풍격 변화에 미친 영향을 지적하였다.[36]
황룽순(黃龍順)의『고구려 고분벽화와 돈황 막고굴 벽화의 비교 연구』는
고구려 벽화묘 중의 장천1호묘를 위주로 하여 서위시기의 돈황 막고굴의
석굴벽화와의 비교 연구를 통해 고구려 고분벽화와 돈황 막고굴 벽화의
교류 배경, 교류 유형 및 고구려 고분벽화와 서위시기 돈황 막고굴 석굴벽
화의 내포의 진화 등을 탐구하였다.[37] 뤼광(呂光)의『집안 고구려 오회분
5호묘 사신도 연구』는 미술사적 시각에서 집안 고구려 오회분 5호묘
사신도 조형의 연원, 조형의 발전과 변화, 화면 배치와 특징, 변화 원인
등의 문제를 탐구하였다.[38] 이외에도 중원 한당벽화와의 비교, 회화사

---

34) 高照寒, 2020,『隋唐時期東北少數族群助討問題研究』, 遼寧大學 석사학위논문.
35) 郭秀, 2008,『高句麗墓室壁畫的裝飾表現手法研究』, 福建師範大學 석사학위논문.
36) 姜贏鑫, 2008,『高句麗壁畫的形態流變』, 吉林藝術學院 석사학위논문.
37) 黃龍順, 2014,『高句麗古墓壁畫與敦煌莫高窟壁畫的比較研究』, 延邊大學 박사학위논
　　문.

연구 등 여러 학위논문이 산출되었다.[39)]

　민속연구로 판펑(范鵬)의 『고구려 민족 복식의 고고학적 관찰』은 고구려 벽화의 인물복식 이미지와 고구려 유적에서 출토된 장식물을 소재로 고고학적 시각으로 고구려 민족 복식을 수복, 의상, 장식의 세 부분으로 나누어 논술하였다.[40)] 왕팅(王婷)은 고구려 복식에 관한 문헌기록을 위주로 하면서도 고구려 고분벽화를 함께 활용하여, 고구려 복식발전사를 탐구하였다.[41)] 정춘잉(鄭春穎)의 『고구려 유적·유물에 보이는 복식 연구』는 고구려 유적·유물 속의 복식 자료를 주요 연구 대상으로 삼아 복식에 내포된 각종 문화 요소의 시·공간 변천과정을 깊이 탐구하였다.[42)] 리러잉(李樂營)의 『고구려 종교신앙 연구』는 고구려 원시 종교신앙의 연원과 흐름을 서술하고 하늘, 일월, 사직, 하신, 귀신, 무술 숭배 등에 대하여 구체적으로 분석하였다.[43)] 이밖에 고구려 활, 음식, 음악, 체육 등 민속[44)], 그리고 문화비교[45)] 측면에서 학위논문이 작성되기도 하였다.

---

38)　呂光, 2020, 『集安高句麗五盔墳5號墓四神圖研究』, 哈爾濱師範大學 박사학위논문.

39)　鄭開法, 2013, 『中原漢唐墓室壁畫對集安高句麗墓室壁畫的影響』, 東北師範大學 석사학위논문 ; 白婧芸, 2020, 『高句麗壁畫墓四神圖的文化淵源及其發展脈絡』, 吉林大學 석사학위논문 ; 沈雨瀟, 2021, 『集安地區高句麗墓葬舞蹈壁畫身體語言研究』, 北京舞蹈學院 석사학위논문 ; 包雨鑫, 2021, 『試論高句麗墓室壁畫的繪畫技法及其文化交流』, 延邊大學 석사학위논문.

40)　范鵬, 2008, 『高句麗民族服飾的考古學觀察』, 吉林大學 석사학위논문.

41)　王婷, 2011, 『高句麗服飾探析』, 東北師範大學 석사학위 논문.

42)　鄭春穎, 2011, 『高句麗遺存所見服飾研究』, 吉林大學 박사학위논문.

43)　李樂營, 2008, 『高句麗宗教信仰研究』, 東北師範大學 박사학위논문.

44)　鄭京日, 2007, 『高句麗"弓矢文化"初論』, 延邊大學 석사학위논문 ; 田罡, 2010, 『高句麗古墓壁畫中的民俗研究』, 內蒙古大學 석사학위논문 ; 王元秋, 2021, 『高句麗飲食探究』, 長春師範大學 석사학위논문 ; 楊璐, 2018, 『從宮廷樂舞看隋唐與高句麗·百濟的文化交融』, 延邊大學 석사학위논문.

45)　姜麗麗, 2012, 『高句麗與夫餘文化對比研究』, 福建師範大學 석사학위논문 ; 李洪, 2013, 『敦煌文化對韓國三國時期區域文化的影響』, 中國美術學院 박사학위논문 ; 齊利毅, 2014, 『高句麗與中國北朝佛教造像比較研究』, 延邊大學 석사학위논문 ; 趙新華, 2020, 『高句麗與三燕馬具比較研究』, 東北師範大學 석사학위논문 ; 王晨暉, 2022, 『三燕與高句麗文化交流的考古學研究』, 吉林大學 석사학위논문 ; 張錦年, 2023, 『漢

5) 기타 주제

이상에서 살펴본 바와 같이 2000년 이래 중국학계의 고구려 석·박사 학위논문의 주된 주제는 역사학, 유적·유물, 민족학, 문화 연구 분야에 집중되고 있다. 이 외에 교통사,[46] 연구사 정리,[47] 문화유산 보존,[48] 역사인식 문제[49] 등 여러 학위논문이 나오기도 하였다.

2. 석·박사 학위논문 산출 주요 대학교

CNKI 데이터 통계에 따르면 2000~2024년 고구려 학위논문은 총 197편이며, 그중 박사학위논문은 38편으로 19.29%를 차지하고, 석사학위논문은 159편으로 80.71%를 차지한다. 석·박사 학위논문의 산출 기관은 주로 연변대학교, 길림대학교, 동북사범대학교에 집중되고 있다.

연변대학교는 학위논문 산출 기관의 비율에서 가장 큰 비중을 차지하고 있다. 연변대학교는 민족자치 지역의 지방대학으로서 지역, 언어, 교류 등 면에서 독특한 우세를 차지하고 있으며 그동안 고구려사 연구자를 보다 많이 양성하였다. 그러나 2023년 이후 연구자의 정년퇴직, 일부 신진학자의 유출 등 여러 원인으로 앞으로 고구려 인재 양성이 대폭

地藻井的起源·流變及對高句麗傳播研究(漢至唐時期)』, 南京藝術學院 석사학위논문.

46) 韓慶峰, 2024, 『高句麗交通研究』, 長春師範大學 박사학위논문 ; 朱思棋, 2024, 『高句麗山城的交通防禦體系研究』, 吉林大學 석사학위논문.

47) 白玉梅, 2013, 『日本高句麗研究史綜述』, 東北師範大學 석사학위논문 ; 許慕鏑, 2015, 『八十年代以來中國學者好太王碑研究重要論著評議』, 東北師範大學 석사학위논문.

48) 陳玲玲, 2012, 『文化遺産旅遊可持續評價和資源管理』, 中國地質大學(北京) 석사학위논문 ; 劉娟娟, 2017, 『集安歷史文化名城的保護策略及應用技術研究』, 長春工程學院 석사학위논문 ; 奇麗娜, 2017, 『高句麗壁畵墓的保護方案研究』, 延邊大學 석사학위논문.

49) 楊楊, 2018, 『中韓兩國歷史認識差異初探』, 上海外國語大學 석사학위논문 ; 李薇, 2012, 『如何回應韓國學生提出的有關東北亞歷史的敏感問題』, 遼寧大學 석사학위논문.

줄어들 것으로 예상된다.

길림대학교는 지금까지 고구려 고고학 전공자를 다수 배출하였다. 길림대학교는 연구기관으로 교육부 중점연구기지인 변방고고연구중심이 있는가 하면 고구려 전문기관인 고구려발해연구중심을 위주로 많은 학술 활동과 함께 인재 양성에 전념하고 있다. 또한 최근에는 역사학과를 단과 대학인 역사문화학원으로 승격시킴으로써 앞으로 문헌학 석·박사 양성에도 집중할 것으로 판단된다.

동북사범대학교의 역사문화학원과 문학원도 고구려 연구의 중요한 교육 및 연구 기관이다. 역사문화학원은 "동북민족민속학" 전공을 설립하여 고구려 등 동북민족사의 교육과 연구 업무를 전문으로 하고 있다.

학위논문 산출 비율이 가장 높은 이 세 대학교는 모두 중국 길림성에 위치해 있어 길림성이 고구려 연구의 핵심 지역임을 알 수 있다. 통계에 따르면 상술한 대학교 외에 장춘사범대학, 심양건축대학, 길림건축대학 등도 비교적 높은 비중을 차지한다.

장춘사범대학교는 2000년경부터 동북 민족과 변강 연구를 시작으로 고구려사 연구를 진행하였으며 2020년에는 고구려발해연구원을 설립하여 인재양성과 연구활동을 활성화하고 있다. 심양건축대학교와 길림건축대학교는 건축학 전문 대학교로서 고구려 건축학 석사를 일부 양성하였다.

맺음말

2000년 이래 중국학계의 고구려사 석·박사 학위논문에 대한 전반적인 내용들을 살펴본 결과 다음과 같은 몇 가지 특징을 찾아볼 수 있다.

첫째, 2000년 이후 고구려 유적의 세계문화유산 등재, 집안 고구려비의 발견 등을 계기로 고구려사 학위논문의 수가 지속으로 증가하는 추세를 나타내고 있다. 2004년 "고구려왕성, 왕릉 및 귀족무덤"의 "세계문화유산"

등재로 문화유산 관련 연구와 함께 고구려학 주제의 학위논문이 대폭 늘어났다. 또한 2012년의 집안 고구려비 발견과 2014년의 광개토왕비 입비 1600주년, 2024년의 세계유산 등재 20주년을 주된 계기로 고구려사 연구가 더욱 심화되었다.

둘째, 연구 주제로 볼 때 종전에는 정치사와 고고학을 위주로 다루어지다가 건축학, 미술사, 민속학 등 다방면으로 확산되는 추세를 보이고 있다. 또한 연구 주제가 보다 세분화 되었는데 도성과 산성, 왕계, 관제, 교통, 대외관계, 토기, 마구, 음식, 복식, 혼속과 장속 연구 등을 다룬 성과가 연달아 나타났다.

셋째, 고구려사 석·박사 학위논문 산출 기관은 연변대학교, 길림대학교, 동북사범대학교 등 길림성 내 대학교가 주를 이루다가 장춘사범대학교, 심양건축대학교 등 대학교에서도 그 수가 늘어나는 추세를 보이고 있으며 길림성 이외의 기타 지역으로 점차 확산되는 추세를 보이고 있다.

2000년 이후 중국학계의 석·박사 학위논문을 살펴보면 그 수가 대폭 늘어나고, 연구 주제도 세분화 되었으며, 배출 기관도 길림성을 제외한 기타 지역적으로 확산되는 추세를 보이고 있지만 이와 함께 여러 문제점도 동반되고 있다. 이에는 신진학자들의 언어 제한으로 남북한, 그리고 일본 학계의 연구성과를 수용하지 못하고 있다는 점과 학술 동향을 면밀히 검토하지 않고 주제를 선정한 결과 동일 주제의 학위논문이 다수 존재하는 문제점들을 안고 있다.

植田喜兵成智

최근 일본 학계 고구려사 연구의 전개와 '정체'

머리말 : 1945~2022년의 동향

지난 10년 동안 일본 학계의 고구려사 연구를 회고하며 정리하기란 쉽지 않은 작업이다. 어떤 연구를 소개할지에 대한 고민이 크기 때문이다. 이는 성과가 너무 많아서가 아니라, 반대로 눈에 띄는 성과가 적기 때문이다. 이렇게 연구가 저조(低調)한 상황에 대하여 일종의 '정체(停滯)' 상황이라 평가할 수도 있겠다.

일본의 고구려사 연구 성과가 저조한 상황은 한국에서 고대사를 전공하는 연구자들도 실감할 수 있을 것이다. 최근 발표된 한국의 고구려사 연구논문들을 보면 일본의 연구 성과를 인용한 것이 현저히 적어졌다. 설령 인용된 논문이 있더라도 다케다 유키오(武田幸男), 하마다 고사쿠(濱田耕策), 이성시(李成市) 등 원로급 연구자가 쓴 고전적 논문이 대부분이다.

그렇다면 실제로 일본의 고구려사 연구는 얼마나 저조할까? 객관적인 수치를 바탕으로 살펴볼 필요가 있겠다. 이에 1945년 이후 일본 역사학계에서 고구려를 주제로 한 단행본과 논문이 얼마나 발표되었는지 정리해 보았다.[1]

<표 1> 1945년 이후 일본 학계의 고구려사 관련 논고에 대한 수치의 추이[2]

	단행본[※1]	(번역)[※2]	논문류[※3]	(번역)[※2]
1940년대 (1945년 이후)	0	0	4	0
1950년대	1	0	24	1
1960년대	0	0	13	0
1970년대	4	1	53	2
1980년대	10	3	64	8
1990년대	15	1	65	6
2000년대	5	0	76	8
2010년대(2017년까지)	9	3	64	31

※1 단행본 제목에 고구려라 표기한 책, 혹은 고구려를 주제로 하였음을 알 수 있는 책
※2 (번역) 표기는 한국어 글을 일본어로 번역된 단행본 혹은 논문
※3 학술지 혹은 논문집에 실린 논문

위의 표는 10년 단위로 고구려에 관한 단행본 및 논문의 수를 정리한 것이다. 1940년대는 패전 직후이기 때문인지 전반적으로 발표된 논문 수가 적다. 미카미 쓰기오(三上次男)나 후지타 료사쿠(藤田亮策) 등이 한반도 및 만주 지역을 전쟁 이전에 조사한 성과를 발표하였다.

1950~1960년대에도 전쟁 이전 시기부터 이어져 오는 연속성이 보인다. 스에마쓰 야스카즈(末松保和), 미시나 아키히데(三品彰英), 미카미 쓰기오, 히노 카이자부로(日野開三郎) 등 연구자들이 고구려에 관한 논문을 발표하였다. 논문의 수가 증가했으나 그다지 많지는 않았다. 관련 단행본도 『고구려의 벽화(高句麗の壁畵)』(平凡社, 1957)가 유일하며 본격적인 연구서는 아직 등장하지 않았다.

변화는 1970년대부터 시작되었다. 위의 표에 따르면, 1970년대에는 53편에 달하는 논문이 발표되어 논문의 수가 폭발적으로 증가하였다.

---

1) 1945~2010년의 연구 동향에 관해서는 다음의 글 참조. 井上直樹, 2021, 「戰後日本の高句麗史硏究の動向と課題」『高句麗の史的展開過程と東アジア』, 塙書房, 초출2008.

2) 일본의 조선사연구회가 제공한 데이터베이스 「戰後日本における朝鮮史文獻目錄」(http://www.chosenshi.gr.jp/sengo/index.html)의 정보를 바탕으로 작성하였다. 2018년 이후는 데이터베이스에 정보가 없기에 『사학잡지(史學雜誌)』 '회고와 전망'에 소개된 서지정보를 활용하였다.

1972년 다카마쓰즈카 고분(高松塚古墳) 벽화가 발견되어 고구려 벽화고분에 대한 관심이 높아진 것으로 보인다. 또한 광개토왕비문 조작설이 제기되어 광개토왕비에 대한 논고들도 발표되었다. 사에키 아리키요(佐伯有淸), 이노우에 히데오(井上秀雄), 다케다 유키오, 하마다 고사쿠 등 현재까지도 참조되는 연구자들의 이름이 등장하였다.

1980년대에도 연구의 추세는 계속되었다. 1989년에는 다케다 유키오의 『고구려사와 동아시아(高句麗史と東アジア)』(岩波書店)가 출간되었다. 관련 단행본도 10권이 출간되었고, 논문도 64편에 달하였다. 다나카 도시아키(田中俊明), 이성시 등에 의한 고구려사 논고도 발표되어 이 시기에는 대체로 현재에도 활동하고 있는 연구자들이 등장하였다.

1990년대에 발표된 논고를 보면, 활동하던 연구자 구성은 이전 시기와 큰 변화가 없다. 단행본 및 논문도 매우 많아졌다. 문헌사학에서는 기무라 마코토(木村誠), 후루하타 도루(古畑徹), 고고학에서는 아즈마 우시오(東潮), 사오토메 마사히로(早乙女雅博)가 고구려에 대한 논고를 발표하였다.

2000년대에도 매우 많은 논문이 발표되었다. 그러나 이 시기에는 유의해야 할 특징이 있다. 당시 젊은 연구자로서 이노우에 나오키(井上直樹)의 논고가 있을 뿐이며, 많은 논고가 1990년대 이전부터 활동하던 연구자들이 발표한 것이었다.

그리고 2010년대에 들어서 큰 변화가 보인다. 논문 수는 64편에 달하여 그 이전 시기와 비슷한 수준이지만, 그 중 절반 정도가 번역 논문이다. 즉 일본 연구자들에 의하여 발표된 논문 수는 30편 정도였다. 물론 한국에서 참조할 만한 연구가 많이 발표되어 이들을 번역할 필요가 있었다고 볼 수도 있다. 그렇다고 해도 발표 논문의 수가 뚜렷이 감소된 것은 사실이다. 이렇게 보면 일본의 지난 10년간의 연구 동향은 확실히 저조하다고 평가할 수밖에 없다. 아마 1970년대부터 활동하던 연구자들의 논문 발표가 보이지 않게 된 것과 관련이 있지 않을까 한다.

과연 실제로 2010년대 이후 일본의 연구는 완전히 '정체'된 것일까?

전혀 참고할 만한 연구가 없는 것일까? 이에 대하여 다음으로 구체적인 연구 성과들을 살펴보고자 한다. 그리고 한국사뿐만 아니라 중국사나 일본사 분야에서도 고구려에 대한 연구가 있으니 인접 분야의 상황도 파악할 필요가 있겠다.

1. 일본의 한국사 연구 속 고구려

1) 2010년대의 변화

2010년대에 언제, 어떠한 변화가 있었는지 살펴보자. 2010년 이후 일본 『사학잡지(史學雜誌)』에 실린 '회고와 전망'을 통하여 일본 연구자들의 변화에 대한 인식을 파악하고자 한다. 다음과 같이 고구려사 혹은 전체적인 동향을 알 수 있는 서술을 인용하겠다.

> •2010 전망과 과제 설정은 오늘날의 현실이 안고 있는 문제와 결코 무관하지 않다. 그 한 사례가 고구려사 귀속을 둘러싼 한국과 중국의 역사논쟁인데, 이 경위와 전망을 서술한 古畑徹 「歷史の爭奪」은 단순한 방관자(傍觀者)가 아니라 당사자(當事者) 간의 대립을 냉정하게 바라보고 상호 이해의 방향을 제시하고자 하였다. 일본에서 한국사 연구를 이루는 의의는 이런 점에서도 찾을 수 있지 않을까.[3]

> •2011 작년의 경우 전공논문은 적었지만 관련 단행본이 잇따라 출간되었고, 고고학 논고와 이를 바탕으로 한 교류사의 성과도 많이 발표되었다.[4]

---

3) 篠原啓方, 2011, 「回顧と展望　朝鮮古代」 『史學雜誌』 120-5.
4) 朱吉煥, 2012, 「回顧と展望　朝鮮古代」 『史學雜誌』 121-5.

• **2012** 현지 유학 성과를 바탕으로 한 고고학 저술과 (중략) 번역서가 출간되었고, 그 외에도 국외 연구자 및 유학생의 재외 연구 성과, 출토자료를 활용한 연구와 국제 심포지엄 기록 등 대상 지역에 관한 최신 정보를 적극적으로 섭취한 것이 특히 두드러진 한 해였다.[5]

먼저 2010년대 초반을 보고자 한다. 이러한 서술을 통해서는 그다지 눈에 띄는 변화가 보이지 않는다. 2000년 이후 동북공정에 대한 언급, 고고학 및 관련 출토자료에 대한 언급이 있을 정도다.

• **2013** 작년에는 연초에 중국 집안(輯安)에서 새로 발견된 고구려 비석의 개요가 보도되었고, 고구려 광개토대왕비 탁본이 일본에 전해진 지 130년이 되는 해이기도 하여 광개토대왕비 관련 연구가 활발하게 진행되었다.[6]

• **2014** 작년 일본에서는 한국고대사 전반에 걸쳐 출토자료를 다룬 저서들이 많이 출간되었다. 한국에서도 한국고대사는 문헌사학과 고고학의 융합이 진행되고 있으며, 앞으로도 이러한 경향은 계속될 것이다. (중략) 고구려사는 비문 연구가 중심이 되었다.[7]

• **2015** 최근에 들어 출토 문자 사료를 활용한 연구가 활발히 진행되고 있는데, 2015년도에도 이러한 추세가 반영되고 있다.[8]

• **2016** 역시 최근 두드러진 경향을 보이는 신출사료 분석에 관심이 쏠리는 것도 무리가 아니다. 그것은 작년에도 마찬가지였다.[9]

---

5) 赤羽目匡由, 2013,「回顧と展望 朝鮮古代」『史學雜誌』 122-5.
6) 深津行德, 2014,「回顧と展望 朝鮮古代」『史學雜誌』 123-5.
7) 小宮秀陵, 2015,「回顧と展望 朝鮮古代」『史學雜誌』 124-5.
8) 井上直樹, 2016,「回顧と展望 朝鮮古代」『史學雜誌』 125-5.
9) 赤羽目匡由, 2017,「回顧と展望 朝鮮古代」『史學雜誌』 126-5.

2013년에 집안고구려비가 발견되면서 관련 논고가 발표되었다. 이러한 출토자료에 대한 연구는 계속되고 있으며, 중국에서 출토된 묘지명 등을 활용한 연구가 주목받았다.

• **2017** 문헌사학 전공논문은 신라와 발해를 제외하면 그다지 많지 않다.[10]

• **2018** 작년에도 관계사 분야와 고고학 분야에서 많은 성과가 발표되었다.[11]

• **2019** 작년에는 한일관계사를 중심으로 연구 성과가 발표되었다. (중략) 고구려사에서는 비문과 묘지명 분석이 진행되었다. (중략) 대체로 작년은 한일관계사나 광역세계에서의 재해석, 출토자료에 의한 분석을 중심으로 고대사 인식에 대한 재해석이 진행되었다.[12]

• **2020** 작년에 한국고대사 분야에서는 재작년의 추세를 이어받았다. 고고학 분야에 의해 일본열도와 한반도 사이의 상호교류 실태를 규명하는 많은 성과를 얻었다.[13]

• **2021** 코로나 사태로 인적 교류가 거의 온라인으로만 이뤄지고 있는 가운데 국경을 초월한 공동연구 성과가 많이 나온 것은 반가운 일이다. (중략) 고구려·발해사에서는 우선 30년에 걸친 공동 발굴조사·연구 성과와 문헌을 중심으로 발해의 내정·국제관계를 다양한 시각에서 검토한 논고 22편을 수록한 시미즈 노부유키·스즈키 야스타미(淸水信行·鈴木靖民) 편, 『발

---

10) 植田喜兵成智, 2018, 「回顧と展望 朝鮮古代」 『史學雜誌』 127-5.
11) 吳吉煥, 2019, 「回顧と展望 朝鮮古代」 『史學雜誌』 128-5.
12) 小宮秀陵, 2020, 「回顧と展望 朝鮮古代」 『史學雜誌』 129-5.
13) 赤羽目匡由, 2021, 「回顧と展望 朝鮮古代」 『史學雜誌』 130-5.

해의 고성과 국제교류(渤海の古城と國際交流)』(勉誠出版)를 꼽을 수 있다.[14]

　•2022　작년에는 코로나 사태의 여파가 지속되는 가운데, 고고학과 한일관계사 분야에서 많은 성과가 발표되었다.[15]

위의 서술들을 보더라도, 2017년 이후에 현저한 변화를 확인할 수 있다. 문헌사학에 의한 전문적인 논문이 압도적으로 줄어들었고, 관계사나 고고학 분야에 대한 언급이 두드러진다. 고구려사를 주제로 한 논문을 찾아보기 어려워졌고, 그 주변 분야에서 고구려 관련 연구를 찾아야 하는 상황이 되었다.

왜 이런 상황이 되었을까? 이는 일본에서 전문가가 매우 적기 때문이다. 앞서 언급했듯이 2000년대에 주로 논문을 발표한 연구자들은 1990년 이전부터 활동하던 연구자들이었다. 그리고 2010년대에는 1970년대부터 활동하던 연구자들의 논문이 뚜렷하게 감소하였다.

하지만 지난 10년 동안 연구가 전혀 진행되지 않은 것은 아니다. 다음으로 주목할 만한 연구 성과를 소개하고자 한다.

2) 주요 연구 성과

먼저 젊은 세대, 중견(中堅) 세대 연구자들의 성과를 살펴보고자 한다. 2010년 이후 고구려사를 주제로 한 연구서는 아마 이노우에 나오키의 『고구려의 사적 전개 과정과 동아시아(高句麗の史的展開過程と東アジア)』 한 권뿐일 것이다.[16] 이 책은 고구려와 관련된 근현대 역사학의 동향, 4~7세기 고구려의 대외관계사를 살펴보면서 주제와 시기를 폭넓게 다루

---

14) 篠原啓方, 2022, 「回顧と展望　朝鮮古代」 『史學雜誌』 131-5.

15) 吳吉煥, 2023, 「回顧と展望　朝鮮古代」 『史學雜誌』 132-5.

16) 井上直樹, 2021, 『高句麗の史的展開過程と東アジア』, 塙書房.

었다. 서지정보를 보니 서론과 결론은 새로운 글이지만, 나머지는 저자가
2000~2017년에 발표한 논고들이라 저자의 연구 성과를 모은 논문집이기
도 하다. 고대 삼국, 남북조시대 중국 등의 다원화된 세계의 모습이
드러나고 있어 당시의 복잡한 동아시아 정세가 잘 정리되어 있다. 당시
동아시아 국제관계를 밝혀낸 학술적 성과에 비추어보면 그 가치가 높다고
할 수 있겠다.[17]

그 외에도 시노하라 히로카타(篠原啓方), 아카바메 마사요시(赤羽目匡
由), 우에다 기헤이나리치카(植田喜兵成智)의 연구도 있다. 시노하라 히로
카타는 집안의 태왕릉에서 출토된 구리 방울(銅鈴)의 명문에 대하여 미판
독 문자를 '교(敎)'로 판독하는 견해를 제기하였다.[18] 또한 광개토대왕비를
분석하여 비문의 군주호(君主號), 조공(朝貢) 등의 한자어를 중국적 맥락이
아니라 고구려 고유의 의미가 있다고 주장하였다.[19] 발해사를 전공한
아카바메 마사요시는 발해사(渤海使)의 다자이후 항로(大宰府航路)를 검토
하면서 고구려와 보덕국의 항로에 대해서도 언급한 바 있다.[20] 우에다
기헤이나리치카는 안승(安勝) 등 고구려 유민의 부흥운동에 대처하였던
당군의 동향을 분석한 논고,[21] 당 내지로 이주한 고구려 유민의 동향을
검토한 논고,[22] 그리고 고흠덕(高欽德) 묘지명의 내용을 분석한 논고
등이 있다.[23] 이러한 연구들은 중국 출토 고구려 유민 묘지명 등 출토자료

---

17) 해당 서적에 대한 서평은 다음의 글 참조. 植田喜兵成智, 2023, 「書評：井上直樹
『高句麗の史的展開過程と東アジア』」『歷史評論』880.

18) 篠原啓方, 2011, 「高句麗太王陵出土銅鈴の釋讀について」『東アジア文化交涉硏究』4.

19) 篠原啓方, 2012, 「古代朝鮮の政治体制と國際認識」『周緣と中心の槪念で讀み解く東ア
ジアの「越·韓·琉」』, 關西大學文化交涉學敎育硏究據点.

20) 赤羽目匡由, 2015, 「渤海使の大宰府航路(朝鮮半島東岸航路)をめぐって」『人文學報
＜首都大學東京＞』505.

21) 植田喜兵成智, 2022, 「唐人郭行節墓誌からみえる六七一年の新羅征討軍」『新羅·唐關係
と百濟·高句麗遺民』, 山川出版社, 초출2014.

22) 植田喜兵成智, 2022, 「在唐高句麗遺民の存在樣態」『新羅·唐關係と百濟·高句麗遺民』,
山川出版社.

23) 植田喜兵成智, 2023, 「高欽德墓誌にみえる「渤海」と「建州都督」の意味」, 李成市先生退

를 활용하였다.

한편 원로 연구자들의 활동도 보인다. 광개토왕비 전치문(前置文)설로 유명한 하마다 고사쿠는 전치문설에 대한 논고를 포함한 논문집『조선고대사료연구(朝鮮古代史料研究)』를 출간하였다.24) 지금도 한국 학계의 논문에서 참조되는 해당 논문의 수정된 최신 견해가 이 책에 수록되어 있다. 이와 관련하여 광개토왕비에 대한 인식 전환을 촉구하는 견해를 발표한 이성시의 논문집『투쟁의 장으로서의 고대사(鬪爭の場としての古代史)』도 출간되었다.25) 가야사 연구 등으로 알려진 다나카 도시아키가 후한(後漢), 공손씨(公孫氏) 정권, 조위(曹魏)가 고구려를 포함한 한반도 국가와 어떻게 교섭을 전개했는지 논한 연구가 있다.26) 다나카 도시아키의 관련 연구 중 다소 오래된 연구이지만, 조위의 고구려 공격을 지휘한 관구검(毌丘儉)에 대하여 그 성이 관구(毌丘)가 아니라 무구(母丘)라고 주장한 논문도 있다.27) 논쟁을 환기시키는 중요한 문제를 제기하였지만 한국 학계에 널리 알려지지 않아서 소개해 둔다.

또한 일본의 발해사 연구를 주도해 온 후루하타 도루는 그동안의 논문을 모아『발해국과 동아시아(渤海國と東アジア)』를 출간하였다.28) 다만 직접적으로 고구려사에 관한 논고는 수록되지 않았다. 그렇지만 최근「고구려-발해를 동부 유라시아 역사에 위치시키기 위한 기초 연구(高句麗·渤海を東部ユーラシア史に位置づけるための基礎的研究)」(2020-2022, 과학연구비),「고구려-발해 역사상 재구성에 관한 종합적인 연구(高句麗·渤海史像の再構築についての總合的研究)」(2023-2027, 과학연구비) 등 대형 프로젝트를 추진

職記念論集編集委員會, 『東アジアにおける朝鮮史の展望』, 汲古書院.

24) 濱田耕策, 2012, 『朝鮮古代史料研究』, 吉川弘文館.

25) 李成市, 2012,『鬪爭の場としての古代史』, 岩波書店. 한국어 번역판의 서지정보는 다음과 같다. 이성시(박경희 옮김), 2019,『투쟁의 장으로서의 고대사』, 삼인.

26) 田中俊明, 2014,「三世紀東北アジアの國際關係」『朝鮮學報』230.

27) 田中俊明, 2008,「魏の東方計略をめぐる問題点」『古代武器研究』9.

28) 古畑徹, 2021,『渤海國と東アジア』, 汲古書院.

하고 있다. 그 성과 중 일부는『고구려·발해사의 사정(高句麗·渤海史の射程)』으로 출간되었으며,[29] 이후에도 이 프로젝트를 통해 성과가 발표될 예정이다.

그리고 다케다 유키오가 추진한 광개토왕비 탁본에 관한 연구는 현재 일본 학계의 고구려사 연구의 한 특징이다. 광개토왕비를 연구한 다케다 유키오가 만년에 추구한 것은 많은 광개토왕비 탁본의 유래와 유형에 대한 연구였다. 일본 곳곳에 남아 있는 광개토왕비 탁본을 조사하여 그 제작 과정과 유래를 밝혀냈다.[30]

다케다 유키오의 연구에 촉발되어, 메이지대학(明治大學)과 오차노미즈 여자대학(お茶の水女子大學)에 소장된 광개토왕비 탁본에 대한 연구논집도 발간되었다.[31] 그런데 이러한 논고들은 사료연구로서는 중요하다는 점은 두말할 나위 없지만, 그 의의에 대해서는 다소 의문이 남는다. 사료의 특성을 밝혀내는 것을 통하여 고대 한국이나 고구려의 실상에 어떻게 접근하는가 하는 점과는 연결되지 않는 논고가 많다.

위에서 소개한 고구려사 연구를 정리하면 묘지명, 비석 등의 출토자료나 광개토왕비 탁본에 대한 연구 등 사료에 대한 분석이 주로 진행된 것으로 보인다. 지금 한국에서 진행되는 고구려사 연구의 주류와는 약간 차이가 있는 것 같다. 물론 일본의 연구가 저조한 것은 부인할 수 없는 사실이지만, 이러한 차이가 한국 연구에서 일본 논문이 참고되지 않는 원인의 하나가 되지 않았을까 추측된다.

연구가 활발하게 진행되는 한국 학계의 동향을 파악하면서 그 주류에

---

29) 古畑徹 編, 2022,『高句麗·渤海史の射程』, 汲古書院.

30) 武田幸男, 2013,「「石灰拓本」着墨パターン法と『お茶の水女子大學本』」『廣開土王碑拓本の新研究』, 同成社 ; 武田幸男, 2014,「廣開土王碑『多胡碑記念館本』の調査報告」『汲古』65 ; 武田幸男, 2014,「學習院大學所藏『廣開土王碑』拓本の研究」『東洋文化研究』16 ; 武田幸男, 2016,「廣開土王碑『田山花袋本』の研究」『田山花袋記念文學館研究紀要』28.

31) 古瀬奈津子 編, 2013,『廣開土王碑拓本の新研究』, 同成社 ; 明治大學廣開土王碑拓本咸亨委員會 編, 2019,『明治大學図書館所藏高句麗廣開土王碑拓本』, 八木書店.

접근하는 연구를 어떻게 전개할 수 있는가도 앞으로는 일본 학계에게 중요할 것이다. 물론 일본에서의 연구는 외국사의 입장에서 본국인 한국의 연구에 대하여 비판적으로 전개할 필요가 있다. 그러나 현황은 한국의 연구 동향을 파악하는 것이 급선무이다.

이상에서 살펴본 바와 같이 일본에서 고구려를 전공으로 하는 연구는 저조하다. 반면 일본의 중국사나 일본사 연구는 여전히 활발하다. 그러한 인접 분야의 연구에도 고구려에 관한 중요한 연구 성과가 발표되기도 한다. 이들에 대해서도 소개하고자 한다.

2. 인접 분야 속 고구려

1) 중국사

중국사에 대해서는 위진남북조사(魏晉南北朝史), 수당사(隋唐史)의 맥락 속에서 고구려와의 관계사 논문이 발표되기도 한다. 니시지마 사다오(西嶋定生)의 동아시아 세계론을 정교화하는 데 기여한 가네코 슈이치(金子修一)는 논문집 『고대 동아시아 세계사 논고(古代東アジア世界史論考)』를 출간하였다.[32] 이 책은 예전에 출간된 『수당의 국제질서와 동아시아(隋唐の國際秩序と東アジア)』의 개정판이다.[33] 수록된 논문 「당대책봉제일반(唐代冊封制一斑)」, 「당대 이민족에서의 군왕호(唐代の異民族における郡王号)」는 당 조정이 책봉할 때 수여하는 관작의 의미와 의도를 통하여 당나라의 외교와 주변국들의 위상을 논한다. 수당시대에 고구려를 포함한 한국 고대 삼국의 관작이 어떻게 변화하는지는 각국의 세력 변화와 연동되고 있는 것으로 보여 흥미롭다.

---

32) 金子修一, 2019, 『古代東アジア世界史論考』, 八木書店.
33) 金子修一, 2001, 『隋唐の國際秩序と東アジア』, 國書刊行會.

오랫동안 중국 왕조와 주변국과의 관계를 연구해온 가와모토 요시아키(川本芳昭)도 논문집을 출간하였다.[34] 이 책에 수록된 「한당 간의 '신'중화의식의 형성(漢唐間における「新」中華意識の形成―古代日本·朝鮮と中國との關連をめぐって―)」에서는 오호(五胡) 제국에서 발생된 '중화 의식'이 고구려 등 한국 고대 삼국, 그리고 왜까지 영향을 미쳤다고 논한다. 이러한 오호와 남북조 국가와의 영향 관계를 고려하여 고구려사를 파악하는 방법은 향후 한국고대사를 상대화하여 세계사 속에 위상을 정립하는 데 중요한 역할을 할 것으로 보인다. 다만 이들 논고는 동아시아 속에서 왜의 지위를 파악하려는 의도를 가지고 검토하는 것으로 여겨진다.

최근에는 사가와 에이지(佐川英治)가 중요한 문제제기를 한 바 있다. 「한 제국 이후의 다원적 세계(漢帝國以後の多元的世界)」라는 논고에서 383년 비수(淝水)의 전투가 동아시아 세계에서 큰 전환점이 되었다고 주장하였다.[35] 일원적(一元的)인 중국 황제의 권위가 상실되었고 다원적(多元的) 질서가 생겼다는 시각에서 광개토왕 이후 고구려를 비롯한 주변 민족의 융성을 파악하였다. 호리우치 준이치(堀內淳一)는 「북조 귀족의 눈에 비치는 남조(北朝貴族の目に映る南朝―「島夷」から「万國平和」へ)」에서 '도이(島夷)'가 남조를 가리키는 단어로 어떻게 변화하는지를 살폈다.[36] 필자는 이 사실을 염두에 두면서 남조 문화를 흡수한 수나라가 고구려를 '도이'라고 칭한 배경을 살펴볼 필요가 있다고 생각한다.[37] 또한 하야미 다이(速水大)의 「당태종의 고구려친정과 훈관의 난수(唐太宗の高句麗親征と勳官の濫授)」는 당측의 관점에서 당-고구려 전쟁을 생각하는 데에 시사하는 바가

---

34) 川本芳昭, 2015, 『東アジア古代における諸民族と國家』, 汲古書院.

35) 佐川英治, 2018, 「漢帝國以後の多元的世界」, 南川高志 編, 『378年 失われた古代帝國の秩序』, 山川出版社.

36) 堀內淳一, 2018, 「北朝貴族の目に映る南朝―「島夷」から「万國平和」へ」 『北朝社會における南朝文化の受容』, 東方書店.

37) 이와 관련된 연구로서 다음의 글 참조. 金辰, 2023, 「高句麗に對する隋·唐代の「島夷」比喩について」, 李成市先生退職記念論集編集委員會 편, 『東アジアにおける朝鮮史の展望』, 汲古書院.

크다.[38] 묘지명 등에 나타난 관작을 종합적으로 분석한 하야미는 당대 전반기에 '주국(柱國)', '상주국(上柱國)'의 훈관(勳官)을 가진 인물들이 고구려 원정에 참여하였다는 점을 통해 고구려 원정 시 당나라 조정이 해당 훈관을 남발(濫發)하였다고 한다. 역으로 보면 이는 당나라 사회에 당-고구려 전쟁이 큰 영향을 끼쳤음을 나타내었다. 또한 모리베 유타카(森部豊)는 고구려 유민일 가능성이 있는 고영숙(高英淑)의 묘지명에 대하여 언급하였다.[39] 모리베 유타카는 고영숙이 거란인일 가능성을 제기하였다.

이상에서 중국사 속 고구려 관련 연구를 정리해 보았다. 이러한 모든 연구는 고구려사를 상대화하는 데에 중요할 것이다. 그런 의미에서 재당 고구려 유민들의 활동을 생각하는 데 당 내지에서 활동한 돌궐과 소그드인에 대하여 고찰한 이른바 번장(蕃將) 연구 등도 참고할 필요가 있다.[40] 고구려의 주체성을 전제로 하면서도 고구려를 상대화하는 중국사 연구에도 주목해야 한다.

2) 일본사

일본사에서는 대외관계사 혹은 교류사에서 고구려를 비롯한 고대 한국과의 관계를 논하는 연구가 있다. 이는 하나의 연구분야를 형성하였다. 최근 일본의 대외관계사를 개괄적으로 다룬 책으로 『일본고대교류사입문(日本古代交流史入門)』이라는 책도 출간되었다.[41]

오랫동안 한일관계사를 선도해온 스즈키 야스타미(鈴木靖民)의 『일본

---

38) 速水大, 2015, 「唐太宗の高句麗親征と勳官の濫授」 『唐代勳官制度の研究』, 汲古書院.

39) 森部豊, 2016, 「唐代奚·契丹史研究と石刻史料」 『關西大學 東西學術研究所紀要』 49 ; 森部豊, 2018, 「唐前半期における羈縻州·蕃兵·軍制に關する覺書」, 宮宅潔 編, 『多民族社會の軍事統治』, 京都大學學術出版會.

40) 山下將司, 2011, 「唐のテュルク人蕃兵」 『歷史學研究』 881 ; 福島惠, 2017, 『東部ユーラシアのソグド人』, 汲古書院.

41) 鈴木靖民·金子修一·田中史生·李成市 編, 2017, 『日本古代交流史入門』, 勉誠出版.

의 고대국가 형성과 동아시아(日本の古代國家形成と東アジア)』,42) 『고대일본의 동아시아 교류사(古代日本の東アジア交流史)』,43) 『고대의 일본과 동아시아(古代の日本と東アジア)』44) 등의 논문집이 출간되었다. 이른바 보덕국과 왜의 관계를 논한 고전적 논문도 수록되어 있다.45)

또한 후속 세대의 연구 성과로서는 고우치 하루토(河內春人),46) 하마다 구미코(浜田久美子),47) 나카노 다카유키(中野高行)48) 등의 논고를 들 수 있다. 그러나 대외관계사 분야에서도 젊은 연구자가 거의 없기 때문에 앞으로 연구가 발전해 나갈 수 있을지는 불분명하다.

도래인(渡來人)에 관해서는 요시무라 다케히코(吉村武彦) 외 편『도래계 이주민(渡來系移住民)』,49) 다나카 후미오(田中史生)『도래인과 귀화인(渡來人と歸化人)』50) 등을 최근의 대표적인 연구 성과로 들 수 있다. 또한 앞서 언급한 나카노는 고구려계 도래인에 주목하면서 최근 조직된 고려낭만학회(高麗浪漫學會)에 적극적으로 참여하고 있다. 고려낭만학회는 지금의 일본 사이타마(埼玉)현에 존재했던 고대 고마군(高麗郡)에 이주한 고구려 유민을 연구하는 단체이다. 학계 연구자, 지역 향토사학자 등이 공동연구를 추진하고 있으며, 이미 몇 가지 연구 성과도 출판되었다.51) 이런

---

42) 鈴木靖民, 2011, 『日本の古代國家形成と東アジア』, 吉川弘文館.

43) 鈴木靖民, 2016, 『古代日本の東アジア交流史』, 勉誠出版.

44) 鈴木靖民, 2020, 『古代の日本と東アジア』, 勉誠出版.

45) 鈴木靖民, 2016, 「百濟救援の役後の百濟使·高句麗使」『古代日本の東アジア交流史』, 勉誠出版, 초출1968.

46) 河內春人, 2020, 「大化改新と對唐外交」『古代東アジアにおける皇帝權力と國際秩序』, 汲古書院.

47) 浜田久美子, 2022, 『日本古代の外交と礼制』, 吉川弘文館.

48) 中野高行, 2017, 『古代國家成立と國際的契機』, 同成社.

49) 吉村武彦·吉川眞司·川尻秋生 編, 2020, 『渡來系移住民』, 岩波書店.

50) 田中史生, 2019, 『渡來人と歸化人』, 角川選書.

51) 日本高麗浪漫學會 監修, 2018, 『古代高麗郡の建郡と東アジア』, 高志書房 ; 日本高麗浪漫學會 監修, 2021, 『古代日本と渡來系移民』, 高志書房 ; 日本高麗浪漫學會 監修, 2023, 『渡來·歸化·建郡と古代日本』, 高志書房.

움직임은 지역개발과 연구가 연계되어 있어 새로운 연구 방법을 제시해 줄 가능성이 있다.

이상에서 일본사 연구 동향을 정리해 보면, 대외관계사에 관한 연구 성과가 축적된 것으로 나타났다. 그러나 일본의 한국사 연구와 마찬가지로 젊은 연구자가 부족하여 앞으로 지속될 수 있을지 우려스럽다.

3) 고고학

원래는 고고학의 성과도 살펴야 하지만, 필자의 역량 부족으로 자세히 소개하기는 어렵다. 고구려에 대한 언급이 있는 연구로서 쓰치야 다카시(土屋隆史),[52] 야마모토 다카후미(山本孝文),[53] 김우대(金宇大),[54] 몬타 세이이치(門田誠一),[55] 이사하야 나오토(諫早直人)[56] 등이 있다.

고고학이나 출토유물에 관해서는 고구려에 국한하지 않고 널리 고대 한반도와의 관계라는 관점에서 파악하는 것이 좋을 듯하다. 시가(滋賀) 현 아노우(穴太) 유적에서 출토된 버클이 발해에서 가져온 것이라는 보도가 나왔다.[57] 후속 연구가 기대된다.

맺음말 : 향후 연구를 지속하기 위한 전망

이상에서 본 바와 같이 일본의 고구려사 관련 연구에 대하여 최근

---

52) 土屋隆史, 2018, 『古墳時代の日朝交流と金工品』, 雄山閣.

53) 山本孝文, 2018, 『古代韓半島と倭國』, 中央公論新社.

54) 金宇大, 2017, 『金工品から讀む古代朝鮮と倭─新しい地域關係史へ』, 京都大學出版會.

55) 門田誠一, 2011, 『高句麗壁畵古墳と東アジア』, 思文閣出版.

56) 諫早直人, 2012, 『東北アジアにおける騎馬文化の考古學的研究』, 雄山閣.

57) 『毎日新聞』 2022년10월30일. https://mainichi.jp/articles/20221030/k00/00m/040/154000c

10년 동안의 동향을 정리해 보았다. 종합하자면, 저조하다고 말할 수밖에 없다. 그렇다고 한국사 분야에서 성과가 전혀 없지는 않았다. 오랜만에 간행된 고구려 전공자인 이노우에 나오키의 단행본, 출토 자료와 관련된 논고가 발표되었고, 원로급 연구자들의 논문집도 출간되었다. 다만 젊은 세대나 중견 세대의 연구자가 부족하여 다케다 유키오를 비롯한 고전적 연구 성과를 넘어서지 못하고 있다.

또한 중국사나 일본사에도 몇 가지 성과가 있었다. 일본사, 특히 대외관계사 분야에서도 연구 상황은 한국사와 비슷하다. 새로운 세대의 연구자가 새롭게 나타나지 않고 있다. 그러므로 고려낭만학회 등 지방에서 추진하는 사업과 연계하여 젊은 연구자를 양성할 수 있는 환경을 만드는 것도 중요하다.

중국사의 경우, 고구려를 주된 연구 대상으로 한 논문은 많지 않다. 그러나 고구려를 동아시아사, 세계사 속에 정립하기 위하여 고구려사를 상대화하는 관점을 제공해 준다. 이러한 연구를 일본의 한국사학계도 참고해야 하겠지만, 한국의 고구려사 연구자들도 참고할 필요가 있지 않을까 한다.

현재의 '정체' 상황을 어떻게 타파할 수 있을지 고민할 때, 우선 위에서 언급한 중국사나 일본사의 연구 성과를 적극적으로 수용하면서 각 분야의 연구자들과 협조할 필요가 있겠다. 또한 한국 학계의 동향으로부터 고립되기 쉬운 일본 연구자들은 한국과 중국의 연구사를 파악하면서 동아시아적인 연구 공간(空間)에서 활동할 필요가 있다고 생각된다.

권 순 홍

2000년대 이후 북한의 고구려사 연구
—『조선단대사 : 고구려사』(2006~2008) 분석을 중심으로—

머리말

"지난 날의 우리 나라 역사에서 우리 민족이 가장 강하였던 시기는 고구려시대"[1]였다는 김일성의 '교시'와 "고구려는 세 나라 가운데서 제일 강대한 나라였고 삼국시기 우리 나라 역사는 고구려를 중심으로 발전"[2]해 왔다는 김정일의 '지적'은 절대적이다. 1970년대 이래 북한의 고구려사 연구는 이를 입증하는 것이 목표였고,[3] '선언'된 역사적 '진실'에 대해 이견이 제기될 여지가 많지 않았다. 고구려사 관련 연구역량이 새로운 해석을 위한 연구논문보다는 자료 확보를 위한 발굴 보고에 집중될 수밖에 없는 배경이었다.

2000년대 이후 북한의 고구려사 연구는 여전히 고구려사 전반에 걸쳐 정통성·자주성·계승성·독자성·진취성 등을 거듭 강조하고 있고, 그러한 인식의 문제점과 남한학계와의 차이점은 이미 지적되었으므로,[4] 재론할

---

1) 『김일성전집』 44, 2쪽. 이하 북한 자료의 인용문은 원문을 전재하되, 가독성을 높이고, 이해를 돕기 위해 한국의 맞춤법과 띄어쓰기에 따라 표기한다.
2) 『김정일전집』 2, 181쪽.
3) 朴性鳳, 1990, 「北韓의 高句麗史 硏究動向과 특성」 『東方學志』 65 ; 申瀅植, 1993, 「北韓의 「고구려사」(『조선전사』3)의 分析과 批判」 『東方學志』 81.

필요는 없다. 단, 2000년 이후 출간된 『조선단대사 : 고구려사』5)에 대한 분석이 충분하지 않았다는 점은 아쉽다. 『조선단대사』는 2000년부터 발간되기 시작하여 총 38권으로 구성된 대규모 연구저술로, 1993년 단군릉 발굴 이후 촉발되어, 1998년 확립된 '대동강문화'론의 영향 아래서 새롭게 정리된 조선 통사였다.6) 그 중 『조선단대사 : 고구려사』는 2006년부터 2008년까지 총 5권이 출간되었는데, 현재까지도 가장 최신의, 가장 방대한 북한의 고구려 통사이므로, 2000년대 이후 북한의 고구려사 연구 동향을 진단할 수 있는 중요한 자료이다. 또, 김정은 집권 이후에 확인되는 북한 역사교육의 '고조선―고구려―발해' 정통국가 계보에 대한 강조7)가 『조선단대사 : 고구려사』의 내용을 바탕으로 했을 개연성이 크다는 점에서도 면밀한 검토가 요구된다. 남북 학계의 한국고대사 연구동향을 비교·검토하며 일부 분석되기도 했지만,8) 연구의 취지와 분량상 소략할 수밖에 없었다.

이 글의 목적은 『조선단대사 : 고구려사』의 분석을 통해 2000년대 이후 북한의 고구려사 연구 동향을 미루어 보는 것이다. 분석에 앞서, 집필자가

---

4) 김현숙, 2012, 「'동북공정' 이후 북한의 고구려사 연구동향」 『국학연구』 21 ; 양시은, 2016, 「최근 북한 고고학계의 고구려 연구 동향 : 『조선고고연구』를 중심으로」 『高句麗渤海硏究』 56.

5) 손영종, 2006, 『조선단대사 : 고구려사(1)』, 과학백과사전출판사 ; 손영종, 2007, 『조선단대사 : 고구려사(2)』, 과학백과사전출판사 ; 손영종, 2008(a), 『조선단대사 : 고구려사(3)』, 과학백과사전출판사 ; 손영종, 2008(b), 『조선단대사 : 고구려사(4)』, 과학백과사전출판사 ; 손영종, 2008(c), 『조선단대사 : 고구려사(5)』, 과학백과사전출판사.

6) 이경섭, 2018, 「북한 역사학계의 고대사 인식과 민족론」 『先史와 古代』 56, 89~90쪽 ; 전덕재, 2018, 「남북한학계의 한국고대사 연구동향과 과제―2000년 이후 연구를 중심으로―」 『東洋學』 72, 19~27쪽.

7) 김한종, 2018, 「남북 교과서 학술 용어 검토―역사 교과서를 중심으로」 『새국어생활』 28-4, 56쪽 ; 김인선, 2022, 「김정은 계승 이후 역사 교과서 변화에 나타난 북한 역사교육의 성격」, 한국교원대학교 석사학위논문, 36~40쪽 ; 李廷斌, 2023, 「김정은 집권 이후 북한의 '정통국가' 강조와 평양 정통론 부상의 궤적」 『歷史敎育』 166.

8) 전덕재, 2018, 앞의 논문, 24~25쪽.

주목된다. 『조선단대사 : 고구려사』의 집필은 방대한 분량의 고구려 통사, 『고구려사』(1990~1999)(총 3권)[9]의 집필 경험이 이미 있던 손영종이 맡았다. 그런데 이 두 가지 고구려 통사는 비록 집필자는 같지만, 분량과 구성, 내용 등에서 약간의 차이가 확인된다. 양자의 비교·분석은 『조선단대사 : 고구려사』의 특징을 드러낼 것이고, 이 특징은 2000년대 이후 북한의 고구려사 연구 동향을 이해하는 데 첩경일 수 있다.

1. 저술 배경

주체사상이 확립된 1970년대 이래, 북한은 체제 정통화 작업의 일환으로, 고구려 중심의 역사 인식을 강조해 왔다. 체제 정당성과 민족적 주체성의 역사적 연원을 고구려에서 찾았기 때문이었다.[10] '동명왕'릉과 정릉사 복원에 김일성이 깊이 개입한 사실을 통해 고구려와 북한 체제의 일체화, 동명왕과 김일성의 인격적 결합이 지적되기도 한다.[11] 『조선통사(상)』(1977)과 『조선전사』(1979~1983) 등의 통사를 통해 주체사관에 입각한 북한의 고구려사 인식이 확인되는데, 크게 두 가지 특징이 있었다.

하나는 고구려가 삼국시대의 중심국가이자, 삼국통일의 민족적 과업을 수행한 국가라는 인식이다. "당시 세 나라의 통합을 지향한 고구려의 강성은 우리나라 역사 발전에서 거대한 의의"를 지녔고, "분립된 세 나라를

---

9) 손영종, 1990, 『고구려사(1)』, 과학백과사전종합출판사 ; 손영종, 1997, 『고구려사(2)』, 과학백과사전종합출판사 ; 손영종, 1999, 『고구려사(3)』, 과학백과사전출판사.

10) 전호태, 1990, 「삼국시대에 대한 인식」, 안병우·도진순 편, 『북한의 한국사인식(1)』, 한길사 ; 李基東, 1999, 「北韓에서의 高句麗史 연구의 현단계」 『東國史學』 33 ; 서의식, 2003, 「북한의 삼국시대 연구동향과 문제점」, 국사편찬위원회, 『북한의 한국사 연구동향(1)』, 국사편찬위원회 ; 조인성, 2009, 「고구려통일론」, 석문이기동교수정년기념논총간행위원회, 『한국고대사연구의 현단계』, 주류성.

11) 李基東, 1999, 앞의 논문, 7~8쪽.

통합하는 것은 세 나라 사이의 전쟁을 없애고 나라의 통일적 발전을 추진하는 초미의 문제"였으며, "이 과업은 오직 강대한 고구려에 의해서만 수행될 수 있었다"는 서술[12]이 이를 잘 보여준다. 다른 하나는 '반침략투쟁' 이 고구려사의 핵심이라는 서사구조이다. "조선 민족의 피어린 투쟁의 역사에서 수나라 침략자들의 횡포한 침략을 맞받아 용감하게 물리치고 조국을 지켜낸 고구려 사람들의 반침략투쟁은 중세기 우리 인민의 반침략 조국 방위 역사에서 가장 빛나는 자리를 차지"한다는 서술[13]을 통해, 주체사관의 핵심 주제인 '반침략투쟁사'에서 고구려가 차지하는 위상을 짐작할 수 있다.

　손영종의『고구려사(1)』(1990)는 1970년대 이래 북한의 위와 같은 고구려사 인식을 집대성한, 이른바 정사로 평가받는다. 북한의 고구려사 연구를 대표하는 손영종의 저술에 관해서는 한국에서 여러 차례 분석이 이루어졌다.[14] 맑스주의 역사학의 발달단계론에 따라 고구려를 중세 봉건국가로 규정한다는 점과, 주체사상에 따라 민족 자주성을 지나치게 강조하고 '조선민족제일주의'적 해석이 많다는 점 등은 누차 지적되었다. 이는 한편으로 북한 역사학 전반에 걸친 특징이기도 하다. 한편, 손영종의 고구려는 삼국통일위업을 수행하고 '반침략투쟁'의 핵심이라는 북한 고유의 서사를 계승하면서도, 기왕과는 다른 차이점이 있었다. 크게 둘로 정리되는데, 첫째는 고구려의 건국시점을 기원전 277년으로 소급했다는 점이고, 둘째는 고구려의 전신으로서, 고대국가인 구려국을 설정하여, 구려국－고구려의 계승관계를 내세운다는 점이다. 고구려 건국의 주체성·자주성을 보다 강조하기 위한 해석이었다.[15] 이러한 그의 해석은 1991년

---

12) 사회과학원 력사연구소, 1977,『조선통사(상)』, 백과사전출판사, 104쪽.

13) 사회과학원 력사연구소, 1979,『조선전사』, 과학백과사전출판사, 254쪽.

14) 申瀅植, 1995,「손영종 저 《고구려사》(1)의 分析과 批判」『國史館論叢』62 ; 李基東, 1999, 앞의 논문 ; 신형식, 2000,「손영종의『고구려사』(2)의 분석과 비판」『慶北史學』23 ; 李成制, 2004,「北韓의 高句麗史 硏究와 歷史認識」『高句麗硏究』18.

에 각각 개정판을 낸『조선전사』와『조선통사』에도 그대로 반영되었다.[16]

그런데 이후 손영종의 고구려사 서술에 변화가 감지된다. 그는 제3권 (1999)을 끝으로『고구려사』를 완간한 직후, 연구서『고구려사의 제문제』 (2000)를 출간하였다. 북한의 연구풍토를 고려했을 때, 대단히 이례적인 일정이었다.[17] 이 책은 개설적 성격의『고구려사』서술과는 다르게, 논쟁적 주제를 다루며 여러 선행 연구성과를 소개·비판하며 자신의 주장을 자세히 논증하고 있다는 점이 특징적이다. 머리말을 통해 그는 "안팎의 역사적 위조자들의 왜곡말살행위"[18]를 저술의 배경으로 제시하였다. 『고구려사(1)』출간 이후에 접한 중국과 일본의 고구려사 연구에 대한 대응으로 이해되는데, 1993년 중국에서 개최된 학술토론회가 주목된다. 이 자리에서 확인된 박시형과 쑨찐지(孫進己)의 고구려사에 대한 견해 차이는 개인의 차이를 넘어, 북한과 중국학계간의 차이이기도 했다. 이후 출간된『고구려사(2)』(1997)와『고구려사의 제문제』에서 고구려의 '반침략투쟁', 특히 대중원왕조 전쟁이 부각되었던 배경이었다.[19] 한편,『고구려사의 제문제』에서 가장 많이 인용되며 비판받은 연구자는 1985년에『조선사(朝鮮史)』, 1989년에『고구려사와 동아시아(高句麗史と東アジア)』를 각각 출간한 다케다 유키오(武田幸男)였다.[20] 손영종은 다케다의 견해를 소개·반박하며, 그의 초기왕계 부정론에 대해서 "부당한 논리",[21] '대왕(大王)'의

---

15) 申瀅植, 1995, 앞의 논문, 87쪽.

16)『조선통사』개정판의 해당부분 집필은 손영종이 맡았다.『조선전사』개정판의 집필자는 명기되지 않았지만, 손영종으로 추정된다(李成制, 2004, 앞의 논문, 235쪽).

17) 李成制, 2004, 앞의 논문, 228쪽.

18) 손영종, 2000,『고구려사의 제문제』, 사회과학출판사, 1쪽.

19) 李成制, 2004, 앞의 논문, 237쪽.

20)『고구려사의 제문제』에 인용된 외국(한국, 중국, 일본)의 선행 연구 총 86건 가운데, 武田幸男의 연구가 28건으로 가장 많았고, 今西龍(16건), 小田省吾(13건)의 연구 순이었다. 한국의 연구 중 인용된 것은 이병도(3건)의 연구뿐이었고, 중국의 연구는 王健群(3건)의 연구가 가장 많았다.

21) 손영종, 2000, 앞의 책, 29쪽.

비(非)제도적 미칭론에 대해서 "매우 그릇된 관점",22) 무관계(武官階) 미비론에 대해서 "몰각한 견해"23) 등으로 혹독하게 평가했다. 『고구려사(1)』(1990) 출간 이후에야 접했을 『고구려사와 동아시아(高句麗史と東アジア)』 등의 논지 역시, 『고구려사의 제문제』 출간의 배경이었던 셈이다.

『고구려사의 제문제』가 출간된 2000년, 북한 사회과학원은 『조선단대사』 시리즈를 출간하기 시작했다. 손영종은 고구려사 부문 총 5권을 집필함으로써, 고구려사를 다시 한 번 집대성했는데, 여기서 그는 『고구려사』(1990~1999)를 대폭 확대·보완했다. 『고구려사』에는 미처 반영되지 못했던 『고구려사의 제문제』의 문제의식이 적극 반영되었을 개연성이 크다. 『조선단대사 : 고구려사(1)』의 머리말에서 손영종이 밝힌 저술 배경이 이를 시사한다.

> 지금까지도 다른 나라 학계들에게 고구려사의 일부 문제들에 대한 오해 또는 곡해가 계속되고 있으며 제국주의 어용사가들의 그릇된 견해를 추종하는 현상도 계속 나타나고 있는 실정에서 매 문제들에 대한 그릇된 견해와 관점들을 비판 극복하기 위하여서도 필요한 일이 되고 있다.24)

또 한편으로, 『조선단대사 : 고구려사』의 편찬시점이 주목된다. 앞서 언급했듯이, 이 시리즈는 2006년부터 2008년까지 3년에 걸쳐 편찬되었는데, 마침 그 직전인 2003년부터 5년간 중국에서 이른바 '동북공정'이 공식적으로 진행되었다는 사실은 위의 인용문에서 손영종이 언급한 '곡해' 및 '그릇된 견해와 관점'이 중국의 '동북공정'과 무관하지 않았을 개연성을 암시한다. 후술할 『조선단대사 : 고구려사』의 특징들은 위와 같이 일본과 중국의 고구려사 해석을 제국주의적 수단으로 보는 손영종의 민족주의적

---

22) 손영종, 2000, 앞의 책, 171~172쪽.
23) 손영종, 2000, 앞의 책, 203쪽.
24) 손영종, 2006, 앞의 책, 6쪽.

문제의식에서 비롯되었을 가능성이 높다.

2. 구조적 특징 : 구조의 변화와 시기 구분

『고구려사』와 『조선단대사 : 고구려사』의 비교에서 가장 먼저 눈에
띄는 것은 세 가지 구조적 특징이다. 우선, 첫 번째는 분량과 구성의
변화이다. 분량은 두 배가량 늘어났는데, 2000년에 발간된 『고구려사의
제문제』의 내용도 상당 부분 포괄한다. 구성의 측면에서는 기왕의 『고구려
사』가 시간 순서에 따라 서술되었던 반면, 『조선단대사 : 고구려사』는
주제별로 묶음으로써, 중요한 문제들을 비중 있게 다루고 있다.[25] 특히
전쟁사를 다룬 제4권이 주목된다. 기왕의 『고구려사』에서는 잘 드러나지
않았던 특징이 포착되기 때문이다. "제8장 외래침략자들을 반대한 고구려
인민들의 투쟁"과 "제9장 삼국통일을 위한 고구려의 투쟁"이라는 장 제목
에서 확인되듯이, 고구려가 수행한 전쟁의 성격을 '반침략투쟁'과 '삼국통
일을 위한 투쟁'으로 명확히 구분한 것이 중요한 특징이다.

이러한 구분을 통해서, 『조선단대사 : 고구려사』의 두 번째 특징이
드러난다. 고구려가 수행한 전쟁을 그 상대와 목적에 따라 '영역확대·완정
을 위한 투쟁', '반침략투쟁', '삼국통일을 위한 투쟁' 등 셋으로 구분한
것이다. 첫째, '영역확대·완정을 위한 투쟁'은 주로 부여·옥저 등 주변국과
낙랑군·현도군 등 중국 군현을 대상으로 한다. 결과적으로 고구려 영역에
포함된 곳을 차지하기 위한, 혹은 지키기 위한 전쟁이었다. 둘째, '반침략전
쟁'은 전한·신·후한·공손씨·조위·서진·전연·후연·북주·수·당 등 중원왕
조를 대상으로 한다. 그 이름에서 알 수 있듯이, 주로 고구려가 외세의

---

25) 단, 『고구려사』 제3권(1999)과 『조선단대사 : 고구려사』 제5권은 문화사 부문으
로, 후자는 전자를 일부 보완한 것이지만 다른 부문만큼 눈에 띄는 변화가
확인되지는 않는다.

침략을 방어한 전쟁을 가리킨다. 셋째, '삼국통일을 위한 투쟁'은 틀림없이 백제·신라를 대상으로 한다. 『고구려사』에서는 시기에 따라 이 전쟁들을 구분 없이 나열했다면, 『조선단대사 : 고구려사』에서는 전쟁의 성격을 보다 선명하게 규정한 후 주제별로 분류한 셈이다. 그중에서도 '영역확대·완정을 위한 투쟁'은 제1권에서 고구려사 전개의 핵심 서사로 다뤄진다는 점이 주목된다. 제2권에서 다뤄진 토지소유관계나 계급신분관계, 중앙집권체제 등의 변화보다 앞세워, 가장 먼저 다뤘다는 측면은 간과하기 어렵다.

세 번째 특징은 바로 이러한 '영역확대·완정'을 기준으로 고구려사의 시기 구분을 시도했다는 점이다. 『고구려사』에서도 영역확대·완정은 중요한 주제로 다뤄지지만, 시기 구분에 있어서는 봉건통치체제의 강화 및 대외관계의 변화 등이 함께 고려되었다. 반면, 『조선단대사 : 고구려사』는 오직 '영역확대·완정'만을 기준으로 시기를 구분하였다. 특히, '완정'이라는 단어가 강조된다는 점이 특징적이다.

<표 1> 『고구려사』와 『조선단대사 : 고구려사』의 시기 구분 비교

	『고구려사』	『조선단대사 : 고구려사』	
기원전 3세기 초~1세기 중엽	고구려 봉건국가의 초기 발전	주변 소국 및 지역의 통합	영역확대·완정 제1기 1단계
		주변 소국들의 통합, 개편	제1기 2단계
1세기 중엽~4세기 말엽	국력의 강화와 고조선 옛 땅의 완전 수복을 위한 고구려 인민들의 투쟁	영역확장을 위한 투쟁	제2기
4세기 말엽~6세기 전반	겨레와 강토를 통일하기 위한 고구려의 투쟁	영역확대 및 완정을 위한 투쟁	제3기 1단계
6세기 중엽~7세기 중엽	국토완정을 위한 고구려의 투쟁과 대외관계의 조정	영역확대, 완정을 위한 투쟁	제3기 2단계

이미 『고구려사』에서도 '완정'은 여러 차례 등장하지만, 『조선단대사 : 고구려사』에서는 그 사용 빈도가 대폭 증가했을 뿐만 아니라, '완정'을 기준으로 고구려사를 제1기~제3기로 획기한다. 여기서 '완정'은 "영토를

완전히 정리하고 다스리는 것 또는 외래 제국주의 침략자들에게 강점되었거나 분리된 영토를 다시 회복하여 나라를 완전히 통일하는 것"[26]을 의미하는 '完整'이다. 단지 복속시키는 것에 그치는 것이 아니라, 완전히 안정적으로 영토화한다는 뜻으로 이해된다.

2세기~4세기에 걸친 후한·조위·전연과의 전쟁이 『고구려사』에서는 '반침략투쟁'으로만 읽혔다면, 『조선단대사 : 고구려사』에서는 '반침략투쟁'임과 동시에, '서방영토완정'으로도 평가되었다는 사실이 눈에 띈다. 이러한 방어전을 통해, "고구려 서변의 영토완정은 더 공고화"[27]되었다거나, "서방영역은 고수되었으며, 방비는 더욱 강화되었다",[28] "서변의 영토완정에 계속 큰 힘을 넣었"[29]다는 서술이 추가됨으로써, 이들 전쟁은 중원왕조의 침략을 방어한 것에 그치지 않고, 영토완정의 일환으로 확대해석되었다.

또한, 『조선단대사 : 고구려사』에서는 초기 고구려가 주변 소국을 복속시키는 과정을 설명하면서, '후국화', '성읍화', '속국화' 등의 용어를 교체·추가하여 논지를 선명히 하였다. 단지 통합·복속이 아닌, 주변 소국들을 완전히 고구려의 영토·영역으로 재편했다는 사실을 부각시켰다는 점에서 차이가 분명하다. 이러한 주변 소국들의 복속 과정은 『고구려사』에서는 '봉건국가의 초기발전'으로 풀이되었지만, 『조선단대사 : 고구려사』에서는 '영역확대·완정'으로 해석되었다는 점에서 큰 차이가 있다.

요컨대, 『조선단대사 : 고구려사』는 분량의 확대와 구성의 변화 외에도 크게 두 가지 특징이 있었다. 하나는 고구려가 수행한 전쟁을 '영역확대·완정', '반침략투쟁', '삼국통일을 위한 투쟁' 등 세 가지 성격으로 구분한 것이었고, 다른 하나는 그 중 하나인 '영역확대·완정'을 가장 중시하며

---

26) 사회과학원 언어학연구소, 2017, 『조선말대사전(증보판)』, 사회과학출판사.
27) 손영종, 2006, 앞의 책, 164쪽.
28) 손영종, 2006, 앞의 책, 167쪽.
29) 손영종, 2006, 앞의 책, 176쪽.

<표 2> 『고구려사』와 『조선단대사 : 고구려사』의 절 제목 비교

『고구려사』	『조선단대사 : 고구려사』
비류국의 통합	비류국의 <u>후국화</u>
행인국과 북옥저의 통합	행인국과 북옥저의 통합, <u>성읍화</u>
선비국과 량맥국의 복속	선비국과 량맥국의 복속
부여 남부지역의 통합	부여 남부지역의 통합, 갈사국 등 부여 소국들의 <u>속국화</u>
개마국과 구다국의 통합	개마국과 구다국의 통합, <u>성읍화</u>, <u>후국화</u>
동옥저의 직할지로의 전환	동옥저의 직할지─<u>성읍</u>으로 개편
갈사국, 조나국, 주나국의 통합	갈사국, 조나국, 주나국의 통합과 <u>성읍화</u>

강조할 뿐만 아니라, 이를 기준으로 고구려사의 시기 구분을 시도한 것이었다.

3. 내용적 특징 : '국토통일' 개념의 공고화

이상에서 도출한 『조선단대사 : 고구려사』의 가장 큰 특징은 '영토확대·완정'이었다. '완정'은 앞서 언급한대로, "영토를 완전히 정리하고 다스리는 것 또는 외래 제국주의 침략자들에게 강점되었거나 분리된 영토를 다시 회복하여 나라를 완전히 통일하는 것"이라는 의미이므로, 필연적으로 그 대상 즉, '완전한 정리' 및 '완전한 통일'의 대상을 고민하지 않을 수 없다. 『고구려사』에서는 '완정'이라는 단어를 사용하면서도, 그 대상으로 '국토', '영역', '영토' 등을 혼용하였다. 그와 동시에 '국토통일', '삼국통일' 등의 용어도 혼용함으로써, '완정'과 '통일', '국토'와 '삼국'의 구분이 불분명하였다. 반면, 『조선단대사 : 고구려사』에서는 그 대상을 유의함으로써, '완정'의 대상을 '영토'로 국한시켰고, '통일'은 '국토'와 '삼국'에만 호응시켰다. 이러한 면밀한 용어 사용을 통해, 『조선단대사 : 고구려사』가 시도한 몇 가지 용어 구분과 분류를 짐작할 수 있다.

우선, '영역'과 '영토'의 구분 및 단계화이다. 『조선단대사 : 고구려사』에서 '영역'은 대체로 '확대'·'확장'과 호응함으로써, 고구려 땅이 '아직 아닌', 즉 '확대'·'확장' '(해야)할' 대상, 혹은 '이제 막' 고구려 땅이 된 '확대'·'확장' '된' 결과로 사용된다. 한편, '영토'는 '완정'과 호응함으로써, '이미' 고구려 땅이지만 완전히 정리되지 않은, 그래서 '완정'의 대상, 혹은 고구려 땅으로 완전히 정리된 '완정'의 결과로 사용된다.

> 가) 고구려는 따라서 두 나라(고구려와 백제 : 필자주)의 <u>경계선에서 큰 변화 가 없었고</u>(강조 및 밑줄 : 필자, 이하 같음) 북방정세가 더 긴급하였던 조건에서 남방에서는 주로 <u>영토완정에 주력</u>하고 있었다.[30]
> 나) 후연이 존재하던 기간에 고구려는 그와 여러 번 싸웠으나 서방에서 <u>새로 영역을 확장하지는 않았다</u>. 다만 서부 변방의 방어를 더 강화하고 국내 정세를 안정시키기 위한 <u>영토완정사업에만 주력</u>하였다.[31]

가)는 국경선의 변화와 무관하게 영토완정에 주력했다고 표현하였고, 나)는 새로운 영역확장 없이, 기존의 영토를 완정하는데 주력했다고 표현하였다. 이를 통해 '영역확대'와 '영토완정'은 구분되며, '영역확대'는 '영토완정'에 선행한다는 사실을 짐작할 수 있다. 바꿔 말해, '확대'된 '영역'을 '완정'된 '영토'로 만드는 과정이 곧, '영역확대·완정을 위한 투쟁'의 과정이었던 것이다.

다음, '국토'의 정의 및 '영토'와의 구분이다. 『조선단대사 : 고구려사』는 앞서 정리했듯이, 고구려의 전쟁을 셋('영역확대·완정', '반침략투쟁', '삼국통일을 위한 투쟁')으로 구분하였는데, 모두의 「고구려사 개관」에서는 '영역확대'와 '완정'을 다시 분리하여 전쟁을 총 넷으로 구분한 뒤, 다시 '영역확대'와 '반침략투쟁'을 하나의 카테고리로 정리하고, '완정'과 '삼국통일을 위한 투쟁'을 '국토통일전쟁'이라는 하나의 카테고리로 정리하였

---

30) 손영종, 2006, 앞의 책, 197쪽.
31) 손영종, 2006, 앞의 책, 204쪽.

다. 특히, 후자의 경우 고구려의 '영토완정'과 '삼국통일'을 포괄하는 상위
개념으로, '국토통일'을 상정한 것이다. 그리고 여기서 사용된 '국토'라는
용어에 대해 아래와 같이 새롭게 정의하였다.

> 다) 단군조선의 국토는 오늘의 조선반도와 요하하류, 송화강중류, 수분하유
> 역을 포괄하고 있었다. 그리고 고구려의 최대판도는 그보다도 서쪽,
> 북쪽으로 훨씬 넓은 지역을 포괄하였다. 이 지역들은 주로 <u>같은 겨레가
> 살던 곳</u>이었으므로, <u>국토라는 개념 속에 포함</u>시켜 쓰려고 한다.[32]
> 라) 여기서 <u>국토라는 개념은 우리 겨레가 사는 강토</u>라는 뜻으로 쓰려고
> 한다. 고대 말기 이래 같은 겨레가 수많은 나라들로 분열된 것은 민족사의
> 정상적 발전에 큰 장애로 되고 있었으며 인민들은 나라들 사이의 대립과
> 분쟁으로 불행과 고통을 겪고 있었다. 고구려는 건국 이후 <u>겨레와 강토를
> 하나로 통일</u>하는 것이 시대적 요구로 나서고 있었던 조건에서 <u>국토통일을
> 중요한 정책</u>으로 내세우고 그 실현을 위하여 큰 힘을 기울였다.[33]

다)와 라)를 통해 알 수 있듯이, 『조선단대사 : 고구려사』에서 새롭게
정의된 '국토'는 단지 고구려의 '영토'·'영역'을 말하는 것이 아니라, 시조
단군의 후손으로서 '우리 겨레'가 사는 강토를 뜻한다. '우리 겨레'가
사는 강토이므로, '확대'·'확장'의 대상일 수 없고, '수복'·'통일'의 대상이어
야 했다. 특히, 단군조선의 국토를 언급한 점이 주목되는데, 우리 겨레가
사는 강토란, 즉 옛 단군조선의 국토로서, 한반도와 요하하류, 송화강중류,
수분하유역을 포괄하는 고정된 지역이다. 다시 말해, '국토통일'은 고구려
가 다시 이 지역들을 고구려의 '영토'로 '수복'하여, '완정'하는 것을 의미할
수 있다. 이것이야말로 북한 정권의 연원으로서 고구려의 역사적 의의였으
므로, 고구려사의 핵심 서사는 '완정'의 과정일 수밖에 없었다.

---

32) 손영종, 2006, 앞의 책, 13쪽.
33) 손영종, 2006, 앞의 책, 13쪽.

이처럼 단군조선의 국토가 고구려가 '수복'해야 할 대상이라면, 단군조선의 중심지, 즉 수도였던 평양 역시 고구려가 계승해야 할 중심지일 수밖에 없었다. 『고구려사』에는 없던, 『조선단대사 : 고구려사』에 추가된 아래와 같은 기술은 단군조선의 국토와 단군조선의 수도를 계승하는 '정통국가'로서의 고구려를 강조하고 있다는 점에서 주목된다.

> 대동강, 재령강류역은 예로부터 경제와 문화가 발전한 곳이며 단군조선 이후 수천 년 동안 나라의 정치, 경제, 문화의 중심지로 되어왔던 고장이다. 그러므로 민족의 원시조 단군이 세운 고조선(전조선)과 같이 넓은 지역을 통치하는 큰 나라로 될 것을 지향하고 있던 <u>고구려로서는 단군의 옛 수도로 되돌아감으로써 고구려가 고조선의 지위와 역할을 계승한다는 것을 직접적으로 표현하는 것이 전체 조선민족의 민심을 수습하는데서도 필요하였다.</u> 바로 이러한 의미에서도 평양으로 기본수도를 옮기는 것은 중요한 정책적 요구로 나서고 있었던 것이다.[34]

1993년, 단군릉 발굴과 그에 따라 제기된 '대동강문화'론은 고조선의 중심지를 기왕의 요동에서 평양으로 수정하였고, 평양을 우리 겨레의 발상지로 평가하였다. 이로써 평양 중심의 한국사 인식과 '고조선−고구려'의 정통국가 계보가 구축될 수 있었고,[35] 정통국가가 '완정'해야 할 국토의 개념이 정의될 수 있었다고 이해된다.

한편, 위와 같은 '국토'에 대한 정의에 따라, '고구려의 영토완정'과 '삼국통일', '국토통일' 사이의 미묘한 단계화가 가능해졌다. '국토통일'은 '고구려의 영토완정'과 '삼국통일', 이 두 가지 조건이 모두 갖추어져야 가능한 '위업'이었다. '영토완정'+'삼국통일'='국토통일'의 도식인 셈이다.

---

34) 손영종, 2007, 앞의 책, 123쪽.

35) 이준성, 2021, 「북한 정권의 평양 인식 변화와 활용−고조선·고구려사 연구 추이와 관련하여−」 『先史와 古代』 65 ; 李廷斌, 2023, 앞의 논문.

　　이 과업(국토통일과업 : 필자주)을 수행하는 데서 340년대까지는 부여를
포함한 주변 나라들의 통합은 기본적으로 끝났고 또 370년대까지는 당시
주되는 과업으로 나서고 있던 고조선의 옛 땅을 수복하기 위한 장구한 투쟁도
결속하였다. 그러므로 4세기 중엽 이후 삼국통일을 위한 투쟁 과업이 전면에
나서게 되었다고 할 수 있다.[36]

　　위의 인용문을 통해, '국토통일'은 주변 소국의 통합과 고조선 구토의
수복을 포함한 '영토완정'과 백제·신라에 대한 '삼국통일', 이 두 가지
'투쟁'을 포괄한다는 사실을 명확히 확인할 수 있다. 단, '삼국통일'이
미완에 그침에 따라, '국토통일' 역시 결과적으로 미완일 수밖에 없었지만,
최대판도를 차지함으로써 겨레의 강토로서 '국토'의 북방지역 대부분을
'완정'한 7세기 중엽부터, 고구려의 남진을 '국토완정을 위한 투쟁'으로
묘사한 점이 이를 방증한다. '국토완정'은 '국토통일' 이후에 나아가야
할 방향이었다.

　　한편, '국토통일'을 새롭게 상정함으로써, '삼국통일'과 구분되었다는
점이 주목된다. 『고구려사』에서는 확인되지 않던 '국토통일'의 과업이
『조선단대사 : 고구려사』에서 새롭게 설정됨에 따라, 고구려가 '통일' 과업
에 착수한 시점을 수정할 수밖에 없었기 때문이다.

　　마) 우리 나라에서 겨레와 국토의 통일이 당면하게 해결되어야 할 가장 중요한
　　　　문제로 나서게 된 것은 삼국시기, 구체적으로는 <u>4세기 말엽부터</u>였다.[37]
　　바) 고구려가 동족의 나라들을 하나로 통합하기 위한 과업을 국가정책으로
　　　　내세운 것은 <u>이미 건국 직후부터</u>였다고 말할 수 있다.[38]

---

36) 손영종, 2008(b), 앞의 책, 142쪽.
37) 손영종, 1990, 앞의 책, 283쪽.
38) 손영종, 2008(b), 앞의 책, 142쪽.

마)는『고구려사』의 내용으로, 겨레와 국토의 통일 과업이 시작된 것은 4세기 말엽부터였다고 전한다. '겨레와 국토의 통일'이라고는 했지만, 앞서 지적했듯이 '삼국통일'과 같은 의미로 사용되었다. 반면, 바)는『조선단대사 : 고구려사』의 내용으로, 고구려가 '국가통일' 과업을 정책으로 내세운 것은 이미 건국 직후부터였다고 전한다. 앞서 라)의「고구려사 개관」에서도 건국 이후 '국토통일'을 중요한 정책으로 내세웠다고 전하고 있다. '통일' 과업의 착수시점이 기왕의 4세기 말엽에서 건국 직후인 기원전 3세기로 소급된 것이다. '국가통일'은 건국 직후부터 이루어진 주변 소국 통합, 즉 '영토완정'을 포함하므로, '통일' 과업의 시작도 건국 직후부터로 소급될 수밖에 없었다.

요컨대,『조선단대사 : 고구려사』의 내용상 특징은 '국토통일'로 정리된다. 기왕에 명확하지 않았던 '영역'·'영토'·'국토' 등의 개념을 새롭게 정의·구분함과 동시에, '영토완정'의 의미를 강조·부각시킴으로써, '삼국통일'에 버금가는 과업으로 격상시켰다. 그리고 '영토완정'과 '삼국통일', 이 두 가지 과업을 '국토통일'의 일환으로 해석함으로써, 고구려의 건국부터 멸망까지를 '국토통일'을 위한 투쟁으로 묘사하였다.

맺음말

『조선단대사 : 고구려사』의 위와 같은 특징은 저술 배경과 무관하지 않을 수 있다. 1990년대 이후, 고구려의 자주성을 축소시킴과 동시에 중원왕조로의 종속성을 부각시킨 해석들을 접했고, 특히, 2003년 이래 중국의 '동북공정'은 직접적 계기일 수 있었다. 이에 대응하기 위해 민족 고유성·독자성·자주성을 더욱 강조하는 방법을 택한 것이었다. 이를 위해 민족 고유의 '국토'를 설정하고, 유구하고도 공고한 '국토'를 확립하려는 의도가 엿보인다.『조선단대사 : 고구려사』와 같은 시기에 조선 민족의

'국토'를 지도로 보여주는 『조선력사지도첩』(2007)이 출간된 사실도 같은 맥락에서 이해된다.39) 『조선력사지도첩』 역시 『조선단대사 : 고구려사』와 마찬가지로, "제국주의 어용사가들에 의하여 혹심하게 왜곡 말살되고 날조되어 조선 민족의 참다운 역사로 체계화되지 못"40)한 것이 편찬의 배경이었다. 『조선단대사 : 고구려사』와 『조선력사지도첩』은 이견에 맞서, 민족 고유의 '국토'를 획정한 것이기도 했다.

『조선단대사 : 고구려사』 이후의 고구려사 연구는 대체로 이러한 손영종의 견해를 따르는 것으로 읽힌다. 다음 세대 연구자인 강세권은 광개토왕대의 삼국통일지향을 검토하면서, 고구려는 삼국시기에 삼국통일위업을 주도적으로 이끌어왔으며, "4세기 말~5세기 초에 해당하는 광개토왕시기에도 고구려는 삼국통일정책을 줄기차게 밀고나갔다"41)고 표현함으로써, 국토통일정책이 건국 이래부터 계속되었다는 손영종의 해석을 따르고 있다. 또한, '영토완정'을 기준으로 고구려사를 세 시기로 구분한 손영종의 견해를 따라서, 고구려의 사회발전단계,42) 지방통치체제의 발전,43) 정치세력의 변천44) 혹은 품계제도의 변천45)도 세 시기 구분에 맞추어 해석되었다. 고구려의 국정운영과 그 시스템이 '영토완정'이라는 고구려사의 핵심 서사와 연동된다는 관점이었다.

---

39) 김현숙, 2012, 앞의 논문, 338~339쪽.

40) 사회과학원 력사연구소, 2007, 『조선력사지도첩』, 지도출판사, 1쪽.

41) 강세권, 2016, 「광개토왕릉비문에 나타나는 고구려의 삼국통일지향에 대하여」 『력사과학』 2016-1, 59쪽.

42) 강세권, 2019, 「고구려의 사회발전단계와 그 특징에 대하여」 『력사과학』 2019-2.

43) 강세권, 2014, 「고구려 지방통치체제의 특징에 대하여」 『력사과학』 2014-3.

44) 김정철, 2019, 「정치세력의 변천이 고구려사회발전에 준 영향에 대하여」 『력사과학』 2019-3.

45) 최림철, 2019, 「고구려품계제도의 변천과정에 대한 몇 가지 분석」 『력사과학』 2019-1.

권	장	절
고구려사 1	제1장 고구려 봉건국가의 성립	제1절 구려국 말기의 사회경제 형편, 봉건적 제관계의 점차적 장성
		제2절 고구려의 건국
		제3절 고구려 건국설화와 그에 반영된 역사적 사실
		제4절 고구려 초기 주요 역사적 사실의 연대
		제5절 고구려 봉건국가의 초기 주민구성
		제6절 고구려 건국의 역사적 의의
	제2장 주변 소국 및 지역의 통합, 영역의 확대와 영토완정을 위한 투쟁	제1절 B.C. 3세기 주변 소국 및 지역의 통합(영역확대, 완정 제1기 1단계)
		제2절 B.C. 2세기~A.D. 1세기 중엽의 정세변화와 주변 소국들의 통합, 개편(영역확대, 완정 제1기 2단계)
		제3절 1세기 말엽~370년대의 영역확장을 위한 투쟁(영역확대, 완정 제2기)
		제4절 4세기 말엽~6섹 초엽 영역확대 및 완정을 위한 투쟁(영역확대, 완정 제3기 1단계)
		제5절 6세기 중엽~7세기 중엽의 영역확대, 완정을 위한 투쟁(영역확대, 완정 제3기 2단계)
고구려사 2	제3장 봉건적 토지소유관계,계급 신분관계	제1절 봉건적 토지소유관계의 확대
		제2절 봉건적 계급신분관계의 편성, 공고화
		제3절 봉건적 착취의 제형태
	제4장 봉건적 중앙집권체제의 정비, 강화	제1절 전제군주제도의 확립, 강화
		제2절 중앙관제
		제3절 봉건적 위계제도의 편성과 정비강화
		제4절 수도의 변천, 수도건설과 방위체계의 형성
		제5절 지방관제
		제6절 부수도의 설치와 변천
		제7절 봉건적 법질서의 강화
		제8절 국왕 중심의 지배체제 강화를 위한 봉건 통치사상의 전파
		제9절 고구려 역사상의 주요 정치적 사변들
고구려사 3	제5장 군사제도, 성곽방위체계	제1절 봉건적 의무병역제도의 실시, 상무 기풍의 장려
		제2절 군종과 병종
		제3절 중앙군과 지방군의 편성, 지휘통수체계
		제4절 무관계제도
		제5절 지방 성곽 방위체계의 형성
		제6절 봉수 및 역참체계의 정비
	제6장 경제발전	제1절 농업, 수산업의 발전
		제2절 수공업의 발전

		제3절 상업, 교통운수의 발전
	제7장 대외관계, 고구려의 자주적 대외정책	제1절 B.C. 3세기 말~A.D. 5세기 초 중국의 여러 나라들과의 관계
		제2절 중국 남북조 나라들과의 관계
		제3절 수, 당과의 관계
		△ 고구려는 대외관계에서 시종일관 독자성을 견지한 조선 중세의 자주독립국가
		제4절 서방, 서북방 및 북방의 종족, 나라들과의 관계
		제5절 왜(규수 왜), 야마토 왜국과의 관계, 일본 열도 안의 고구려 계통 소국들
고구려사 4	제8장 외래침략자들을 반대한 고구려 인민들의 투쟁	제1절 전한 및 신나라의 침략을 물리치기
		제2절 후한의 침략을 물리치기 위한 투쟁(1~2세기)
		제3절 공손세력 및 위나라(조위)의 침공을 물리치기 위한 투쟁
		제4절 진나라(서진) 및 전연의 침공을 반대한 투쟁
		제5절 일부 남북조 나라들(후연, 송, 북주)의 침공을 반대한 투쟁
		제6절 수나라의 침략을 반대한 고구려 인민들의 투쟁
		제7절 당나라의 침략을 반대한 고구려 인민들의 투쟁
	제9장 삼국통일을 위한 고구려의 투쟁	제1절 삼국통일정책 실현을 위한 투쟁의 본격적 개시
		제2절 4세기 말-5세기 초 백제의 〈왜〉세력 인입과 이에 대처한 고구려의 군사정치활동
		제3절 5세기 중엽 고구려의 남진정책의 적극적 추진과 백제-신라의 연합
		제4절 6세기 전반기 서남 방면에서의 결정적 승리, 삼국통일정책의 가일층 추진
		제5절 6세기 중엽 백제-신라 연합세력의 북상, 그 후 고구려에 의한 삼국통일정책의 추진
	제10장 고구려 봉건국가의 종말, 고국회복을 위한 고구려 인민의 투쟁	제1절 고구려 봉건국가의 종말
		제2절 고국회복을 위한 고구려 유민들의 투쟁
고구려사 5	제11장 문화	제1절 과학과 기술
		제2절 사상과 종교
		제3절 교육과 역사 편찬
		제4절 말과 글
		제5절 문학
		제6절 미술
		제7절 음악과 무용, 교예
		제8절 생활풍습

제2부

———

고구려의 국가 운영과 제도

고구려 초기 정복 지역 지배 방식과
'조부통책권(租賦統責權)'

머리말

『삼국사기』에 따르면 고구려는 주몽이 왕이 되고부터 태조대왕 대까지 주변 세력을 적극적으로 통합하여 갔다. 이 과정에서 피정복 지역은 '성읍(城邑)'[1] 또는 '군현(郡縣)'으로[2] 편제되었다. 대체로 성읍은 간접 지배, 군현은 직접 편제 방식의 일환으로 이해된다.[3] 다만, 성읍 및 군현의 지배 방식을 상세히 전하는 기록이 남아 있지 않아, 이를 구체적으로 파악하는 데에는 어려움이 따른다.

이러한 형편에서, 그나마 고구려의 초기[4] 정복 지역 지배 방식을 이해하

---

1) 『三國史記』卷13, 高句麗本紀1 東明聖王 6年 冬10月 "王命烏伊 扶芬奴 伐大白山東南 荇人國 取其地爲城邑" ; 東明聖王 10年 冬11月. '王命扶尉猒 伐北沃沮滅之 以其地爲 城邑".

2) 『三國史記』卷14, 高句麗本紀2 大武神王 9年 冬十月 "王親征蓋馬國 殺其王 慰安百姓 毋虜掠 但以其地爲郡縣".

3) 성읍은 재지질서를 인정하거나 부분적으로 재편한 가운데 속민집단이나 집단예 민으로 삼아 조세수취를 통해 간접 지배한 것으로 보고(노태돈, 1999, 『고구려사 연구』, 사계절, 127~128쪽 ; 琴京淑, 2004, 『高句麗 前期 政治史 研究』, 고려대학교 민족문화연구원, 136~140쪽 ; 임기환, 2004, 『고구려 정치사 연구』, 한나래, 69~70쪽), 특히 군현으로 삼았다는 것은 왕실의 직할령이나 계루부 내로의 직접 편제를 반영한 것으로 보기도 한다(임기환, 앞의 책, 70쪽).

는 실마리를 제공하는 자료가 『삼국지』 동옥저전이다.[5] 해당 기록에는 고구려가 신속(臣屬)한 동옥저에서 행한 지배 방식이 기술되어 있다. 이에 이 기사는 비단 고구려의 동옥저 지배 방식뿐만 아니라, 고구려가 정복 지역을 어떻게 지배하였는지 보여주는 전형으로 평가되며 많은 주목을 받아 왔다. 그만큼, 해당 기사를 바탕에 둔 고구려의 정복 지역 지배구조 이해를 두고 다양한 견해가 제출되었다.[6]

여러 이견이 제기된 것은, 『삼국지』 동옥저전의 해당 기사 해석을 두고 논란의 여지가 있고, 고구려 초기 자료가 영성한 사정에서 연구자 간 사료를 다루는 관점 및 이를 통해 구축한 역사상이 서로 다른 데에 연유한다. 여기에는, '사상주령(使相主領)' 구절을 어떻게 풀이할 것인지를 비롯하여, 대가(大加)가 조부(租賦)를 '통책(統責)'하였다는 의미가 무엇인지, 즉 대가는 동옥저에서 고구려로 조부를 납부하는 책임만 진 것인지, 또 그 최종적인 귀속은 누구에게 있는지(고구려인지 혹은 대가인지), 그리고 동옥저 지배 방식이 정복 지역 외 고구려의 영역 지배 방식과는 어떠한 관계가 있는지 등 다양한 이해 문제가 중첩되어 있다.

상기(上記)한 문제는 해당 기사의 해석부터 차분히 풀어볼 필요가 있다. 이에 이 글에서는 필자가 제시할 『삼국지』 동옥저전에 기록된 해당 구절의 해석을 토대로, 고구려가 동옥저에서 조부를 수취한 방식 및 그것이 고구려로 납부되는 과정을 제시하여 볼 것이다. 그리고 그러한 지배

---

4) 이 글에서 설정한 고구려 초기는 서기 3세기까지를 하한으로 한다.

5) 『三國志』 卷30, 魏書30 烏丸鮮卑東夷傳 東沃沮 "國小 迫于大國之間 遂臣屬句麗 句麗復 置其中大人爲使者 使相主領 又使大加統責其租賦 貊布魚鹽海中食物 千里擔負致之 又送其美女 以爲婢妾 遇之如奴僕".

6) 이 글에서 대상으로 삼는 『삼국지』 동옥저전 기사를 두고 학계에서 전개된 해석 및 논란은 다음의 논고들을 참고할 수 있다. 김현숙, 2005, 『고구려의 영역지배방식 연구』, 도서출판 모시는사람들, 132~133쪽 ; 이종록, 2020, 「1~3세 기 고구려의 두만강 유역 지배방식과 책성(柵城)」『역사와 현실』 116, 167~169 쪽 ; 이종록, 2022, 「高句麗 前期 동해안지역 복속과 濊族社會 연구」 高麗大學校 博士學位論文, 218~220쪽.

방식을 바탕으로 고구려의 영역 지배구조 상 특징을 지적해 보고자 한다.

1. 『삼국지』동옥저전에 나타난 고구려의 동옥저 지배 기사 해석

아래의 [가]는 『삼국지』동옥저전에 나타난 고구려의 동옥저 지배 기사이다. 이를 맥락상 다음과 같이 ㉠에서 ㉣로 구분하여 볼 수 있다.

> [가] ㉠國小　迫于大國之間　遂臣屬句麗
>
> 　　　㉡-1句麗復置其中大人爲使者　㉡-2使相主領
>
> 　　　㉢又使大加統責其租賦　貂布魚鹽海中食物
>
> 　　　㉣千里擔負致之　又送其美女　以爲婢妾　遇之如奴僕(『삼국지』)[7]

[가-㉠은 "나라가 작고 대국(大國) 사이에서 곤궁하다가 끝내 (고)구려에 신속(臣屬)하였다"라고 해석된다. 대국 '사이'라고 하였으므로 여기서 대국은 둘 이상의 나라를 가리킨다. 동옥저가 신속한 대상이 고구려인 것을 보면, 고구려가 그 하나일 것이다. 나머지 대국 중 하나로는 낙랑군(樂浪郡)을 제시하기도 한다.[8] 이는 군현을 '국(國)'이라 표기한 셈이므로 어색한 면이 있다. 해당 기사가 포함된 『삼국지』동이전에서 군현을 국으로 지칭한 사례도 발견하기 어렵다.

[가-㉠에서는 동옥저의 지리상 특징을 이야기하고 있으므로, 『삼국지』동이전에서 설명하는 동옥저의 위치를 고려할 필요가 있다. 동옥저는 고구려 개마대산(蓋馬大山)의 동쪽에 있고 북으로는 읍루(挹婁)와 부여(夫

---

7) 『三國志』卷30, 魏書30　烏丸鮮卑東夷傳　東沃沮.

8) '國小 迫于大國之間'을 "高句麗·樂浪 등의 外部勢力의 壓力"으로 해석한 것은(李丙燾, 1976, 「沃沮와 東濊」『韓國古代史硏究』, 博英社, 230쪽), 대국 중 하나를 한 군현으로 본 하나의 사례이다.

餘), 남으로는 예맥(濊貊)과 접한다고 하였다.9) 그러므로 기록에 근거한다면, 동옥저를 둘러싼 대국은 이들 중에서 찾아야 합리적이다. 동옥저가 남으로 접한 예맥 즉 예(濊)는,10) 대군장(大君長)이 없으며 한말(漢末) 곧 후한(後漢) 말에는 고구려에 복속한 처지였다.11) 이 점에서, 예를 [가]-㉠에서 말하는 대국으로 보기는 어렵다.

읍루의 경우, 북옥저(北沃沮)가 읍루의 노략질을 두려워하여 여름철에는 늘 산속 바위굴에서 수비하다가 겨울에야 내려와 촌락에서 살았다고 한 데에서,12) 옥저를 곤궁케 한 양상이 보인다. 하지만 과연 읍루를 대국으로 보았을지는 의문이다. 읍루 또한 예와 마찬가지로 대군장이 없었다고 하며, 한(漢) 이래로 부여에 신속한 존재로 나타난다.13)

그렇다면 예맥과 읍루를 제외한 나머지 한 나라인 부여가 남는다. 『삼국지』 동이전에서 부여는 군왕(君王)이 있으며 사방 2천 리의 강역과 8만 호(戶)를 가진, 동이 제국(諸國) 중 대국(大國)으로 나타난다.14) 부여전에서는 부여가 남으로 옥저가 아닌 고구려와 접하고, 동으로 읍루와

---

9) 『三國志』 卷30, 魏書30 烏丸鮮卑東夷傳 東沃沮 "東沃沮在高句麗 蓋馬大山之東 濱大海而居 … 北與挹婁夫餘 南與濊貊接". 同傳에서 北沃沮를 설명하며 북옥저가 읍루와 접한다고 한 점에서("北沃沮 一名置溝婁 … 與挹婁接"), 이때의 동옥저 위치는 정확하게는 북옥저를 포함한 옥저 전체의 위치를 설명하고 있는 것으로 이해된다.

10) 『삼국지』 예전에서 예의 위치를 설명하며 북으로 고구려 및 옥저와 접하였다고 하였고(『三國志』 卷30, 魏書30 烏丸鮮卑東夷傳 濊 "濊南與辰韓 北與高句麗沃沮接 東窮大海 今朝鮮之東皆其地也".), 同書 동옥저전에서는 남으로 예맥과 접하였다고 하므로, 동옥저와 남으로 접하였다는 예맥은 곧 예이다.

11) 『三國志』 卷30, 魏書30 烏丸鮮卑東夷傳 濊 "漢末更屬句麗". 公孫度이 활동한 시기를 '漢末'이라고 하였다(『三國志』 卷30, 魏書30 烏丸鮮卑東夷傳, 夫餘. '夫餘本屬玄菟 漢末 公孫度雄張海東 威服外夷 夫餘王尉仇台更屬遼東'). 따라서 漢末이 후한 말을 가리킴을 알 수 있다.

12) 『三國志』 卷30, 魏書30 烏丸鮮卑東夷傳 東沃沮 "挹婁喜乘船寇鈔 北沃沮畏之 夏月恆在山巖深穴中爲守備 冬月冰凍 船道不通 乃下居村落".

13) 『三國志』 卷30, 魏書30 烏丸鮮卑東夷傳 挹婁 "無大君長 邑落各有大人 … 自漢已來臣屬夫餘 夫餘責其租賦重,"

14) 『三國志』 卷30, 魏書30 烏丸鮮卑東夷傳 夫餘 "方可二千里 戶八萬 … 國有君王".

접한다고 하였다.15) 이러한 부여의 지리 설명과 동옥저의 그것을 함께 고려할 때,『삼국지』동이전에서는 개마대산을 기준으로 서쪽은 고구려, 동쪽은 옥저가 있으며, 그 위로는 부여, 그리고 그 옆에 읍루가 있는 형세를 묘사하고 있다고 해석된다. 그리고 부여전에서는 남으로 접한 대상으로 고구려만 제시한 것으로 이해된다. 이를 간단하게 도식화하여 본다면 〈그림 1〉과 같다. 따라서 동옥저를 곤궁케 한 대국은 두 개이고, 고구려를 제외한 나머지 하나는 부여를 가리키는 것으로 볼 수 있다.16)

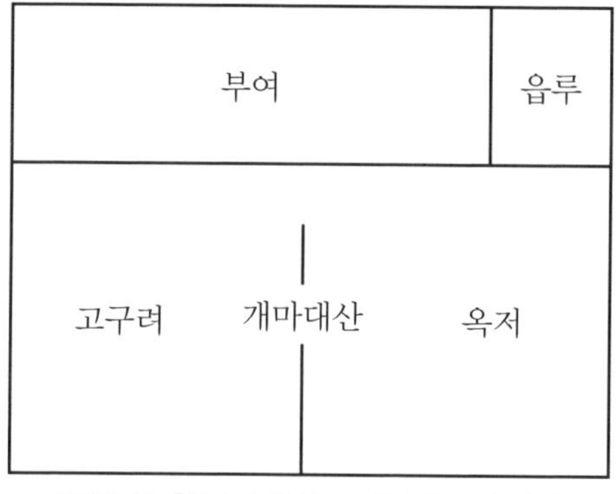

〈그림 1〉『삼국지』에서 묘사한 옥저의 위치

한편 [가-㉠]에서는 동옥저가 고구려에 신속한 시기가 정확하게 나타나 있지 않다. 다만, [가] 기사 앞에서 후한 건무(建武) 6년(30)의 사정을 전하고 있고,17)『삼국사기』고구려본기 태조대왕 4년(56)에 동옥저를 정벌하였다는 기사를 고려하였을 때,18) 동옥저가 고구려에 신속한 시기는

---

15)『三國志』卷30, 魏書30 烏丸鮮卑東夷傳 夫餘 "南與高句麗 東與挹婁 西與鮮卑接".

16) 이 글에서 제시한 대국의 후보는 기록을 토대로 이해한 결과이다. 그렇다면 이는 부여가 동옥저 지역으로 진출하여 압박을 가하는 형세가 있었다는 의미인 셈이다. 과연 실제 이러한 역사상이 존재하였는지, 만일 그러하다면 그 시기는 언제였는지는 관련 자료와 함께 검토할 필요가 있다.

17)『三國志』卷30, 魏書30 烏丸鮮卑東夷傳 東沃沮 "漢光武六年 省邊郡 都尉由此罷 其後皆 以其縣中渠帥爲縣侯 …".

대체로 서기 1세기 중후반이었을 것으로 추정된다.[19]

다음, [가]-ⓛ은 다시 ⓛ-1과 ⓛ-2로 구분하여 볼 수 있다. ⓛ-1은 '(고)구려는 다시[復] 그중[其中] 대인(大人)을 두어 사자(使者)로 삼았다'로 해석된다. 여기서 '복(復)'을 '회복하다'라는 의미로 이해하기도 하는데,[20] 이때의 '부(復)'는 '고구려에 신속하였다'라는 상황과 함께 고구려가 대인을 두어 사자로 삼은 상황이 또한 존재하였다는 의미로 쓰이는 예로 볼 수 있다. 이와 유사한 구절로, 『신당서(新唐書)』에서 고구려가 망한 뒤 '그 땅을 아홉 개의 도독부와 42개 주, 1백 개의 현으로 나누고 '또한[復] 안동도호부(安東都護府)를 두어 운운(云云)'한 기사가 참고된다.[21]

그리고 '그중'의 '그[其]'는 맥락상 동옥저를 가리킨다. 이때 '그중'의 의미는 두 가지로 풀이할 수 있다. 첫째는 '그중'을 대인을 둔 위치로 이해하여 대인을 '동옥저에' 두었다고 보는 것이다. 이럴 경우, 대인은 반드시 동옥저인이 아닐 가능성을 상정할 수 있다. 고구려인이 동옥저에 둔 대인으로 역할을 하는 상황도 존재할 수 있기 때문이다.[22] 둘째로, '그중'을 대인을 수식하는 '그 가운데', 즉 '동옥저의' 대인으로 보는 것이다. 이렇게 보면 대인은 동옥저인으로 한정된다. 두 가지 풀이 모두 자연스럽겠지만 대체로 해당 구절은 '그 가운데'로 해석하고 있으며, 또 같은

---

18) 『三國史記』卷15, 高句麗本紀3 太祖大王 4年 秋7月 "伐東沃沮 取其土地爲城邑 拓境東至滄海 南至薩水".

19) 余昊奎, 2005, 「高句麗의 國家形成과 漢의 對外政策」 『軍史』 54, 32~34쪽 참조.

20) 장병진, 2019, 「고구려의 성립과 전기 지배체제 연구」, 연세대학교 박사학위논문, 99쪽.

21) 『新唐書』 卷220, 列傳145 東夷 高麗 "剖其地爲都督府者九 州四十二 縣百 復置安東都護府 擢酋豪有功者授都督 刺史 令 與華官參治 仁貴爲都護 總兵鎭之". '復'가 '又', '再'의 뜻으로 풀이되는 것을 참고하였을 때(『康熙字典』, 復 [集韻] 又也 [增韻] 再也"), 『新唐書』의 구절은 '又'로 이해할 수 있겠고, [가]-ⓛ의 '復'도 이러한 의미에서 쓰인 용례로 사료된다.

22) 동옥저에 둔 大人이 동옥저인이 아니라 고구려인이었을 것으로 보는 해석이 참고된다(日野開三郎, 1988, 『東北アジア民族史(上)』(『東洋史學論集』 14), 三一書房, 145쪽).

동옥저전에서 동옥저의 장례 풍속을 이야기하며 쌀을 질솥에 둔다고
할 때 치미기중(置米其中)이라 하여, 기중(其中)이 위치를 뜻할 때는 목적어
가 먼저 오고 그 뒤에 온 점을 참고하면, ㉡-1의 '그중'은 두 번째 뜻으로
이해하는 것이 적절할 듯하다.

한편 '사자(使者)'는, 같은 책 고구려전에서 고구려 관등으로 사자가
확인되어,[23] 관등으로 풀이할 수도 있겠고 아니면 어의(語義) 자체에
주목하여 사역인(使役人)으로 풀이도 가능하다. 후술하겠으나, 이 기사에
서 고구려 관직인 '상(相)'의 존재가 확인된다는 점에 유의한다면, 이때의
사자도 고구려 관등으로 볼 가능성에 무게가 더 실린다.

㉡-2는 특히 논란이 되는 구절이다. 종래 이때의 '상(相)'을 '서로'로
풀이하는 방식이 일반적으로 수용되어 왔다. 다만, 이때 '서로'의 대상은
'고구려인과 대인', '대인과 대인', '옥저의 거수(渠帥)와 대인' 등 다양하게
제시된다. 반면, ㉡-2와 [가]-㉢이 대구(對句)이므로 '대가'와 '상'이 서로
짝하고 있는 것으로 보아 '상'을 직명(職名)으로 보아야 한다는 견해가
제기되기도 하였다.[24] 또는, '상'을 동사로 풀어 '다스리다'라는 의미로
해석하기도 한다.[25]

기실, 이 구절의 문의(文義)가 분명하게 파악되지 않는다는 점은 인정된
다. 이와 관련하여, 같은 내용을 전하는 『후한서』 동옥저전 기사에서
다소간의 개서가 확인된다는 점이 주목된다.

---

23) 『三國志』卷30, 魏書30 烏丸鮮卑東夷傳 高句麗 "其官有相加對盧沛者古雛加主簿優台
丞使者皁衣先人 尊卑各有等級".

24) '使相主領'을 '相으로 하여금 主領케 한다'고 해석한 견해로 다음의 논고가 참조된
다. 徐毅植, 1990, 「新羅「中古」期 六部의 部役動員과 地方支配」『韓國史論』23,
127~128쪽. 이러한 해석으로 풀이하는 연구로는 김미경, 1996, 「高句麗의 樂浪·帶
方地域 進出과 그 支配形態」『學林』17, 49~50쪽 ; 김남중, 2013, 「위만조선과
고구려 초기의 相」『韓國古代史探究』14, 27~29쪽 ; 장병진, 2019, 앞의 논문,
100~102쪽 참조.

25) 이정빈, 2019, 「양맥·숙신의 난(難), 변경에서 본 3세기 후반 동아시아와 고구려」
『韓國史研究』187, 117쪽의 C-1.

[나] 其土迫小 介於大國之閒 遂臣屬句驪

　　句驪復置其中大人爲使者 ㉠以相監領

　　責其租稅貂布魚鹽海中食物

　　發美女爲婢妾焉(『後漢書』)[26]

　『후한서』 동옥저전에서는 [가]의 ㉡-2를 [나]-㉠과 같이 고쳤다. 이를 [가]의 ㉡과 ㉢을 대구(對句)로 보는 방식과 같이 "상(相)으로써 다스리게 하고"로 해석하기도 한다.[27] 하지만 [나]의 전체적인 개서 양상을 보았을 때 그렇게 단정하기는 어려운 면이 있다. [나]와 [가]를 비교하면, [나]에서는 [가]-㉣ 중 '송(送)'을 '발(發)'로 고쳐, '치(置)', '책(責)', 그리고 '발(發)'하는 주체를 모두 구려(句驪) 즉 고구려로 하였다는 특징이 발견된다. 즉, [나]는 '통책(統責)'의 주체로 분명하게 확인되는 [가]-㉢의 '대가'를 생략하여 고구려로 주체를 통일하였다. 만일 [나]에서 '상'을 '대가'와 대구를 이루는 요소로 이해하였다면, 상 또한 대가와 마찬가지로 생략하거나 '발'처럼 다른 글자로 바꾸는 방식으로 개서하였을 것으로 보아야 합리적이다. 그러므로 [나]-㉠의 '상'은 자의(字義)에 맞추어 풀이하는 것이 자연스럽다. 이렇게 보았을 때, [나]-㉠을 '서로 감령(監領)하였다'와 같이 해석할 수도 있다.[28]

　한편, '상(相)'에는 동사 앞에 쓰여 동작이나 행위가 어느 한쪽에만 관련된다는 의미를 나타내면서 대명사의 역할을 하는 용법도 있다.[29] 가령, 『주서』 고려전에서 고구려에 있던 성(城)을 설명하며, "요동(遼東),

---

26) 『後漢書』 卷85, 東夷列傳75 東沃沮.

27) 김남중, 2013, 앞의 논문, 31쪽.

28) 장병진, 2019, 앞의 논문, 100~101쪽.

29) 延世大學校 虛詞辭典編纂室 編, 2001, 『虛詞大辭典』 相, 成輔社, 314쪽. 역주 『삼국사기』와 『목민심서』에서 이러한 용법의 '相'으로 번역해야 할 사례를 제시한 다음의 논저도 참고된다. 정인갑, 2022, 『한국 고서정리 오류해제』, 한국학술정보, 94~101쪽.

현도(玄菟) 등 수십 성(城)이 있는데, 모두 관사(官司)를 두어 (성들을) 통섭(統攝)하였다[以相統攝]'라고 하였다.30) 이때의 '상(相)'은 맥락상 '서로' 라고 해석하기는 어렵다. [나-㉠도 이와 같이 해석할 여지가 있다. 그렇다 면 고구려가 동옥저의 대인을 두고 사자로 삼아 감령하였다는 의미가 되는데, 여기서 감령의 대상은 사자로 삼은 대인으로 볼 수 있다.

위와 같이 이해할 때, [가-㉡에 상당하는『후한서』의 구절에서 직명 '상(相)'의 존재를 상정하기는 곤란하다. 그리고 이는 다시 [가-㉡에서 또한 상(相)을 직명으로 해석하기는 어려울 가능성을 제공한다. 그런데 [나-㉠에서 주령(主領)의 '주(主)'를 '감(監)'으로 고친 점 또한 주목할 필요 가 있다. 이렇게 고친 까닭이 그 뜻을 명확히 하기 위한 데 있을 수 있다.31) 이 점에서, '주령'이라는 용어가 '서로'라는 개념으로 이해될 성질 의 것이 아니라는 지적이 유의된다.32) 실제『삼국지』나『후한서』등에서 '상(相)'과 '주(主)'가 같이 쓰이는 예는 흔하지 않다. '주령'의 경우도 주종(主 從)의 관계를 나타낼 때 쓰이는데,33) '서로'라고 하게 되면 서로가 서로에게 주종 관계가 되는 어색한 해석이 된다.

그리고 보면, ㉡-2 '사상주령(使相主領)'의 '상(相)'을 위에서 말한 대명사 의 역할을 하는 용법으로도 이해하기 어색한 측면이 있다. 이와 같은 용법에서 이해한다면, '상(相)'이 가리키는 대상 즉 주령의 대상은 [가의 ㉡-1에 나타난 사자로 삼은 대인이겠다. 그런데 ㉡-2에는 사역의 뜻을 담은 '사(使)'가 있다. 그러면 [가-㉡은 고구려가 대인을 두어 사자로 삼고 고구려가 고구려에 사자를 주령하게 하였다는 뜻이 되어, 고구려가 자기 자신에게 사역하는 셈이 된다. 결국 '사상주령(使相主領)'은 '서로'의 의미나 위와 같은 용법으로 이해하기에는 적합하지 않다. 그러기 위해서는

---

30)『周書』卷94, 列傳41 異域上 高麗 "復有遼東 玄菟等數十城 皆置官司 以相統攝".

31) 國史編纂委員會, 1987,『中國正史 朝鮮傳 譯註』1, 국사편찬위원회, 152쪽.

32) 徐毅植, 1990, 앞의 논문, 127~128쪽.

33)『漢書』卷22, 禮樂志2 "僕射二人主領諸樂人".

'사(使)'가 없어야 하거나 '주(主)'가 바뀌어야 한다. 『후한서』에서 [나]-㉠으로 고쳐진 데에는 이러한 원인이 있었던 것으로 여겨진다.

전술하였듯 [가]의 ㉡-2는 그 본의(本義)가 분명하지 않은 까닭에, 그것이 [나]-㉠과 같은 의미일 가능성을 완전히 배제할 수는 없다. 그러나 [가]의 ㉡-2가 반드시 개서를 가해야만 문의(文義)가 통하는 것은 아니다. 앞서 제시하였듯, [가]-㉢과 대구로 보아 '상'을 '대가'와 짝이 되는 존재로 충분히 풀이되기 때문이다. 이것이, 『삼국지』의 해당 기사에 오기(誤記)가 없다고 존중한다면, [나]-㉠처럼 이해하면 표현상 부자연스러움에도 굳이 그렇게 표기해야 할 이유라고 추정할 수 있다. 이 점에서, [가]-㉡은 '사자(로 삼은 대인)'가 주령의 대상이고, 상이 주령의 주체이며, 그 뒤에 주령이 나온 구절로 이해하는 것이 적합하다. 따라서 [가]-㉡은 '고구려가 동옥저의 대인을 두고 사자로 삼았으며 상이 (그들을) 주령케 하였다'라고 해석할 수 있다.[34]

한편, [가]-㉢에서 대가가 통책(統責)하는 대상은 '조부(租賦)'[35]와 함께 '맥포어염해중식물(貊布魚鹽海中食物)'까지 포함한다고 보는 것이 타당하다.[36] 여기서 통책은 통(統)과 책(責)으로 나누어 볼 수 있는데, 통(統)은, 후술하듯, 읍락마다 부과된 조부를 포함한 맥포어염해중식물(이하 '조부'로 합칭)을 대가가 통괄하였다는 의미이겠다. 그리고 '책(責)'은 '책기부세

---

34) '使相主領'의 '相'을 '다스리다' 또는 '돕다, 보좌하다' 등 동사로 풀이할 여지도 없지는 않다. 이 글에서는 이러한 가능성도 열어두되, 『후한서』에서 해당 구절을 '以相監領'으로 고친 점과 본문에서 제시한 『주서』 고려전 기사와 같은 '以相~~'의 용례, 그리고 본문의 분석을 고려하여, '使相主領'의 '相'을 직명으로 보는 데 무게를 둔다. 다만, 이때의 相을 동사로 본다고 하더라도, 이 글에서 제시하는 고구려의 租賦 수취 과정을 이해하는 큰 틀의 맥락은 달라지지 않는다고 사료된다.

35) '租賦'는 판본에 따라 '租稅'로도 표기된다.

36) 장병진, 2019, 앞의 논문, 97~98쪽. "本國의 大加로 하여금 그곳의 租賦를 徵收하는 總責任을 맡게 하였다. 그래서 沃沮人들은 租稅와 貊布·魚鹽, 其他 海中食物을 멀리 運搬하여 高句麗에 供給하였"다는 서술 또한(李丙燾, 1976, 앞의 책, 230~231쪽), 大加가 統責하는 대상을 '租賦'와 함께 '貊布魚鹽海中食物'까지로 본 사례이다.

(責其租賦)'의 용례를 보았을 때 '징수하다'로 풀이하는 것이 자연스럽다.37) 이에 통책은 대가가 동옥저의 여러 읍락에서 조부를 통괄하여 징수하였다는 의미로 보는 것이 합리적이다.

마지막으로 [가]-㉣은 [가]-㉢을 받아서, 이에 따라 동옥저에서는 조부를 천 리를 짊어지고 고구려에 이르렀고, 또 미녀를 보내면 비첩(婢妾)으로 삼았다는 내용으로, 크게 논란이 있을 만한 부분은 없는 것으로 보인다.

따라서 이상의 해석을 바탕으로 [가] 부분은, '(동옥저는) 나라가 작아 대국[고구려와 부여]의 사이에서 곤궁하다가 끝내 고구려에 신속하였다(서기 1세기 중후반). (이에) 고구려는 다시 그중[동옥저의] 대인을 두어 사자(使者)로 삼고 상(相)이 (사자를) 주령(主領)케 하였다. 또 대가(大加)가 조부(租賦)와 맥포(貊布), 어염(魚鹽), 해중식물(海中食物)을 통책(統責)케 하니, (동옥저에서는) 그것['조부(租賦)']을 천 리를 짊어지고 (고구려에) 이르렀고, 또 미녀(美女)를 보내면 (고구려에서는 미녀를) 비첩(婢妾)으로 삼으니 그[미녀]를 대우하기가 마치 노복(奴僕)과 같았다'와 같이 정리할 수 있다.

2. 정복 지역에서 조부(租賦) 수취 과정과 '조부통책권(租賦統責權)'

고구려의 동옥저 지배 방식을 담고 있는 『삼국지』 동옥저전 기사가 크고 작은 여러 해석의 여지가 있기에, 앞 장에서는 우선 가장 적절하다고 판단되는 해석을 제시하여 보았다. 이제 그러한 해석을 바탕으로 고구려가 동옥저를 지배한 방식을 보다 구체화하여 검토할 필요가 있다.38) 먼저

---

37) '責其租賦'의 용례로 『삼국지』 읍루전의 기사가 있다(『三國志』 卷30, 魏書30 烏丸鮮卑東夷傳 挹婁 "自漢已來 臣屬夫餘 夫餘責其租賦重"). 이 외 '그 租賦(租, 租税)'를 '責'한다는 용례는 대체로 징수한다는 의미로 해석된다.

38) 한 가지 언급할 것은, 『삼국지』 동옥저전에서 전하는 고구려의 지배 모습이 동옥저에서 과연 어느 정도 일반적이었는가 하는 점이다. 동옥저 내에서도

대인(大人)의 실체이다. 전술한바 해당 기사가 고구려가 동옥저의 대인을 두었다고 이해되므로, 대인은 동옥저 출신의 인물로 보아야 하겠다. 『삼국지』 읍루전에서 읍락마다 대인이 있다고 하고,[39] 동옥저에는 읍락마다 장수(長帥)(=거수(渠帥))가 있다고 한 구절을 참고하면,[40] 대인은 거수나 장수로 대체할 수 있는 칭호로 여겨지며,[41] 이 점에서 대인은 대체로 신속 전 읍락마다 존재한 거수와 같은 세력가였다고 보아 무리는 없다고 본다.

다만, 대인은 고구려가 동옥저를 지배·통제하려는 목적에서 인정해 주는 지위이겠으므로, 모든 거수가 곧바로 대인이 되지는 않았을 것이다. 또한, 동옥저전의 앞부분에서는 장수라 하고 여기에서는 대인이라 하여 달리 표현한 점도 눈에 띈다. 거수를 대인으로 삼는 것이 고구려의 지배를 관철하는 데 효율적이었겠으므로 많은 경우 거수가 대인이 되었겠지만, 그들이 비협조적이거나 혹 반란을 일으켰다면 대인을 새로 대체하였을 가능성도 있다. 이러한 점을 고려할 때, 고구려에서는 고구려의 지배체제를 받아들인 종래 거수, 혹은 거수를 대체할 읍락 내의 유력자를 읍락의 대인으로 대우하고, 이들을 통해 동옥저 지배를 관철하여 나갔다고 할 수 있다.

고구려에서는 이들을 대인으로 대우하는 동시에 사자로 삼았다. 사자가 초기에는 수취와 같은 행정실무를 담당한 고구려 관등이었다는 점에서,[42]

일부 지역에서만 이루어지던 지배 방식이 특히 채록된 결과일 수도 있기 때문이다. 현재로서 이 문제를 명확히 판단하기는 자료의 한계상 불가능에 가깝다. 그리고 머리말에서도 언급하였듯, 해당 기록은 고구려의 정복 지역 지배 방식을 대표적으로 보여주는 자료로 취급되고 있다. 이에 이 글에서는, 본문에서 살피는 지배 양상이 동옥저 전체에서 시행되던 방식이고, 또한 동옥저와 같은 처지에 있던 정복 지역에서도 이러한 지배구조가 나타났다는 전제 위에서 논의를 진행하였다.

39) 『三國志』 卷30, 魏書30 烏丸鮮卑東夷傳 挹婁 "無大君長 邑落各有大人".

40) 『三國志』 卷30, 魏書30 烏丸鮮卑東夷傳 東沃沮 "無大君王 世世邑落 各有長帥".

41) 장병진, 2019, 앞의 논문, 99쪽.

이때의 사자가 관등이든 혹은 사역인을 가리키든, 그것은 동옥저에서 수취하는 과정에 참여하는 데 주어지는 지위 또는 역할을 의미한다고 이해된다. 대인은 동옥저 내 읍락에서 지닌 그들의 지위이며, 이들이 수취 과정에서는 사자로 기능한 것이다.

사자로서 대인은 상이 주령하였다. 여기서 상은,『삼국지』고구려전에서 상가(相加)라는 관명(官名)이 확인되고,[43] 동천왕(東川王) 4년(230) 국상(國相)에 임명된 명림어수(明臨於漱)를 중천왕(中川王) 3년(250) 상(相)이라 한 점에서,[44] 국상(國相)을 가리키는 것으로 볼 수 있다.[45] 국상은 고구려 국정을 총괄하는 최고위직으로서 종래의 좌(左)·우보(右輔)를 개정하여 설정한 관직이었다.[46] 그런데 국상이 된 명림어수에게 중천왕 3년(250)에 내외병마사(內外兵馬事)를 겸지(兼知)케 하였으므로, 국상이 늘 군사까지는 총괄하지 않았다고 보인다. 이 점에서, 국상은 국왕의 위임에 따라 군사에 관한 업무를 겸하였고, 기본적으로는 행정에 관한 사무를 총괄한 직으로 이해된다.[47] 이를 근거로 보건대, 사자를 주령한 상은 동옥저

---

42) 金哲埈, 1956,「高句麗·新羅의 官階組織의 成立過程」『李丙燾博士華甲紀念論叢』, 一潮閣, 132~133쪽 ; 金光洙, 1983,「高句麗 古代 集權國家의 成立에 관한 硏究」延世大學校 博士學位論文, 102~103쪽 참조.

43)『三國志』卷30, 魏書30 烏丸鮮卑東夷傳 高句麗 "其官有相加". 相加는 '相의 직능을 지닌 加'(金光洙, 1991,「高句麗의 '國相職'」『李元淳教授停年紀念 歷史學論叢』, 教學社, 6쪽), '國相인 加'로 해석되어(여호규, 2014,『고구려 초기 정치사 연구』, 신서원, 280쪽), 加로서 相(=國相)의 관직에 있는 자를 특히 이르는 표현으로 여겨진다(拙稿, 2021,「高句麗 初期 支配勢力의 再編과 政治體制의 變動」, 서울大學校 博士學位論文, 143쪽).

44)『三國史記』卷17, 高句麗本紀5 東川王 4年 秋7月 "國相高優婁卒 以于台明臨於漱爲國相" ; 中川王 3年 春2月 "王命相明臨於漱 兼知內外兵馬事".

45) 김미경, 1996, 앞의 논문, 50쪽.

46) 金光洙, 1991, 앞의 논문, 8쪽.

47) 여호규, 2014, 앞의 책, 308~310쪽 참조. 이와 관련하여 兵權은 發命, 發兵, 掌兵으로 三分되고, 국왕은 최고통수권자로서 형식적으로 이 三權을 모두 장악하고 있었지만 주로 發命權을 행사하였고, 나머지 發兵權이나 掌兵權은 측근이나 장군에게 위임하였다는 지적이 참고된다(金鍾洙, 2005,「고구려의 軍制와 그 承繼」『歷史教育』 96, 107~108쪽).

내에 행정과 관련한 사무, 특히 이 구절에서는 조부 수취상 요구되는 행정 업무를 총괄하고 있었다고 여겨진다.

이 과정에서 조부의 통책(統責)은 대가가 맡았다. 이때 '책(責)'을 어떻게 상정하는가에 따라 대가가 조부를 통책하였다는 모습이 달라질 수 있다. 동옥저에서 수취한 조부를 중앙으로 옮기는 과정까지로 볼 수도 있고,[48] 아니면 수취한 바가 대가에게 귀속되는 것까지로 보아,[49] 일종의 식읍과 같은 개념으로도 이해할 수 있기 때문이다.[50]

이와 관련하여서는 『삼국지』 고구려전에서 전하는 '대가(大家)' 관련 기사가 유의된다. 고구려의 대가(大家)는 전작(佃作)하지 않고 좌식(坐食) 하는 자로 하호(下戶)는 멀리서 미량(米糧), 어염(魚鹽)을 짊어지고 이들에 게 공급하였다고 한다.[51] 이때의 대가(大家)를 곧 대가(大加)로 보기도 하고,[52] 호민(豪民)과 같은 경제적 상층민에 대한 통칭으로 이해하기도 한다.[53] 후자로 보더라도 여기에는 대가(大加)와 소가(小加)가 포함된다고 볼 수 있을 것이다.[54] 한편, 이 기사는 조세(租稅)와 미량(米糧)의 대비, 어염(魚鹽)의 동일함, 그리고 멀리서[遠]에 대응할 만한 천 리(千里) 등 동옥저전 기사와 공통점이 발견된다. 이를 토대로 보았을 때, 동옥저에서 수취한 조부가 도착하는 곳은 대가(大加)에게라고 추정된다.

한편, 대가는 고구려 초기 국가권력의 성격 및 정치체제를 어떻게

---

48) 장병진, 2019, 앞의 논문, 102쪽 ; 이정빈, 2019, 앞의 논문, 118쪽.

49) 김현숙, 2005, 앞의 책, 134쪽.

50) 김남중, 2013, 앞의 논문, 30쪽. 기존의 여러 연구에서도 해당 기사에 나타난 수취 구조를 고구려에서 이루어진 식읍제로 보는 시각이 많다(이종록, 2022, 「고구려 초기 옥저의 지배구조에서의 식읍(食邑)의 성격」 『역사와 현실』 125, 58쪽).

51) 『三國志』 卷30, 魏書30 烏丸鮮卑東夷傳 高句麗 "其國中大家不佃作 坐食者萬餘口 下戶遠擔米糧魚鹽供給之".

52) 金洸鎭, 1937, 「高句麗社會の生産樣式－國家の形成過程を中心として－」 『普專學會論集』 3.

53) 文昌魯, 2000, 『三韓時代의 邑落과 社會』, 신서원, 216~220쪽.

54) 여호규, 2014, 앞의 책, 375쪽.

파악하는지에 따라 여러 각도에서 해석되지만, 지배 신분을 가리키며 관직은 아니었을 것으로 보는 데에는 학계의 견해가 대체로 일치하고 있다.[55] 이로 미루어 보건대, 대가의 조부 징수는 대가가 대가로서 마땅히 맡아야 할 일은 아니었다고 추측된다. 즉, 대가가 이러한 조부 징수 과정에 관계하는 것을 직역(職役)과 같이 이해하기는 어렵다. 그러고 보면, 동옥저전 기사에서는 대가의 이러한 행위를 '사(使)'에 의한다고 하였다. 이때 '사(使)'한 주체는 기사에 따르면 고구려이다. 이 점에서, 대가의 조부 통책은 국가가 허여(許與)한 일종의 권한이라 볼 수 있다('조부 통책권(租賦統責權)').

기록상 조부의 최종 도착지가 대가까지이고, 대가가 이에 관여하는 것을 권한으로 이해한다면, 조부의 최종 소유 또한 대가였다고 생각할 여지도 존재한다. 하지만 동옥저에서 수취한 조부를 대가가 모두 소유하였다고 상정하기에는 석연치 않은 부분이 있다. 고구려가 국가의 역량을 동원하여 주변 세력을 통합한 데에는 대내외 정세를 안정화하려는 이유도 있겠지만 수취 기반을 확대하려는 목표도 있었을 것이다.[56] 동옥저에서 행해진 방식이 특정 지역에서 특정 목적에 따라, 마치 식읍과 같이 이루어 졌다면 대가가 모든 조부를 소유하였다고 충분히 볼 수 있지만, 이러한 모습이 동옥저 전체 그리고 정복 지역 전반에서 이루어진 지배 방식이라 면, 동옥저에서 거둔 조부를 모두 대가에게 주고 국가는 수취에서 배제된 채 상(相)을 통한 일종의 행정적 지배에만 관여하였다고 보기에는 무리가 따른다.

'조부'라고 함에서 나타나듯, 이는 기본적으로 국가가 부과하여 납부케 하는 구실이다. 원리상 동옥저에서 거둔 조부의 귀속에는 국가가 포함되었 다고 보아야 한다. 그렇다면 비록 기록상으로는 조부가 대가에게 도달하는

---

55) 大加를 專論으로 다룬 연구로는 이준성, 2016, 「고구려 초기 대가(大加)의 성격과 상위 관제(官制)의 작적(爵的) 운영」 『동북아역사논총』 53 참고.
56) 장병진, 2019, 앞의 논문, 102~103쪽.

과정까지만 나타나지만, 그 다음 과정 즉 대가가 징수한 조부가 다시
국가로 납부하는 과정도 있었다고 이해하여야 합리적이다. 즉, 동옥저의
읍락에서 수취한 조부는 조부통책권이 있는 대가에게 먼저 들어가고,
대가는 이를 다시 국가에 납부하는 체계였다고 할 수 있다.

그렇다고 대가가 그저 조부를 징수하여 국가로 납부하는 데만 관여하고
거기에서 어떠한 반대급부도 얻지 못하였다고 보면, 이는 권한이라기보다
는 의무에 가깝다. 더욱이 대가를 지배계층으로 이해하는 위에서, 그리고
이러한 지배 양상이 고구려가 정복 지역에서 일반적으로 행하는 방식일
것이라는 전제 위에서 헤아리면, 국가가 대가에게 아무런 이익을 제공하지
않고서 이러한 방식을 관철하며 국가를 운영할 수 있다고 설명하기는
어려울 것이다. 이러한 점들을 고려할 때, 대가는 조부를 통책하여 국가로
납부하는 절차에서 모종의 이득을 취하였으리라 상정하여야 자연스럽다.
그렇다면 그 이득은 대가가 직접 관여한 경제적 대상인 조부에서 나왔을
개연성이 크다. 즉, 동옥저의 읍락에서 수취한 조부는 조부통책권이 있는
대가에게 먼저 들어가고, 대가는 여기서 얼마간을 반대급부로써 가진
뒤, 나머지를 다시 국가에 납부하는 체계였다고 할 수 있다.

이상의 추정에 따라 조부의 수취 과정을 구체화하여 보면 다음과 같다.
우선, 수취를 하려면 그 전에 일정한 양을 여러 읍락에 부과하여야 할
것이다. 이는 각기 읍락의 현황을 고구려가 파악하고 있어야 가능하다.
이 과정은, 해당 읍락의 종래 거수 혹은 그에 준할 만한 유력자인 대인이
사자로 기능하였으므로, 관리의 직접 파견에 의해서라기보다는 대인을
매개로 이루어졌을 것이다. 그리고 동옥저의 호(戶)가 5천이라고 하고,[57]
부여의 사례이지만 제가(諸加)가 사출도(四出道)를 별주(別主)하였는데
대자(大者)는 수천 가(家)이고 소자(小者)는 수백 가(家)라 하여 그 기준이
'가(家)'인 것을 참고하면,[58] 이때 파악한 현황에는 호구(戶口)가 포함되었

---

57) 『三國志』卷30, 魏書30 烏丸鮮卑東夷傳 東沃沮 "戶五千".

58) 『三國志』卷30, 魏書30 烏丸鮮卑東夷傳 夫餘 "諸加別主四出道 大者主數千家 小者數

을 가능성이 높다.

읍락의 현황을 파악하는 실무를 담당한 대인은 사자가 되어 조부를 통책한 대가가 아닌 상의 주령을 받았다. 이는 대인이 파악한 해당 읍락의 사정을 대가가 아니라 상이 총괄하였음을 뜻한다. 따라서 해당 읍락에서 수취해야 할 양은 상이 총괄하여 파악·관리하는 내용을 바탕으로 결정되었다고 추정된다. 이에 기초한 수취량을 통책하는 권한은 국가에서 대가에게 위임하였다. 즉, 조부통책권에는 해당 읍락에 수취량을 부과하는 사항까지는 포함하지 않았다고 할 수 있다. 수취량 부과 권한은 국가에 있었고, 조부통책권은 이에 따른 조부를 실질 징수할 수 있는 권한이었다.

고구려에서 이러한 수취 체계를 설정한 배경으로는, 조부의 실질적인 징수를 대가에게 위임함으로써 운반상에 드는 행정적·경제적 부담을 국가가 지지 않고 대가에게 넘길 수 있는 이점을 고려할 수 있다. 한편, 대가에게도 조부통책권은 경제적으로 추가 이익을 얻을 수 있는 권한이었을 것이다. 대가가 실제 징수하는 양이 꼭 기준대로만은 아니었을 개연성이 크기 때문이다. 대가는 어디까지나 국가로 정해진 양을 납부하기만 하면 되고, 운송비 등의 명목으로 중간에서 수탈해 가는 양도 적지 않았을 것이다.

한편, 조부통책권이 '대가'에게 허여되었다는 점도 유의된다. 이는 반대로 말하면, 소가(小加)는 그러한 권한을 가질 수 없다는 뜻이다. 이와 매우 유사한 경우가 하나 있다. 대가만 사자, 조의, 선인을 자치(自置)한다는 것이 그것이다.[59] 필자는 대가가 자치한 관원이 대가 자신의 지배를 위한 조직이 아니라 부(部) 운영에 관계한 조직이었을 것으로 추정한 바 있다.[60] 이에 비추어 보건대, 대가에게 허여된 조부통책권 또한 대가 그 자신의 사적(私的) 경제 기반에만 한정되는 권한은 아니었다고 본다.

百家".

59) 『三國志』卷30, 魏書30 烏丸鮮卑東夷傳 高句麗 "諸大加亦自置使者皁衣先人".

60) 拙稿, 2021, 앞의 논문, 103~105쪽.

자치권(自置權)과 조부통책권을 대가에게만 수여하였다면, 부 조직의 운영이라는 측면에서 조부통책권 역시 부 운영을 위한 경비 마련과 일정한 상관이 있었을 것으로 추측한다.

그렇다면 대가에게 조부통책권이 있는 읍락에서 거둔 조부는, 명목상 국가 운영을 위한 경비와 해당 대가가 속한 부 운영을 위한 경비, 두 가지 차원에서 쓰이는 재원이었다고 유추할 수 있다. 조부가 읍락→대가→국가 순으로 납부 과정을 거치는 가장 큰 이유가 여기에 있다고 본다. 해당 읍락의 현황을 토대로 부과할 수 있는 조부의 양이 결정되면, 국가에서는 나름의 협의를 거쳐 거기서 국가 운영 경비와 부 운영 경비를 나누었을 것이다.[61] 그리고 나서 대가는, 자신에게 통책권이 있는 여러 읍락에서 거둔 조부가 들어오면, 일단 여기에서 사자, 조의, 선인 등 조직의 운영을 포함한 부 운영 경비로써 결정된 얼마간은 두고, 나머지는 다시 국가에 납부하였다고 할 수 있다.

3. 고구려의 정복 지역 지배구조와 영역 지배구조의 관계

『삼국지』동옥저전 기사의 해석을 바탕으로, 고구려는 정복 지역에서 조세를 수취할 때 읍락의 현황 파악 및 수취량 부과와 같은 절차와 조세의 실질 징수 절차를 나누어 각기의 권한을 국가와 대가가 분담하였다고 추정해 보았다. 『삼국사기』에 따르면 고구려는 태조대왕 4년(56)에 동옥저를 정벌하고, 동옥저를 '성읍'으로 삼았다.[62] 이러한 지배 방식이 동옥저

---

61) 고구려에서는 각 部의 인구와 경제적 현황이 國中大會 때 취합되었을 것으로 추정된다(나유정, 2018, 「『三國志』東夷傳에 나타난 대민지배방식과 民·下戶의 성격」 『한국고대사연구』 90, 35~37쪽). 이 과정에서, 해당 자료를 바탕으로 국가 운영 경비와 部 운영 경비가 정해졌을 가능성이 있다.

62) 『三國史記』卷15, 高句麗本紀3 太祖大王 4年 秋7月 "伐東沃沮 取其土地爲城邑 拓境東至滄海 南至薩水".

와 같은 처지에 있던 정복 지역에서 동일하게 적용되었다면, 그것은 고구려가 성읍으로 삼은 지역에서 관철되던 지배구조라 할 수 있다. 가령, 행인국(荇人國)이나,[63] 북옥저(北沃沮)를 정벌한 기사에서도,[64] 고구려가 해당 지역을 성읍으로 삼았다고 전한다. 따라서 이들 지역의 정벌 이후 지배 방식 또한 대체로 이와 유사하였다고 짐작된다.

　읍락의 현황을 파악하고 수취량을 부과하는, 이를테면 행정적 지배가 왕과의 군신 관계를 상징하는[65] 관(官)으로서 상(相)을 통해 이루어진다는 점에서,[66] 이러한 지배에는 국가를 대표하는 존재인 왕이 개입하였다고 능히 짐작할 수 있다. 한편, 국가가 대가에게 허여한 조부통책권을 고구려 왕이 가지는 경우도 상정된다. 이와 관련하여 고구려가 정복 이후 해당 지역을 성읍으로 삼지 않고 군현(郡縣)을 설치한 사례가 주목된다. 대무신 왕은 재위 9년(26)에 개마국(蓋馬國)을 친정(親征)하여 그 왕을 죽이고 그 땅을 군현으로 삼았다.[67] 군현제는 중앙에서 파견한 관리가 파견된 지역을 다스리는 지방통치방식이다. 군현제의 기본 원리가 이러하므로, 대무신왕이 개마국을 군현으로 삼았다는 기사 또한, 기본적으로 고구려왕 의 지배력이 직접 관철되는 지역으로 삼았다는 사정을 전하는 것으로 해석된다.[68] 이러한 지역에서는 정복 지역에 대한 행정권 및 조부통책권

---

63) 『三國史記』 卷13, 高句麗本紀1 東明聖王 6年 冬10月 "王命烏伊 扶芬奴 伐大白山東南荇
　　人國 取其地爲城邑".

64) 『三國史記』 卷13, 高句麗本紀1 東明聖王 10年 冬11月 "王命扶尉猒 伐北沃沮滅之
　　以其地爲城邑".

65) 노태돈, 1999, 『고구려사 연구』, 사계절, 154~155쪽.

66) 國相은 차대왕 2년(166)에 신설된 관직이다(『三國史記』 卷16, 高句麗本紀4 新大王
　　2年 春正月 "拜答夫爲國相 加爵爲沛者 令知內外兵馬 兼領梁貊部落 改左右輔爲國相
　　始於此".). 이에 근거하여 보면 서기 2세기 후반에 相이 使者를 主領하는 존재로
　　등장할 수 있다. 國相이 左·右輔를 고쳐 신설한 관직이므로, 그 이전에는 左·右輔가
　　그 임무를 하고 있었다고 생각된다.

67) 『三國史記』 卷14, 高句麗本紀2 大武神王 9年 冬10月 "王親征蓋馬國 殺其王 慰安百姓
　　毋虜掠 但以其地爲郡縣".

68) 정복한 국가의 왕을 죽이고 군현을 두는 방식은 춘추시대 처음으로 縣이 등장하던

이 모두 고구려왕에게 있었다고 여겨진다.

동옥저와 같이 대가에게 조부통책권이 부여된 곳에서 조부가 읍락→
대가→ 국가로 납부하는 절차를 거쳤으므로, 고구려왕이 행정권과 조부통
책권을 모두 지닌 곳에서 또한 이러한 절차는 원리상 동일하게 적용되었다
고 보아야 한다. 이때 고구려왕은 국가를 대표하는 왕으로서라기보다는
대가 즉 가적(加的) 존재로서 조부통책권을 행사하였다고 본다. 즉, 계루부
(桂婁部)에 소속한 가(加)로서 부 운영을 위한 경비에 충당하는 재원,
그리고 왕으로서 국가를 운영하기 위한 재원에 고구려왕은 '이중적(二重
的) 지위'로 참여하였을 것으로 추측된다.[69]

동옥저에서와 같이 해당 지역 지배의 조부통책권을 대가가 지니는
경우와 개마국과 같이 고구려왕이 그 권한을 가지는 차이는, 해당 지역을
통합하는 데 기여한 결과에서 비롯되었을 것으로 여겨진다. 그 기여로는
통합을 위해 투여된 군사력이 상정된다. 성읍으로 삼기 전인 행인국과
북옥저를 공격할 때는 각각 부분노(扶芬奴)와 부위염(扶尉猒)이 나섰던
반면, 군현으로 삼기 전인 개마국을 정벌할 때는 대무신왕이 직접 나선
대비가 참고된다. 한편, 고국천왕(故國川王) 13년(191) 좌가려(左可慮) 등
이 반란을 일으키고 왕도(王都)를 공격하였다는 사실에서,[70] 제가(諸加)가
독자의 군사력을 보유했다는 점은 충분히 인정된다. 그리고 태조대왕(太祖
大王) 20년(72)과 22년(74) 각각 조나(藻那)와 주나(朱那)를 정벌할 때
동원된 군대를 각각 관나부(貫那部)와 환나부(桓那部)의 군사력으로 추정
하는 견해도 참고가 된다.[71] 즉 대외 통합 과정에서 제가의 군사력이

때의 양상과 유사한데, 당시에는 君長이나 國君을 제거하고 縣을 삼은 뒤 管領者를
파견하였고 내부의 질서는 유지되었다(김남중, 2013, 앞의 논문, 32쪽).

69) 필자는 고구려 초기에 고구려왕이 部에 소속한 諸加의 共立에 의해 획득되는
왕으로서 지위와 王者的 존재인 加로서 지위, 이러한 二重的 지위를 지니고
있었다고 보고 있다. 이에 관해서는 拙稿, 2021, 앞의 논문 참조.

70) 『三國史記』卷16, 高句麗本紀4 故國川王 13年 夏4月 "聚衆攻王都 王徵畿內兵馬平之".

71) 여호규, 2014, 앞의 책, 34쪽.

동원되었을 때, 이를 포함한 공적 등을 논의하여 해당 지역의 지배권 중 특히 조부통책권을 각 부의 대가에게 부여하였다고 추측할 수 있다.

고구려 초기에 통합된 지역 중에는 동옥저와 같은 성읍 또는 개마국과 같은 군현으로 편입된 사례 외에도, 부여왕(扶餘王) 종제나[72] 비류국왕(沸流國王) 송양(松讓)처럼[73] '봉왕(封王)'의 형식도 존재한다. 여기서 왕은 가(加)와 같은 지배자의 한역어(漢譯語)로 볼 수 있는데, 그들은 통합 이후에도 왕자적(王者的) 존재로서 가(加)의 지위를 인정받고 자신의 지배 영역에서 독자적 지배권을 행사한 존재로 추정된다.[74] 그렇다면 그들의 지배 영역 내에서 행정권 및 조부통책권은 그들에게 귀속되어 있었을 것으로 상정되지만, 그렇다고 이들이 국가 운영을 위한 어떠한 부담도 없었다고 이해하기는 어렵다. 이들 지배 영역에서도, 조부의 수취 과정이 읍락→ 대가→ 국가로 납부하는 절차를 거친 것처럼, 국가 운영을 위한 일정 재원을 국가로 납부하는 과정이 있었다고 보아야 합리적이다. 국가로의 재원 납부가 존재하였다면, 비록 행정권이 가(加)에 있다고 하더라도 국가에서는 적절한 재원을 책정하기 위한 자료를 확보하고 있었던 셈인데, 비록 그렇게 단정할 만한 직접적인 자료가 확인되지는 않지만, 자치(自置)한 사자, 조의, 선인 등의 명단을 왕에게 보고한 사실을 참고한다면,[75] 그러한 가능성은 충분하다고 사료된다.

상기와 같은 추정이 타당하다면 고구려의 정복 지역 지배 방식은, 특히 행정권과 조부통책권의 측면에서, 고구려의 영역 지배구조와 동일하게 적용하였다고 볼 수 있다. 즉 고구려왕을 포함한 제가는 자신의 독자적

---

72) 『三國史記』卷14, 高句麗本紀2 大武神王 5年 秋7月 "扶餘王從弟謂國人曰 我先王身亡 國滅民無所依 王弟逃竄 都於曷思 吾亦不肖 無以興復 乃與萬餘人來投 王封爲王 安置掾那部 以其背有絡文 賜姓絡氏".

73) 『三國史記』卷13, 高句麗本紀1 東明聖王 2年 夏6月 "松讓以國來降 以其地爲多勿都 封松讓爲主".

74) 拙稿, 2021, 앞의 논문, 149쪽.

75) 『三國志』卷30, 魏書30 烏丸鮮卑東夷傳 高句麗 "諸大加亦自置使者皁衣先人 名皆達於王".

지배 영역 내에서 행정권과 조부통책권을 지니는 지배자로서, 각 읍락의 유력자[호민(豪民) 또는 대인(大人)]를 통해 해당 읍락의 현황을 파악하였다. 그리고 이를 바탕으로 수취한 조부 중 일정량은 국가 재원으로서 다시 납부하였다고 하겠다.[76] 한편, 가(加)와 같은 존재가 없거나 가(加)로서 지위가 인정되지 못한 정복 지역의 경우, 부과할 수 있는 조부의 양을 파악하기 위한 행정권은 국가가 가지고, 조부통책권은 정복 과정상 기여도 등을 고려하여 고구려왕 혹은 대가가 지닌 것으로 판단된다.

맺음말

이 글에서는 『삼국지』 동옥저전 중 고구려의 동옥저 지배 기사를 해석하여, 이를 바탕으로 고구려의 정복 지역 지배구조 상 특징을 지적하고, 이것이 고구려의 영역 지배구조와 어떠한 상관관계를 지니는지를 살펴보았다.

고구려는 각 읍락의 거수와 같은 유력자를 대인으로 두고 이들을 통해 해당 읍락의 현황을 파악하는 방식으로 정복 지역을 지배하였다. 그리고 정복 지역에서 조부를 수취할 때는 대인을 사자로 삼아 부과할 수취량을 정하였고, 상(相)이 이러한 고구려의 행정 지배를 총괄하였다. 한편, 징수권은 따로 분리하여 운영하였는데, 이른바 조부통책권은 국가가 대가에게 수여하는 권한이었다. 읍락에 부과할 조부의 양이 결정되면 대가는 통책권이 있는 여러 읍락에서 실질적으로 조부를 징수하였다. 이때 징수된 조부는 일차로 대가에게로 옮겨졌다. 여기서 대가는 부 운영을 위한 경비를 남겨두고, 국가 운영을 위해 정한 조부의 양은 다시 국가로 납부하

---

76) 이 글에서 상술하지는 않았지만, 조부 수취가 읍락→대가[部]→국가로의 과정을 거친 것처럼 諸加는 각 部에 소속하여 部 운영을 위한 재원도 또한 부담·납부하였을 것으로 추정한다.

였다.

이러한 읍락 → 대가 → 국가 순으로 조부를 납부하는 과정은 비단 정복 지역에서만 실시되는 특징적인 방식이 아니었다. 고구려의 제가는 자신의 독자 지배 영역 내에서 행정적 지배권과 조세 수취와 같은 경제적 지배권을 지닌 존재로, 각 읍락의 유력자를 통해 해당 읍락의 현황을 파악하고, 이를 바탕으로 조부를 수취하면 일정량을 국가 운영의 재원으로 추렴하였다. 가(加)의 존재를 인정하지 않는 정복 지역에서는 이러한 행정권과 조부통책권 중 행정권은 국가가, 그리고 조부통책권은 기여도에 따라 대가 또는 고구려왕이 분유(分有)하는 방식으로 지배하였다.

그런데 고구려가 주변 세력을 적극 통합하여 새롭게 편입한 영역이 확대될수록, 대가가 조부통책권을 얻을 수 있는 곳 또한 당연히 많아졌을 것이다. 이는 한편으로 제가 간 우열을 심화하는 데 영향을 주었다고 추측된다. 사자, 조의, 선인 등을 자치(自置)하는 권한과는 달리, 조부통책권은 대가가 경제적 기반을 확보하는 중요한 수단이기 때문이다. 비록 수취한 조부가 명분상 부 운영에 쓰이는 재원이라 하더라도, 이 과정에서 대가는 여러 읍락에서 임의로 추가 수탈하여 그 차익을 자신의 기반으로 남겨둘 수도 있었다. 그리고 그러한 권한이 대가에게만 부여되었으므로, 특히 대가와 소가 사이에는 점차 경제적 기반의 격차가 심화하였을 것으로 짐작된다. 이는 제가가 서로 동등한 가(加)라는 의식에 점차 균열을 가하였을 것으로 추정되며, 이에 바탕을 둔 고구려 초기의 정치체제에도 상당한 영향을 미쳤을 것으로 사료된다.

이 종 록

3세기 이전 고구려와 동부여의 관계에 대한 재검토

머리말

고구려 시조 주몽의 출신지가 부여(扶餘)였음은 잘 알려진 사실이다. 그러나 사료에 따라서는 시조의 출자 설화 속에서 주몽이 복수로 존재했던 부여 중 어느 쪽의 출신이었는지에 대해 서로 다른 이야기를 전하고 있다. 『삼국사기(三國史記)』에서는 주몽이 '동부여(東扶餘)' 출신으로 전하지만 「광개토왕비(廣開土王碑)」에서는 '북부여(北扶餘)'라고 전하는 사례가 그것이다. 또 세부적인 내용도 『제왕운기(帝王韻紀)』의 「동명왕편」의 전승 「모두루묘지(牟頭婁墓誌)」에서 나타나는 시조 출자지에 대한 인식, 그리고 『위서(魏書)』와 같은 중국 정사류 등 전승마다 차이를 보인다. 이와 같은 다종의 건국 설화에서 시조의 출자지로 등장하기도 하는 '동부여'는 이른 시기부터 여러 연구에서 주목하였지만, 그것이 지시하는 실체나 초기 고구려와의 관계에 대해서는 지금까지 많은 논란이 있었다. 특히 의견 차이가 큰 사항 중 하나는 동부여가 3세기 이전부터의 역사적 실체로 존재했는지의 여부였다.

『삼국사기』 고구려본기에서 동부여는 시조의 출자지로 나타나는 동시에 시조 설화의 연장선에 있는 유리왕(瑠璃王)~대무신왕(大武神王) 관계

기록에서 여러 차례 등장하며, 고구려를 위협하는 북방의 대적(大敵)으로 묘사된다. 그렇지만 이 기록들은 본래 북부여 관련 기록이며 이후 시조의 출자지가 동부여로 변개되는 과정에서 동부여와의 전쟁으로 변경되었다는 견해가 제시된 이래,[1] 지금까지 여러 연구에서 이 견해를 취신해 왔다. 그리고 그 연장선상에서 「광개토왕비」에 언급되는 '동부여(東夫餘)'는 3세기 이후에 성립된 실체이며, 고구려본기 초기기사의 동부여와는 무관한 것이라는 관점이 다수를 차지한다.[2] 즉 3세기 이전에 '동부여'라는 길림 일대의 부여와는 별도의 정치집단은 존재하지 않았던 것이다.

반면 동부여란 광개토왕 이전 시기부터 존재했으며 「광개토왕비」에서 전하는 것처럼 고구려 전기부터 예속관계에 있었다고 보는 연구들도 지금까지 꾸준히 제출되었다. 그렇지만 이들도 고구려본기의 '동부여' 관계 기록이 북부여와 별도로 존재했던 동부여에 관한 기록이라는 관점에서 논의하기도 하는 반면,[3] 『위략(魏略)』의 색리국(索離國)이 북부여이며 길림 일대의 부여가 동부여였다고 보기도 한다.[4] 곧 '동부여'라는 정치집단이 1세기 무렵에 존재했던 실체라고 해도, 고구려본기에서 전하는 관련 기록들이 어떤 집단을 대상으로 작성하고 있는지에 대해서도 의견이 분분한 것이다.

이처럼 동부여에 대해서는 존속 시기나 관련 사료의 지시 대상부터 논란이 있기 때문에, 역사상의 실체로 이를 논의하기에는 현 단계에서 많은 제약이 있을 수밖에 없다. 나아가 동부여는 고구려 초기사의 또 다른 쟁점 중 하나인 고구려의 시조 건국 설화의 성격과도 분리할 수

---

1) 노태돈, 1989a, 「夫餘國의 境域과 그 變遷」『국사관논총』 4 ; 1999, 『고구려사 연구』, 사계절, 34~44쪽.

2) 관련 연구사는 본문에서 서술한다. 2000년까지의 연구사에 대한 정리는 박경철, 1992, 「扶餘史 展開에 關한 再認識 試論」『백산학보』 40, 62~71쪽 ; 송기호, 2005, 「扶餘史 연구의 쟁점과 자료 해석」『한국고대사연구』 37, 18~35쪽을 참조할 수 있다.

3) 임기환, 1987, 「고구려 초기의 지방통치체제」『경희사학』 14, 27~29쪽.

4) 송호정, 1997, 「부여의 성장과 대외관계」『한국사』 4, 국사편찬위원회, 199쪽.

없는 문제이므로 논란을 더욱 심화시킨다.[5] 따라서 동부여에 대한 논의는
보다 다양한 자료가 축적되기를 기다리는 것이 최선일 수도 있다. 그렇지
만 한편으로는 관련 자료의 증대를 막연히 기다릴 수만 없으므로, 현존
자료만으로 여러 각도에서 해석을 제기하는 것 또한 필요하다고 생각한다.
곧 「광개토왕비」의 동부여가 3세기 이전에도 존재했다는 가정하에서
고구려본기의 기록을 재해석할 수 있는 여지도 있지 않을까 싶은 것이다.
종래 여러 연구에서는 「광개토왕비문」의 '동부여'가 『진서(晉書)』에서
전하는 부여 왕족의 도피처였던 옥저(沃沮)와 밀접한 관계가 있으며,
이를 토대로 동부여가 두만강 유역의 북옥저(北沃沮)일대로 비정해 왔다.
그런데 부여 왕족들이 도피처로 옥저라는 별도의 문화집단 거주지를
선택했다면, 이전 시기부터 이 지역은 부여와 밀접한 관련성이 있는
지역이었다고 보아야 할 것이다. 나아가 비문에서 시조 때부터 고구려와
관계를 맺었다고 적시했던 것은 동부여를 보다 오래전부터 존재했던
집단으로 인식했던 결과로 보아야 할 것이다. 비록 수사적인 요소가
다분한 비문을 액면 그대로 신뢰할 수 없다고 해도, 그 인식의 근원
자체는 오래전의 역사적 사실에 기반을 두었을 가능성도 충분히 있기
때문이다.

다시 말해서 『삼국사기』 및 「광개토왕비」에서 전하는 '동부여'란 오랜
기간 고구려, 북부여와 병존하였던 집단이었으며, 이 인식이 관련 기록에
서 투영되었다고 보아야 할 것이다. 그렇기에 이 글에서는 3세기 이전
동부여의 존재 가능성을 염두에 두고 고구려본기 초기기사의 동부여
관계 기록을 재검토해보고자 한다. 특히 북부여 혹은 동부여 관계 기록의

---

5) 이를 감안하여 본고에서는 고구려의 시조 출자에 대한 문제와 전승의 기원
   문제에 관해서는 필요할 경우에만 다루기로 한다. 관련 문제에 대한 주요 쟁점은
   노태돈, 1999, 앞의 책, 34~44쪽 ; 김기흥, 2001, 「高句麗 建國神話의 검토」『韓國史
   研究』113 ; 이도학, 2007, 「高句麗의 夫餘 出源에 관한 認識의 變遷」『고구려발해연
   구』27 ; 2006, 『고구려 광개토왕릉비문 연구』, 서경문화사, 36~41쪽을 참조할
   수 있다.

여부로 논란이 있었던 유리왕-대무신왕대의 대부여 전쟁 기록의 형성 과정과 그 저변에 존재하였던 고구려인의 인식을 중심으로 살펴볼 것이다. 비록 고구려본기 초기기사의 '부여'가 모두 동부여의 실체를 반영했다고 보기는 어렵다고 해도, 이는 중기 고구려에서 병존하던 시조의 동부여출자 설과 실제 동부여의 인식이 혼재된 결과였을 가능성이 높기 때문이다. 그리고 이를 토대로 동부여를 '추모왕대의 속민'이라고 표현하였던 「광개 토왕비」의 기록의 의미와 3세기 이전의 고구려-동부여 간의 관계를 추적하 고자 한다.

1. 고구려본기와 『위서(魏書)』의 동부여 관계 기록

주지하다시피 '동부여(東扶餘)' 내지 '동부여(東夫餘)'는 국내 사료에서만 확인되는 명칭이다. 4세기 당시 고구려 왕실의 공식적인 입장이었던 것으로 여겨지는 「광개토왕비」에서는 추모왕(주몽)의 출자지를 북부여로 명시하며, 동부여는 이와 병존하였던 정치집단으로 전하고 있다. 반면 『삼국사기』 고구려본기에서는 시조 주몽의 출자지가 동부여이며, 그 기원도 비교적 상세하게 설화 형태로 전하고 있다.

> A-1) … 후에 그 상(相)인 아란불(阿蘭弗)이 말하기를, "일전에 하늘(天)이
> 내려와 저에게 말하기를 '장차 나의 자손에게 이곳에 나라를 세우게
> 할 것이다. 너희는 이를 피하라. ① 동쪽 바닷가에 땅이 있어 가섭원(迦葉
> 原)이라고 하는데, 토양이 기름지고 오곡이 자라기에 알맞으니, 도읍을
> 할 만 하다'라고 하였습니다." 아란불이 마침내 왕에게 권하여 도읍을
> 그곳으로 옮기니 나라 이름을 ② 동부여(東扶餘)라고 하였다. ③ 그 옛
> 도읍에 사람이 있어 어디서 왔는지 알 수 없었으나, 스스로 천제의 아들
> 해모수(解慕漱)라고 칭하며 와서 도읍하였다.[6)]

A-2) 20년 경술(庚戌), ① <u>동부여는 옛날 추모왕(鄒牟王)의 속민(屬民)이었으나</u> ② <u>중도에 배반하여 조공하지 않아</u> 왕이 몸소 [군을 이끌고] 가서 토벌하였다.[7]

A-3) 고기(古記)에서 이르기를 "『전한서(前漢書)』의 선제(宣帝) 신작(神爵) 3년 임술(壬戌) 4월 8일에 천제(天帝)가 다섯 마리 용이 끄는 수레를 타고 흘승골성(訖升骨城)에 내려와 도읍을 세우고 왕을 칭하며 나라를 ① <u>북부여(北扶餘)</u>라고 칭하며 자칭 해모수라고 하였다. 아들을 낳아 이름을 부루(扶婁)라고 하고 해(解)를 성씨로 삼았다. 왕은 이후 상제(上帝)의 명에 따라 도읍을 ② <u>동부여</u>로 옮겼으며, 동명제(東明帝)가 북부여로 잇고 졸본주(卒本州)를 도읍으로 세워 졸본부여(卒本扶餘)가 되었으니 곧 고구려의 시작이다" 아래에서 보인다. 라고 하였다.[8]

A-1)의 고구려본기에서는 부여가 상(相)인 아란불(阿蘭佛)이 "동쪽 바닷가(東海之濱)(①)"의 땅으로 나라를 옮길 것을 조언하여, 국왕 해부루(解夫婁)가 이를 따르고 이름을 동부여(東扶餘)(②)로 칭하였다고 전한다. 반면 A-2) ①의 '동부여(東夫餘)'는 그 기원에 대한 특별한 서술은 없으며, 단지 "옛날부터 추모왕의 속민(舊是鄒牟王屬民)"이라고 하여 시조 당시부터 고구려의 지배 대상이었던 것으로 나타난다. 그러나 고구려본기 동명성왕조에 이와 대응될 만한 기록은 찾을 수 없으며, 동명성왕조에서 부여는

---

6) 『三國史記』 卷13, 高句麗本紀1 東明聖王 元年 "後其相阿蘭弗曰 日者天降我曰 將使吾子孫 立國於此 汝其避之 東海之濱有地 號曰迦葉原 土壤膏腴宜五穀 可都也 阿蘭弗遂勸王 移都於彼 國號②東扶餘 其舊都有人 不知所從來 自稱天帝子解慕漱 來都焉".

7) 「廣開土王碑」 永樂 20年 "廿年庚戌 東夫餘舊是鄒牟王屬民 中叛不貢 王躬率往討". 판독문은 노태돈, 1992, 「廣開土王陵碑」『譯註 韓國古代金石文』 1, 駕洛國史蹟開發研究院의 판독안을 따랐다.

8) 『三國遺事』 卷1, 紀異1 北扶餘 "古記云 前漢書宣帝神爵三年壬戌四月八日天帝 降于訖升骨城 乘五龍車立都 稱王國號北扶餘自稱名解慕漱 生子名扶婁以解爲氏焉 王後因上帝之命移都于東扶餘 東明帝継北扶餘而興立都于卒本州爲卒本扶餘 即高句麗之始見下".

이후 모친인 유화의 사망과 장례에 대한 사례와, 같은 부여에서 아들인 유리가 찾아왔다는 기록들만이 있을 뿐이다.[9]

한편 A-3)의 『삼국유사(三國遺事)』에서 인용한 '고기(古記)'의 기록에서는 '북부여'의 기원을 별개의 조로 서술하며 A-2)의 고구려본기와 유사한 전승을 전하고 있다. 비록 세부적으로는 동부여의 해부루가 해모수의 아들이며 그의 명으로 동부여를 건국했다는 등의 차이가 있지만, 해모수-북부여와 해부루-동부여로 대응되며 동부여를 북부여의 분파로 설정하는 기본 구조는 동일하다. 『삼국유사』에서 전하는 '고기'의 실체나 고구려본기에서 전하는 시조 전승 및 동부여의 기원과의 관계에 대해서는 향후 논의가 더 필요하겠으나, 이 기록 또한 동부여가 고구려 건국 무렵부터 존재했다는 인식하에서 작성된 것은 분명하다.

이처럼 '동부여'의 존재를 전하는 기록들은 공통적으로 고구려 초기부터 북부여와 병존했던 집단으로 서술하는 것이 특징이다. 시조 주몽의 출자를 어떤 부여로 상정해도 별개의 부여가 같은 시기 존재했다고 서술하는 것이다. 그렇지만 종래 다수의 연구는 이를 회의적으로 보며 「광개토왕비」의 동부여란 3세기 말 북부여로부터 분리되어 성립된 집단으로 보곤 하였다. 그리고 그 기원에 대해서는 『진서』부여열전에서 285년 모용씨 세력의 침공으로 인해 국왕이 피살되고, 그 자제들이 옥저로 도주하였다는 기록에 주목한다.[10] 즉, 이 시기 옥저로 도피하였던 부여의 왕족들이 이 지역에 새로운 정치집단을 형성하였으며, 이것이 위 기록에서 전하는 동부여였다는 것이다. 그리고 『삼국사기』 등에서 전하는 유리왕~대무신 왕대에 고구려와 각축을 벌인 기사들을 실제로는 북부여에 관한 기사이며 「광개토왕비」 이후 고구려가 시조의 출자지를 동부여로 새롭게 설정하며 그 내용을 동부여로 개수하였다고 보았다. 연구에 따라서는 동부여가

---

9) 『三國史記』卷13, 高句麗本紀1 東明聖王 14年 8月條와 9月條, 19年條 참조.

10) 『晉書』卷97, 列傳67 東夷 夫餘國 "至太康六年 爲慕容廆所襲破 其王依慮自殺 子弟走保 沃沮".

285년이 아닌 4세기 전연의 침입으로 인해 부여가 일시적으로 분리되며 성립했다는 견해를 제기하기도 하였지만[11] 이 또한 고구려 초기부터 북부여와 병존한 집단이라는 관점에 부정적인 것은 마찬가지다.

반면 위의 기록을 부분적으로는 신뢰할 수 있다고 보며 3세기 이전에 동부여가 존재했다고 추정하면서도, 3세기 이후 부여 왕족의 피신·동부여의 건국이라는 관점도 수용하는 견해들도 있다. 이들 연구에서는 고구려본기의 동부여와 「광개토왕비」의 동부여를 별개의 존재로 보며, 이들이 각각 별개의 과정으로 성립·소멸되었다고 보았던 것이다. 이들은 전자의 동부여는 함흥 일대에 위치하였으며 『삼국사기』에 전하는 것처럼 대무신왕대에 정복당하였지만, 후자의 동부여는 285년 모용씨 세력의 침략으로 인해 그 왕족이 옥저 방면으로 이주하여 건국한 나라였던 것으로 추정하였다.[12]

이처럼 복수의 사료에서 3세기 이전 동부여의 존재를 언급하고 있음에도, 종래 학계의 다수는 3세기 이후 동부여 성립설을 취신해 왔다. 그이유는 역시 동부여 관계 기록이 지닌 이 시기 고구려의 역사상과 비정합적인 요소 때문이었을 것이다. 동부여에 대한 『삼국사기』와 『삼국유사』의 기록들은 후대에 작성된, 그것도 설화적 색채가 강한 기록들이다. 그러므로 그 기년은 물론이고 구체적인 내용까지 그대로 역사적 사실로서 받아들이기에는 무리가 있다. 또 「광개토왕비」의 '추모왕대부터 속민'이라는. 고구려가 건국 직후부터, 그것도 상당한 거리가 있었을 동부여를 '속민'으로서 지배했다는 기록도 믿기 어려운 일이다. 나아가 동부여가 실제로

---

11) 李健才, 1982, 「扶餘的疆域和王城」『社會科學戰線』 1982-4.

12) 孫正甲, 1984, 「夫余源流辨析」『學習與探索』 1984-6, 139~143쪽 ; 魏國忠, 1995, 『東北民族史研究』 2, 中州古籍出版社. 또 서영수도 동부여는 계루부의 故地인 두만강 유역에 존재하였던 실체로 대무신왕대에 고구려에게 정복되었지만, 285년 부여 멸망 후 친연관계에 있었던 이 지역으로 부여 왕족이 도피하여 동부여를 새롭게 건국하였다고 보았다(서영수, 1988, 「廣開土王陵碑文의 征服記事의 再檢討(中)」『역사학보』 119, 104~108쪽).

존재했다면『삼국사기』와 같은 사료에서 초기 3대왕 이후 후술할 태조왕대의 짧은 기사 외에는 언급이 줄어드는 점도 이해하기 쉬운 현상이 아니다. 곧 「광개토왕비」의 "추모왕대부터 속민"이라는 구절은 어디까지나 수사적인 표현일 뿐이며, 이를 역사적 사실로 받아들이지 않는 것은 분명히 논리적인 결론이다.

그런데 「광개토왕비」의 해당 구절이 사실이 아니라고 해도 당대 고구려인들이 지닌 동부여에 대한 인식 자체를 부정할 수는 없다. 만약 동부여가 3세기에 새롭게 성립된 정치집단이라면 4세기 고구려인들이 이들을 300여 년이나 이전의 추모왕대부터 존속하였던 집단으로 설정했던 것이지만, 이는 기존 연구에서 지적한 것처럼 지나친 윤색으로 여겨진다.[13] 또 고구려본기의 유리왕-대무신왕조의 전쟁 기사를 모두 북부여 관련 기록으로 본다면, 이는 『삼국지(三國志)』에서 인용된 『위략』에서 전하는 것처럼 부여가 적국에게 파괴된 적이 없었다는 기록과 상충된다.[14] 해당 전쟁 기록은 단순히 후대에 만들어진 설화이며, 이후 동부여로 이름만 변경한 것으로 보면 문제가 되지 않겠으나, 그 가능성 또한 다음 『위서』 고구려전의 기록을 감안하면 의구심이 든다.

B-1) 처음에 ① <u>주몽이 부여에 있었을 때, 처가 임신하였는데, 주몽이 도망친 후 아들 하나를 낳으니 자(字)를 처음에는 여해(閭諧)라고 하였다.</u> 장성해서 주몽이 나라의 주인이 되었음을 알고는 곧 어머니와 함께 도망쳐 오니 이름을 여달(閭達)이라고 하였고, [주몽은] 국사(國事)를 그에게 맡겼다. 주몽이 죽자 여달이 왕이 되었다. 여달이 죽자 아들 여율(如栗)이 대를 이어 왕이 되었고, 여율이 죽자 ② <u>아들 막래(莫來)가 대를 이어</u>

---

13) 이도학, 2006, 앞의 책, 46~47쪽 ; 이승호, 2018, 「『광개토왕비문』에 보이는 東扶餘에 대한 재검토」 『소장학자들이 본 고구려사』, 혜안, 285~286쪽.

14) 장병진, 2019, 「고구려본기의 부여 관계 기사와 '동부여'의 실체」 『사학연구』 136, 63~64쪽.

왕이 되었으며, 곧 부여(夫餘)를 정벌하여 부여는 대패하니, 마침내 [고구려에게] 통속(統屬)되었다. 막래의 자손이 대대로 왕위를 전하니 예손(裔孫)인 궁(宮)에 이르렀다. 태어나면서부터 눈을 뜨고 보았으므로 국인(國人)들이 그를 악하게 여겼다. 장성함에 따라 흉악하고 사나워서 나라가 이에 쇠잔해지고 파괴되었다.15)

위에서 전하는 고구려 시조 전승은 435년 북위의 사신 이오(李敖)가 책봉의 사절로 고구려를 방문하여 수집한 자료를 근거로 작성되었다고 추정된다.16) 또는『주서(周書)』열전에 입전된 고림(高琳)과 같은 북조의 고구려 출신 관인층의 가보 자료 등을 토대로 작성되었던 것으로 보는 견해도 있다.17) 어느 쪽으로 보던 이들은 5세기 중반까지 고구려 내에서 형성된 시조 출자 설화와, 이에 대응되는 '부여'에 관한 전승을 반영하고 있음은 분명할 것이다. 그런데 주목되는 부분은 4대째의 왕인 막래(莫來)가 "부여를 정벌하여 부여가 대패하니, 마침내 (고구려에게) 통속되었다(乃征夫餘 夫餘大敗 遂統屬焉)"라는 서술이다(②). 이 기록은 맥락상『삼국사기』고구려본기 대무신왕조에서 전하는 부여왕 대소와의 전쟁 기록과『삼국유사』동부여조에서 무휼(대무신왕)이 동부여를 멸망시켰다는 서술과 연결되는 인식이라는 것에는 대부분 연구자가 의견을 모은다.

위의 기사에서 시조 주몽에서부터 이어지는 초기 왕대의 계보에서 막래는 4대째에 해당한다. 반면 고구려본기에서 대무신왕은 3대째의 왕으로 나타나기에, 이른 시기 일본 학자들의 연구에서부터 최근까지

---

15)『魏書』卷100, 列傳88 高句麗 "初 朱蒙在夫餘時 妻懷孕 朱蒙逃後生一子 字始閭諧 及長 知朱蒙爲國主 卽與母亡而歸之 名之曰閭達 委之國事 朱蒙死 閭達代立 閭達死 子如栗代立 如栗死 子莫來代立 乃征夫餘 夫餘大敗 遂統屬焉 莫來子孫相傳 至裔孫宮 生而開目能視 國人惡之 及長凶虐 國以殘破".

16) 武田幸男, 1989,『高句麗史と東アジア』, 岩波書店, 340쪽 ; 임기환, 1998,「4~6세기 중국사서에 나타난 한국고대사상」『한국고대사연구』14, 171쪽.

17) 박기범, 2011,「부여, 고구려 건국신화의 계통와 형성과정」『동북아역사논총』43, 224쪽.

『위서』고구려전의 왕들을 고구려본기의 어떤 왕에 대입해야 하는지 많은 논란이 있었다.[18] 그렇지만 상술한 것처럼 『위서』에서 나타나는 고구려-부여의 상쟁과 이로 인한 부여의 패망과 같은 인식이 『삼국사기』 고구려본기의 그것과 궤를 이루고 있었음은 분명하다. 곧 『삼국사기』에서 전하는 대부여 전쟁 기사와 『위서』에서 전하는 '막래의 부여 정벌'이 모두 동일한 역사적 사실, 혹은 인식을 기초로 하여 만들어진 전승이라고 보아야 한다.

그렇다면 이 전승에서 막래가 멸망시켰다는 "부여(夫餘)"는 고구려인들의 인식 속에서 동부여 혹은 북부여 중 어느 쪽에 해당했을까? 『삼국지』 동이전을 포함한 중국 정사류의 부여는 일관되게 북부여를 지칭하고 있었으며, 같은 맥락에서 『위서』의 부여도 북부여로 이해하는 견해[19]는 지금도 통설의 위치에 있다.[20] 반면 최근에는 『위서』 고구려전에서 전하는 시조 출자지인 부여가 동부여이며, 막래의 부여 정복도 고구려본기 대무신왕의 정복 기사와 동일한 인식을 전하고 있다는 견해들이 제기되었다.[21] 『위서』에서 막래가 정복한 부여란 동부여를 의미했던 것이며, 이는 「광개토왕비」가 전하는 것처럼 동부여가 오래전부터 고구려와 어떤 종류의 지배-복속 관계를 맺고 있던 집단이었다는 인식을 공유하고 있었다는 것이다.

『위서』의 기록이 북부여출자설을 반영한 전승이라면 막래가 정복한

---

18) 『魏書』고구려전과 고구려본기 왕계에 관한 기존 논의와 각 설의 문제점에 대해서는 여호규, 2014, 『고구려 초기 정치사 연구』, 신서원, 228~230쪽 참조. 여기에서 막래가 어떤 왕에 해당하거나 계보의 차이 문제에 대해서는 자세히 논의하기 어렵지만, 고구려본기의 대무신왕과 『위서』의 막래가 동일한 실존 인물, 혹은 모티브를 두고 있었다는 점을 전제로 논의한다.

19) 노태돈, 1999, 앞의 책, 29~30쪽.

20) 임기환, 2016, 「고구려 건국전승의 始祖 出自와 北夫餘, 東夫餘」 『고구려발해연구』 54, 164~165쪽 참조.

21) 이승호, 2011, 「광개토왕비문에 보이는 천제지자(天帝之子) 관념의 형성의 史的 배경」 『역사와 현실』 81, 123쪽 ; 임기환, 2016, 앞의 논문, 176쪽.

대상도 고구려인들이 '북부여'로 인식한 존재였다는 의미가 된다. 위의 전승에서는 주몽의 출자지에서부터 막래의 부여 정복까지 별도의 부여를 언급하지 않으며 일관되게 하나의 부여를 대상으로 서술하고 있기 때문이다. 그런데 이 경우 유사한 시기 북부여출자설을 취한 「광개토왕비」나 「모두루묘지」에서 북부여에 대해 이러한 언급이 없는 현상이 문제가 된다. 「광개토왕비」의 경우 단순한 생략이었을 수도 있으나 「모두루묘지」에서는 북부여수사(北夫餘守事)를 지낸 모두루의 조상인 대형(大兄) 염모에 대해서 서술하며 북부여를 여러 차례 언급하고 있다. 그리고 여기에서는 염모가 모용선비가 북부여로 침공하였을 당시 어떤 공훈을 세웠음을 전하면서, 이후 광개토왕대에 모두루가 북부여수사로 파견되는 당위를 제공하고 있다.[22] 묘지상에서, 나아가 여기에서 취한 인식 상에서 북부여란 관념적이거나 과거 설화상의 존재가 아니라 역사상의 실체이자 4~5세기에 고구려의 영역으로 포괄되었던 실체였던 것이다.[23] 이를 보면 북부여출자설상에서 북부여를 막래 혹은 대무신왕과 같은 이른 시기의 왕이 정복한 지역으로 설정했다고 보기는 어렵다.

또 「모두루묘지」의 문제와는 별개로 고구려는 이전부터 중국 군현과 연합한 부여(=북부여)와 각축을 벌이기도 하였으며, 이후 모용선비의 침입-북부여 멸망이라는 과정을 가까이에서 목도하였다. 이로부터 시기 차이가 크지 않은 5세기 무렵의 북부여를 기원후 1세기부터 고구려에게 복속된 집단으로 설정하는 설화가 형성되었을지도 의문이 드는 것이다.

---

22) 「모두루묘지명」상에서 염모의 행적과 모용선비 관련 기록에 대해서는 자획이 불분명하여 판독이 어려운 부분이 많기 때문에 구체적으로 알기 어렵다. 그렇지만 관련 문제를 다루는 다수의 연구에서 이때 모용선비의 언급은 북부여의 땅을 둔 고구려와 모용선비간의 각축 과정에서 염모가 어떤 공훈을 세운 내용이라고 보고 있다. 노태돈, 1992, 「牟頭婁墓誌」『譯註 韓國古代金石文』1, 駕洛國史蹟開發研究院, 99쪽 ; 최일례, 2017, 「牟頭婁墓誌銘에 투영된 5세기 고구려의 정치세력」『한국고대사연구』85, 239~240쪽 ; 이준성, 2020, 「「牟頭婁 墓誌」의 판독과 역주 재검토」『목간과 문자』25, 336쪽.

23) 임기환, 2016, 앞의 논문, 172쪽.

물론 「광개토왕비」에 전하는 동부여에 대한 인식이나 『위서』에서 막래에 의해 정복되었다는 기록을 액면 그대로 받아들일 수 있는 것은 아니지만, 설령 허구라고 해도 일찍부터 고구려가 우위를 취하고 있었다고 자부하던 '동부여'와 길림 일대의 북부여 사이에는 인식의 차이가 분명히 존재했다고 생각한다. 다시 말해서 『위서』 고구려전의 부여 관계 기사는 처음부터 동부여출자설을 취하고 있었다고 보아야 막래의 부여 정복 기사도 자연스럽게 그 맥락이 이해될 수 있는 것이다.

종합하자면 고구려본기의 동부여 관계 기록들 또한 모두 고구려의 공식 시조 출자 인식이 동부여출자설로 변개되는 과정에서 단지 이름만 변경된 것으로 보기는 어렵다. 5세기 시점에서 존재한 동부여출자설상에서 동부여를 시조로부터 몇 대 지나지 않는 시기부터 고구려에게 복속한 집단으로 설정하고 있기 때문이다. 즉, 북부여출자설과는 별도의 전승 속에서 동부여란 이른 시기부터 고구려에 복속된 집단이라는 흥망설화를 갖추고 있었던 것이다. 이렇게 본다면 동부여는 이후에 등장하면서 북부여 관련 초기기사에 이름만 덧씌워진 존재가 아니라, 오래전부터 북부여와 병존하면서 전승을 가진 역사상의 존재라는 것이 더 적절하지 않을까 싶다.

물론 위의 추정이 옳다고 해도 동부여가 3세기 이전부터 존재했다고 단언하기에는 여러 문제가 남아 있다. 가장 큰 문제는 3세기 이전에 동부여가 존재했다고 볼 경우 사서상에서, 특히 『삼국지』 동이전과 같이 이 지역의 주민집단에 대해 비교적 상세한 정보를 전하는 기록상에서 이들에 대한 언급이 전무하다는 점이다. 동이전의 동옥저(東沃沮)·예(濊)·읍루(挹婁) 등의 종족집단에 대해서는 3세기 위나라 관구검의 고구려 정벌 당시 이 지역으로 직접 위군이 진입하여 수집한 자료를 바탕으로 하고 있었으며, 북옥저의 경우 왕기(王頎)의 부대가 "동쪽 경계까지 다다랐다(盡其東界)"[24]고 하여 두만강 유역이나 이와 인접한 지역까지 진출하여 직접 접선하였던 것이다. 그럼에도 동부여가 이 시기까지 존속하고 있었다면 그 존재에 대해 아무 언급이 없다는 것은 역시 이질적으로 보인다.

그렇지만 『삼국지』 동이전상에서도 동부여의 존재를 시사하는 요소가 없던 것은 아니다. 예컨대 동이전 동옥저조에서는 옥저 주변의 집단에 대하여 "북쪽은 읍루·부여와, 남쪽으로는 예맥과 접해 있다(北與挹婁夫餘 南與濊貊接)"[25]고 서술하고 있다. 여기에서 북쪽의 읍루와 남쪽의 예맥, 곧 예에 대해서는 문제가 없지만, 북쪽에 부여가 있다고 서술하는 것은 현재까지의 부여에 대한 지리적 비정으로는 이해하기 어렵다. 이 기록은 같은 동이전상에서 예가 북쪽으로 고구려·옥저와 접하고 있다는 서술[26]과 일견 유사성이 있다. 이 시기 고구려가 예와 접하고 있었다는 기록이 고구려가 이미 옥저 지역의 지배자로 자리 잡고 있었다는 인식 속에서 서술된 내용임을 고려하면, 옥저와 부여가 접하고 있었다는 서술도 이 시기 북쪽으로 접하고 있던 읍루와 그 지배자의 입장인 부여를 고려한 서술일 수도 있다. 그러나 동이전 읍루조에서는 황초(黃初) 연간(220~226)에 읍루가 이미 부여로부터 이탈하였다고 하여,[27] 이 시기에도 읍루를 부여에 복속된 세력이라고 인식했다고 보기 어렵다. 따라서 기존 연구에서는 여기에서의 부여는 길림 일대의 부여와는 구별되며, 곧 동부여를 의미했다고 추정하기도 하였다.[28] 곧 이 시기 북옥저로 진출한 위군이 북옥저에 인접한 '부여'가 존재했던 것으로 인식한 것이며, 이것이 곧 길림 일대의 북부여와 구별되는 동부여로 볼 수 있다는 것이다.

물론 이 기록 또한 동이전 내에서 동부여가 실존했다고 단언할 증거로 볼 수 있는 것은 아니다. 설령 위의 관점을 취신한다고 해도 오랜 기간

---

24) 『三國志』 卷30, 魏書 東夷傳 東沃沮 "王頎別遣追討宮 盡其東界".

25) 『三國志』 卷30, 魏書 東夷傳 東沃沮 "北與挹婁夫餘 南與濊貊接".

26) 『三國志』 卷30, 魏書 東夷傳 濊 "南與辰韓 北與高句麗沃沮接 東窮大海".

27) 『三國志』 卷30, 魏書 東夷傳 挹婁 "自漢已來 臣屬夫餘 夫餘責其租賦重 以黃初中叛之 夫餘數伐之 其人衆雖少 所在山險 鄰國人畏其弓矢 卒不能服也 其國便乘船寇盜 鄰國患之 東夷飲食類皆用俎豆 唯挹婁不 法俗最無綱紀也".

28) 이도학, 2006, 앞의 책, 46~47쪽.

중국 정권과 교류가 있었던 길림 일대의 부여와 구분되는 정치집단을 인지하지 못한 채 같은 부여로 취급했다는 것도 해명이 필요할 것이다. 그렇지만 위의 기사는 적어도 3세기 이전까지 '부여'라는 정체성을 가진 주민집단이 북옥저와 인접한 지역에 존재하고 있었으며, 이것이 이 지역으로 진입하였던 위군에게 인식되어 사료상에 기록된 결과로 볼 수 있지 않을까 싶다.[29]

그렇다면 동부여가 3세기 이전부터 실존하였던 정치집단으로 가정할 경우, 동부여가 고구려에게 이른 시기 복속된 집단으로 나타나는 기록은 어떻게 성립된 것일까? 만약 3세기 이전부터 동부여가 실존했다면, 고구려 본기 유리왕~대무신왕조의 대부여 전쟁 기록도 역사적 사실을 반영하고 있으며, 곧 이들이 "추모왕대의 속민" 내지 막래의 동부여 정복 과정을 상세하게 전했던 기록들로 볼 여지가 있다. 그런데 해당 기록의 설화적인 요소를 배제한다고 해도 이를 온전히 동부여 관계 기사로 보기에는 다음 두 가지 사항이 문제가 된다. 첫째, 고구려본기 동부여 관계 기사들에서는 고구려와 동부여가 어떤 예속관계를 맺은 사실을 구체적으로 명시하지 않고 있다는 점이다.

  C-1) (5년 봄 2월) …왕이 이윽고 나라에 이르러서 여러 신하들을 모아 잔체를
       베풀며 말하기를 "과인이 부덕하여 가벼이 부여를 공격하여 비록 그
       왕을 죽였으나, 아직 그 나라를 멸망시키지 못하고 우리의 군사와 물자를
       크게 잃었다. 이는 과인의 잘못이다."라고 하였다. 마침내 [왕이] 친히
       죽은 이를 조문하고, 병자를 문안하여 이로써 백성들을 위무하였다.
       이에 국인들이 왕의 덕과 의에 감격하여, 모두 국사에 살신(殺身)할 것을

---

29) 이승호도 상기한 이도학의 견해를 받아들이며 북옥저 일대에 포진한 여러
    읍락정치체 가운데에 부여와 동일계통으로 인식될만한 세력이 존재하였으며,
    그것이 동이전 동옥저조에서 노출된 것으로 파악하였다. 이승호, 2018, 앞의
    논문, 288쪽.

약속하였다.30)

C-2) (여름 4월) 부여왕 대소(帶素)의 동생이 갈사수(曷思水)가에 이르러 나라를 세우고 왕을 칭하였다. 이 자는 부여왕 금와(金蛙)의 막내아들이었는데 사서에서는 그 이름이 전해지지 않는다. ① 처음 대소가 살해되는 것을 보며 그 나라가 장차 망할 것을 알고, 종자 백여 인과 함께 압록곡(鴨綠谷)에 이르렀다. 그는 해두왕(海頭王)이 사냥하러 나온 것을 보고, 마침내 그를 죽이고 그 백성들을 빼앗아 이에 이르러 처음 도읍하였는데, 이 자가 갈사왕(曷思王)으로 된 것이다.31)

C-3) (가을 7월) 부여왕의 종제(從弟)가 국인들에게 이르러 말하기를 "우리의 선왕이 돌아가시고 나라가 멸망하여 민(民)들이 기댈 곳이 없는데, 왕의 아우는 도망쳐서 갈사에 도읍하였다. 나 또한 불초하여 [나라를] 다시 일으킬 수 없다."라고 하였다. 이에 만여명의 사람들과 함께 [고구려에] 투항해 오니, [고구려 대무신]왕은 [그를] 봉하여 왕으로 삼고, 연나부(掾那部)에 안치하였다. 그의 등에 줄무늬가 있었으므로 낙(絡)이라는 성을 사성(賜姓)하였다.32)

C-4) (가을 8월) 갈사왕(曷思王)의 손자 도두(都頭)가 나라를 들어 항복하였다. 이에 도두를 우태(于台)로 삼았다.33)

위의 『삼국사기』 기사에서는 대무신왕 4년 12월부터 진행된 동부여

---

30) 『三國史記』 卷14, 高句麗本紀2 大武神王 5年 春 2月 "王旣至國 乃會羣臣飮至曰 孤以不德 輕伐扶餘 雖殺其王 未滅其國 而又多失我軍資 此孤之過也 遂親吊死問疾 以存慰百姓 是以國人感王德義 皆許殺身於國事矣".

31) 『三國史記』 卷14, 高句麗本紀2 大武神王 5年 夏 4月 "扶餘王帶素弟 至曷思水濱 立國稱王 是扶餘王金蛙季子 史失其名 初帶素之見殺也 知國之將亡 與從者百餘人 至鴨綠谷 見海頭王出獵 遂殺之 取其百姓 至此始都 是爲曷思王".

32) 『三國史記』 卷14, 高句麗本紀2 大武神,王 5年 7月 "扶餘王從弟謂國人曰 我先王身亡 國滅民無所依 王弟逃竄 都於曷思 吾亦不肖 無以興復 乃與萬餘人來投 王封爲王 安置掾那部 以其背有絡文 賜姓絡氏".

33) 『三國史記』 卷15, 高句麗本紀3 太祖大王 16年 秋 8月 "曷思王孫都頭 以國來降 以都頭爲于台".

정벌과 갈사국의 성립, 그리고 부여왕의 종제의 고구려 내투 과정 등을 전하고 있다. 이들은 유리왕대부터 진행된 고구려와 동부여간의 대립과 그 결말에 해당하는 기록이다. 이에 따르면 고구려는 대무신왕 5년 2월의 전투로 부여왕 대소를 살해하며 그 수도를 공격하는 등 일정한 군사적 성공을 거두었다. 그리고 C-2)에서는 대소의 아우가 장차 나라가 망할 것을 알고 도피하여 압록곡(鴨綠谷)에 이르렀는데, 그곳에서 해두왕(海頭王)을 죽이고 갈사수(曷思水)에 나라를 세웠다고 한다. 그리고 이 갈사국은 태조왕대에 고구려에게 복속되었다(C-4). 또 C-3)에서는 대소의 종제가 부여로부터 이탈하여 고구려에 내투하였으며, 고구려에서는 그들을 연나부(椽那部)에 안치시켰다고 전한다.

그런데 대무신왕조의 고구려의 동부여 침공 기록에서는 대무신왕 본인이 토로한 것처럼 결과적으로 "부여가 아직 멸망하지 않았다"고 하였기 때문에[34] 고구려본기의 서술상에서 이 시점에서 동부여가 멸망했다거나 고구려와 어떤 지배-복속관계가 성립된 것이 아니다. 실제 동부여의 멸망을 암시하는 사료들은 C-2)와 C-3)에 해당하는 기록들이지만, 이 기사들은 결국 동부여에서 분열된 세력의 투항이지 동부여의 고구려 복속을 전하는 기록으로 볼 수 없다. 나아가 「광개토왕비」의 기록상에서도 동부여는 5세기까지 어떤 식으로든 존속하고 있었기 때문에, 고구려에 의해 완전히 멸망하거나 복속되지 않았다고 보는 것이 오히려 사료에 부합된다. 따라서 3세기 이전부터 동부여가 존속하였다고 보는 연구들에서는 뒤에서 더 자세히 살펴볼 태조왕조에서 나타나는 부여 관계 기사에 주목하며, 대무신왕조에 명시되지 않았던 고구려와 동부여 간의 지배-복속 관계가 이 무렵에 성립되었다고 보기도 한다.[35] 특히 대무신왕조에서 전하는 동부여 관련 정복전쟁을 통해 고구려가 동부여에 대해 일정한 우위를 차지했으며, 이후 태조왕대에는 이 우위를 바탕으로 하여 예속관계

---

34) 『三國史記』 卷14, 高句麗本紀2 大武神王 5年 春 2月.
35) 임기환, 1987, 앞의 논문, 27~29쪽 ; 이승호, 2018, 앞의 책, 94~98쪽.

를 형성하였다고 추정한 것이다.[36]

　그런데 태조왕대의 동부여 관계 기록이 고구려의 지배-복속 관계를 나타낸다고 보고 대무신왕조의 기록을 배제한다면, 반대로 『위서』나 『삼국유사』에서 동부여 정복의 주체를 막래 혹은 대무신왕으로 설정한 이유를 이해하기 어려워진다. 물론 이는 고구려본기에서 전하는 전쟁처럼 대무신왕 혹은 막래가 동부여에 일정한 타격을 주었으며, 이를 동부여의 고구려에 대한 복속으로 이해한 기록일 수도 있다. 그렇지만 『위서』의 계보상에서 태조왕은 유리왕의 손자로 나타나는 고구려본기의 계보와는 달리, 막래의 "예손(裔孫)"으로 표현하여 보다 먼 시기의 인물로 비정하고 있다. 이는 동부여의 멸망으로부터 성립한 갈사국의 왕손이 태조왕대에 내투했다고 하여 두 시기에 큰 단절이 나타나지 않는 고구려본기의 인식에 비추어 눈에 띄는 부분이다. 즉 『위서』의 전승상에서 막래-궁(태조왕) 사이에 큰 단층이 있었다면, 고구려본기에서 태조왕조까지 이어지는 동부여 관련 기록이 『위서』의 그것과 연계된다고 보기는 어려운 것이다. 바꿔 말하면 『위서』에서 전하는 동부여출자설에서는 태조왕(=궁)시기에 동부여가 복속되었다는 인식을 담고 있지는 않았다는 의미이다.

　둘째, 고구려본기 기록들에서 묘사되는 동부여의 성격이다. 유리왕~대무신왕조의 기사에서는 부여란 일관되게 북방의 강대한 세력으로 묘사하고 있으며, 기사 전반의 성격도 부여의 억압과 이에 저항하는 고구려라는 서사가 분명하다. 물론 3세기 이전 동부여가 실존했다고 해도 건국 초기에는 고구려가 동부여에 비해 상대적으로 약소하였고, 이에 따라 동부여를 고구려인들이 극복 대상이라는 인식이 발생했을 수도 있다. 그렇지만 일반적인 동부여의 위치 비정이나 이후의 관계를 본다면, 과연 동부여가 고구려에게 '북쪽의 강대한 국가'로서 인식되었을지 의문이다.[37]

---

36) 임기환, 1987, 앞의 논문, 27~29쪽.
37) 이귀숙은 추모왕대부터 속민이었던 동부여를 유리왕대의 고구려가 그 강대함을 두려워하여 전쟁을 피했다는 것은 모순이었다는 점을 지적하며 이 기사를

또 이들 기사에서 부여를 '북부여(北扶餘)'로 칭하거나,[38] 유리왕 29년조의 '검은 개구리와 붉은 개구리의 싸움'과 같은[39] 방위를 북쪽으로 인식했던 기록을 전적으로 무시하기 어렵다. 이에 대해 유리왕 29년조의 '북부여'는 단지 "북쪽의 부여"를 칭했다는 점을 지적하면서 동부여로 이해하거나,[40] 이 전쟁에서 북부여가 개입한 흔적으로 보기도 한다.[41] 그렇지만 전자의 경우 방위에 대해서도 '동부여'나 '북부여'라고 고구려를 기준으로 한 사방관념이 뚜렷하게 나타나는 상황에서,[42] 동쪽의 부여에 굳이 실제 방위를 적용시켜 북쪽의 존재로 인식한다는 것은 역시 설명이 필요한 부분일 것이다.

종합하자면 비록 동부여가 3세기 이전부터 존재하였다고 볼 수 있다고 해도, 그 이상으로 고구려본기의 세부 내용까지 모두 수용하여 고구려-동부여 관련 기록으로 이해하기에는 여전히 어려운 부분이 많다. 즉 C군의 사료들이 모두 동부여에 관한 기록이었는지의 여부가 불분명한 점, 그리고 고구려-동부여 간의 지배-복속 관계를 명확하게 적시하지 않는 문제는

동부여로 보기 어렵다고 하였다. 이귀숙, 2007, 「고구려 초기의 왕통변화와 주몽 시조의식의 성립」 『역사교육논집』 39, 137~138쪽 주 32 참조. "추모왕대의 속민"은 어디까지나 후대의 수사적인 표현에 지나지 않는다고 가정하면 그 자체가 모순이 되는 것은 아니지만, 고구려본기 내의 서사상에서 이질적으로 나타난다는 것은 분명하다고 생각한다.

38) 『三國史記』 卷13, 高句麗本紀1 琉璃王 29年 夏 6月 "矛川上有黑蛙 與赤蛙羣鬪 黑蛙不勝 死 議者曰 黑北方之色 北扶餘破滅之徵也". 다만 여기에서의 '북부여'란 '북쪽에 (있는) 부여'라고 해석할 수도 있기 때문에, 반드시 길림 일대의 '북부여'를 지칭한다고 단언할 수 있는 것은 아니다.

39) 『三國史記』 卷14, 高句麗本紀2 大武神王 3年 冬 10月 "扶餘王帶素遣使 送赤鳥 一頭二身 初扶餘人得此鳥獻之 王或曰 鳥者黑也 今變而爲赤 又一頭二身 幷二國之徵也 王其兼高 句麗乎 帶素喜送之 兼示或者之言 王與羣臣議荅曰 黑者北方之色 今變而爲南方之色 又赤鳥瑞物也 君得而不有之 以送於我 兩國存亡 未可知也 帶素聞之 驚悔".

40) 임기환, 2016, 앞의 논문, 174쪽.

41) 이승호, 2018, 앞의 책, 90쪽.

42) 池內宏, 1978, 『滿鮮史硏究』 上世1冊, 吉川弘文館 ; 武田幸男, 1989, 앞의 책, 343쪽 ; 노태돈, 1999, 앞의 책, 31쪽.

유념할 필요가 있다. 그렇지만 한편으로는 이 문제점이 동부여의 3세기 이전 실존을 부정할 수 있는 근거는 아니다. 오히려 이와 같이 상충되는 기록은 동부여가 장기간 북부여와 병존하면서, 관련 기록들이 북부여 관계 설화나 인식과 혼재되었던 흔적으로 볼 수 있지 않을까 싶다. 다만 이에 대해서는 3장에서 다시 상론하도록 하며, 다음 장에서는 먼저 3세기 이전 동부여의 실제 위치와 고구려의 이 지역 복속 과정을 추정해 보고자 한다.

2. 동부여의 위치와 고구려의 두만강 유역 진출

동부여에 관해 기존 연구에서 논란이 많았던 또 다른 문제는 그 위치의 비정이었다. 이는 3세기 이전 존재 여부나 고구려본기의 관계 기록의 신빙성 문제와는 다른 맥락에서 논의되어 온 사항이다. 동부여의 위치에 관한 기존 견해는 크게 송화강 일대설과 동해안설로 나눌 수 있는데, 송화강 일대설의 경우 세부적으로는 『위략』에 등장하는 부여의 시조 동명의 출자지인 색리국을 북부여로, 길림 일대의 부여를 동부여로 보는 견해가 있으며,[43] 「광개토왕비」 시조 설화의 서술을 근거로 하여 송화강 이남에 별개의 부여가 존재했다고 추정하거나,[44] 4세기 전연의 침입으로 일시적으로 분리되어 성립된 것으로 보기도 한다.[45] 이들 견해는 곧 동부여를 북부여의 주 무대인 길림-장춘 지역과 인접한 같은 계통의 집단으로 이해하는 것이다.

그런데 A-1)의 ①에 따르면 동부여가 "동쪽 바닷가(東海之濱)"에서 성립되었다고 하였으므로, 그 위치는 동해안지역이나 적어도 이와 인접한 곳에 있었다고 보아야 할 것이다. 물론 이 기록은 『삼국사기』나 『제왕운

---

43) 송호정, 1997, 앞의 논문, 199쪽.
44) 이도학, 2005, 앞의 논문 ; 2006, 앞의 책, 36~41쪽.
45) 李健才, 1982, 앞의 논문.

기』의 「동명왕편」과 같은 후대의 사서에서 전하는 내용일 뿐만 아니라, 해당 전승의 설화적 색채로 인해 동부여의 위치를 비정할 결정적인 단서가 되기는 어려운 것은 사실이다. 그러나 후대의 윤색을 감안한다고 해도 그 위치가 완전히 다른 지역의 존재로 변개되었다고 보기는 힘들다. 게다가 동부여는 「광개토왕비」에서 전하는 것처럼 적어도 410년 전후까지 실체로 존재하고 있었는데, 이 시기 송화강 유역에 위치했던 나라가 이후 설화상에 전혀 접점이 없는 지역으로 위치를 변경하는 것도 쉽게 이해할 수 있는 변화가 아니다.

즉, 4세기 고구려인들에게도 동부여란 동해안이나 적어도 동쪽 방면에 인접한 지역의 집단으로 인지되고 있었으며, 건국설화의 "동쪽 바닷가"에 동부여가 성립되었다는 전승도 이 인식을 바탕으로 형성되었다고 보아야 할 것이다. 그렇기에 국내와 일본 학계 연구의 다수는 동부여의 위치를 동해안지역, 혹은 그와 인접한 지역으로 비정해 왔다. 그러나 구체적인 위치에 대해서는 전통시기 유학자들 사이에서도 의견이 분분하였으며,[46] 이후 근현대 연구에서도 혼춘(琿春),[47] 화룡(和龍),[48] 돈화(敦化),[49] 동해 예족(濊貊),[50] 용정(龍井)-연길(延吉)을 포괄하는 영역,[51] 연길(延吉)-돈화(敦化) 일대[52] 등의 다양한 위치 비정이 제시되었다.

사료상에서는 A-1)의 언급을 제외한다면 동부여의 위치에 대한 단서는

---

46) 전통시대 유학자들의 견해를 포함하여 좀 더 자세한 동부여의 위치 비정에 관한 연구사는 공석구, 1998, 앞의 책, 252~253쪽을 참조.

47) 노태돈, 1989b, 「夫餘國의 展開에 關한 再認識 試論」 『국사관논총』 4.

48) 박경철, 1989, 「高句麗軍事戰略考察을 위한 一試論」 『사학연구』 40.

49) 임기환, 2012, 「고구려의 연변 지역 경영―柵城과 新城을 중심으로」 『동북아역사논총』 38, 69~70쪽.

50) 공석구, 1998, 『高句麗 領域擴張史 硏究』, 書景文化社, 267~268쪽.

51) 김현숙, 2005, 『고구려의 영역지배방식 연구』, 모시는사람들, 431쪽.

52) 이승호, 2018, 앞의 논문 ; 이승호, 2024, 「동부여의 국가 성격과 문화 기반」 『한국고대사탐구』 46. 장병진도 해당 연구자의 논지에 대체로 동의한다고 하여 고구려의 책성이 위치한 혼춘 일대에서부터 멀지 않은 지역으로 추정하였다. 장병진, 2019, 앞의 논문, 66쪽.

찾을 수 없으며, 그 실체가 불분명한 이상 고고학적 자료를 통한 추정도 용이하지 않다. 그렇지만 북부여와 '부여'라는 명칭을 공유하고 있음을 감안하면, 동부여는 적어도 그 정체성이 스스로던 타자에게든 길림 일대의 부여와 동일한 것으로 인지되었다고 보아야 한다. 동부여의 '동'의 경우 고구려의 입장에서의 방위라고 해도, 부여라는 명칭은 자칭이거나 적어도 고구려인들이 북부여와의 친연성을 인지한 결과일 것이기 때문이다.

이 점에서 3세기 이후 동부여 성립설에서 주목한 것처럼 『진서』의 기록에서 부여의 왕족이 도피한 지역인 옥저이자, 고고학적으로도 그 연관성을 찾을 수 있는 연변 일대가 동부여의 위치로 주목된다. 기존 연구 중에서는 화룡 일대에 발해시기까지 이 지역에 남아있던 부여의 문화적 요소에 주목하여 이를 동부여의 위치로 비정하기도 하였다.[53] 이에 따르면 이 지역에서 발해 정효공주(貞孝公主)의 묘지에서 출토된 묘지명에 따르면 정효공주는 사망으로부터 5개월 이후에 매장했다고 하여 5월장을 치른 것으로 나타난다. 반면 거의 비슷한 시기에 치러진 돈화 일대의 정혜공주(貞惠公主)의 묘지명에서는 고구려식 3년장을 치른 것으로 전하고 있기 때문에, 장례 양식에서 차이를 보이는 것이다.[54] 따라서 해당 연구에서는 이것이 『위략』에서 전하는 부여의 장제로서,[55] 곧 이 지역에서 부여의 문화가 잔존한 결과로 해석하였다.[56] 나아가 이를 근거로 하여 이 지역은 길림 일대와는 공간적으로 격절된 또 다른 부여로서, 곧 동부여로 볼 수 있다고 비정하였다.

다만 정효공주의 사례를 부여의 풍속으로 인정한다고 해도 동부여와는 차이가 매우 크기 때문에, 이 지역에서 동부여의 존재까지 확정하기는

---

53) 박경철, 1989, 앞의 논문, 16~17쪽.

54) 논자에 따라서는 이 차이가 발해의 당나라식 葬制의 도입의 결과로 이해하기도 한다. 정효공주와 정혜공주묘 묘지명의 차이와 관련 문제는 윤선태, 2007, 「渤海 文字資料의 現況과 課題」『大東漢文學』 26, 146~148쪽 참조.

55) 『三國志』 卷30, 魏書30 東夷傳 夫餘 "魏略曰 其俗停喪五月 以久爲榮 其祭亡者 有生有熟".

56) 송기호, 1984, 「渤海「多人葬」制에 대한 研究」『韓國史論』 11, 76쪽.

어려우며, 이 외에는 사실 동부여의 존재를 확인할 만한 직접적인 증거는 부족한 실정이다. 사실 이 문제는 동해안지역에 동부여를 비정하는 연구에 공통적으로 지적될 수 있는 사항으로, 다른 비정 지역에도 동부여의 존재를 증명할 수 있는 고고학적 자료는 거의 확인할 수 없다.57) 물론 동부여가 3세기 이후 왕족들의 이주로 성립되었다고 본다면 한시적으로 이주된 정권이기에 현지의 부여 관계 고고학 자료가 빈약함은 문제가 되지 않을 수도 있다. 그러나 3세기 이전에 동부여가 존재했었다고 전제한다면 고고학 자료의 결여는 향후 보완이 필요한 사항일 것이다.

그렇지만 이 문제는 '동부여'라는 사료상의 존재를 어떤 집단으로 이해하느냐에 따라 일부나마 설명할 수 있다고 생각한다. 앞의 『삼국사기』나 『삼국유사』에서 전하는 동부여의 기원은 비록 세부 사항에 차이가 있다고 해도, 동부여가 북부여의 지배계층이 이주하여 형성된 집단으로 나타난다. 이것이 역사적 사실성을 담보하고 있다면, '동부여'의 기층문화는 본래 현지 주민들의 그것이 그대로 유지되고 있었다고 해도 이상한 일은 아니다. 즉, 동부여는 북부여처럼 현지에서 독자적인 문화를 형성한 집단이라기보다는 별개의 문화권 내에서 분화된 지배계층 일부가 부여의 출자 인식을 표방했던 것으로 추정된다.

이 점에서 추모왕 때부터 고구려의 속민이었다는 기록의 기원을 『삼국사기』의 동명성왕조에서 전하는 북옥저 정벌 기록으로부터 파생된 인식이었다고 보는 연구들을 참고할 수 있다. 해당 연구에서는 고구려인들에게 북옥저란 동명성왕대에 복속시킨 지역으로서 인식되고 있었으며, 이에 따라 북옥저 지역에 위치한 동부여를 추모왕(동명성왕)대부터 속민으로서 존재하였다는 「광개토왕비」의 인식이 나타났다고 보았다.58) 이 견해는 지금까지 물질자료상의 박약함으로 인해 여러 난점을 주었던 동부여의 실체 문제를 이해하는 데 여러 단서를 준다. 말하자면 이들은 북부여로부

---

57) 송기호, 2005, 앞의 논문, 34쪽 ; 임기환, 2012, 앞의 논문, 69~70쪽.
58) 이승호, 2018, 앞의 논문, 285~286쪽.

터 이주한 정권이었지만 그 하위의 주민집단은 북옥저의 기층문화로 비정되는 단결-크로우노프카 문화를 기저로 둔 집단으로, 이것이 북옥저 관련 고구려의 인식과 맞물리는 계기가 되었다는 것이다. 이 견해를 받아들인다면 동부여는 고구려가 책성 일대로 접선하던 두만강 유역, 혹은 단결-크로우노프카 문화를 보유한 주민집단의 거주지에 형성된 정치체로서, 이는 이후 "추모왕대부터 속민"이라는 인식의 기원이 되었다고 할 수 있다.

또 이 지역이 길림 일대의 북부여로부터 같은 문화를 보유한 지배계층, 혹은 주민집단의 이주가 가능한 환경이 마련되어 있었다는 점도 이를 뒷받침한다. 최근 고고학 연구에서는 단결-크로우노프카 문화의 주민집단이 이른 시기부터 송화강 일대의 주민집단(북부여)과의 문화 교류가 있었을 가능성이 제기되고 있다. 단결-크로우노프카 문화에 속하는 러시아 니콜라예프카에서는 쌍조형 촉각식동검이 출토되고 있으며, 이들은 부여의 외곽 지역에 집중적으로 출토되는 유물이다.[59] 이를 들어 부여와 연해주 일대의 교류 가능성을 검토하면서 길림에서 연해주로 이어지는 교류의 네트워크가 존재하였고, 길림의 부여 문화와 단결-크로우노프카 문화가 상호 밀접한 관련 속에서 발전하였을 가능성이 제기되었다.[60] 이 시기 부여의 정체성을 가진 주민집단과 두만강 유역에서는 서로 일정한 교류가 성립되어 있었으며, 부여 지배자집단의 동해안 지역 거주-이를 또 다른 '부여'로 보는 인식은 이를 기반으로 이루어졌다는 것이다.[61]

부여의 중심지인 길림과 연해주 남부 해안인 니콜라예프 사이의 교통로

---

59) 촉각식동검의 분포상에 대한 검토는 박선미, 2016, 「한반도 촉각식검을 통해 본 동서 교류」『아시아문화연구』41 참조.

60) 강인욱, 2015, 「三江平原 滾兎嶺·鳳林문화의 형성과 勿吉·豆莫婁·靺鞨의 출현」『고구려발해연구』52, 131~132쪽.

61) 이승호는 길림 일대의 (북)부여 세력이 동쪽의 돈화–연길–혼춘 일대의 경로를 통해서 점차 확장하면서 동부여가 성립되었으며, 책성인 혼춘을 제외한 돈화-연길 일대에 동부여의 위치를 비정하였다.(이승호, 2018, 앞의 논문)

로는 발해시기의 발해의 '일본도(日本道)'였던 길림-돈화-연길-혼춘을 거치는 경로였다.[62] 곧 연길 지역과 그와 인접한 화룡 일대에도 부여계 문화가 유입되었으며, 이 지역 주민집단 중에서 부여와의 친연성을 가진 집단이 존재하였을 가능성은 높은 것이다. 또 촉각식동검과 같은 유물은 위세품의 성격이 강했다는 점을 보면 북부여의 문화를 수용한 주체는 주민집단보다는 그 지배계층에게 찾아야 할 것이다. 이전 시기부터 이 경로상에서는 다양한 집단들이 길림 일대의 북부여와 관계를 맺고 있었다는 것이다. 만약 그렇다면 고구려본기에서 해부루가 동해안지역으로 이주하여 동부여를 건국하였다는 전승도 이를 바탕으로 형성되었다고 볼 수도 있다. 곧 실제로 이 지역과 본래 부여와의 친연성을 기반으로 하여 부여계 지배자집단이 이주하거나 혹은 자체적으로 부여의 정체성을 표방하였으며, 이들이 고구려에게 또 하나의 부여로 인식되어 '동부여'로 칭했던 것으로 볼 수 있지 않을까 싶다.

이와 관련하여 최근 돈화-연길 일대에 나타나는 부여 관련 물질문화를 근거로 이 지역에 3세기 이전 동부여의 존재를 재론한 연구가 있다. 여기에서는 2010년대 말 보고된 돈화의 강자(崗子) 유적에 주목하며, 이 유물을 동부여가 존재한 흔적으로 이해하였다. 2016년 처음 보고된 돈화의 강자 유적에서는 2기 문화층에서 전형적인 부여 문화의 두형토기가 다량으로 출토되고 있었다.[63] 이를 들어 이 지역에 부여인의 집단적 이주와 문화 유입이 이루어졌으며, 해당 연구에서 기존에 제시하였던 돈화-연길 일대에 동부여가 존재하였던 고고학적 근거로 제시하였다.[64]

상기 연구는 전술하였던 것처럼 동부여의 위치 비정에 부족한 고고학적 증거를 보완할 수 있는 중요한 시사를 제공하고 있으며, 연길 일대가

---

62) 日本道의 구체적인 경로 비정과 분석은 방학봉, 1999, 「延邊地區의 渤海遺蹟과 日本道」 『백산학보』 50 참조.

63) 王綿厚, 2022, 「第三章 一、崗子遺址的考古發現及諸文化要素討」 『長白山區系考古與民族要論』, 遼寧人民出版社.

64) 이승호, 2024, 앞의 논문.

지닌 북옥저와의 관련성까지 함께 고려하면 설득력이 높은 견해로 생각한다. 물론 동부여의 존재를 확정하기 위해서는 강자 유적을 포함하여 이 지역의 물질문화에 대해 더 진전된 조사가 필요할 것이다. 그럼에도 이는 장광재령 이동 지역의 부여계 문화 유입과 이를 통하여 별도의 '부여'가 형성될 수 있다는 정황적 증거로는 충분히 받아들여질 수 있을 것 같다.

다만 돈화 일대를 동부여의 중심지로 보기에는 동해로부터 멀리 떨어져 있고, 북옥저의 기층문화로 비정되는 단결-크로우노프카 문화의 흔적이 뚜렷하게 나타나지 않는 점이 유의된다. 그렇기에 돈화의 부여계 문화 요소를 염두에 두더라도, 현재로서는 이외 여러 선학들도 주목해 왔던 연길을 중심으로 동부여의 위치를 추적해야 할 것 같다. 따라서 이 글에서 동부여의 위치를 길림-돈화-연길 경로상에서 북옥저의 기층문화가 가장 뚜렷하게 나타나는 연길 일대를 중심으로 하여, 앞서 부여계 문화의 요소들이 간접적이나마 간취되는 화룡을 포함한 지역, 곧 연길-용정-화룡 을 잇는 해란강 일대로 비정하고자 한다.[65]

그렇다면 이 지역에 위치했던 동부여는 고구려와 어떤 경로로 접선하였으며, 이후에는 지배-복속 관계가 성립되었던 것일까? 고구려의 중심지였던 환인-집안 일대에서부터 책성 방면으로 나아가는 교통로에 대해서는 이전부터 여러 연구가 제출되었지만, 적어도 초기에 해당하는 기간에는 '동해로(東海路)'[66]라고 칭해지는 경로를 이용했을 것으로 추정된다. 이는

---

65) 이 지역은 김현숙, 2005, 앞의 책, 431쪽에서 이미 동부여의 위치로 비정되었지만, 필자의 경우 3세기 이전에 이미 이 지역에 동부여로 볼 수 있는 정치집단이 형성되었을 가능성이 높다고 생각한다.

66) 여호규, 1995, 「3세기 후반~4세기 전반 고구려의 교통로와 지방통치조직」 『한국사연구』 91, 27쪽 ; 2014, 『고구려 초기 정치사 연구』, 신서원, 517~519쪽. 또는 혜산-길주까지의 경로를 '동해로'로 명명하고, 길주에서 혼춘까지의 경로를 '책성로'로 명명하여 책성에는 이 두 경로를 거치는 루트로 비정하기도 한다. 조법종, 2011, 「高句麗의 郵驛制와 交通路 −國內城시기를 중심으로 −」 『한국고대사연구』 63, 68~70쪽. 이외에 백두산 북쪽을 우회하는 '옥저방면로'가 제시되기도 하였지만, 적어도 초기에는 전자의 경로를 이용했다고 본다. 관련 연구사는 이종록, 2020, 「1~3세기 고구려의 두만강 유역 지배방식과 柵城」 『역사와 현실』 116,

국내성에서 압록강을 거슬러 올라가 혜산에 이르러, 마천령산맥을 넘어 길주에 다다르는 교통로이다. 그리고 길주에서는 청진을 지나 두만강 하류에 다다르는 경로를 취하게 된다.

이 경로상에서 길주에 도달하면 청진 일대까지는 동해안을 따라 바로 북상하는 길을 취했겠지만, 청진에서부터는 몇 가지 추가적인 가능성이 있다. 하나는 조선시대의 수성도(輸城道)의 주 경로로 청진 남쪽의 경성을 기점으로 하여 북쪽으로 부녕을 지나 회녕에 도달하여, 두만강을 우회하며 종성－온성－경원을 지나 경흥으로 이어지는 경로이다. 이 경로는 조선 전기의 함경도 병마절도사의 6진 순행 경로이기도 하였다.[67] 또 수성도에서는 경성－회녕 외에도 분기가 있었는데, 그 하나로 상기 경로에서 보다 남쪽의 해안가에 인접한 지역을 경유하는 경로로, 이 지역의 속역(屬驛)인 웅무－덕명－녹야－역산－회수를 통하는 경로로서 경흥에 도착한 병마절도사가 다시 경성 방면으로 돌아가는 경로였다.[68] 이 경로가 고구려 시기에도 책성으로 통하는 주 경로로 사용되었는지는 알 수 없으나, 일단 책성 일대를 확보한 이후에는 우회적인 경로로 사용되었을 가능성도 있다.

그런데 이들 경로 중 어느 쪽을 취하든 연길－화룡 일대, 특히 화룡 일대는 책성 방면 교통로상에서 중간 거점인 회녕－종성 일대에서 분기하여 별개의 경로로도 진입할 수 있었다. 알려진 것처럼 연변 지역에는 다수의 고구려의 성이 축조되어 있는데, 이 중 연변지역의 조동산성(朝東山城)과 두만강을 사이에 두고 맞은편에 축조된 함경북도의 운두산성(雲頭山城)은 이 교통로의 존재 가능성을 시사한다. 운두산성은 북한 회령시 성북리의 두만강변에 위치한 운두산에 자리 잡고 있으며, 그 둘레길이는 6㎞에 달하는 대형 산성이다.[69] 그 축조방식은 사각추의 다듬돌로 외면쌓

184쪽 참조.
67) 양정현, 2021, 『조선 전기 驛道制 연구』, 고려대학교 박사학위논문, 205쪽.
68) 양정현, 2021, 앞의 책, 205쪽.
69) 田中俊明, 1995, 「高句麗の山城」『高句麗の歷史と遺跡』, 中央公論社, 392쪽.

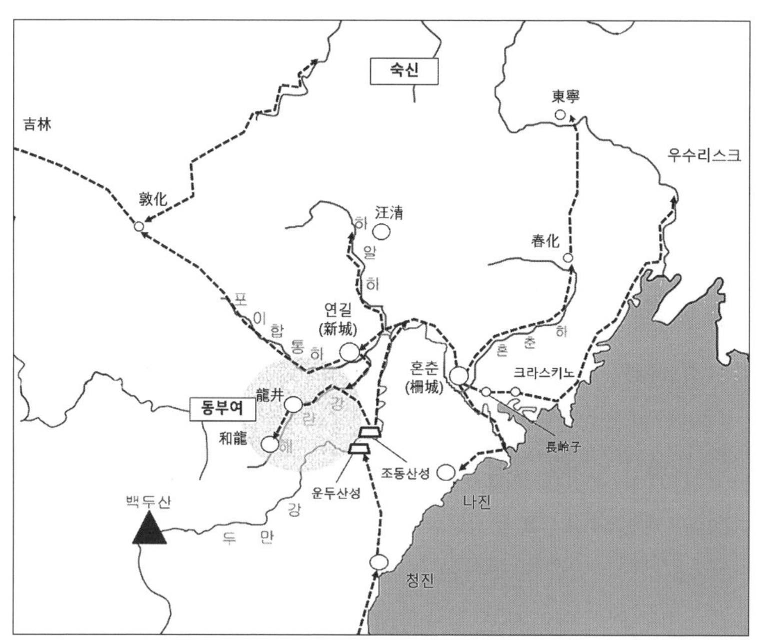

〈그림 1〉 고구려–동부여 방면 교통로[70]

기를 기본으로 하되, 양면쌓기가 배합되어 있다. 이들 축조 방식이나 입지를 고려하여 운두산성은 북한의 연구자들에 의해 고구려 시기에 초축되었으며, 이후 발해 시기에도 연용되었던 것으로 추정된다.[71] 그리고 조동산성은 용정시 부유향(富裕鄕)의 조동촌에서 서쪽으로 1㎞ 지점 한왕산(漢王山) 정상부에 축조되었는데, 두만강은 산의 서남쪽 아래로 지나가고 있다.[72] 한 연구에서는 조동산성의 축조 방식을 강 맞은편에 축조된 운두산성과 비교하여, 조동산성 또한 고구려에서 축조된 성으로 비정하였다.[73]

---

70) 이종록, 2022,『高句麗 前期 동해안지역 복속과 濊族社會 연구』, 고려대학교 박사학위논문, 158쪽의 지도 일부 편집.

71) 사회과학원 편, 2002,『동해안일대의 발해 유적에 대한 연구』, 중심, 62~63쪽.

72) 吉林省文物志編修委員會 主編, 1984,『龍井縣文物志』, 吉林省文物志編修委員會, 72~75쪽.

운두산성과 조동산성은 두만강을 사이에 두고 마주하는 형태로 배치되어 있다. 그리고 운두산성이 위치한 회령에서 부령을 지나 남하하면 청진에 이르게 되며, 이는 앞서 살펴본 동해안로로 합류하게 된다. 즉 연길─용정─화룡 등으로 이어지는 지역과 함경도 일대의 동해안과 별도의 경로로 연결되며, 두 산성은 이 경로에서 두만강을 도강하는 지점을 관할했던 것이다. 해당 경로를 제기한 연구에서는 본래 책성 방면으로 백두산 북쪽을 우회하는 경로가 먼저 구축되었으며, 이후 함경도 동해안 일대로 남하하는 경로가 추가적으로 구축되고 조동산성과 운두산성은 그 경로의 거점으로 보았다.[74]

그러나 책성 방면의 교통로가 동해 연안을 따라가는 경로였다고 보면 두 산성이 관할했던 경로는 반대로 화룡─연길로 통하는 경로의 거점으로서 새롭게 구축되었을 가능성이 높다고 본다. 즉, 본래 길주─청진─회령─종성─혼춘으로 이어지는 경로상에서, 새롭게 회령에서부터 분기하여 용정, 화룡 일대로 통하는 경로가 신설되었다는 것이다. 이는 책성 이서 지역으로의 침투가 보다 진전된 결과로 여겨진다. 곧 기존의 연길 일대가 동해안로를 따라 책성(혼춘)을 거쳐 관리되던 우회적인 경로에 비해 이 지역의 진출 과정에서 보다 단축된 경로의 필요성으로 인해 해당 산성들이 축성되었을 가능성이 있다. 기존 청진─혼춘(책성)으로만 이어지던 경로가 보다 세분되어, 고구려에게 보다 이 지역의 원활한 지배를 가능하게 한 교통로 내지 거점이 구축된 것이다. 그리고 해당 경로는 고구려가 이 지역에 위치한 동부여 방면으로의 지배가 강화되면서 신설되었다고 추측된다.[75]

---

73) 이성제, 2009, 「高句麗와 渤海의 城郭 운용방식에 대한 기초적 검토 : 延邊地域 분포의 성곽에 대한 이해를 겸하여」, 『고구려발해연구』 34, 179쪽.

74) 이성제, 2009, 앞의 논문, 179~180쪽.

75) 화룡─청진의 경로를 화룡─동흥촌옛성─영성옛성─동성용─두만강─종성─삼상봉─회령─청진이라는 경로로 비정하여 혼춘과 화룡 사이의 분기점을 종성으로 본 견해도 있다(윤재운, 2002, 『南北國時代 貿易研究』, 고려대학교 박사학위

이렇게 볼 경우 동부여가 고구려로부터 비교적 장기간 그 존재를 유지할 수 있었던 이유는 이러한 입지도 반영되었다고 할 수 있다. 고구려가 책성 방면으로 통하는 교통로가 동해안로를 따라 진행되었던 상황에서, 이 경로상에서 비껴나가 있었던 지역의 동부여에 대해서는 아직 직접적인 지배력이 미치지 못했던 것이다.[76] 또 고구려에서 혼춘 이서 지역인 도문강−해란강−부르하통하 등의 지역은 서천왕대의 신성의 등장 시점에서 확인할 수 있는 것처럼 보다 직접적인 지배력 침투는 책성(혼춘) 일대에 대한 관리 기록보다 2세기 이상 경과된 시점에서 나타난다.[77] 곧, 고구려의 이 지역에 대한 축성과 지배력 강화는 혼춘 방면보다 보다 늦은 시기에 이루어졌다고 보아야 할 것이다.

만약 그렇다면 3세기 모용선비로 인해 패망을 겪은 부여인들이 이 일대로 이주했던 것은 단순한 외지로의 도피가 아니라, 이전부터 가지고 있었던 길림 일대 부여와의 친연성에 근거한 결과였을 가능성도 생각할 필요가 있을 것이다. 이 지역은 본래 부여인들에게 친숙하여 별개의 분파가 성립되었으며, 부여 왕족이 옥저로 도피했던 것은 이 친연성에 기인했다는 것이다. 부여의 왕족이 이주했던 시점에서 이 지역은 이미 고구려가 책성, 곧 북옥저(단결-크로우노프카 문화) 그 자체로 칭해지던

논문, 63쪽). 다만 해당 견해는 발해시기 중경에서 신라로 통하는 경로에 대한 검토로, 비록 고구려시기에도 이 경로가 동일하였을 가능성도 있으나 필자는 운두산성, 조동산성의 존재를 감안하여 이 시기의 경로상 분기점은 회령으로 보는 설을 취신한다.

76) 김현숙은 연길 이서 지역에서 동부여의 위치를 비정하며 4세기 전반 경까지 고구려에게 실질적인 통제는 거의 받지 않았지만, 4세기 후반 경 고구려의 지방통치조직의 정비 과정과 함께 고구려 동북 지역의 광역 행정구역 안에서 하위 단위로서 책성에 파견된 수사의 간접적 관리를 받았다고 보았다. 김현숙, 2005, 앞의 책, 427쪽 및 433~435쪽 참조. 필자도 이 견해에 따르고 있지만, 이러한 체제는 3세기 이전에 그 기초가 성립되었던 것으로 생각한다.

77) 신성이 사료상에서 처음 등장하는 것은 276년에 해당하는 西川王 7년의 일이지만 (『三國史記』卷17, 高句麗本紀5 西川王 7年 夏 4月), 그 축조 시점은 명확하지 않다. 그러나 '신(新)'이라는 용어를 감안한다면 사료상의 등장 시점과 크게 차이가 나지는 않았을 것으로 생각된다.

'치구루'를 중심으로 영향력을 일정 부분 행사하였지만, 현지에 직접적인 지배가 이루어진 곳은 아니었다. 즉, 고구려가 책성을 중심으로 영향력을 행사하였던 단결-크로우노프카 문화의 주민집단(=북옥저)의 거주지이자, 이전 시기 부여와도 일정한 관계가 있던 지역이며, 3세기 부여인들의 이주는 이를 배경으로 이루어졌다는 것이다.

이렇게 본다면 고구려가 이른 시기부터 동부여와 일정한 관계를 맺었지만, 이후 「광개토왕비」에서 전하는 것처럼 조공을 중단하기도 하는 반독립적인 위치에 있었던 배경을 이해할 수 있다. 책성 방면으로 진출하였던 고구려의 입장에서 연길-화룡 일대는 회령-종성 일대의 분기점으로 접근이 용이하기도 하였지만, 실제 고구려가 직접적인 지배력을 침투시킨 지역은 책성 일대로 집중되었던 사정의 반영이었던 것이다. 책성과 이를 통하는 교통로의 유지를 중심으로 하는 이 지역의 지배체제가 구축되는 상황에서, 상대적으로 외곽에 위치한 연길 이서 지역에 위치했던 동부여는 입지상 반독립적인 위치를 유지하였다. 그리고 이것은 상술한 것처럼 『위서』나 『삼국유사』에서 주장하는 동부여 복속이 『삼국사기』 고구려본기에는 명확하게 나타나지 않는 상황과도 관련이 있다고 여겨지며, 이는 다음 장에서 자세하게 살펴보기로 한다.

3. 고구려 초기 동부여 지배의 양상

2장에서 논의한 것처럼 동부여를 3세기 이전의 실체로 볼 경우, 이 시기에 고구려와 동부여의 관계가 어떤 것이었는지는 현존 사료상에서 유추할 수 있는 단서는 많지 않다. 그렇지만 여러 관련 기록에서 고구려가 동부여에게 이른 시기부터 우위가 성립되었던 것으로 전하며 이것이 역사적 사실을 일정 부분 반영했다고 가정한다면, 이러한 관계 성립의 하한선은 역시 기존의 일부 연구가 주장한 것처럼 태조왕대로 보아야 할 것이다.

> D-1) 53년 봄 정월. 부여에서 사신이 와서 호랑이를 바쳤는데, 길이가 1장(丈) 2척(尺)이나 되었고, 털 빛깔은 매우 밝았으나 꼬리가 없었다.[78]
>
> D-2) (69년 겨울 10월) 왕이 부여(扶餘)에 행차하여 ① <u>태후묘(太后廟)에 제사지내고</u>, 백성 가운데 곤궁한 자들을 친히 찾아가 문안하고 물건을 차등 있게 내려주었다. 숙신(肅愼)의 사신이 와서 자주색 여우가죽 옷과 흰 매, 백마 등을 바쳤다. 왕이 잔치를 열어 그를 위로하고 돌려보냈다.[79]

위 기록의 '부여'는 동부여 혹은 북부여 여부가 명시되지 않았다. 그러나 이들은 고구려에게 헌상품을 바치거나 국왕이 직접 행차하여 그 주민을 '백성'이라고 표현하고 있어, 마치 고구려의 지배하에 있는 집단처럼 묘사한다. 따라서 당시 정세를 고려하면 이 부여를 북부여로 보기에는 어려우며, 역시 「광개토왕비」에서 '추모왕대부터 속민'으로 기록한 동부여로 보아야 할 것 같다. 비록 연구자에 따라서는 이것을 외교 행위로 정의하며 D-1)의 부여를 북부여로 추정한 경우도 있지만[80] 비슷한 시기에 해당하며 서로 밀접한 관련이 있는 것으로 보이는 D-2)에서 부여인들을 "백성(百姓)"이라고 칭하는 것은 이질적으로 보인다.[81] 게다가 고구려와 북부여가 장기간 반목하였던 관계를 고려하면 이 시기 북부여가 헌상품을 바쳤을 가능성도 높지 않다는 지적도 유의된다.[82] 그러므로 위의 기록들

---

78) 『三國史記』 卷15, 高句麗本紀3 太祖大王 53年 春 正月, 五十三年 春正月 扶餘使來獻虎 長丈二 毛色甚明而無尾.

79) 『三國史記』 卷15, 高句麗本紀3 太祖大王 69年 冬 10月, 王幸扶餘 ① 杞太后廟 存問百姓 窮困者 賜物有差 肅愼使來 獻紫狐裘及白鷹白馬 王宴勞以遣之.

80) 조우연, 2019, 『天帝之子 : 고구려의 왕권전승과 국가제사』, 민속원, 231쪽

81) 위 기록에서 "存問百姓窮困者"를 수행했던 것은 이 기사 직후 부여에서 돌아왔다 는 기록이 별도로 존재하기 때문에(『三國史記』 卷15, 高句麗本紀3 太祖大王 69年 11月 "王至自扶餘") 이는 부여(동부여)에 행차했던 시점에서의 조치로 이해된다.

82) 이승호, 2018, 앞의 논문, 290쪽.

은 모두 동부여에 해당하며, 이 시기 고구려에게 반 종속관계가 성립되어 고구려에게 헌상품을 바치거나, 국왕이 직접 이 지역에 방문했던 것으로 해석해야 할 것 같다.

여기에서 문제가 되는 부분은 태조왕 69년에 국왕이 "태후묘에 참배 (D-2①)"했다는 언급이다. 이 태후를 고구려본기에 전하는 대로 부여 출신인[83] 태조왕의 어머니로 보는 견해들이 있는가 하면[84] 시조 주몽의 어머니인 유화(柳花)의 신묘(神廟)로 보기도 한다.[85] 전자의 경우 태조왕의 어머니가 부여 출신이라고 해도 고구려에서 수렴청정까지 하였던 인물이 부여에 매장되었다고 보기 어렵다는 문제가 지적된다.[86] 한편 후자의 경우는 기원후 2세기 초에 고구려의 시조의 출자지가 동부여로 인식되었 다는 의미가 되지만, 이렇게 본다면 「광개토왕비」에서는 4세기 무렵 북부여를 시조의 출자지로 인식했던 이유를 해명할 수 없게 된다. 비록 D-2)의 태후묘의 정체에 대해서는 이후에도 논의가 필요하겠으나, 적어도 태조왕의 모친을 부여 출신이라고 한 기록에서의 부여란 동부여를 지칭했 다고 여겨진다. 앞에서 살펴본 것처럼 D군 사료는 동부여로 보아야 하며, '백성'이라고 칭한다거나 그 묘주가 누구이든 현지의 묘소에 참배할 수 있었을 만큼 양국이 밀접한 관계가 있었다면, 이는 역시 태조왕의 모친이 동부여 출신이라는 데에서 기원했다고 여겨지기 때문이다.

그런데 같은 기록에서 태조왕의 부친은 유리왕의 아들인 고추가(古鄒加)

---

83) 『三國史記』卷15, 高句麗本紀3 太祖大王 元年 11月 "大祖大王 或云国祖王 諱宮 小名於 漱 琉校璃王子古鄒加再思之子也 母大后扶餘人也".

84) 이종태, 1990, 「고구려 太祖王系의 등장과 朱蒙國祖意識의 성립」『北岳史論』2 ; 김 현숙, 1994, 「고구려의 解氏王과 高氏王」『大丘史學』47, 32~34쪽 ; 김미경, 2007, 『高句麗 前期 對外關係 研究』, 연세대학교 박사학위논문, 74쪽 ; 강진원, 2015, 『高句麗 國家祭祀 研究』, 서울대학교 박사학위논문, 72쪽.

85) 최광식, 1994, 『고대한국의 국가와 제사』, 한길사, 178~179쪽 ; 채미하, 2006, 「高句麗의 國母信仰」『北方史論叢』12, 342~347쪽 ; 장병진, 2019, 앞의 논문, 72~73 쪽.

86) 장병진, 2019, 앞의 논문, 72쪽.

재사(再思)였다고 전한다. 이를 그대로 수용한다면 태조왕은 유리왕의 손자인 것이 되지만, 태조왕과 유리왕의 나이 차이를 고려하면 이는 사실로 보기 어렵다. 그렇기에 기존 연구에서는 이 기록을 태조왕계를 시조에서 유리왕으로 이어지는 계보와 무리하게 연결시킨 결과 오류가 발생한 윤색,[87] 혹은 재사를 고구려 왕계 이외의 인물로 보기도 한다.[88]

태조왕의 왕계 문제에 대해서는 여기에서 상세하게 다루기는 어렵지만, 적어도 유리왕-태조왕의 계보상에서 커다란 단절이 존재했던 것은 거의 모든 연구자가 인정하고 있다.[89] 그러나 실제 태조왕의 계보가 유리왕과 이어지는지의 여부와는 별개로, '고추가'로 칭해졌던 것을 보아 재사를 고구려의 왕족이나 유력 세력가로 보는 데에는 문제가 없을 것이다.[90] 또 태조왕의 모친도 출신지 외에는 그 신분을 추정하기 어렵지만, 재사가 고구려의 왕족이나 세력가라면 역시 그 부인도 동부여의 유력자 출신으로 보아야 할 것이다. 그렇다면 태조왕의 부모는 이전 시기 고구려의 유력자 와 동부여의 유력자와의 혼인, 곧 정치적인 목적으로 이루어졌던 지배계층 간 혼인관계였을 가능성이 높다.

이상을 종합한다면 고구려가 동부여에 지배력을 확보했던 과정에 대해 하나의 가설을 제기할 수 있다. 그것은 갈사국 투항 당시 그 왕족을 고구려의 중앙으로 흡수했던 것처럼, 고구려가 동부여에서도 지배계층의 구성원을 고구려의 왕실 구성원과의 결합 내지 흡수를 통하여 영향력을 확보했다는 것이다. 즉 태조왕의 모친이 고구려의 지배세력의 일원과 혼인했던 것은 동부여 복속 과정 속에서 이루어졌던 것으로 추정된다. 고구려는 태조왕 이전 시기 이 지역에 진출하는 과정에서 화룡-연길

---

87) 김철준, 1975, 『韓國古代社會硏究』, 知識産業社, 47쪽 ; 노태돈, 1999, 앞의 책, 80~84쪽.

88) 鄭早苗, 1979, 「高句麗王系小考」 『旗田巍博士古稀朝鮮歷史論集』 上, 龍溪書舍, 111쪽.

89) 여호규, 2014, 앞의 책, 253쪽.

90) 여호규, 2014, 앞의 책, 265쪽에서는 계루부 왕실을 구성한 소혈연 집단의 적통을 이은 인물로 추정하였으며, 필자도 이를 따른다.

일대의 동부여와도 접선하게 되었고, 이 과정에서 지배계층의 혼인을 통한 모종의 협력관계가 성립되었다는 것이다.

주목되는 사실은 태조왕의 부모가 고구려-동부여 간의 지배계층의 혼인이라고 가정해도 그 상황을 적시하는 기록은 물론이고, 앞서 설명한 것처럼 태조왕 부모의 계보 자체가 고구려본기에서 모호하게 나타나는 점이다. 반면 대무신왕과 태조왕 사이에 계보상의 커다란 단절이 있었음에도, 정작 대무신왕대의 동부여 관계 기사들은 태조왕대의 기록과 연속성이 나타나고 있다. 만약 유리왕(혹은 대무신왕)~태조왕 사이 계보에 큰 단절이 있었다면 두 국왕에 걸쳐 나타나는 갈사국 내지 부여왕 종제 세력에 대한 기록에도 단절이 있어야 했을 것이다. 그렇지만 이들 기사는 연속성이 있는 기록일 뿐만 아니라, 그 세대수까지 고구려본기의 왕계와 일치하고 있는 점은 눈에 띄는 부분이다.

예를 들어 갈사국의 건국 기사는 비록 대무신왕 5년의 정벌 결과로 기록되어 있지만, 엄밀히 말해 해당 기사 자체는 대무신왕대 고구려와 직접 관련이 있는 내용이 아니며, 손자인 도두가 태조왕대 고구려에 항복하며 고구려와 연결고리가 발생하고 있다. 즉, 상기 이해에 따르면 대무신왕대와 태조왕대에는 기록상의 단절이 있어야 했을 것임에도, 갈사국의 항복 기록은 대무신왕-태조왕대에 연속해서 나타나는 기록이라는 것이다.

또 태조왕 16년에 고구려로 항복했다는 갈사국의 도두(都頭)는 부여왕 대소의 동생이었다는 갈사왕의 손자로 나타나고 있어, 고구려본기의 유리왕-태조왕의 관계와 같다. 즉, 1) 유리왕·대무신왕↔대소·갈사왕, 2) 재사↔도두의 아버지이자 갈사왕의 아들, 그리고 3) 태조왕↔도두로 각각 그 세대수가 일치하고 있는 것이다. 이는 유리왕~태조왕의 계보처럼 갈사왕과 도두의 관계 또한 이에 맞춰 유사한 세대수로 설정되었을 가능성을 암시한다. 물론 유리왕과 태조왕의 관계와는 달리 도두가 부여왕의 손자라는 계보는 고구려본기의 기년을 그대로 수용한다고 해도 연령상

불합리한 것은 아니다. 그렇지만 유리왕-재사-태조왕이라는 계보가 기존 연구에서 보는 것처럼 태조왕의 계보를 유리왕과 무리하게 연결시켰던 결과로 이해한다면, 자연 그 계보가 병렬적으로 이어지는 갈사국의 지배자들의 계보 또한 작위적인 설정으로 의심해야 할 것이다.

이렇게 볼 경우 갈사국의 기원에 대한 설화란 후대에 대무신왕의 대부여 전쟁 전승과 작위적으로 연결한 결과물이며, 인물들의 세대수 일치는 그 파생물이었다는 추측도 가능하다. 즉, 어느 시기 동부여 출신 인사들은 자신들의 기원인 동부여의 약화→고구려에게의 복속 원인을 '대무신왕대 부여와의 전쟁'으로 설정하였던 것이다. 도두가 이후 고구려에서 우태로 봉해지며 고구려의 지배세력으로 편입되었다는 점을 감안하면, 이후 고구려본기 등에서 전해지는 동부여 관계 기록 내지 동부여출자설에서 이러한 인식이 반영되었을 가능성은 충분하다. 나아가 고구려에 내투할 당시 갈사국을 언급하는 부여왕의 종제 세력의 내투도 서로 같은 인식상에서 발생하였거나, 혹은 밀접한 상호관계를 가지고 형성되었다고 보아야 할 것이다.[91]

이 추정이 옳다면 고구려와 동부여의 관계에 대한 기록이 고구려본기상에서 모호하게 나타나는 이유, 그리고 「광개토왕릉비」의 동부여=추모왕대의 속민이라는 막연한 인식, 그리고 『위서』와 같은 사료에서 대무신왕 혹은 막래에게 동부여가 멸망했다고 하는 이유가 모두 이로부터 비롯되었다고 추측할 수 있다. 전술한 것처럼 동부여에 대한 고구려의 우위·조공

---

91) 다만 『삼국사기』 고구려본기 대무신왕 32년조에서는 왕자 호동의 사망을 전하면서, 그 모친을 갈사왕의 손녀로 기록하고 있어 도두의 세대와는 다른 인물의 존재를 전하고 있다(『三國史記』 卷14, 高句麗本紀2 大武神王 15年). 그런데 왕자 호동은 같은 기원후 32년의 사실로 기록된 '樂浪國'관계 설화에서 낙랑국왕 최리의 딸과 혼약하는 등 성인에 가깝게 묘사되기 때문에, 이 기록의 계보 또한 신빙성에 의문이 든다. 현재로서는 고구려와 갈사국의 인물 계보에 대해서는 확정하기 어렵지만, 갈사국왕의 손녀가 대무신왕의 둘째 왕비가 되었다는 기록도 이 시기 동부여로부터 내투한 집단의 계보를 대무신왕과 연결시키려는 시도의 하나로 볼 수 있지 않을까 싶다.

관계의 성립 정황은 고구려본기에서 보이지 않는다. 그렇지만 이 과정이 태조왕의 부모 세대의 혼인관계와 관련이 있었다면, 재편된 태조왕의 선대 계보와 함께 망실되거나 축소되었을 가능성이 농후하다. 즉, 태조왕을 유리왕의 손자로 연결하는 과정에서 그 중간 단계의 여러 정치적 사정이나 인물관계, 예컨대 태조왕의 모친과 동부여와의 상세한 관계 등은 배제 내지 축소될 수밖에 없었을 것이다. 그리고 고구려가 실제로 동부여에게 직접적으로 우위를 차지한 과정도 여기에 포함되어 있었기 때문에, 고구려본기에서는 구체적으로 동부여를 '복속'했던 과정이 뚜렷하게 드러나지 않게 되었던 것으로 생각한다. 이 과정에서 고구려인들에게도 동부여란 단지 먼 옛날부터 자신들이 우위를 점했다는 인식만이 남게 되었으며, 그것이 「광개토왕릉비」에서 "추모왕대부터 속민"이라는 막연한 인식을 기록했던 배경이었다.

그런데『위서』고구려전이 저본으로 삼은 전승상에서 동부여는 시조의 출자지로 설정되었으며, 자연 그 흥망에 대해서도 「광개토왕비」보다 상세한 내용이 작성되었을 것이다. 그 결과 이전 시기, 곧 태조왕대부터 편입된 동부여 출신들로부터의 전승이 포함되는 동시에 그 복속 시기도 보다 구체적으로 나타나게 되었던 것이다. 즉 본래 태조왕대의 부여 관련 기록과 이 시기 고구려에서 일정한 기반을 가졌던 동부여의 인사들이 가진 인식이, 이후 별도의 계통으로 전해진 대무신왕대의 대 부여전쟁 관련 기록들을 취신하고, 이를 동부여로서 변개 내지 혼합하였다는 것이다.[92] 비록 그 시기를 특정하기 어렵지만, 적어도 5세기 이전까지 대무신왕의 대 부여 전쟁 전승을 포함한 전승이 형성되었을 것이다. 그리고 그것이 『위서』에서 간단하게 전해지며 막래(대무신왕)에 의해 부여가 멸망하였

---

92) 장병진은 대무신왕의 둘째 부인이 갈사왕의 손녀라는 점, 그리고 태조왕의 모후가 부여(동부여) 출신이라는 점, 그리고 대대로 고구려의 왕비를 배출하였던 연나부에 부여왕 종제가 안치되었다는 점을 들어 동부여의 건국 전승이 고구려의 왕실에서 자연스럽게 수용하였을 것으로 추측하였다. 장병진, 2019, 앞의 논문, 73~74쪽 참조.

다는 기록으로 남았던 것이다.

추측에 불과하지만, 대무신왕의 부여 정벌 실패 후 스스로 반성하고 백성들이 이에 감동하여 고무되었다는 내용(C-1①)은 하나의 서사를 끝맺는 데에 적합하기에 원래는 이것이 북부여와의 전쟁에 관한 전승의 결말이 아니었을까 싶다. 본래 전승에서는 일정한 군사적 성과에도 불구하고 고구려 또한 상당한 피해를 당하고 적국인 '부여'를 멸망시키지 못했다. 그렇기 때문에 동부여출자설에서 이 전승을 흡수하였음에도 고구려가 직접적으로 '부여'를 복속했다는 기록이 구체적으로 나타날 수 없었던 것이다. 말하자면 망실, 혹은 배제된 태조왕대 전후 동부여에 대한 고구려의 우위 형성에 대한 기록을 대체하여, 시조(주몽)의 출자 설화와 함께 대무신왕의 전승을 자신들과 고구려와의 '오랜 관계'에 대한 설화로 삼았던 셈이다.

이와 같이 동부여는 태조왕대까지 고구려에게 일정한 복속관계가 형성되었지만, 이 지역의 주민집단, 곧 '동부여'로 칭해진 집단은 적어도 지배자 계층에 한해서는 부여의 정체성을 유지한 채 명맥을 이어왔던 것 같다. 이 상황이 앞서 살펴본 것처럼『삼국지』동이전 동옥저조에서 옥저의 북쪽에 부여가 존재했다고 하는 데에서 반영되었던 것이다. 또 고구려에서는 그 주민들을 '백성'이라고 표현하거나 자신들에게 조공을 바쳤다는 등 예속관계처럼 묘사하였지만, 3세기 이전이나 이후에나 동부여는 고구려에게 직접 지배의 대상이 아닌, 줄곧 반독립적인 위치에 있었다고 여겨진다.「광개토왕비」의 서술처럼 이들은 조공을 중간에 중단하거나 이후 영락 20년의 정벌 당시에도 국왕이나 '압로'와 같은 독자적인 체제를 보유하고 있었기 때문이다.

E-1) 20년 경술(庚戌), ① 동부여는 옛날 추모왕(鄒牟王)의 속민(屬民)이었으나
　　② 중도에 배반하여 조공하지 않아 왕이 몸소 [군을 이끌고] 가서 토벌하였
　　다. 군이 여성(餘城)에 이르자 여[성]과 온 나라가 놀라 … 왕의 은혜가

널리 퍼지게 되었다. 이에 군대를 돌렸다. 또 [왕의] 교화를 사모하여 관[군]을 따라 [고구려로] 온 자는 <u>미구루압로(味仇婁鴨盧), 비사마압로(卑斯痲鴨盧), 타사루압로(楊社婁鴨盧), 숙사사압로(肅斯舍鴨盧), □□□압로(□□□鴨盧)였다.</u>[93]

  위의 기사에서 동부여는 어느 시점에서 "중도에 배반하여 조공하지 않았다(中叛不貢)"라고 하며, 그로 인해 광개토왕은 이들을 정복하여 그 압로(鴨盧)들을 거느리고 귀환하였다고 한다. 여기에서의 조공을 바쳤다는 식으로 고구려의 조공국으로 묘사하는 것은 비문 내의 백제·신라에 대한 서술과도 유사하다. 그렇지만 실제로 백제나 신라가 조공을 바쳤다고 보기는 어렵기 때문에 동부여 또한 일상적으로 조공을 바쳤는지는 의문이 든다. 다만 태조왕대의 기사를 고려하면 때때로 공물을 바치거나 지배계층 간의 혼인이 이루어지는 식으로 고구려가 영향력을 일정 부분 행사하기도 했을 것이다. 그렇지만 반대로 말해 고구려의 지배력이란 동부여가 조공을 중단한다면 바로 단절될 수 있는 느슨한 관계에 불과했다는 의미이기도 했다. 태조왕대를 제외하면 이후 동부여로 추정되는 집단에 대해 별다른 기록이 없는 점을 보면, 이 관계는 특정 시기에 한정된 것이었다고 생각된다. 곧 태조왕대 이후 양자 사이에 별도의 구속력이 없던 시기에 조공조차 중단하게 되어 양자의 관계는 단절된 것이다.

  이렇게 장기간 고구려로부터 독자성을 유지하던 동부여는 E-1)에서 전하는 것처럼 광개토왕대에 이르러 고구려의 활발한 정복 활동 과정에서 그 체제가 해체되었다. 이 시점에서의 동부여 정벌 배경은 상세하게 알기 어렵지만 「광개토왕비」에서 천명한 것처럼 단지 조공 중단에 대한 처벌만이라고 생각되지는 않는다. 특히 서천왕대의 신성 축조에서 나타나

---

93) 「廣開土王碑」 永樂 20年. 廿年庚戌 ① 東夫餘舊是鄒牟王屬民 ② 中叛不貢 王躬率往 討 軍到餘城 而餘□國駭□□□□□□□□□王恩普覆 於是旋還 ③ 又其慕化隨官來 者 味仇婁鴨盧 卑斯痲鴨盧 楊社婁鴨盧 肅斯舍鴨盧 □□□鴨盧.

는 것처럼 고구려가 혼춘(책성) 이서 지역의 연길 방면으로 보다 직접적인 지배력 확보를 추진하였던 점이나,94) 이후 연변 지역에 다수 축조된 고구려의 성지 유적을 감안한다면 동부여 정벌도 결국 넓은 의미에서는 이 지역에 대해 보다 직접 지배를 구축하기 위한 독자적 집단 해체의 일환이었다고 해야 할 것이다.95)

영락 20년에 고구려로부터 이주된 이들은 동부여의 정치구조에서 핵심을 이루는 구성원이었을 가능성이 높다. 비록 비문상에서는 이것이 교화를 사모하여 왕을 따라갔다고 하더라도, 결국 그 지배계층을 강제로 고구려 내에 흡수하는 것과 동시에 해체하는 과정이었다고 보아야 할 것이다. 곧, 이 시기 고구려는 광개토왕대의 활발한 대외 정벌 과정에서 동부여 또한 점령하여 그 지배계층을 해체했던 셈이다.96) 그리고 동부여는 동해안지역 주민 집단 중 비교적 장기적으로 독자적 체제를 유지했음에도 결국 중기에 이르러 그 지배계층은 고구려의 사회 정치권에 편입되고97) 정치집단인 동부여는 소멸하였다고 할 수 있다.

맺음말

지금까지 『삼국사기』 고구려본기 및 「광개토왕비」에 등장하는 동부여의 존속 기간의 문제와 더불어, 많은 논란이 있었던 그 위치의 문제에

---

94) 신성의 축조와 연길 방면으로의 지배력 확장 과정과 관련 연구사는 이종록, 2020, 앞의 논문, 191~196쪽을 참조.

95) 이는 3세기 후반부터 고구려가 지향하였던 고구려 중앙으로부터의 직접 지배를 받는 체제의 구축의 일환으로 풀이된다. 김현숙, 2005, 앞의 책, 436~437쪽 참조.

96) 다만 해당 기사에서는 그 국왕에 대한 별다른 언급이 없는 것으로 보아 이후에도 한동안 동부여의 독자적인 체제는 형식적으로나마 유지되었을 가능성도 있다.

97) 濱田耕策 著, 서영대 譯, 1996, 「廣開土好太王 時代의 '聖王' 秩序에 對하여 -永樂 20年 5 鴨廬의 慕化를 중심으로」 『고구려발해연구』 2, 648쪽.

대해 의견을 개진해 보았다. 먼저 본고에서는 「광개토왕비」 영락 20년조에서 "추모왕의 속민"이라는 구절이 허구가 아닌 3세기 이전부터 고구려가 관계를 가지고 있었던 역사적 실체로서의 동부여에 대한 기록으로 보았다. 이는 단순한 수사적인 표현이라고 이해하기에는 기존 연구에서 지적한 것처럼 지나친 윤색일 뿐만 아니라 『위서』 고구려전에서 전하는 막래의 부여 복속 기록을 감안한다면 보다 이른 시기부터 고구려인들에게 인식된 존재로 여겨지기 때문이다. 그러나 한편으로는 『삼국사기』 고구려본기의 유리왕—대무신왕대의 대 부여 전쟁 기록은 전적으로 동부여에 관한 기록으로 보기 어려우며, 해당 기록은 북부여 관련 전승이 이후 동부여 전승과 혼합된 결과였을 것으로 보았다.

나아가 동부여는 보다 이른 시기, 곧 건국 초기부터 고구려 및 길림 일대의 부여(북부여)와 병존하고 있었을 것으로 보았다. 『위서』에서 막래의 부여 정벌 기록 「광개토왕비」의 '추모왕대의 속민'이라는 인식 및 대무신왕대의 전쟁 기록은 비록 그 자체가 사실을 그대로 전하는 것은 아니지만, 동부여가 보다 이른 시기부터 고구려와 병존하였던 역사적 경험을 바탕으로 나타난 인식으로 본 것이다. 그리고 이러한 전제 하에서 동부여의 위치는 그 건국 설화와 더불어 비록 간접적이지만 부여계 문화의 흔적, 그리고 고구려의 이 지역으로 통하는 교통로의 문제를 감안하여 연길-화룡으로 이어지는 일대가 유력하다고 추정하였다. 그리고 이들은 태조왕 시기까지 활발하게 추진된 두만강 유역 진출로 고구려의 영향력 하에 들어가게 되었으며, 이 과정에서 고구려로 동부여 출신 인사들이 다수 유입되었을 것으로 보았다. 이들은 고구려 내에서 자신들의 기원과 멸망을 고구려 초기 3대 왕의 전승에 전이시켰으며, '추모왕대부터 속민' 및 '막래의 부여 정벌'이라는 인식이 이로부터 파생되었을 가능성을 제기하였다.

김 효 진

고구려 태조왕대 대후한(對後漢) 관계의 동인(動因)과 전개

머리말

『삼국사기』에 따르면, 53년 모본왕이 시학(猜虐)하다는 이유로 살해당하고, 태조대왕(이하 태조왕)이 즉위했다고 한다.[1] 태조왕은 7세에 즉위하여 94년간의 재위를 거친 뒤, 165년에 사망한 것으로 나온다. 이처럼 비상식적인 그의 행적은 다양한 고민을 낳게 하지만, 이 당시 고구려가 하나의 전기(轉機)를 마련했다는 인식에는 이견이 없어 보인다.

중국 사서로 눈을 돌리면, 고구려의 왕으로 궁(宮)이라는 존재가 보인다. 『후한서』에서의 궁은 재위 내내 후한과 치열한 공방전을 전개하였다. 여기에 대한 개괄적 분석은 이미 다양한 연구를 통해 축적되었다. 우선 태조왕대 고구려가 후한을 상대하는데, 전쟁과 내속(內屬)이 반복된 상황을 주목하였다.[2] 고구려의 관점에서 전쟁, 조공, 걸속(乞屬) 등의 상황을 해명해보려는 시도로 짐작된다. 고구려의 대(對)후한 관계와 함께 주변

---

1) 『三國史記』卷15, 高句麗本紀 第3, 太祖大王 "慕本王薨 太子不肖 不足以主社稷 國人迎宮繼立 王生而開目能視 幼而岐嶷 以年七歲 太后垂簾聽政".

2) 李鍾旭, 1987, 「高句麗 初期의 政治的 成長과 對中國關係의 展開」 『東亞史의 比較研究』, 一潮閣, 79~86쪽.

소국(小國)·부여(夫餘)·동옥저(東沃沮) 등 다양한 세력과 교차하는 상황을 검토하기도 하였다. 고구려가 주변 세력을 차츰 굴복시켜 나가면서 후한과의 전쟁을 전개해 나갔다는 것이다.[3] 요동군과 현도군 등 군현의 상황과 맞춰보는 시도도 있었다. 여기에는 현도군의 이치(移置) 과정 속에서 태조왕대 후한 관계를 살피고 있다.[4]

49~105년 사이 고구려와 후한 관계는 자료의 공백기로 남아 있어 사정을 해명하기 어렵다. 선행 연구에서는 이 무렵을 직접적 교섭의 단절기로 보면서 요동태수 채융(祭肜)의 이른바 '회유책'을 부각시킨 바 있다.[5] 또 자료에 보이는 채융의 은신(恩信)을 분석하고 그 결과 양국 관계는 재물을 매개로 이루어진 것으로 보기도 하였다.[6]

본론에서도 채융의 행적과 은신 등에 주목했기 때문에 이들 견해는 좋은 본보기로 되었다. 다만 은신의 내막이나 원리 등에 대한 검토는 정밀하게 이루어지지 못하였다. 105년 이전 고구려와 후한 사이의 관계를 해명하는 방법으로 은신이 주목되기도 했지만, 불가침과 그 대가(代價) 정도로 파악하는 데 그쳤다. 은신은 『후한서』나 『삼국지』에서 특히 자주 보이는 표현으로 그 당시 상황을 직접 설명하는 용어이다. 1장에서는 은신에 대한 용례 분석을 통해 보편적 상황을 도출해 낸 다음, 나아가 고구려와 후한 관계에 적용해 볼 예정이다.

은신은 고구려와 후한 그리고 그 외 주변 세력의 동향에 따라 변화하였다. 『삼국사기』를 살펴보면, 고구려는 주변 소국을 정복해 나가면서 내부

---

3) 박노석, 2003, 「고구려 太祖王代 전반기의 대외 관계」 『대동사학』 2, 대동사학회 ; 박노석, 2004, 「고구려 太祖王代 후반기의 대외 관계」 『대동사학』 3, 대동사학회.

4) 김미경, 2007, 「高句麗 前期의 對外關係 硏究」, 연세대학교 사학과 박사학위논문, 85~97쪽.

5) 이 논문에서는 직접적 교섭이 단절된 이후 양국 사이에는 긴장감이 조성됐으며, 『삼국지』 고구려전에 보이는 책구루를 후한이 추진한 회유책의 일환으로 보고 있다(余昊奎, 2005, 「高句麗의 國家形成과 漢의 對外政策」 『軍史』 54, 국방부 군사편찬연구소, 31~34쪽).

6) 박노석, 2003, 앞의 논문, 14~16쪽.

를 단속하고 있음을 알 수 있다. 시점이나 정황을 보았을 때, 98년과 102년에 이어진 '책성(柵城) 안무(安撫)' 기사는 그 결정판으로 생각된다. 한편 『후한서』에 따르면, 후한의 북흉노 공략과 여기에 동반한 선비의 성장이 확인된다.[7] 이러한 여러 세력의 변동 속에 고구려와 후한의 은신은 점차 퇴색됐으며, 97년에 발생한 요동태수 채참(祭參)의 옥사(獄死)는 그 종언을 알린 사건이었다.

105년 고구려의 요동 공격은 위와 같은 배경 아래에 이루어졌던 것으로 보인다. 잘 알려져 있듯이 이때를 기점으로 고구려와 후한의 관계는 상당히 높은 밀도를 형성한다. 여기에 대해서는 기본적으로 고구려와 현도군·요동군의 관계에 주목하면서,[8] 고구려의 병력 동원과 전투 양상에 대해 상세히 검토된 적이 있다.[9] 또한 고구려-후한-이민족 세력의 동향을 비교 분석하기도 하였다.[10] 고구려 내외에 존재하는 여러 세력의 움직임을 소개한 의의가 있으나, 선후 관계를 맞추면서 유기적으로 접근하지 못한 한계도 있다. 결국 2장에서는 그 흐름을 추적하면서 화전(和戰)이 반복된 동인(動因)과 그 의도를 추적해 보도록 한다. 여기에 대한 파악 방법 역시 고구려의 내적-외적 동인이라는 두 갈래로 진행할 예정이다.

이 글에서는 제목을 태조왕대로 설정했지만, 중국 사서에서 전하는 121년 궁(宮)이 사망하는 단계를 시간적 범위의 하한으로 삼았다. 앞서 언급했듯이 『삼국사기』에서 전하는 태조왕의 일대기(一代記)는 비상식적인 점이 많아 전적으로 의존하기에는 어렵다. 그리고 『삼국사기』에서는 121년 왕제(王弟) 수성(遂成)이 군국의 사무를 맡은 뒤, 이후 태조왕이

---

7) 1세기 말 무렵, 후한은 내부 정세가 불안정해졌고, 서방과 동방에서 각각 강족과 선비의 침공에 직면하게 됐다고 한다(여호규, 2015, 「2세기 전반 高句麗와 後漢의 관계 변화」『東洋學』58, 檀國大學校 東洋學硏究院, 208~209쪽).

8) 權五重, 2002, 「漢과 高句麗의 關係」『高句麗硏究』14, 高句麗硏究會, 252~254쪽.

9) 여호규, 2007, 「고구려 초기 對中戰爭의 전개과정과 그 성격」『동북아역사논총』 15, 동북아역사재단, 30~42쪽.

10) 방향숙, 2008, 「후한의 변군 운용과 요동·현도군」『요동군과 현도군 연구』, 동북아역사재단, 232~254쪽.

점점 실권하는 장면이 열거된다. 즉 태조왕의 '정치적 사망' 과정이라고 표현할 수 있겠다. 절대권자의 변경은 시기를 구획함에 있어 하나의 단초로 삼기에 충분할 것으로 본다.

1. 고구려-후한의 '은신(恩信)' 성립과 추이

고구려의 대중(對中) 관계는 신말한초(新末漢初) 시기를 거치면서 변화를 맞이하였다. 고구려는 32년(대무신왕 15) 후한으로 사신을 파견하고 그 결과 왕호(王號)를 칭하게 되었다.[11] 이는 신(新) 왕조 시기까지 성립해 있던 '고구려후(高句驪侯)'에서 격상된 것으로, 중국이 급변하는 틈을 파고 든 고구려의 빠른 대처라고 할 수 있다. 후한이 아직 국내외를 정비하지 못한 상태에 고구려가 올린 외교적 성과로 보인다. 한편 49년에 고구려는 후한의 4군을 공격하였다. 여기에는 다양한 원인이 추측되지만, 결국 41년에 요동태수로 부임한 채융의 이민족 정책에 대한 반발이었다.[12]

절대 편년을 기준으로 하면, 양국 관계는 49년부터 고구려가 요동 6현을 공격한 105년까지 약 60여 년간 특정한 사건이 보이지 않는다. 『후한서』에는 이 무렵 자국의 변방 상황을 '무사(無事)'라고 표현하면서 평온했던 시기로 그리고 있다.[13] 후한은 광무제 시기에 흉노의 남북 분열과 징(徵) 자매 반란의 평정을 통해 안정된 상태를 도모할 수 있었으며,

---

11) 『後漢書』卷85, 東夷列傳 第75, 句驪 "更名高句驪王爲下句驪侯 … 建武八年 高句驪遣使 朝貢 光武復其王號";『三國志』卷30, 魏書 第30 烏丸鮮卑東夷傳, 高句麗. "更名高句麗 爲下句麗 當此時爲侯國 漢光武帝八年 高句麗王遣使朝貢 始見稱王";『三國史記』卷 14, 高句麗本紀 第2, 大武神王 15年 "十二月 立王子解憂爲太子 遣使入漢朝貢 光虎帝復 其王號 是立武八年也".

12) 김효진, 2023, 「高句麗 初期 對中 관계와 胡族 세력의 동향」, 고려대학교 한국사학 과 박사학위논문, 46~66쪽.

13) 『後漢書』卷90, 烏桓鮮卑列傳 第80, 烏桓 "及明·章·和三世 皆保塞無事";『後漢書』 卷90, 烏桓鮮卑列傳 第80, 鮮卑 "明章二世 保塞無事".

이러한 형세는 명제-장제까지 이어졌다.[14) 화제(和帝) 시기에는 잦은 외침으로 상황이 다소 악화됐지만, 전대(前代)의 상황을 일부 보전하고 있었다.[15)

다만 『후한서』 오환선비열전을 살펴보면 영평년간(永平年間 ; 58~75)에 오환과 선비의 공격을 받았다는 기록이 보이기 때문에,[16) 위의 서술들이 실제 사실을 그대로 반영했다고 볼 수는 없다. 소규모 변란은 있었지만, 국가 전체에 타격을 줄 만한 대란(大亂)은 발생하지 않았다는 시각이 전제됐다고 생각한다. 『후한서』의 동이관(東夷觀) 역시 비슷하게 형성됐을 것이다.

『삼국사기』의 사정도 크게 다르지 않다. 55년(태조왕 3) 요서(遼西)에 10성(城)을 쌓았다는 기록[17)이 보이지만, 다른 자료와 비교하기 어렵고 다소 돌출됐다는 느낌을 받게 한다. 따라서 시점을 49년의 사건으로 되돌려 보고자 한다. 이때의 사실을 전하는 자료는 다음과 같다.

〈A-1〉 (모본왕) 2년(49) 봄, 장수를 보내 한(漢)의 북평(北平)·어양(漁陽)·상곡
　　　　(上谷)·태원(太原)을 습격했는데, 요동태수 채융이 은신으로 대우하여
　　　　다시 화친하였다.[18)

---

14) 狩野直禎, 1993, 『後漢政治史の硏究』, 同朋舍出版, 206~212·258~265·307~314쪽.

15) 이러한 인식은 『후한서』 화제기(和帝紀)의 마지막에 붙어 있는 논(論)에서도 확인할 수 있다(『後漢書』 卷4, 孝和孝殤帝紀 第4, 和帝 "論曰 自中興以後 逮于永元 雖頗有弛張 而俱存不擾 是以齊民歲增 闢土世廣 偏師出塞 則漠北地空 ; 都護西指 則通 譯四萬 豈其道遠三代 術長前世 將服叛去來 自有數也"). 和帝는 황제 자신과 측근 세력을 중심으로 한 외척 타도 결과 친정(親政)에 성공했으며, 그 후 중앙·지방 정치에 대한 쇄신책과 변방 정책을 시행하였다. 여기에 대한 재조명을 주창하기 도 하였다(上谷浩一, 2000, 「後漢和帝の時代－永元四年の政變をめぐって－」 『古代文 化』 52, 古代學協會, 19~25쪽).

16) 『後漢書』 卷90, 烏桓鮮卑列傳 第80, 鮮卑 "永平元年 祭肜復賂偏何擊歆志賁 破斬之 於是鮮卑大人皆來歸附 並詣遼東受賞賜 靑徐二州給錢歲二億七千萬爲常".

17) 『三國史記』 卷15, 高句麗本紀 第3, 太祖大王 3年 "三年 春二月 築遼西十城 以備漢兵".

18) 『三國史記』 卷14, 高句麗本紀 第2, 慕本王 2年 "二年 春 遣將襲漢北平·漁陽·上谷·太原 而遼東太守祭肜 以恩信待之 乃復和親".

<A-2> (건무) 25년(49) 봄 정월, 요동요외(遼東徼外) 맥인(貊人)이 우북평(右北平)·어양(漁陽)·상곡(上谷)·태원(太原)을 구략하자, 요동태수 채융이 그들을 불러 항복시켰다.[19]

<A-3> (건무) 25년 봄, 구려(句驪)가 우북평·어양·상곡·태원을 구략(寇掠)하자, 요동태수 채융이 은신으로 그들을 부르니, 모두 다시 관새(款塞)하였다.[20]

『후한서』 본기에서 말하는 요동요외맥인(遼東徼外貊人)은 열전에서 구려(句驪)로 확인되는 만큼 고구려로 이해된다. 〈자료 A〉는 고구려가 후한의 4군을 공격했고, 그에 대한 요동태수 채융의 반응을 확인할 수 있는 내용이다. 여기에서 주목하고 싶은 부분은 은신이나 관새(款塞) 등과 같은 표현이다.

먼저 관새(款塞)는 글자 그대로 '새(塞)를 두드린다'라는 뜻으로, 복종할 뿐 노략질을 하지 않겠다는 의사의 표명이다.[21] 『후한서』에서는 중국 왕조가 외부 세력과 타협하는 과정 가운데 주로 언급된다. 보통 새(塞)는 북변(北邊)의 장성과 여기에 부수하는 방어 시설을 말한다. 상황에 맞추어 목책(木柵)이나 자연의 산하(山河)를 활용하는 경우도 있었다. 관새를 이해하는 방법으로 보새(保塞)라는 표현이 감안된다. 보새는 때때로 내속과 연동하여 보이곤 한다. 그 의미는 한(漢)에 속하여 자신과 새를 방어할 뿐 새내(塞內)로의 거주지 이동, 즉 직접적 귀속의 척도는 아니었다.[22] 정리하면, 관새(款塞) 혹은 보새(保塞)라고 하여, 후한이 외부 세력에 절대적 우위인 상황으로 볼 수 없는 것이다. 따라서 <A-1>의 화친이라는

---

19) 『後漢書』卷1 下, 光武帝紀 第1 下, 建武 25年 "二十五年春正月 遼東徼外貊人寇右北平·漁陽·上谷·太原 遼東太守祭肜招降之".

20) 『後漢書』卷85, 東夷列傳 第75, 句驪 "二十五年春 句驪寇右北平·漁陽·上谷·太原 而遼東太守祭肜以恩信招之 皆復款塞".

21) 『史記』卷130, 太史公自序 第70 "【集解】應劭曰「款 叩也 皆叩塞門來服從也」如淳曰「款 寬也 請除守塞者 自保不爲寇害".『한서』와 『후한서』에도 이 응소(應劭)와 여순(如淳)의 주석이 인용되어있다.

22) 佐藤達郎, 2017, 「保塞蠻夷小考」 『關西學院史學』 44, 關西學院大學史學會, 36~37쪽.

표현이 고구려의 입장에 더욱 적합하고 객관적이다.

　은신은 은(恩)과 신(信)이 결합된 단어이다. 은(恩)은 고구려가 후한을 공격하지 않는 것에 대한 재화, 신(信)은 후한에서 매년 일정액을 고구려에 지불한다는 의미로 보기도 한다.23) 이러한 해석과 관련하여, 140년(영화 5) 대장군(大將軍) 양상(梁商)이 흉노의 이반을 제어하기 위해 올린 상표(上表)가 참고로 된다. 여기서 그는 도랑과 방벽을 정비하면서 은신을 통해 흉노를 불러들이는 한편, '구상(購賞)'을 베풀고 그 기약(期約)을 나타내는 방안을 제시하였다.24) 상(賞)을 통해 이민족(異民族)을 회유하고, 그리고 은신의 기간을 명시한 사례라고 할 수 있을 것이다. 170년(건녕 3)에 울림태수(鬱林太守) 곡영(谷永)은 은신으로 오호인(烏滸人) 10여 만을 내속시키고, 모두 관대(冠帶)를 주었다고 한다.25) 재화의 실제 형태로써 관대가 사여된 것을 살펴볼 수 있다. 그렇지만 결국 후한의 입장에서는 은신을 통해 이민족을 회유26) 또는 항복시키고,27) 나아가 초유(招誘)하여 세력을 흩어지게 하는 데28) 주목적이 있었을 것이다.

　넓게 바라보면, 은(恩)은 증여(贈與), 신(信)은 맹서(盟誓)를 뜻한다. 증여물(賜與物)을 상대방에 '혜(惠)'하고 맹서(盟誓)로써 그 신뢰 관계를 유지한다는 것이다. 또 상대방을 힘으로 누르지 않고 무순(撫順)하는

---

23) 박노석, 2003, 앞의 논문, 16쪽.

24) 『後漢書』卷89, 南匈奴列傳 第79 "宜令續深溝高壁 以恩信招降 宣示購賞 明其期約 如此 則醜類可服 國家無事矣".

25) 『後漢書』卷86, 南蠻西南夷列傳 第76, 南蠻 "靈帝建寧三年 鬱林太守谷永以 恩信招降烏 滸人十餘萬內屬 皆受冠帶 開置七縣".

26) 『後漢書』卷19, 耿弇列傳 第9, 附耿秉 "建初元年 拜度遼將軍 視事七年 匈奴懷其恩信"; 『後漢書』卷51, 李陳龐陳橋列傳 第41, 龐參 "元初元年 遷護羌校尉 畔羌懷其恩信".

27) 『後漢書』卷24, 馬援列傳 第14, 附馬防 "防開以恩信 燒當種皆降 唯布橋等二萬餘人在臨 洮西南望曲谷"; 『後漢書』卷47, 班梁列傳 第37, 班超 附班勇 "而龜茲王白英猶自疑未 下 勇開以恩信 白英乃率姑墨·溫宿自縛詣勇降".

28) 『後漢書』卷63, 李杜列傳 第53, 李固 "固到 悉罷遣歸農 但選留任戰者百餘人 以恩信招誘 之 未滿歲 賊皆弭散"; 『後漢書』卷86, 南蠻西南夷列傳 第76, 南蠻 "至永興元年 太守應 奉以恩信招誘 皆悉降散".

수단이며, 은신이 시작된 그 시점뿐만 아니라 대대로 지속해 나간다는
의미를 내포한다. 이러한 은신이라는 용어는 『후한서』와 『삼국지』에서
주로 보이는 위진시대 특유의 개념이다.[29] 이는 두 사서의 전거 자료인
『동관한기』나 '팔가(八家) 후한서(後漢書)'·원굉(袁宏)의 『후한기(後漢紀)』
등에서도 다수 확인된다.[30] 따라서 특정 찬자(撰者)의 창조나 인식이
아닌, 후한 왕조가 존속했던 당시에 통용된 개념으로 볼 수 있다.

　한편 49년 이후 고구려와 후한의 관계를 추론할 수 있는 자료는 다음과
같다.

〈B-1〉 (건무) 27년(51), 궁(宮)이 이에 양허후(楊虛侯) 마무(馬武)와 상서(上書)
　　　하여 말하였다. "흉노는 이(利)를 탐하고 예(禮)와 신(信)이 있지 않아,
　　　곤궁하면 계수(稽首)하고 편안하면 침략합니다. 변경이 그 피해를 입으니,
　　　중국이 그들의 저돌(抵突)에 근심합니다. 오랑캐는 지금 사람과 가축이
　　　병으로 죽고, 가뭄과 황충(蝗蟲)으로 적지(赤地)가 됐으니, … 지금 장수에
　　　게 명하여 새(塞)에 있게 하고 구상(購賞)을 후히 내걸어, 고구려(高句驪)·
　　　오환(烏桓)·선비(鮮卑)를 유고(喩告)하여 그 왼쪽을 공(攻)하게 하고, 하서
　　　4군(河西四郡)·천수(天水)·농서강호(隴西羌胡)를 발(發)하여 그 오른쪽을
　　　격(擊)하게 해야 합니다. …"[31]

---

29) 柿沼陽平, 2015, 「三國時代西南夷の社會と恩信」 『帝京史學』 30, 帝京史學文學部史學
　　科, 109~110쪽.

30) 『東觀漢記』 卷10, 傳5, 祭肜 "祭肜爲遼東守 撫夷狄以恩信 皆畏而愛之"; 『(華嶠)後漢
　　書』 耿秉傳 "耿秉字伯初 … 秉鎭撫單于 匈奴與國懷其恩信 南留單于 以安天下"; 『後漢
　　紀』 孝明皇帝紀 下 卷第10, 永平 16年 "肜氣勇過人 開弓三百斤 多恩信 善權略 士卒爭爲
　　效力".

31) 『後漢書』 卷18, 吳蓋陳臧列傳 第8, 臧宮 "二十七年 宮乃與楊虛侯馬武上書曰「匈奴貪利
　　無有禮信 窮則稽首 安則侵盜 緣邊被其毒痛 中國憂其抵突 虜今人畜疫死 旱蝗赤地
　　… 今命將臨塞 厚縣購賞 喩告高句驪·烏桓·鮮卑攻其左 發河西四郡·天水·隴西羌胡擊
　　其右 …".

<B-2> (영평) 2년(59) 봄 정월 신미, 명당(明堂)에서 광무황제를 종사(宗祀)하였다. … 여러 신료와 제후[번보 ; 藩輔], 종실의 자손, 여러 군의 봉계(奉計), 공물을 바치러 온 백만(百蠻), 오환(烏桓)·예맥(濊貊)이 모두 와서 제사를 도왔으며, 선우(單于)의 시자(侍子)·골도후(骨都侯) 역시 모두 배위(陪位)하였다.[32]

<B-1>은 장궁(臧宮)과 마무(馬武) 등의 상주로, 흉노를 공격할 때 주변 세력을 활용하자는 취지의 내용이다. 여기서 고구려는 오환·선비와 함께 '유고(喩告)'할 대상으로 취급되어 있다. 이는 하서(河西) 4군·천수(天水)·농서강호(隴西羌胡)에는 '발(發)'이라고 표현한 부분과 차이가 드러난다. 구분의 배경을 알기 위해서는 당시 각 세력의 상황을 살펴볼 필요가 있다.

강(羌)은 35년(건무 11) 선영종(先零種)이 임조현(臨洮縣)을 공격했지만, 당시 농서태수(隴西太守)였던 마원(馬援)에 항복한 뒤, 모두 천수(天水)·농서(隴西)·부풍(扶風) 등 3군으로 옮겨 살게 되었다. 다음 해에는 참랑강(參狼羌)이 반란을 일으켰으나 역시 항복하였다.[33] 이러한 경위로 천수(天水)·농서강호(隴西羌胡)는 후한의 영토인 하서 4군과 함께 '발(發)'로 표현된 것이다.

고구려·오환·선비를 '유고(喩告)'라고 표현한 배경과 관련해서는 선비 대도호(鮮卑大都護) 편하(偏何)의 사례를 살펴보고자 한다. 편하는 49년 후한에 귀의한 이후 공을 세울 것을 자청하고 흉노를 공격하였다. 흉노 좌이질자부(左伊秩訾部) 2,000여 급을 베고 군으로 돌아왔으며, 이후에도 이 행위를 반복하면서 상을 받아 갔다고 한다.[34] 편하의 행위는 채옹이

---

32) 『後漢書』卷2, 顯宗孝明帝紀 第2, 永元 2年 "二年春正月辛未 宗祀光武皇帝於明堂 … 群僚藩輔 宗室子孫 衆郡奉計 百蠻貢職 百蠻貢職 烏桓·濊貊咸來助祭 單于侍子·骨都侯亦皆陪位".

33) 『後漢書』卷87, 西羌傳 第77 "十一年夏 先零種復寇臨洮 隴西太守馬援破降之 後悉歸服 徙置天水·隴西·扶風三郡 明年 武都參狼羌反 援又破降之".

추진한 이이제이(以夷制夷)의 실례(實例)로 평가되는 만큼,[35] 〈B-1〉의
상주는 이 사례를 모범으로 삼았을 것이다. 이러한 우호적 모습은 고구려
와 후한의 관계에도 대입할 수 있다. 후한 조정의 입장에서는 원만한
관계를 성립하고 있던 고구려를 유고하여 흉노를 공격하고자 하였다.
비록 상주는 실행되지 않았지만, 고구려와 후한 사이의 은신은 성립
직후 이때까지 계속 유지됐음을 짐작하게 한다.

〈B-2〉에 예맥(濊貊)이라는 세력이 보인다. 이 자료는 즉위 초 명제가
광무제의 제사를 지낸 뒤 발언으로, 오환과 예맥이 모두 와서 '조제(助祭)'했
다는 정보가 담겨 있다. 여기서 오환의 행위에 주목하여, 당시 후한
북방의 평온한 상황을 전하는 것으로 본다.[36] 명당 제의는 한대에 내신부
터 조공국까지 황제의 덕화(德化)가 침투한 대상을 같은 공간으로 모으는
의식 중 하나로 들기도 한다.[37]

그렇지만 조제(助祭)한 대상에 후한 국내외의 다양한 주체가 나오는
만큼, 관념적 대상일 뿐 특정 세력을 지목하기는 어려워 보인다. 결국
자료의 정보를 그대로 따를 수는 없다고 생각한다. 이 예맥에 대해서도
정월 견사(遣使)의 사례에 비추어 고구려일 가능성이 높다고 하거나,[38]
또는 부정적으로 보기도 하는[39] 등 시각의 차이는 극명하다. 그렇지만
명제의 개인적 발언인 점을 고려하면, 친부(親父)이자 중흥 군주인 광무제

---

34) 『後漢書』 卷20, 銚期王霸祭遵列傳 第10, 祭遵 附祭肜 "二十五年 乃使招呼鮮卑 示以財利
　　其大都護偏何遣使奉獻 願得歸化 肜慰納賞賜 稍復親附 … 其後偏何邑落諸豪並歸義
　　願自效 肜曰 「審欲立功 當歸擊匈奴 斬送頭首乃信耳」 偏何等皆仰天指心曰 「必自效」
　　卽擊匈奴左伊(袟)[秩]訾部 斬首二千餘級 持頭詣郡 其後歲歲相攻 輒送首級受賞賜".

35) 權五重, 1993, 「後漢 光武帝期의 遼東郡 — 郡縣制의 '虛'와 '實' —」 『人文研究』 15,
　　영남대학교 인문과학연구소, 188쪽.

36) 內田吟風, 1975, 『北アジア史研究 —鮮卑柔然突厥篇—』, 同朋舍, 46쪽.

37) 栗原朋信, 1970, 「漢帝國と周邊諸民族」 『岩波講座 世界歴史4 古代4(東洋篇) 東アジア
　　世界の形成 I』, 岩波書店, 484~485쪽.

38) 余昊奎, 1998b, 「高句麗 初期의 諸加會議와 國相」 『한국고대사연구』 13, 한국고대사
　　학회, 51쪽.

39) 余昊奎, 2005, 앞의 논문, 31쪽

를 현창하려는 의도로 이해해야 할 것이다.

비록 후대의 사례지만, 안제(安帝)가 수성(遂成)에게 보낸 조서(詔書)[40]와 『후한서』 안제본기[41]에 고구려를 가리켜 예맥이라고 하는 경우가 있다. 이러한 '고구려=예맥'의 사례는 종종 보인다. 그 이유에 대해 고구려가 동예·동옥저 등을 정벌하고, 이들을 대표하는 존재로 후한이 인식했기 때문이라고 한다.[42] 고구려의 동옥저 일대 진출이 이른 시기부터 보이는 만큼, 인식 시점을 조금 더 올려볼 여지는 생긴다. 결국 59년 당시 명제가 가지고 있던 예맥상(濊貊像)에는 고구려가 상정되어 있었고, 이는 당시 고구려와의 은신 관계에 대한 인식에서 비롯됐을 것이다.[43]

은신은 국가 그 자체가 아닌 자사(刺史)나 태수(太守) 등 개인을 중심으로 이루어지는 경우가 많았다.[44] 하나의 사례를 들면, 144년 교지자사(交阯刺史) 하방(夏方)이 일남만이(日南蠻夷)가 현읍(縣邑)을 공격하자 이들을 초유(招誘)[45]하고 항복시켰다. 이후 그는 계양태수(桂陽太守)로 자리를 옮겼으며, 157년(영수 3) 거풍령(居風令)의 실정(失政)으로 만이는 다시 반란을

---

40) 『後漢書』 卷85, 東夷列傳 第75, 句驪 "鮮卑·濊貊連年寇鈔, 驅略小民, 動以千數 …".

41) 『後漢書』 卷5, 孝安帝紀 第5, 建光 元年 "夏四月, 穢貊復與鮮卑寇遼東, 遼東太守蔡諷追擊, 戰歿".

42) 吉本道雅, 2009, 「濊貊考」『京都大學文學部研究紀要』 48, 京都大學大學院文學研究科 文學部, 19~20쪽.

43) 『후한서』 남흉노전을 보면, 명제(明帝)는 태자(太子)시절 북흉노에서 화친을 청해오자 남흉노의 이심(二心)을 이유로 반대하였다. 그런데 즉위 뒤에는 오히려 신하들의 반대를 무릅쓰고 이들과 화친을 체결하게 된다. 그 배경으로 북방에 압력을 가할 군사력을 보유하고 있으면, 남·북흉노 모두를 제어할 수 있다는 계산에서 비롯됐다고 본다(小林聰, 1989, 「後漢の少數民族統御官に關する一考察」 『東洋史論集』 17, 九州大學文學部 東洋史研究會, 101~104쪽). 비록 고구려와 관련된 사례는 아니지만, 명제 개인이 외부 세력에 대한 나름의 정보와 판단력을 갖추고 있었음을 알 수 있게 한다.

44) 長谷川隆一, 2017, 「後漢時代における反亂の平定－「恩信」を媒介として－」『學習院史學』 30, 學習院大學史學會, 90~93쪽.

45) '開示慰誘'와 '招誘' 등도 恩信的 개념에 포함된다고 한다(長谷川隆一, 2017, 앞의 논문, 89쪽).

일으키게 된다. 결국 하방이 160년(연희 3) 교지자사로 복귀했고, 이 소식을 접한 만이는 항복하였다.[46] 그리고 응봉(應奉)이 153년(영흥 원) 무릉태수로서 무릉만(武陵蠻)을 항복시키고 관할 지역을 진흥하였다. 158~166년(연희년간)에 다시 무릉만의 변란이 일어나자, 거기장군(車騎將軍) 풍곤(馮緄)이 다시 그를 기용하는 사례도 있다. 이 사실을 통해, 하방과 응봉이라는 인물의 뛰어난 능력과 그들이 만이 사회에 끼친 영향력을 짐작할 수 있다.

그렇다면 49년 이후 고구려와 후한 관계의 동향을 살펴보는 열쇠는 요동태수 채융에 있다고 생각된다. 광무제 시기 후한은 신말한초(新末漢初) 시기의 혼란을 수습하면서 아직 외부로는 적극적 대책을 수립하지 못하고 있었다. 따라서 채융과 같은 검증된 인물들에게 변방의 방비를 맡겨 왔다. 이러한 사실은 그의 임기가 41~69년이라는 긴 기간에 걸쳐 있는 점과 이 시기 동안 그가 서쪽의 무위(武威)에서 동쪽의 현도와 낙랑까지 '위성(威聲)'했다는 서술[47]을 통해 알 수 있다. 여기에 대해 광무제 이래 진행되어 온 정책의 성과로 보기도 한다.[48] 특정 개인과 국가 시스템을 분리해서 설명할 수는 없겠지만, 열전의 서술인 만큼 채융 그 자체를 염두에 둘 필요가 있다. 따라서 69년(태조왕 17 : 영평 12) 이후 생긴 그의 공백은 고구려와 후한 사이에 유지되던 은신이 쇠퇴한 배경으로

---

46) 『後漢書』卷86, 南蠻西南夷列傳 第76, 南蠻 "建康元年 日南蠻夷千餘人復攻燒縣邑 遂扇動九眞 與相連結 交阯刺史九江夏方開恩招誘 賊皆降服 時梁太后臨朝 美方之功 遷爲桂陽太守 桓帝永壽三年 居風令貪暴無度 縣人朱達等及蠻夷相聚 攻殺縣令 衆至四五千人 進攻九眞 九眞太守兒式戰死 詔賜錢六十萬 拜子二人爲郎 遣九眞都尉魏朗討破之 斬首二千級 渠帥猶屯據日南 衆轉彊盛 延熹三年 詔復拜夏方爲交阯刺史 方威惠素著 日南宿賊聞之 二萬餘人相率詣方降".

47) 『後漢書』卷20, 銚期王霸祭遵列傳 第10, 祭遵 附祭肜 "肜之威聲 暢於北方 西自武威 東盡玄菟及樂浪 胡夷皆來內附 野無風塵 乃悉罷緣邊屯兵".

48) 小林聰, 1989, 앞의 논문, 101쪽. 이 논문에서는 채융이 '위성(威聲)'한 시점을 '명제 즉위 직후'로 서술하고 있다. 아마 채융열전의 해당 구절에서 보이는 '영평(永平) 원년(元年)'이라는 연호 때문에 발생한 오해로 보인다. 이 서술은 특정한 시점이 아닌 그의 요동태수 재임 전체에 대한 평가로 봐야 할 것이다.

보인다.

은신 그 자체의 한계도 존재하였다. 후한이 은신을 유지하려고 했던 이유로 자국의 군사력 부족과 상대방 거점이 험조한 점을 들 수 있다. 이러한 요인은 국내 반란은 물론 외부 이민족과의 절충 상황에도 불가피하게 적용되었다.[49] 건국 초기의 후한은 군국을 축소하는 한편, 상비병을 배치하지 않는 것을 원칙으로 하였다.[50] 잦은 군대 징발은 재정 부담으로 작용했으며, 고구려는 '산과 골짜기가 많고 사람들이 여기에 근거했던'[51] 만큼 직접 타격하기 어려웠을 것이다. 『삼국사기』에는 28년(대무신왕 11)과 172년(신대왕 8)에 고구려가 각각 '한요동태수(漢遼東太守)'와 '한병(漢兵)'의 침입을 받았다는 사실을 전한다. 대응 방안으로 고구려 사람들은 험한 지형에 근거한 항전을 주장하고 있다.[52] 이러한 사례를 참고한다면, 고구려는 일찍부터 은신의 한계를 파악하고 있었던 것으로 보인다. 결국 은신은 해소될 수밖에 없는 기본 구조를 안고 있었다.

은신이 성립된 이후 고구려의 후한에 대한 동향은 『삼국사기』의 요서 10성 축조 기사[53]를 제외하면 뚜렷하게 보이지 않는다. '이비한병(以備漢兵)'이라는 표현을 근거로 고구려의 서쪽 국경이 요동과 맞닿아 있었다고 추측하지만,[54] 이 자료를 통해 그러한 정보까지 파악하기는 어렵다.

---

49) 長谷川隆一, 2017, 앞의 논문, 93~94쪽.

50) 小林聰, 1991b, 「後漢の軍事組織に關する一考察－郡國常備兵縮小後の代替兵力について－」『東洋史論集』 19, 九州大學文學部 東洋史研究會, 58~63쪽.

51) 『後漢書』 卷85, 東夷列傳 第75, 高句驪 "多大山深谷 人隨而爲居";『三國志』 卷30, 魏書 第30 烏丸鮮卑東夷傳, 高句麗 "多大山深谷 無原澤 隨山谷以爲居 食澗水".

52) 『三國史記』 卷14, 高句麗本紀 第2, 大武神王 11年 "十一年 秋七月 … 右輔松屋句曰 … 憑險出奇 破之必矣 左輔乙豆智曰 … 今漢兵遠鬪 其鋒不可當也 大王閉城自固 待其師老 出而擊之 可也";『三國史記』 卷16, 高句麗本紀 第4, 新大王 8年 "八年 冬十一月 … 衆議曰 … 且我國山險而路隘 此所謂'一夫當關 萬夫莫當者'也 … 荅夫曰 … 今漢人千里轉糧 不能持久 若我深溝高壘 淸野以待之 彼必不過旬月 饑困而歸 我以勁卒薄之 可以得志".

53) 『三國史記』 卷15, 高句麗本紀 第3, 太祖大王 3年 "三年 春二月 築遼西十城 以備漢兵".

54) 李鍾旭, 1987, 앞의 논문, 一潮閣, 79쪽.

고구려는 56년(태조왕 4) 동옥저 정벌을 비롯하여, 이후 갈사국(曷思國)·조나(藻那)·주나(朱那) 등을 점령해 나갔다.[55] 그리고 부여로부터 여러 방물(方物)을 받는 기사도 산견(散見)되는데,[56] 이미 고구려가 부여와의 관계를 주도해 나가기 시작한 사례로 평가하기도 한다.[57] 고구려는 은신 성립 직후 안정된 후한과의 관계를 바탕으로 활발한 진출·정복 활동을 벌인 것이다.

한편 책성(柵城)과 관련된 자료가 보인다.

〈C-1〉 (태조왕) 46년(98) 봄 3월, 동쪽으로 책성을 돌아보았는데, 책성의 서쪽 계산(罽山)에 이르러 흰 사슴을 잡았다. 이내 책성에 이르자 여러 신하와 더불어 잔치를 베풀어 마시고, 책성수리(柵城守吏)에 차등을 두어 물품을 내렸다. 마침내 바위에 공적을 새기고 돌아갔다. 겨울 10월, 왕이 책성에서 돌아왔다.[58]

〈C-2〉 (태조왕) 50년(102) 가을 8월, 사신을 보내 책성을 안무(安撫)하였다.[59]

〈C-1·2〉에 책성은 두만강 일대 혹은 지금의 혼춘(琿春) 일대로 추측된다. 고구려는 이곳을 북옥저(北沃沮) 지배 거점으로 활용했을 것이다.[60]

---

55) 『三國史記』 卷15, 高句麗本紀 第3, 太祖大王 4·16·20·22年 "四年 秋七月 伐東沃沮 取其土地爲城邑 拓境東至滄海 南至薩水 … 十六年 秋八月 曷思王孫都頭 以國來降 以都頭爲于台 … 二十年 春二月 遣貫那部沛者達賈 伐藻那 虜其王 … 二十二年 冬十月 王遣桓那部沛者薛儒 伐朱那 虜其王子乙音爲古鄒加".

56) 『三國史記』 卷15, 高句麗本紀 第3, 太祖大王 25年 "二十五年 冬十月 扶餘使來 獻三角鹿·長尾兎 王以爲瑞物 大赦";『三國史記』 卷15, 高句麗本紀 第3, 太祖大王 53年 "五十三年 春正月 扶餘使來獻虎 長丈二 毛色甚明而無尾".

57) 琴京淑, 1999,「高句麗 前期 戰爭과 王權强化」『한국고대사연구』16, 한국고대사학회, 288~289쪽.

58) 『三國史記』 卷15, 高句麗本紀 第3, 太祖大王 46年 "四十六年 春三月 王東巡柵城 至柵城西罽山 獲白鹿 及至柵城 與羣臣宴飮 賜柵城守吏物段有差 遂紀功於岩 乃還 冬十月 王至自柵城".

59) 『三國史記』 卷15, 高句麗本紀 第3, 太祖大王 50年 "五十年 秋八月 遣使安撫柵城".

56년(태조왕 4) 동옥저를 정벌한 이후, 비로소 옥저 지역 전체를 점령하게 되었다.[61] 태조왕은 순수를 통해 '획백록(獲白鹿)'으로 상징되는 군사 훈련을 진행하는 한편, 잔치를 열고 수리(守吏)에 물품을 하사하였다. 순수는 변경 지방의 통치영역을 확인하는 작업으로써, '기공어암(紀功於 岩)'을 통해 정치적 위엄을 선포하는 것이다.[62] 이러한 과시 행위는 해당 지역에만 국한되지 않고, 나아가 부여 등 주변 세력을 염두에 둔 행동일 것이다.

자료상 보이는 태조왕대의 순수와 같은 시기, 후한 황제도 '행(幸)' '행행(行幸)' '순수(巡狩)'라는 이름으로 비슷한 행위를 실시하고 있었다. 다양한 의도 중 〈C-1〉에 부합하는 경우는 지방 시찰로 생각된다. 그 외 지방에서 사(士)와 리(吏)를 추천받기도 했는데, 현지 실태를 파악함과 동시에, 재지 사회와의 연계를 강화하는 데 목적이 있었다.[63] 아마도 태조왕의 순수도 크게 다르지 않았을 것이다. 고구려는 후한과의 은신을 바탕으로 안정된 상황을 구축하고, 주변 세력에 대한 관계를 정립해 나갔다. 고구려의 내부 행보와 은신 사이의 선후 관계는 모호하지만, 정책 추진 속에서 양자는 서로 연동됐음은 분명할 것이다.

한편 선비의 득세가 돋보인다. 59년 앞서 살펴본 편하가 요동태수 채융의 사주로 적산오환(赤山烏桓) 흠지분(歆志賁)을 참수한 적이 있었다.

---

60) 朴京哲, 1989,「高句麗軍事戰略考察을 위한 ―試論―平壤遷都以後 高句麗軍事戰略 의 志向點을 中心으로―」『史學研究』40, 한국사학회, 12쪽 ; 임기환, 2012,「고구려 의 연변 지역 경영―柵城과 新城을 중심으로―」『동북아역사논총』38, 동북아역사 재단, 61~62쪽.

61) 이종록, 2018,「北沃沮의 기원과 실체에 관한 高句麗의 두만강 유역 進出」『한국고 대사연구』91, 한국고대사학회, 198쪽.

62) 金瑛河, 1985,「高句麗의 巡狩制」『歷史學報』106, 歷史學會, 44쪽.

63) 大櫛敦弘, 2000,「後漢時代の行幸」『人文科學研究』7, 高知大學人文學部人文學科, 77~82쪽. 후한의 순수 사례는 국가의 기틀을 잡고 외부와의 활동이 빈번했던 광무제-명제-장제기에 집중되어 있다(총 45회 중 36회에 해당한다. 같은 논문 表一 참조). 태조왕대의 순수도 고구려 국가 내외적 동력과 관련이 있었을 것이다.

이후 선비의 대인은 요동을 방문하여 상사를 받고, 청주(靑州)·서주(徐州) 2주가 매해 2억 7천만 전을 지급하는 것을 상례로 삼았다고 한다.[64] 85년(원화 2) 북흉노(北匈奴)는 내부 혼란과 더불어 주변 세력의 압박을 이기지 못하고 멀리 물러나 버렸는데, 이때 선비가 왼쪽에서 흉노를 공격했다고 한다. 게다가 선비는 87년(장화 원) 독자로 북흉노를 공격하여 우류선우(優留單于)를 참수하기에 이르고, 94년(영원 6)에는 후한의 대대적인 북벌에 가담하였다.[65] 89~104년(영원년간)에 걸친 후한의 공격으로 북흉노는 다시 크게 후퇴하였다. 그 남은 무리 10여만 락(落)은 선비를 자칭했으며, 이를 계기로 선비는 크게 강성하게 되었다.[66] 이 시기 선비는 오환을 밀어내고 동북 새외 지역의 세력 교체를 이루었으며, 다시 북흉노의 잔여 부락마저 흡수하면서 더욱 성장한 것이다.[67]

그리고 97년에 방향을 돌려 후한을 공격하기 시작하였다.

〈D-1〉 (영원 9년 : 97) 8월, 선비가 비여(肥如)를 구략하니, 요동태수 채참은 하옥되어 죽었다.[68]

---

64) 『後漢書』 卷90, 烏桓鮮卑列傳 第80, 鮮卑 "時漁陽赤山烏桓歆志賁等數寇上谷 永平元年 祭肜復賂偏何擊歆志賁 破斬之 於是鮮卑大人皆來歸附 並詣遼東受賞賜 靑徐二州給錢 歲二億七千萬爲常 明章二世 保塞無事".

65) 『後漢書』 卷89, 南匈奴列傳 第79 "二年正月 … 時北虜衰耗 黨衆離畔 南部攻其前 丁零寇其後 鮮卑擊其左 西域侵其右 不復自立 乃遠引而去";『後漢書』 卷89, 南匈奴列傳 第79 "章和元年 鮮卑入左地擊北匈奴 大破之 斬優留單于 取其匈奴皮而還";『後漢書』 卷89, 南匈奴列傳 第79 "亭獨尸逐侯鞮單于師子 永元六年立 … 烏桓校尉任尙將烏桓·鮮卑 合四萬人討之".

66) 『後漢書』 卷90, 烏桓鮮卑列傳 第80, 鮮卑 "和帝永元中 大將軍竇憲遣右校尉耿夔擊破匈奴 北單于逃走 鮮卑因此轉徙據其地 匈奴餘種留者尙有十餘萬落 皆自號鮮卑 鮮卑由此漸盛".

67) 川本芳昭, 2009, 「三國期段階における烏丸·鮮卑について－交流と變容の觀点から見た－」 『國立歷史民俗博物館硏究報告』 151, 國立歷史民俗博物館, 68쪽.

68) 『後漢書』 卷4, 孝和孝殤帝紀 第4, 和帝, 永元 9年 "八月 鮮卑寇肥如 遼東太守祭參下獄死".

〈D-2〉 (永元) 9년(97), 요동선비가 비여현(肥如縣)을 공격하니, 태수 채참이 막았으나 패했다는 이유로, 하옥되어 죽었다.[69]

〈D-1·2〉에 따르면, 요동태수 채참은 97년 8월 요동선비(遼東鮮卑)의 비여현 공격을 막지 못했다는 이유로 하옥되어 사망했다고 한다.[70] 선비는 101년(永元 13) 우북평을 공격하고, 어양으로 들어갔다가 격퇴되었다.[71] 여기서 요동태수 채참이라는 인물에 주목해보고자 한다. 채참은 앞서 고구려와 은신을 맺었던 채융의 아들이다. 그의 태수 부임 배경과 시기는 분명하지 않다. 다만 후한 중앙 조정이 요동 지역의 동요를 감지한 뒤 이를 해결하고자 전략적으로 파견한 인물로 추측된다. 후한은 변군의 관리를 임용할 때, 변경 지역 출신이나 호족(豪族) 중에 주변 민족을 상대해 본 경험이 있는 인물, 또는 가문의 혈연관계를 주된 요인으로 삼았다.[72] 아마도 업무 수행의 전문성을 비롯하여, 부자(父子) 혹은 인척 관계를 통한 정보 교환 및 전수를 담보하기 위함으로 판단된다. 채참 역시 채융의 아들이라는 배경 외, 요동태수로 부임하기 전 두고(竇固)를 따라 차사(車師) 정벌에 공을 세운 이력을 갖고 있었다.[73]

이 무렵 요동태수를 역임했던 또 다른 인물로 송경(宋京)이 확인된다. 송경의 재임 시기는 그가 전한 말 학자인 하후승(夏侯勝)에게 수학하고,

---

69) 『後漢書』 卷90, 烏桓鮮卑列傳 第80, 鮮卑 "九年 遼東鮮卑攻肥如縣 太守祭參坐沮敗 下獄死".

70) 『東觀漢記』에는 이때 선비의 군대 규모가 1,000여 명이라는 정보가 추가되어 있다(『東觀漢記』 卷10, 傳5, 祭參 "鮮卑千餘騎攻肥如城 殺略吏人 祭參坐沮敗 下獄誅").

71) 『後漢書』 卷90, 烏桓鮮卑列傳 第80, 鮮卑 "十三年 遼東鮮卑寇右北平 因入漁陽 漁陽太守 擊破之".

72) 江田佳代子, 1985, 「漢代の邊境防備と豪族」 『茅茨』 1, 東洋史會, 34~36쪽 ; 岡安勇, 1993, 「後漢時代の北邊防備官の任用政策について－特に護羌校尉を中心として－」 『史滴』 14, 早稻田大學文學部 東洋史研究室, 4~15쪽.

73) 『後漢書』 卷20, 銚期王霸祭遵列傳 第10, 祭遵 附祭肜 "子參遂詣奉車都尉竇固 從軍擊車師有功 稍遷遼東太守 … 肜子孫多爲邊吏者 皆有名稱". 이 문장을 통해 채융의 자손들도 대부분 변방의 관리를 역임했고 모두 명성이 높았던 것을 알 수 있다.

아들 송의(宋意)가 명제·장제 시기 주로 활동했다는 정황을 볼 때,74) 채옹(재임기 : 41~69)과 채참(?~97)의 사이로 보는 편이 적합하다.75) 이들 송씨(宋氏) 가문도 송균(宋均)이나 송의의 활동을 감안하면,76) 변방에 대한 일정한 경험이나 식견을 갖추고 있음을 알 수 있다. 따라서 송경 역시 요동태수로 부임한 뒤 이민족 관련 정책에 종사했을 가능성이 크다.

고구려의 시각으로 볼 때, 송경의 뒤를 이어 그 전임자의 아들인 채참이 부임한 사실은 시사되는 부분이 있다. 이와 관련하여 앞서 언급한 160년 전임자의 실책으로 교지자사에 복귀한 하방의 사례가 상기된다. 채옹은 73년(태조왕 21 : 영평 16) 무렵 이미 사망했기 때문에, 그 아들이 부친의 유언을 수행하는 것이다.77)

〈D-1·2〉에 채참은 요동태수라는 신분으로, 인군(隣郡)인 요서군 비여현78)의 업무까지 관장하였다. 후한 조정은 그에게 요동군을 초월하여 북방에 광범한 영향을 끼친 아버지 채옹의 활약,79) 즉 은신을 통한 이민족 초항(招降)을 바랐던 것이다. 따라서 그의 옥사(獄死)는 단순한 지방관

---

74) 『後漢書』卷41, 第五鍾離宋寒列傳 第31, 宋均 附宋意 "意字伯志 父京 以大夏侯尙書敎授 至遼東太守 意少傳父業 顯宗時擧孝廉 以召對合旨 擢拜阿陽侯相 建初中 徵爲尙書".

75) 嚴耕望, 1948, 「兩漢太守刺史表」『民國叢書』第5編 24 政治·法律·軍事類, 商務印書館, 267쪽 ; 배진영, 2008, 「한대 요동군의 군현 지배-군현체제로의 지향과 한계-」 『요동군과 현도군 연구』, 동북아역사재단, 94쪽.

76) 『後漢書』卷41, 第五鍾離宋寒列傳 第31, 宋均 "後爲謁者 會武陵蠻反 … 光武嘉其功 迎賜以金帛 令過家上冢 其後每有四方異議 數訪問焉" ;『後漢書』卷41 第五鍾離宋寒列傳 第31, 宋均 附宋意 "… 臣察鮮卑侵伐匈奴 正是利其抄掠 及歸功聖朝 實由貪得重賞 今若聽南虜還都北庭 則不得不禁制鮮卑 鮮卑外失暴掠之願 內無功勞之賞 豺狼貪婪 必爲邊患 …".

77) 『後漢書』卷20, 銚期王霸祭遵列傳 第10, 祭遵 附祭肜 "十六年 … 出獄數日 歐血死 臨終謂其子曰 … 死後 若悉簿上所得賜物 身自詣兵屯 效死前行 以副吾心".

78) 『後漢書』에 붙은 지(志)에 따르면, 비여(肥如)는 요서군에 소속된 현(縣)이라고 한다(『後漢書』志 第23, 郡國5, 幽州 "遼西郡秦置 雒陽東北三千三百里 五城 戶萬四千一百五十 口八萬一千七百一十四 陽樂 海陽 令支有孤竹城 肥如 臨渝").

79) 채옹의 활동을 외이(外夷)와 변환(邊患) 문제를 전담하는 '군사적(軍事的) 막부(幕府)'로 본 견해도 있다(權五重, 1993, 앞의 논문, 189~190쪽).

사망이 아닌 은신을 재현하려는 시도가 좌절됐음을 의미한다. 이 사실은 은신을 통해 내부를 단속해 나간 고구려에 후한과 새로운 관계를 모색하게 하는 요인으로 되었다.

2. 고구려-후한의 전쟁과 종결

한편 제2현도군은 105년 이전에 고구려의 압박을 받아 소멸된 것으로 보인다.[80] 최근 연구에서는 '군계(郡界)'와 '요동새(遼東塞)' 등의 표현을 분석하고, 그 결과 97년 무렵에 소멸된 것으로 추정하기도 한다.[81] 고구려가 105년 요동 6현을 공격하여 제2현도군을 밀어냈고, 다음 해인 106년 후한이 현도군을 재건했다고 보는 전통적 견해도 있다.[82] 그러나 『후한서』에서 궁(宮)이 장성하여 자주 변경을 침범했다고 하거나, 105년의 요동 공격을 '복입(復入)'이라고 표현한 것[83]을 보면 그 이전부터 일련의 사건들이 벌어졌음을 짐작하게 한다.

전쟁 발발 배경은 앞선 논의에서 규명했지만, 현전 여건상 '105년'이라는 특정 시점을 완벽히 도출하기 어려운 것도 사실이다. 따라서 선행 연구의 지적을 참고하는 한편, 여기서는 자료가 전하는 맥락을 존중하는 차원으로 105년의 사건에서 출발하고자 한다.

〈E-1〉① (태조왕) 53년(105), … 왕이 장수를 보내 한(漢) 요동으로 들어가,

---

80) 王綿厚·孫進己, 1989, 「後漢時期東北的行政建置」 『東北歷史地理』 第1卷, 黑龍江人民出版社, 391쪽.

81) 여호규, 2015, 앞의 논문, 205~209쪽.

82) 白鳥庫吉·箭內互, 1913, 『滿洲歷史地理』 第1卷, 南滿洲鐵道株式會社, 96~98쪽 ; 池內宏, 1942, 「漢魏晉の玄菟郡と高句麗」 『史苑』 14-3, 立敎大學史學會, 101쪽.

83) 『後漢書』 卷85, 東夷列傳 第75, 高句驪 "後句驪王宮生而開目能視 國人懷之 及長勇壯 數犯邊境 和帝元興元年春 復入遼東 …".

6현을 약탈하였다. 태수 경기(耿夔)가 병사를 내어 막으니, 왕군(王軍)이 대패하였다. 가을 9월, 경기가 맥인(貊人)을 격파하였다.[84]

〈E-1〉② (원흥 원년 : 105) 봄 정월, … 고구려가 군계(郡界)를 구략하였다. … 가을 9월, 요동태수 경기가 맥인을 쳐서, 그들을 격파하였다.[85]

〈E-1〉③ 화제 원흥 원년(105) 봄, 다시 요동으로 들어가 6현을 구략하니, 태수 경기가 그들을 격파하고, 그 거수(渠帥)를 참수하였다.[86]

〈E-1〉④ 그 해(105), 요동맥인(遼東貊人)이 반(反)하여, 6현을 구초(寇鈔)하니, 상곡(上谷)·어양(漁陽)·우북평(右北平)·요서오환(遼西烏桓)을 동원하여 [發] 그들을 토벌하였다.[87]

〈E-2〉① (태조왕) 57년(109) 봄 정월, 사신을 한으로 보내, 안제의 원복을 하례하였다.[88]

〈E-2〉② (영초) 3년(109) 봄 정월 경자, 황제가 원복을 가(加)한다. … 고구려가 사신을 보내 조공하였다.[89]

〈E-3〉① (太祖王) 59년(111), 한으로 사신을 보내, 방물을 공헌(貢獻)하고, 현도에 속하기를 구하였다. 〈통감(通鑑)〉에서 말하기를, 이해 3월 고구려왕 (高句麗王) 궁(宮)이 예맥과 함께 현도를 구략했다고 한다. 속하기를 요구

---

84) 『三國史記』 卷15, 高句麗本紀 第3, 太祖大王 53年 "五十三年 春正月 … 王遣將入漢遼東 奪掠六縣 太守耿夔出兵拒之 王軍大敗 秋九月 耿夔擊破貊人".

85) 『後漢書』 卷4, 孝和孝殤帝紀 第4, 和帝, 元興 元年 "春正月 … 高句驪寇郡界 … 秋九月 遼東太守耿夔擊貊人 破之".

86) 『後漢書』 卷85, 東夷列傳 第75, 句驪 "和帝元興元年春 復入遼東 寇略六縣, 太守耿夔擊 破之 斬其渠帥"

87) 『後漢書』 志 第11, 天文 中, 和三十三 "其年 遼東貊人反 鈔六縣 發上谷·漁陽·右北平·遼 西烏桓討之"

88) 『三國史記』 卷15, 高句麗本紀 第3, 太祖大王 57年 "五十七年 春正月 遣使如漢 賀安帝加 元服"

89) 『後漢書』 卷5, 孝安帝紀 第5, 永初 3年 "三年春正月庚子 皇帝加元服 … 高句驪遣使朝 貢".

했는지, 아니면 구략했는지 알 수 없다. 하나는 잘못일 것이다.〉.[90]

〈E-3〉② 안제 영초 5년(111), 궁(宮)이 사신을 보내 공헌하고, 현도에 속하기를
구하였다.[91]

〈E-1〉에서는 고구려가 요동의 6현을 공격했으나 태수인 경기에게 패배
한 사실을 전하고 있다. 당시 요동군에는 총 11현이 속해 있었는데,[92]
그중 6현이 타격을 입은 것이다. 아울러 전쟁은 정월(正月)에 시작하여
9월에 완료된 것을 알 수 있다. 비록 짧은 자료이지만, 105년 전쟁의
시공간이 꽤 넓었음을 암시한다. 이미 고구려는 광범한 지역에서 군사
행동을 수행할 정도의 능력을 보유하고 있었던 것이다.[93]

다시 〈E-1〉의 문장을 살펴보고자 한다. 〈E-1〉①에서 '고구려왕이 보낸
장수'는 6현을 약탈하고 결국 대패할 뿐, 그 뒤 격파당하는 맥인(貊人)이나
참수되는 거수(渠帥)〈E-1〉③과는 별개의 인물로 보인다. 〈E-1〉②와 〈E-1〉
③의 고구려의 군계(6현) 구략까지만 부합하는 설명이다. 거수는 『후한
서』 동이열전으로 좁혀보면 동옥저나 예(濊)[94]에서 확인된다. 이들은
대인이라는 칭호로 대체되며, 개별 읍락의 거수를 의미한다고 본다.[95]
물론 지리적 여건상 이 지역의 거수를 동원했을 가능성은 크지 않은
듯하고, 고구려의 장수가 아닌 점만 확인해둔다.

---

90) 『三國史記』 卷15, 高句麗本紀 第3, 太祖大王 59年 "五十九年 遣使如漢 貢獻方物
求屬玄菟 通鑑言 『是年三月 麗王宮與穢貊 寇玄菟 不知或求屬 或寇耶 抑一誤耶".

91) 『後漢書』 卷85, 東夷列傳 第75, 句驪 "安帝永初五年 宮遣使貢獻 求屬玄菟".

92) 『後漢書』 志 第23, 郡國5, 幽州 "遼東郡秦置 雒陽東北三千六百里 十一城 戶六萬四千一
百五十八 口八萬一千七百一十四 襄平 新昌 無慮 望平 候城 安市 平郭有鐵 西安平
汶 番汗 沓氏".

93) 權五重, 2002, 앞의 논문, 252쪽.

94) 『後漢書』 卷85, 東夷列傳 第75, 東沃沮 "後皆以封其渠帥 爲沃沮侯";『後漢書』 卷85,
東夷列傳 第75, 濊 "悉封其渠帥爲縣侯 皆歲時朝賀".

95) 장병진, 2017, 「고구려의 영동지역 진출과 관할 방식」 『동북아역사논총』 58,
동북아역사재단, 164쪽.

〈E-1〉④를 보면, 요동맥인의 공격을 받은 요동군은 상곡·어양·우북평·요서오환을 동원하고 있다. 이때 '발(發)'한 주체가 누구인지 모호하지만, 채참이 요서군의 업무를 제대로 수행하지 못했던 모습과 대비된다. 당시 요동군은 경기의 부임을 계기로 위축된 양상을 점차 회복하고 있었다.[96] 나아가 후한은 요동군·현도군 일대에 대대적 개편을 진행하였다. 104년 요동서부도위관(遼東西部都尉官)을 설치하고,[97] 106년에는 요동군의 고현(高顯)·후성(候城)·요양(遼陽) 등을 현도군으로 소속을 옮기는 조치를 시행하였다.[98] 현도군 등 변군의 방어 태세를 보완함으로써 고구려의 공격에 대비하려는 의도로 보인다.[99]

여기에 영향을 받았는지, 고구려는 109년〈E-2〉과 111년〈E-3〉두 번에 걸쳐 후한으로 사신을 파견하였다. 그 배경에 대해서는 105년의 공격 실패 이후 후한의 정세를 알아보기 위함이라거나,[100] 고구려의 위장술[101] 등으로 추측된 적이 있다. 108년(태조왕 56) 고구려에는 가뭄이 지속되어 백성들이 많이 굶주렸다고 한다.[102] 내부에서 곤란한 사정이 벌어졌고, 그 때문에 외부 동향을 의식하는 움직임은 당연할 것이다.

---

96) 『한원』 번이부에 인용된 『고려기』를 보면, (요동)성 남문에 경기의 비(碑)가 있었다고 한다(2018, 『譯註 翰苑』, 동북아역사재단, 220~221쪽. "范曄後漢書曰 耿夔遷遼東太守 元年 貊人寇郡界 夔追擊 斬其渠帥" "案高驪記云 故城南門有碑 年久淪沒 出土數尺 卽耿夔碑之者也".).

97) 『後漢書』 卷4, 孝和孝殤帝紀 第4, 和帝, 永元 16年 "十二月 復置遼東西部都尉官". 이 문장의 이현(李賢) 주(注)에서는 "西部都尉 安帝時以爲屬國都尉 在遼東郡昌黎城也"라고 하여 안제 때 서부도위가 다시 속국도위(屬國都尉)로 개편됐음을 알 수 있다.

98) 『後漢書』 志 第23, 郡國5, 幽州 "玄菟郡武帝置 雒陽東北四千里 六城 戶一千五百九十四 口四萬三千一百六十三 高句驪遼山 遼水出 西蓋(鳥)[馬] 上殷台 高顯故屬遼東 候城故屬遼東 遼陽故屬遼東[二] … [二]東觀書安帝卽位之年 分三縣來屬".

99) 權五重, 2002, 앞의 논문, 253쪽.

100) 박노석, 2004, 앞의 논문, 11쪽.

101) 김미경, 2007, 앞의 논문, 91~92쪽.

102) 『三國史記』 卷15, 高句麗本紀 第3, 太祖大王 56年 "五十六年 春大旱 至夏赤地 民饑 王發使賑恤".

일찍부터 고구려는 전·후한과 대립하면서도, 군현의 속리직(屬吏職)인 주부를 받아들여 정치제도에 활용하고 있었다.103) 고구려에서 주부는 본래 한대의 그것이 가진 역할을 뛰어넘어, 내부 정세에 따라 변화·확장되었다. 장적 관리·실무 행정 관장 등 업무에 더 나아가, 동맹(東盟)과 관련하여 중요한 역할을 맡았음을 강조하기도 한다.104) 〈E-2〉①에서 보이듯이, 고구려가 안제의 원복에 축하 사신을 파견한 사실도 제도 자체에 대한 관심과 목도라는 측면으로 생각할 수 있을 것이다.

〈E-3〉과 같이 고구려가 후한에 내속한 것을 계기로 외교 관계를 재정립하게 됐다고 보는 견해도 있다. 그 결과 양국 사이에 새로운 국경선이 정해졌고, 고구려가 요동 동부 일대를 중심으로 자유롭게 세력 확장을 추진하게 됐다는 것이다. 당시 후한은 고구려뿐만 아니라 북방 민족의 침입으로 사면초가에 처해 있었고, 동방의 안정을 위해 고구려의 내속을 받아들였다고 한다. 이 설명에서는 한의 변군이 주변국과 내속을 맺으면 변새(邊塞)의 관문인 변관(邊關)을 제거한다는 사실('除邊關')에 주목한 다음, 서로가 이행해야 할 여러 가지 의무를 상정하고 있다. 〈E-3〉의 상황을 대입하여 현도군의 변새가 점차 교섭 창구이자 새로운 국경선으로 변모했다고 추측한다.105) 실제 이 무렵 안제는 자신의 부덕(不德)을 탓하면서, 백성 유망과 강(羌)·맥(貊)의 이반을 우려하는 내용이 담긴 조서(詔書)를 내리기도 하였다.106) 후한에서는 홍수·태풍·우박 등이 자주 일어났고, 조정은 구휼 조치를 시행하였다. 그 중 현도군도 한 차례 확인된다.107)

---

103) 權五重, 1992, 『樂浪郡研究 −中國 古代邊郡에 대한 事例的 檢討−』, 一潮閣, 82쪽. 고구려의 주부(主簿)는 왕권 직속 관료로 이해된다(武田幸男, 1978, 「高句麗官位制 과 그 展開」『朝鮮學報』86, 朝鮮學會, 19쪽).

104) 이규호, 2021, 「高句麗 官制 研究」, 동국대학교 사학과 박사학위논문, 33~39쪽.

105) 여호규, 2015, 앞의 논문, 215~217쪽.

106) 『後漢書』 卷5, 孝安帝紀 第5, 永初 2年 "秋七月戊辰 詔曰 … 朕以不德 遵奉大業 而陰陽差越 變異並見 萬民飢流 羌貊叛戾 …".

107) 『後漢書』 卷5, 孝安帝紀 第5, 永初 2年 "冬十月庚寅 稟濟陰·山陽·玄菟貧民".

한편 부여가 군사 행동을 전개한 사례도 보인다. 111년(태조왕 59) 부여왕이 낙랑을 공격했다는 내용[108]이 그것이다. 이를 놓고 최근에는 부여와 동부여를 구분하면서, 고구려의 사주를 받은 동부여의 군사 행동으로 파악한 견해가 있다.[109] 다양한 자료를 정합적으로 이해하려는 시도로 받아들일 수 있지만, 『후한서』 본기에 보이는 부여의 범새(犯塞)[110] 정도로 파악하는 편이 안정적일 것이다.[111] 부여는 한 차례 후한을 공격한 뒤 결국 다시 귀부하였다. 이후 부여와 후한에 대체로 우호적 관계를 유지해 나갔다.

고구려가 대외정책 방향을 수립할 때, 이와 같은 후한의 내우외환 사정을 염두에 두었을 가능성은 충분하다. 그런 측면에서 후한-호족(胡族) 세력이 주고받았던 공방의 진행과 결과를 살펴보고자 한다. 먼저 선비의 행적을 보면, 107~113년(영초년간) 대인 연려양(燕荔陽)이 '예궐조공(詣闕朝賀)'하였다. 등태후(鄧太后)는 연려양에게 여러 물품을 하사하고, 오환교위로 하여금 선비와의 교역을 명하였다. 이때 설치된 질관(質館)으로 선비 읍락 120부가 인질을 보내왔다고 한다.[112]

오환은 109년(영초 3)에 어양오환(漁陽烏桓)과 우북평호(右北平胡)가 대군(代郡)과 상곡(上谷)을 침입하고, 급기야 선비·남흉노와 연합하여 오원(五原)을 공격하였다. 후한은 첫 대응에 실패했지만, 거기장군(車騎將軍) 하희(何熙)와 도요장군(度遼將軍) 양근(梁懂)의 활약으로 이들을 대파하

---

108) 『後漢書』 卷85, 東夷列傳 第75, 夫餘國 "至安帝永初五年 夫餘王始將步騎七八千人寇鈔 樂浪 殺傷吏民 後復歸附".

109) 이승호, 2018, 「夫餘 政治史 硏究」, 동국대학교 사학과 박사학위논문, 118~119쪽.

110) 『後漢書』 卷5, 安帝本紀 第5, 永初 5年 "三月 … 夫餘夷犯塞 殺傷吏人".

111) 이 '범새(犯塞)' 행위는 고구려와 현도군의 연결을 차단하기 위한 공격으로 본다 (박대재, 2008, 「夫餘의 왕권과 왕위계승 −2~3세기를 중심으로−」 『韓國史學報』 33, 高麗史學會, 34쪽).

112) 『後漢書』 卷90, 烏桓鮮卑列傳 第80, 鮮卑 "安帝永初中 鮮卑大人燕荔陽詣闕朝賀 鄧太后 賜燕荔陽王印綬 赤車參駕 令止烏桓校尉所居甯城下 通胡市 因築南北兩部質館 鮮卑邑 落百二十部 各遣入質".

였다. 이후 오환은 항복했고, 후한은 대인(大人) 융주외(戎朱庬)를 친한도위(親漢都尉)로 임명하였다.[113]

마지막으로 남흉노의 상황이다. 109년 남선우(南單于)는 한인(漢人) 한종(韓琮)이라는 자의 건의를 받아들여 서하군(西河郡) 미직현(美稷縣)을 공격하였다. 이 공격은 행거기장군(行車騎將軍) 하희(何熙)의 반격으로 토벌되었다. 110년(영초 4)에는 다시 상산과 중산을 공격했지만, 역시 행도요장군 양근과 요동태수 경기에게 격퇴되었다. 같은 사실을 전하는 경기의 열전을 보면, 그는 선봉에 서서 선비를 거느리고 출진하여 혁혁한 전과를 올린 것으로 나온다.[114] 결국 남선우는 한종을 질책한 뒤, 후한에 사죄하고 포로를 반환하는 등 종전 조치를 이행하였다.[115]

이 무렵 후한이 연이은 외침을 당하고 있는 것은 사실이다. 그렇지만 동시에 적절한 인사 기용을 통해, 이를 물리치고 있는 장면에도 주의할 필요가 있다. 비슷한 양상은 후한의 강(羌) 대책에서도 확인된다. 영초년간에 강의 침입이 거세지자, 110년(영초 4) 무렵 후한 조정에서는 양주(涼州)의 방기 혹은 폐기가 논의되었다.[116] 이 논의는 양주를 포기하는 대신

---

113) 『後漢書』卷90, 烏桓鮮卑列傳 第80, 烏桓 "安帝永初三年夏 漁陽烏桓與右北平胡千餘寇代郡·上谷 秋 鴈門烏桓率衆王無何(允) 與鮮卑大人丘倫等 及南匈奴骨都侯 合七千騎寇五原 與太守戰於九原高渠谷 漢兵大敗 殺郡長吏 乃遣車騎將軍何熙·度遼將軍梁懂等擊大破之 無何乞降 鮮卑走還塞外 是後烏桓稍復親附 拜其大人戎朱庬爲親漢都尉".

114) 『後漢書』卷19, 耿弇列傳 第9, 附耿夔 "永初三年 南單于檀反畔 … 熙推夔爲先鋒 … 到屬國故城 單于遣薁鞬日逐王三千餘人遮漢兵 夔自擊其左 令鮮卑攻其右 虜遂敗走 追斬千餘級 殺其名王六人 獲穹廬車重千餘兩 馬畜生口甚衆".

115) 109~110년에 벌어진 후한과 남흉노의 분쟁은 다음과 같다(『後漢書』卷89, 南匈奴列傳 第79 "永初三年夏 漢人韓琮隨南單于入朝 旣還 說南單于云「關東水潦 人民飢餓死盡 可擊也」單于信其言 遂起兵反畔 攻中郎將耿种於美稷 秋 王薨卒 冬 遣行車騎將軍何熙·副中郎[將]龐雄擊之 四年春 檀遣千餘騎寇常山·中山 以西域校尉梁懂行度遼將軍 與遼東太守耿夔擊破之 事已具懂·夔傳 單于見諸軍並進 大恐怖 顧讓韓琮曰「汝言漢人死盡 今是何等人也」乃遣使乞降 許之 單于脫帽徒跣 對龐雄等拜陳 道死罪 於是赦之 遇待如初 乃還所鈔漢民男女及羌所略轉賣入匈奴中者合萬餘人".).

116) 『後漢書』卷58, 虞傅蓋臧列傳第48, 虞詡 "永初四年 羌胡反亂 殘破幷·涼 大將軍鄧騭以軍役方費 事不相贍 欲棄涼州 幷力北邊 乃會公卿集議 …".

삼보(三輔)를 지키자는 내용이 그 핵심으로, 무제 혹은 광무제 이래의 변경 정책에서 후퇴하는 것을 의미한다.[117] 그러나 반대 여론이 일어나 수락되지 않았고, 강의 공격은 111년 하동(河東)·하내(河內) 지역까지 이르렀다.[118] 이러한 정황들을 고구려와 요동군의 전쟁 양상과 연결해보려는 시각[119]도 있었다.

이 이적(夷狄)들은 전한 후반기부터 차츰 장성 이남으로 내사하기 시작했고, 잡거 혹은 분쟁을 야기하고 있었다. 그러면서 축적된 모순과 갈등이 안제기 무렵 한꺼번에 분출해버린 경향이 보이는 것도 사실이다. 여기에 고구려의 동향이 연관됐음도 당연하다. 다만 각 상황에 대한 판단은 사건의 자세한 분석을 통해 수립되어야 한다는 점을 강조하고자 한다. 이러한 측면에서 후한이 방기책을 통해 그저 어려움을 모면하려고 한 것이 아니라, 장기적 전망 아래 판단한 선택이었음을 분석해 낸 연구는 주목할 만하다. 흉노 등 다른 세력에 대한 방비의 균형·군비 절약·농민의 상황 등을 모두 계산하고, 삼보 지역과 각 군영의 정비를 통해 궁극적으로는 '일시 후퇴 후의 재건'을 목표로 했다는 것이다. 그리고 이 계획은 다수 실현됐다고 한다.[120]

지금까지 본론에서는 고구려가 후한과의 관계를 전개할 때, 국내외의 다양한 상황을 고려했던 것을 지적하였다. 위에서 언급한 일련의 조치나 상황 전체가 그렇겠지만, 특히 요동태수 경기가 선비를 거느리고, (행)도요

---

117) 許富文, 1996, 「後漢의 涼州 放棄 論爭」『吉玄益敎授停年紀念 史學論叢』, 三進, 121~122쪽.

118) 『後漢書』卷5, 孝安帝紀 第5, 永初 5年 "二月丁卯 … 先零羌寇河東 遂至河內"; 『後漢書』 卷87, 西羌傳 第77 "五年春 任尙坐無功徵免 羌遂入寇河東 至河內 百姓相驚 多奔南度 河".

119) 金慶浩, 2005, 「漢代 邊郡支配의 普遍的 原理와 그 성격―이념적 측면을 중심으로―」 『東洋史學研究』91, 東洋史學會, 52~53쪽 ; 방향숙, 2008, 앞의 논문, 238쪽 ; 여호규, 2015, 앞의 논문, 215쪽.

120) 飯田祥子, 2006, 「後漢邊郡支配に關する一考察―放棄と再建を手がかりとして―」『名古屋大學東洋史研究報告』30, 名古屋大學東洋史研究室, 56~64쪽.

장군 같은 지절영호관(持節領護官)과 연계하여 활동했다는 정보는 고구려의 이목을 끌기 충분하였다.[121] 고구려는 105년 요동 공격과 그 이후 태수 경기의 반격을 받은 경험, 그리고 〈E-1〉④와 같은 후한의 여러 변군이 연합하는 장면을 상기했을 수도 있다.

109~111년 무렵 후한의 변군은 외침을 맞아 의외로 선방하고 있었다. 호족(胡族) 세력은 후한으로 공세를 펼쳐 일정한 성과를 올리기도 했지만, 끝내 수비에 막혀 격파당하거나 재산마저 잃게 되었다. 안제 시기를 혼란기로 평가할 수 있겠지만, 그렇다고 하여 호족(胡族)의 공격이 항상 성공적이었던 것은 아니었다. 105년의 요동 6현 이후 고구려의 대외 활동은 보이지 않는다. 그러한 중에 후한-호족(胡族) 세력의 대결은 계속 진행되었다. 109~111년 무렵 호족(胡族) 세력의 패퇴는 곧 후한 변군의 방어력을 가늠할 수 있는 좋은 방편이었다. 따라서 고구려는 후한 변군의 방어 태세를 감지하고 구속(求屬)이라는 방법으로 대응한 것이다.

다음으로, 선행 연구에서도 중요하게 언급된 '내속'에 대해 살펴보고자 한다. 여기에는 사마상여(司馬相如)가 상대한 서남이와 무제 시기 남월의 사례를 참고하면, 내속과 '제변관(除邊關)'은 현(縣)의 신설 그리고 이후 군으로의 편입을 전제로 이루어진 것을 알 수 있다. 내속을 외신화와 군현화의 중간 단계로 정의하는 것이다. 물론 군현화로 직결되지 않는 사례도 있어 여지가 남지만, 한은 '제변관'하는 대신 그에 상응하는 조치를 수반하고 있었다.[122]

실제 조흥(趙興) 시기의 남월은 무제에 '제변관'[123]을 요청한 뒤 전한의

---

121) 채옹-채참 부자와 같이 경기의 경씨(耿氏) 가문도 후한 중기 무렵부터 본격적으로 등장하여 대대로 변경 관련 업무에 종사하였다(小林聰, 1993, 「後漢の少數民族政策について－邊境官僚の活動を中心に－」『東アジアにおける生産と流通の歷史社會學的研究』, 中國書店, 115~119쪽). 고구려가 성장하면서 상대한 후한의 여러 지방관 중 채옹·경기와 같은 우수한 배경을 가진 인물들은 제법 큰 인상을 남겼다. 지금까지의 논의를 감안한다면, 이러한 사실이 결코 우연만은 아닐 것이다.

122) 小林聰, 1991a, 「漢時代における中國周邊民族に內屬について」『東方學』82, 東方學會, 30~34쪽.

인수를 받았다. 또한 자신들이 행하던 형벌을 폐지하고 한법(漢法)을 사용하는 등 적극적 조치를 자청하였다. 이 무렵의 사정을 전하는 『사기』 남월열전을 보면, 남월이 이러한 태도를 취하게 된 배경에는 그들의 내부 문제와 관련이 있음을 알 수 있다. 태후(太后)가 추진한 친한(親漢) 정책은 곧 승상(丞相) 여가(呂嘉) 등의 반발을 야기했고,[124] 이는 결국 남월 멸망 전쟁의 시발점으로 되었다.

내속을 '항(降)'의 한 형태로 설명하기도 한다. 예군남려(薉君南閭, 濊君南閭)와 관련된 자료를 비교하면서, 『한서』의 '항(降)'이라는 표현이 『후한서』에는 '내속(內屬)'으로 개서(改書)되어 있다는 점[125]에 주목한 것이다.[126] 〈E-3〉에 보이는 고구려의 대후한(對後漢) 관계에서 치현(置縣)이나 군으로의 편입, 한식(漢式) 제도 수용과 같은 모습은 나타나지 않는다. 이러한 절차가 수반되는 과정 중에 '제변관'이 시행된 것이다. 따라서 '제변관'의 상황을, 고구려의 대중 관계에 적용하거나, 나아가 유리한 형세로 이해하기에는 곤란하다. 또한 이후 고구려의 동향을 볼 때, '항(降)'으로 연결할 수도 없다.

『사기』에는 내속과 비교되는 표현으로 '역속(役屬)'이 몇몇 보인다.

---

123) 전한이 외신(=남월)과 경계를 접하는 경우 관소(關所)가 있었다고 한다. 여기서 변관(邊關)은 외신의 입조(入朝)·조청(朝請)·견사(遣使)와 관련이 있었을 것이다 (栗原朋信, 1970, 앞의 논문, 469~470쪽).

124) 『史記』 卷113, 南越列傳 第53 "太子興代立 其母爲太后 太后自未爲嬰齊姬時 嘗與霸陵人安國少季通 及嬰齊薨後 元鼎四年 漢使安國少季往諭王·王太后以入朝 比內諸侯 令辯士諫大夫終軍等宣其辭 勇士魏臣等輔其缺 衛尉路博德將兵屯桂陽 待使者 王年少 太后中國人也 嘗與安國少季通 其使 復私焉 國人頗知之 多不附太后 太后恐亂起 亦欲倚漢威 數勸王及羣臣求內屬 即因使者上書 請比內諸侯 三歲一朝 除邊關 於是天子許之 賜其丞相呂嘉銀印 及內史·中尉·太傅印 餘得自置 除其故黥劓刑 用漢法 比內諸侯 使者皆留塡撫之 王·王太后飭治行裝重齎 爲入朝具".

125) 『漢書』 卷6, 武帝紀 第6, 元朔 元年 "秋 … 東夷薉君南閭等口二十八萬人降 爲蒼海郡"; 『後漢書』 卷85, 東夷列傳 第75, 濊 "元朔元年 濊君南閭等畔右渠 率二十八萬口詣遼東內屬 武帝以其地爲蒼海郡 數年乃罷".

126) 熊谷滋三, 1997, 「前漢における「蠻夷降者」と「歸義蠻夷」」 『東洋文化研究紀要』 134, 東京大學東洋文化研究所, 30쪽.

그 내용을 보면, 조타(趙佗)가 민월(閩越)·서구(西甌)·낙(駱) 등에 재물을 보내어 역속(役屬)시켰다고 한다.127) 또한 당몽(唐蒙)과 어느 상인[賈人]의 대화 중에 남월이 재물로 야랑(夜郎)을 역속했지만, 신하로 부리지는 못한다는 설명도 보인다.128) 여기에 대해 남월이 이 지역들을 정복한 것은 사실이지만, 부족의 자치 형태를 인정하는 간접 통치를 시행했다고 이해한다.129)

위만(衛滿)이 '진고공지상하장(秦故空地上下鄣)'에 거주하면서, 진번(眞番)·조선(朝鮮)의 만이 및 예전 연(燕)·제(齊)의 망명자를 역속했다는 사례도 보인다.130) 아마도 남월과 비슷한 형태로 짐작된다. 나아가 위만은 병위재물(兵威財物)을 얻어 소읍(小邑)을 항복시키고, 진번·임둔을 복속하였다.131) 복속(服屬)은 군사적 정벌 또는 국력의 우위를 의미한다. 즉 이 역속(役屬)-복속(服屬)은 각각 특정 대상에 미치는 영향력의 차이를 암시하는 것이다.132)

역속은 내속보다 다소 느슨한 형태라는 느낌을 받는다. 또한 똑같은 속(屬)이라고 해도, 용어에 따라 다양한 상황과 의미가 함축됐다는 점도 알 수 있다. 자료상 고구려는 현도군에 속(屬)을 '구(求)'했을 뿐이고, 속과 관련한 양국 사이의 추가 진전은 보이지 않는다. 따라서 내속이라는 종속 정도가 강한 개념을 적용하기에 문제가 있다. 앞서 설명했듯이

---

127) 『史記』 卷113, 南越列傳 第53 "佗因此以兵威邊 財物賂遺閩越·西甌·駱 役屬焉 東西萬餘里".
128) 『史記』 卷116, 西南夷列傳 第56 "南越以財物役屬夜郎 西至同師 然亦不能臣使也".
129) 川手翔生, 2016, 「南越の統治體制と漢代の珠崖郡放棄」 『史觀』 174, 早稻田大學史學會, 51~52쪽.
130) 『史記』 卷115, 朝鮮列傳 第55 "燕王盧綰反 入匈奴 滿亡命 聚黨千餘人 魋結蠻夷服而東走出塞 渡浿水 居秦故空地上下鄣 稍役屬眞番·朝鮮蠻夷及故燕·齊亡命者王之 都王險".
131) 『史記』 卷115, 朝鮮列傳 第55 "以故滿得兵威財物侵降其旁小邑 眞番·臨屯皆來服屬 方數千里".
132) 김기민, 2023, 「기원전 3~2세기 고조선의 영역변천과 진번의 이동」 『韓國史硏究』 200, 韓國史硏究會, 249~251쪽.

고구려의 (내)속은 현도군과의 행정적 통속 관계[133]를 재확인하는 정도로 이해하는 편이 옳을 것이다.

정리하면, 111년의 '속(屬)'은 그 앞에 수식 단어가 없는 만큼, 구체적 의무 사항을 적시하지 않은, 상호 구속력이 부족한 개념으로 보인다. '내속(內屬)'이라는 개념을 111년 고구려가 후한(현도군) 측으로 '구(求)'한 '속(屬)'에 적용하기는 어렵다.

그리고 한편으로 후한(後漢)−호족(胡族) 세력의 공수(攻守) 상황에 비추어보면, 고구려가 후한의 국경선을 후퇴시키는 등 적극적인 정책을 펼칠 수 있는 상황도 아니었음을 지적해두고자 한다. 고구려는 109년 이후 후한의 변군이 호족(胡族) 세력의 침입을 격퇴하는 모습을 목도한 만큼, 잠시 공세를 중단하고 대외정책을 재검토할 필요가 있었던 것이다.

이러한 상황 속에 잠시 외정보다 내부로 시선을 돌린 것으로 보인다. 『삼국사기』에 따르면, 114년(태조왕 62) 태조왕은 남해를 순수했다고 한다.[134] 이 순수도 아마 책성의 경우와 마찬가지로 지방 실태를 파악하고, 현지 사회와의 연계 강화에 주목적이 있었을 것이다. 다만 98~102년 때와는 달리 이 무렵 고구려는 전쟁을 빈번하게 수행하고 있었다. 서쪽을 타격하던 중 〈F-1〉에 보이듯이, 방향을 남쪽으로 돌렸다는 점에서도 이 행위는 시사되는 바가 있다.

순수의 원초적 형태는 전렵(田獵)과 여기에 동반되는 군사 훈련이었다. 중국 춘추시대에는 전렵을 통한 군사 행위, 그리고 여기서 얻은 획물(獲物)을 통한 제사를 바탕으로, 확장된 자국 영토의 지배권을 확인했다고 한다.[135] 그리고 전한 시기의 순수(=행행)는 대체로 군사적인 성격이 짙은 것으로 평가된다. 특히 무제대는 기원전 113년(원정 4) 이후 30여

---

133) 부여나 고구려의 내속은 행정적 통속 관계로 정의하고, 남월·서남이·서역제국의 상황과 구분된다(小林聰, 1991a, 앞의 논문, 34쪽). 이를 통해서도 서남이·남월의 '제변관' 사례를 고구려사에 적용하기 어렵다는 점을 유추할 수 있다.

134) 『三國史記』 卷15, 高句麗本紀 第3, 太祖大王 62年 "秋八月 王巡狩南海 冬十月 至自南海".

135) 小南一郎, 1997, 「石鼓文製作の時代背景」 『東洋史研究』 56-1, 東洋史研究會, 17~24쪽.

년 사이에 집중되고, 대부분 옹(雍)·감천(甘泉)·하동(河東) 등 흉노·서역과 관련된 곳에서 행해졌다.[136] 이러한 사례를 참고하면, 114년 태조왕의 남해 순수는 118년 화려성 공격을 예비하는 작업으로 추측된다.

한편 117~118년(太祖王 65~66 : 元初 4~5) 북단우(北單于) 봉후(逢侯)는 선비에 격파당한 뒤 후한으로 도망쳐 버렸다.[137] 북흉노는 줄곧 남흉노의 압박을 받던 중, 강성해진 선비에 결정적 타격을 입게 되었다. 선비는 다시 외부로의 행보를 전개하였다. 요동선비는 115년(원초 2) 요동군 무려현을 일시 포위했고, 이후 무려현을 공격하여 장리를 살해하고 돌아갔다. 117년(원초 4)에는 요서선비가 새문을 불사르고 노략질하다가 오환에 큰 피해를 받는 등 전황은 시시각각 변모하였다. 118년 대군선비가 새를 뚫고 내려와 후한에 피해를 주었고, 다시 상곡군을 공격하자 후한 조정은 20,000명을 징발하여 각처에 배치하는 조치를 취하게 된다.[138]

이러한 사정 속에서 고구려는 기존과 다른 전략으로 후한을 공격하였다.

〈F-1〉 (태조왕) 66년(118) 여름 6월, 왕이 예맥(穢貊)과 함께 한(漢) 현도(玄菟)를 습격하고, 화려성(華麗城)을 공격하였다.[139]

〈F-2〉 (원초 5년 : 118) … 여름 6월, 고구려가 예맥과 함께 현도를 구략하였

---

136) 大櫛敦弘, 2000, 앞의 논문, 85쪽 ; 大櫛敦弘, 2004, 「前漢武帝期の行幸−その基礎的 考察−」『日本秦漢史學會會報』5, 日本秦漢史學會, 116~123쪽.

137) 『後漢書』卷89, 南匈奴列傳 第79 "四年 逢侯爲鮮卑所破 部衆分散 皆歸北虜 五年春 逢侯將百餘騎亡還 詣朔方塞降 鄧遵奏徙逢侯於潁川郡".

138) 『後漢書』卷90, 烏桓鮮卑列傳 第80, 鮮卑 "元初二年秋 遼東鮮卑圍無慮縣 州郡合兵固保 淸野 鮮卑無所得 復攻扶黎營 殺長吏 四年 遼西鮮卑連休等遂燒塞門 寇百姓 烏桓大人於 秩居等與連休有宿怨 共郡兵奔擊 大破之 斬首千三百級 悉獲其生口牛馬財物 五年秋 代郡鮮卑萬餘騎遂穿塞入寇 分攻城邑 燒官寺 殺長吏而去 乃發緣邊甲卒·黎陽營兵 屯上谷以備之 冬 鮮卑入上谷 攻居庸關 復發緣邊諸郡·黎陽營兵·積射士步騎二萬人 屯列衝要".

139) 『三國史記』卷15, 高句麗本紀 第3, 太祖大王 66年 "夏六月 王與穢貊襲漢玄菟 攻華麗 城".

다.[140]

　　〈F-3〉 원초 5년 여름 6월, 다시 예맥과 함께 현도를 구략하고, 화려성을
　　　　공격하였다.[141]

　　여기서부터 예맥(穢貊, 濊貊)이라는 이종(異種)이 적시된다. 이는 후술할
〈G-1〉에 보이는 예맥거수(穢貊渠帥)와 같이 고려할 때, 105년 기사에서
보이는 거수의 정체 역시 예맥과 관련됐을 것이다. 예맥은 고구려와
요동군·현도군의 중간에 위치하면서, 고구려와 깊은 관련성을 가졌던
세력으로 보인다.[142] 고구려 영향 아래에 있던 맥족(貊族)으로 보이고,
소수맥(小水貊)일 가능성을 넌지시 제시하기도 한다.[143] 현행 자료상
고구려가 아닌 다른 맥(貊)으로는 이 세력 정도가 고려된다. 맥이 고구려가
아닌 것은 확실하다.
　　고구려의 화려성(華麗城) 공격은 앞서 본 114년의 남해(南海) 순수(巡狩)
와 연관시킬 수 있다. 이 순수는 56년(태조왕 4) 무렵 정복한 동옥저
지역에 대한 지배체제를 공고히 하려는 의도로 이해되었다.[144] 화려성은
『후한서』의 해당 구절에 붙은 '속낙랑군(屬樂浪郡)'이라는 이현 주(注)를
참고하면 동예 방면의 화려현으로 생각된다. 전한 말~후한 초 무렵 고구려
의 영토였을 가능성도 있다고 본다.[145] 따라서 고구려가 요동 일대에서의
분쟁과는 별개로 동해안 지역으로 진출하려 했음을 알 수 있다.
　　〈F-1〉에서는 이 모든 행위의 주체를 고구려의 '왕(王)'으로 표기하고

---

140) 『後漢書』 卷5, 孝安帝紀 第5, 元初 2年 "夏六月 高句驪與穢貊寇玄菟".

141) 『後漢書』 卷85, 東夷列傳 第75, 句驪 "元初五年 復與濊貊寇玄菟 攻華麗城".

142) 余昊奎, 1998a, 「高句麗 初期의 兵力動員體系」『軍史』 36, 국방부 군사편찬연구소,
　　　28~30쪽.

143) 金東旭, 2005, 「『三國志』東夷傳に見える小水貊」『朝鮮學報』 196, 朝鮮學會, 118~119쪽.

144) 장병진, 2017, 앞의 논문, 168쪽 ; 이종록, 2018, 앞의 논문, 199쪽.

145) 高寬敏, 1996, 『『三國史記』の原典的研究』, 雄山閣, 107쪽

있다. 그동안 고구려가 후한과의 전쟁을 수행할 때, 줄곧 장수를 보냈던 점과 비교하면 처음 나타나는 사례이다.[146] 태조왕 무렵 고구려는 각 지배 세력(나부)마다 자치권이 있었으며, '제가자전(諸加自戰)'했을 가능성이 높다고 한다.[147] 태조왕은 자신이 직접 예맥을 거느리고 전쟁을 수행함으로써 지배력을 재확인하였다. 순수와는 또 다른 방식을 통해 지배력의 공고함을 강조하는 것이다.

121~122년에 걸쳐 고구려와 후한은 공격과 수비를 교환하는 치열한 전투를 전개하였다.

〈G-1〉 건광 원년(121) 봄, 유주자사 풍환·현도태수 요광·요동태수 채풍 등이 군사를 거느리고 새(塞)를 나와 그들을 공격하여, 예맥거수를 붙잡아 참수하고, 병마(兵馬)와 재물(財物)을 획득하였다. 궁(宮)은 이에 사자(嗣子) 수성(遂成)을 보내 2천여 명을 거느리고 요광(姚光) 등에 반격하게 하였다. 사자를 보내 거짓으로 항복하니 요광 등은 이를 믿었다. 수성은 험지에 근거하면서 대군을 막고, 몰래 3천 명을 보내 현도·요동을 공격하여, 성곽을 불태우고, 2천여 명을 살상하였다. 이에 광양(廣陽)·어양(漁陽)·우북평(右北平)·탁군(涿郡) 속국(屬國)의 3천여 기를 뽑아 모두 그들을 구원하게 했으나, 맥인은 이미 가고 없었다. 여름, 다시 요동선비 8천여 명과 함께 요대를 공격하여, 이인(吏人)을 살략하니, 채풍 등이 신창(新昌)으로 추격했으나, 전몰하였다. 공조 경모·병조연 용단·병마연 공손포 등이 몸으로 채풍을 막았으나, 모두 진(陳)에서 사망하니, 죽은 자가 100여 명이었다. 가을, 궁은 마침내 마한·예맥 수천 기를 거느리고 현도를 포위하였다. 부여왕이 아들 위구태에게 2만여 명을 거느리게 하여 보내니,

---

146) 박대재, 1999, 「『三國史記』 高句麗本紀의 「馬韓」에 관한 一考察」 『사학연구』 58·59, 한국사학회, 241쪽.

147) 余昊奎, 1998a, 앞의 논문, 16쪽 고대 국가에서 전쟁은 제사와 함께 중대사이며, 왕은 여기에 대한 권한을 장악할 필요가 있었다고 한다(박대재, 2006, 『고대한국 초기국가의 왕과 전쟁』, 景仁文化社, 36~44쪽).

주군과 함께 힘써 싸워 그들을 격파하고, 500여 급을 참수하였다.[148]

〈G-1〉의 이전인 119년(태조왕 67 : 원초 6) 선비가 마성현(馬城縣)을 공격했으나 도요장군 등준·중랑장 마속·남흉노 선우 등의 반격을 받아 크게 격파되었다. 120년에는 요서선비 대인 오륜(烏倫)과 기지건(其至鞬)이 항복했고, 이들은 각각 솔중왕(率衆王)과 솔중후(率衆侯)로 봉해졌다.[149] 〈G-1〉에서 보이듯이 121년 고구려는 유주자사를 중심으로 이루어진 방대한 후한 변군 조직의 공격을 받게 된다. 이들이 고구려로 몰려든 배경에는 위와 같은 상황이 영향을 주었을 것이다.

한편 고구려 자체의 세력 성장도 들 수 있다. 『삼국사기』의 같은 기사를 보면 그 주체를 '왕(王)'으로 명기하고 있다. 외부와의 전쟁을 수행하는데, 왕이 주변 세력을 거느리고 나가는 모습이 정례(定例)였음을 알 수 있다. 고구려 내부의 정치 상황은 불분명하지만, 전쟁을 통해 내부 또는 주변 세력을 단속해 나갔고, 왕을 중심으로 군력(軍力)을 결집하였다.

후한의 자사(刺史)는 안제기(安帝期) 이후부터 점차 군대를 지휘하는 경우가 늘어난다. 그 배경으로 변주(邊州)의 재해·도적의 소란 그리고 외적 정벌을 말할 수 있다. 물론 태수가 단독으로 출병하는 사례도 여전히 존재한다. 즉 1군이 대처할 수 있는 정도에 대해서는 태수가 나서고, 그렇지 못한 경우 자사가 부내(府內)의 태수를 감독·지휘하는 형태로

---

148) 『後漢書』 卷85, 東夷列傳 第75, 句驪 "建光元年春 幽州刺史馮煥·玄菟太守姚光·遼東太守蔡諷等將兵出塞擊之 捕斬濊貊渠帥 獲兵馬財物 宮乃遣嗣子遂成將二千餘人逆光等 遣使詐降 ; 光等信之 遂成因據險阨以遮大軍 而潛遣三千人攻玄菟·遼東 焚城郭 殺傷二千餘人 於是發廣陽·漁陽·右北平·涿郡屬國三千餘騎同救之 而貊人已去 夏 復與遼東鮮卑八千餘人攻遼隊 殺略吏人 蔡諷等追擊於新昌 戰歿 功曹耿耗·兵曹掾龍端·兵馬掾公孫酺以身扞諷 俱沒於陳 死者百餘人 秋 宮遂率馬韓·濊貊數千騎圍玄菟 夫餘王遣子尉仇台將二萬餘人 與州郡并力討破之 斬首五百餘級".

149) 『後漢書』 卷90, 烏桓鮮卑列傳 第80, 鮮卑 "六年秋 鮮卑入馬城塞 殺長吏 度遼將軍鄧遵發積射士三千人 及中郎將馬續率南單于 與遼西·右北平兵馬會 出塞追擊鮮卑 大破之 獲生口及牛羊財物甚衆 又發積射士三千人 馬三千匹 詣度遼營屯守 永寧元年 遼西鮮卑大人烏倫·其至鞬率衆詣鄧遵降 奉貢獻 詔封烏倫爲率衆王 其至鞬爲率衆侯 賜綵繒各有差".

군사(軍事)에 관여한 것이다.[150] 지금까지의 공방전을 경험한 유주자사부
(幽州刺史府)는 일군(一郡)만으로 고구려에 대응하기 어렵다는 판단을 내
렸다고 생각된다.[151]

이는 121년의 전투 때 고구려에 대응하기 위해 현도·요동·광양·어양·우
북평·탁군·속국 등 후한의 여러 변군이 움직였던 사실로 증명할 수 있다.
후한과의 서전(緖戰)에서 참수당한 예맥거수라는 존재도 다시 등장한다.
이 예맥거수에 대해서는 당시 고구려의 지배 계급인 가(加)와는 별도로
존재한 수장으로 보거나,[152] 한편으로 소자하(蘇子河) 유역의 주민집단으
로 추정하기도 한다. 고구려가 후한과의 전쟁에 이들을 대거 동원했기
때문에, 후한이 고구려에 앞서 이들을 먼저 공략했다는 것이다.[153] 이
사건 뒤 수성의 대응이 이어지는 사실을 감안하면, 결국 거수는 고구려와
관련된 인물일 가능성이 크다.

이처럼 다양한 주체의 연계는 고구려가 요동선비와 함께 요대현을
공격한 사건에서도 확인된다. 고구려와 선비가 공동의 목표를 갖고 군사행
동을 전개했으며, 우호적 관계에 있었던 것으로 볼 수 있다.[154] 고구려는
이 전투에서 요동태수를 전사시키는 성과를 올렸다. 비슷한 시점에 선비는
단독으로 후한의 변군을 공격하였다. 여기에는 얼마 전 고구려를 공격했던
유주자사가 방어에 나서고 있다.[155] 선비의 공격으로 후한 유주자사의

---

150) 長嶋健太郎, 2005,「漢代刺史の職掌とその展開」『立正大學東洋史論集』17, 立正大學東
    洋史研究會, 8~10쪽.

151) 김미경, 2007, 앞의 논문, 93쪽.

152) 鄭早苗, 1981,「中國周邊諸民族の首長號-『後漢書』『三國志』より-」『村上四男博士和
    歌山大學退官記念 朝鮮史論文集』, 開明書院, 7~8쪽.

153) 여호규, 2007, 앞의 논문, 36쪽.

154) 姜仙, 2003,「高句麗와 北方民族의 관계 연구-鮮卑·契丹·柔然·突厥과의 관계를
    중심으로-」, 숙명여자대학교 사학과 박사학위논문, 33쪽.

155) 『後漢書』卷90, 烏桓鮮卑列傳 第80, 鮮卑 "建光元年秋 其至鞬復畔 寇居庸 雲中太守成嚴
    擊之 兵敗 功曹楊穆以身捍嚴 與俱戰歿 鮮卑於是圍烏桓校尉徐常於馬城 度遼將軍耿夔
    與幽州刺史龐參發廣陽·漁陽·涿郡甲卒 分爲兩道救之 常夜得潛出 與夔等幷力並進 攻
    賊圍 解之".

시선이 분산되자, 고구려는 다시 현도를 포위하기에 이르렀다.

〈G-1〉에 따르면 고구려의 현도 공격을 121년 가을이라고 하는데, 『후한
서』 본기에는 12월로 표기되어 있다.[156] 어느 시점이든 이 사건은 같은
해 11월 선비가 현도군을 구략했다는 사실[157]과 연계될 것이다. 한편으로
고구려는 부여를 회유하려는 듯한 움직임을 보였지만,[158] 부여는 여기에
반응하지 않고 후한을 구원하였다.

〈G-1〉의 공방전을 고구려와 선비의 연합 작전으로 보기도 한다.[159]
115~118년 즈음부터 시작되는 고구려와 선비의 후한 공격 양상에 주목한
것이다. 이 무렵 북흉노의 요동군 공격 정황도 엿보인다. 『후한서』 진선열
전에 따르면, 진선(陳禪)은 121년에 탄핵을 받아 현도군 후성현의 장위(障
尉)로 좌천당했는데 마침 북흉노가 요동을 공격하자 요동태수로 임명됐다
고 한다.[160] 해당 기사의 월일은 알 수 없지만, 채풍이 갑작스레 전사한
뒤 곧장 후임으로 왔을 것이라는 추측이 자연스럽다. 즉 121년에 고구려의
대(對)후한 활동은 선비·북흉노 등 각 세력의 동향과 서로 영향을 주고받았
다. 여기에 부여까지 가세하면서 이때의 정세는 제법 다각적 모습을
보인다.

앞서 후한의 변군은 호족(胡族) 세력의 잦은 침입을 받았지만, 의외로
선방하는 모습을 보았다(109~110년). 나아가 공격한 측이 원하는 성과를

---

156) 『後漢書』 卷5, 孝安帝紀 第5, 建光 元年 "冬十二月 高句驪·馬韓·穢貊圍玄菟城 夫餘王遣
　　子與州郡幷力討破之".

157) 『後漢書』 卷5, 孝安帝紀 第5, 建光 元年 "冬十一月己丑 … 鮮卑寇玄菟".

158) 『三國史記』에 따르면, 이때 고구려는 부여와 숙신에 호의적 모습을 보이고 있다
　　(『三國史記』 卷15, 高句麗本紀 第3, 太祖大王 69年 "冬十月 王幸扶餘 祀太后廟 存問百
　　姓窮困者 賜物有差 肅愼使來 獻紫狐裘及白鷹·白馬 王宴勞以遣之".).

159) 기수연, 2005, 『『후한서』 「동이열전」 연구-『삼국지』 「동이전」과의 비교를 중심으로
　　-』, 백산자료원, 151쪽 ; 여호규, 2015, 앞의 논문, 220~222쪽.

160) 『後漢書』 卷51, 李陳龐陳橋列傳 第41, 陳禪 "永寧元年 … 明年元會 … 有詔勿收 左轉爲
　　玄菟候城障尉 詔 「敢不之官 上妻子從者名」 禪旣行 朝廷多訟之 會北匈奴入遼東 追拜禪
　　遼東太守".

거두지 못하고 오히려 피해를 본 사례가 반복되기도 하였다. 이러한 상황은 고구려에도 적용할 수 있다.

105년 고구려는 요동 6현을 공격하는 전격적인 공세를 취했으나 결국 패퇴하였다. 121년에는 반대로 유주자사가 고구려를 공격했지만 실패하고, 이후 요동태수 채풍도 전사하고 말았다.[161] 2세기 초반 무렵의 정세는 어느 한쪽이 우위를 점할 수 없는 팽팽한 대치 관계였다고 말할 수 있다. 이 당시 정세는 유주·(요동군·현도군)·부여와 고구려·예맥·선비(마한)의 동맹 세력이 형성되어 있었고, 고구려는 후자 동맹의 중심이었다고 본 견해[162]도 타당할 것이다.

맺음말

지금까지 고구려 태조왕대를 중심으로 전개된 대후한 관계와 여기에 연동된 내인(內因)과 외인(外因)을 살펴보았다. 내인은 『삼국사기』에 주로 보이는 고구려의 국내 상황이며, 외인은 선비로 대표되는 호족(胡族) 세력의 동향을 가리킨다. 이하는 본론의 내용을 정리하는 것으로 대신하고자 한다.

고구려는 요동태수 채융의 적극적 이민족 대책에 반발하여, 후한의 북변 4군을 공격하였다. 공격 결과 양국(兩國)은 은신(恩信)을 매개로 한 화친을 수립하게 되었다. 고구려는 후한 관계의 평화기를 틈타 주변 세력을 정복하고, 책성 순수를 시행하여 해당 지역의 지배력을 확인하고자 하였다. 한편 후한은 북흉노 관계에 진력한 탓인지, 선비·오환 등의 성장에 제동을 걸지 못하고 있었다. 흉노의 빈자리는 선비가 성장할 수 있는

---

161) 121년 여름의 공격은 태조왕이 수성을 지원하기 위한 움직임으로 보기도 한다(박노석, 2004, 앞의 논문, 20쪽).
162) 李鍾旭, 1987, 앞의 논문, 84~85쪽.

토대를 제공하고 말았다. 이는 명(明)·장(章)·화제(和帝) 때까지 이어져 온 북변의 안정이 무너지고, 선비·오환·남흉노 등의 공격을 받는 원인으로 되었다.

105년 요동 6현 공격 이래, 고구려는 후한과 호족(胡族) 세력의 대결 구도 속에서 자국의 운신을 가늠하고 있었다. 고구려의 후한 공격 감행이나 '걸속(乞屬)'의 판단 배경을 외인(外因)과 연결하여 이해할 수 있을 것이다. 고구려는 선비·예맥 등과 연계하기도 했지만, 때로는 남방 전선을 배경으로 단독 공격을 감행하기도 하였다.

이전까지 고구려는 이른바 '국가 형성'이라는 시대적 요구에 맞추어 중국 왕조의 변군(邊郡)에 대항하였다. 그러다가 현도군 퇴축을 통한 일단의 성장을 이룩한 뒤, 본격적으로 국제 정세에 모습을 드러내기 시작한 것이다. 때마침 외부에서는 선비를 중심으로 한 호족(胡族) 세력의 득세가 주목된다. 두 세력을 연결할 수 있는 결정적 자료의 부재는 아쉬움으로 남지만, 일정한 연결고리가 보이는 점도 사실이다. 태조왕 시기 고구려의 대중(對中) 관계 전개에서 보이는 특징은 호족(胡族) 세력의 동향이 주요한 변수로 작용됐다는 데 있었던 것이다.

이 규 호

고구려 중기 관제(官制)의 구조적 특징과 노객(奴客)

머리말

고구려는 313년 낙랑군과 대방군 축출을 시작으로 본격적인 확장을 시작하였다. 그 결과 5세기 중후반에 이르러서는 서쪽으로 요하, 남쪽으로 한강, 북쪽으로 송화강, 동쪽으로 두만강 하류에 이르는 영역을 확보하였다. 민호(民戶)가 이전에 비하여 세 배가 되었다는 『위서』 고구려전의 기록은[1] 약 150여년 간 진행된 고구려의 확장정책이 성공적으로 진행되었음을 보여준다. 이러한 인구의 증가는 지배층의 증가도 수반하였으며, 그들을 고구려의 지배질서로 편입시키는데 활용된 것은 독자적인 형태의 고구려 관제였다.

그러나 이 시기 고구려 관제에 대한 문헌 기록은 대단히 빈약하여, 그 전모를 알기가 쉽지 않다. 『삼국사기』 고구려본기는 대외관계 기사가 주를 이루고, 『위서』 고구려전에는 알사(謁奢), 태사(太奢), 대형(大兄), 소형(小兄)이라는 네 개의 관명만이 전하며, 『양서』 고구려전은 이전 시대의 기록인 『삼국지』 고구려전의 내용을 거의 답습하고 있을 뿐이다.

---

1) 『위서』 권100, 고구려 "東至柵城, 南至小海, 北至舊夫餘, 民戶參倍於前".

다행히도 현재까지 알려진 각종 금석문에는 문헌에서 보이지 않는 관명들이 확인되고 있어, 이 시기 고구려 관제의 기본적인 형태는 형과 사자를 중심으로 상하위계를 대소(大小)로 구분하였음을 알 수 있게 되었다.

고구려 중기 관제[2]에 대한 연구는 두 가지 측면에서 진행되었다. 먼저 형과 사자의 위상과 직능의 구별을 찾고자 한 시도들이다. 사자는 조세수취와 같은 행정적 직능을 가진 낮은 신분의 지배층에서 비롯하였다고 보는 한편, 형은 족장(族長)과 같은 상위 지배층에서 비롯되었다고 이해한 견해가 대표적이다.[3] 이는 사자가 초기 관제에서 왕과 대가에 의해 자치(自置)되는 하위관이었고, 형은 족장적 성격을 지닌 우태(于台)에서 비롯되었다고 보았기 때문이다. 이러한 이해에는 형이 사자보다 우월하다는 인식이 깔려 있는 것이었고, 『위서』부터 『수서』 고구려전의 관제 서술이 그룹별로 묶여 기술되어 있음에 주목하여 양자의 위상이 정치적 상황에 따라 변했다고 보기도 했다.[4] 근래에는 형이 조의(皂衣)에서 비롯한 근시직의 성격을 지니고 있고, 사자는 일반 행정직의 성격을 가지고 있다고 보아 왕에 대한 근시 여부에 따라 형과 사자의 성격을 구분하기도 한다.[5]

그러나 후술하듯 형과 사자의 우열관계는 형이 우태와 직접적인 계승관계를 가졌다고 보기 어렵기 때문에 성립할 수 없으며, 『위서』 이후 고구려전의 관제 기록은 계통별로 서열에 따라 묶어서 서술한 것일 뿐이기 때문에[6] 정치적 의미가 있었다고 할 수 없다. 또한 사자, 조의, 선인은 모두 가신(家臣)과 같다고 전해지는데,[7] 조의와 형의 계승관계를 인정하더

---

2) 일반적으로 고구려사의 시기 구분은 건국~3세기까지를 초기, 4~5세기를 중기, 6~7세기를 후기로 파악하지만, 본고에서는 관제의 전환 양상을 파악하기 위해 2세기 후반~3세기 중후반을 과도기적 성격으로 파악하고 검토의 대상에 넣는다.

3) 김철준, 1990, 「高句麗·新羅 官階組織의 成立過程」 『한국고대사회연구』, 서울대출판부, 234~240쪽.

4) 노중국, 2003, 「삼국의 관등제」 『강좌 한국고대사 2』, 가락국사적개발원, 107~108쪽.

5) 이동훈, 2019, 『고구려 중·후기 지배체제 연구』, 서경문화사, 65~68쪽.

6) 武田幸男, 1989, 「高句麗官位制の史的展開」 『高句麗史と東アジア』, 岩波書店, 368~369쪽.

라도 사자 역시 근시의 성격을 지녔다고 볼 수도 있기 때문에 형의 직무와 명확히 구분할 수 없는 문제가 남는다.

다음으로 형과 사자는 사회적 기반에 따른 차별성을 상정하지 않는 시각에서,[8] 양자의 성격 구분보다는 문헌과 금석문 자료를 종합하여 중기 관제의 성립과정을 복원하는 데 주력한 연구들이 있다. 그에 따르면 중기 관제는 어느 시점에 일괄적으로 성립된 것이 아니라, 373년(소수림왕 3)의 율령 반포와 427년(장수왕 15)의 평양천도를 계기로 하는 단계적 형성과정을 거쳤다고 한다.[9] 구체적으로는 3세기 후반 대소로 분화되어 있던 형과 사자가 373년에 상향분화하고, 427년에는 하향분화 했다고 파악하는데, 고구려의 중앙집권화 진전에 따른 관직의 증설 등이 배경으로 설정되었다.

이와 같은 고구려 중기 관제의 성립과 변천과정에 대한 이해에 필자 역시 큰 이견이 없다. 다만 이때 성립한 고구려의 관제구조가 이전의 것을 상당부분 변형시킨 결과라는 점에 주목할 필요가 있다. 본론에서 구체적으로 다루겠지만 인접한 백제나 신라가 동일 계통의 관명끼리 서열화 한 것에 반해, 이 시기 고구려의 관제는 사자와 형이라는 별개의 계통을 대소의 구분에 따라 교차로 두고 있다. 이는 정치권력에 기초한 지배질서가 전과는 질적으로 달라졌기 때문으로, 관제 구조가 그러한 변화를 반영한다고 생각한다.

따라서 본고에서는 이러한 질적인 변화상의 원인과 결과를 탐색하는데 목표를 두고 다음과 같은 점들을 살피고자 한다. 첫째, 초기와 중기

---

7) 『삼국지』권30, 고구려 "其國有王, 其官有相加·對盧·沛者·古鄒加·主簿·優台·丞·使者·皂衣·先人, 尊卑各有等級…諸大加亦自置使者皂衣先人, 名皆達於王, 如卿大夫之家臣. 會同坐起, 不得與王家使者皂衣先人同列".

8) 서영대, 1981, 「高句麗 平壤遷都의 動機」『한국문화』 2, 110~111쪽.

9) 임기환, 2004, 『고구려 정치사 연구』, 한나래 ; 여호규, 2014, 『고구려 초기 정치사 연구』, 신서원. 한편 이정빈, 2020, 「율령 반포와 관등제 정비」『고구려 중기의 정치와 사회』, 동북아역사재단에서도 율령의 반포의 결과물로서 중기 관제를 살펴본 바 있다.

관제를 계승적인 관점에서 바라보며 소멸된 것과 생겨난 것의 성격들을 파악할 것이다. 이것은 관명의 기능변화와 관련된 기초적 검토를 위한 과정이다. 둘째, 사자와 형이 선택된 배경과 그것의 변화과정을 추적해볼 것이다. 당시 고구려의 정치적 상황에서 사자와 형이 선택될 수밖에 없던 이유는 당대의 정치구조와 밀접한 관련이 있을 것이라 짐작된다. 셋째, 그렇게 성립된 중기 관제가 백제나 신라와 다른 형태로 발전한 원인을 알아볼 것이다. 관제는 결국 왕에 의한, 왕과의 관계를 바탕에 두고 있다. 이 시기 고구려왕은 태왕(太王)이라는 독보적 존재로 올라서고 있는데, 이러한 관념이 관제구조의 변화에 미친 영향을 확인하려고 한다.

1. 중기 관제로의 전환과 특징

여러 연구들에서 밝혀왔듯 초기 관제는 왕실인 계루부와 4개의 나부를 편제하기 위해 기능하였다. 따라서 초기 관제는 고유명 5부의 존립을 바탕으로 성립하여 운영되었고, 고유명 5부의 소멸은 초기 관제의 변화를 야기하는 직접적인 원인이 되었다. 2세기 중반 이후부터 고구려는 기존의 5부와 달리 방위명을 관칭한 5부가 등장하기 시작했고, 공존기를 거쳐 고유명 5부를 대체하게 되었다. 이러한 변화 속에서 초기 관제 가운데 더 이상 존재 가치를 잃고 소멸된 것이 있는 반면, 새로운 5부의 등장과 함께 성립한 것이 있게 되었다. 이와 같은 모습을 보여주는 전형적인 사례로 패자와 대로가 있다.

> 가-1. 관(官)을 두는데 대로(對盧)가 있으면 패자(沛者)를 두지 않고 패자가 있으면 대로를 두지 않는다.[10]

---

10)『삼국지』권30, 고구려 "其置官, 有對盧則不置沛者, 有沛者則不置對盧".

가-2. (개로왕 21년[475] 9월) 고구려 대로 제우, 재증걸루, 고이만년 등이
병사를 거느리고 북성을 공격하여 7일만에 함락시키고 이동하여 남성을
공격하였는데 성 안이 위중하여 왕이 나와서 도망쳤다. …11)

가-1은 대로와 패자의 관계를 보여주는 유일한 기사로, 패자에 대한
이해를 바탕으로 여러 견해들이 제기된 바 있다.12) 3세기 무렵의 고구려
5부는 고유명부에서 방위명부로 전환되는 과도기였고, 고유명부와 패자,
방위명부와 대로가 비슷한 시기에 짝지어 나타난다는 점에서 패자는
고유명부를 기반으로, 대로는 방위명부를 기반으로 성립된 것으로 파악된
다.13) 이러한 변화는 고구려 왕실의 집권력 강화과정과 함께 하였던
것이고, 부의 성격 변화와 함께 패자의 역할은 점차 대로에게 넘어갔을
것이다.14)

패자에게는 소속부의 군사력을 운용할 수 있는 권한이 있었다.15) 따라
서 대로가 패자를 대체했다면 그의 권한도 대체했을 수 있는데, 가-2는
그와 관련된 사례라고 할 수 있다. 이에 의하면 대로는 백제 공격을

---

11) 『삼국사기』 권25, 개로왕 21년 9월 "高句麗對盧齊于·再曾桀婁·古尒萬年等帥兵,
來攻北城, 七日而拔之, 移攻南城, 城中危恐, 王出逃 …".

12) 성격의 차이로 구분한 견해와 성립기반의 차이로 본 견해로 나뉜다. 먼저 성격의
차이로 볼 때는 대로=족장, 패자=대로 보좌역(김철준, 1990, 앞의 책, 229쪽),
대로=일반 읍락 대수장층, 패자=나부의 직책(김광수, 1983, 『고구려 고대 집권국
가의 성립에 관한 연구』, 연세대 박사학위논문, 109~114쪽), 왕 직속 관료 체계
최고위 관으로(노중국, 1979, 「高句麗 國相考」上·下 『한국학보』 16·17합집, 18쪽)
파악한다. 반면 성립기반의 차이로 볼 때는 병존 이후 패자의 소멸(이종욱,
1982, 「고구려 초기의 중앙정부조직」 『동방학지』 33, 38~40쪽), 패자=나부계,
대로=방위부계(임기환, 2004, 앞의 책, 120~125쪽), 패자=나부의 대가, 대로=계
루부의 대가(윤성용, 1997, 「고구려 귀족회의의 성립과정과 그 성격」 『한국고대
사연구』 11, 327~333쪽)로 이해한다.

13) 임기환, 2004, 앞의 책, 120~125쪽.

14) 선행연구에서도 해당 기록이 3세기 중엽을 전후하여 패자가 대로로 교치되던
상황을 반영한다고 지적한 바 있다(여호규, 2014, 앞의 책, 397쪽).

15) 『삼국사기』 권15, 태조왕 20년 "春二月, 遣貫那部沛者達賈伐藻那, 虜其王"; 동왕
22년 "二十二年, 冬十月, 王遣桓那部沛者薛儒伐朱那, 虜其王子乙音爲古鄒加".

지휘한 주체로 나타나고 있으므로 역시 군사적 권한을 가지고 있었다고
할 수 있다. 다만 자료의 한계로 인하여 대로가 지닌 군사적 권한의
범주가 패자처럼 소속부에 한정되었는지는 단언하기 어렵다.

그러면 대로의 지위는 패자와 비교해 어떠했을까. 패자는 3인의 비류부
장16)이나 4연나17) 등을 고려해도 각 부 내에서 매우 소수가 부여받는
특권적 지위였다. 그런데 '대로가 있으면 패자를 두지 않고, 패자가 있으면
대로를 두지 않는' 과도기를 거친 뒤에는 나부가 해체되면서 방위부의
대로가 패자의 지위를 대신하였을 가능성이 높다고 생각된다. 패자의
위상을 생각해보면 아마도 대로 역시 방위부에서 가장 높은 지위를 획득했
을 것이다. 그러므로 대로는 고구려 방위명 5부의 서열 정점에 있는
1위관이었을 가능성이 높다.18)

이와 같이 패자는 나부의 최고위관으로서 존재했지만, 중천왕 7년(254)
를 끝으로 보이지 않는데,19) 나부도 같은 왕 9년20)을 끝으로 더 이상
나타나지 않고 있으므로 그 역할을 다 했던 것으로 파악된다. 이와 유사한
양상이 우태였다.

우태는 태조왕 16년(68)을 시작으로 나타나기 시작하여 동천왕 4년
(230)을 끝으로 보이지 않고, 이들은 대부분 고유명 5부 출신으로 나타나고
있다. 우태는 독자적인 세력을 가진 자에게 주어진 것으로 이해되는데,21)
초기 관제에서 우태의 위상은 패자보다는 낮지만 가신과도 같은 존재로

---

16) 『삼국사기』 권14, 대무신왕 15년 "春三月, 黜大臣仇都·逸苟·焚求等三人爲庶人. 此三
人爲沸流部長 …".

17) 『삼국사기』 권16, 고국천왕 12년 "秋九月, 中畏大夫沛者於畀留·評者左可慮, 皆以王
后親戚, 執國權柄, 其子弟並恃勢驕侈, 掠人子女, 奪人田宅, 國人怨憤. 王聞之, 怒欲誅
之, 左可慮等與四椽那謀叛".

18) 임기환, 2004, 앞의 책, 231쪽 ; 여호규, 2014, 앞의 책, 402쪽 ; 이규호, 2017,
「고구려 對盧의 성격과 역할」『사학연구』127, 148~149쪽.

19) 『삼국사기』 권17, 중천왕 7년 "夏四月, 國相明臨於漱卒, 以沸流沛者陰友爲國相".

20) 『삼국사기』 권17, 중천왕 9년 "冬十一月, 以椽那明臨笏覩, 尙公主爲駙馬都尉".

21) 임기환, 2004, 앞의 책, 129쪽 ; 여호규, 2014, 앞의 책, 211~212쪽.

<표 1> 『삼국사기』 소재 우태 소지자 일람

출전	직명	소속	관명	인명
태조왕 16년[22]				도두
태조왕 80년[23]		관나		미유
		환나	于台	어지류
차대왕 2년[24]	중외대부	비류나		양신
고국천왕 13년[25]	국상	[계루][26]		을파소
동천왕 4년[27]	국상	[연나]		명림어수

묘사된 사자 이하의 관을 둘 수 있는 대가에 준한다고 보인다.[28]

이와 같은 모습은 고구려왕의 집권력 강화에는 방해가 되는 것이었다. 비록 왕에게 보고해야 했지만, 자신만의 독자적인 인사를 행할 수 있었기 때문이다. 따라서 그들의 기반이었던 나부의 소멸 과정에서 우태의 필요성 역시 점차 옅어졌을 것으로 생각된다. 하지만 대로라는 대체 대상이 있었던 패자와 달리, 우태는 그와 같은 대상을 찾기 어렵다. 형이 우태를 계승했다고 보기도 하지만,[29] 음상사에 의한 것이라 쉽게 납득되지는 않는다. 이는 형의 등장과 관련한 문제이므로 후술하도록 하고, 여기에서

---

22) 『삼국사기』 권15, 태조왕 16년 "秋八月, 曷思王孫都頭, 以國來降. 以都頭爲于台".

23) 『삼국사기』 권15, 태조왕 80년 "秋七月, 遂成獵於倭山, 與左右宴. 於是, 貫那于台彌儒·桓那于台菸支留·沸流那皂衣陽神等, 陰謂遂成曰 …".

24) 『삼국사기』 권15, 차대왕 2년 "冬十月, 沸流那陽神爲中畏大夫, 加爵爲于台. 皆王之故舊".

25) 『삼국사기』 권16, 고국천왕 13년 "夏四月…王遣使, 以卑辭重禮聘之, 拜中畏大夫, 加爵爲于台, 謂曰…王知其意, 乃除爲國相, 令知政事".

26) 을파소를 추천한 자가 東部 晏留로 4나부 소속이 아닌 점으로 보아 계루부 소속으로 파악된다. 또한 성씨 등으로 소속부를 짐작할 수 있는 경우를 제외하면 소속부가 명기되어 있지 않은 경우 계루부로 볼 수 있다는 견해도 참조된다(李鍾旭, 1979, 「高句麗 初期의 左·右輔와 國相」 『全海宗博士華甲紀念史學論叢』, 一潮閣, 492쪽).

27) 『삼국사기』 권17, 동천왕 4년 "秋七月, 國相高優婁卒, 以于台明臨於漱爲國相".

28) 이규호, 2022, 「고구려 초기 官制의 重層的 구조와 운영」 『고구려발해연구』 73, 72쪽.

29) 김철준, 1975, 앞의 책, 130쪽 ; 조영광, 2015, 「고구려 초기 관등의 기원과 성격에 대하여」 『사학연구』 119, 51~54쪽.

는 우태가 고유명 5부를 기반으로 형성되었고, 그의 소멸에 따라 없어진 것으로 파악한다는 것만 짚어둔다.

마지막으로는 조의인데, 하급관원,[30] 국왕이나 대가 예하의 군사업무 담당자,[31] 나부의 최하위 세력집단 대상 관등[32]의 견해가 제기되어 있다.

<표 2> 『삼국사기』 소재 조의 소지자 일람

출전	소속	관명	인명
태조왕 80년[33]	비류나	조의	양신
차대왕 20년[34]	연나	조의	명림답부

적은 사례지만, 조의 소지자의 소속은 4나부만 보인다. 그러나 조의는 왕을 비롯한 대가가 둘 수 있는 관이었으므로, 이 역시 고유명 5부와 관련하여 운영된 것으로 볼 수 있다. 조의는 동천왕대를 끝으로 더 이상 나타나지 않기 때문에,[35] 앞선 패자와 우태처럼 소멸되었으리라 할 수도 있다. 그러나 같은 가신집단으로서 사자와 선인이 후대에도 이어져 갔음을 보면, 비슷한 성격의 조의만 소멸했다고 보기에는 미심쩍은 면이 많다. 오히려 사자와 선인이 후대에도 유지, 발전되고 있음을 볼 때, 조의 역시 비슷한 과정을 겪지 않았을까 한다. 구체적인 내용은 뒤에서 다시

---

30) 족장의 심부름 담당(김철준, 1975, 『한국고대사회연구』, 지식산업사, 128쪽), 실무 행정요원(노중국, 1979, 「高句麗 國相考」 『한국학보』 5-3, 일지사, 20쪽)으로 나뉜다.

31) 김광수, 1983, 앞의 논문, 103~104쪽 ; 이동훈, 2016, 앞의 책, 62~63쪽 ; 장병진, 2020, 「고구려 전기의 지배세력 재편과 관등제」 『한국고대사연구』 99, 182~184 쪽 ; 이규호, 2022, 앞의 논문, 61쪽.

32) 여호규, 2014, 앞의 책, 212~213쪽.

33) 『삼국사기』 권15, 태조대왕 80년 "秋七月, 遂成獵於倭山, 與左右宴. 於是, 貫那于台彌儒·桓那于台菸支留·沸流那皂衣陽神等, 陰謂遂成曰…".

34) 『삼국사기』 권15, 차대왕 20년 "冬十月, 椽那皂衣明臨荅夫, 因民不忍, 弑王. 號爲次大王".

35) 『삼국지』 권47, 吳主傳 "其年(233), 宮遣皂衣二十五人送旦等還, 奉表稱臣, 貢貂皮千枚, 鶡雞皮十具".

다룬다.

이처럼 고유명 5부를 기반으로 성립한 초기 관제 가운데서도 상위관인 패자와 우태는 소멸한 반면, 하위관인 조의는 지속되었을 가능성이 있다. 전자는 왕권의 제약을, 후자는 왕권의 지지를 가능케 한 것들이라는데 주목한다면,[36] 중기 관제로의 변화는 후자에 해당하는 관들을 남기는 것으로 진행되었을 것이다. 대표적인 예가 주부이다. 3세기 이후에도 주부가 존재했음은 다음의 사료가 보여준다.

> 가-3. [봉상왕] 3년(294) 가을 9월, 국상 상루가 죽자 남부 대사자 창조리를 국상으로 삼고, 작을 올려 대주부로 삼았다.[37]

> 가-4. 전부 태사자 다우환노, 주부 귀덕 …(『충주고구려비』)

가-3은 3세기 후반, 가-4는 5세기 중엽[38]의 기록이다. 이 사료들은 고유명 5부가 더 이상 등장하지 않는 시기의 기록이기 때문에, 5부의 성격변화에도 여전히 유지되고 있었음을 알 수 있다. 주부의 성격이 왕권의 확대와 무관하지 않기 때문이었을 것이다. 이는 주부가 국상에 임명되고 있음에서도 뒷받침된다. 국상의 전신인 우보에 주부가 임명되었음을 상기한다면,[39] 고위관으로서 주부의 위치는 유지되었던 것 같다.

---

36) 물론 고구려 초기의 정치권력은 왕실인 계루부가 특정 부와 정치적 협력 하에 국정을 주도하는 경향이 있었기 때문에, 모든 패자와 우태가 왕권을 제약했던 것은 아니다.

37) 『삼국사기』 권17, 봉상왕 3년 "秋九月, 國相尙婁卒, 以南部大使者倉助利爲國相, 進爵爲大主簿".

38) 연대에 관한 견해들의 논점에 대해서는 장창은, 2014, 「「忠州高句麗碑」 연구의 현 단계」『고구려 남방진출사 연구』, 경인문화사에 잘 정리되어 있다. 한편 최근에는 동북아역사재단과 한국고대사학회가 공동으로 충주고구려비를 재판독했는데, 판독안은 동북아역사재단 편, 2021, 『충주고구려비』, 동북아역사재단을 참고.

39) 『삼국사기』 권15, 차대왕 2년 "秋七月, 左輔穆度婁, 稱疾退老. 以桓那于台菸支留爲左

그런데 가-4에 의하면 주부는 대사자보다 뒤에 기록되고 있음이 주목된다. 후술하겠지만 대사자는 사자가 상위분화 한 것인데, 가-3을 보아 알 수 있듯 주부보다는 하위였음이 분명하다. 일반적으로 인명의 기술 순서가 지위의 순서라고 볼 때, 가-3의 관계가 역전되어 있는 것이다. 4~5세기의 정치적 상황에 따라 주부의 서열에 변동이 있었을까 생각할 수도 있겠지만, 당시 관제의 성격을 고려할 때 별로 설득력 있는 추정이 아니라고 본다.

따라서 가-4의 주부는 가-3의 대주부와는 다른 것으로 볼 수밖에 없는데, 대주부라는 명칭을 중시할 필요가 있다. 종래 이 대주부의 실체에 대해서는 세 가지 견해가 있었다.[40] 대주부가 대소의 분화라는 고구려 관제의 특징을 따르고 있는 점,『삼국사기』고구려본기의 초기 기록과『충주고구려비』모두 사료적 가치가 높다는 점을 고려하면 두 기록을 모두 포용할 수 있는 범주에서 생각할 때, 대주부와 주부는 분화의 결과로 생각된다.[41]

이와 같은 주부의 분화는 패자, 우태와 반대의 현상으로 해석할 수 있다. 왕권의 제약 여지가 있는 관의 소멸과 함께 왕권의 확대를 보조할 관은 분화발전 했다고 보는 것이다. 즉, 고구려 초기 관제에서 중기 관제로의 변화는 5부의 성격 변화를 바탕으로 왕권의 확대라는 의도 하에 그에 유효한 관(官)만 남게 되는 방향으로 진행되었다고 정리할 수 있다. 그렇다면 고구려 관제의 특징이자 주축이 되는 사자(使者)와 형(兄) 또한 그러한 맥락에서 이해할 필요가 있을 것이다.

輔, 加爵爲大主簿".

40) 대주부＝주부(여호규, 2014, 앞의 책, 214~216쪽.), 대주부＝대로(조영광, 2015, 앞의 논문, 57~60쪽 ; 이준성, 2016,「고구려 초기 대가의 성격과 상위 관제의 爵的 운영」『동북아역사논총』53, 339~341쪽.), 주부에서 대주부로의 분화(임기환, 2004, 앞의 책, 233쪽 및 235~236쪽 ; 이규호, 2023,「고구려 초기 漢式 官名의 수용과 역할」『백산학보』127, 111~112쪽)로 대별된다.

41) 이규호, 2023, 위의 논문, 111~112쪽에서는 동천왕대 조위와의 교섭에서 주부 2인이 등장하고 있음을 들어 이 무렵 주부의 정원이 늘고 분화가 진행되었을 것으로 보면서, 가-3의 대주부는 후대에 소급된 것으로 이해하였다.

2. 사자, 형의 분화와 중기 관제의 발전 양상

앞 장에서 살핀 내용을 정리하자면 초기 관제 중에 후대에도 확인되는 것은 대로, 주부, 사자, 선인[42]이다. 여기에 새롭게 등장한 형이 추가된 형태로 분화 발전하는 것이 초기 관제 이후의 기본적인 틀이 되었다. 먼저 관련 자료들을 통해 어떤 방식으로 변화해 갔는지 확인해보자.

> 나-1. 그 관명으로는 알사·태사·대형·소형의 칭호가 있다. 머리에는 절풍을 쓰는데 그 모양이 고깔과 같으며, 옆에는 새 깃을 꽂는데 귀천에 차이가 있다.[43]

> 나-2. 건위장군 <u>국소대형</u> 좌장군 용양장군 요동태수 사지절 동이교위 유주자사 진(『덕흥리고분 묵서』)

> 나-3. 대사자 모두루⋯대형염모⋯조부□□대형慈□대형□□(『모두루묘지』[44])

> 나-4. 을해년 8월에 전부 소대사자 어구루가 쌓았다.[45]

나-1~3은 4세기 말~5세기 초반의 기록들로서, 고구려 관제의 분화모습을 보여주는 사례들이다. 나-1의 알사, 태사는 『한원』 고려기의 기록에 의하면[46] 태대사자와 대사자를 가리키는데, 대사자가 다시 태대사자와

---

42) 본문에서는 이 무렵 선인에 대한 구체적 사례를 들 수 없어 언급하지 않았지만, 초기나 후기에 선인이 모두 최하위관으로 있다는 점에서 시종일관 존속했을 것이라 판단하였다.

43) 『위서』 권100, 고구려 "其官名有謁奢·太奢·大兄·小兄之號. 頭著折風, 其形如弁, 旁插鳥羽, 貴賤有差".

44) 판독안은 이준성, 2020, 「牟頭婁 墓誌의 판독과 역주 재검토」 『목간과문자』 25를 참조하였다.

45) 『농오리산성 마애석각』 "乙亥年八月前部小大使者於九婁治".

대사자로 상위분화했음을 보여준다. 나-4의 소대사자는 태대사자와 짝을 이루며, 대사자와 동일한 것으로 파악되므로 이를 뒷받침 한다. 이와 같은 사자의 변화상으로 보아 형도 비슷했을 것인데, 나-1과 3에서는 대형과 소형의 분화를 확인할 수 있고, 나-2의 국소대형은 태대형과 소대형으로 분화되어 있었음을 짐작하게 한다.

이러한 상위분화의 계기로는 372년의 율령반포를 언급해왔다.[47] 이 때의 율령에는 관리의 위계와 관부의 종류 등이 포함되어 있다고 보면,[48] 고구려의 핵심을 이루는 5부의 구성원과 새롭게 편입된 지역들의 구성원에 대한 위계질서를 정리하는 과정이 선행되었으리라 짐작된다. 나-3의 대사자와 대형을 소지했던 모두루 가문이 대표적이다. 모두루의 활동 연대는 광개토왕대로 파악되는데, 408년으로 비정되는 덕흥리고분 묵서의 주인공 진(鎭) 역시 그 무렵에 생존해 있었다. 진이 소지한 소대형으로 보아 당시에 이미 태대형도 있었음을 알 수 있으므로, 관제상 이들은 고구려 최상층에 자리하지는 못했던 것으로 파악된다.

이와 같은 지방 출신 인물들이 이 무렵 대사자-대형 정도의 관을 소지했던 것은 다음을 통해서도 확인할 수 있다.

나-5. 현금(거문고)의 제작은 신라고기(新羅古記)에 이르기를, 일찍이 진(晉)나라 사람이 칠현금을 고구려에 보냈는데, 고구려인들은 비록 그것이 악기라는 것은 알았으나 그 성음(聲音)과 연주법을 알지 못하여 국인으로 그 음과 연주법을 알 수 있는 자를 구하며 후한 상을 준다고 하였다. 이때 제2상(第二相) 왕산악이 그 본래의 형태를 보존하면서 그 법제를 상당히 바꾸어 그것[현금]을 만들고 겸하여 1백여 곡을 지어 연주하였다. 이때 검은 학이 와서 춤을 추어, 마침내 현학금이라 하였는데 이후에는

---

46) 『한원』 고려기 "次大夫使者, 比正三品, 亦名謂謁奢…次大使者, 比正四品, 一名大奢".
47) 『삼국사기』 권18, 소수림왕 3년 "三年, 始頒律令".
48) 노중국, 1979, 「高句麗 律令 관한 一試論」『동방학지』21, 135~139쪽.

현금이라고만 하였다.[49)]

위의 기사는 『삼국사기』 악지(樂誌)에 소개된 내용으로서 고구려에 현금이 전래된 계기를 전한다. 종래에는 왕산악을 통해 낙랑 왕씨와 같은 평양 지역 지배층이 고구려 정계에서 활동하고 있었음을 언급하였다.[50)] 여기서 주목하고 싶은 것은 제2상이라는 왕산악의 지위이다. 이 기사는 그가 '진나라 사람'이라고 한 것, 관제의 변화시점을 고려하건대 동진(317~420)시대를 배경으로 했을 것으로 짐작된다.

그렇다면 왕산악의 제2상은 무엇을 가리키는 것일까. 먼저 상을 고구려 초기의 국상처럼 재상의 의미로 보고 두 번째 서열의 재상이라 파악하는 것이다. 앞서 3세기 후반에 제2위관이었던 대주부로서 국상이 된 창조리가 있으므로, 관직은 재상이되 관등은 2위였음을 나타낸다고 이해해보는 것이다. 그러나 국상이 4세기 이후 어떻게 되었는지 현재로서는 알기 어려울 뿐 아니라, 국상 이외에 다른 '상'이 발견되지 않고 있어 어려운 점이 많다.

그런데 제2상은 문맥으로 보아 관등 내지 관직인데, 『삼국사기』 직관지에서 고구려의 사자를 '상'으로 기록하고 있음이 유의된다.

비록 다음 〈표 3〉에 보이는 고구려의 관명들은 7세기 이후의 것들이지만, 순서 상으로 보아 4~5세기와 크게 차이가 없다. 『한원』 고려기의 기록들을 참고하면 표의 상은 사자를 가리키므로 대상 이하의 상(相)은 3위였던 주부 아래의 4위 태대사자(大相)를 시작으로 대사자(從大相), 발위사자(小相), 상위사자(狄相)에 대응된다.

이처럼 신라측에서 고구려의 사자를 '상'으로 표기했다고 했을 때,

---

49) 『삼국사기』 권32, 樂誌 "玄琴之作也, 新羅古記云, "初晉人以七絃琴, 送高句麗, 麗人雖知其爲樂器, 而不知其聲音及鼓之之法, 購國人能識其音而鼓之者, 厚賞. 時第二相王山岳, 存其本樣, 頗改易其法制而造之, 兼製一百餘曲, 以奏之. 於時玄鶴來舞, 遂名玄鶴琴, 後但云玄琴".

50) 서영대, 1981, 앞의 논문, 98~99쪽 ; 임기환, 2004, 앞의 책, 272쪽.

〈표 3〉『삼국사기』 직관지 고구려, 신라 관등 대응표

고구려	신라
주부(主簿)	일길찬(一吉飡)
대상(大相)	사찬(沙飡)
위두대형(位頭大兄)·종대상(從大相)	급찬(級飡)
소상(小相)·적상(狄相)	나마(奈麻)
소형(小兄)	대사(大舍)
제형(諸兄)	사지(舍知)
선인(先人)	길차(吉次)
자위(自位)	오지(烏知)

제2상의 상은 사자를 가리킬 가능성이 있다. 제2는 서열상 두 번째를 의미하므로 태대사자 아래의 대사자를 가리킨다고 할 수 있다. 즉, 제2상 왕산악은 대사자 왕산악으로 치환하여 설명할 수 있을 것이다. 기왕의 지적대로 왕산악을 낙랑 고지에 거주하던 낙랑 왕씨 집단으로 이해할 수 있다면, 북부여를 연고로 하는 대사자 모두루나 덕흥리 일대(낙랑 지역)를 연고로 하는 소대형 □□진(□□鎭)과 같이 고구려에 의해 대사자~대형급으로 편제된 지방 지배층의 한 사례를 더할 수 있다.

위와 같은 사례들을 통해 이 무렵 고구려의 관제는 종래 5부인만을 대상으로 수여되던 것에서 지방 지배층에게도 수여되는 방향으로 확대되었음을 알 수 있다. 지방 지배층은 고구려의 관제에 편입됨으로서 고구려의 관인이라는 공적 지위를 획득할 수 있었고, 고구려 중앙은 보다 확고한 지배체제를 구축할 수 있게 되었다. 그럼에도 이들의 관등이 대사자, 대형에 그치고 있는 것은 고구려 중앙을 구성하는 원고구려 5부인과 지방에 위치한 지방 지배층 간의 현실적 격차를 드러내는 일면으로도 보인다.

또한 국가행정에 필요한 주요관부의 설치에 따른 관직은 점차 증가했을 것이다. 신라의 사례를 비추어 보면 각 부서는 장관부터 말단 조직까지 한 번에 정비되지 않고 장관부터 차례로 설치되었다.[51] 따라서 고구려 역시 율령반포 초기에는 각 부서의 장관급이 먼저 두어졌을 것이고,

부서 간의 통속관계를 분명히 하기 위해 장관들의 지위를 먼저 정리할 필요가 있었다고 생각된다. 즉, 이 시기 고구려 관제가 상위분화를 선행한 것은 중앙과 지방, 중앙 부처 간의 서열을 구분하기 위해서였다고 볼 수 있다.

그런데 관료조직의 측면에서나, 지배층의 서열화 측면에서나 관제의 구성은 아래로 내려갈수록 더 많은 인원을 필요로 한다. 이에 따라서 더 많은 하위관의 존재는 필수적이었다.

    다-1. 신라토내당주 하부 발위사자 보노…고모루성 수사 하부 대형 耶□[52]

    다-2. 기축년, 3월, 21일, 여기서부터 □ 방향 아래로 2리는 내중백두 상위사 이장이 축조를 맡았다.[53]

다-1에는 발위사자가, 다-2는 상위사(자)라는 새로운 관명이 보인다. 이 둘은 『한원』 고려기에 의하면 대형과 소형 사이에 차례로 8, 9위에 위치하고 있다. 양자는 위(位)를 공통으로 하는 명칭으로 보아 같은 시점에 분화된 것으로, 소사자가 발위사자와 상위사자로 분화되었다고 파악되고 있다.[54]

또한 명칭이 기존과 달리 대, 소가 붙지 않은 것은 이미 존재하고 있는 태대사자, (소)대사자에 대소사자, 소소사자까지 분화되면 혼동을 줄 수 있기 때문에 발위와 상위로 명명했다고 본다.[55] 5세기 중엽에

---

51) 『삼국사기』 권38, 職官 上, 兵部. 예를 들어 신라 병부의 경우 장관인 令은 516년에, 말단 관원인 史는 671년에 두었다.
52) 『충주고구려비』 “新羅土內幢主 下部 拔位使者 補奴…古牟婁城 守事 下部 大兄 耶□”.
53) 『평양성 석각』 제3석 “己丑年, 三月, 卄一日, 自此下向□下二里, 內中百頭上位使尒 丈作節矣”.
54) 임기환, 2004, 앞의 책, 212~217쪽.
55) 여호규, 2014, 앞의 책, 406~407쪽. 소형과 제형의 분화양상 역시 소사자의

소사자가 이와 같이 분화되었다면 소형 역시 그러했을 것이라 예상되지만, 구체적인 사례는 아직 확인되지 않는다. 그러나 앞서 4세기 후반에 대사자와 대형이 함께 상위분화했으므로, 소형도 소사자와 비슷한 시기에 하위분화했을 것이며, 그 결과는 『한원』에 나오는 대로 소형과 제형이었을 것이다.

즉, 5세기 어느 무렵에는 소사자, 소형을 기준으로 하위 분화한 것인데, 평양천도 이후일 가능성이 높다고 본다. 국내성보다 넓은 평양으로 옮기게 되면서 수도에 더 많은 인구의 수용, 영토확장의 일단락에 따른 지배층의 증가 등이 배경으로 상정된다. 또한 중앙과 지방관서의 장관 설치가 앞선 시기에 진행되었을 것이라 보면, 이후에는 그에 따른 하위 조직의 설치 역시 뒤따라 진행되었을 것으로 생각된다. 보다 정밀하고 진전된 형태의 관제조직이 형성될 필요가 있었던 것이다.

지금까지 살펴본 바를 종합하면 3세기 후반부터 진행해온 관제구조의 변화는 427년의 평양천도를 끝으로 그 모습을 갖추었다고 생각된다. 이를 정리하면 아래와 같다.

〈표 4〉 고구려 중기 관제의 분화양상

3세기 말	율령반포(373)	평양천도(427)
대로	대로	대로
(대)주부	대주부	대주부
	태대사자	태대사자
	태대형	태대형
대사자	대사자	대사자
대형	대형	대형
(주부?)	(주부)	주부
소사자	소사자	발위사자
		상위사자
소형	소형	소형
		제형
선인	선인	선인

이유와 비슷하다고 지적한다.

위와 같이 고구려는 시간을 두고 점진적으로 관제를 발달시켜왔다. 6~7세기 관제에 나타나는 관명 대부분은 5세기 중엽 즈음에 이미 모두 확인되고 있기 때문에 고구려 관제의 기반은 이때 성립되었다고 보기도 한다.[56] 이는 앞서 언급한대로 신분이라는 사회적인 목적과 관부와 관원의 분화라는 행정적인 목적과도 관련이 있었다.

그런데 소지자의 신분 고하를 드러내는 목적으로나, 행정적인 통속관계를 나타내기 위해서나 고구려의 이와 같은 관제 구조는 독특한 것이다. 앞서 살펴보았듯이 고구려는 이전 시기에 집단의 수장과 가신을 구분하여 관제 내에 편성하였고, 그에 따라 그들이 담당한 국정운영의 권한과 범위도 차이가 있었다. 초기 관제에서 수장과 가신의 위상 차이는 명확했던 것이다. 그럼에도 수장층을 편제했던 관명들은 소멸되거나 다른 것으로 대체되었고, 가신에게 부여되던 사자 등은 지속적으로 분화발전하고 있다. 이는 관제의 정비 과정에서 왕과 지배자 집단 간의 관계가 근본적으로 변화했음을 시사하며, 백제와 신라와 다른 형태로 구성된 이유일 것이다.

3. 사자, 형의 배열에 깃든 군신관계와 노객(奴客)

지금까지의 논의대로라면 고구려 관제의 변화상은 왕권에 제약이 될 수 있는 수장층의 위상을 제한하고, 그보다 하위의 가신집단의 위상을 강화하는 방향으로 나아간 것이 된다. 이러한 변화에는 기존 지배층의 자체적 세력기반들이 모여 있던 고유명 5부에서 수도 주변으로 집주하여 중앙귀족화된 지배층들이 거처하는 방위명 5부로의 전환을 전제한다. 그렇다는 것은 일부 탈락된 경우가 있겠으나 나부 출신 인물들이 방위명

---

56) 임기환, 2004, 앞의 책, 225쪽.

소속의 중앙귀족이 되며 성격을 달리하게 되었음을 의미할 것이다.

따라서 고구려 중기 관제로의 이행은 이렇게 변화한 지배층들을 편제하기 위함이었다고 보이며, 대상의 변화는 그들이 소지한 관의 변화, 더 나아가 그를 수여하는 군주와의 관계 역시 변했음을 짐작하게 한다. 당시 고구려 관제의 주축으로 발전하는 사자와 형의 변화상을 추적한다면, 이 시기 고구려 관제의 구조적 특징과 그에 내포된 군신관계의 변화를 읽을 수 있을 것이다.

> 라-1. [고국천왕 13년(191)] 겨울 10월 왕이 안류에게 말하기를 "만일 그대의 말 한 마디가 없었다면 나는 [을]파소를 얻어 함께 다스리지 못하였을 것이다. 지금 많은 공적이 쌓인 것은 그대의 공이다."라 하였다. 곧 대사자로 배(拜)하였다.[57]

> 라-2. [동천왕 20년(246)] 왕이 나라를 회복하고 공을 논하는데, 밀우와 유유를 제일로 삼았다. 밀우에게 거곡과 청목곡을 주고, [유]옥구에게 압록원과 두눌하원을 주어 식읍으로 삼게 했다. 유유를 추증하여 구사자로 삼고, 그 아들 다우를 대사자로 삼았다.[58]

> 라-3. [서천왕] 2년(271) 봄 정월, 서부 대사자 우수의 딸을 왕후로 삼았다.[59]

위의 기사들은 사자가 분화한 대사자의 이른 시기 모습을 전한다. 라-1에서는 4연나의 반란을 진압한 고국천왕이 을파소를 국상으로 삼은 뒤, 을파소를 천거한 동부 안류[60]의 공로를 인정하며 대사자로 임명하고

---

57) 『삼국사기』 권17, 동천왕 13년 "冬十月, 王謂晏留曰, 若無子之一言, 孤不能得巴素以共理. 今庶績之疑, 子之功也. 乃拜爲大使者".
58) 『삼국사기』 권17, 동천왕 20년 10월 "王復國論功, 以密友·紐由爲第一. 賜密友巨谷·靑木谷, 賜屋句鴨淥·杜訥河原, 以爲食邑. 追贈紐由爲九使者, 又以其子多優爲大使者".
59) 『삼국사기』 권17, 서천왕 2년 "二年, 春正月, 立西部大使者于漱之女爲王后".

있다. 라-2도 비슷한 사례라고 할 수 있는데, 관구검의 침공에서 전공을 세운 동부 유유[61]에 대해 공로를 인정하여 구사자[62](대사자)로 삼는 한편 그의 아들을 대사자로 삼고 있다.

이와 같은 배경에서 볼 때 대사자의 시작은 공로를 치하하기 위한 목적에서 비롯되었음을 알 수 있다. 안류와 유유는 방위부의 하나인 동부 소속이었는데, 이 시기는 고유명 5부와 방위명 5부의 공존기였다. 그 중 방위부는 계루부의 여러 세력을 중심으로 국내성 일대에 형성되었다고 이해하므로,[63] 안류 등의 방위부 소속 인물들은 왕의 가신이거나 제가(諸加)이지만 이미 본래의 근거지를 떠나온 영세한 세력들로 볼 수 있다.[64]

대사자 수여 이전 그들의 지위는 현재 알 수 없다. 그러나 고구려왕은 우태와 같은 사자 이상의 상위관을 주지 않고 대사자를 새로 만들어 주었음에 주목할 필요가 있다. 사자, 조의, 선인이 왕과 대가의 가신과 같았다는 당시의 사정을 고려하면[65] 안류 등은 왕의 권위에 기댈 수밖에

---

60) 『삼국사기』 권16, 고국천왕 13년 "十三年, 夏四月…於是, 四部共擧東部晏留. 王徵之, 委以國政, 晏留言於王曰, 微臣庸愚, 固不足以叅大政. 西鴨淥谷左勿村乙巴素者, 琉璃王大臣乙素之孫也, 性質剛毅, 智慮淵深, 不見用於世, 力田自給. 大王若欲理國, 非此人則不可".

61) 『삼국사기』 권17, 동천왕 20년 "冬十月, 儉攻陷丸都城, 屠之, 乃遣將軍王頎追王. 王奔南沃沮, 至于竹嶺, 軍士分散殆盡, 唯東部宻友獨在側, 謂王曰, 今追兵甚迫, 勢不可脫. 臣請決死而禦之, 王可遯矣. 遂募死士, 與之赴敵力戰. 王間行脫而去, 依山谷聚散卒自衛, 謂曰, 若有能取宻友者, 厚賞之. 下部劉屋句前對曰, 臣試徃焉. 遂於戰地, 見宻友伏地, 乃負而至. 王枕之以股, 久而乃蘇. 王間行轉輾, 至南沃沮, 魏軍追不止. 王計窮勢屈, 不知所爲, 東部人紐由進曰, 勢甚危迫, 不可徒死. 臣有愚計, 請以飮食牲犒魏軍, 因伺隙, 刺殺彼將. 若臣計得成, 則王可奮擊, 決勝矣".

62) 九使者는 이 기사에서 명칭만 보여 구체적인 성격은 알 수 없으나 九와 大의 字形이나 유유의 아들이 大使者를 받은 것에서 볼 때, 대사자의 誤記인 듯 하다.

63) 盧泰敦, 1999, 『고구려사 연구』, 사계절, 164~168쪽 ; 李鍾旭, 1982, 「高句麗 初期의 地方統治制度」『歷史學報』94·95, 109~113쪽.

64) 동천왕이 옥저 방면으로 피신할 때 그를 따랐던 자들을 '諸加'로 표현한 사례가 참조된다. 『양서』 권54, 高句麗 "六年(245), 儉復討之. 位宮輕將諸加奔沃沮".

65) 『삼국지』 권30, 東夷傳, 고구려 "諸大加亦自置使者·皁衣先人, 名皆達於王, 如卿大夫

없는 처지에 있었고, 왕은 그에 따라 사자보다는 높은 지위로서 대사자를 내려주게 되었다고 본다. 즉, 라-1과 2는 대사자가 아직 관제 내에 정식으로 편입되지 못한 채 특별한 경우에만 포상으로 주어졌다고 할 수 있다.

그러한 상황은 라-3 시기에 이르면 변화한 듯 보인다. 먼저 대사자를 소지한 자의 출신이 확대되었다. 기사에는 서부 대사자 우수의 딸이 서천왕의 왕후가 되었다고 한다. 고국천왕비였던 연나부 우씨[66]의 사례를 고려할 때, 우수 역시 본래 연나부 소속의 우씨 집단이었다고 볼 수 있다. 이 무렵 본래 왕후를 배출하던 연나부의 주요 집단이 왕도 주변의 서부로 소속부를 바꾼 것이다.[67]

보다 주목해야 할 것은 우수가 대사자를 소지하고 있는 것이다. 이전까지 연나부 출신 인물들은 대개 패자나 우태를 받았다.[68] 그런 집단에서 대사자를 수여받은 것은 이들 4나부의 지배층에게 수여되는 관의 변화가 있었음을 시사한다. 앞서 보았듯 패자와 우태는 고유명 5부의 소멸과 함께 사라졌지만, 그것을 받아야 할 지배자 집단은 여전히 남아 있었다. 이들은 5부의 변화에 따라 재지기반을 떠나게 되었고, 왕과 보다 밀착하는 관계로 나아갈 수밖에 없었을 것이다. 그럼에도 기존 지배층들 사이의 서열을 완전히 무시할 수 없었기에 종래의 패자나 우태보다 낮은 사자 이하의 관보다는, 특별한 경우에 한해 주어지던 대사자 등이 활용되었다고 생각된다.

이러한 변화상을 생각할 때 참고할 수 있는 것은 부여의 대사(大使) 위거(位居)이다.

之家臣".

66) 『삼국사기』 권16, 고국천왕 2년 "二年, 春二月, 立妃于氏爲王后. 后提那部于素之女也".

67) 李鍾旭, 1982, 앞의 논문, 49~50쪽 ; 임기환, 2004, 앞의 책, 104쪽 ; 여호규, 2014, 앞의 책, 384~385쪽.

68) 『삼국사기』 권16, 신대왕 2년 "拜荅夫爲國相, 加爵爲沛者, 令知內外兵馬, 兼領梁貊部落" ; 『삼국사기』 권16, 고국천왕 12년 "中畏大夫沛者於畀留·評者左可慮, 皆以王后親戚, 執國權柄" ; 『삼국사기』 권17, 동천왕 4년 "四年, 秋七月, 國相高優婁卒, 以于台明臨於漱爲國相".

라-4. 우가(牛加)의 형의 아들 이름은 위거인데, 대사가 되어서 재물을 가벼이
여기고 잘 베푸니 국인(國人)들이 그를 따랐다. 해마다 사신을 보내어
경도(京都)에 이르러 공헌하였다. 정시 연간에(240~248), 유주자사 관구
검이 (고)구려를 토벌하는데, 현토태수 왕기를 보내 부여에 이르게 하니,
위거가 대가를 보내 교(郊)에서 맞이하고, 군량을 공급하였다. 계부(季父)
인 우가가 두 마음이 생기자, 위거는 계부 부자를 죽이고 재물을 몰수하여,
사신을 보내 재산목록을 만들어 관에 보냈다.[69]

위의 기사에 의하면 위거는 본래 부여의 유력 가의 하나인 우가 출신임에
도 부여왕의 직속 관인 대사가 되었다. 그는 이를 바탕으로 해외에 사신을
보내고, 타국 군대에 군량을 보냈으며, 역심을 품은 자신의 숙부까지도
죽였다. 이러한 모습으로 인하여 부여왕과 직접적으로 연결된 대사가
왕의 권위를 바탕으로 부여왕실을 지탱하였다고 파악한다.[70]

라-4는 3세기 중엽의 상황이므로, 위거의 이러한 모습은 우소와 같은
유력 가가 소속부를 바꾸고 대사자를 칭하게 된 이유를 잘 보여준다.
부여에서도 이미 왕의 권위는 가의 그것을 초월한 것으로 나타나고 있는
데, 그보다 집권력을 더 강하게 발휘할 수 있었던 고구려에서는 보다
적극적인 형태로 나아가고 있었으리라 생각된다.

이와 같은 흐름을 계기로 대사자와 같은 파생형 관명이 관제에 정식으로
편입되었을 것이다. 앞서 제시한 가-3을 예로 들 수 있는데, 대사자였던
창조리의 대주부 승진이 그것이다. 이는 전임 국상의 사망에 따른 후임
국상의 승계과정이었고, 특별한 공로에 의한 것이 아니었다. 또한 관직의
임명에 따른 승진 양상 역시 이전의 사례들과 유사하다. 창조리의 승진은

---

69) 『삼국지』 권30, 고구려 "牛加兄子名位居, 爲大使, 輕財善施, 國人附之. 歲歲遣使詣京
都貢獻. 正始中(240~248), 幽州刺史毌丘儉討句麗, 遣玄菟太守王頎詣夫餘, 位居遣大
加郊迎, 供軍糧. 季父牛加有二心, 位居殺季父父子, 籍沒財物, 遣使簿斂送官".
70) 이승호, 2022, 「夫餘 官制의 구조와 특성」『고구려발해연구』 72, 18~19쪽.

일상적인 인사절차였다고 생각되며, 그 무렵 대사자는 정식 관제에 편입되어 있던 상황이었음을 시사한다.

즉, 사자에서 대사자로의 분화는 특별한 경우에서 시작되었지만 대사자 자체는 점차 일상적인 것으로 변화했다고 할 수 있다. 여기에는 5부의 성격변화와 그에 따른 지배층의 적응과정이 반영되어 있다. 나부에 자체적인 세력 기반을 가지고 사자 이하의 관원을 자치했던 지배층들은 이제 고구려 '왕의 사자'가 됨으로써, 왕과의 관계를 질적으로 달리하게 되었다.

한편 사자와 함께 고구려 관제의 한 축을 담당하는 형도 여기서 멀지 않은 시점에 등장하고 있다.

마. [봉상왕] 2년(293) 8월 모용외가 침략해왔다. 왕이 신성으로 가서 적을 피하려 하였다. 행차가 곡림에 이르자 모용외가 왕이 나간 것을 알고 병력을 이끌고 추격하였다. 거의 따라잡게 되자 왕이 두려워하였는데, 이때 신성재 북부 소형 고노자가 500기를 이끌고 적을 맞아 힘껏 싸우니 모용외의 군대가 패퇴하였다. 왕이 기뻐하여 고노자의 작을 더하여 대형으로 삼고 곡림을 식읍으로 삼게 하였다.[71]

마에는 3세기 말 모용선비의 침입을 물리친 고노자가 등장하는데, 그는 본래 소형이었다가 모용외의 군대를 물리친 공로로 대형이 되었다. 이 기사를 통해 두 가지 사실을 알아낼 수 있다.

첫째, 위의 기사는 293년의 사건이지만, 이것은 사료상의 등장시점일 뿐이므로 실제로는 시기가 더 올라갈 가능성이 있다. 이 기간은 앞서 언급한 5부의 과도기이자 초기 관제의 변화 및 소멸 시점에 해당하므로 형의 등장 또한 방위명 5부의 형성과 함께 등장하였을 가능성이 높다.

---

71) 『삼국사기』 권17, 봉상왕 2년 8월 "二年, 秋八月慕容廆來侵. 王欲徙新城避賊. 行至鵠林, 慕容廆知王出, 引兵追之. 將及王懼, 時新城宰北部小兄高奴子, 領五百騎迎王, 逢賊奮擊之, 廆軍敗退. 王喜, 加高奴子爵爲大兄, 兼賜鵠林爲食邑".

둘째, 기사 내의 소형과 대형은 북부 출신인 고노자에게 주어지고 있다. 첫째와 연계되는데, 결국 형 역시 방위부에 속한 인물들을 편제하기 위해 형성된 것이 아닌가 하는 생각이다.

앞서 살펴보았듯 초기 관제 가운데 남게 되는 것은 왕권의 지지를 위한 것들 뿐이었다. 따라서 형은 비록 초기 관제에는 없는 새로운 관명이지만, 그것이 이후에도 존속될 수 있었던 것은 여타 관명과 크게 다르지 않은 이유였을 것이다. 따라서 형을 받은 자들 역시 본래 어떤 성격을 지닌 지배층이었든지 이제는 왕의 관인으로서 활동하게 되었다. 그러한 면모는 고노자의 이름에서도 알 수 있다.

고노자의 이름인 '노자(奴子)'는 사전적 의미로서 '남자 종'을 의미한다. 지방관으로서 군대를 이끌 법한 지배층의 이름으로는 적절치 않다. 여타 인물들의 이름과 비교해도 그러하다. 그런 한편으로 고노자를 시작으로 여러 인물들이 '노(奴)'를 칭하고 있음에 눈길이 간다. 미천왕대 전연과 싸운 여노(如奴子)[72]는 아예 이름이 고노자와 같으며, 모두루의 가문은 스스로 고구려왕에 대해 노객(奴客)을 자처하고 있다.[73] 기왕의 고구려 인명, 지명들이 음차를 활용했음을 고려한다면 이질적인 작명이다. 이것은 군신관계를 드러내는 하나의 방식으로 보이는데, 모두루와 같이 노객을 자처하면서 본명을 쓰는 경우가 있었고, 왕에 대해 자신을 낮추는 비칭(卑稱)으로서 이름 대신 '노자(奴子)'를 쓰는 경우가 있었다고 생각된다.[74]

---

72) 『삼국사기』 권17, 미천왕 20년 "冬十二月…我將如孥據于河城, 廆遣將軍張統, 掩擊擒之, 俘其衆千餘家, 歸于棘城";『자치통감』 권91, 太興 2년 12월 "高句麗將如奴子據于河城, 廆遣將軍張統掩擊, 擒之, 俘其衆千餘家, 以崔燾·高瞻·韓恆·石琮歸于棘城, 待以客禮". 如奴子를 세로쓰기 하면 如孥로 읽힐 수 있기 때문에, 사실상 같은 이름이라고 할 수 있다.

73) 『모두루묘지명』 "奴客祖…世遭官恩…祖父⊠⊠ 大兄慈⊠ 大兄⊠⊠⊠世遭官恩…奴客 牟頭婁".

74) 시공간을 달리하지만 고구려의 인접국이었던 북위에서 신하가 군주에게 자신을 奴라고 했다는 점을 참고할 수 있다. 『송서』 권74, 魯爽傳 "虜羣下於其主稱奴, 猶中國稱臣也".

이러한 태도는 이 무렵부터 보이기 시작하는 고구려의 태왕 인식과 관련이 있다.[75] 왕의 권위가 높아짐에 따라 군주에 대해 신하가 자신을 낮추는 칭호를 사용하게 되었고, 양자의 관계는 표면상으로 보다 수직적인 관계로 설정되었다. 이렇게 노(奴)를 드러내는 인물들이 대사자, 대형을 받았음은 왕과의 관계를 단적으로 나타내는 것이기도 하면서, 그들이 소지한 관명들이 본래 어떠한 성격이었는가를 알려주는 단서가 된다. 사자의 경우 앞서 살펴본 바와 같이 가신적 성격을 지닌 것에서 출발하였다고 했으므로, 형의 경우도 이와 크게 다르지 않았다고 볼 수 있다.

일찍이 형의 등장은 우태와 선후관계가 있는 것으로 파악되어 왔다. 즉, 우태는 '웃치'로 읽히며 연장자, 윗사람 등을 뜻하는데, 이는 족장적 성격을 지닌 자들에게 주어진 것으로 어의(語義)상 형과 통한다고 본 것이다.[76] 이 견해는 우태의 어원에 주목하여 형과의 관계를 풀어낸 것이지만 계승관계로 볼 근거는 그 뿐이라는 한계가 있다. 근래에는 이를 발전시켜 형계 관명의 이칭은 '~支'로 표기되는데, 우태의 독음으로서 '웃치'의 '치'와 서로 통하므로 계승관계가 있음을 주장하기도 한다. 이에 더하여 6세기 이후 자료에 등장하는 조의두대형 또한 『삼국지』에 보이는 조의와 관련이 있었던 것으로 보고, 형계 관명이 우태 및 조의를 대체한 것으로 파악하고 있다.[77]

대형을 대형가(大兄加)로 기록한 『한원』 고려기를 근거로 하여 북위의 아간(阿干) 계통 관직군과 연결시키기도 한다.[78] 아간은 akan 내지 aka로 읽히는데, 모두 형, 연장자라는 뜻이라 하는 한편 가(加)는 그 음역(音譯)으로 보면서 신라에서 아찬(阿飡)을 아간(阿干)으로도 쓰는 것을 방증사례로

---

75) 양기석, 1983, 「4~5C 高句麗 王者의 天下觀에 對하여」『湖西史學』11 ; 노태돈, 1988, 「5세기 금석문에 보이는 고구려인의 천하관」『한국사론』19, 서울대 국사학과.

76) 김철준, 1975, 앞의 책, 234~236쪽.

77) 조영광, 2015, 앞의 논문, 52~55쪽.

78) 뤄신, 2009, 「고구려 형계 관직의 내륙 아시아 연원」『동북아 관계사의 성격』, 동북아역사재단.

들고 있다. 이에 따라 대형가라는 표현은 음역과 의역이 혼재된 표기로 이해한다. 그러나 가가 형이라는 뜻이라면 고구려의 지배세력인 제가는 모두 형이 되겠지만, 그렇지 않은 사례가 확인되기 때문에 받아들이기 어렵다.

이 견해는 어원적 측면에서 보아도 형계(兄系) 관명의 이칭에 주목하지 않았다. 『한원』고려기의 고구려 관명 이칭은 음차한 것으로 추정되는데, 형계 관명의 이칭 어미에는 '~지(支)'가 붙어있어 aka 내지 akan과는 차이가 있다. 형이 의역이라고 한다면 그 뜻은 '~인 사람(윗사람)'과 유사할 텐데, 북위의 '~진(眞)', 몽골의 '~적(赤)'은 모두 '~인 사람'을 뜻할 때 붙는 접미어이다. 이들의 독음은 모두 'ci'로 읽히기 때문에, 형(兄)의 접미사인 '~지(支)'의 의미를 생각할 때 비교할 만한 사례가 된다.[79)]

한편으로는 형계 관명이 후기의 중리직에 포함되어 있음에 주목하여 근시직으로, 사자계 관명을 행정직으로 구분해보기도 하였다.[80)] 이는 초기 관제에서 사자가 행정적 기능을 담당하고 조의선인이 근시를 담당했다는 시각에서 출발한 것이다. 그러나 사자 역시 본래 가신적 성격을 가졌던 관이었으므로, 근시적 기능이 없었다고 단정하기도 어렵다.

여기서 다시금 대형, 소형을 소지한 자들이 고구려왕과의 관계에서 노(奴)를 칭하고 있음과, 초기 관제에서 소멸되지 않은 관명들이 왕권의 지지기반이 된 것들이었음을 상기할 필요가 있다. 초기 관제 중에서 왕권의 확대와 관련하여 생긴 것은 대로, 주부도 있지만 애초부터 가신적 성격으로서 존재하고 있던 사자, 조의, 선인도 맡은 바 역할이 있었다. 그런데 이들 다섯 개 관명 가운데 조의를 제외하면 모두 중기 관제에

---

79) 오히려 加가 aka 등으로 읽히면서 연장자, 지위가 높은 사람 등의 의미를 가진다는 지적은 兄이라는 관명에 국한될 것이 아니라 고구려 지배자 집단을 총칭하는 의미로서 諸加(大加, 小加)와 관련 있다고 봐야 할 것이다.

80) 이동훈, 2019, 앞의 책, 65~70쪽.

이어지는 것들이므로, 조의 역시 별다른 이유없이 배제되기는 어렵다고 생각된다. 즉, 조의 역시 어떤 방식으로든 중기 관제로 전환되었을 가능성이 높다. 마침 시간적 간격이 있지만 후기 관제 중 5위에 해당하는 위두대형이 조의두대형으로도 표기되고 있어, 조의와 형의 연결고리가 아주 없지는 않다.

앞서 설명했듯 조의는 본래 군사적인 기능을 가지고 있었던 것으로 파악된다. 동천왕대에 손오의 사신들을 호위했던 조의 25인이 대표적이다. 그런 한편 형이 처음으로 등장하는 장면이 모용선비와의 전쟁이라는 점도 유의된다. 고노자는 외적의 침입을 물리친 공로로 소형에서 대형으로 승진하였는데, 이는 같은 계통끼리 승진시켰던 초기 관제의 유제(遺制)로 보인다.81) 담당 지역에 침입한 외적을 물리친 것은 신성재라는 지방관으로서의 역할 때문이었겠지만, 그가 소형, 대형을 받은 것 또한 관등과 관직이 덜 분화된 초기 관제의 유제에서 비롯된 것이 아닐까 짐작된다. 조의가 소멸하는 무렵에 형이 등장하면서 유사한 역할을 하고 있음은 양자의 계승성을 시사하는 것으로 이해된다.

따라서 형은 조의에서 연원하였을 것으로 추정되며, 이를 바탕으로 형성된 고구려 중기 관제의 기본 틀은 국상에 임명될 수 있었던 상위관인 대로와 주부, 입사관(入仕官)의 성격을 지닌 하위관인 선인을 사이에 둔 채 지배층의 서열에 따라 사자와 형(조의)를 대소로 구분하여 발전시켜 나갔던 것으로 생각된다. 이 때문에 사자와 형이 분화 과정에 따라 층위별로 교차하게 되었던 것이다.

또한 이 문제는 초기 관제의 어떠한 구조적 문제를 해결하고자 중기 관제로 전환하였는가와도 관련이 있다. 고구려왕의 입장에서 초기 관제의 문제는 관원의 임명권을 왕이 독점하지 못했다는 것에 있었다. 3세기 중엽까지도 왕과 대가는 그들의 세력기반을 관리하기 위해 사자, 조의,

81) 이규호, 2022, 앞의 논문, 61~64쪽.

선인이라는 공통적인 관원조직을 자치했다. 비록 왕은 그 외에도 국가운영에 필요한 상위관을 둘 수 있었지만, 대가의 이와 같은 자치권에 대해서는 영향력을 미치지 못하고 있었다. 따라서 고구려왕의 입장에서는 이들의 인사권을 자신에게로 수렴하는 한편, 그 대가들마저도 왕이 직접 제어할 수 있어야 했을 것이다.[82]

그를 위한 제도적인 장치로서 실시한 것이 그들을 왕의 사자, 조의, 선인으로 삼음으로써 관념적인 관계를 재설정하는 것이었으리라 생각된다. 앞서 보았듯 사자가 이미 2세기 후반부터 분화되어 계루부 내의 지배층을 시작으로 점차 확대되고 있었다고 하면, 사자와 비슷한 지위를 갖는 조의도 분화·확대되고 있었다고 추정된다.[83] 그리고 방위명 5부만이 남는 시점을 계기로 기존의 조직을 일신하여 조의를 계승한 '형'이 등장한 것이 아닐까 한다. 형이 선인과 자구적(字句的) 의미가 통하면서도 선인보다 상위관이고, 형이 분화한 관명 가운데 조의가 포함되어 있는 것은 이러한 과정이 반영된 결과라고 파악된다.

요컨대 대로와 주부, 형과 사자계 관명으로 구성된 중기 관제의 근간에는 왕을 정점으로 하는 일원적 지배체제의 의도가 담겨져 있으며, 그것은 중기 관제의 성립단계에서 왕 이하의 지배층을 '왕의 사자, 조의, 선인화'하는 데서 출발하였다고 생각된다. 물론 이것은 이전 시기처럼 신하가 왕의 가신처럼 변했음을 의미하는 것이 아니라, 그들의 공적인 위치가 전보다는 왕에게 예속된 상태로 변했음을 의미하는 것으로 받아들여야 할 것이다. 이 과정에서 대가와 그들의 사자 이하 역시 다시 대소로

---

82) 패자의 소멸 이유가 독자적 기반과 관원의 설치에 있었다고 본 견해도 이러한 맥락에 해당한다(조영광, 2015, 앞의 논문, 49~50쪽).

83) 사실 이에 대한 단서가 엿보이는 것이『삼국사기』고구려본기에 등장하는 비류나 조의 양신과 연나 조의 명림답부이다. 둘의 행적은 대가에 의해 임명된 속관으로 보기는 어렵기 때문이다. 그들은 왕으로부터 조의를 받았다고 여겨지지만 소속 부를 달리하고 있는 점에서 계루부 내 왕의 조의와는 결을 달리하고 있다(이규호, 2022, 앞의 논문, 66~67쪽). 이후 어느샌가 조의도 분화를 했거나, 형으로 계승된 뒤 분화되었을 수 있다.

구분된 사자와 형을 통해 본래 그들의 주군과 일원화 된 관제 속에서 자리매김하게 되었을 것으로 짐작된다. 왕과 그의 가신단, 대가와 그들의 가신단으로 구성된 다원적 초기 관제의 구조가 일원적인 관제로 변화한 것이다.

그러나 이러한 관제 변화의 지향이 곧바로 왕과 모든 귀족 간의 관계를 온전히 대변한다고 할 수는 없다는 점도 염두에 둘 필요가 있다. 적극적으로 왕권의 확대에 부응한 세력도 있는 반면, 그에 저항한 세력도 있었을 것이다. 때문에 결과적으로 그들이 고구려의 지배질서에 순응하게 되었다 하더라도, 정세의 변화에 따라 얼마든지 관계가 바뀔 소지가 있었다. 분화된 사자와 형의 상위에 대로와 주부를 위치시킨 것은 종래 최상위 지배층의 권위와 실력을 인정한 것으로 해석된다. 잘 알려진 바와 같이 후기에 대대로를 둘러싼 귀족간의 쟁탈전도 이와 무관하지 않을 것이다. 그럼에도 고구려 왕실은 기존 지배층과의 적절한 타협점을 찾음과 함께 그들의 지향점을 투영하는 방향으로 중기 관제를 형성시킴으로서 태왕의 권위를 확보하게 되었다.

맺음말

이처럼 고구려 중기의 관제는 고구려 왕권의 확대와 밀접한 관련이 있었다. 초기 관제에서 중기 관제로의 전환은 국왕의 권한을 견제하는 자들의 권력을 제어하고, 왕이 간여하지 못하는 인사권을 일원화 하는데 주된 목표가 있었다고 파악된다. 이러한 목적 하에 독자적 세력기반을 지닌 자에게 주어지는 관명들은 모두 소멸되었고, 왕권의 확대를 목적으로 두었거나 가신적 성격으로서 일찍이 왕의 지지기반으로 운영된 관명들만 남게 되었다.

왕 예하 고구려의 지배층들은 5부의 변화에 따라 중앙귀족화하게 되면서 왕과의 관계를 재설정하게 되었고, 그 결과 왕에 대하여 '노(奴)'를 칭함으로써 보다 종속적인 관계로 변화하게 되었다. 중기 관제의 주축이 가신집단에게 주었던 사자, 조의(형)에서 비롯된 것도 이러한 관계 변화에 기인한 바가 크다고 생각한다.

이와 같은 변화 과정은 고구려로 하여금 백제나 신라와는 다른 형태로 관제가 형성된 원인과 관련이 있다. 두 나라에 비해 고구려는 일찍이 한(漢)이라는 거대한 외세의 압박을 직접적으로 받았고 그를 이겨내야 했다. 이 과정에서 고구려의 지배층들은 가장 강한 힘을 가진 계루부 왕실을 중심으로 단결할 필요가 있었다. 제가의 독자적인 재지 기반은 권력의 통합을 방해하는 요소였고, 생존에 불리했기 때문에 보다 빠르게 왕권의 집중이 이루어졌던 것이다. 이러한 상황 속에서 관념적으로도 군신관계가 보다 강고하게 작용하게 되어, 독자적 권력을 반영하는 수장층의 관은 소멸되고 왕에게 예속된 성격을 지녔던 가신집단의 관이 중시되었던 것으로 생각된다.

「광개토왕릉비」 수묘인연호에 나타난 고구려의 구민(舊民) 편제[*]

머리말

　문헌 기록이 부족한 4~5세기 고구려의 사회상을 이해하는 데 있어, 「광개토왕릉비」 수묘인연호조 내용은 중요한 단서를 제공한다. 초기 능비 연구에서는 탁본과 신묘년조 해석에 대한 논의가 활발하게 이루어졌던 반면 수묘인연호조에 대한 분석은 개괄적인 수준에 머물렀다.[1] 수묘인연호조에 나타나는 성(城)과 곡(谷)-호(戶)를 분석한 1970년대 연구에서는 한예(韓穢)와 구민지역의 한인(漢人), 상고(商賈) 집단 등 이종족을 대상으로 한 종족지배가 이루어졌다고 파악하는 일본의 연구가 있었다.[2] 이 연구를 단초로 이후 1980년대에는 북한과 중국뿐 아니라[3] 한국학계에서

---

[*] 이 글은 나유정, 2023, 「「광개토왕릉비」 舊民 守墓人烟戶에 나타난 고구려의 對民편제」『고구려발해연구』 76을 수정·보완한 것이다.

[1] 白南雲, 1933, 『朝鮮社會經濟史』, 改造社 ; 박시형, 1966, 『광개토왕릉비』, 사회과학원출판사 ; 佐伯有淸, 1974, 『硏究史 廣開土王碑』, 吉川弘文館 ; 金錫亨, 1974, 「三國時代の良人農民」『古代朝鮮の基本問題』, 學生社.

[2] 武田幸男, 1979, 「廣開土王碑からみた高句麗の領域支配」『東洋文化硏究所紀要』 78, 東京大學東洋文化硏究所 ; 1989, 『高句麗史と東アジア』, 岩波書店.

[3] 손영종, 1986, 「광개토왕릉비문에 보이는 '수묘인연호'의 계급적 성격과 립역방식에 대하여」『력사과학』 1986-3 ; 王健群, 1984, 『好太王碑硏究』, 吉林人民出版社 ;

도[4] 수묘호의 성격, 수묘인 입역방식, 국연과 간연의 성격 등 본격적인 연구가 이루어졌다.

특히 수묘인연호조에서 확인되는 행정단위의 양상을 중심으로 민에 대한 인식과 고구려 지방제도에 관한 검토가 이루어졌고,[5] 4세기 이후 성(城)·곡(谷)단위 지배의 확대 과정과 개별 민에 대한 파악 및 편제 과정을 종합적으로 검토한 연구 성과가 제출되었다.[6] 이러한 연구 성과를 바탕으로 수묘인연호조를 활용하여 고구려의 대민지배방식을 이해하는 틀을 구성할 수 있었다.[7]

이렇듯 기존 연구에서는 수묘인연호조에 확인되는 종족적 대상에 대한 지배 방식을 분석하는 경향이 주를 이루었으며, 동시에 능비에서 확인되는 행정단위를 중심으로 지방제도를 이해하고자 하였다. 다만 수묘인연호조 내 지배대상과 이들에 적용된 행정적 절차를 동시에 고려하려는 시도는 비교적 부족했다. 이에 본 고에서는 고구려가 지배대상을 구분하고 통제하기 위해서는 행정적 절차가 전제되어 있음에 주목하고, 수묘인연호 징발 이전에 이루어졌을 고구려의 행정절차를 검토하고자 한다.

耿鐵華, 1988, 「好太王碑的國烟看烟及其身分問題」 『求是學刊』 1988-4.

4) 金賢淑, 1989, 「廣開土王碑를 통해 본 高句麗守墓人의 社會的 性格」 『韓國史研究』 65.

5) 金賢淑, 위의 논문.

6) 林起煥, 1987, 「高句麗 初期의 地方通治體制」 『慶熙史學』 14.

7) 余昊奎, 1995, 「3세기 후반~4세기 전반 고구려의 교통로와 지방통치조직 −南道와 北道를 중심으로」 『韓國史研究』 91 ; 趙法鍾, 1995, 「廣開土王陵碑文에 나타난 守墓制研究 −守墓人의 編制와 性格을 중심으로−」 『韓國古代史研究』 8 ; 김락기, 2006, 「高句麗 守墓人의 구분과 立役方式 −廣開土王陵碑 守墓人烟戶條를 중심으로−」 『韓國古代史研究』 41 ; 전덕재, 2006, 『한국고대사회경제사』, 태학사, 169~172쪽 ; 孔錫龜, 2013, 「〈광개토왕릉비〉 守墓人 烟戶 記事의 考察」 『高句麗渤海研究』 47.

1. 「광개토왕릉비」 구민(舊民) 수묘인연호의 기재양식

　수묘인연호 징발과 관련한 행정절차를 살펴보기 위해서는 「광개토왕릉비」 수묘인연호조에 대한 구조적 분석과 작성 과정에 대한 이해가 선행되어야 한다. 먼저 능비의 서술 구조를 분석한 기존 연구를 살펴보면, 대체로 능비의 성격을 이해하고자 한 시도였다고 할 수 있다.[8] 특히 훈적 기사와 수묘인연호 기사의 서술 형식과 문장 구성이 상이하다는 점을 지적한 연구가 주목되는데,[9] 이는 능비의 기본 텍스트에 대한 이해를 심화한 연구였다. 이후 능비 전체의 서술 구조를 분석한 연구에서는 훈적 기사와 수묘인연호 기사가 처음 비문을 구상할 때부터 하나의 서사구조를 이루었다는 점을 지적했다.[10] 기존의 연구 성과를 고려하면 능비는 하나의 서사구조로 구성된 비문이며, 훈적 기사와 수묘인연호 기사 간 서술의 차이는 능비 찬술 구성 당시 참조했을 저본 자료의 차이에서 기인한 것으로 생각해 볼 수 있겠다.

　그렇다면 수묘인연호조 서술 시 참고한 저본 자료는 무엇이었을까. 지금까지 수묘인연호조 서술의 바탕이 된 자료에 대한 고찰은 수묘인연호 목록이 실질적으로 수묘인 관리에 활용된 자료였을지에 대한 논의로 진행되었다. 수묘인을 관리하는 데 있어 능비에 새긴 내용이 실질적으로 활용되었다고 보는 견해에서는 수묘인연호조 자체로 실제 수묘인 운영과 관리를 했다고 보았다. 광개토왕릉비를 국연과 간연의 출석을 확인하는 출석부로 파악하고 비석 앞에서 국연과 간연의 참여 여부를 확인했다고 보는 견해,[11] 수묘인연호의 차착을 방지하기 위해 비석을 세우고 수묘인을

---

8) 광개토왕릉비의 성격과 관련한 연구성과는 정호섭, 2015, 「광개토왕비의 형태와 위치, 비문 구성과 성격에 관한 연구 성과와 과제」『東北亞歷史論叢』 49 참고.

9) 임기환, 2011, 「울진 봉평리 신라비와 광개토왕비, 중원 고구려비」『울진 봉평리 신라비와 한국 고대 금석문』, 울진군·한국고대사학회, 255~256쪽. 훈적비와 수묘인연호비를 합쳐 기록한 것이 광개토왕릉비라고 보았다.

10) 余昊奎, 2014, 「廣開土王陵碑의 문장구성과 서사구조」『嶺南學』 25, 22~26쪽.

기록한 입비 행위 자체가 수묘인 연호 관리 방법이라고 본 견해[12] 등이
이에 해당한다.

「집안고구려비」 발견 이후에는 수묘제 운영의 기본 자료에 대한 논의가
더욱 활발하게 진행되면서 앞선 견해와 대조적인 견해가 제기되었다.
집안비의 내용을 보면 '비를 세우고 연호두 20인의 명단을 새겨서 후세에
보인다'고 전한다. 이에 실제 수묘인을 관리하기 위한 명단은 호적과
같은 장부류였으며, 비문에 기록된 내용은 상징적인 의미로 사용되었을
가능성이 제기되었다.[13] 능비의 표기는 출신지별로 기술되었지만 인명이
포함된 실제 명단은 담당 관청에서 작성한 명부를 통해 관리했을 것이라는
견해도 제기되었으며,[14] 아울러 능비에 기록된 수묘인 차출 현황은 목간이
나 종이를 활용한 문서로 작성되었을 가능성이[15] 제시되었다. 이와 관련

---

11) 이우태, 2013, 「금석학적으로 본 광개토왕비 ─비의 형태와 위치를 중심으로」
『광개토왕비의 재조명』, 동북아역사재단, 165쪽.

12) 해당 견해에서는 광개토왕비에 기록된 구민 수묘인연호의 출신지, 연호 등의
정보는 공문서가 아닌 수묘비에 기록된 정보를 토대로 한다고 보았고, 후세에
전하고자 하는 것은 광개토왕의 훈적이지 수묘인의 인명은 아니었을 것으로
보았다. 또한 수묘인 연호의 정보가 호적 등 별도의 공문서 형태로 보존되었을
가능성을 제시하면서도 입비행위가 차착을 막기 위한 확실한 관리 방식이라고
보았다(임기환, 2014, 「집안고구려비와 광개토왕비를 통해 본 고구려 守墓制의
변천」『韓國史學報』 54, 109쪽).

13) 홍승우, 2013, 「〈集安高句麗碑〉에 나타난 高句麗 律令의 형식과 守墓制」『韓國古代
史硏究』 72, 111쪽

14) 기경량, 2014, 「집안고구려비의 성격과 고구려의 수묘제 개편」『韓國古代史硏究』
76, 225~234쪽.

15) 김창석, 2015, 「고구려 守墓法의 제정 경위와 布告 방식 ─신발견 集安高句麗碑의
분석」『東方學志』 169, 94쪽. 능비 건립을 기점으로 광개토왕대 실시했던 수묘비
건립방식으로 수묘호를 관리했던 방식이 폐지되고 수묘제 포고 방식이 수묘비가
아닌 문서행정의 형태로 전환되었을 것으로 보고 광개토왕릉의 수묘인은 목간이
나 종이 문서에 내역이 기록되었을 것으로 보았다. 이후 연구에서도 지방의
차출에는 호적을 활용하여 수묘인을 차정했으며, 해당 지역의 인민을 연호단위로
구분하고 각 연호에 소속된 호구의 숫자 상황을 파악하는 작업이 있었을 것으로
보았다(김창석, 2019, 「戶籍 관련 자료를 통해 본 三國時期의 戶籍制度」『목간과문자』
23, 87~88쪽).

하여 고구려가 4세기 초 중국 군현의 영역과 주민을 흡수하면서 문서 행정에 기반을 둔 통치시스템을 인지했을 것이라는 점, 광개토왕대 이전까지 석비에 수묘인 목록을 새기지 않고 운영해 온 것은 별도 장부의 존재를 말해주는 것이라는 점이 지적되기도 했다.[16] 집안비의 발견과 이상의 연구를 통해 고구려에 수묘제 관련 법과 관청이 있었다는 점을 상정해 볼 수도 있지만,[17] 무엇보다 분명해진 것은 집안비와 능비의 수묘인연호조 외에도 각 연호두를 비롯한 연호의 목록을 기술하여 관리한 행정문서가 존재했을 것이라는 점이다. 집안비와 능비 서술시 해당 행정문서가 참고되었을 것인데, 그렇다면 능비 수묘인연호조 작성에 활용된 행정문서의 형식은 어떠했을까.

수묘인연호와 관련한 내용은 크게 두 단락으로 나눌 수 있다.[18] 먼저 A단락에서는 수묘인연호조 330가를 구민(舊民)[A-1]과 신래한예(新來韓

---

16) 이 견해에서는 장기적인 수묘인연호의 운영에 있어서 충분히 가변적일 수 있는 내용을 석비에 한정적인 형태로 기록하여 운영에 활용한다는 것이 납득하기 어렵다는 문제제기가 있었다. 또한 집안비와 능비에 명기된 연호목록의 용도는 이전부터 이루어져왔던 문서 형태의 관리방식에 부가된 형태였을 가능성이 높다고 보았다(안정준, 2020, 「「集安高句麗碑」의 建立 목적과 守墓制」『木簡과 文字』 25, 66쪽).

17) 김현숙, 2015, 「고구려 수묘제(守墓制) 연구의 현황과 쟁점」『국학연구』 26, 21쪽.

18) 본고에서는 수묘인 연호조를 광개토왕의 교언내용과 이로 인해 차출한 구민, 신래한예부분인 A, 이후 수묘인의 차착을 막기위한 制 부분인 B 2단락으로 나누어 보았지만 武田幸男은 2단락으로 구분하지만 구민, 신래한예 서술과 교언과 수묘역제 서술로 나누고 있다(武田幸男, 1989, 『高句麗史と東アジア』, 岩波書店, 37~38쪽). 이외에도 수묘인연호 이후 단락을 '立碑이유'와 '제정내용'부분으로 둘로 나누어 3단락으로 파악하기도 하고(강진원, 2016, 「고구려 守墓碑 건립의 연혁과 배경」『韓國古代史研究』 83, 219쪽), 수묘호 구성을 구민과 신래한예로 구분하고 입비목적을 서술한 '이전의 경과 기록'부분으로 나누어 3단락으로 파악하기도 한다(孔錫龜, 2013, 『《광개토왕릉비》 守墓人 烟戶 記事의 考察」『高句麗 渤海研究』 47, 35쪽). 또 4단락으로 파악하기도 한다(임기환, 1994, 「광개토왕비의 국연(國烟)과 간연(看烟)−4·5세기 고구려대민편제의 일례」『역사와 현실』 13, 184쪽 ; 김현숙, 2014, 「광개토왕비, 집안고구려비를 통해 본 고구려의 수묘제 정비」『嶺南學』 26, 10~11쪽).

穢)[A-2]로 구분하여 기술하고[19] 이것이 광개토왕의 교언(敎言)을 바탕으로 한 것임을 서술하고 있다[A-3]. B단락에서는 수묘비의 건립과 수묘인 매매 금지령 등 수묘인 차착 문제를 해결하기 위한 방안을 서술하고 있다[B]. 본고에서는 A 중에서도 A-1에 집중해 보고자 한다.

A-1. 守墓人烟戶, 賣句餘民國烟二看烟三, 東海賈國烟三看烟五, 敦城民四家盡爲看烟, 亏城一家爲看烟, 碑利城二家爲國烟, 平穰城民國烟一看烟十, 訾連二家爲看烟, 俳婁人國烟一看烟卌三, 梁谷二家爲看烟, 梁城二家爲看烟, 安夫連廿二家爲看烟, 改谷三家爲看烟, 新城三家爲看烟, 南蘇城一家爲國烟.

A-2. 新來韓穢 沙水城國烟一看烟一, 牟婁城二家爲看烟, 豆比鴨岑韓五家爲看烟, 句牟客頭二家爲看烟, 求底韓一家爲看烟, 舍蔦城韓穢國烟三看烟廿一, 古[須]耶羅城一家爲看烟, [炅]古城國烟一看烟三, 客賢韓一家爲看烟, 阿旦城雜珎城合十家爲看烟, 巴奴城韓九家爲看烟, 臼模盧城四家爲看烟, 各模盧城二家爲看烟, 牟水城三家爲看烟, 幹弓利城國烟一看烟三, 弥[鄒]城國烟一看烟□□□□七也利城三家爲看烟, 豆奴城國烟一看烟二, 奧利城國烟二看烟八, 須鄒城國烟二看烟五, 百殘南居韓國烟一看烟五, 大山韓城六家爲看烟, 農賣城國烟一看烟七, 閏奴城國烟二看烟廿二, 古牟婁城國烟二看烟八, 琢城國烟一看烟八, 味城六家爲看烟, 就咨城五家爲看烟, 彡穰城廿四家爲看烟, 散那城一家爲國烟, 那旦城一家爲看烟, 句牟城一家爲看烟, 於利城八家爲看烟, 比利城三家爲看烟, 細城三家爲看烟.

A-3. 國岡上廣開土境好太王, 存時敎言, 祖王先王, 但敎取遠近舊民, 守墓洒掃, 吾慮舊民轉當嬴劣. 若吾萬年之後, 安守墓者, 但取吾躬巡所略韓穢, 令備洒掃. 言敎如此,

---

19) 다만 A 부분에서 '신래한예'와 대응하는 '구민'의 명칭은 확인되지 않는다. 수묘역을 징발한 배경을 설명하고 있는 B 부분을 살펴보면 A-1에 기술된 지역에서 차출한 110家를 '구민'으로 칭하고 있다. 이에 A-1에는 '구민'이라는 직접적인 표현이 없지만 '구민 수묘인연호조'라고 칭할 수 있겠다.

是以如敎令, 取韓穢二百卄家, 慮其不知法則, 復取舊民一百十家. 合新舊守墓戶, 國烟卅看烟三百, 都合三百卅家.

B.　自上祖先王以來墓上不安石碑致使守墓人烟戶差錯唯國罡上廣開土境好太王盡

　　爲祖先王墓上立碑銘其烟戶不令差錯　又制守墓人自今以後不得更相轉賣雖有富

　　足之者亦不得擅買其有違令賣者刑之買人制令守墓之(「광개토왕릉비」 守墓人

　　烟戶)20)

A-1에서 확인되는 지역은 모두 고구려가 '구민(舊民)'으로 인식한 지역이다. 왕조 국가에서 민(民)은 왕의 통치대상으로 국가의 기반을 이루는데, 법제적으로는 부세를 바치고 역역을 제공하는 존재이다.21) 특히 수묘인연호조에서 행정구역명칭 뒤에 붙은 민(民)은 고구려의 행정적 편제대상으로서22) 국가의 공민을 의미한다.23) 따라서 이들을 차출하기 위한 과정에서 문서 행정이 이루어졌다고 생각된다. 이에 본고에서는 문서행정의 명확한 대상으로 인식되는 '구민 수묘인연호조[A-1]'를 중심으로 분석해 보고자 한다.24)

사료 A에서 보듯이 구민 수묘인연호의 차정 대상은 '지역＋몇 가(家)＋爲烟(국연/간연)'의 구조로 기재되어 있으며, 크게 두 가지 유형으로 분류할 수 있다. 〈표 1〉에서 보듯이 특정 차정 대상을 명시한 가 그룹과 그렇지

---

20) 광개토왕비의 판독안은 다음과 같은 책을 참고하였다. 여호규, 2023, 「광개토왕릉비 제3~4면의 비면 현황과 비문 판독」 『한국문화』 101.

21) 洪承基, 1974, 「1~3世紀의 「民」의 存在形態에 대한 一考察－所謂下戶의 實體와 관련하여－」 『歷史學報』 63, 23~24쪽.

22) 林起煥, 1996, 「광개토왕릉비문에 보이는 '民'의 성격」 『高句麗渤海硏究』 2, 778쪽.

23) 전덕재, 2006, 『한국고대사회경제사』, 태학사, 172쪽.

24) 반면 A-2 新來韓穢 중에서는 220家를 차출하여 國烟 20家·看烟 200家를 구성하였다. 이때 신래한예와 국연과 간연의 성격과 역할에 관하여서는 많은 논의가 있었으나 본고에서는 다루지 않기로 한다. 국연과 간연에 관한 연구사정리는 기경량, 2010, 「高句麗 國內城 시기의 왕릉과 守墓制」 『韓國史論』 56, 54~57쪽 참조.

않은 나 그룹으로 나뉜다.

먼저 〈표 1〉-가의 경우를 살펴보도록 하겠다. 〈표 1〉-가는 지역명 뒤에 '민(民)·인(人)·고(賈)'와 같이 별도 단어를 부기한 사례이다. 이 사례는 다시 차정된 家의 수를 적은 경우와 생략된 경우로 구분해 볼 수 있다. 다만 뒤에서도 언급하겠지만 차정된 가(家)의 총수가 생략된 경우는 각 '국연(國烟) n+간연(看烟) n'의 서술을 통해 연(烟)의 총수를 알 수 있는 경우이다. 반면 가의 총수가 기재된 경우는 국연이나 간연 중 하나로만 연(烟)이 구성된 경우이다. 따라서 가(家)의 표기 여부를 유의미한 분류 기준으로 삼아 사례를 세분하는 것은 타당하지 않다.

〈표 1〉 구민 수묘인연호 서술 구조

	분류	기재순서	행정구역	특정 차정대상	차정된 가의 수	爲烟(국연/간연)
舊民	가	1	賣句餘	民	(5)	國烟2 看烟3
		2	東海	賈	(8)	國烟3 看烟5
		6	平穰城	民	(11)	國烟1 看烟10
		8	俳婁	人	(44)	國烟1 看烟43
		3	敦城	民	4家	盡爲 看烟(4)
	나	4	于城	-	1家	看烟(1)
		5	碑利城	-	2家	國烟(2)
		7	訾連	-	2家	看烟(2)
		9	梁谷	-	2家	看烟(2)
		10	梁城	-	2家	看烟(2)
		11	安夫連	-	22家	看烟(22)
		12	改谷	-	3家	看烟(3)
		13	新城	-	3家	看烟(3)
		14	南蘇城	-	1家	國烟(1)
			계		110家	國烟10 看烟100

( ) 표기는 비문에서 생략된 숫자

그렇다면 〈표 1〉-가의 서술된 '지역+몇 가(家)+爲烟(국연/간연)' 문장 구조를 구체적으로 검토해 보도록 하겠다. 먼저 고구려에 의해 행정구역으로 편제된 지역인 것이 확실한 돈성(敦城)과 평양성(平穰城)을 보면 '城'이라는 행정편제 명칭이 확인된다. 그 뒤로 이어서 민(民)을 부기하고 있는데, 이때 민은 사회구성원인 백성을 의미하는 것이므로 '차정 대상'으로의 민을 재차 서술한 것으로 보인다. 명확한 돈성과 평양성의 사례로 보면 〈표 1〉-가에 열거된 수묘인연호는 '행정구역＋특정 차정대상'의 구조로 기재되었음을 알 수 있다.

이러한 서술 구조는 행정편제 명칭이 서술되지 않은 경우[賣句余民, 東海賈]에도 적용되었을 것으로 보인다.[25] 다만 지역명 뒤에 성(城)과 같은 명확한 행정편제 명칭이 기재되지 않아 행정구역으로 볼 수 있을지는 의문이다. 이때 주목되는 것이 신래한예조[사료 A-2]에 등장하는 구모객두(句牟客頭)와 구모성(句牟城)이다.[26]

구모객두(句牟客頭)의 경우 '~민(民), ~인(人), ~고(賈), ~한예(韓穢)'와 같이 '~객두(客頭)'[27]라는 특정 대상만 기재되었다. 이 사례만 볼 경우 행정구역 명칭이 없이 '句牟'만 서술되어 구모가 어떤 행정구역으로 편제되었는지 알 수 없다. 다만 구모성(句牟城)을 보면 구모(句牟)가 성(城)임을 알 수 있다. 두 지역을 같은 지역이라고 본다면[28] 특정 대상이 추가로 기재되면서 '城'이 생략될 수 있다는 점을 알 수 있다.

이와 같은 구모객두와 구모성의 사례는 매구여와 동해를 이해하는데 시사점을 준다. 〈표 1〉-가에서 보듯, 매구여와 동해 뒤로 민(民)과 고(賈)를 덧붙여 기술하고 있는데, 고(賈)가 상인을 의미하는 단어이므로 '차정

---

25) 공석구는 동해고, 자련, 안부련, 매구여민, 배루인을 '지역명칭 또는 집단명칭'으로 분류했다(孔錫龜, 2013, 「〈광개토왕릉비〉 守墓人 烟戶 記事의 考察」『高句麗渤海研究』 47, 43쪽).

26) A-2의 서술 순서를 보면 勾牟客頭는 대략 네 번째 순서에 있고 勾牟城은 대략 서른세 번째 순서에 있어 연속하지 않는다.

27) 금석문 사례를 보면 여러 頭의 용례가 확인된다. 지안고구려비의 烟戶頭, 평양성 각자성석의 百頭, 경주남산신성비와 명활성비의 邏頭 등이 『한원』에는 群頭가 확인되는데 공통적으로 책임자(관리)의 뜻을 내포하고 있다. 客頭 역시 마찬가지였을 것으로 추정한다.

28) 孔錫龜, 2013, 「〈광개토왕릉비〉 守墓人 烟戶 記事의 考察」『高句麗渤海研究』 47, 49쪽.

대상'을 서술하고 있다고 봐도 무리가 없겠다. 이를 고려하면 구모객두의
사례처럼, 특정 대상이 뒤에 덧붙여지면서 행정구역 명칭이 생략된 것으로
볼 수 있다. 결국 매구여와 동해 역시 '행정구역+특정차정대상'의 구조를
크게 벗어나지 않는다고 보인다.

이러한 수묘인연호조의 서술 구조를 고려하면 행정구역 명칭이 없는
배루인(俳婁人)의 경우도 배루를 행정구역으로, 인(人)은 차정 대상으로
추정해 봄에 무리가 없다고 할 수 있다. 즉 매구여민(賣句余民), 동해고(東海
賈), 배루인(俳婁人)의 매구여, 동해, 배루는 행정구역 명칭이 생략된 행정
구역이며, 뒤이어 대상을 표기한 '행정구역+특정차정대상'의 구조로 서술
된 것으로 볼 수 있다.[29]

다음으로 〈표 1〉-나의 경우는 특정 차정대상을 부기하지 않고 지역명만
서술한 경우이다. 이 지역들을 살펴보면 성(城), 곡(谷) 등과 같은 행정구역
명칭 뒤로 국연(國烟)이나 간연(看烟) 중 하나가 서술된다. 위 내용을
종합하여 구민 수묘인연호조의 기재방식을 정리하면 '행정구역+특정차
정대상+차정된 가(家)의 수+爲烟(국연/간연)'의 구조를 가지고 있다고
할 수 있다. 즉 수묘인연호의 서술 양상이 일정한 구조를 가지고 정리된
것임을 알 수 있으며, 또한 행정구역 내 백성을 대상으로 하고 있음을
알 수 있다.

이전 연구에서도 지적되었듯, 수묘인을 차출하기 위한 연호의 정보는
문서의 형태로 존재했을 가능성이 크다. 특히 해당 지역에서 파악하고
있던 백성 현황을 기록한 문서였을 것이며, 이러한 행정문서의 존재
가능성은 여러 사료를 통해서도 상정해 볼 수 있다. 대체로 중국 측

---

29) 'O城+국연O+간연O'의 형태로 城-戶체제 위에 조직되었다는 견해(武田幸男,
   1979, 앞의 논문, 86쪽) '지역명(+종족명)+국연 O가+간연 O가'의 형태로 출신
   지 50곳과 차출 인원 수가 나열되었다는 견해(기경량, 2014, 앞의 논문, 222쪽).
   '지역명+國烟·看烟별 연호수'의 형태로 기재되어 있다는 견해(안정준, 2020,
   「「集安高句麗碑」의 建立 목적과 守墓制」『木簡과 文字』 25, 63쪽)가 제시된 바
   있다.

사서에서 확인되는데, 3세기대 상황을 전하는『삼국지』고구려전에서 고구려의 호구수를 3만호로 기록하고 있으며, 435년 고구려를 방문했던 북위 사신 이오(李敖)의『위서』에서는 고구려의 민호(民戶)가 조위 때보다 3배 증가했다고 전하고 있다.30) 특히 주목되는『삼국사기』봉상왕 9년 (300)의 기사를 보면31) "8월 왕이 국내(國內)의 정남(丁男) 15세 이상을 징발하여 궁실을 수리하였다"고 하는데, 백성에 대한 파악이 연령별로 이루어졌음을 보여준다.32) 이렇듯 각 지역에서 파악한 백성의 현황은 행정문서의 형태로 기록되었을 것이다. 다만 고구려가 민을 편제한 절차를 비롯하여 실제 백성의 현황을 파악한 문서의 기재 양식을 알 수 있는 사료는 전무한 상황이다. 이에 참고할 수 있는 것이 중국 호구문서이다.33)

리야진간(里耶秦簡)은 진대 호구 작성의 기본 양상을 보여준다. 해당 호적 목간을 살펴보면 '남양(南陽)[지명]34)＋호인(戶人)＋형(荊)＋작(爵)＋

---

30) 『위서』권100, 고구려전 "遼東南一千餘里, 東至柵城, 南至小海, 北至舊夫餘, 民戶參倍 於前" 후기 사료인『구당서』와『통전』에는 당이 고구려를 멸망시켰을 당시 69만 7천호, 『신당서』, 『자치통감』, 『삼국사기』에는 69만여호로 기록하고 있다.

31) 『삼국사기』권49, 열전 제9 창조리열전. 같은 책 권17, 고구려본기 제5권 봉상왕 9년조에는 같은 내용이지만 丁男 대신 男女로 기록되어 있다.

32) 일반적으로 율령반포 이후 세부적인 격식이 정해지면서 帳籍 운영도 법령에 의해 실시되는데 이때 丁을 중심으로 한 연령 구분이 중요 기준으로 설정되었을 것이다(백영미, 2009, 「삼국 및 통일신라 戶口 관련 자료 검토와 帳籍의 작성」 『韓國史學報』34, 65쪽). 다만 고구려에서 공식적인 율령 반포 이전에 丁男이라는 표현이 등장하는 점은 의문이다. 이에 國內로 서술하고 있는 것은 국내성 지역으로 한정하고 있는 것으로 추정되며 율령반포 이전 원고구려 지역을 중심으로 이미 대민파악이 이루어지고 있었던 상황을 유추해 볼 수 있다.

33) 현 단위 호구수를 집계한 문서인 낙랑군초원4년현별호구부를 보면 표제＋본문 ＋낙랑군 전체 호구수 집계의 구조로 서술되었다(윤용구, 2009, 「平壤出土「樂浪郡 初元四年縣別戶口簿」研究」『목간과문자』3, 285쪽).

34) 해당 지명이 어떤 행정편제에 속하는지 논의가 있었지만,『리야진간』의 다른 예를 봤을 때 '남양'의 위치에는 里와 함께 기재되어 있는 것으로 보아 '南陽'이 里名임을 알 수 있다. 리의 명칭만 밝히고 있는 것은 다수의 리를 취합하여 상부인 향에서 호적을 작성했기 때문에 향의 명칭은 굳이 밝히지 않은 것이다(李 成珪, 2008, 「里耶秦簡 南陽戶人 戶籍과 秦의 遷徙政策」『중국학보』57 ; 尹在碩, 2011, 「秦·漢初의 戶籍制度」『중국고중세사연구』26, 95~97쪽).

성명'의 순서로 호의 정보를 기록하고 있다.[35] 주마루오간(走馬樓吳簡) 호적문서는 'O리(里)+호인(戶人)+작(爵)+성명+나이'의 구조로 작성되었다.[36] 4세기 후반의 전진(前秦) 건원(建元) 20년 적(籍)은 지본(紙本) 형태로 작성되었으며, 서사 재료가 바뀌면서 여러 형식과 내용상의 변화가 나타났다. 전진 건원 20년 적에서 각 戶에 대한 첫 행의 서술을 보면 '관적지+민(民)+성명+나이'의 형식으로 작성되었다. 5호16국시기 호적인 서량(西涼) 건초(建初) 12년 적(籍)에서도 첫 행에 '관적지+병(兵)+성명+나이'의 형식이 확인된다. 이때 민(民)과 병(兵)의 표기는 민호(民戶)와 병호(兵戶)를 대상으로 한 호적의 구별을 의미하였다. 성명을 기재하기에 앞서 '호인(戶人), 민(民), 병(兵)' 등의 별칭을 기재하는 방식은 진한 호적문서에서 5호16국시기까지 연용되었던 양식이었다. 이후 당대(唐代)에는 성명 앞에 '호주(戶主)'라는 용어를 기재하는 형태로 변화한다.[37]

이를 종합하면 중원 여러 왕조의 호적문서는 일정한 형식에 따라 작성되었음을 알 수 있다. 구민 수묘인연호조가 '행정구역+특정차정대상+차정된 가(家)의 수+爲烟(국연/간연)'의 구조로 서술되었다는 점을 고려하면, 수묘인연호의 작성을 위해 참고된 자료 역시 행정구역, 대상, 가(家)와 관련한 내용을 포함한 행정문서였다고 추정해 볼 수 있다. 그러나 이러한 행정문서를 반드시 호적문서라고 단정하기엔 고구려의 자료가 부족한 실정이다. 이전 연구에서는 호적을 만들기 위한 기초자료, 호적을 활용한 문서, 명적류, 호적 기록을 전제로 한 포고문 등의 기록을 통틀어 '호적 관련 자료'라고 칭하기도 했다.[38] 이를 고려하여 본 고에서도 행정문서의

---

35) 이때 '荊'이 무엇을 의미하는지 논의가 분분하였지만(해당 연구사는 김경호, 2012, 앞의 논문, 57쪽을 참고), 현재 일반적으로 원래 진인과의 구별을 위해 남양으로 遷徙된 피정복지민인 楚人임을 명시한 것으로 이해한다(이성규, 2008, 앞의 논문, 149쪽).

36) 李成珪, 2008, 「里耶秦簡 南陽戶人 戶籍과 秦의 遷徙政策」『중국학보』57, 123~124쪽.

37) 朴根七, 2015, 「前秦建元20年(384)籍'과 호적 기재양식의 변천」『東洋史學硏究』131, 32~38쪽.

범위를 호적 관련 자료로 보고자 하며, 장적류(帳籍類) 문서로 칭하고자
한다.

결국 능비 수묘인연호조에서는 개개인의 이름이 생략되었지만 집안비
에서는 연호두 20인의 이름을 새기고 있다는 점을 고려하면, 구민 수묘인
연호조를 작성할 때 기본 자료가 되었을 행정문서는 '행정구역(원적지)＋
호(戶) 대표의 성명과 나이＋가(家)와 관련한 내용'의 형식으로 작성된[39]
장적류(帳籍類) 문서의 한 형태였을 것이다. 그렇다면 민(民)·인(人)·고(賈)
등 특정차정대상의 기재 여부가 의미하는 바는 무엇일까.

2. 편호방식에 따른 특정 차정대상 기재

앞서 살펴본 수묘인연호 서술에서 주목되는 특징은 구민지역 가운데
매구여·동해·돈성·평양성·배루 등 다섯 곳에서만 차정대상을 '민(民)·고
(賈)·인(人)'으로 특정하고 있다는 점이다. 이에 기존 연구에서는 능비의
수묘인 기록이 실제적 의미가 있다기보다 광개토왕대 광활한 영역에
대한 정복 사실을 환기시키는 관념적 수사일 가능성이 제기되기도 했
다.[40] 간연의 수가 지나치게 많다는 점을 지적하며 간연에 실질적 의미가
없다고 본 것인데, 그렇다면 실체가 없는 간연을 비문의 1/3이나 할애하며
서술한 이유가 무엇인지 의문이다. 또한 특정 차정대상에 대한 표기가
특별한 의미가 있는 것이라기보다는 행정문서를 하나로 합치는 과정에서
발생한 비체계성에서 기인했다고 파악하는 견해도 제시되었다.[41] 그러나

---

38) 김창석, 2019, 「戶籍 관련 자료를 통해 본 三國時期의 戶籍制度」『목간과문자』
23, 86쪽.

39) 지방에서 인민을 차출하기 위해서 작성한 기초자료에는 호구의 숫자와 성별,
신장 또는 연령을 통한 성장도를 파악했다고 보기도 하였다(김창석, 2019,
「戶籍 관련 자료를 통해 본 三國時期의 戶籍制度」『목간과문자』23, 87쪽).

40) 李道學, 2016, 「廣開土王陵 守墓制 論議」『東아시아 古代學』41, 52~54쪽.

비면 특성상 기록할 수 있는 글자의 양이 정해져 있었다는 점에 유의할
필요가 있다. 실제 능비와 지안고구려비의 문장을 비교해 보면 능비에서
'5-4-4-4-4'의 보다 규칙적인 자구로 맞추려는 노력이 있었음을 알 수
있다.42) 이는 미리 문장을 다듬어 능비 서술 시 체계적이고 압축적으로
서술하고자 한 노력이었다.

의도된 압축적 서술은 능비 곳곳에서 확인된다. 〈표 1〉을 보면 국연과
간연 각각의 수를 기재한 경우에는 가의 총수를 생략하였다. 또한 국연과
간연 중 하나의 연(烟)으로만 구성된 경우에는 연의 수는 생략하고 가의
수를 기입하였다. 이러한 특징은 능비 수묘인연호조 서술에서 차정한
4가를 모두 간연으로 편성한 첫 번째 사례인 '돈성'의 경우를 보면 더욱
명확하게 알 수 있다. 능비 수묘인연호조에서 "돈성민4가진위간연(敦城民
4家盡爲看烟)"이라고 서술하고 있는데, 이때 "진위(盡爲)"라는 표현은 이후
서술에서 확인되지 않는다. 이는 「몇 가(家)」 위(爲) 「국/간연」'의 구조에서
표기된 가(家)의 수와 생략된 국/간연의 수가 같음을 가장 처음에 설명한
것이다. 이러한 서술 방식은 돈성 이후 기재된 지역과 신래한예 모두에
적용되었다. 이를 고려했을 때 능비에서는 비면의 한계로 최대한 압축적으
로 서술하려고 했음을 알 수 있다. 따라서 비문의 글자 하나 조차 무의미하
게 작성했을 가능성은 적다고 판단된다.

그렇다면 '민(民)·고(賈)·인(人)' 각각의 차정대상은 어떤 의미를 갖는
것일까. 지금까지 연구에서는 대체로 민(民)이 표기된 지역의 경우 민과
구별되는 별도의 집단이 존재했을 것으로 상정했다. 이러한 이해의 바탕은
고구려의 지배방식을 종족지배로 보는 연구에서 '민·고·인'이 각각 '종족
적 속성'을 반영한다고 본데에 있다. 해당 연구에서는 수묘인연호의 차정
대상을 민으로 한정한 경우 민에 속하지 않는 '한·예·패려(거란)·부여·숙
신·중국계 유이민과 같은 여러 이종족'이 존재한다고 파악했다.43) 또

---

41) 기경량, 2010, 「高句麗 國內城 시기의 왕릉과 守墓制」『韓國史論』56, 59쪽.
42) 余昊奎, 2014, 「廣開土王陵碑의 문장구성과 서사구조」『嶺南學』25, 12~13쪽.

다른 연구에서는 이러한 종족적 지배에 대체로 동의하면서도, 민이 기재된 지역에 대해 '원고구려계 주민, 관인사회로 편입될 가능성이 높은 호족세력 등의 지배세력'과 '복속민인 민(民)'이 병존하였기 때문에 양자를 구분하기 위해 '민'을 부기한 것으로 파악하였다.[44] 또한 행정구역 명칭인 성(城) 뒤에 민이 표기된 지역에는 토착 복속민 이외에도 '유이민 집단'이 존재했을 것으로 보았다.[45]

이처럼 기존 연구에서는 특정 차정대상을 부기한 수묘인연호조의 매구

---

43) 東海賈는 옥저족을 포함한 예족으로 동해에서 어로활동을 기초로 하는 상인집단을 가리킨다고 보았다. 배루인은 倭人, 安羅人의 경우와 같이 특정한 종족에 대한 지칭으로 보았다. 배루인의 간연의 숫자가 많은 것은 이 집단의 특수한 성격을 보여주는 것으로, 이들은 이전부터 고구려에게 복속되어 넓은 지역에서 자립적인 종족생활을 영위한 것으로 보았다. 또한 '민'을 다시 언급하고 있는 것에 대해서는 '민에 속하지 않는' 다수의 인민이 실재하고 있기 때문으로 상정하고 있다. 매구여·돈성·평양성에는 그 지배에 복속된 민과는 구별되는 집단도 혼재했다고 보았다. 특히 평양지역을 중심으로 논하고 있는데 평양을 중심으로 한 한반도 서북부 지역에는 동수나 진과 같은 중국계 유이민 집단이 다수 있었다고 본 것이다(武田幸男, 1989, 『高句麗史と東アジア』, 岩波書店, 78~92쪽).

44) 옥저나 양맥부락에는 이종족-속민지배가 성곡중심 지배체제로 전환되었는데 배루인은 성곡지배를 관철시킬 수 없는 이종족지배가 관철되던 지역으로 보았다(임기환, 1987, 앞의 논문, 63쪽). '민'이 복속민으로 대우받은 것은, 복속민으로 인식되지 않는 주민집단이 있었기 때문이라고 보았다. 주민집단의 구체적인 대상은 원고구려계 주민과, 관인사회로 편입될 가능성이 높은 호족세력들을 지칭하는 것으로 파악하고, 지배층과 대비되는 민을 비문에 재언급하고 있는 것은 평양에 9사를 창건하면서 국내지역의 지배층을 대거 이주시켰기 때문이라고 보았다. 더불어 4세기 들어 이주해온 중국계 유이민 세력도 함께 상정하고 있다. 수묘인 차출대상은 고구려정권에 의해 평양성민이라고 규정되어 복속민으로 대우받았다는 것이다(林起煥, 1996, 「광개토왕릉비문에 보이는 '民'의 성격」 『高句麗渤海硏究』 2, 776~779쪽).

45) 구체적으로는 평주인 하요 등 이주된 집단 전체를 포함한다고 보았다. 행정구역 표기만 있는 지역은 오랜 기간 토착해있던 복속민이 있는 지역, 매구여와 배루와 같이 행정구역 표기가 보이지 않는 경우 해당 지역이 행정구역으로 공식 편제되기 이전의 상황을 보여주는 것으로 보았다. 이때 인과 민의 차이는 신분의 차이를 나타내며 매구여민의 경우도 이주된 유입민 집단으로 보았다. 배루인의 경우 토착 거주민과는 구별되는 사람들로 인이라는 신분으로 행정체계속에 편입되어 관리되던 대상으로 보았다(孔錫龜, 2013, 「〈광개토왕릉비〉 守墓人 烟戶 記事의 考察」 『高句麗渤海硏究』 47, 44~47쪽).

여, 동해, 돈성, 평양성, 배루 지역에 대해 일반 고구려민과 구별되는 이종족이나 상위 계층이 존재했을 것으로 상정했다. 이는 행정구역 내 존재하는 지배대상의 다양한 상태에 주목한 것이다. 그러나 앞서 살펴본 것과 같이 능비의 수묘인연호 차정대상은 장적류 문서를 기초로 작성된 목록이며, 목록 작성을 위해서는 주민집단을 행정적으로 파악한 절차가 선행되었을 것이다. 이때 구민 지역민은 민으로 편호되어 관리된 과세 대상이었다. 기존 연구에서 이와 같은 수묘인연호의 징발 지역과 대상에 적용된 행정절차를 고려하려 수묘인연호조 서술에 대한 분석이 충분히 이루어졌다고 보기 어렵다.

수묘인연호에서 차정 대상으로 '민'을 명시한 지역부터 다시 살펴보도록 하겠다. 먼저 매구여는 두만강 하류의 훈춘 지역으로 비정되는데 본래 북옥저 지역으로 태조왕이래 고구려의 왕이 여러 차례 순수했던 지역이다.[46] 북옥저 지역은 기원전 28년부터 고구려에 복속되었다고 확인되는데[47] 동옥저가 대무신왕 4년(56)에 복속된 것을 고려하면 신빙성이 떨어지는 기록이라고도 볼 수도 있다. 그러나 관구검이 침입했을 당시 동천왕이 도망갈 정도로 이 지역에 대한 고구려의 지배력이 강하고 안정적으로 미치던 곳이었음은 분명하다.

『삼국사기』 대무신왕 30년조에는 매구곡인(買溝谷人)이 고구려에 투항

---

46) 賣句余의 위치는 買溝婁와 같은 지역으로 비정하는 것이 일반적이다. 『삼국지』 동옥저조의 "北沃沮一名置溝婁"라는 기록을 통해 구체적인 위치를 유추해볼 수 있다. 이는 『삼국지』 동이전 동옥저조에서 宮이 北沃沮로 달아났다고 기술하고 있지만 『삼국지』 관구검전에서 같은 지역을 買溝라고 기술하고 있는 데서도 알 수 있다. 이로 보았을 때 매구루는 북옥저 지역으로, 매구·북옥저에 대한 이칭은 두만강 하구의 柵城이었다. 즉, 매구여는 과거 북옥저인 책성지역으로, 구체적인 위치는 훈춘 일대로 비정된다. 태조왕이 책성(북옥저)을 순행할 때 '東巡'이라는 표현을 사용한 것으로 보아 압록강 중상류를 경유하여 동쪽으로 나아가 책성에 다다랐을 것이다(여호규, 2014, 『고구려 초기 정치사 연구』, 신서원, 518~519쪽).

47) 『삼국사기』 고구려본기 제1 동명성왕 10년 "冬十一月, 王命扶尉猒, 伐北沃沮滅之, 以其地爲城邑".

해온 것이 확인되며,[48] 한(漢)의 평주인(平州人) 하요(夏瑤)집단을 책성에 안치한 기사도 있다.[49] 일본사 연구에 따르면, 일본에서 호적이라는 용어가 처음 등장하는 시기는 진인(秦人)과 한인(漢人)을 각 국군(國郡)에 안치하여 편호하는 과정에서였다. 이에 따라 호(戶)의 원류는 제국(諸國)에 안치된 진인·한인 등의 편호였고, 원초적 형태의 적장(籍帳)으로 이들을 재편하는 과정에서 중국의 선진 제도가 활용되었을 것으로 보기도 했다.[50] 이를 참고하면 매구여는 고구려의 지배력이 안정적으로 미칠 수 있는 지역인 동시에, 일찍부터 한인 1,000여 가에 대한 편호의 필요성이 대두된 지역이라고 할 수 있다.[51] 한편 매구여는 지금의 혼춘 일대로 비정되는데, 혼춘시 일대는 넓은 분지가 형성되어 있으며, 상류 방면 100여㎞ 이상 하곡 평지가 발달한 지역이다. 주목되는 점은 혼춘 일대가 해양성기후의 영향을 많이 받아 저온에 강한 콩이나 조를 많이 재배하는 중요한 농경 지역이라는 점이다.[52]

다음으로, 평양 역시 313년 이전에는 낙랑군의 치소가 있던 지역으로 중국 왕조의 군현지배가 장기간 시행된 지역이다. 4세기에는 고구려가 평양으로 천도하기 위한 작업을 단계적으로 진행했다. 특히 334년 평양에 성을 쌓았다는 기사가 확인되는데[53] 이는 고구려가 중국 군현성을 점령한 뒤 맞은편 도성 방면에 성곽을 축조하는 방식으로 거점을 구축한 것으로

---

48) 『삼국사기』 고구려본기 제2 대무신왕 30년 "十三年, 秋七月, 買溝谷人尙須, 與其弟 尉須及堂弟於刀等, 來投".

49) 『삼국사기』 고구려본기 제4 산상왕 21년 "秋八月, 漢平州人夏瑤, 以百姓一千餘家來 投, 王納之, 安置柵城".

50) 강은영, 2013, 「古代 日本의 戶籍制度 도입에 관한 고찰」『역사학연구』 50, 249쪽.

51) 『삼국사기』 고국천왕 19년부터 변란을 피해 고구려로 투항해 오는 한인들이 많았다는 기사가 확인된다. 2세기 말부터 유입되는 대량의 한인들로 인해 기존 민에 대한 통제방식의 변화 필요성이 싹트기 시작했을 것이다.

52) 여호규, 2020, 「고구려의 자연지리와 환경」『고구려통사1－고구려의 기원과 성립』, 동북아역사재단, 30~32쪽.

53) 『삼국사기』 고구려본기 제6 고국원왕4년 "秋八月, 增築平壤城".

보인다.[54] 393년에는 평양에 9개의 절을 창건하여[55] 국가의 주요 시설이 위치하게 되었다. 409년에는 나라 동쪽에 6개의 성을 쌓고 '평양민호(平壤民戶)'를 옮겼다는 기록으로 보아[56] 적어도 5세기 초에는 평양지역 거주민에 대한 편호와 통제가 이루어졌다고 보인다.

돈성 지역도 일찍부터 고구려의 영향력이 강하게 미쳤다. 돈성은 동해지역을 거쳐 책성으로 이어지는 동해로상의 거점이었다. 동해에서 들어오는 토산물은 돈성을 거쳐 수도로 유입될 수 있었다. 돈성은 현재 길주 일대로 비정되는데,[57] 이 지역은 관북 해안지역으로 길주평야가 형성되어 있어 농경에도 적합한 환경을 갖추고 있다.

이상과 같이 매구여, 평양, 돈성 지역은 고구려의 영향력이 강하게 미치는 동시에 비교적 평탄한 지대로 농업에 적합한 지역이다. 이를 고려하면 수묘인연호조에 부기된 민(民)은 주로 농업에 종사하는 호(戶)로, 전통 사회에서 일반적인 피지배대상으로의 주민집단을 의미하는 것으로 보인다.

다음으로 살펴볼 지역은 차정 대상으로 '고(賈)'를 명시한 동해 지역이다. 동해 지역은 2세기 태조왕대부터 동해곡수가 붉은 표범을 바치고[58] 해곡태수가 고래의 눈을 바치기도 하는 등[59] 고구려의 영향력이 일찍이

---

54) 余昊奎, 2009, 「4세기 高句麗의 樂浪·帶方 경영과 中國系 亡命人의 정체성 인식」 『한국고대사연구』 53, 169쪽.

55) 『三國史記』 高句麗本紀 第6 광개토왕 2년 "創九寺於平壤".

56) 『三國史記』 高句麗本紀 第6 광개토왕 18년 "秋七月, 築國東禿山等六城, 移平壤民戶".

57) 敦城은 본래 동해안의 동북에 위치한 신성이었는데 4세기 초 혼하 연안에 새로 신성을 축조한 후 돈성으로 개칭되었다(金瑛河, 1985, 「高句麗의 巡狩制」 『歷史學報』 106, 35~39쪽 ; 林起煥, 1987, 「高句麗 初期의 地方通治體制」 『慶熙史學』 14, 60쪽). 동해로상에서 고구려 거점지역으로의 역할을 수행하였음을 생각하면, 마천령산맥 산간로와 책성으로 올라가는 해안로의 시작점인 길주가 주목된다. 지리상 중요한 요충지였던 길주 지역이 돈성이었을 것으로 생각된다(여호규, 2014, 『고구려 초기 정치사 연구』, 신서원, 522쪽).

58) 『삼국사기』 고구려본기 제3 태조왕 55년 "冬十月, 東海谷守獻朱豹, 尾長九尺".

59) 『삼국사기』 고구려본기 제5 서천왕 19년 "夏四月, 王幸新城, 海谷大守獻鯨魚目,

미치던 곳이다.[60] 특히 동해에서 수취한 물자는 대외정세에 영향을 받지 않고 압록강 상류를 통해 효율적으로 도성으로 운송할 수 있었다.[61] 이를 고려하면 동해지역에는 물품 판매와 수송에 종사하는 상인집단이 다른 지역에 비해 특화되었을 가능성이 있다. 이러한 동해의 지역적 특성을 고려하면 동해고(東海賈)의 고(賈)는 동해 지방에서 상업에 종사하던 호(戶)를 지칭할 가능성이 있으며,[62] 고구려는 이들을 농민과 구분하여 관리하면서 수세(收稅)에 활용했을 것으로 보인다.

그렇다면 차정 대상으로 '인(人)'을 명시한 배루(俳婁)는 어떨까. 배루(俳婁) 지역은 앞서 살펴본 네 지역과는 달리 구체적 상황을 파악하기가 쉽지 않다.[63] 기존 연구에서는 배루인에 대해 특정한 종족을 일컫는 것으로, 고구려에 복속되어 영역지배를 받으면서도 넓은 지역에서 자립적인 종족 생활을 영위한 종족으로 보았다.[64] 배루를 종족명 혹은 국가명에서 유래된 것으로 보고, 고구려의 종족지배를 보여주는 대표적인 일례로

夜有光".

60) 東海지역은 『삼국사기』에 등장하는 東海谷·海谷과 관련된 지명으로 파악된다. 서천왕 19년 왕이 신성에 행차하였다가 해곡태수가 진상하는 고래 눈을 받은 것으로 보아, 동해지역은 신성과 멀리 떨어져 있지 않았다는 것을 알 수 있다. 동해지역은 매구여(책성)와 돈성 사이 특정 해안지대를 지칭하는 명칭이었다(여호규, 2014, 앞의 책, 522쪽). 돈성이 길주로 비정되면 그보다 앞서 언급된 동해는 책성으로 가기 전 요충지인 청진에 비정한 견해가 주목된다(여호규, 2014, 앞의 책, 522쪽).

61) 여호규, 2014, 앞의 책, 520쪽

62) 이전 연구에서도 동해고(東海賈)의 고(賈)는 동해 지방의 상호(商戶)로 파악한 바 있다(武田幸男, 1989, 『高句麗史と東アジア』, 岩波書店, 79~80쪽).

63) 배루를 보통 요동이나 부여성 일대로 추정하기도 하고(林起煥, 1987, 「高句麗 初期의 地方通治體制」『慶熙史學』 14, 60쪽) 『삼국사기』 지명 중 裵嶺과 裵川과 관련 있을 가능성도 제기되었지만(趙法鍾, 1995, 「廣開土王陵碑文에 나타난 守墓制 研究－守墓人의 編制와 性格을 중심으로－」『韓國古代史研究』 8, 240쪽) 정확한 실체를 알 수 없는 상황이다. 다만, 구민지역의 서술 순서로 봤을 때 두 지역 모두 평양과 梁谷·梁城 사이에 있었을 것으로 추정된다.

64) 武田幸男, 1979, 「廣開土王碑からみた高句麗の領域支配」『東洋文化研究所紀要』 78, 82쪽.

파악한 것이다.

그러나 수묘인연호조의 서술 구조를 고려하면 배루인(俳婁人)은 '배루
＋인'의 구조이며 '배루 지역의 사람'으로 해석된다. '인(人)'의 의미를
파악하기 위해 능비 내의 용례를 구체적으로 살펴보면 다음과 같은 세
가지 유형으로 구분할 수 있다. ① 인원을 헤아릴 때 단위로 사용한
경우, ② '왜인' 등 고구려 외 다른 정치체의 주민집단을 언급하는 경우,
③ '수묘인'과 같이 직역을 행하는 주민집단을 언급한 경우이다.

①의 경우는 배루인과 쓰임이 다르므로 넘어가고, 주목되는 용례는
②와 ③의 경우이다. ②의 경우처럼 지역명 뒤에 인이 붙은 경우는 『삼국사
기』에서도 확인할 수 있다. 왜인(倭人), 부여인(夫餘人) 등 국가명 뒤에
인이 붙는 경우 외에도 모본인(慕本人),[65] 동해인(東海人),[66] 주통촌인(酒
桶村人),[67] 동부인(東部人),[68] 수실촌인(水室村人)과 동촌인(東村人) 등[69]
고구려의 지역명 뒤에 인이 오는 경우가 다수 확인된다. 결국 지역명
뒤에 인이 오는 경우는 국가나 지역 주민집단을 지칭하는 일반적인 의미로
볼 수 있다.

다만 『삼국사기』에서 확인되는 고구려 지역명 뒤에 인이 붙는 경우
고구려의 영향력이 강하게 미쳤던 지역의 사람임은 분명하다. 또한 앞서
살펴본 것처럼 배루 뒤로 행정단위가 생략됐을 가능성도 있으므로, 기존

---

65) 『三國史記』高句麗本紀 第2 모본왕 6년 11월 "冬十一月, 杜魯弑其君. 杜魯慕本人,
　　侍王左右, 慮其見殺乃哭. …"

66) 『三國史記』高句麗本紀 第2 민중왕 4년 9월 "九月, 東海人高朱利獻鯨魚目, 夜有光".,
　　『三國史記』高句麗本紀 第5 동천왕 "十九年, 春三月, 東海人獻美女, 王納之後宮".

67) 『三國史記』高句麗本紀 第5 동천왕 즉위년 "東川王, 諱憂位居. 少名郊彘, 山上王之子.
　　母酒桶村人, 入爲山上小后, 史失其族姓. …"

68) 『三國史記』高句麗本紀 第5 동천왕 20년 10월 "王計窮勢屈, 不知所爲, 東部人紐由進
　　曰. …"

69) 『三國史記』高句麗本紀 第5 미천왕 즉위년 "始就水室村人陰牟家, 傭作. 陰牟不知其何
　　許人, 使之甚苦. 其家側草澤蛙鳴, 使乙弗夜投瓦石, 禁其聲, 晝日督之樵採, 不許暫息.
　　不勝艱苦, 周年乃去, 與東村人再牟, 販鹽".

연구에서 파악한 바와 같이 '배루＋인'의 표현만으로 배루 지역 거주민들의 자립성을 논한 것은 타당하다고 보기 어렵다. 무엇보다 배루(俳婁)라는 종족명이 다른 사서에서 확인되지 않는다는 점으로 보아 결국 배루(俳婁)는 능비 수묘인연호조의 서술 구조 상 행정구역으로 봄이 타당하다. 또한 고구려의 배루 뒤로 '인'을 표기한 의미 역시 수묘인연호조 서술 구조를 고려하여 민·고의 경우와 동일하게 행정적 기준으로 설명할 필요가 있다.

이때 참고되는 것이 일본의 사례이다. 일본은 복속지역의 해민(海民 혹은 人), 산민(山民 혹은 人) 및 다른 직능집단이 대왕에게 공물(贄)을 바치게 하였을 뿐 아니라 필요한 물품을 만들기 위해 기술을 가진 직능집단을 조직하고 수장이 통솔하게 하였다.[70] 율령시행 이후에는 품부(品部)와 잡호(雜戶)로 직능민을 조직하여 해당 지역에서 직능과 기술을 세습하게 하였다.[71] 지역에 특정 직능민이 존재한 것으로, 이를 참고하면 배루인도 배루 지역에서 특정 직역을 수행하는 집단일 가능성도 있다고 보인다.[72] 이때 배루인은 능비 내 인(人)의 용례 구분 중 ③에 해당한다고 할 수 있다.

이상의 논의를 정리하면 민(民)은 일반 농업에 종사하는 일반 주민집단, 고(賈)는 상업에 종사하는 주민집단, 인(人)은 해당 지역에서 특정 직역을 수행하는 직능집단과 같은 존재로 각각 구분해 볼 수 있다. 고구려는 중앙의 통제력이 미치는 지역에 대해 지리·환경적 특성과 이에 따른 생산 방식을 파악하여 수취 대상을 관리하였다.[73] 결국 고구려가 농민,

---

70) 綱野善彦, 이근우 譯, 1999, 『일본 사회의 역사』上, 소화, 85~87쪽.

71) 綱野善彦, 이근우 譯, 1999, 위의 책, 163~164쪽.

72) 배루 지역은 國烟1 看烟43로 가장 많은 수의 간연이 확인되는 지역이다. 이러한 구성의 이유에 대해서는 직역 수행을 위해 필요한 조직구성에 따른 것일 가능성 등 다양한 가능성이 존재하지만 구체적으로 논증하기는 어렵다.

73) 『수서』 고려전 부세조항에 등장하는 유인에 대해 농경 외의 방식으로 생업을 영위하던 자들[상인, 공인 등]로 파악한 연구가 주목된다. 해당 연구에 따르면 고구려는 농민 외에 땅에서 유리되어 생산활동을 했던 상인과 공인 등을 따로

상인, 직능집단을 각기 별도의 장적류 문서로 편제하여 관리하였을 가능성이 있으며, 수묘인연호조에 등장하는 '민(民)·고(賈)·인(人)'과 같은 차정대상은 이들이 편제된 문서에 따른 구분이었다.

이러한 장적류 문서의 구분에 따른 수세는 당시 고구려민의 주된 경제활동과 관련이 있다. 원고구려 지역의 경제 상황은 『삼국지』에서 확인할 수 있는데 "큰 산과 깊은 골짜기가 많고 넓은 들판이나 비옥한 토지는 적어 부지런히 농사지어도 식량이 부족하다"고 전한다. 실제 현재 환인지역은 해발 1,000m 이상 봉우리만 64좌이며, 집안지역의 경지율도 6.6%에 불과하지만 압록강 본류와 혼강 유역 등 곳곳에 넓은 충적평지가 형성되어 있어74) 토양 자체는 오곡을 짓기에 알맞다. 다만 고구려에는 벼농사에 대한 기록이 거의 없는 것으로 보아 국내성에서 벼농사는 성행하지 않았을 것으로 보인다.75) 또 국내성의 생활환경을 언급한 기록을 보면 "사슴, 물고기 등이 풍부하다"고 전하고 있는 것으로 보아76) 농경 이외에 수렵이나 어로도 큰 비중을 차지했을 것으로 추정된다. 또한 국내성에는 구리와 철 등의 지하자원이 풍부하여 청동기와 철기의 자체 제작이 가능했다.77) 이로 보건대 원고구려 지역에서 고구려의 수취 대상으로의 주민집단은 농민에 한정되지 않았을 가능성이 크다. 나아가 복속지 역시 지리적 이점, 자연 지형과 기후환경을 고려하여 거주민에 대한 효율적인 수취 방식을 결정했을 것이다.78)

결국 민·고·인의 구분된 표현은 주민집단의 생산활동에 따라 구분된

편적하여 관리하였을 것으로 보았다(나유정, 2020, 「고구려 후기의 부세체계와 유인(遊人)의 성격」 『역사와현실』 117).

74) 여호규, 2020, 「고구려의 자연지리와 환경」 『고구려통사 1-고구려의 기원과 성립』, 동북아역사재단, 17~18쪽.

75) 孔錫龜, 2014, 「〈廣開土王陵碑〉의 '新來韓穢' 考察-농업생산력의 확대라는 관점에서」 『高句麗渤海研究』 50, 172쪽.

76) 『삼국사기』 권13, 고구려본기 제1 유리명왕 21년.

77) 여호규, 2020, 앞의 책, 20쪽.

78) 여호규, 2020, 앞의 책, 33쪽.

편제 상태에 기인한 것으로 보인다. 이렇게 보면 특정차정대상을 명시한 구민 지역은 민에 대한 파악이 비교적 체계적으로 이루어졌던 곳으로 고구려 중앙의 지배방식이 원고구려 지역과 유사하게 적용되던 지역이라고 할 수 있다. 그렇다면 구민 수묘인연호조에서 확인되는 모든 지역에서 동일한 행정방식이 적용되었을까.

3. 구민 지역 간 대민편제방식 차이

앞서 살펴본 바에 따르면 수묘인연호조 찬술 시 저본자료로 장적류 문서를 활용했고, 특정 차정대상이 명시된 지역에서는 주민집단의 생산활동에 따라 편제와 수취가 시행되었을 것이다. 이렇게 본다면 수묘인연호조에서 특정차정대상이 명시되지 않은 구민지역의 경우 활용된 장적류 문서가 특정차정대상에 대한 구분이 없는 형태로 작성되었을 가능성이 있다.

〈표 2〉 구민 수묘인연호조에서 특정 차정대상이 명시되지 않은 사례

	차정지역	특정 차정대상	차정된 가의 수	爲烟	지역 특징
구민	于城	-	1家	看烟	?
	碑利城	-	2家	國烟	동남쪽 경계
	旹連	-	2家	看烟	?
	梁谷	-	2家	看烟	요동방면으로 전략적 요충지
	梁城	-	2家	看烟	
	安夫連	-	22家	看烟	?
	改谷	-	3家	看烟	?
	新城	-	3家	看烟	후연과의 경계
	南蘇城	-	1家	國烟	

전체 구민지역은 대체로 고구려의 영역확대 과정에서 편입된 정복지역으로[79] 특정차정대상이 명시되지 않은 지역 역시 마찬가지이다(〈표 2〉).

다만 〈표 2〉의 경우 위치를 비정하기 어려운 지역들이 다수이다. 먼저 우성(于城)은 기재 순서를 고려했을 때 함흥일대 동옥저로 추정하기도 하지만[80] 명확한 증거는 없다. 『삼국사기』에 등장하는 하슬라주의 우시군(于尸郡), 우진야군(于珍也郡), 우수주의 우오현(于烏縣)과의 유사성이 지적된 바 있으나,[81] 구체적으로 논증하지는 못하였다. 기존 연구에서 지적되었듯 함경도 동해안 일대 어딘가로, 서술 순서를 생각하면 돈성과 비리성 사이에 있었던 지역으로 추정하는 것이 최선이라고 생각된다. 또한 자련(眥連)과 안부련(安夫連)의 위치에 대해서도 비정할 만한 근거가 부족하다. '련(連)'을 특수한 중국식 행정 명칭으로 파악하여 국내성 부근에 있었다고 보는 견해도 있지만[82] 구민 지역을 순차적으로 기술하고 있는 서술 특성을 고려해보면[83] 평양에서 중간 지역을 생략하고 건너뛰어 국내성 인근 지역을 기록했다고 보기는 어렵다. 개곡(改谷) 역시 판독도 명확하지 않은 상황에서[84] 위치를 비정하기 어렵다.

반면 위치 비정이 가능한 곳은 〈표 2〉의 비리성(碑利城), 양곡(梁谷), 양성(梁城), 신성(新城), 남소성(南蘇城)이다. 우선 비리성(碑利城)은 「창녕비」에서 신라 사방군주(四方軍主)인 비리성(碑利城) 군주(軍主)가 확인되는 데 현재 안변 일대로 비정된다.[85] 안변은 평양으로 가기 위한 요충지였다.

---

79) 金賢淑, 1989, 「廣開土王碑를 통해 본 高句麗守墓人의 社會的 性格」 『韓國史硏究』 65, 29쪽.

80) 林起煥, 1987, 「高句麗 初期의 地方統治體制」 『慶熙史學』 14, 63쪽 각주 135.

81) 趙法鍾, 1995, 「廣開土王陵碑文에 나타난 守墓制硏究－守墓人의 編制와 性格을 중심으로－」 『韓國古代史硏究』 8, 203쪽.

82) 武田幸男, 1979, 「廣開土王碑からみた高句麗の領域支配」 『東洋文化硏究所紀要』 78, 142~143쪽.

83) 林起煥, 1987, 「高句麗 初期의 地方統治體制」 『慶熙史學』 14, 58~63쪽 ; 여호규, 1995, 「3세기 후반~4세기 전반 고구려의 교통로와 지방통치조직－南道와 北道를 중심으로」 『韓國史硏究』 91, 24쪽.

84) 일반적으로 改谷으로 판독하지만 改의 자획은 명확하지 않고, 수곡본의 改를 보면 획이 二字와 유사하게 이어지는 듯 하며 비면의 손상으로 인해 글자 중간이 끊어져 보이는 듯 하다.

원산만 일대를 비롯한 이 지역에는 예가 일찍이 고구려에 예속되어 있었는데[86] 『삼국지』 동이전 예조에 "漢末更屬句麗"라는 기사를 통해 늦어도 2세기 말 3세기 초에는 고구려에 복속되었다고 파악할 수 있다.[87] 이후 4~5세기 비리성은 고구려 동남쪽 최전방 지역이었으며, 고구려는 비리성의 경계 지역적 특성을 인지하고 있었다.[88] 능비 건립 이후 비리성은 「창녕비」에서 보듯 561년 신라의 영역으로 편입되어 고구려와의 최전방 접견지역으로 변모했고, 그 뒤 다시 고구려가 수복하지만 666년 연정토의 투항으로 신라의 영역으로 편입되었다.[89] 결국 비리성은 3세기 고구려에 복속되어 6세기 신라와의 최전방 전선지가 되는 동남쪽 경계였다.

다음으로 양곡(梁谷)과 양성(梁城)의 위치도 비정 가능하다. '양(梁)'은 양맥(梁貊)을 의미하며[90] 양곡과 양성의 위치는 양맥이 자리잡고 있었던 태자하 상류로 비정된다.[91] 해당 지역은 246년 고구려와 조위의 전투가 벌어지는 등 전투가 빈번했던 곳이다. 고구려 초기 양맥지역은 현도군과 같은 중국 세력을 저지하는 군사적 요충지였으며 군사적인 병력 동원의 목적이 우선시 되는 지역이었다.[92] 280년 달가가 안국군으로 임명되어 양맥과 숙신의 여러 부락을 통솔하다가 292년 죽게 되자 이후 양맥의

---

85) 林起煥, 1987, 「高句麗 初期의 地方通治體制」『慶熙史學』14, 60쪽.

86) 여호규, 2012, 「4세기 후반~5세기 초엽 高句麗와 百濟의 국경 변천」『역사와현실』 84, 176쪽.

87) 金賢淑, 1989, 「廣開土王碑를 통해 본 高句麗守墓人의 社會的 性格」『韓國史研究』 65, 27쪽.

88) 이를 고려하면 추정이지만 于城 역시 비리성과 멀리 떨어지지 않은 원산만 일대였을 가능성도 있겠다.

89) 노태돈, 1999, 『고구려사 연구』, 사계절, 248~250쪽.

90) 글자 판독에 있어서 자형이 분명하지 않지만 대다수의 연구자들이 梁으로 판독한다. 梁谷의 梁은 水谷本과 金子本을 봤을 때 자형이 확인되지만, 梁城의 경우 梁의 자획이 분명하지 않다. 다만 水谷本과 金子本에서도 하단의 大字와 상단의 刀와 유사한 자획이 있는 것은 명확해 보인다. 이에 梁谷과 梁城으로 판독해도 무리는 없다고 판단된다.

91) 여호규, 2014, 『고구려 초기 정치사 연구』, 신서원, 510쪽.

92) 林起煥, 1987, 앞의 논문, 30쪽.

여러 부락은 양곡과 양성으로 재편되는 과정을 거쳤다.[93] 양곡과 양성은
고구려 중심부에서 요동방면으로 나가는 교통로 상 전략적 요충지로
활용되었을 것이다.[94]

신성(新城)과 남소성(南蘇城) 역시 후연과의 경계 지역으로 앞서 지역들
과 유사한 지리적 특성을 갖는다. 신성은 지금의 혼하 북안의 무순시
고이산성(高爾山城)으로 고구려와 요동을 잇는 교통로상의 요충지였고,
남소성은 소자하와 혼하 합류지점의 철배산성으로 신성과 함께 전략적
요충지였다.[95] 345년 남소성은 전연의 공격으로 빼앗긴 적이 있고, 399년
에는 후연이 남소성과 신성을 빼앗아 5천여 호를 옮기고 돌아가기도
하는 등[96] 4세기 후반까지도 고구려의 지배가 불안정한 지역이었다.
이후 다시 남소성과 신성을 회복하고 지방관을 파견하였다고 해도 수묘인
연호 목록 작성 시점에서 원고구려 지역과는 같은 방식으로 운영되기
어려웠을 것이다. 이를 종합하면 〈표 2〉 지역은 변경 혹은 지리적·군사적
요충지라는 특성이 확인된다.

앞서 살펴본 바와 같이 장적류 문서를 바탕으로 구민 수묘인연호조를
서술했다는 점에 주목하면, 〈표 2〉 지역의 장적류 문서는 주민집단이
어떠한 생산활동에 종사했는지를 구분하지 않았다고 볼 수 있다. 그렇다면
군사적 요충지이자 국경 지역에서 특정 차정대상을 구분하지 않은 장적류
문서가 활용된 이유는 무엇일까.

후대 사례이기는 하지만 경계 지역의 효율적 운영을 위해 내지와 다른

---

93) 이정빈, 2019, 「양맥·숙신의 難, 변경에서 본 3세기 후반 동아시아와 고구려」
　　『韓國史研究』187, 134쪽.

94) 여호규, 2014, 앞의 책, 512쪽.

95) 余昊奎, 1995, 「3세기 후반~4세기 전반 고구려의 교통로와 지방통치조직 ; 南道와
　　北道를 중심으로」『韓國史研究』91, 23쪽.

96) 해당 기사는 『자치통감』의 내용과 일치하는 것으로 보아 『삼국사기』찬자가
　　이를 그대로 인용한 것으로 보인다(전덕재, 2018, 『三國史記 본기의 원전과
　　편찬』, 주류성, 232쪽). 따라서 이때 옮겨진 '戶'가 고구려에서부터 편제된 상태인
　　지, 후연으로 옮겨진 뒤 편호된 상태인지 판단하기 어렵다.

편제 방식이 적용된 사례가 있어 주목된다. 고려 국경 지역의 지배방식 사례를 살펴보면 북계 지역에서 문화적 기반이 다른 여진인들을 정착시키고 군사적으로 활용하고자 하였다. 해당 지역에서 부락 단위 군사 활동이 익숙했던 여진인들에게 초기에는 주진군에 직접 편입하지 않고 수장을 통해 통제했다.[97] 여진인들은 고려에 정착한 이후에도 부락 단위로 군사 활동을 시행했다.[98] 이를 참고하면 고구려는 〈표 2〉 지역의 주민집단에 대해 수취를 위한 생업 수단을 파악하지 않은 대신 군역과 요역 등에 동원가능한 호구수를 파악했다고 볼 수 있다. 이는 군사적 요충지를 효율적으로 운영한 방식이었다.

결국 구민 수묘인연호조에서 특정차정대상의 기재 여부는 고구려의 지배방식 편차의 일면을 보여주는 것으로, 이는 고구려가 지방을 운영함에 효율적 측면을 고려한 결과였다. 지배방식의 편차는 존재하지만 〈표 2〉 지역의 구민이 율령 지배체제하에서 '고구려민'으로 인식되어가던 사실은 짐작 가능하며, 해당 지역에는 행정 문서상 구분되진 않았지만 다양한 생산방식을 영위하던 여러 주민 집단이 존재했을 것이다.

고구려는 3세기 중후반~4세기 이후 왕을 정점으로 한 일원적 편제가 시작되면서 복속지의 편호를 위한 정비를 시행했다. 다만 여러 연구에서도 지적되었듯 그 변화가 일순간에 획일적으로 이루어졌다고 보기는 어렵다. 이때 장적류 문서의 작성 역시 고구려 전역에서 통일된 양식으로 일괄 전환이 일시에 이루어지지는 않았을 것이다. 각 지역의 지리·환경적 상황에 따른 주민집단의 생업수단의 차이는 수취 가능한 품목의 차이를 가져왔을 것이다. 중국의 경우에는 진한시기 정주하며 농경을 하던 곳일지라도 문화 및 사회발전 단계에 따라 상이한 군현지배가 실시되었던 사례가 있다.[99] 직접지배가 관철되는 지역이라 하더라도 지역마다 일정 정도

---

97) 김유나, 2015, 「고려전기 북계민(北界民)의 형성과 그 집단의식」 『역사와현실』 96, 194쪽.
98) 宋容德, 2005, 「高麗前期 國境地域의 州鎭城編制」 『한국사론』 51, 102~104쪽.

지배방식의 편차가 존재할 가능성은 있는 것이다.

구민 수묘인연호는 차출되어 국내성 일대로 천사(遷徙)되었다.[100] 구민
(舊民) 차출지역 중 위치 비정이 어려운 지역을 제외하면 크게 매구여부터
비리성까지의 동해안 방면→ 평양성 주변 평안도 지역→ 양곡부터 남소성
까지의 요동지역 등 세 권역으로 나눌 수 있다. 압록강 유역을 중심으로
동해안 일대부터 한반도 북부 그리고 압록강 하구를 지나 요동방면 지역을
순차적으로 표기한 것이다.[101] 부여 방면을 제외하면 광개토왕대 이전부
터 고구려가 복속한 지역을 망라했다. 고구려 영역의 동쪽 방면에서
남쪽 방면으로, 다시 서쪽 방면에서 북쪽 방면으로 기록한 것으로 보아
왕성에서 먼 외곽지역의 사람들을 계획된 구도를 가지고 차출했음을
유추할 수 있다.[102] 이러한 구상이 가능했던 것은 이미 장적류 문서를
바탕으로 구민의 생업 방식, 현황 등을 파악하고 있었기 때문이었을
것이다.

구민들은 수묘역을 행하면서 실제 국내성에 거주하였지만 출신지인
원적지에 따라 분류, 관리되었다.[103] 집안비에서 연호두의 인명을 새기고
있는 것으로 보아 고구려는 '원적지＋인명'이 포함된 형태의 행정문서로
수묘인을 집계해 관리했던 것으로 보인다.[104] 결국 능비 수묘인연호의

---

99) 金秉駿, 2006, 「중국고대 簡牘자료를 통해 본 낙랑군의 군현지배」『역사학보』
189, 140쪽.

100) 구민 수묘인을 차출할 때 적(籍)을 기본 자료로 삼아 차출했다고 해서 수묘역이
번상역이었다고 보기는 어렵다. 수묘인을 번상역으로 보기 어려운 이유는 앞선
연구에서 이미 논증된 바 있다(金賢淑, 1989, 앞의 논문, 26~27쪽 ; 김락기, 2006,
앞의 논문, 207~208쪽). 왕릉 주변의 구획된 곳에 사거되어 집단거주하는 형태였
을 것이다(武田幸男, 1989, 앞의 책, 40쪽).

101) 林起煥, 1987, 앞의 논문, 58~63쪽 ; 余昊奎, 1995, 앞의 논문, 24쪽.

102) 孔錫龜, 2013, 「〈광개토왕릉비〉 守墓人 烟戶 記事의 考察」『高句麗渤海研究』 47,
38쪽.

103) 기경량, 2014, 「집안고구려비의 성격과 고구려의 수묘제 개편」『韓國古代史研究』
76, 222~223쪽.

104) 기경량, 2014, 앞의 논문, 233~234쪽.

구민은 수도인 국내성 호적이 아닌 원적지의 장적류 문서로 관리되었을 것이다.[105]

　종래 수묘인연호의 성격에 대하여 노예,[106] 양인,[107] 국가에 예속되어 수묘역을 세습하던 지위가 낮은 특수역집단[108] 등 여러 견해가 제시된 바 있다. 그러나 이후 집안비가 발견되면서 '수묘지민(守墓之民)'이라는 표현이 확인되었는데, 이로 보아 수묘인들의 기본적인 성격이 노예가 아닌 일반 민(民)과 같다고 생각된다. 국가에 의해 거주, 이전의 자유가 제약되어 있고 특정한 역을 의무적으로 부담해야 했다는 점에서 사회적 지위가 일반민과 대등하다고 보긴 어렵지만 행정적 처우와 대우는 일반 민과 크게 다르지 않았을 것이다.[109] 다만 이들이 국내성의 호적으로 관리된 것은 아니기 때문에 국내성에 거주하고 있었다고 할지라도 도성민의 지위를 갖지 못하였을 것이다. 또 구민들이 원적지에서부터 유지해온 생산수단은 수묘역을 수행하는데 필요한 요소였을 것이다.[110] 고구려가 생산방식에 따라 주민집단을 구분한 것은 장적류 문서 형식의 차이를 만들었으며, 이는 나아가 능비 수묘인연호조에서 구민 지역의 특정차정대상 기재 여부로 나타난 것으로 보인다.

---

105) 신라 귀족들은 왕경을 떠나더라도 편적지를 왕경으로 유지함으로써 특권을 유지해나갔다(하일식, 2011, 「신라 왕경인의 지방 이주와 編籍地」『신라문화』 38). 고구려 역시 국내성에 적을 두고 있는 고구려 도성민의 사회적 지위는 지방민과 차이가 있었을 것으로 짐작한다.

106) 白南雲, 1933, 『朝鮮社會經濟史』, 改造社(백남운, 하일식 譯, 1994, 『朝鮮社會經濟史』, 理論과實踐, 184쪽) ; 王健群, 1984, 『好太王碑の研究』, 雄渾社(왕건군, 박동석 譯, 2004, 『廣開土王碑 研究』, 한국학술정보, 331쪽).

107) 金錫亨, 1974, 「三國時代の良人農民」『古代朝鮮の基本問題』, 學生社, 95~96쪽.

108) 金賢淑, 1989, 앞의 논문, 33쪽.

109) 안정준, 2020, 앞의 논문, 64쪽.

110) 수묘인들의 생활상에 대해서 구체적으로 논증하기는 어렵지만, 지급된 토지를 경작하여 얻은 수확물로 최소한의 생계를 유지하고 수묘역 수행에 필요한 경비도 충당해야 했을 것이며 이들 중 일부는 수묘역 수행에 필요한 물품을 생산하기도 했을 것이다(金賢淑, 1989, 앞의 논문, 32~33쪽).

맺음말

구민 수묘인연호조를 살펴보면 '행정구역+특정차정대상+차정된 가의 수+爲烟(국연/간연)'의 구조로 서술되었다. 구민 수묘인연호조에서 특정차정대상의 기재여부는 고구려의 지배방식 편차의 일면을 보여주는 것이다. 특정 차정대상은 5개 지역에만 서술되었는데 매구여(賣句余)-민(民), 동해(東海)-고(賈), 돈성(敦城)-민(民), 평양성(平穰城)-민(民), 배루(俳婁)-인(人)이 그것이다. 이는 고구려가 농민, 상인, 지역의 직능집단을 각기 별도의 장적류 문서로 편제하여 관리하였을 가능성을 보여주는 것으로, '민(民)·고(賈)·인(人)'과 같은 차정대상은 이들이 편제된 문서에 따른 구분이었다.

반면 특정 차정대상이 누락된 나머지 구민지역은 변경의 특성상 전략적 요충지 혹은 경계 지역으로 해당 지역의 장적류 문서는 주민집단이 어떠한 생산활동에 종사했는지를 구분하지 않았다. 고구려는 변경, 군사적 요충지의 효율적 운영을 위해 개별적 민의 생산활동을 파악하고 중앙으로 수취에 중점을 두기보다 동원가능한 호구에 대한 파악을 우선시함으로써 해당 지역의 군사적 효율을 강화하고자 했을 것이다.

결국 고구려는 지역의 특성을 고려하여 효율적 운영을 한 것으로 보인다. 고구려가 수묘호를 차정하기 위해서는 구민지역 민에 대한 파악이 기본이었고 이들을 천사하는 과정에서 원적지의 장적류 문서도 국내성으로 함께 이관되었을 것이다. 능비 서술단계까지도 이들은 국내성의 호적이 아닌 원적지의 문서로 관리되었고 이들의 생산수단은 수묘역 수행과도 관련 있었을 것이다.

본고에서는 수묘인연호조에서 고구려의 지배방식 변화와 대민편제 확대 과정의 흔적을 찾아보고자 하였다. 다만 워낙 영세한 사료로 논하다 보니 부족한 부분이 있었을 것이다. 많은 질정을 부탁드린다.

제3부

국제 관계 속의 고구려·발해

張　　芳 번역 : 李昕陽(長春師範大學 東北邊疆治理與發展硏究中心 科硏助理)

『위서·고구려전』의 사료 출처에 관한 고찰

머리말

중국의 고대 역사학자들은 예로부터 사료적 기원을 찾는 것을 중시하여
왔었다. 따라서 역사를 편찬할 시 사료의 출처를 표기하였다. 예를 들면
사마천은 『오제본기』의 결말에서 사료 출처에 대하여 다음과 같이 기록하
였다.

太史公曰 : 學者多稱五帝, 尙矣. 然『尙書』獨載堯以來 而百家言黃帝 其文不雅馴
薦紳先生難言之. 孔子所傳宰予問『五帝德』及『帝系姓』儒者或不傳. 餘嘗西至空桐 北
過涿鹿 東漸於海 南浮江淮矣 至長老皆各往往稱黃帝 堯 舜之處 風敎固殊焉 總之不離
古文者近是.

위 기록에서 전대의 문헌인 『상서』 재여문오제덕, 『제계성』 등을 언급하
였을 뿐만 아니라 사마천이 현지 조사를 통하여 얻은 구술 자료도 언급하고
있어, 두 계통의 자료가 공동으로 『오제본기』를 구성한 사료 출처임을
알 수 있다. 위수(魏收)가 편찬한 『위서』의 사료적인 기원도 대체로 이와
같은 상황이다.

1. 『위서』의 두 종류의 사료 출처

『위서』의 문헌사료 출처는 그 당시 참고할 수 있었던 사서 자료를 말한다. 『위서·자서』에는 다음과 같이 기록하였다.

> 始魏初 鄧淵撰『代記』十餘卷 其後崔浩典史 遊雅 高允 程駿 李彪 崔光 李琰之世修其業. 命崔鴻 王遵業補續焉. 下訖肅宗 事甚委悉. 濟陰王暉業撰『辯宗室錄』三十卷. 收於是與通直常侍房延祐 司空司馬辛元植 國子博士刁柔 裴昻之 尙書郎高孝幹專總斟酌 以成『魏書』. 辨定名稱 隨條甄擧 又搜采亡遺 綴續後事 備一代史籍 表而上聞.

위의 내용에서 역사책들과 역사가들을 언급하고 있다. 저서들로는 북위의 당대사와 기거주, 그리고 보첩 등이고, 인물들로는 등연, 최호, 고윤, 정준, 이표, 최광 등이다. 이와 같은 역사저서들이 바로『위서』사료들의 주요 출처이다. 사서의 구체적인 상황은 다음 표와 같다.

<표 1>『위서』의 주요 문헌자료 출처

번호	서명	저자	편찬시기	개황
1	國記[1]	鄧淵	道武帝 天興元年(398)	10여 권. 연월의 순서에 따라 기거와 행적을 기록했을 뿐 체계를 갖추지 못하였다.[2] 북위의 첫 국사 책이다.
2	國書	崔浩	太武帝 神䴥二年(429)	30권. 참여한 저자들로는 호급제람·고당·등영·황계·범형·황보 등이다.[3]
3	魏典	李彪, 高祐, 崔光 등	太和十一年 (487)	기전체 사서이다. 권수 미상. 일찍 유실. 주일량(周一良)의 고증에 의하면『위전』은『위서』의 참고 범위 내에 속하지 않는다 한다.
4	高祖起居注	邢巒, 崔鴻, 王遵業	世宗, 肅宗時	『고조기거주』태화 14년을 기준으로 그 이전 시기의 저자는 형만이고 그 이후의 저자는 저작좌랑인 왕준업과 사도좌장사 최홍이다.
5	肅宗起居注	崔鴻, 王遵業	世宗時	숙종 재위 시기의 정무 처리에 관한 기록.
6	太和起居注	李伯尙	高祖時	고조 재위 시기의 정무 처리에 관한 기록.
7	辨宗室錄	元暉業	景穆皇帝	30권.

『위서』는 직접 계승하거나 참고할 만한 문헌자료가 그리 많지 않았다. 북위 본국의 국사 자료 외에『진양추』,『속진양추』및『십육국춘추』등이 있다. 이 밖에 그 당시 볼 수 있었던 보설(譜碟)과 가전(家傳)에 관한 자료도 있었으나, 이들 원 자료들은 현재 모두 유실된 상태이다.

『위서』의 구술 자료 출처는 위수 본인이 민간에서 조사 수집한 탐방 자료를 말한다. 예컨대 신화 전설, 역사이야기, 민요, 가요, 동요 등이다. 『북제서·노숙무전』에는 "위수가 일찍이 찾아와서, 낙양의 옛 일에 대해 물었다."고 기록하여, 저자는 현지 조사와 자료 수집 및 정리를 거쳐 문학적 필법으로 역사 인물이나 사건 속에 생동하게 그려 넣었다.『위서』 의 구술 자료들은 뚜렷한 표징이 있는데, 예컨대 "시인어", "궁인가", "민송지", "고언", "백성가"와 "향리어" 등등이다.『위서·헌문육왕전』에는 다음과 같이 기록하였다.

高祖閑宴 … 禧臨盡 雖言不次第 猶尚泣涕 追述先旨 然畏迫喪志 不能慷慨有所感激 也. … 禧愧而無言 遂賜死私第. 其宮人歌曰 : 可憐鹹陽王 奈何作事誤. 金床玉幾不能 眠 夜蹋霜與露. 洛水湛湛彌岸長 行人那得渡? 其歌遂流至江表 ….

『위서·임위저부건전』에는

生旣僭立 號年壽光. 雖在諒暗 遊飲自若 … 又長安謠曰 : 東海大魚化爲龍 男便爲 王女爲公. 問在何所 洛門東 … 又謠曰 : 百裏望空城 鬱鬱何靑靑. 瞎人不知法 仰不見 天星.

---

1)『國記』는 일명『太祖記』혹은『代記』로 칭하기도 한다.『魏書·高允傳』: "『太祖記』 前著作郎鄧淵所撰"으로 기록되어 있고『魏書·自序』에서는 "始魏初 鄧淵撰『代記』十 餘卷"으로 기록되어 있어 양자는 동일한 책임을 알 수 있다.
2)『魏書』卷48, 列傳第36『高允傳』.
3)『魏書』卷35, 列傳第23『崔浩列傳』.

이라고 기록되어 있다. 이로부터 구술 자료들도 『위서』의 중요한 출처임을 알 수 있다.

『위서·고구려전』은 『위서』 권100, 열전 제88에 편성되어 있다. 전문은 총 1757자로 구성되어 있으며, 사료 출처 역시 문헌과 구술 두 방면으로 나뉜다.

2. 『위서·고구려전』의 문헌기록

『위서·고구려전』의 내용은 비록 길지 않지만 많은 시간과 인물, 그리고 사건들을 언급하고 있어 내용이 번잡하고 혼란스럽다. 본문은 『위서·고구려전』에 실려 있는 사료들을 4개 부분으로 나누어 구체적으로 문헌기록을 살펴보고자 한다.

1) 고구려 건국설화에 관한 문헌 검토

『위서·고구려전』은 처음으로 고구려 건국설화를 기록한 정사류 문헌이다. 그 사료 출처에 대하여는 문헌적인 연원을 찾을 길이 없을 것 같으나, 좀 더 자세히 그 내용을 살펴보면 낯익은 감이 있다.

우선, 『위서·고구려전』 이전의 사서들에서 유사한 설화를 기록한 것을 볼 수 있다. 다만 설화의 주체가 고구려가 아닐 뿐이다.

北夷橐離國王侍婢有娠 王欲殺之 婢對曰 : 有氣大如雞子 從天而下 我故有娠. 後産子 捐於豬溷中 豬以口氣噓之 不死. 複徙馬欄中 欲使馬藉殺之 馬複以口氣噓之 不死. 疑以爲天子 令其母收取奴畜之. 名東明 令牧牛馬. 東明善射 王恐奪其國也 欲殺之. 東明走 南至掩淲水 以弓擊水 魚鱉浮爲橋. 東明得渡 魚鱉解散 追兵不得渡 因都王夫餘. 故北夷有夫餘國焉. 東明之母初妊時 見氣從天下. 及生 棄之 豬馬以氣籲之而生之.

長大 王欲殺之. 以弓擊水 魚鼈爲橋. 天命不當死 故有豬馬之救 ; 命當都王夫餘 故有魚
鼈爲橋之助也.(왕충, 『논형·길험편』)

舊志又言 昔北方有高離之國者 其王者侍婢有身 王欲殺之 婢云：有氣如雞子來下
我故有身. 後生子 王捐之於溷中 豬以喙噓之 徙至馬閑 馬以氣噓之 不死. 王疑以爲天
子也 乃令其母收畜之. 名曰東明 常令牧馬. 東明善射 王恐奪其國也 欲殺之. 東明走
南至施掩水 以弓擊水 魚鼈浮爲橋 東明得度 魚鼈乃解散 追兵不得渡. 東明因都王夫餘
之地.(어환, 『위략』)

夫餘國 在玄菟北千裏. 南與高句驪 東與挹婁 西與鮮卑接 北有弱水. 初 北夷索離國
王出行 其侍兒於後妊身 王還 欲殺之. 侍兒曰：前兒見天上有氣 大如雞子 來降我
因以有身. 王囚之 後逐生男. 王令置於豕牢 豕以口氣噓之 不死. 複徙於馬蘭 馬亦如之.
王以爲神 乃聽母收養 名曰東明. 東明長而善射 王忌其猛 複欲殺之. 東明奔走 南至掩
淲水 以弓擊水 魚鼈皆聚浮水上 東明乘之得度 因至夫餘而王之焉.(범엽,『후한서·동
이전』)

위 사료들의 내용은 대체로 같으나 약간의 차이가 있다.『논형·길험편』
에서는 동명의 모친이 북이 탁리국왕의 시비로 기록되어 있다.『위략』에는
동명의 모친이 고리국왕의 시비로, 엄호수를 시엄수로 기록하였다.『후한
서』에서는 이 내용들이 부여의 설화로, 탁리국이 색리국으로 기록되어
있다. 이러한 개별적인 차이를 제외하면 위 사료들의 내용은 고구려의
건국설화 내용과 거의 동일함을 알 수 있다. 이는『위서·고구려전』에
기록된 설화가 이미 존재하고 있었음을 보여준다.
　그러나 문제시되는 것은 위수가『위서·고구려전』을 저술할 때, 그가
기록한 건국설화가 위에서 언급한 문헌에서 나온 것이었는가 하는 점이다.
만약 상술한 문헌에서 인용되었다면 고구려 건국설화의 창설자는 위수가
된다. 그러나 그에 대한 해답은 사실상 부정이다. 첫째, 상술한 세 사료에는

고구려에 대한 언급이 없으며, 따라서 저자인 위수가 고구려의 건국설화도 아닌 위 내용들을 『고구려전』에 새로 부가하여 기록할 이유가 없다. 둘째, 『위서』의 전문은 거의 100만자에 달하는데, 그 중 『고구려전』은 단지 변강 민족과 관련된 많은 전기 중의 가장 일반적인 전기일 뿐 위수가 한 편의 전기를 위하여 하나의 설화를 창조할 필요가 없다. 따라서 『위서· 고구려전』에 실려 있는 건국설화에 관한 기록은 저자 위수가 창조한 것이 아니며, 또한 상술한 문헌에서 직접 계승하여 온 것도 아님을 알 수 있다. 상술한 문헌자료 기록은 또 다른 하나의 문제를 설명하여 주는데, 그것은 바로 고구려의 건국설화 내용은 위의 문헌기록들을 참조하여 고구려인 자신들이 창안했을 가능성이 있다는 점이다. 혹은 상술한 문헌에 기록된 건국설화 내용들이 그 당시 고구려 내부에서 광범위하게 유행되었을 가능성도 있다.

다음으로, 『위서·고구려전』에 기록된 건국설화 내용보다 더 이른 시기의 자료로는 호태왕비(광개토왕비, 이하 동일) 비문이 있다. 비문에 새겨진 명문도 문헌자료 출처에 속하기 때문에 본문의 검토 범위 내에 속한다. 비문에 새겨진 관련된 내용은 다음과 같다.

惟昔始祖鄒牟王之創基也 出自北夫餘. 天帝之子 母河伯女郎 剖卵降世 生而有聖德 □□□□□命駕巡幸南下 路由夫餘奄利大水. 王臨津言曰：我是皇天之子 母河伯女郎 鄒牟王. 爲我連葭浮龜. 應聲卽爲連葭浮龜 然後造渡 於沸流穀忽本西 城山上而建都焉.[4]

호태왕비는 414년에 고구려의 제20대 왕인 장수왕이 그의 부친인 호태왕을 위하여 세운 것이다. 비문의 첫머리에도 고구려의 건국설화에 관하여 적어 놓았다. 그것은 고구려인들이 자신의 선조들의 건국공적에 대한

---

4) 王健群, 1984, 『호태왕비연구』, 길림인민출판사, 202쪽.

언급이고, 고구려인들 자신이 남긴 문자기록이기도 하다. 그렇다면 『위서·고구려전』의 내용은 호태왕비에서 기원하였을까? 다시 말하면 북위의 사신들이 고구려에 출사하였을 시 호태왕비를 보았는가, 위수가 간접적으로나마 호태왕비 비문을 얻어보았을까? 이에 대한 해답은 역시 부정적이다.

『위서·고구려전』과 호태왕비 비문에 수록한 건국설화에 관한 내용을 비교해 보면 양자는 내용에서는 유사한 점이 있으나, 기록면에서는 상당한 차이를 나타낸다. 비문의 글자 수는 아주 간략한데, "추모왕", "모하백녀랑", "비류곡홀본서위도성" 내용만 있을 뿐이다. 그러나 『위서·고구려전』에는 "주몽(朱蒙)", "흘승골성(紇升骨城)" 등 내용이 나타난다. 따라서 『위서·고구려전』의 건국설화 기록은 호태왕비 비문에서 비롯된 것이 아니며, 양자에 수록된 건국설화의 위상은 동등하다는 것을 알 수 있다.

마지막으로, 『삼국사기』에도 고구려 건국설화가 수록되어 있는데, 비록 편찬된 시기는 『위서·고구려전』보다 늦으나, 기록 자체는 가장 잘 정리되어 있다. 그 내용은 다음과 같다.

始祖東明聖王 姓高氏 諱朱蒙(一云鄒牟 一云象解). 先是 扶餘王解夫婁老無子 祭山川求嗣 其所御馬至鯤淵 見大石相對流淚. 王怪之 使人轉其石 有小兒 金色蛙形(蛙一作蝸) 王喜曰 : 此乃天賚我令胤乎！乃收而養之 名曰金蛙. 及其長立爲太子. 後 其相阿蘭弗曰 : 日者天降我曰 將使吾子孫 立國於此 汝其避之. 東海之濱有地 號曰迦葉原. 土壤膏腴宜五穀 可都也. 阿蘭弗遂勸王移都於彼 國號東扶餘. 其舊都有人 不知所從來 自稱天帝子解慕漱 來都焉. 及解夫婁薨 金蛙嗣位. 於是時 得女子於太白山南優渤水 問之 曰 : 我是河伯之女 名柳花. 與諸弟出遊 時有一男子 自言天帝子解慕漱 誘我於熊心山下 鴨綠江邊室中私之 即往不返. 父母責我無媒而從人 遂謫居優渤水. 金蛙異之 幽閉於室中. 爲日所照 引身避之 日影又逐而炤之. 因而有孕 生一卵 大如五升許. 王棄之與犬豕 皆不食；又棄之路中 牛馬避之；後棄之於野 鳥覆翼之. 王欲剖之 不能破 遂還其母. 其母以物裹之 置於暖處 有一男兒 破殼而出 骨表英奇 年甫七歲 嶷然異

常. 自作弓矢射之 百發百中. 扶餘俗語 善射爲朱蒙 故以名雲. 金蛙有七子 常與朱蒙遊
戲 其伎能不及朱蒙. 其長子帶素 言於王曰：朱蒙非人所生 其爲人也勇. 若不早圖
恐有後患 請除之. 王不聽 使之養馬. 朱蒙知其駿者 而減食令瘦 駑者善養令肥 王以肥
者自乘 瘦者給朱蒙. 後 獵於野 以朱蒙善射 與其矢小 而朱蒙殪獸甚多. 王子及諸臣又
謀殺之. 朱蒙母陰知之 告曰：國人將害汝 以汝才略 何往而不可. 與其遲留而受辱
不若遠適以有爲. 朱蒙乃與烏伊 摩離 陜父等三人爲友 行至淹㴲水(一名蓋斯水 在今鴨
綠江東北) 欲渡無梁 恐爲追兵所追 告水曰：我是天帝子 河伯外孫. 今日逃走 追者垂及
如何? 於是 魚鼈浮出成橋 朱蒙得渡 魚鼈乃解 追騎不得渡. 朱蒙行至毛屯穀(魏書雲
至普述水)遇三人 其一人著麻衣 一人著衲衣 一人著水藻衣. 朱蒙問曰：子等何許人也
何姓何名乎? 麻衣者曰：名再思. 衲衣者曰：名武骨. 水藻衣者曰：名默居. 而不言姓.
朱蒙賜再思姓克氏 武骨仲室氏 默居少室氏. 乃告於衆曰：我方承景命 欲啓元基 而適
遇此三賢 豈非天賜乎? 遂揆其能 各任以事 與之俱至卒本川. 觀其土壤肥美 山河險固
遂欲都焉. 而未遑作宮室 但結廬於沸流水上 居之. 國號高句麗 因以高爲氏.(一雲 朱蒙
至卒本扶餘 王無子 見朱蒙知非常人 以其女妻之. 王薨 朱蒙嗣位.) 時朱蒙年二十二歲
是漢孝元帝建昭二年 新羅始祖赫居世二十一年甲申歲也.

　『삼국사기』의 건국설화 기록을 언급하는 이유는 다름이 아니라 부분적
인 사료가 고구려 고사(古史)에서 나왔기 때문이다. 『삼국사기』에 의하면
"영양왕 11년(600) 태학박사 이문진에게 조서를 내려 고사를 요약하여
『신집』 5권을 만들게 하였다. 국초에 처음으로 문자를 사용하였을 때
어떤 사람이 사실을 100권으로 적고 이름을 『유기』라 하였는데, 이때에
이르러 줄여 정리한 것이다."라는 내용이 있다. 이는 고구려에서 사서인
『신집』이 편성되기 이전 시기에 이미 100권으로 된 『유기』라는 고사
책이 있었음을 알 수 있다. 『유기』의 편찬은 기원전 35년부터 시작되었을
것으로, 이 시기는 중원 왕조의 서한시기에 해당하며 고구려 건국 3년째가
되는 해이다.5) 그렇다면 고구려의 "고사"는 『위서·고구려전』의 편찬보다
훨씬 더 앞선 시기가 된다.

같은 논리로 고구려의 건국설화 내용은 『위서·고구려전』의 기록보다 더 이른 시기에 이미 존재하여 왔다는 것을 증명할 수도 있다. 그러나 저자인 위수는 고구려의 "고사"를 보았을 리는 없다. 『유기』는 고구려 자신이 편찬한 역사서로서 지배충 내부에만 국한되어 있었을 것이고 북위 사신들은 볼 수 없었을 것이며 위수에게도 보여주지 않았을 것이다. 따라서 『위서·고구려전』에 수록된 건국설화에 관한 출처는 고구려의 "고사" 문헌을 출처로 볼 수 없다.

상술한 바와 같이 『위서·고구려전』만을 놓고 볼 때, 수록된 건국설화 사료는 위에서 이미 언급한 세 문헌에서 비롯한 것이 아니라, 또 다른 출처가 있음을 알 수 있다. 이에 대하여서는 뒤에서 다시 언급하고자 한다.

2) 고구려 전대 사료들의 문헌 기록

『위서·고구려전』에는 북위 건국 이전 시기에 고구려 역사에서 발생한 중요한 사건들을 기록하고 있다. 본문에서는 이 부분을 전대사 사료라 칭한다. 고구려 전대사는 북위 건국과 시간상 일정한 거리가 있다. 역사가 전해져 내려오게 되는 것은 그 앞선 시대(前代) 역사서들의 기록에 있다. 여기에서는 북위 이전 시기에 고구려에서 발생한 2차례에 걸친 전쟁 사료를 중점적으로 논술하려 한다.

(1) 관구검의 고구려 정벌

『위서·고구려전』에서는 관구검이 고구려를 정벌하는 사건에 대하여 "위나라 정시 연간에 요동의 서안평을 침략하였다가, 유주자사 관구검에게 격파당하였다."고 상당히 간략하게 수록되어 있다. 그러나 전대 사료라는 시각에서 고려하여 보면 이와 관련된 사건들을 기록한 사서의 내용을

---

5) 張芳, 2012, 「高句麗"古史"辨」 『東北史地』 2012年1期.

계승하였을 것이다.

『위서·고구려전』보다 더 이른 시기에 같은 사건을 기록한 사서로는
주로 『삼국지』가 있다.

> 正始三年 宮寇遼西安平. 其五年 爲幽州刺史毌丘儉所破. 語在『儉傳』.(『삼국지·
> 고구려전』)
>
> 七年春二月 幽州刺史毌丘儉討高句麗. 夏五月 討穢貊 皆破之.(『삼국지·삼소제
> 기』)
>
> 正始中 儉以高句驪數侵叛 督諸軍步騎萬人出玄菟 從諸道討之. 句驪王宮將步騎二
> 萬人 進軍沸流水上 大戰梁口 梁音渴. 宮連破走. 儉遂束馬縣車 以登丸都 屠句驪所都
> 斬獲首虜以千數. 句驪沛者名得來 數諫宮 一宮不從其言. 得來歎曰 : 立見此地將生蓬
> 蒿. 遂不食而死 舉國賢之 儉令諸軍不壞其墓 不伐其樹 得其妻子 皆放遣之. 宮單將妻
> 子逃竄. 儉引軍還. 六年 複征之 宮遂奔買溝. 儉遣玄菟太守王頎追之 二過沃沮千有餘
> 裏 至肅愼氏南界 刻石紀功 刊丸都之山 銘不耐之城.(『삼국지·관구검전』)
>
> 正始中 幽州刺史毌兵儉討句麗 遣玄菟太守王頎詣夫餘 位居遣大加郊迎 供軍糧.
> 季父牛加有二心 位居殺季父父子 籍沒財物 遣使簿斂送官.(『삼국지·부여전』)

상술한 사료는 모두 『삼국지』에 기록되어 있긴 하지만 서술한 구체
내용으로 보면 약간의 차이를 보이고 있다. 우선 『관구검전』의 내용이
가장 구체적이고 상세하다. 언급된 시간으로는 "정시 중"과 "6년", 인물로
는 관구검, 고구려왕 궁, 패자 득래와 현도군 태수 왕기, 지리적으로는
비류수, 양구, 환도와 매구 등등이다. 이 전기에서는 관구검이 고구려를
정벌하는 원인, 과정, 결과를 생생하게 기록하였을 뿐만 아니라 고구려왕
궁과 패자 간의 대화도 기록하였다. 이를 통하여 이 부분은 관구검이
고구려를 정벌하는 사건 중에서 가장 가치가 있는 사료임을 알 수 있다.
다음으로, 『고구려전』에서는 상대적으로 비교적 간략하게 "정시 3년"과
"5년" 두 시간대만 기록하였을 뿐, 기타 내용은 『관구검전』에 기록한

내용을 인용하였다. 그 다음으로, 『삼소제기』에서는 구체적으로 "7년 봄 2월"과 "여름 5월"이라 하여 구체적인 시간대를 언급하고 있다. 마지막으로 『부여전』에서는 "정시 중"이라고만 기록하고 있어 부여의 역사를 기록하면서 이 사건을 언급한 것으로 판단된다.

이로부터 알 수 있는 바 『위서·고구려전』은 마땅히 『삼국지·고구려전』의 내용을 답습하였고, 다만 기술하는 면에서 간단하게 처리하였을 뿐이다. 따라서 "위 정시 중"이라는 간단한 글귀로 구체적인 시간대를 대체하였고 전쟁 내용에 대하여서는 기록하지 않았다.

(2) 고구려 왕 소와 모용황의 요동 쟁탈

고구려 왕 소와 모용황의 요동 쟁탈은 고구려 역사에서 큰 사건이다. 그러나 이에 관한 사료는 『위서·고구려전』을 제외하면 단 하나뿐이다. 즉 『위서·도하모용외전』의 기록이다.

> 建國四年 元眞遣使朝貢. 城和龍城而都焉. 元眞征高麗大破之 逐入丸都. 掘高麗王釗父利墓 載其屍並其母妻珍寶 掠男女五萬餘口 焚其宮室 毀丸都城而歸. 釗單馬遁走. 後稱臣於元眞 乃歸其父屍.

두 사서의 기록 내용을 대조하여 보면 대체로 같은데 예를 들면 "建國四年", "逐入丸都", "掘釗父墓 載其屍 並掠其母妻 珍寶 男女五萬餘口 焚其宮室 毀丸都城而還" 등 내용들은 완전 동일하다. 약간의 차이점이라면 『도하모용외전』의 "釗單馬遁走 後稱臣於元眞 乃歸其父屍"라는 구절인데, 이 부분은 『위서·고구려전』에 기록되어 있지 않은 내용이다.

시간적으로 보면 위 두 사서에 수록된 사료들의 출처는 모두 『위서』이나, 그 선후 관계는 판단할 수 없다. 내용면에서 보면 『도하모용외전』에는 후속 내용을 기록하였으나, 양자의 서술 시각 또한 다르기에 역시 시간적인 선후 관계를 판단할 수 없다. 가장 큰 가능성은 양자 모두 동일한

사료에서 출처하였을 것이다. 다만 저자들이 전기를 집필할 당시 각자
필요성에 따라 문자를 추가하였거나 삭제하였을 것이다. 그러나 고구려
역사상 이와 같이 중요한 사건은 아마 고구려 정권 내부, 혹은 기타
전대시기의 사서 기록에서 나왔을 것이다.

(3) 고구려전에 수록된 북위 당대 사료

『위서·고구려전』은 『위서』 중의 일부분 내용이다. 따라서 『위서』가
근거한 문헌은 역시 북위 정권이 존속할 당시의 당대 사료일 것이며,
이 또한 『고구려전』의 내용을 구성한 주요 출처일 것이다. 예컨대 앞에서
언급한 북위의 당대사, 기거주, 그리고 보첩 등이다. 『위서·고구려전』
중의 북위와 동위 당대사 사료와 동일한 기사를 수록한 다른 출처를
비교하여 표로 작성하면 다음과 같다.

〈표 2〉 『위서·고구려전』 중의 북위·동위 당대사 사료

번호	『위서·고구려전』 사료	기타 출처
1	世祖時(424~452)：釗曾孫璉始遣使者安東奉表貢方物 並請國諱 世祖…遣員外散騎侍郎李敖拜璉爲都督遼海諸軍事 征東將軍領護東夷中郎將 遼東郡開國公 高句麗王	太延元年…六月…丙午 高麗 鄯善國並遣使朝獻(『魏書·世祖太武帝紀』)
2	世祖時(424~452)：高句麗王璉因拒送北燕國君馮文通惹怒世祖 北魏欲征討高句麗 被樂平王丕阻止	太延二年…乙卯 馮文通奔高麗 戊午 詔散騎常侍封拔使高麗 征送文通…太延四年三月 高麗殺馮跋(『魏書·世祖紀』上) (馮文通)密求迎於高麗 太延二年 高麗遣將葛盧等率衆迎之…文通乃擁其城內士女入於高麗(『魏書·海夷馮跋傳』)
3	顯祖時(466~471)：文明太後敕令高句麗王薦女以塡充後宮 高句麗王璉不從	延興末 高麗王璉求納女於掖庭 顯祖許之…璉欲逼辱之 憚而不敢害. 會顯祖崩 乃還拜秘書令(『魏書·程駿傳』)
4	高祖時(471~499)：高句麗王璉 貢獻倍前 其報賜亦稍加焉…光州於海中得璉所遣詣蕭道成使餘奴等…	
5	高祖太和十五年(491)：璉死…高祖擧哀於東郊 遣謁者仆射李安上策贈車騎大將軍 太傅 遼東郡開國公 高句麗王…又遣大鴻臚拜	(太和十五年)十二月癸巳 帝爲高麗王璉擧哀於城東行宮…太和十有六年三月辛巳 以高麗網璉孫雲爲其國王(『魏書·高祖紀』下)

	璉孫雲…又詔雲遣世子入朝　令及郊丘之禮　雲上書辭疾…"	(太和十五年)高麗王死　十二月詔曰…事如別儀(『魏書·禮志三』)
6	世宗正始中(504~508)：於東堂引見其使芮悉弗…	正始元年(504)夏四月辛卯　高麗國遣使朝獻(『魏書·世宗紀』)
7	肅宗神龜中(518~520)：雲死　靈太後爲擧哀於東堂　使策贈車騎大將軍·領護東夷校尉　遼東郡開國公　高句麗王. 又拜其世子安爲安東將軍　領護東夷校尉　遼東郡開國公　高句麗	神龜二年　是歲　高句麗王雲死　以世子安爲其國王(『魏書肅·宗紀』) 神龜中　兼大鴻臚卿　持策拜高麗王安(『魏書·劉芳傳』)
8	肅宗正光初(520~525)：光州又於海中執得蕭衍所授安寧東將軍衣冠劍佩　及使人江法盛等　送於京師	
9	(顯宗)出帝初(532)：詔加延使持節　散騎常侍　車騎大將軍　領護車夷校尉　遼東郡開國公　高句麗王　賜衣冠服物車旗之飾	六月丙寅　蠕蠕　嚈噠　高麗　契丹　庫莫奚國並遣使朝貢(『魏書·廢出帝紀』) 乙酉　高麗　契丹　庫莫奚國　遣使朝貢(『魏書·廢出帝紀)
10	東魏孝靜帝天平中(534~537)：詔加延侍中　驃騎大將軍　餘悉如故	永熙三年四月丙子　高麗國遣使朝貢(『魏書·廢出帝紀』) 天平二年　是春　高麗　契丹　並遣使朝貢(『魏書·孝靜紀』)天平三年　是歲　高麗國遣使朝貢(『魏書·孝靜紀』)天平四年　是歲　高麗　蠕蠕國　並遣使朝貢(『魏書·孝靜紀』)
11	東魏孝靜帝武定前(543~550)：貢使無歲不至	

　표에서 알 수 있듯이 상술한 사건에 관련된 비슷한 내용들은 거의 대부분 『위서』의 "제기"와 "전기"에서 찾을 수 있다. 따라서 사료의 출처로 보면 『위서』의 문헌자료 출처와 동일하다.

(4) 고구려 사회의 기본 개요에 관한 문헌사료 전승

　『위서·고구려전』 중의 기본 개요에 대한 구체적인 조목들을 보면 그 내용이 전대의 사서와 유사하다는 점을 발견할 수 있다. 12가지 정사 중에서 가장 일찍이 고구려 사회의 기본 개요에 관하여 기록을 남긴 『삼국지·고구려전』을 예로 『위서·고구려전』에 수록된 기본 개요 사료의 전승 관계를 살펴보면 다음 표와 같다.

<표 3> 『위서』와 『삼국지』 고구려 기본 개요 대조표

번호	『삼국지』	『위서』
1	隨山穀以爲居食澗水	民皆土著 隨山穀而居 衣布帛及皮
2	無良田 雖力佃作 不足以實口服 其俗節食	土田薄脊 蠶農不足以自供 故其人節飮食
3	其民喜歌舞 國中邑落 暮夜男女群聚 相就歌戲…其人潔淸自喜…其俗淫	其俗淫 好歌舞 夜則男女群聚而戲 無貴賤之節 然潔淨自喜
4	好治宮室	其王好治宮室
5	其小加著折風 行如弁	頭著折風 其形如弁 旁插鳥羽 貴賤有差
6	跪拜申一脚 與夫餘異 行步皆走	立則反拱 跪拜曳一脚 行步如走
7	以十月祭天大會 國中大會 名曰東盟 其公會 衣服皆錦繡金銀以自飾	常以十月祭天 國中大會 其公會 衣服皆錦繡 金銀以爲飾

비교를 통하여 양자는 상술한 기록 내용은 대체로 유사하고, 다만 사용한 문자를 약간 바꿨을 뿐이다. 주로 고구려인의 생존 환경, 음식을 아끼는 습속, 그 풍속이 음란하고 노래 부르고 춤추기를 좋아하며, 궁실 꾸미기를 좋아하고, 머리에 절풍을 쓰며, 걸을 때는 달리듯 빨리 가고, 10월이면 제천 의식을 거행하는 등 내용으로 표현된다. 서로 다른 점은 강역에서의 사방 변경에 대한 서술 및 "관명에는 알사·태사·대형·소형의 호가 있고", "걸터앉기를 좋아하며", "식사에 조궤를 사용한다"는 등의 내용이다.

문헌 전승이라는 시각에서 보면, 적어도 『위서·고구려전』에 수록된 고구려의 기본 개요에 관한 부분적 내용들의 출처는 『삼국지·고구려전』 등 전대 사서에서 전재되었을 가능성이 크다는 것을 설명하여 준다. 그러나 전재된 것이 전부는 아니다. 그 원인은 위 사료 대조표에서 알 수 있는 것과 같이 유사한 내용들은 대부분 고구려 경내에서 상대적으로 안정된 생존환경과 여러 습속 등 자연적인 상황에 관한 기록이기 때문이다. 서로 다른 내용들은 강역과 변경 및 관제 관직 등 변화 발전할 가능성이 있는 동적인 것에 관한 기록들이다. 따라서 『위서·고구려전』에 기록되어 있는 고구려의 기본 개요에 관한 내용들은 전대의 문헌들을 수집 전승하여 기록하였을 가능성만 있을 뿐이다.

3. 『위서·고구려전』의 구술 자료 출처

고대 사학자들은 역사서를 편찬하기 전에 "만 권의 서적을 읽고 만리 길을 행한다"고 하였다. 사마천은 "20살 때는 남쪽으로 장강과 회하를 유력하고 회계산에 올라 우 임금이 죽어서 들어갔다는 동굴을 탐험하고 순 임금이 매장된 구의산도 살펴보았으며, 원수와 상수에 배를 띄우고 유람하였다. 북쪽으로 문수와 사수를 건너 …"6)에서 알 수 있듯이 많은 1차 자료를 수집하고 마침내 『사기』를 완성하게 된다. 여러 민족들이 구술 방식으로, 혹은 정보를 전달하고 기억을 보존한 것은 초기에 아주 보편적인 현상이었다. 『위서·고구려전』의 구술 사료는 아래의 두 방면에서 나타난다.

1) 고구려 건국설화

고구려의 건국설화는 구전으로 전승되어 온 자료에 출처를 두고 있다. 신화와 전설은 구술사료 범위에 포함된다. 아래에 세 가지 측면으로 이를 논하고자 한다.

(1) 고구려 건국설화를 창작한 주체는 누구인가?

고구려 건국설화의 창작 주체는 고구려 사람들이다. 그 이유로는 첫째, 가장 먼저 고구려 건국설화를 기록한 문자 자료는 『호태왕비』 비문이다. 그 첫머리에 비록 간략하게나마 문자로 선조들의 공적 내용을 기록하였는데 이는 고구려 왕의 인증이 있었고 고구려인의 손으로 새겨졌기 때문이다. 둘째, 고구려의 "고사"에 사료적 출처를 둔 『삼국사기』에서도 그 첫머리에 고구려 건국설화를 기록하고 있다. 고구려의 "고사"는 당연히

---

6) 사마천, 『史記·太史公序』.

고구려인이 편찬한 것이기에 건국설화 역시 고구려인이 만든 것이다. 그러므로 고구려 건국설화를 창작한 주체는 분명히 고구려인으로서 정사 중에 처음으로 고구려 건국설화를 기록한『위서·고구려전』이 아니다.

(2) 고구려 건국설화는 언제 형성되었는가?

고구려 건국설화 형성 시기를 추정하여 보면 대체로 다음과 같은 두 가지가 있다. 하나는『호태왕비』비문의 성문 시간을 보는 것이다.『호태왕비』는 동진 안제 의희 10년(414)에 세워졌으므로 늦어도 이 시기까지 건국설화는 이미 형성되었음을 알 수 있다. 또 다른 하나는 고구려에서 "고사"가 편찬된 시점이다. 앞에서 이미『삼국사기·고구려본기』의 사료에 근거하여 언급한 바와 같이 고구려는 "국초에 문자를 사용하기 시작하면서부터 기사 100권을 엮었는데『유기』라 하였다"는 것으로부터『유기』의 편찬 시기를 기원전 35년으로 추정하였다. 이 시기는 중원 왕조의 서한, 고구려 건국 3년째에 해당된다.[7) 이를 근거로 하면 고구려 건국설화의 형성 시기는 기원전 35년~서기 414년 사이이다. 그러나 논리적으로 추정하여 보면 고구려 건국 초기에 정권이 아직 불안정한 상황에서 문자로 자신들의 역사를 기록하였을 가능성은 있었겠으나 보다 복잡하고 자세한 내용의 건국설화는 아직 형성되지 못하였을 것이다. 따라서 확신할 수 있는 것은 그 하한선인 414년이다.

고구려 건국설화 내용과 유사한 문헌기록으로는 왕충의『논형·길험편』, 어환의『위략』, 그리고 범엽의『후한서·동이전』이 있다. 왕충은 광무제 건무 3년(27)에서 장제 건초 4년(79)까지 생존하였고,『위략』에 기록된 내용은 배송지(372~451)의『삼국지』주에서 확인되고, 범엽(398~445)이 생존한 시대는 보다 더 늦은 시기에 해당된다. 시기적으로 늦은 두 후자를 제외하면 건국설화의 주체는 왕충이 생존하던 시기에 이미 형성되었

---

7) 張芳, 2012, 「高句麗"古史"辨」『東北史地』 2012年1期.

음을 알 수 있다. 이대룡(李大龍)은 "동한시기 고구려인들이 이미 건국신화를 창작하였으나, 완전히 구비된 정도는 아니었다. 이 건국신화의 내용은 점진적으로 완성되었었는데 적어도 완성된 신화는 호태왕 시기보다 늦지 않을 것이다."고 했다.[8] 필자 또한 이 견해에 동의한다.

(3) 고구려의 건국설화는 어떠한 영향력을 미쳤을까?

고구려의 건국설화는 초기 형성시기부터 서기 414년까지의 300여 년 동안 그 내용이 끊임없이 풍부해지고 충실해졌다. 고구려 정권의 발전과 함께 이 건국설화는 대대로 전해오면서 자손들에게 널리 인정되었다. 고구려의 제19대 호태왕 시기에 이르면 강역이 확장되어 "동서로 2천 리, 남북으로 천여 리"(『위서·고구려전』)에 달하게 된다. 그야말로 고구려의 실력은 크게 향상되어 "대국"이라고 칭할 수 있을 만큼 일대의 할거 세력으로 성장하였다. 따라서 『위서·고구려전』은 고구려 건국설화를 기록할 수 있는 가능성을 갖게 되었고, 그 내용은 고구려인들이 가는 곳마다 건국설화가 전파된 데서 비롯된 것이다.

결론적으로 비록 『위서·고구려전』이 정사로서 고구려 건국설화를 처음으로 기록한 문헌이긴 하지만, 건국설화의 창작 주체는 고구려인이며 이 설화를 주변에 전파한 주체도 고구려인이라는 것을 알 수 있고, 위수는 단지 간접적인 접수자일 뿐이다. 그러므로 『위서·고구려전』에 수록된 고구려 건국설화는 저자 위수가 직접 또는 간접적인 현지 답사를 통하여 얻은 구술 자료들을 가공하여 옮겼을 뿐이다.

2) 고구려의 기본 개요

앞에서 『위서·고구려전』에 수록된 고구려의 기본상황 내용에 관한

---

8) 李大龍, 『〈三國史記·고구려본기〉 연구』, 중앙민족대학교 우수박사논문, 2007, 12쪽.

분석을 통하여 그 부분적인 내용들은 전대 사서의 내용들을 수집, 정리, 기록하였을 가능성을 확인하였다. 이와 동시에 북위의 사신들이 직접 탐방하여 자료를 획득하였을 가능성도 있다.

『위서·고구려전』에는 다음과 같은 기록이 있다.

世祖時 釗曾孫璉始遣使者安東奉表貢方物 並請國諱 世祖嘉其誠款 詔下帝系外名 諱於其國 遣員外散騎侍郎李敖拜璉爲都督遼海諸軍事 征東將軍 領護東夷中郎將 遼東郡開國公 高句麗王. 敖至其所居平壤城 訪其方事.

이 기사는 고구려 기본 개요를 기록하기 전에 나타난다. 동일한 사건을 기록한 기타 사료들은 아래와 같다.

『魏書·世祖太武帝紀』：太延元年 … 高麗 鄯善國並遣使朝獻.

『資治通鑑·宋紀·太祖』：元嘉十二年六月丙午 高句麗王璉遣使入貢於魏 且請國諱. 魏主使錄帝系及諱以與之 拜璉都督遼海諸軍事.

『三國史記·高句麗本紀』：(長壽王)二十三年(435) 夏六月 王遣使入魏朝貢 且請國諱. 世祖嘉其誠款 使錄帝系及諱以與之. 遣員外散騎侍郎李敖 拜王爲都督遼海諸軍事.

위 사료들을 비교해 보면 사건이 발생한 구제적인 시기는 435년이다. 고구려 제20대 왕 연이 사신 안동을 파견하여 북위 세조에게 공물을 헌납하게 되니 세조는 그 성의에 상을 내리고 원외산기시랑(員外散騎侍郎) 이오(李敖)를 고구려에 사신으로 파견하였다. 그리고 고구려왕 연을 도독요해제군사(都督遼海諸軍事) 정동장군(征東將軍) 영호동이중랑장(領護東夷中郎將) 요동군개국공(遼東郡開國公) 고구려왕으로 봉하였다. 이오는 고구려왕이 거처하는 평양성에 도착하여 여러 상황을 탐방하게 된다. 마침내 『위서·고구려전』에 고구려의 기본 개요에 관한 기록이 있게 되는 데, 사료의 출처는 이오가 당지에서 직접 고찰한 자료들로서 위수는 이 자료들을 간접적으로 인용한 사람이다.

『위서』에는 이오의 전기가 없기 때문에 구체적인 상황은 알 수 없다. 그의 관직은 원외산기시랑으로 기록되어 있어 산기상시(散騎常侍)에 그 연원을 두고 있음을 알 수 있다. 이 관직은 위진 시기부터 나타나기 시작하였으며 전신은 한나라 시기의 산기(散騎), 중상시(中常侍)이다. 그 직책은 "궁에 들어가면 과실을 바로잡고 황제의 고문 역할을 하고, 외출할 때는 말을 타고 수행하는데 호위 등 인원이 따른다."고 규정되어 있다. 위나라 말기에 관원 수가 증가하여 새로 추가된 인원을 "원외산기시랑"이라고 칭하고 집서성의 관할 하에 귀속시켰다. 직책으로 보면 이오는 간관, 고문에 해당하며 이러한 직책의 그가 사신으로 고구려에 파견되었다는 것은 북위 황제가 고구려를 상당히 중요시 하였음을 말하여 준다. 또 다른 측면에서 보면 고구려에서 "방기방사(訪其方事)"하였다는 것은 북위가 강대한 고구려를 사전에 방어하려는 의도라고도 할 수 있다. 여하튼 그 목적이 무엇이었는가를 막론하고 이오가 사명을 저버리지 않고 고구려 사회의 기본 상황들을 고찰한 것이 위수의 『고구려전』 편찬에 적극적인 역할을 하였다.

이에 따라 고구려의 건국설화와 기본 개요에 관한 사료 내용들은 고구려인 자신들이 상술한 역사에 대한 구전 방식으로 대대로 전승하여 내려온 것에 출처를 두고 있으며 그 당시 탐방과 조사를 거쳐 획득한 자료들임을 알 수 있다. 위수는 고구려에 사신으로 다녀온 적이 없기 때문에 이러한 구술 사료들을 간접적으로 인용한 편찬자이다.

맺음말

『위서·고구려전』에 수록된 내용들은 문헌사료들을 수집, 정리, 편집, 기록한 것과 구비전승 자료들에 그 출처를 두고 있다. 내용에서는 사료로서의 독특한 특색을 보여주고 있는데 다음과 같은 세 가지 의미가 있다.

1. 문헌사료 :『위서·고구려전』의 주된 내용들은 모두 전대사의 문헌사료를 수집 정리하여 기록한 것이기에 전대사에서 관련 기록을 찾을 수 있을 뿐 아니라, 현대사의 기록에서도 사원을 찾을 수 있다. 이 같은 편집 방식은 사료의 진실성과 신빙성을 한층 보완하여 준다. 많은 문헌 서적에서 집록한 사료들은 고구려 역사에서 있었던 중대한 사건들이며 풍부한 내용 구성과 생동한 인물과의 대화는 역사의 진실을 재현하고 있다.

2. 구술 사료 :『위서·고구려전』의 개별적 내용들의 출처는 북위 사신들의 탐방과 조사에서 얻은 자료들이다. 비록 편찬자인 위수는 고구려 경내에 깊이 들어가진 않았지만 사신들의 탐방과 조사 자료를 획득하는 과정을 통하여 위수가 얻은 사료들은 깊이 공감하고 있다.

첫째, 위수는 고구려인의 구술 조상신화를 문자로 전면적으로 기록하고 있다. 이는 고구려 건국설화가 위수가 생존하던 시대에 이미 상당히 성행되어 있었고 대대로 전승되어 고구려인의 생각 속에 깊이 자리매김하고 있었다는 것을 알 수 있다. 또한 이와 같은 상황은 고구려 정권의 강성과 문명 수준의 향상과 직결된다. 이 건국설화에서 신화적인 내용을 제외한 내용들은 고구려 건국사의 진실을 담은 기록으로 볼 수 있다.

둘째, 위수가 기록한 고구려 사회의 기본 상황과 관련된 내용들은 비록 전대의 문헌기록과 유사한 점이 있지만, 주로 고구려의 안정된 생활 습속과 관련되어 유사한 점이 많이 나타난다. 이것은 적어도 전대의 사서 기록들도 진실성과 신빙성이 있다는 것을 방증한다. 비록 전대의 사서에서 직접적으로 탐방 조사를 언급하지는 않았지만, 사료 비교를 통하여 그 가치를 충분히 알 수 있다.

3. 두 종류 사료 조합으로 인하여 『위서·고구려전』이 12가지 정사 중에서 특별한 지위를 차지하게 하였다. 여기에 수록된 사료들의 진실성과 신빙성을 긍정한다면 고구려사 연구에 충분히 활용할 수 있다.

수대(隋代)의 외국 정보 수집과
『동번풍속기(東藩風俗記)』[*]

머리말

636년 완성된 『수서』 신라전은 이전에 보이지 않던 많은 내용을 전한다. 그에 따르면 조위(曹魏) 관구검(毌丘儉)의 고구려 공격 때 옥저로 달아났다가 귀국하지 않은 자들이 신라가 되었다고 한다. 또한 신라왕은 본래 백제인이었는데, 바다로부터 신라로 도망하여 왕이 되었다고 하였다. 그리고 고구려인의 귀부로 강성해진 신라가 백제를 습격하고 가라국에 부용하였다고 전한다. 『수서』와 함께 편찬된 『양서』 신라전이 신라의 기원을 진한에서 찾는 것과 대조적이다.

신라는 594년을 시작으로 수와 여러 차례 교섭하였다. 특히 611년에는 고구려의 공격을 막기 위하여 청병하기도 하였다.[1] 수는 신라와의 잦은 교섭에 따라 그에 관한 여러 정보를 수집하였을 것이며, 이 정보는 훗날 『수서』 신라전을 서술하는 원전의 하나로 채택되었다고 짐작된다. 그런데

---

[*] 이 글은 전상우, 2023, 「隋代의 외국 정보 수집과 『동번풍속기』」 『선사와 고대』 71을 수정 및 보완한 것이며, 맺음말은 제7회 고구려주니어포럼(2020.11.14.)의 발표문 「6세기 중반 신라의 북진과 고구려의 대응」을 토대로 추가하였다.

1) 『삼국사기』 권4, 신라본기4, 진평왕.

『수서』 신라전의 원전 중 하나인 수대(隋代)에 편찬된 『동번풍속기』에는[2] 『삼국사기』, 『양서』 신라전 등에 보이지 않는 내용을 전한다. 수가 신라와 여러 차례 교섭하였음에도 다른 사서와 결이 다른 내용을 서술한 까닭이 궁금해진다.

본고는 선행 연구를 토대로 『수서』 신라전의 원전 중 하나인 『동번풍속기』를 중심으로 중국 문헌의 외국 서술 방식을 추정해 보고자 한다. 이에 대한 검토는 중국 문헌 속 한국 고대사 기록을 보다 분명하게 이해하는 데 필요하다고 생각한다.[3] 먼저 수대의 외국 정보 수집 사례를 살펴보고, 외국 정보가 어떻게 가공되는지 탐색할 것이다. 그런 다음 문헌마다 다르게 기록된 『동번풍속기』의 일문(逸文)을 취합하여 재구성해 보고자 한다. 이후 재구성한 『동번풍속기』의 문장이 唐代 편찬된 문헌에 어떻게 인용되었는지 살필 계획이다. 마지막으로 맺음말을 대신하여 『동번풍속기』의 고구려 관련 기사로 엿볼 수 있는 당시의 역사상을 도출하고자 한다. 이러한 과정을 통하여 중국 문헌의 외국 서술 방식을 조금이나마 엿볼 수 있기를 기대한다.

1. 수대의 외국 정보의 수집

수에서는 다양한 방식의 외국 정보 수집이 이루어졌다. 수집된 정보는 『수서』 신라전과 같은 외국 관련 서술의 원전이 되었을 것으로 추정된다. 그렇다면 수대에 외국 정보가 구체적으로 어떻게 수집되었는지 살펴볼

---

2) 李康來, 1998, 「7세기 이후 중국 사서에 나타난 韓國古代史像―통일기 신라를 중심으로―」 『韓國古代史研究』 14, 212~220쪽 ; 李鎔賢, 2006, 「『梁書』·『隋書』·『南史』·『北史』의 新羅傳 비교 검토」 『신라사학보』 8, 12~13쪽.

3) 편찬자의 이해에 따른 원전의 개변은 선행 연구에서도 지적된 바 있다(金鍾完, 1981, 「梁書 東夷傳의 文獻的 檢討」 『全州又石大 論文集』 3, 172~173쪽 ; 윤용구, 2022, 「范曄의 세계관과 『後漢書』 동이열전」 『동서인문』 20, 349~352쪽).

필요가 있을 것이다.

A-1. 職方郎中은 1명이며 從5品上이다. 隋 開皇(581~600) 초에 처음으로 職方侍郎 1명을 두었고, 煬帝(재위 614~618) 때에 職方郎이라 하였다. 武德 3년(620)에 中이란 글자를 더하였다. 龍朔 2년(662)에 이르러 司城大夫로 고쳤다가 咸亨 원년(670)에 예전과 같이 바꾸었다. (중략) 직방낭중·원외랑은 천하의 지도와 성벽 및 해자(城隍), 요해처의 방어 상황(鎭戍), 봉화의 수를 담당하고, 나라, 수도와 변방의 원근 및 四夷의 귀화자를 상세히 파악하였다. 무릇 지도는 州府에 맡겨 3년에 1번 작성하고 板籍과 함께 중앙에 올렸다. 外夷가 番官으로 수도에 이를 때마다 鴻臚寺에 맡겨 그 사람의 本國의 산천, 풍토를 조사하고, 지도로 제작하여 상주하고 부본은 중앙에 올렸다.(『당육전』 권5, 尚書兵部 職方郎中)[4]

A-2. 번국 조공〈매번 [번국의] 사신이 이르면 鴻臚寺는 [번국의] 토지·풍속·의복·공헌·道里의 멀고 가까움을 조사하고 아울러 그 왕의 이름을 물었다.〉(『당회요』 권63, 史館上, 諸司應送史館事例)[5]

사료 A-1은 『당육전』에 전하는 직방낭중에 대한 설명이다. 직방낭중은 수대에 처음 설치된 후 당도 이를 계승하였다고 한다. 수·당의 직방낭중이 수행하였던 직임 역시 크게 다르지 않았을 것으로 추정된다. 당의 직방낭중은 자국뿐만 아니라 사이(四夷)의 정보가 담긴 지도를 작성하였다고 하는데, 수에서도 그러한 모습이 보인다. 수 문제(文帝)가 족자(族子)인

---

4) "職方郎中一人, 從五品上. 隋開皇初, 始置職方侍郎一人, 煬帝曰職方郎. 武德三年加中字. 至龍朔二年改爲司城大夫, 咸亨元年復故. (중략) 職方郎中·員外郎掌天下之地圖及城隍·鎭戍·烽候之數, 辨其邦國·都鄙之遠邇及四夷之歸化者. 凡地圖委州府三年一造, 與板籍偕上省. 其外夷每有番官到京, 委鴻臚訊其人本國山川·風土, 爲圖以奏焉, 副上於省.(후략)"
『당육전』의 원문 및 표점은 金鐸敏 主編, 2003, 『譯註 唐六典』上, 신서원을 따랐다.
5) "蕃國朝貢〈每使至, 鴻臚勘問土地·風俗·衣服·貢獻·道里遠近, 幷其主名字報.〉"
『당회요』의 원문 및 표점은 上海古籍出版社, 2006, 『唐會要』를 따랐다.

양웅(楊雄)을 청장왕(淸漳王)에 봉하고 다시 왕호를 고치면서 직방(職方)에 명하여 지도를 가지고 오게 하였다는 기록이 그것이다.[6]

직방낭중이 제작한 지도는 홍려시의 조사 자료가 기반이 되었다. 홍려시가 외국 사신에게 본국의 산천 및 풍토를 조사하면 직방낭중은 홍려시의 조사 자료를 토대로 지도를 제작한 것이다. A-2에 따르면 홍려시에서는 외국의 산천, 풍토뿐만 아니라 의복, 공헌, 원근은 물론 그 왕의 이름도 조사하였다. 그리고 이는 사관(史館)에 보고되었다고 한다.[7] 외국에 관한 정보는 홍려시를 거쳐 직방낭중과 사관에 전달되었던 것이다. 『수서』 신라전의 '왕위가 김진평에게 전해졌다(傳祚至金眞平)'는 기록이나 후술할 『동번풍속기』의 '김씨가 30여 대를 이었다(金姓相承三十餘代)'는 구절은 홍려시의 조사를 토대로 서술되었을 가능성이 높다.

> B. [韋師는] 장성하여 경전과 사서를 섭렵하였고, 騎射를 잘하였다. [북]주 대총재 우문호가 불러 중외부기실로 삼았고, 빈조참군으로 옮겼다. 위사는 諸蕃의 풍속과 산천의 험난하고 평탄함을 잘 알아 夷狄이 조공하면 반드시 위사가 접대하였는데, 그 나라의 풍속을 논하는 것이 손바닥을 보는 것과 같았다. 夷人은 놀라 복종하며 감히 실정을 숨길 수 없었다. (『수서』 권46, 열전11 韋師)[8]

사료 B는 북주 때의 빈조참군이었던 위사의 일화를 전한다. 당시 위사는 빈조참군으로 외국에서 온 사신을 접대하면서 그 나라의 풍속을 논하였다고 한다. 위사는 북주의 대총재(大冢宰)이자 주국대장군(柱國大將軍)이었

---

6) 『수서』 권43, 열전8 觀德王雄 "仁壽初, 高祖曰：'淸漳之名, 未允聲望.' 命職方進地圖, 上指安德郡以示群臣曰：'此號足爲名德相稱.' 於是改封安德王".

7) 李琓碩, 2017, 「唐朝의 外國 使節 管理－中央에서의 管理를 중심으로－」 『中國史研究』 108, 59~60쪽.

8) "及長, 略涉經史, 尤工騎射. 周大冢宰宇文護引爲中外府記室, 轉賓曹參軍. 師雅知諸蕃風俗及山川險易, 其有夷狄朝貢, 師必接對, 論其國俗, 如視諸掌. 夷人驚服, 無敢隱情".

던 우문호의 부름을 받고 출사하였다. 주국대장군의 밑에는 주국대장군부열조참군(柱國大將軍府列曹參軍)이 있었는데, 위사는 우문호의 속관으로 외국의 사신을 접대하였던 것이다.

위의 사료에 따르면, 위사는 이미 외국에 관한 정보를 알고 있었던 듯하다. 위사가 어떻게 외국의 풍속과 산천을 파악하고 있었는지는 드러나지 않지만, 아마 전대의 문헌 혹은 북주시기 수집된 자료에 의거한 정보였을 가능성이 높다. 또한 외국 사신이 항상 정확한 정보만을 이야기하지 않았다는 점도 간취된다. 외국 사신은 위사가 해당 국가에 관한 정보를 잘 알고 있어서 실정을 숨길 수 없었다고 한다. 환언하면 외국 사신은 자국의 목적에 따라 조작되거나 잘못된 정보를 제공한 경우도 있었다는 것이 된다. 외국 사신과의 문답으로 그 나라에 관한 정보를 얻는 북주의 입장에서도, 그들의 진술을 그대로 믿지는 않았을 것이다. 다른 사신의 말이나 전대의 문헌 등으로 교차 검증을 진행하였다고 추정된다. 그리고 그 과정에서 담당자의 판단이 개입되었을 것으로 보인다.

수는 외국에 사신을 파견하는 방식으로도 정보를 수집하였다. 다음의 사료가 주목된다.

C-1. [長孫晟은 북주] 선제 때(재위 578~579) 돌궐 섭도가 북주에 혼인을 요청하자 조왕 [우문]초의 딸을 처로 삼게 하였다. 그러나 북주와 섭도는 각기 서로 과시하고 다투어, 날래고 용맹한 사람을 뽑아 사자로 삼았는데, 장손성을 여남공 우문신경의 부사로 보내어 천금공주를 그 본진으로 호송하게 하였다. (중략) [섭도의] 동생 처라후는 돌리설로 불렸는데, 더욱 사람들의 마음을 얻어 섭도의 경계를 받아 심복에게 은밀히 부탁하여 몰래 장손성과 맹약하였다. <u>장손성은 처라후와 사냥을 나갔는데 이를 이용하여 [돌궐] 산천의 형세, 部衆의 강약을 살펴 모두 알게 되었다.</u> 그때 고조는 승상이었는데, 장손성은 문서를 갖추어 고조에게 아뢰었다. 고조가 크게 기뻐하며 봉거도위로 삼았다. (중략) 이에 글을 올려 말하길

"(중략) 신은 북주 말에 부끄럽게도 外使가 되어 흉노의 倚伏을 진실로 모두 알게 되었습니다." (중략) 고조가 표를 보고 크게 기뻐하며 [장손성을] 불러 이야기하였다. <u>장손성은 말로 형세를 아뢰며, 손으로 산천을 그리고, 그 허실을 글로 썼는데, 모두 손가락으로 손바닥을 가리키는 듯하였다.</u> 황제가 깊이 감탄하며 모두 받아들였다.(『수서』 권51, 열전16 長孫晟)[9]

C-2. [개황] 17년 고조가 탕에게 새서를 내려 말하길 "(중략) 그때 사자에게 명하여 왕의 나라를 위무하게 하였는데, 본래는 그대의 인정을 알아보고 정치의 술책을 가르치려 한 것이었다. <u>왕은 도리어 [사자를] 공관에 머물러 앉히고는 엄히 지켜 사자의 눈을 가리고 귀를 막아 끝까지 보고 듣지 못하게 하였다.</u> 무슨 숨겨야 할 악한 행위가 있어 사람들이 알지 못하게 하고, 官司를 통제하며 [사자가] 탐문하고 조사함을 두려워하는가. (후략)" 라고 하였다.(『수서』 권81, 열전46 동이 고구려)[10]

C-3. 주객낭중, 원외랑은 각 1인으로 二王의 후손, 제번의 조현에 관한 일을 담당한다. (중략) <u>절역에 사신으로 간 자가 돌아오면 [사신이] 보고 들은 것과 [사행한 나라의] 풍속의 좋고 나쁨, [사행 중]의 供饋과 贈賑의 수를 아뢴다.</u>(『신당서』 권46, 지36, 백관1 禮部)[11]

C-1은 장손성이 돌궐에 파견되어 그곳의 정보를 획득하였음을 전한다. 그는 우문신경의 부사로 선발되어 돌궐에 머무르게 되었고, 처라후와

---

9) "宣帝時, 突厥攝圖請婚于周, 以趙王招女妻之. 然周與攝圖各相誇競, 妙選驍勇以充使者, 因遣晟副汝南公宇文神慶送千金公主至其牙. (중략) 其弟處羅侯號突利設, 尤得衆心, 而爲攝圖所忌, 密託心腹, 陰與晟盟. 晟與之遊獵, 因察山川形勢, 部衆强弱, 皆盡知之. 時高祖作相, 晟以狀白高祖. 高祖大喜, 遷奉車都尉. (중략) 因上書曰 : (중략) 臣於周末, 忝充外使, 匈奴倚伏, 實所具知. (중략) 上省表大悅, 因召與語. 晟復口陳形勢, 手畫山川, 寫其虛實, 皆如指掌. 上深嗟異, 皆納用焉".

10) "十七年, 上賜湯璽書曰 : (중략) 時命使者, 撫慰王藩, 本欲問彼人情, 敎彼政術. 王乃坐之空館, 嚴加防守, 使其閉目塞耳, 永無聞見. 有何陰惡, 弗欲人知, 禁制官司, 畏其訪察. (후략)".

11) "主客郎中·員外郎, 各一人, 掌二王後, 諸蕃朝見之事. (중략) 使絶域者還, 上聞見及風俗之宜·供饋贈賑之數".

친밀한 관계를 맺었다. 장손성은 처라후와의 교류 속에서 돌궐의 산천, 부락의 강약을 알게 되었는데, 이는 돌궐과 대립하던 수에게 귀중한 정보였을 것이다. 장손성은 고조를 만난 자리에서 직접 돌궐의 지리와 허실을 설명하였다. 돌궐에서의 경험과 정보를 문서로 정리해 두었기에 가능한 일이었다.『수서』돌궐전의 방대한 분량은 양자 간 교섭과 충돌이 지속되면서 얻어진 정보에 의거하였다고 보이는데, 장손성의 사례에서 그 정보 출처의 일례를 확인할 수 있는 것이다.

C-2는 고조가 고구려 평원왕에게 보낸 새서이다. 이 새서는 당시 고구려와 수의 관계를 짐작할 만한 여러 정보가 서술되어 있다. 특히 고구려가 수에서 온 사신의 활동을 막았다는 점이 주목된다. 당시 고구려는 수의 침입에 대비하여 전쟁을 준비할 정도로 경계심을 높였다. 이런 상황에서 수는 고구려의 말갈·거란 압박, 장인 유출 등을 문제로 삼았다. 수의 사신은 이러한 문제를 고구려에 전달하고 해결을 촉구하는 것뿐만 아니라, 고구려의 상황을 정탐하고 여러 정보를 수집하려 하였던 것으로 보인다. 그러나 고구려는 수에서 온 사신의 활동을 저지하였고, 수의 사신은 목적을 달성하지 못하였다고 추정된다.

외국에 파견된 사신은 C-3과 같이 귀국 후 관련 내용을 정리하여 보고하였다. 비록 당대의 사료이지만, 직방낭중의 사례와 마찬가지로 수에서도 크게 다르지 않았을 것이다. 이때 보관된 외국에 대한 정보는 수의 시각에서 정리되었다고 짐작된다.

아울러 수의 관원이 외국의 사신에게 해당 국가에 대한 질문 기록도 보인다.

D. 李子雄은 총명하고 언변이 좋으며 재능이 있어 황제가 매우 신임하였다. 신라가 일찍이 사신을 보내 조공하자 이자웅이 조당에 이르러 [신라 사자와] 함께 이야기하였는데, 이에 그 冠制의 유래를 질문하였다. 그 사자가 말하길 "皮弁이 전래된 형상입니다. 대국의 군자이면서 어찌

皮弁을 알지 못함이 있을 수 있습니까!'라고 하였다. 이자웅이 이에 말하길 "중국에는 [그러한] 예가 없으니 [신라 관제의 유래는] 여러 四夷에서 찾아야 합니다."라고 하였다. [신라] 사자가 말하길 "내가 [이곳에] 온 이래 이 말 외에 무례한 말은 듣지 못하였습니다."라고 하였다. 憲司는 이자웅이 실언하였다고 여겨 이 일을 황제에게 아뢰어 탄핵하니 마침내 면직되었다. 곧 복직하여 [황제의] 江都 행행에 따라갔다.(『수서』권70, 열전35 李子雄)[12]

사료 D는 민부상서(民部尙書)[13] 이자웅이 신라 사신에게 관제(冠制)의 유래를 물은 일을 전한다. 그의 질문에 대해 신라 사신은 피변(皮弁)에서 비롯되었다고 대답하였다. 이자웅은 중국에는 그러한 예가 없으니 신라의 관제는 사이(四夷)에서 유래하였을 것이라 말하였다. 이에 대해 수의 헌사 역시 이자웅이 실언하였다고 여겼고, 그를 탄핵하기에 이르렀다. 헌사의 탄핵 과정에서 이자웅과 신라 사신의 대화가 구체적으로 기록되었을 것으로 보이는데, 이 역시 홍려시에서 작성한 문서와 함께 신라에 관한 정보 자료로 활용되었을 가능성이 있다. 실제로『수서』신라전에는 의복에 대해 고구려 및 백제와 대략 같다고 하였는데『수서』고려전에 고구려인은 모두 피관(皮冠)을 착용한다고 기록되었다. 신라인 역시 피관을 착용하였을 것이다. 이는 사료 D에서 신라 사신이 피변을 착용하였다는 기록과 통하며『수서』신라전에는 신라와 수의 교섭 과정에서 수집된

---

12) "子雄明辯有器幹, 帝甚任之. 新羅嘗遣使朝貢, 子雄至朝堂與語, 因問其冠制所由. 其使者曰 : '皮弁遺象. 安有大國君子而不識皮弁也!' 子雄因曰 : '中國無禮, 求諸四夷.' 使者曰 : '自至已來, 此言之外, 未見無禮.' 憲司以子雄失詞, 奏劾其事, 竟坐免. 俄而復職, 從幸江都".

13) 『북사』권74, 열전62 李雄에는 그가 戶部尙書였다고 전한다. 『당육전』권3, 尙書禮部, 戶部尙書에 따르면, 수 개황 3년(583)에 度支尙書가 民部로 고쳐졌고, 당 정관 23년(649)에 民部가 戶部로 바뀌었다고 한다(隋初曰度支尙書, 開皇三年改爲民部, 皇朝因之. 貞觀二十三年改爲戶部). 『북사』가 전대의 사서를 단순히 傳寫하지 않고, 나름의 편집을 거친 하나의 사례라고 할 수 있다.

정보가 반영되었음을 알 수 있다.

한편 관원이 아닌 상인단이나 승려 등 민간을 통한 외국 정보의 수집 사례도 확인된다.

E. 당시 서역의 諸蕃은 다수가 張掖에 와서 중국과 교역하였다. 裴矩는 황제(煬帝)가 장차 먼 곳을 경략하려 함을 알고, ① 여러 상호(商胡)가 이르면 배구가 그 나라의 풍속과 산천의 험함과 평탄함을 말하도록 회유하여 『西域圖記』 3권을 편찬하고 입조하여 이를 바쳤다. 그 서문에 말하길 '(중략) 신은 이미 이들을 불러들여 위로하고 關市의 감독을 관장하면서 ② 典籍을 깊이 찾고 ③ 胡人에게 질문하였으며 혹 ④ 의문이 생기면 여러 사람의 말을 상세히 살폈습니다. 그 본국의 복식과 모습을 견주어 왕과 서인의 각 태도를 드러냈습니다. 곧 그림을 그리고 모사하여 『서역도기』라 하였는데, 모두 3권으로 44개국을 모았습니다. 이에 별도로 지도를 만들어 그 요해처를 연구하였습니다. (중략) ⑤ 부유한 거상이 여러 지역을 돌아다니며 산과 강을 건넌 것을 살폈으므로 여러 나라의 사정을 두루 알지 못함이 없었습니다. 또한 九州 바깥의 먼 땅은 끝내 살펴 알기 어려웠는데, 헛된 말에 근거할 수 없었으므로 때문에 비워두었습니다. ⑥ 兩漢이 서로 이어 西域을 열전으로 엮었지만, 戶民이 수십인데도 국왕을 칭하여 무리가 이름만 있어 이에 그 실제와 어긋났습니다. (중략) 그러므로 황제의 명을 내려 사신을 보낸다면 군대를 움직이지 않고도 諸蕃이 먼저 따를 것이니 토욕혼과 돌궐을 멸망시킬 수 있습니다. 융적과 중화를 하나로 함은 여기에 있을 것입니다. (후략)'라고 하였다.(『수서』 권67, 열전32 裴矩)[14]

---

14) "時西域諸蕃, 多至張掖, 與中國交市. 帝令矩掌其事. 矩知帝方勤遠略, 諸商胡至者, 矩誘令言其國俗山川險易, 撰西域圖記三卷, 入朝奏之. 其序曰 : '(중략) 臣旣因撫納, 監知關市, 尋討書傳, 訪採胡人, 或有所疑, 卽詳衆口. 依其本國服飾儀形, 王及庶人, 各顯容止, 卽丹靑模寫, 爲西域圖記, 共成三卷, 合四十四國. 仍別造地圖, 窮其要害. (중략) 諒由富商大賈, 周遊經涉, 故諸國之事罔不徧知. 復有幽荒遠地, 卒訪難曉, 不可憑虛, 是以致闕.

사료 E는 배구(裴矩)가 서역에 관한 정보를 수집하여 『서역도기』를 편찬하였음을 전한다. 당시 배구는 변경에서 교역에 관한 직무를 수행하였는데, 먼 곳을 경략하려는 양제의 뜻을 알고 『서역도기』를 편찬한 것이다.

여기에서 서역에 관한 정보의 수집 방식을 언급한 점이 주목된다. E-①, ③처럼 배구는 상호(商胡)를 회유하여 그곳의 풍속과 산천에 관한 정보를 얻었다. 상인에게 정보를 취재한 이유는 E-⑤에 설명되었다. 상인은 여러 지역을 돌아다니며 그곳의 사정을 두루 파악하고 있었기 때문이었다. 그런데 상인단은 단순히 교역 종사자만으로 구성되지 않았다. 남북조시기 상인단에는 승려가 포함된 경우가 확인되는데, 배구가 접견한 상인단도 그러하였을 것으로 추정된다. 승려는 포교를 목적으로 각지를 방문하여 상인과 마찬가지로 여러 지역에 관한 정보를 가지고 있었다고 이해된다.[15] 그렇다면 『서역도기』의 편찬에 사용된 서역의 정보는 상인과 승려에게서 비롯된 것이었다고 할 수 있다.

E-②는 배구가 서역에 관한 전적(典籍)을 검토하였다는 것을 알려준다. 여기서 전적이 구체적으로 무엇을 의미하는지 알기 어렵지만, 당시까지 나온 서역에 관한 서적이었다고 생각한다. E-⑥을 통해 양한(兩漢), 즉 『한서』와 『후한서』에 서역전이 있지만 현실과 맞지 않음을 지적하였는데, 배구가 전적의 검토 결과 내린 결론으로 보인다. 이는 수대까지도 외국에 관한 서술 다수가 당대성을 가지지 못하고 『한서』 등 이전 시대의 전적에 의거하여 작성되었다는 점을 보여준다. 그리고 배구는 이러한 서술 경향을 비판하며 새로이 수집한 정보를 토대로 『서역도기』를 편찬하였다. 『서역도기』는 수대의 상황을 반영한 최신 자료였던 것이다.

또 한 가지 주목할 부분은 E-④이다. 배구는 전적을 검토하고, 호인(胡人)

而二漢相踵, 西域爲傳, 戶民數十, 卽稱國王, 徒有名號, 乃乖其實. 今者所編, 皆餘千戶, 利盡西海, 多産珍異. 其山居之屬, 非有國名, 及部落小者, 多亦不載. (중략) 故皇華遣使, 弗動兵車, 諸蕃旣從, 渾·厥可滅. 混一戎夏, 其在茲乎. (후략)"

15) 위진남북조시기 상인과 승려의 동행에 대해서는 柿沼陽平, 2022, 「魏晉南北朝時代の佛僧と商人」『東方學』 144이 참고된다.

에게 직접 질문하며 서역에 관한 정보를 얻었다. 그런데 의문 나는 것은 여러 사람의 말을 살폈다고 하였다. 이는 전적과 호인의 이야기 혹은 호인 간의 진술 불일치 등에서 비롯된 행동이었다고 추정된다. 이러한 정보 간의 불일치에 대해 배구는 나름의 기준에 따라 그 시비를 판단한 것이다. 그렇다면 『서역도기』의 내용은 당시 호인에게 취재한 것, 전적에 의거한 것, 배구의 판단에 따른 것으로 구성되었다고 할 수 있다.

위와 같이 수대를 전후한 시기에 외국 정보 수집이 어떻게 이루어졌는지 살펴보았다. 먼저 사신의 왕래를 통한 정보 수집이 있었다. 외국의 사신은 중원에 당도하여 홍려시에서 풍속과 산천 등에 대한 문답을 진행하였다. 홍려시 외에 관련 직임을 맡은 관원과의 대화에서도 정보 수집이 행해졌다. 그리고 이 문답은 문서로 작성되어 관부에 보관되었다. 사신이 아닌 상인, 승려에게 외국 정보가 전해지기도 하였다. 이는 상인과 승려가 각기 교역, 포교를 목적으로 각지를 이동하기에 가능하였으며, 최신 정보였다고 할 수 있다. 또한 역대 전적을 통해서도 외국이 탐색되었다. 다만 전적에 의한 외국 탐색은 당대성이 확보되지 못하는 한계가 있었다. 그리고 수집된 외국 정보는 책으로 엮어졌다. 아래의 기록이 주목된다.

> 수 대업 연간(605~618), 천하의 諸郡에 널리 조서를 내려 그 풍속, 산물, 지도를 정리하여 尙書에 올리게 하였다. 그런 까닭에 隋代에 『諸郡物産土俗記』 151권 『區宇圖志』 129권 『諸州圖經集』 100권이 갖추어졌다.(『수서』 권33, 지28, 경적2, 史)16)

위의 사료에 따르면, 수 양제가 조서를 내려 천하의 풍속, 산물, 지도를 정리하여 엮었다고 한다. 그 결과 『제군산물토속기』·『구우도지』·『제주도 경집』 등이 편찬되었다. 해당 문헌들은 현전하지 않아 구체적인 면모를

---

16) "隋大業中, 普詔天下諸郡, 條其風俗物産地圖, 上于尙書. 故隋代有諸郡物産土俗記一百五十一卷, 區宇圖志一百二十九卷, 諸州圖經集一百卷".

살피기 어려우나 『수서』·『구당서』·『신당서』에 모두 지리류로 분류되었
다. 제군(諸郡), 구우(區宇), 제주(諸州)라는 용어를 고려하면 해당 문헌들은
중국만을 다루었다고 볼 수도 있겠지만 『수서』 돌궐전에 수의 덕이 구우에
미쳐 먼 곳에서도 중국의 역법을 받아들이고 변발을 풀었다고 한 기사가
확인된다.[17] 이는 구우가 중국만을 가리키는 것이 아니라 중국과 그
주변을 아우르는 뜻으로도 사용되었음을 알려준다. 『구우도지』가 사이에
관한 기술도 포함하였음을 엿볼 수 있다. 이들과 같은 지리류 문헌으로
당 정관 16년(642)에 완성된 『괄지지』에는 당뿐만 아니라 주변국에 관한
서술도 다수 수록되었다. 실제로 『한원』 백제전 인용 『괄지지』는 백제의
왕성, 지방뿐만 아니라 그곳의 산천에 관한 정보도 전한다. 수대에 편찬된
『제군산물토속기』·『구우도지』·『제주도경집』 등과 『괄지지』의 서술 방식
은 크게 다르지 않았을 것으로 추정된다.

　『서역도기』·『제군산물토속기』·『구우도지』·『제주도경집』 등은 수대
에 수집된 자료가 기반이 되었다. 이로 미루어 본다면 『동번풍속기』
역시 위와 같은 수대의 풍속, 산물, 지도의 정리 과정에서 편찬되었다고
짐작해 볼 수 있을 것이다. 그리고 그 원전 중 하나는 수대에 수집된
외국 정보였다고 여겨진다. 『동번풍속기』에 대한 보다 구체적인 검토는
다음 장에서 살펴보고자 한다.

2. 『동번풍속기』의 편찬과 일문(逸文)의 재구성

　『한원』 신라전에 인용된 『동번풍속기』는 '수동번풍속기(隋東藩風俗記)'
로 표기되어 수대에 편찬된 문헌임을 알 수 있다. 그러나 『수서』 경적지에
는 『동번풍속기』라는 서명이 보이지 않는다. 『북황풍속기』·『제번풍속기』

---

17) 『수서』 권84, 열전49, 북적, 돌궐 "復下詔曰：'德合天地, 覆載所以弗遺, 功格區宇,
　　聲教所以咸洎. 至於梯山航海, 請受正朔, 襲冠解辮, 同彼臣民.'".

·『제번국기』 등 외국에 관한 내용으로 추정되는 문헌이 확인될 뿐이다. 그런데 『태평환우기』에 『동번풍속기』와 유사한 서명의 문헌이 인용되어 주목된다.

> 수『북번풍속기』에 이르길 "처음 개황 연간(581~600) 중에 속말말갈이 고려와 싸워 이기지 못하였는데, [속말말갈의] 궐계부에 거장 돌지계란 자가 있어 홀사래부·굴돌시부·열계몽부·월우부·보호뢰부·파해부·보보괄리부 총 8부와 승병 수천 인을 거느렸는데, 부여성 서북쪽에서 부락을 들어 關을 향하여 내부하니 유성에 두었다."라고 하였다.(『태평환우기』 권71, 河北道20, 燕州)[18]

위의 사료는 『태평환우기』에 『북번풍속기』가 인용되었음을 보여준다. 『북번풍속기』는 『동번풍속기』와 서명이 유사하고, 편찬 혹은 서술 대상 시점은 '수'로 동일하다. 『북번풍속기』는 개황 연간에 속말말갈의 돌지계가 수에 투항한 사건을 전하고 『동번풍속기』는 개황 14년(594) 신라 진평왕이 수에 사신을 보내 책봉받은 일 다음 혹은 그 중간에 인용되었다. 양자의 관련성이 상정된다.

이와 관련하여 『수서』 경적지의 『제번풍속기』가 주목된다. 『수서』 경적지 사부(史部) 지리(地理)에는 『제번풍속기(諸蕃風俗記)』 2권이 기록되어 있다. 『동번풍속기』와 『북번풍속기』는 각각 동번과 북번을 다루었다고 추정되는데, 이들을 하나로 묶으면 제번(諸蕃)이 된다. 『제번풍속기』 안에 『동번풍속기』와 『북번풍속기』가 포함되었다는 것이 되므로 『제번풍속기』와 『동번풍속기』·『북번풍속기』는 실상 같은 문헌으로 이해할 여지가 있다.[19]

---

18) "隋北蕃風俗記云 : 初, 開皇中, 粟末靺鞨與高麗戰不勝, 有厥稽部渠長突地稽者, 率忽賜來部·窟突始部·悅稽蒙部·越羽部·步護賴部·破奚部·步步括利部, 凡八部, 勝兵數千人, 自扶餘城西北擧部落向關內附, 處之柳城".

『수서』경적지의 각 부는 각류(各類)로 나뉘고, 각류는 다시 더 작은 그룹으로 구분할 수 있으며, 이들은 대체로 시기에 따라 배치되었다고 이해된다.[20] 이에 따른다면『수서』경적지 사부는 기거주, 지리 등의 각류로 나뉘고, 각류 역시 여러 소그룹으로 구분된다.『제번풍속기』의 앞에는 유송(劉宋) 유징지(劉澄之)의『사주산천고금기(司州山川古今記)』 3권, 양 우효경(虞孝敬)의『광양남서주기(廣梁南徐州記)』9권이 있고, 뒤에는 진(陳) 고야왕(顧野王)의『여지지(輿地志)』30권, 진(陳) 요최(姚最)의『서행기(序行記)』10권이 배치되었다.『제번풍속기』는 양~진(陳) 사이에 있으므로 수대에 편찬되었다고 보기 어렵다.[21]『제번풍속기』와『동번풍속기』·『북번풍속기』는 별개의 사서인 것이다. 다만『동번풍속기』와 유사한 서명의『제번풍속기』가『수서』경적지 사부 지리에 배치되었으므로『동번풍속기』역시 지리류에 배치된 문헌과 유사한 성격이었다고 짐작해볼 수 있다. 그런데『동번풍속기』에 대한 보다 구체적인 정보가『조선상고사』에 확인된다.

> 使者의 回答한 말과 使者의 歸國한 뒤에, 高句麗의 廷議가 어떠하였음은 史冊이 殘缺하여 알 수 없거니와, 裴矩는 東藩風俗記 三十卷을 만들어, 煬帝에 올린 중에 平壤의 佳麗와 皆骨山의 靈秀함을, 그리고 說明하여 巡遊를 즐기는 煬帝의 東侵할 慾心을 더욱 起動하여, 無名의 兵을 與하여 東洋 古史上 未曾有의

---

19) 內藤虎次郎, 1970, 「舊鈔本翰苑に就きて」『內藤湖南全集』7, 筑摩書房, 124쪽 ; 高福順·姜維公·戚暢 著, 동북아역사재단 譯, 2007,『「고려기(高麗記)」 연구』, 동북아역사재단, 40~42쪽.『한원』번이부에서『삼국지』를『위지』라 칭하는 것과 같다고 볼 수 있다. 한편『제번풍속기』를『수서』고려전 혹은 백제전의 원전 중 하나로 보기도 한다(李康來, 1998, 「7세기 이후 중국 사서에 나타난 韓國古代史像—통일기 신라를 중심으로—」『韓國古代史研究』14, 214~215쪽 ; 박남수, 2006, 「高句麗 租稅制와 民戶 編制」『東北亞歷史論叢』14, 146~147쪽).

20) 興膳宏·川合康三, 1995,『隋書經籍志詳攷』, 汲古書院, 35~36쪽.

21) 李基東, 1978, 「新羅 太祖 成漢의 問題와 興德王陵碑의 發見」『大丘史學』15·16, 34쪽 ; 이정빈, 2022, 「『고려풍속』과『고려기』—수·당의 고구려 탐방과 7세기 동아시아—」『『한원』번이부의 세계』, 학연문화사, 303쪽 각주 17번.

大戰을 일으킴에 이르렀다.(『조선상고사』 10편 제2장)[22]

위의 문장은 신채호의 『조선상고사』 10편 고구려 대수전역(對隋戰役) 제2장 살수전(薩水戰)의 (1) 고·수 재전(再戰)의 원인과 동기의 내용이다. 해당 부분은 양제가 돌궐 계민가한의 처소에 가서 고구려 사신을 조우한 사건 다음에 이어진다. 그런데 이때 배구가 『동번풍속기』 30권을 지어 양제에게 바쳐 고구려 공격을 부추겼다고 하여 주목된다. 즉, 신채호의 『조선상고사』를 통해 『동번풍속기』의 찬자가 배구이고, 분량은 30권이 며, 양제의 고구려 공격을 부추기는 목적으로 편찬되었음을 알 수 있는 것이다.[23]

신채호가 어디서 『동번풍속기』에 관한 정보를 얻었는지 궁금하다. 신채호는[24] 1898년 성균관에 입학하여 1905년 성균관 박사가 되었고, 1907년 『대한매일신보』의 주필로 활동하였다. 1910년 안정복의 『동사강 목』을 가지고 중국으로 망명하였고, 1913년 고구려의 수도였던 지안(集安) 을 답사한 후 항저우(杭州)의 도서관에서 『해동금석원』을 열람하는 등 역사 연구를 수행하였다. 1914년 다시 지안을 답사하였고, 1915년 베이징 (北京)으로 가 1928년 체포될 때까지 그곳에 거주하였다. 신채호는 베이징 에 머무르는 중에 한국사 통사를 서술하기 위한 많은 연구를 진행하였다. 특히 1924년을 전후하여 베이징대학의 교수 리스쩡(李石曾)을 통해 『사고 전서』를 열람한 것으로 추정된다.[25] 그 결과 「『삼국지』 동이열전 교정」

---

22) 『조선상고사』의 원문은 독립기념관 한국독립운동정보시스템(https://search. i815.or.kr/)에서 발췌하였다.

23) 신채호 외에도 『동번풍속기』를 배구의 저작으로 보는 견해가 있으나, 그 근거가 제시되지 않았다(金炳坤, 2008, 「中國 正史 新羅傳에 記錄된 新羅 初期 王系 및 主要 集團의 出自」 『史學研究』 91, 23~24쪽).

24) 신채호의 생애는 이호룡, 2013, 『신채호 다시 읽기』, 돌베개를 참고하였다.

25) 李萬烈, 1995, 『丹齋 申采浩의 歷史學 研究』, 문학과지성사, 44쪽. 이때 그가 열람한 『사고전서』는 1920년대 베이징 京師圖書館에 보관되어 있던 文津閣 판본으로 보인다. 『사고전서』 판본에 관한 설명은 신승하, 2011, 『중국사학사』, 고려대학교

「평양 패수고」등이 완성되었다.

정화암(鄭華岩, 鄭賢燮)의 회고에 따르면 신채호는『사고전서』를 보며 역사 연구에 매진하였다고 한다.26)『사고전서』에는『통전』이 포함되어 있고『조선상고사』에는『통전』의 내용이 언급되었다.27) 이러한 점으로 보아 신채호는『통전』변방문에 있는 한국 고대사 관련 기록을 인지하였다고 짐작된다.『통전』에는『동번풍속기』가 인용되었다. 즉, 신채호는『통전』을 통해『동번풍속기』의 존재를 알았고, 이를 토대로『조선상고사』에『동번풍속기』를 언급하였다고 볼 수 있다.

그러나『통전』은 물론『사고전서』에는『동번풍속기』의 편찬자, 구성 등에 관한 기술이 보이지 않는다. 신채호는 기존의 사서가 유가(儒家)에 의해 왜곡되었다고 보고, 이를 바로잡기 위해 노력하였다. 그는 비유가적 사서의 내용을 토대로 기존 사서의 내용을 수정하거나 보완하였는데, 야사에 해당하는『해상잡록(海上雜錄)』『서곽잡록(西廓雜錄)』이 대표적이다.28) 신채호가『동번풍속기』의 서지 정보를 어디서 인용하였는지 서술되어 있지 않지만, 그가 중시한 사서로 미루어 본다면 비유가적 야사류가 그 원전일 가능성이 있다고 생각한다. 다만『해상잡록』·『서곽잡록』이 그러하듯이 신채호가 인용한 야사류는 대부분 현전하지 않으므로 더 이상의 추적이 불가능하다. 새로운 자료가 나타나기 전까지『동번풍속기』에 관한 서지 정보는 전하지 않는다고 봄이 타당할 듯하다.

결국『동번풍속기』에 관한 정보는 수대라는 편찬 시점『북번풍속기』와의 관련성, 지리류 문헌이라는 정도만 추정해 볼 수 있다. 반면『동번풍속기』의29) 일문은 주로 당대(唐代) 편찬된 문헌에서 확인되는데, 문헌마다

출판부, 304~308쪽이 참고된다.

26) 鄭華岩, 1982,『이 조국 어디로 갈 것인가 : 나의 回顧錄』, 自由文庫, 61~62쪽.

27)『조선상고사』제4편, 제2장, (3) 太次大王의 制度 "『通典』에 古鄒加를 賓客 맡은 者라 함은 …".

28) 李萬烈, 1995,『丹齋 申采浩의 歷史學 硏究』, 문학과지성사, 83~94쪽.

29) 주로『동번풍속기』로 지칭하지만(朴性鳳, 1988,『東夷傳新羅關係資料』, 慶熙大學

구절의 차이가 발견된다. 같은 문헌을 인용하였는데 왜 이러한 현상이 발생하였는지 궁금하다.

> F-1. ㉠ 傳祚至金眞平, ㉡ 開皇十四年, 遣使貢方物. 高祖拜眞平爲上開府·樂浪郡公·新羅王. ㉢ 其先附庸於百濟, 後因百濟征高麗, 高麗人不堪戎役, 相率歸之, 遂致强盛. ㉣ 因襲百濟, 附庸於迦羅國. ㉤ 其官有十七等. 其一曰, 伊罰干, <u>貴如相國</u>, 次伊尺干, 次迎干, 次破彌干, 次大阿尺干, 次阿尺干, 次乙吉干, 次沙咄干, 次及伏干, 次大奈摩干, 次奈摩, 次大舍, 次小舍, 次吉土, 次大鳥, 次小鳥, 次造位. (『수서』 권81, 열전46, 신라)

> F-2. ㉢ 初附庸于百濟, 百濟征高麗, 不堪戎役, 後相率歸之. 遂致强盛. ㉣ 因襲百濟, 附庸於迦羅國焉. ㉠ 傳世<u>三十</u>, 至眞平, ㉡ 以隋開皇十四年, 遣使貢方物. 文帝拜眞平上開府·樂浪郡公·新羅王. ㉤ 其官有十七等. 一曰伊罰干, <u>貴如相國</u>. 次伊尺干, 次迎干, 次破彌干, 次大阿尺干, 次阿尺干, 次乙吉干, 次沙咄干, 次及伏干, 次大奈摩干, 次奈摩, 次大舍, 次小舍, 次吉土, 次大鳥, 次小鳥, 次造位.(『북사』 권94, 열전82, 신라)

> F-3. 隋東藩風俗記云 : ㉠ 金姓相承<u>三十</u>餘代. ㉢ 其先附庸於百濟, 征高驪, 驪人不堪役, 相率歸之, 遂致强盛. ㉤ 其官有十七等. 一曰伊伐干, 二曰伊尺干, 三曰迊干, 四曰波珍干, 五曰大阿干, 六曰阿干, 七曰乙吉干, 八曰沙咄干, 九曰級伐干, [十]曰大奈麻, 十一曰奈[麻], 十二曰大舍, 十三曰小舍, 十四[曰]吉土, 十五曰大鳥, 十六曰小鳥, 十七曰造位之.(『한원』 번이부, 신라)30)

F-1은 『수서』 신라전, F-2는 『북사』 신라전의 기사이다. 일반적으로 『북사』는 『위서』·『주서』·『수서』 등 북조계 사서를 정리하여 만들어진 것으로 이해된다.31) 실제로 위의 기사에서도 F-2는 F-1과 많은 글자가

校 傳統文化研究所, 24쪽), 수동번 『풍속기』라고 표기하는 경우도 있다(王碩, 2016, 『《翰苑》 硏究』, 東北師範大學 博士學位論文, 96쪽).

30) 『한원』의 원문 및 표점은 동북아역사재단 편, 2018, 『역주 한원』의 것을 따랐다.

일치하여 F-2가 F-1을 전재(轉載)한 것처럼 보인다. 그런데 F-2-㉠의 '三十'은 F-1-㉠에서 확인되지 않는 내용이다. F-1-㉠은 진평왕까지의 왕위가 몇 대인지 기록하지 않은 반면, F-2-㉠은 구체적인 숫자를 제시하면서 진평왕이 몇 번째 왕인지를 기술한 것이다. 이는 『북사』가 단순히 북조계 사서를 정리하여 편찬되지 않았음을 보여준다. F-2의 원전에 『수서』 등의 북조계 사서뿐만 아니라 제3의 사서도 있었을 가능성이 상정된다.

　F-3은 『동번풍속기』를 인용한 『한원』 신라전의 구절이다. F-2-㉠의 '三十'은 F-3-㉠의 '三十'에서 인용한 것으로 추정된다. 『북사』 신라전은 북조계 사서 외에도 『동번풍속기』를 직접 활용하여 내용을 보충한 것이다. 또한 F-3-㉢은 F-1-㉢과 F-2-㉢에서, F-3-㉡은 F-1-㉡과 F-2-㉡에서 확인된다. 그런데 F-1-㉢과 F-2-㉢에 밑줄 친 '貴如相國'이 F-3-㉢에서, F-1-㉣과 F-2-㉣은 F-3에 보이지 않는다. 우선 F-1-㉢과 F-2-㉢의 '貴如相國'은 내용으로 보아 신라의 관등을 설명하는 구절인 듯한데 『한원』의 저자 장초금(張楚金)이 해당 부분은 빼고 인용한 것으로 추정된다.[32] '貴如相國'은 본래 『동번풍속기』에 포함되었다고 생각한다.

　『통전』에도 『동번풍속기』의 인용이 확인된다.

G.　㉡ 至隋文帝時, 遣使來貢. 其王姓金名眞平.〈㉠ 隋東蕃風俗記云：金姓相承三十餘葉.〉文帝拜爲樂浪郡公·新羅王.〈ⓐ 其王至今亦姓金. 按梁史云姓慕, 未詳中間易姓之由.〉㉢ 其先附屬於百濟, 後因百濟征高麗, 人不堪戎役, 相率歸之, 遂致强盛, ㉣ 因襲加羅·任那諸國, 滅之.〈ⓑ 並三韓之地.〉ⓒ 其西北界犬牙出高麗·

---

31) 朴性鳳, 1988, 『東夷傳新羅關係資料』, 慶熙大學校 傳統文化硏究所, 26쪽.

32) 『한원』의 정문은 주문의 내용을 토대로 작성되었다고 이해된다. 다만 『한원』 번이부의 서두에 '張楚金撰, 雍公叡注'라고 적혀 있어 『한원』의 주문 작성자가 누구인지에 대한 논의가 분분하다(윤용구, 2021, 「『翰苑』의 편찬과 蕃夷部」 『『한원』 번이부의 세계』, 학연문화사, 25~29쪽). 그러나 현전하는 『한원』 신라전에는 명확하게 옹공예의 것으로 볼 수 있는 주문이 확인되지 않는다. 따라서 적어도 『한원』 신라전은 모두 장초금이 주문을 작성하였다고 보고 논지를 전개하고자 한다.

百濟之間. ⓒ 官有十六等, 其一曰伊罰于, 貴如相, 次伊尺于, 次迎于, 次破彌于, 次大河尺于, 次河尺于, 次乙吉于, 次沙咄于〈ⓓ 咄, 都骨反〉, 次及伏于, 次大奈摩, 次大舍, 次小舍, 次吉士, 次大烏, 次小烏, 次達位.(『통전』 권185, 邊防1, 동이上, 신라)[33]

『통전』은 앞에 제시한 사료와 달리 정문(正文)과 주문(注文)으로 구성되었다.[34] G-ⓐ, ⓑ, ⓒ, ⓓ는 『통전』에만 보이는데, G-ⓐ, ⓑ, ⓓ는 두우(杜佑)의 주문으로 보인다. 전반적으로 『수서』 신라전을 원전으로 활용하였는데, G-㉠은 『동번풍속기』를 인용하여 주문으로 처리하였다. G-㉠과 ⓐ는 『통전』의 찬자인 두우가 신라왕의 성씨가 무엇인지 고증하는 과정으로 보인다. 『통전』 편찬 당시(今)에 신라왕의 성씨를 『수서』는 김(金) 『양서』는 모(慕)라 하여 판단이 어려운 상황에서 『동번풍속기』의 김성(金姓)이 30여 대를 이었다는 구절을 인용하여 해결한 것으로 추정된다. 그러나 『양서』에 왜 신라왕의 성씨가 '慕'라 되었는지는 해결하지 못하였다.

G-㉤은 앞선 사료와 달리 신라의 관등을 '次奈摩'를 제외한 16등으로 전하는데, 왜 이러한 차이가 발생하였는지 추정하기 어렵다. G-ⓒ는 『구당서』 및 『신당서』 백제전에 유사한 구절이 확인되는데,[35] 양자의 관련성은 좀 더 고찰이 필요하다. G-㉣은 『수서』와 『북사』에 '因襲百濟, 附庸於迦羅國(焉)'이라 되어 있는 부분인데 『통전』에서는 '因襲加羅·任那諸國, 滅之'라 기술되었다. 『한원』에는 이 문장이 생략되었다. 언뜻 비슷한 내용으로도 보이지만, 실상은 전혀 다른 내용으로 바뀐 것이다. 이에

---

33) 『통전』의 원문 및 표점은 杜佑 撰·王文錦 等 點校, 1988, 『通典』, 中華書局을 따랐다.

34) 『통전』의 주문은 크게 음과 뜻의 해석, 과거 문헌 제시, 역사적 사실 보충, 異見의 표명, 사료의 고찰 다섯 가지로 분류된다고 한다(송영대, 2020, 『『通典』 「邊防門」 東夷目의 구성과 한국고대사 인식 研究』, 한국전통문화대학교 박사학위 논문, 27쪽).

35) 『구당서』 권199上, 열전149上, 동이, 백제 "使還, 降璽書與義慈曰 : 至如海東三國, 開基自久, 並列疆界, 地實犬牙". 및 『신당서』 권220, 열전145, 동이, 백제 "高宗立, 乃遣使者來, 帝詔義慈曰 : 海東三國, 開基舊矣, 地固犬牙".

대해서는 후술하겠다.

> H. ⓛ 至隋文帝時, 遣使來貢, 其王姓金名眞平, 按隋東藩風俗記云：㉠ 金姓相承三
> 十餘葉. 文帝拜爲樂浪郡公·新羅王. ⓒ 又按其先附庸于百濟, 後因百濟征高麗,
> 人不堪戎役, 相率歸之, 遂致强盛, ㉣ 因襲加羅·任那諸國, 滅之, ⓑ 並三韓之故地
> 也. ⓒ 其西北界大牙出高麗·百濟之間. ㉢ 官有十七等, 其一曰伊罰于, 貴相如,
> 次伊尺于, 次迎于, 次破彌于, 次大阿尺于, 次阿尺于, 次乙吉于, 次沙咄于〈ⓓ
> 咄, 都骨切〉, 次及伏于, 次大奈摩于, 次奈摩, 次大舍, 次小舍, 次吉土, 次大烏,
> 次小烏, 次造位.(『태평환우기』 권174, 사이3, 동이3, 신라국)36)

H는 10세기 후반에 편찬된 『태평환우기』의 구절이다. 『태평환우기』는
E와 다르게 정문으로만 구성되었고, '按隋東藩風俗記云'과 '又按'으로 『동번
풍속기』를 인용한 구절을 명확히 하였다. 『태평환우기』는 앞과 같은
사서를 인용할 때 '按唐六典…又按'이라 하여37) 서명을 생략하였고, 앞과
다른 사서를 인용할 때는 '按郡國縣道記…又按水經注'라 하여38) 서명을 구분
하였다. 이로 보아 H-ⓒ의 '又按'은 『동번풍속기』를 계속 인용하고 있다는
뜻으로 추정할 수 있다. H-ⓑ·ⓒ는 『통전』을 인용한 구절이므로 그 앞부분
인 H-ㄹ은 『동번풍속기』의 구절로 이해된다. H-ㄹ을 『동번풍속기』의
문장으로 볼 수 있다면, 내용은 다르지만 F-1·F-2-ㄹ도 그러하다고 여겨진
다. 다만 『수서』와 『북사』의 '因襲百濟, 附庸於迦羅國(焉)'이 『통전』 및 『태평

---

36) 『태평환우기』의 원문 및 표점은 樂史 撰·王文楚 等 點校, 2007, 『太平寰宇記』,
中華書局을 따랐다.

37) 『태평환우기』 권30, 關西道6, 司竹監 "司竹監, 按唐六典：掌植養園竹之事, 其管內及
百司所須簾·籠·筐·籬之屬, 擇其材幹以供之. 其笋, 以時供上食. 歲終, 以竹功之多寡爲
考課. 又按漢官有司竹長丞. 魏·晉河內淇園竹各置司守之官, 江左省. 後魏有司竹都尉,
北齊·後周俱闕. 隋有司竹監及丞, 唐因之. 在京兆鄠·盩厔·懷州河內. 今皇朝惟有盩厔·
鄠一監, 屬鳳翔". 해당 기록은 『당육전』에서 확인할 수 있다.

38) 『태평환우기』 권65, 河北道14, 滄州 "故蒲領城, 按郡國縣道記：蒲領, 漢縣. 在冀州阜
城縣北三里蒲領故城是也. 後漢併入蓚縣. 又按水經注：今縣西北六十里漳河西岸".

환우기』보다 앞서 편찬되었으므로 『동번풍속기』에는 '因襲百濟, 附庸於迦羅國(焉)'이라 되어 있었다고 봄이 타당할 것이다. H-㉤은 『통전』과 달리 신라의 관등을 17등이라 하여 F-1~3-㉤과 통한다. H-㉤도 『동번풍속기』의 구절이라 할 수 있다. 이밖에 남송 소흥 31년(1161)에 완성된 『통지』, 원 대덕 11년(1307)에 완성된 『문헌통고』에도 『동번풍속기』가 인용되었으나 앞선 사료들과의 차이점은 발견되지 않는다.

사료마다 자구의 차이는 있지만, 이상의 논증에 따라 『동번풍속기』의 기사로 보이는 문장을 대략적으로 복원하면 다음과 같다.

金姓相承三十餘代. 其先附庸於百濟, 後因百濟征高麗, 高麗人不堪戎役, 相率歸之, 遂致强盛. 因襲百濟, 附庸於迦羅國. 其官有十七等. 其一曰, 伊罰干, 貴如相國, 次伊尺干, 次迎干, 次破彌干, 次大阿尺干, 次阿尺干, 次乙吉干, 次沙咄干, 次及伏干, 次大奈摩干, 次奈摩, 次大舍, 次小舍, 次吉士, 次大鳥, 次小鳥, 次造位.

3. 당대(唐代) 문헌의 『동번풍속기』 인용 방식

앞서 확인한 바와 같이 『동번풍속기』는 수대에 수집된 외국 정보가 정리되면서 편찬되었다고 볼 수 있다. 그렇다면 『동번풍속기』의 내용이 다른 문헌에 어떻게 인용되었을지 궁금하다. 먼저 『동번풍속기』의 서두인 '金姓相承三十餘代'의 인용 방식을 살피고자 한다.

신라는 『수서』와 『양서』에서 처음 입전되었는데, 두 사서는 모두 629년에 편찬을 시작하여 636년에 완성되었다. 그런데 『수서』와 『양서』는 신라왕의 성명을 각기 다르게 기록하였다. 『수서』에는 신라왕의 성명이 김진평(金眞平)이라 전한다. 김을 성씨, 진평을 이름으로 본 것인데 『동번풍속기』의 '金姓相承三十餘代'의 영향을 받았다고 짐작된다. 반면 『양서』는 신라왕의 성명을 '王名募秦'으로만 기록하여 성씨에 관한 언급이 없다.

두 사서는 조칙에 따라 같은 시기에 시작·완성되었음에도 신라왕의 성명을 다르게 기록한 것이다.

두 신라전에 기록된 신라왕의 성명은 후대의 문헌에도 영향을 주었다. 659년 이연수(李延壽)는 『남사』와 『북사』를 편찬하였다.[39] 그중 『남사』 신라전은 『양서』 신라전을 거의 그대로 전재하였다. 그런데 양에 처음으로 조공한 신라왕의 이름이 『남사』 신라전에 '姓募名泰'이라 되어 있다. 신라왕의 성씨를 모(募), 이름을 태(泰, 혹은 진秦)라 이해한 것이다. 반면 『북사』 신라전은 신라왕의 성씨를 기록하지 않고, 진평이라고만 하였다. 주지하다시피 『남사』는 유송, 남제, 양, 진, 『북사』는 북위, 북제, 북주, 수의 사서를 종합 정리한 것이다. 『남사』와 『북사』의 찬자 이연수는 『수서』와 『양서』를 모두 보았으므로 신라왕의 성씨가 김과 모 두 가지로 전하는 것을 인지하였다고 생각한다. 그런데 그는 신라왕의 성씨인 김과 모를 모두 기술하는 대신 하나를 선택하였다. 『북사』 신라전에는 신라왕의 성씨를 쓰지 않은 반면 『남사』 신라전에는 '姓募名泰'라 하였다. 『양서』에 전하는 신라왕의 성씨인 모가 타당하다고 본 것이다. 때문에 이연수는 『동번풍속기』를 직접 보았음에도 '金姓相承三十餘代' 중 '金姓'을 삭제하고 '傳世三十, 至眞平'으로만 인용한 것이다. 『북사』 신라전이 진평왕을 '眞平'이라 한 것은 '金眞平' 혹은 '眞平王'의 축약이 아니며, 편찬자의 이해에서 기인한 결과라 할 수 있다.

『북사』와 『남사』가 신라왕의 성명을 '姓募名泰'라 기술한 이래 후대 지식인들은 신라왕의 성씨가 '김'인지, '모'인지 혼동하였던 듯하다. 이는 『한원』과 『통전』에서 확인된다. 장초금은 『한원』 신라전에서 신라에 관해 올바르게 적은 책이 없다며(並無正傳) 신라의 건국, 강역, 왕성(王姓) 등을

---

39) 『북사』 권100, 열전88, 序傳 "十七年, 尙書右僕射褚遂良時以諫議大夫奉敕修隋書十志, 復準敕召延壽撰錄, 因此遍得披尋. 時五代史旣未出, 延壽不敢使人抄錄, 家素貧罄, 又不辦雇人書寫. 至於魏·齊·周·隋·宋·齊·梁·陳正史, 並手自寫, 本紀依司馬遷體, 以次連綴之. 又從此八代正史外, 更勘雜史於正史所無者一千餘卷, 皆以編入. 其煩冗者, 卽削去之. 始末修撰, 凡十六載".

여러 사서를 인용하여 고증하였다. 그는『괄지지』와[40]『동번풍속기』를 인용하여 신라왕의 성씨가 '김'이라는 결론을 내렸다.

『통전』역시 그러한데, 두우는 주문을 통해 신라왕의 성씨에 관한 의문을 드러내었다. 지금(편찬 당시) 신라왕의 성씨 역시 '김'인데『양서』에는 '모'라 되어 있으니 중간에 성씨가 바뀐 이유를 모르겠다고 한 것이다. 그는『동번풍속기』의 '金姓相承三十餘葉'을 인용하였는데, 이를 통해 신라왕의 성씨는 '金'이라 보았고, '모'는 일시적인 사건이었다고 이해한 듯하다. 결국 두우 역시 장초금과 마찬가지로 신라왕의 성씨는 '김'이라 보는 것이 타당하다는 결론을 내린 것이다.

이처럼 신라왕의 성씨가 '김'과 '모'의 두 가지로 전하는 상황에서 당대의 지식인들은『동번풍속기』를 인용하여 신라왕의 성씨가 '김'임을 고증하였다. 이들이 모두 경적지에도 없는『동번풍속기』를 주요 근거로 내세운 이유가 궁금한데『동번풍속기』가 누가, 언제, 어떻게 편찬되었는지 전하지 않아 내막을 알기 어렵다. 다만 모두『동번풍속기』를 인용하였다는 점에서 해당 사서가 신라왕의 성씨에 관한 가장 믿을만한 자료로 여겨졌으리라는 정도만 짐작해볼 수 있다.

다음으로 2장의 F-1·2-ㄹ과 G·H-ㄹ을 살피고자 한다.

F-1·2-ㄹ(『수서』·『북사』)은 '因襲百濟, 附庸於迦羅國(焉)', G·H-ㄹ(『통전』·『태평환우기』)은 '因襲加羅·任那諸國, 滅之'이다. 모두 F-1·2-ㄷ과 G·H-ㄷ의 뒤에 위치하지만, 세부 구절은 다르다. 전자에는 백제와 가라국이 등장하였고, 후자에는 가라와 임나가 거론된 차이가 확인된다. 그런데『수서』와『북사』에 신라가 백제를 공격하고 가라국에 부용되었다고 한 점은『삼국사기』등의 기록과 배치된다.[41] 이에『수서』·『북사』·『삼국사기』의 기록을 정합적으로 이해하기 위하여 '附庸於迦羅國'에서 '於'를 '諸'의 誤寫로 보는 견해가 제출되었다.[42] 신라가 가라국을 부용시켰다고 보아야

---

40)『한원』번이부, 신라 "括地志曰 : '新羅王姓金氏, 其先所出未之詳也.'".
41)『삼국사기』권4, 신라본기4, 진흥왕 및『삼국사기』권44, 열전4, 사다함.

한다는 것이다. 반면 신라가 가라국을 부용시켰다는 해석은 독법상 자연스럽지 않고 『수서』 신라전의 찬자가 가라국이 백제에 부용되었다는 기사를 전사하는 중에 오류가 발생하였다고 보는 견해도 있다.[43]

그런데 필사본인 『한원』 경도본에 따른다면,[44] ‘因襲百濟, 附庸於迦羅國.’의 ‘於’를 ‘諸’의 오사로 본 견해는 선뜻 수긍하기 힘들다. 자형이 현저히 다르기 때문이다. 앞서 『북사』 신라전이 『동번풍속기』를 직접 인용하였음을 확인하였다. 그럼에도 ‘因襲百濟, 附庸於迦羅國(焉)’이라는 문장이 유지된 것은 본래 『동번풍속기』에 ‘因襲百濟, 附庸於迦羅國(焉)’이라 기록되었을 가능성을 보여준다.

이와 관련하여 F-3의 『한원』도 주목된다. 『한원』의 저자 장초금은 『동번풍속기』를 인용하면서 ‘因襲百濟, 附庸於迦羅國(焉)’을 생략하였다. ‘因襲百濟, 附庸於迦羅國(焉)’의 앞뒤 문장은 『수서』·『북사』·『통전』·『태평환우기』와 같은데, 유독 ‘因襲百濟, 附庸於迦羅國(焉)’만 생략된 것이다. 『한원』 신라전의 네 번째 정문은 가라(加羅), 임나(任那)에 관한 내용을 다루었다.[45] 장초금은 가라와 임나에 대한 서술을 위하여 문헌뿐만 아니라 신라 기로(耆老)의 말을 따로 채록하여 주문에 넣었다. 그럼에도 그가 가라에 관한 내용이 포함된 『동번풍속기』의 ‘因襲百濟, 附庸於迦羅國(焉)’을 생략하였다는 것은 단순한 편집 혹은 누락으로 보이지 않는다.

---

42) 中華書局, 1982, 『隋書』, 1830쪽 ; 李康來, 1998, 「7세기 이후 중국 사서에 나타난 韓國古代史像－통일기 신라를 중심으로－」 『韓國古代史研究』 14, 215쪽 ; 李鎔賢, 2006, 「『梁書』·『隋書』·『南史』·『北史』의 新羅傳 비교 검토」 『新羅史學報』 8, 12~13쪽.

43) 백길남, 2020, 「4세기 말~5세기 초엽 ‘백제왕(百濟王)’호의 책봉 배경과 ‘도독백제제군사(都督百濟諸軍事)’호의 의의」 『역사와 현실』 115, 269쪽 각주 85번.

44)

『한원』 경도본	
於	諸

45) 『한원』 번이부, 신라 “地總任那. 〈齊書云：‘加羅國, 三韓種也.’ 今訊新羅耆老云：‘加羅·任那, 昔爲新羅所滅. 其故[地]今並在國南七八百里.’ 此新羅有辰韓·卞辰二十四國及任那·加羅·慕韓之地也.〉”

장초금이『동번풍속기』의 '因襲百濟, 附庸於迦羅國(焉)'을 생략한 이유는 신라가 강성해졌음에도(遂致强盛) 가라국에 부용하였다는(附庸於迦羅國) 기사가 맥락상 앞뒤가 맞지 않기 때문이 아닐까 한다. 장초금은『남제서』를 인용하여 가라국은 삼한의 종(種)이며, 당시의 신라 기로의 말을 토대로 가라와 임나가 이미 신라에게 멸망되었음을 확인하였다. 여기서 신라 기로의 말을 눈여겨볼 필요가 있다.『한원』번이부에서 기로의 말을 인용한 사례가 몇 차례 있지만, 신라전에 보이는 기로의 전언을 제외하고는 모두 전대 사서의 인용이다. 이로 보아 신라 기로의 전언은『한원』편찬 당시의 정보임을 알 수 있다. 장초금은 전적뿐만 아니라 당시 신라인의 전언을 취합하여 신라가 진한, 변진, 임나, 가라, 모한의 땅을 차지하였다는 결론을 내렸다. 가라는 이미 신라에게 멸망되었으므로 신라가 가라국에 부용될 수 없었던 것이다. 이처럼 장초금은 신라에 관한 정보를 검토하여 『동번풍속기』의 '因襲百濟, 附庸於迦羅國(焉)'이 타당하지 않은 기록이라 보았다고 추정된다. 이에 따라 그는 〈표 1〉과 같이 F-3에서『동번풍속기』를 인용하면서도 '因襲百濟, 附庸於迦羅國(焉)'을 생략하였고, 대신 네 번째 정문에 신라 耆老의 전언을 채록하였던 것이다.

〈표 1〉唐代 문헌의『동번풍속기』인용 양상

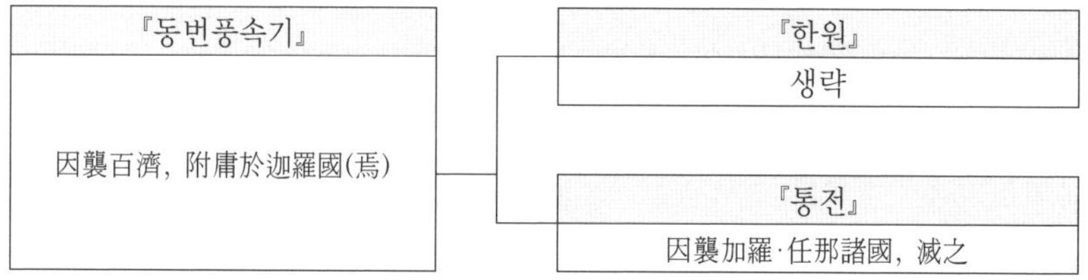

『동번풍속기』	『한원』
	생략
因襲百濟, 附庸於迦羅國(焉)	『통전』
	因襲加羅·任那諸國, 滅之

그렇다면『통전』의 찬자 두우 역시 장초금과 마찬가지로 신라가 가라국에 부용되었다는 문장에 의문을 품었고, 이에 G-㉣을 〈표 1〉과 같이 '因襲加羅·任那諸國, 滅之'로 재구성한 것으로 볼 수 있다. 다만 두우의 경우는 '加羅·任那諸國'이라 하여 신라가 공격한 대상이 좀 더 자세한데

『통전』의 편찬 당시 얻었던 새로운 정보에 기인한 결과일 가능성도 존재한다. 실제로 『통전』에는 지금 신라왕의 성 역시 김씨(其王至今亦姓金)라 하여 새로운 정보가 활용되었음이 확인된다. 결국 본래 『동번풍속기』에는 '因襲百濟, 附庸於迦羅國(焉)'이라 기록되었다고 할 수 있으며, 여기서 '어(於)'를 '제(諸)'로 바꾸어 이해하는 것은 좀 더 고민해 볼 문제라고 생각한다. 아울러 당대 문헌은 맥락상의 문제 혹은 편찬자의 역사적 이해 등에 따라 『동번풍속기』를 다르게 인용하였음을 알 수 있다.

그런데 『동번풍속기』가 신라에 관한 가장 믿을 만한 자료였다면, '因襲百濟, 附庸於迦羅國'과 같이 역사적 사실과 다른 내용이 서술된 이유는 무엇일까. 1장에서 수대에 외국 사신이 당도하면 홍려시가 산천, 풍토 등의 정보를 탐문하였음을 확인하였다. 신라에 관한 정보도 이러한 과정을 거쳐 수에 들어갔을 것이다. 다만 제번의 풍속을 잘 알아 이인(夷人)이 실정을 숨길 수 없었다는 위사의 사례, 외국의 상인단을 통해 정보를 수집하면서도 그것을 전적 및 여러 사람의 말과 비교한 배구의 사례를 고려할 필요가 있다.

수의 입장에서 주변국에 관한 정보는 상당히 중요하였으므로 그 정확성의 확보에 심혈을 기울였을 것이다. 정확성의 확보를 위하여 외국 사신이 자국에 관해 이야기하더라도 이를 다른 국가의 사신에게서 입수한 정보 혹은 수에서 파견한 사신의 말, 전적의 기록 등과 대조하였다고 짐작된다. 신라를 예로 들면, 신라 사신의 말을 백제 및 고구려 사신, 신라에 다녀온 관원의 전언, 전대의 사서 등과 대조하는 작업이 진행되었다는 이야기다. 그러나 외국 사신은 자국의 이해관계에 따라 때로는 진실을, 때로는 과장, 축소, 은폐, 왜곡 등이 가미된 정보를 전하였을 것이다. 외국에 파견된 수의 관원 역시 제한된 정보의 수집에 그치는 경우가 많았다고 짐작된다. 수~당대의 삼국은 치열한 공방을 벌였으므로 이러한 양상은 더욱 빈번하게 나타났다고 생각한다. 특히 신라는 중국에 사신을 파견한 역사가 오래되지 않아 주변국에 비해 관련 정보가 적어 정확성을 담보하기 어려웠을 것이므로 다른 정보와의 대조가 계속 이루어졌다고 추정된다. 그리고 정보의 대조에 따른 결과물은 당시 수에서 도출할 수 있었던 가장 타당한 이해였을 것이다. 이러한 모습은 『양서』에도 보이는데, 부상국(扶桑國)의 사례가 그러하다. 부상국은 『양서』 제이전에 입전된 동이의 국가이다. 『양서』의 찬자는 부상국이 이전에 듣지 못한 나라임에도 그곳에서 온 도인(道人)의 말이 자세하다고 생각하여 이를 입전시켰다.[46] 이역시 사실이 아닌 '타당한 이해'에 따른 외국 서술 방식이라고 할 수 있다.

이처럼 『동번풍속기』의 '因襲百濟, 附庸於迦羅國'은 여러 국가에서 수집된 자료 혹은 신라에 관한 정보 간의 대조 과정에서 만들어진 문장이라고 하겠다. 또한 신라왕의 성씨가 문헌에 따라 다르게 기록된 것도 마찬가지라고 볼 수 있다. 다만 그것은 외국에 관한 '사실의 전달'이라기보다는 주변국에 관한 제 정보를 취합하여 도출한 '타당한 이해'의 결과물로 볼 수 있지 않을까 한다.

맺음말 : 『동번풍속기』를 통해 본 고구려의 한강 유역 상실

이상 위에서 검토한 바와 같이 『동번풍속기』는 수에서 정리된 외국 정보를 토대로 작성되었다. 다만 외국 정보의 수집은 물론 『동번풍속기』의 작성 과정에서 그들의 시각과 판단이 개입되었다는 점을 유의해야 할 것이다.

그렇다면 『동번풍속기』를 통하여 알 수 있는 내용은 무엇일까. 현재 『동번풍속기』의 내용이라 할 수 있는 구절은 아래와 같다.

---

46) 『양서』 권54, 열전48, 제이, 동이 "扶桑國, 在昔未聞也. 普通中, 有道人稱自彼而至, 其言元本尤悉, 故并錄焉".

김씨가 30여 대를 이었다. <u>그 선조는 백제에 부용하였는데, 후에 백제가 고려를 치자 고려인이 군역(戎役)을 견디지 못하고 서로 따라 신라로 귀부하니 마침내 강성해졌다. 이로 인하여 백제를 습격하고 가라국에 부용하였다.</u> 그 관직은 17등급이 있는데 1등급은 이벌간으로 귀함이 상국과 같다. 다음은 이척간, 다음은 영간, 다음은 파미간, 다음은 대아척간, 다음은 아척간, 다음은 을길간, 다음은 사돌간, 다음은 급복간, 다음은 대나마간, 다음은 나마, 다음은 대사, 다음은 소사, 다음은 길사, 다음은 대오, 다음은 소오, 다음은 조위이다. (『동번풍속기』)

『동번풍속기』의 내용은 신라가 강성해진 과정, 신라의 관직으로 구분할 수 있다. 먼저 김씨가 30여 대를 이었다는 구절로 시점을 드러내고 있다. 다만 수대는 혁거세거서간(赫居世居西干)으로부터 27대 왕이었던 진평왕의 재위기였으므로 30여 대를 이었다는 『동번풍속기』의 내용과 일치하지 않는다. 때문에 30여 대라는 구절은 김씨 왕족으로 30여 대를 이었다는 것으로 보아야 한다는 견해가 제기되었다.[47] 그러나 『삼국사기』에 따르면 장수왕(長壽王)은 394년에 태어나 98세(491)에 사망하였는데, 이를 『위서』, 『양서』 고구려전 등에서는 100여 세에 사망하였다고 기록하였다. 김씨가 30여 대를 이었다는 구절 역시 이와 같은 맥락에서 이해하면 될 것이다.

다음으로 신라가 강성해진 과정을 살펴보면, 신라의 선조는 백제에 부용하였다는 내용으로 시작한다. 이를 마한의 진왕(辰王)이 삼한을 다스렸다는 것과 연결시키거나,[48] 중국인들이 이전 역사서를 보고 내린 결론으로 보기도 한다.[49] 그러나 『한원』에 백제는 마한의 하나로 진왕의 통치를 받았다고 하였고, 『양서』에 신라는 진한의 하나이며, 진한의 왕은 마한 사람이 계승하였다고 기록되었다. 마한과 백제, 진한과 신라를 별개로

---

47) 郭丞勳, 2006, 「『한원(翰苑)』 신라전 연구」『韓國古代史硏究』 43, 276쪽.

48) 朴性鳳, 1988, 『東夷傳新羅關係資料』, 慶熙大學校 傳統文化硏究所, 24쪽.

49) 郭丞勳, 2006, 「『한원(翰苑)』 신라전 연구」『韓國古代史硏究』 43, 277쪽.

본 것으로, 신라의 선조가 백제에 부용하였다는『동번풍속기』의 내용과
연결되지 않는다고 생각한다.

반면『양서』에 신라는 작은 나라(小國)여서 독자적으로 사신을 파견할
수 없기 때문에 백제를 따라 조공하러 왔다는 기사가 확인된다. 또한
『양직공도(梁職貢圖)』북송모본에 백제의 방소국(旁小國)으로 신라의 이명
(異名)인 사라(斯羅)가 언급되어 있다. 이로 보아 신라의 선조가 백제에
부용하였다는『동번풍속기』의 내용은 6세기 전반 신라가 백제의 사신을
따라 양에 조공한 것을 백제에 부용하였다고 이해한 결과로 봄이 타당할
것이다.

그렇다면 밑줄 친 내용은 551년 백제가 고구려가 점유하던 한강 유역을
대대적으로 공격한 일과 연결 지을 수 있다.『삼국사기』거칠부전에
따르면 백제가 먼저 고구려를 공파하자 신라가 승세를 타고 고구려의
10군(郡)을 빼앗았다고 한다.『동번풍속기』역시 백제의 고구려 공격
후 고구려인의 신라 귀부가 이어졌다고 하였으므로『삼국사기』거칠부전
과 통한다고 할 수 있다. 백제의 고구려 공격 후 신라의 진군이 이루어졌다
는 또 다른 사료인 것이다. 백제가 평양(平壤) 혹은 남평양(南平壤)으로
기록된 고구려의 한강 하류 거점을 무너뜨리자 신라가 그 공백을 파고들어
한강 상류의 10군을 차지한 것이다.

한편 고구려인들이 군역(戎役)을 견디지 못하고 신라로 귀부하여 마침
내 신라가 강성해졌다는 구절이 주목된다.『삼국사기』거칠부전에서도
그 사례가 확인되기 때문이다. 이에 따르면 거칠부(居柒夫)가 진군하자
그와 인연이 있던 혜량법사(惠亮法師)가 고구려의 정란을 명분으로 무리를
거느리고 항복하였다고 한다. 비록 군역에 지쳐 신라로 귀부한 사례는
아니지만, 신라의 북진으로 여러 계층의 고구려인이 신라에 항복한 것으로
볼 수 있다. 실제로『북한산비』,『황초령비』,『마운령비』등에는 신라에
전공을 세우거나 충성을 다 하면 작위(爵)과 재물(物)을 주겠다는 구절이
공통적으로 나타나는데, 이는 신라가 새로 얻은 영토의 사람들뿐만 아니라

아직 정복하지 않은 지역까지 회유하려는 정책으로 이해된다.[50]

다만 신라가 고구려인들의 귀부만으로 강성해졌다고 보기는 어렵다. 572년 진흥왕은 전쟁에서 죽은 병사들을 위하여 7일 동안 팔관연회(八關筵會)를 열었는데, 그의 치세에 전사자가 많았다는 의미로 이해되기 때문이다. 그럼에도 『동번풍속기』에 신라군의 활약이 기록되지 않은 까닭은 신라가 수의 군사적 지원을 얻기 위하여 자신들에게 유리한 정황만을 전달한 결과로 짐작된다. 이처럼 신라는 적절한 군사 작전과 함께 접경지에 있던 다양한 고구려인의 회유에 성공하여 북진에 성공하였다. 나아가 자국을 부용(附庸)하였다는 백제를 공격하여 한강 유역을 전부 차지하기에 이르렀다. 결국 『동번풍속기』는 고구려와 신라의 한강 유역 진퇴를 전하는 또 하나의 사료라고 할 수 있다.

---

50) 이일규, 2019, 「신라 진흥왕대의 새 영토·주민 시책」 『韓國古代史研究』 96, 271~284쪽.

馮 立 君 번역 : 이준성(경북대학교 사학과 조교수)

이연(李淵)과 수당시기 동아시아 관계의 변화

머리말

Marc Bloch는 그의 『Apologie pour l'histoire ou Métier D' Historien』에서 "역사학이 파악할 것은 바로 인간이다"라고 지적하면서 연구에서 주시하는 지리적 요소, 도구, 문헌, 제도 등은 모두 인간과 밀접한 연관성이 있으므로 역사학은 인간의 행적을 추적하고 인간을 연구의 목적으로 하여야 함을 강조하고 있다.[1] 이러한 인식은 수나라 말기의 급변하는 정세에 처한 개국 황제 이연 연구에 어느 정도 참고적 가치가 있다. 수당 제왕의 연구 중에 수나라 대업 말년의 당고조 이연 행적에 대한 검토는 극히 적은 편이다. 당고조 자체에 대한 전기조차 그가 태원유수 직을 맡기 전의 긴 행적마저 극히 간략하게 언급되었으니 전문적인 연구는 더 있을 수 없다.[2] 이연은 한때 수나라의 동정 대군에 가담하였을 뿐만 아니라 그 후 황제의 자리까지 올라 수양제 시대의 군정 대원으로부터 당나라 개국 황제로 변신하였다. 그러나 지금까지 수당의 "요동지역"에 대한 수많은 연구 성과[3]를 이룩하였음에도 유독 이연에 대한 세밀한

---

1) [法]馬克·布洛赫, 1992, 『歷史學家的技藝』, 上海社會科學院出版社, 23쪽.

2) 牛致功, 1998, 『唐高祖傳』, 人民出版社, 8쪽.

토론이 결핍한 상황이다.[4]

수양제나 당태종과 비교해 볼 때 이연에 대한 연구가 이토록 "부족"한 것은 앞으로 재조명하여야 할 과제이다. 사실 이연이 정무를 주관하였던 시기는 수당제국과 해동 여러 나라 관계의 전환점에 놓인 시대였다. 이 시기의 이연 개인이나 요동지역 역사에는 많은 의문점이 과제로 남아 있다. 대업 9년, 전선인 요동에서 이연은 어떠한 구체적인 활동을 전개하였을까? 이는 또 그의 훗날 벼슬길 운명과 어떠한 관련이 있을까? 수나라 말 대업 연간의 요동지역은 당나라 초기와 해동 여러 나라와의 관계에 어떤 영향을 미쳤을까? 무덕(武德) 연간의 해동 정책은 다른 시기와 달랐는데 이는 대업 9년에 이연이 요서 전쟁터에 몸을 담았던 과거와 연관이 있는가? 이 글은 이러한 문제들을 해명하고자 이연에 초점을 두고 제한된 지리, 제도, 문헌을 검토하기로 하겠다.

1. 회원진을 독운한 시기의 이연

수나라 대업 9년(613)에 이연이 친히 요동지역(遼東之役)에 참여한 사실이 신·구당서 고조기와 『책부원구·제왕부·창업』에서 확인된다.

(1) 大業初, 爲滎陽·樓煩二郡太守, 征爲殿內少監. 九年,遷衛尉少卿. 遼東之役, 督運於懷遠鎭. 及楊玄感反, 詔高祖馳驛鎭弘化郡, 兼知關右諸軍事.[5]

(2) 大業中爲衛尉少卿, 遼東之役高祖於懷遠鎭督運糧, 知楊玄縱兄弟逃還, 密表聞奏, 煬帝始知玄感起逆, 乃班師, 於是慰勞高祖, 諭以親親之意, 元弘嗣先在弘化留守卽

---

3) 馮立君, 2019, 「東亞抑或東部歐亞?-隋唐東亞關係史研究的理論·範式與成果」『江海學刊』 2019-2.

4) 胡戟·張弓 외, 2002, 『二十世紀唐研究』, 中國社會科學出版社, 75~76쪽.

5) 劉昫 외, 1975, 『舊唐書』, 中華書局, 2쪽.

斛斯政親戚, 乃遣高祖馳執弘嗣, 代爲留守, 關右十三都兵皆受征發.[6]

(3)　大業中, 曆岐州刺史, 滎陽·樓煩二郡太守, 召爲殿內少監·衛尉少卿. 煬帝征遼東, 遣高祖督運糧於懷遠鎭. 楊玄感將反, 其兄弟從征遼者皆逃歸, 高祖先覺以聞, 煬帝遽班師, 以高祖爲弘化留守以禦玄感, 詔關右諸郡兵皆受高祖節度.[7]

이 중에서도 가장 중요한 문제는 "요동지역(遼東之役)"이 가리키는 바가 무엇이냐는 점이다. 이어 보이는 양현감(楊玄感)의 반란으로 미루어 이 요동지역(遼東之役)은 대업 9년(613) 수양제의 제2차 고구려 동정으로 추정된다. 2년 전인 대업 7년은 양제의 제1차 요동지역(遼東之役)이었는데, 그 당시 백만의 군사를 동원하였다.[8]

이연이 대업9년지역(大業九年之役)에 참가하였고, 또한 위 사료들을 통하여 이 해에 그는 위위소경(衛尉少卿)에 승임한 것으로 보아 수양제가 위위소경직을 위임한 것은 전적으로 동정을 위하여 군량미 독운을 위한 사전 준비였을 가능성을 배제할 수 없다. 사실은 대업 9년의 요동지역(遼東之役)은 비록 출병 인원수에서 제1차보다는 방대하지는 않았지만, 전반적인 배치를 위한 일련의 조치를 취하였었다. 예컨대 "9년 봄 정월 병축에, 천하의 병마를 조병하고 백성을 모집하여 용감하고 과감한 병사로 삼아 탁군에 모이게 하였다." "신묘에 절충(折衝)·과의(果毅)·무용(武勇)·웅무(雄武) 등 낭장(郞將) 관직을 설치하여 효과(驍果)를 통솔하게 하였다."[9] 등이 그것이다. 제1차 요동지역(遼東之役)의 실패는 부병제 하에서 군사들이 적극적으로 전투를 하지 않는 폐단을 폭로하였다. 효과제는 바로 그 후에 수양제가 부병제에 대하여 혁신을 한 새로운 조치였다.[10] 대업

---

6) 王欽若 외, 2006, 『冊府元龜』, 鳳凰出版社, 70쪽.

7) 歐陽修 외, 1975, 『舊唐書』, 中華書局, 2쪽.

8) 馮立君, 2018, 「隋唐遼東之役延續性問題」 『西北民族論叢』 2018-2.

9) 魏征 외, 1973, 『隋書』, 中華書局, 83쪽.

10) [日]氣賀澤保規, 辛德勇 譯, 1987, 「以驍果制爲中心論隋煬帝時代的兵制」 『陝西師範大學學報(哲學社會科學版』 1987-1.

9년 3월, 수양제는 우문술 등의 관직을 복직시켰고 또한 옛 장수를 기용하여 신졸을 모집하기도 하였다. 3월에 "십만 명의 성년 남성을 조병하여 대흥(大興)성을 축성하게 하였다." 이외에도 수양제는 직접 요동에 이르렀는데 4월까지 전쟁은 신속히 확산되어 황제는 재차 요택(遼澤)을 건너 전선으로 급히 달려갔으며, 막 복직한 우문술도 평양으로 직행하였다.[11] 이로부터 알 수 있는바, 제2차 동정에서 수양제는 필승의 신념으로 병제와 병력, 장졸과 작전 계획 등 여러 면에서 사전에 모두 준비하였다. 위위소경 이연이 책임진 군량미 독운은 이러한 조치 중의 하나였다.

위위소경은 어떠한 직무인가? 특히 그가 맡은 독운 직책은 어떠한 의미가 있었을까? 『대당창업기거주』 권1에는 "초기에 황제가 위위경(衛尉卿)의 직위에서 우효위장군(右驍衛將軍)으로 전임되었다."라고 기록되어 있는데 이연이 위위경이라는 것은 정확하지 않다.[12] 당나라의 위위경 직책은 "국가의 기계·문물 관련 정령을 담당하고, 무고서(武庫署)·무기서(武器署)·수관서(守官署) 세 부서의 관원과 그 부하를 통괄한다." "소경(少卿)은 부관이다."고 하여 수나라 시기에도 대체로 이와 같다. 다만 수양제 시기에 "경을 강등시켜 종3품"으로 하였다.[13] 위에서 인용한 『구당서』 본기에 의하면 이연이 종3품의 신분으로 전선에 나가 독운하기 이전에 이미 지방의 군수에서 종4품인 전내소감으로 발탁되었었다. 전내소감은 위위소경과 마찬가지로 황궁에 드나들 수 있었고 황제 본인에게도 접근할 수 있는 관직이다.[14] 전내소감은 전내감의 사무를 도와주는 직무인데 "여러 가지 공봉을 책임진다." 하나는 원 문하성의 궁중 음식과 약재

---

11) 魏征 외, 1973, 『隋書』, 中華書局, 84쪽.

12) 溫大雅, 1983, 『大唐創業起居注』, 上海古籍出版社, 1~14쪽.

13) 李林甫 외, 2014, 『唐六典』, 中華書局, 459쪽.

14) 隋 殿內局(省) 職掌에 관하여 『唐六典』 卷11, 殿中省에 "大業三年, 分門下省尙食·尙藥·禦府·殿內等局, 分太僕寺車府·驊騮等署, 置殿內省, 監正四品, 少監從四品, 丞從五品, 各一人,掌諸供奉 ; 又有奉車都尉十二人, 掌進禦輿馬 ; 統尙食·尙藥·尙舍·尙衣·尙乘·尙輦等六局".라고 기록하고 있다.(第323頁).

등 4국(四局)의 업무, 또 하나는 태부시의 궁중 차마 등 사무를 맡았다. 따라서 이연은 이미 황제 신변에서 여러 해 동안 벼슬을 해왔음을 알 수 있다. 회원진에서의 군량미 운송과 감독 업무도 이와 유사하다. 따라서 이연이 위위소경에 승임된 것은 수양제의 친정 조치와도 관련이 있다. 이연이 임직하고 있던 전내감과 위위사와 관련되어 있던 관원들도 모두 황제를 수행하여 요동지역(遼東之役)에 참여한 경력이 있다.15) 그렇다면 고조가 위위소경 관직으로 회원진에서 구체적으로 어떠한 직책을 갖고 있었을까? 여러 사료에 의하면 수당시기 소위 말하는 "독운"은 모두 양초를 감독 운송하는 것이었다. 이 같은 사례는 많다. 예를 들면 "(수양)제가 요동을 정벌할 때, 양현감에게 여양에서 양초와 물자의 둔운을 담당하도록 명령하였다."16) 여양에서 양초 독운 업무를 책임졌던 인물로는 또 유원(遊元)과 앞에서 언급한 이민(李敏)이 있다.17) 북평에서 독운하는 자, 수양제를 수행하여 상강(上江)에서 독운을 책임졌던 인물들도 많다.18) 이들의 공통점은 황제가 중요한 중추 요충지역에 배치한 친신과 요원들이라는 것이다. 요동지역(遼東之役)과 관련된 기사들을 살펴보면 독운 직책은 군사행동 시 뒤를 보장하고 책임지는 상당히 중요한 직위라는 것을 알 수 있고, 또한 수양제가 행군 시 필히 경유하는 길목에 배치하였음을 알 수 있다. 후일에 반란을 일으킨 양현감도 여양에서 독운 직무를 맡고 수양제 동정 대군의 식량 명맥을 장악하고 있었던 것이다. 그 당시 이연이 독운을 책임진 지역은 회원진인데 여양과 북평 및 상강 등 지역과 비교하여 보면 회원진은 어떠한 특수성이 있었을까? 이 문제는 이연이 책임진 독운 직무는 신임을 받았는가 하는 문제와 그가 요동지역에서의 역할과도

---

15) 예컨대 李敏·閻毗·元弘嗣, 『隋書』卷37, 李敏傳·卷68, 閻毗傳·卷74 元弘嗣傳, 1124·1595·1701쪽.

16) 魏征 외, 1973, 『隋書』, 中華書局, 1616쪽.

17) 王欽若 외, 2006, 『冊府元龜』, 鳳凰出版社, 7622쪽.

18) 王欽若 외, 2006, 『冊府元龜』, 鳳凰出版社, 7207·7252·7893쪽 ; 劉昫 외, 1975, 『舊唐書』, 中華書局, 3601쪽.

관계되는 문제이다.

요동지역(遼東之役)에서 군량미 운송 중추선에 위치한 회원진은 수나라가 고구려를 향해 건설한 변경 요충 전초기지이다. 정관 17년 "태상승(太常丞) 등소(鄧素)가 고구려에 사신으로 갔다가 돌아와, 회원진에 수비 병력을 증강하여 고구려를 압박하도록 청원하였다." 이에 당태종은 "먼 곳의 나라들이 왕래하지 않으면 문화와 덕을 닦아 그들을 끌어들이는 것이지, 백이십 명의 수비병이 먼 땅의 나라들을 위협할 수 있다는 말은 들어본 적이 없다."[19]라고 답한다. 비록 등소의 의견을 취하지 않았지만 회원진이 고구려와 인접하고 있어 군사 방어 가능을 담당하고 있었음은 명확하다. 사신으로 파견되었던 등소가 귀국한 후 회원에 군사를 증가하여야 한다는 간언에서 알 수 있는 바 이 변경 요충지에 관한 전략적 지위와 그 당시 고구려가 갖고 있던 반당 입장 등 구체적 상황들은 그가 당지에서 직접 얻은 경험이었을 것이다. 회원진은 수나라의 동쪽지역에 위치하고 있기 때문에 사람을 파견하여 지키는 곳이었다. 한 예로 유욱(柳彧)이 양소(楊素)로부터 "내정(內廷)의 신하로서 제후와 몰래 교접하고 은밀히 통호하여 관직을 박탈하고 평민으로 강등시켜 회원진에 유배시켜 변강을 수비…"[20]토록 탄핵을 받았다. 수양제가 군사를 거느리고 동정하는 과정에서 장군 토만서를 파견하여 회원을 지키게 하였다. 이는 회원진이 공방 요충지로서 중시되었음을 알 수 있다. "요동지역(遼東之役)에 있어서 그는 선봉으로 나서기를 청원하였고, 황제는 그를 칭찬하여 좌둔위대장군으로 임명하였다. 그는 기병과 보병 수만 명을 이끌고 개마도로 진군하였으며, 회군할 때에는 회원진에 남아 진압하도록 명령받았다. 이후 그는 좌광록대부로 진급하였다."[21] 회원진에 군사를 주둔시켜 지키는 전략적 의미를 갖고 있는 외에 수양제 시기부터 이 지역에 군량미를 저장하거나 운송하는

---

19) 王欽若 외, 2006, 『冊府元龜』, 鳳凰出版社, 499쪽.

20) 魏征 외, 1973, 『隋書』, 中華書局, 1484쪽.

21) 魏征 외, 1973, 『隋書』, 中華書局, 1358쪽.

곳이었다. 양광 대업 6년(610)에 "고구려를 치기로 모의하여, 조서를 내려 산동에 부(府)를 두고, 말을 길러 군역에 공급하라고 명령하였다. 또 백성을 징발해 쌀을 운반하여, 노하(瀘河)·회원 2진에 쌓아 두었다."[22] 대업 8년(612), 부여도 장군 우문술도 역시 군사를 거느리고 회원진 등에서 고구려로 진격하였다. "우문술 등이 노하와 회원 2진 지역에서 군사와 말에게 각각 100일 분의 식량을 주었다."[23]는 것으로 보아 그때 역시 회원진으로부터 군량미를 조달 받았다. 회원진의 구체적 위치는 회원현의 소재지로부터 알 수 있다. 사료 기록에 근거하면 회원현은 수나라 요서군에 예속되어 있었고 영주 관할 하에 있었다.[24] "수(隋)나라가 영주 지역의 여러 고성에 요서군을 설치하여, 속말말갈의 투항민을 안치하였다."[25] 여러 민족들이 잡거하고 있던 요서 변방지역에서 회원진은 회원현 경내 혹은 현과 그리 멀지 않은 위치에 있었을 것이다. 정관 원년에 회원현을 폐하였다. 위에서 인용한 정관 17년 등소가 고구려에 사신으로 파견된 사실로부터 알 수 있는 바, 이 시기에도 회원진은 여전히 설치되어 있었고 또한 역할을 하고 있었다. 현은 폐지되었으나 진은 있었다. 회원진의 군사기능은 상당히 중요하였다. 누노메 조후(布目潮灃)는 회원진이 지금의 하북성 경내에 위치하고 있다[26] 하였고, 호여뢰(胡如雷)는 지금의 영하 은천 동남에 위치한다고[27] 지적하였다. 『중국력사지도집』의 대업 8년 "요서제군" 도록에는 회원현·회원진을 동일 지역에 표시하였는데 요녕성 요중현으로 되어 있다면서 명칭이 다르지만 동일한 지역임을 주장하였다.[28] 『〈중국력사지도집〉석문휘편·동북권』 "회원현" 조를 살펴보면 정관

---

22) 司馬光, 1956, 『資治通鑒』, 中華書局, 5655쪽.

23) 司馬光, 1956, 『資治通鑒』, 中華書局, 5664쪽.

24) 劉昫 외, 1975, 『舊唐書』, 中華書局, 1521쪽.

25) 歐陽修 외, 1975, 『舊唐書』, 中華書局, 1019쪽.

26) (日)布目潮灃, 1979, 『隋唐史研究－唐朝政權の形成』, 同朋舍, 104~112쪽.

27) 胡如雷, 1984, 『李世民傳』, 中華書局.

28) 譚其驤, 1982, 『中國歷史地圖集』(第五冊), 中國地圖出版社, 19~20쪽.

원년에 회원현을 폐한 것을 언급하지 않았고,『자치통감』에서 정관 19년에
이적의 군사가 회원진에서 거짓 출발한 사례를 들어 회원현의 위치를
설명하였다.[29] 위에서 인용한 기사를 종합하여 보면『중국력사지도집』에
서 주장한 회원진이 요녕성 요중(2015년 3월 이후 요녕성 심양시 요중구로
개편)이라고 한 설이 가장 적합하다.

　이와 같이 회원진이 중요한 위치를 점한다면 대업 연간 요동지역(遼東之
役) 기간에 이연을 포함한 수나라의 신료와 군장들이 유·영지역에서
활동한 경력에 회원진의 역할이 결여될 수가 없다. 설세웅(薛世雄)에
관한 사료 기록은 수나라 시기 회원진에 집결되어 있던 병력의 강대함과
군졸들이 유주와 영주 구역 일대에서 활발히 활동한 내용을 설명하여
준다.

遼東之役 以世雄爲沃沮道軍將 與宇文述同敗於平壤 … 明年 帝複征遼東 拜右候衛

將軍 兵指蹋頓道 軍至烏骨城 會楊玄感作亂 班師 帝至柳城 以世雄爲東北道大使 行燕

郡太守 鎭懷遠 於時突厥頗爲寇盜 緣邊諸郡多苦之 詔世雄發十二郡士馬 巡塞而還.[30]

　설세웅은 동북도대사(東北道大使), 행연군태수(行燕郡太守)로 회원에 있
었고, 이곳을 기지로 삼아 군사를 지휘하여 돌궐을 평정하였다. 이듬해에
수양제가 또 한 번 새로 시작한 동정에서 탁군유수에 임명되어 유(幽)·계
(薊) 정병을 이끌고 낙양으로 남하하게 된다. 따라서 유·영 두 지역이
연결되어 회원진의 지위가 독특하였음을 알 수 있다. 더 중요한 것은
수양제가 고구려를 공격하는 과정에서 회원진은 그가 행군하는 중요한
지점이었다는 점이다. 대업 9년 4월 수양제의 행차가 요수를 건넌 후
"우문술과 양의신을 파견하여 평양을 취하게 하였다."[31] 이때 이연은

---

29) 張錫彤·王鐘翰 외, 1988,『〈中國歷史地圖集〉 釋文彙編·東北卷』, 中央民族學院出版
　　社, 71쪽.
30) 魏征 외, 1973,『隋書』, 中華書局, 1354쪽.

회원진 독운을 책임지고 있었고 군량미는 회원진에서 운반하였다. 수양제
가 실제 요수를 건넌 지점은 응당 이보다 더 북쪽인 통정진(通定鎭)일
것이다. 즉 회원진에서 북으로 행차하여 통정진에 이르렀다.[32] 대업
10년의 친정에서 회원진은 황제가 수나라 경내에서 머물렀던 마지막
지역이며 고구려에서 수나라로 돌아오는 첫 지역이다. 그때 수양제가
고구려를 정벌하는 행적은 다음 표와 같다.[33]

〈표 1〉 隋煬帝 大業 十年 親征 高句麗 行程

시기	행적
二月	詔親征高麗
三月壬子	行幸涿郡
癸亥	次臨渝宮
甲午	次北平
七月癸醜	次懷遠鎭
十月丁卯	至東都
己醜	還京師

　표에서 "차회원진"이라는 기록에 관하여『수서·고려전』에 "(대군이)
요수 일대에 이르렀을 때, 고구려도 이미 곤궁하고 피곤하여, 사신을
보내어 항복을 청하였다. … 황제가 고구려의 청원을 승인하니, (대군은)
회원진에 주둔하여 고구려의 항복장을 받아들였다. 이후 (군대는) 포로로
잡힌 적군 병사들과 함께 쟁취한 군용 물자를 가지고 회군하였다."로
기록되어 있다.[34] 대업 10년에 수양제를 수행하여 회원진에 주둔한 문무
신료들도 적지 않다. 예를 들어 배구(裴矩)는 군사와 함께 회원진에 있었다.
"조정 대군이 요(遼) 지역을 진압하였고, (그는) 원래의 직책으로 무분랑장
(武賁郞將)을 겸임하였다. 그 다음 해에, 또 대군을 따라 요동으로 진군하였

---

31) 魏征 외, 1973,『隋書』, 中華書局, 84쪽.

32) 通定鎭에 대한 연구는 趙曉剛의 성과가 있다. 趙曉剛·沈彤林, 2007,「遼東郡及通定
鎭考略」, 瀋陽市文物考古研究所 編,『瀋陽考古文集』1, 科學出版社.

33) 王欽若 외, 2006,『冊府元龜』, 鳳凰出版社, 1232쪽.

34) 魏征 외, 1973,『隋書』, 中華書局, 1817쪽.

으며, 이전에 여러 차례 요하를 건너 전투를 벌여 공을 세운 데 따라 우광록대부(右光祿大夫)로 진급하였다.” “이후 군대를 따라 회원진에 이르 렀고, 황제가 조서를 내려 그로 하여금 북번부(北藩部)의 군사 사무를 맡도록 명하였다.”35) 또한, 우문술도 여러 번 황제를 수행하는 행차에서 마지막은 회원진에 도착한 후 바로 돌아왔다.36) 곽영(郭榮)도 역시 여러 차례나 황제를 수행하여 동정에 나섰는데 대업 10년에 회원진에서 죽게 된다.37) 허선심(許善心)도 3차례 동정 과정에서 군사와 함께 탁군을 지나 요수를 건너 회원진에 이르렀다.38) 이들 4명은 3차례에 걸친 동정 과정에 서 모두 수양제의 신변에 있었고 대업 10년 회원진에 있었다. 이는 회원진 이 동정 대군이 필히 경유하여야 할 길목이며 지리 위치 우세가 명확하다는 것을 증명하여 준다. 당나라 이적이 실제 유성(柳城)에서 군사를 파견하였 으나 회원진에서 파견한 것으로 위장하여 승전하였다는 실례는 회원진이 군사대군이 경유하는 길목이라는 보편적인 인식을 회피하기 위한 작전이 었다. 이는 역으로 회원진의 역할이 관건적이었다는 것을 말하여 준다. 『통전·고구려』의 기록에 따르면39) 한 면으로는 “황룡”(지금의 요녕성 조양) 이동과 “요수” 일대의 수나라 군사의 패전 상황을 말하여 주고, 또 다른 면으로는 수양제가 회원진에 머물고 있었던 세부 상황을 제공하여 준다. 이에 따라 회원진이 황제가 머물고 군사들이 주둔하고 사신들을 영접하고 항복 의식을 받아들일 수 있는 등 여러 조건을 구비하였다는 것과 그 규모가 크다는 것을 알 수 있다.

　이상 내용을 종합하여 보면 이연이 독운을 책임지고 있었던 회원진은 수나라의 동쪽 변경이고, 고구려와 인접한 극히 중요한 전략 요충지이며,

---

35) 魏征 외, 1973, 『隋書』, 中華書局, 1582쪽.
36) 魏征 외, 1973, 『隋書』, 中華書局, 1467쪽.
37) 魏征 외, 1973, 『隋書』, 中華書局, 1320쪽.
38) 魏征 외, 1973, 『隋書』, 中華書局, 1428·1430쪽.
39) 杜佑, 1988, 『通典』, 中華書局, 5014쪽.

수나라 군사들이 고구려 경내에 진입하여 전쟁을 치를 수 있는 수나라와 가장 가까운 후방 보급 지점이고 전쟁이 결속된 후 귀국하여 머무르게 되는 첫 경유지로, 이 지역에서 동정에 참여하였던 많은 수나라 군신과 장병들을 만날 수 있었다.

대업 9년에 이연은 위위소경이라는 본직에서 위와 같이 중요한 지역에서 군량미 독운을 책임진 외에 또 다른 활동이 있었을까?『구당서·고조기』에는 "양현감이 반란을 일으키자 이연을 치역진(馳驛鎭) 홍화군(弘化郡) 관우(關右)의 제 군사를 겸하라는 조칙을 내렸다."[40]라고만 기록되어 있어 독운 직책을 맡고 있었던 시기 이연이 양현감의 반란에 구체적으로 어떠한 반응을 하였는가에 대하여서는 명확한 언급이 없다. 이 문제에 대하여 『신당서·고조기』에 일부 참고될 기록이 보인다. "양현감이 반란을 일으키려고 하자, 그와 함께 군대를 따라 요동에 출정했던 형제들이 모두 집으로 달아났다. 고조는 사전에 이 상황을 감지하고 (조정에) 보고하였다. 수양제는 급히 군대를 환수시키고, 고조를 홍화군의 유수(留守)로 임명하여 양현감을 저지하도록 하였으며, 관우의 각 군의 군대가 모두 고조의 지휘 통제를 받도록 조서를 내렸다."[41] 주목할 것은 이연이 "사전에 이 상황을 감지"(先覺以聞)하자 양광은 그를 홍화군의 유수로 임명하여 양현감을 막아냈다는 점이다. 또한 위에서 "관우의 각 군의 군대가 모두 고조의 지휘 통제를 받도록 조서를 내렸다."는 구절에는 공로를 치하하는 의미가 담겨 있다. 앞에서 인용한 『책부원구』에는 이연이 비밀리에 양현감 형제가 요동 전선에서 도망쳐 왔다는 상주문을 올린 공로로 홍화유수(弘化留守), 통병관우(統兵關右)에 발탁되었다는 전후 과정이 더욱 상세히 기록되어 있다.[42] 이 과정에서 하나의 세부적인 상황을 파악할 수 있는데, 이연은 고구려와의 전선에 나갔던 수나라 군사들이 회원진을 경유하여

---

40) 劉昫 외, 1975,『舊唐書』, 中華書局, 2쪽.

41) 歐陽修 외, 1975,『舊唐書』, 中華書局, 2쪽.

42) 王欽若 외, 2006,『冊府元龜』, 鳳凰出版社 70쪽.

내지로 귀환하는 독특한 지역적 위치에 있었기에 사전에 반란과 같은 특별한 상황을 발견할 수 있었던 것이다. 또한 이연 자신이 평소에 수나라 전선의 군사 상황을 유의하고 있었다는 것과 후방의 정세도 잘 숙지하고 있었음을 말하여 준다. 그는 회원진에 체류하고 있는 우세를 이용하여 후방에서 양현감이 반란을 꾀하는 것과 요동 전선에 있던 양현감의 형제(심복 부하도 포함되었을 가능성이 크다.)가 비밀리에 돌아오는 돌발 사건에 직면하면서도 수나라 조정 내부의 정세와 고구려와의 전투 상황을 정확히 파악할 수 있는 자신의 탁월한 소질을 이 중요한 시점에서 잘 드러냈던 것이다. 따라서 그는 신속하게 사태를 판단하고 비밀리에 황제에게 보고하게 된 것이다. 그의 상주문이 빠른 시일 내에 황제에게 전달될 수 있었던 것은 이연 자신의 위위소경 관직, 양광(楊廣)과의 친척관계, 황제와의 친밀한 관계 등이 종합 작용한 결과이다. 위에서 인용한 수나라의 관건적인 거점에 황제가 자신의 심복 내신들을 배치하는 특점으로 보아 수양제가 이연을 회원진에 보내 군량미를 독운하는 외에 또 다른 기타 임무가 있었음을 배제할 수 없다. 여하튼 고조의 정보로 인해 수양제는 빠른 시일 내에 군사를 거느리게 되었고, 또한 앞에는 고구려 군사들의 진격이 있고 뒤로는 수나라 경내에 돌아올 수 없는 위험한 곤경에서 빠져나오게 되었다. 이에 수양제는 이연을 "위로"하여 "관우(關右) 지역의 13도(都)의 병력을 모두 징발케" 한 것은 자연스러운 결과이다.

회원진에서 양현감의 수나라 반대에 대한 이연의 예민한 반응을 관찰함으로써, 적어도 송나라 사람들이 『신당서』와 『책부원구』를 편찬한 이래, 절대다수의 수당 역사를 다룬 이들은 모두 이연의 창업이 "관우(關右) 지역의 13도(都)의 병력을 모두 징발케"한 데서 비롯되었다는 것을 인정하고 있다.

반면 태원에서 군사를 일으킨 것과 요동지역(遼東之役)에서 관직이 미미하고 젊은 위위소경인 이연과 연결시키는 이는 적다. 다음으로 이연이 요동지역(遼東之役)에서 반란을 미리 발견하고 비밀리에 보고한 사건 외에 본인도 일찍부터 다른 뜻을 품고 있었다는 사실과 심지어 수양제의 요동지역(遼東之役)이야말로 이연의 정치 생애의 시작임을 밝히고자 한다.

2. 요동지역(遼東之役)과 태원기병

이연은 수양제와 친척관계로서 요동지역(遼東之役)에서 군량미를 독운하는 요직을 맡은 외에 전선에서의 군사들의 동향도 민첩하게 관찰하여 적극적으로 수양제의 통치를 지지하였다. 또한 회원진에 임명되기 이전에 탁군을 경유할 시 이미 매우 은밀한 행동이 있었다.

대업 9년 이연이 장안에서 요서 전선으로 떠나기 이전 탁군(지금의 북경시 구역)에서 머무르게 된다. 『구당서·우문사급전』에는 다음과 같은 기록이 있다.

> 初 高祖爲殿內少監 時士及爲奉禦 深自結托 及隨化及至黎陽 高祖手詔召之 士及亦
> 潛遺家僮間道詣長安申赤心 又因使密貢金環 高祖大悅 謂侍臣曰 我與士及素經共事
> 今貢金環 是其來意也.

이후에 우문사급은 이연에게로 귀순하게 된다. 두 사람의 대화에서 탁군에서의 밀담을 언급한다. 우문사급이 말하기를 "나는 일찍이 황제의 얼굴을 뵙고, 오랫동안 마음속으로 충성을 품고 있었습니다. 예전에 저주군에 있을 때, 한밤중에 시국에 대해 비밀리에 논의했었습니다. 그 후 분음궁(汾陰宮)에서도 다시 충성을 다해 드렸습니다." 이연은 배적(裴寂) 등 사람에게 다음과 같이 말한다. "이 사람이 나와 함께 천하에 대해 이야기한 지 이제 벌써 여섯 일곱 해가 되었다. 여러분은 모두 그 이후이다."[43]

여기에서 유의할 점은 첫째, 심복들과 탁군에서 "한밤중에 시국에 대해 비밀리에 논의했다"는 것이다. 야밤에 비밀리에 밀담을 나누었던 시국은 무엇이었을까? 당시의 조정의 정세와 천하대세와 관련이 있었을 것이다. 즉 금기를 어기지 않으면 수양제의 폭정에서 탈피할 수 없고 천하를 도모하자는 등 내용들이 포함되었을 것이다. 둘째, 훗날에 분음궁에서 "다시 충성을 다 하였다."는 것은 헛된 말이 아니다. 앞서 "준군신"(准君臣)들이 비밀리에 강산과 사직을 논한 일이 있었기에 뒷일에 재차 충성을 표할 수 있었다. 셋째, "심자결탁"(深自結托)은 서로 간 이미 깊은 친분이 있었다는 것을 의미하며 이연이 당나라 원로 공신들과의 대화에서도 우문사급과 논하였던 "천하 일"을 토로하게 된다. 또한 다년간 군사를 일으킨 공신들 앞에서의 암시 등을 통하여 훗날 태원에서 군사를 일으킨 결과는 이미 탁군에서 이심(異心)을 품고 있었다는 것을 추측할 수 있다.[44]

회원진에서 돌아온 이연은 얼마 후에 "대당창업"이라는 절호의 기회를 얻게 된다. 즉 태원기병이다. 태원기병이라는 역사 사건과 수양제의 요동지역(遼東之役)이라는 양자의 내재적 연계는 오랜 시기 은폐되어 왔었다.

대업 13년(617), 태원유수 이연의 부하였던 응양부교위(鷹揚府校尉) 유무주(劉武周)가 수나라에 반기를 든다. 이연 집단은 유씨 반란을 평정한다는 명의로 병마를 모집하게 되는 기회를 얻었다. 문헌 기록에 의하면 태종 이세민이 더욱 주동적이고 적극적인 면을 보여준다. 이 해에 이연이 "구속"되자 태종은 군사를 일으키려고 계획하였으나 후에 수양제가 해마다 군사를 동원하여 요동을 정벌하는 현실을 이용하여 조서를 고쳐 반포하였다.

---

43) 劉昫 외, 1975, 『舊唐書』, 中華書局, 2409~2410쪽.

44) 宇文士及 무덤은 현재 昭陵의 동쪽에 있다. "宇文士及碑" 비문 중 貞觀이전의 내용이 판독되지 않아 涿郡에서의 구체적인 密論 정보를 알 수가 없다. 李子春, 1960, 「新拓唐昭陵宇文士及碑」『考古』 1960-7.

時太宗潛結死士, 與文靜等協議, 克日擧兵, 會高祖得釋而止. 乃命文靜詐爲煬帝勅,
發太原·西河·雁門·馬邑人年二十已上五十已下悉爲兵, 期以歲暮集涿郡, 將伐遼東.
由是人情大擾, 思亂者益衆.[45]

이것은 우선 수나라 말기의 요동 전투가 국내 민중에게 가한 핍박과
이 형세에 대한 이연 집단의 통찰을 반영한다. 다음으로 군사를 일으킨
구체적 지점은 태원(太原), 서하(西河), 안문(雁門), 마읍(馬邑) 4군을 선택하
였기에 범위가 상당히 넓다. 징병을 한 군사들의 연령은 20에서 50까지였
기에 이 연령대에 포함된 인원수도 많았다. 또한 연말에 모두 함께 거리가
먼 유주에 집결하여 구사일생의 요동지역(遼東之役)에 참여하기로 되어
있다. 이와 같이 촉박한 시간 내에, 또한 범위가 넓은 지역과 수많은
인원들이 포함되어 있어 이로써 "인심이 크게 혼란스러워져서" "혼란을
꾀하는 자들이 더욱 많아졌다"는 목적에 달할 수 있었다. 훗날 황제가
된 이연은 수양제의 죄목들을 거론하게 되는데 그 중에는 요동지역(遼東之
役)이 민생을 지극히 어지럽혔다는 내용도 있었다. 즉 "요수(遼水) 일대에
서는 끊임없이 전쟁이 일어나 셀 수 없이 많은 청장년이 죽었으며, 이곡(伊
穀) 지역에서는 양초를 수송하다가 수백만의 노소가 목숨을 잃었다. 새와
짐승은 과도한 사냥으로 거의 멸종되었고, 누에와 물고기는 과도한 채취로
수림과 육지에서 고갈되었으며, 무거운 세금과 노역으로 백성의 힘이
고갈되었다."[46] 장정과 늙은이, 그리고 어린이를 포함하여 죽은 자가
무수하고, 세금을 거두어 착취가 끝이 없으며, 이러한 장면의 묘사는
관리의 백성 핍박으로 백성들의 반항이 일어날 것이고, 백성이 안심하고
생활할 수가 없는 상황이었음을 강조하기 위함이다. 두 가지 사건을
종합하여 보면 수나라의 요동지역은 이야기 주제로서 당나라 건국집단의
정치 선동 면에서 여러 차례 반복 활용되었다.

---

45) 劉昫 외, 1975, 『舊唐書』, 中華書局, 2291쪽.
46) 李林甫 외, 2014, 『唐六典』, 中華書局, 19쪽.

사실 이연과 그의 추종자들은 요동지역(遼東之役)과 관련하여 여러 허위 여론을 조성하여 민란을 선동하였을 뿐만 아니라 수나라 군사 중 요동 정벌에 참여하였던 군사들을 직접 포섭하여 자신들의 병력으로 편입하였다. 『대당창업기거주』에는 대업 13년(617) 8월 이연 집단이 군사를 일으킨 후 곽읍(霍邑)을 공격하는 전투에서 성을 수비하던 장군 송노생(宋老生)과 협력하던 굴돌통(屈突通)을 통하여 얻은 휘하 군사들 중에 "요동지역(遼東之役)의 군대와 효과(驍果)가 수만 명에 달하였다."는 것이 바로 그러하다.

西京留守代王, 遣驍將獸牙郎將宋老生, 率精兵二萬拒守. 又遣左武侯大將軍屈突通, 將遼東兵及驍果等數萬餘人據河東, 與老生相影響. 仍命臨汾以東諸郡, 所在軍民城守, 並隨便受老生·屈突等征發.[47]

효과의 출현과 요동지역(遼東之役)의 내재된 연관성, 특히 효과의 구성과 분포 등에 대해 황영년(黃永年)과 게가사와 야스노리(氣賀澤保規) 두 분의 보다 자세한 고증이 있었다. 이를 종합하면, 수양제 대업 9년의 제1차 요동지역(遼東之役)의 패배로 시작된 병제의 개혁이 강한 전투력을 지닌 효과를 탄생시켰다.[48] 하지만 효과 후반에는 요동지역 잔병의 행방에 대한 관심이 적은 편이다. 이 자료로써 선학자들의 이론을 보완할 수 있었다.

한편으로, 요동병과 효과병을 병열한 것으로 보아 혼일의 부대가 아님을 알 수 있다. 다시 말하자면, 효과는 비록 요동 정벌로 시작되었지만 요동 정벌이라 해서 모두 효과라고는 말할 수 없다. 두 부대가 하나로 합친 것은 대업 7년 "동이불빈"(東夷不賓)이래 굴돌통(屈突通)의 "동(董)장

---

47) 李林甫 외, 2014, 『唐六典』, 中華書局, 23쪽.

48) (日)氣賀澤保規.辛德勇譯, 1987, 「以驍果制爲中心論隋煬帝時代的兵制」『陝西師範大學學報(哲學社會科學版)』 1987-1.

군께서 용맹한 군사를 이끌고 군영 안을 따라 동행하셨다.”(董帥貔貅, 爰陪軍幕)와 관련된다. 굴돌통묘지에서 보이듯이 그는 시종 군권을 장악했으며, 요동 정벌 부대와 효과 부대를 자기 휘하에 두었다.[49]

다른 한편으로, 이번 요동병의 전투 참여에 대한 분석을 통해, 곽읍전투에서 송노생이 패사하고 부대가 재편되었다. 이어 이연 등이 장안으로 쳐들어가 12월에는 굴돌통마저 이연 집단에 흡수되었다.

> 굴돌통(屈突通)이 동관(潼關) 도위부(都尉府)에서 동도(東都)로 달아나려 하자, 관상(關上)의 유문정(劉文靜) 등 각 군대가 추격하여 그를 잡아, 상부(相府)로 보냈다. 황제(帝)가 굴돌통을 만나자, 용서하고 예를 베풀었으며, … 굴돌통이 항복의 뜻을 밝혔다.[50]

굴돌통 휘하의 수만여 요동병과 효과에 대한 산망 기록이 보이지 않고, 그 당시 한참 세력을 확장하기 위해 노력하던 때였다는 것을 추측해 보면 이 역량들은 굴돌씨를 추획한 유문정 등 세력에 편입되었을 가능성이 크다.

대업 요동지역(遼東之役)에서 군량을 독운했던 경력은 마음 준비가 이미 된 이연에게는 정치적 기회를 마련한 토대가 되었다. 또한 그를 중심으로 한 정치군사집단이 거병할 때 한쪽으로 수양제의 요동지역 징병으로 인한 민중의 불안을 잘 활용하는 한편, 군사적으로 수 요동지역의 반환 병졸을 수용하기도 하였다. 수나라 요동지역(遼東之役)은 이연이 참여한 역사적 사건이기도 하고, 동시에 요동지역은 이연 본인의 새로운 역사를 만들었다고 할 수 있다.

---

49) 周紹良·趙超, 1992, 『唐代墓誌彙編』, 上海古籍出版社, 13쪽.
50) 李林甫 외, 2014, 『唐六典』, 中華書局, 45쪽.

3. 건국 초기 당의 해동정책 특징

양제의 동정과 수나라 말기의 동란을 겪은 이연이 당나라 군주가 됐을 때 고구려를 상대로 어떻게 행동했을까.

당나라 초기, 고구려와의 관계는 개선의 기미가 보였는데 이는 당시 양측의 여러 정치적 상황에 의해 초래된 것이다. 첫째, 이연은 수양제의 요동지역의 합리성을 부정하는 입장이었다. 또한 당나라 정권의 수립은 수나라의 잔혹한 통치에 반기를 든 것에 기인하였는데, 요동지역은 바로 그 폭정의 구체적인 표현이었다. 둘째, 고구려 영류왕 고건무와 고조 이연은 같은 해에 새 임금으로 등장했기 때문에 양국 관계를 재구성하고자 하는 토대가 마련되어 있다. 셋째, 무덕 초년에 중원 할거 세력을 소멸시키는 통일전쟁 임무에 직면하여, 동쪽으로 관심을 기울일 겨를이 없었고 평화를 추구하고자 하는 객관적인 필요성을 안고 있었다. 넷째, 고구려는 무덕 2년에 당나라에 처음 사신을 보내 조공을 한 이래 거의 매년 당나라로 사신을 파견하였다.(〈표 2〉)

〈표 2〉 무덕 연간 고구려의 당나라로의 사신 파견

시간	사료	출처
武德二年(619)	遣使來朝.	『舊唐書』 卷199
武德四年(621)	遣使朝貢.	『舊唐書』 卷199
武德五年(622)	高祖感隋末戰士多陷其地,賜書請放還. 建武悉搜括華人,以禮賓送,前後至者萬數.	『舊唐書』 卷199
武德六年(623)	十二月, 高麗遣使朝貢.	『冊府元龜』 卷970
武德七年(624)	正月, 封高麗王高武爲遼東郡王. 二月, 高麗王建武遣使來請班曆. 十二月, 高麗國遣使來貢方物.	『舊唐書』 卷1 『資治通鑑』 卷190 『冊府元龜』 卷970
武德八年(625)	王遣人入唐,求學佛·老敎法,帝許之.	『三國史記』 卷20
武德九年(626)	建武奉表謝罪,請與新羅對使會盟. 十二月高麗遣使朝貢.	『舊唐書』 卷199 『冊府元龜』 卷970

지금부터 고구려에 대한 고조의 독특한 인식을 살펴보기로 하자. 그중

의 하나는 수나라 대업인 요동지역에 의해 고구려 경내에 체류 중인 수많은 국인(수나라 사람)의 북송 문제에 대한 이연의 관심이다.

고조는 고구려와 평화 사신왕래 관계가 수립된 지 얼마 되지 않아 정식으로 사서하여 고구려왕에게 유배 국인을 송환할 것을 요구하였는가 하면, 주동적으로 당나라 경내에 흩어져 있는 고구려인을 고구려로 보내기도 하였다. 이 사서 내용 또한 이연 시대의 전형적인 고구려관을 잘 나타내고 있다.

(a) 高祖感隋末戰士多陷其地, 五年(622), 賜建武書曰 : "(b) 朕恭膺寶命,君臨率土,祗順三靈, 綏柔萬國. 普天之下, 情均撫字, 日月所照, 鹹使乂安. (c) 王旣統攝遼左, 世居藩服, 思稟正朔, 遠循職貢. 故遣使者, 跋涉山川, 申布誠懇, 朕甚嘉焉. (d) 方今六合寧晏, 四海淸平, 玉帛旣通, 道路無壅. 方申輯睦, 永敦聘好, 各保疆場, 豈非盛美. (e) 但隋氏季年, 連兵構難, 攻戰之所, 各失其民. 遂使骨肉乖離, 室家分析, 多歷年歲, 怨曠不申. (f) 今二國通和, 義無阻異, 在此所有高麗人等, 已令追括, 尋卽遣送 ; 彼處有此國人者, 王可放還, 務盡撫育之方, 共弘仁恕之道." (g) 於是建武悉搜括華人, 以禮賓送, 前後至者萬數, 高祖大喜.[51]

위 사료 (b)에서는 당나라가 천하를 통치하는 관념을 나타내고 있다. 이어 (c)는 고구려왕과 당나라의 관계를 자리매김하였다. "세대를 이어 변방에 거주하며, 정삭(正朔)을 받들어 숭상하고, 오랫동안 직공(職貢)의 의무를 다하다."는 고구려를 요동을 다스리는 조공자로 삼으면서, 고구려가 먼 길에 조정으로 찾아온 진지함에 대해 격려를 표하였다.

(d)에서는 말머리를 돌려 "영원히 우호를 쌓아가며 각자의 변경을 수호하는 것이, 과연 크게 아름다운 일이 아닌가?"라고 하면서 당나라 초기 무덕 황제의 평화 외교관을 운운하고 있다. 이는 수양제나 당태종과

---

51) 劉昫 외, 1975, 『舊唐書』, 中華書局, 5320~5321쪽.

는 다른 고구려에 대한 평화적인 교류와 서로 적이 되지 않겠다는 이연의 독특한 정책과 이념을 보여주고 있다. "빙호"(聘好)는 그나마 부드러운 의미를 지닌 용어로, 강한 대국 독존 같은 위계 관념을 드러내지 않았다.[52]

사서 (e)에서는 얼마 전의 전쟁을 "수나라 말기에 전쟁이 연이어 일어나 난세를 초래하였다."라고 규정하여, 당-고구려 관계와 수-고구려 전쟁을 구분하고 있다. "(전쟁으로) 각자의 백성을 잃었다."(各失其民), "가족이 흩어지고 가정이 분열되어"(肉乖離, 室家分析), "원망과 억울함을 풀 수 없었다."(怨曠不申) 등 서술로 사실상 수나라의 요동지역을 부정하는 의미를 지니고 있다. 동시에 당나라 조정은 전쟁의 가장 큰 결과 중의 하나인 민중의 산일을 걱정하고 있음을 말해 주고 있다.

이어 (f)에서는 두 나라의 평화적인 교류가 이미 확립되어 도의적인 문제는 이미 해결되었으며, 당나라가 고구려인을 석방하고, 고구려왕도 동등한 의무를 행하여 "함께 인애와 관용의 도리를 널리 펴셔야 하겠다." (共弘仁恕之道)라고 지적하였다. 『구당서·고려전』의 기록자는 고조가 고구려왕에게 사서한 원인이 바로 "수 말기에 그 지역(고구려)에서 억류된 전사가 많음"(隋末戰士多陷其地)에 있다고 밝히고 있다.(a) 고조의 제안에 고구려왕의 적극적인 호응이 있었다.(g)

요약하자면, 전쟁으로 인해 상대 쪽에서 난민을 서로 반송하자는 이연의 취지 외에도, 사서는 무덕 연간 평화를 추구하고 전쟁을 부정하는 주장을 잘 보여주고 있다. 이것은 고구려에 대한 정책 이념의 첫 번째 측면이다.

〈표 2〉에 따르면, 당나라가 건국되고 나서 고구려왕을 책봉하기까지 7년 동안에 걸쳐, 고구려에서 보낸 조공을 세 차례 받았으며, 교서를 내림으로써 평화적인 교섭 행동을 보인 것으로 알려진다. 무덕 7년 정월, 당에서는 고구려, 백제, 신라 삼국의 군주에 대해 다음과 같이 책봉한

---

52) 周나라의 "聘"을 대등 "外交"로 인식하기도 하고, 또는 高祖 詔書의 논리를 파악하는 근거로 삼기도 하였다.(黎虎, 2010, 「周代交聘禮中的對等性原則」『史學集刊』 2010-2)

것으로 전해진다.

封高麗王高武爲遼東郡王, 百濟王扶餘璋爲帶方郡王, 新羅王金眞平爲樂浪郡王.[53]

그런데 당에서 삼국의 군주를 동시에 책봉한 것인지, 아니면 각자 시기적으로 차이가 있으나, 문헌기록에서 함께 기술한 것인지 의문이다. 이 문제와 관련해, 여러 사료 검토를 통해 관련 단서를 찾아볼 수 있을 것이다.[54]『구당서·동이전』에 수록되어 있는 삼국 책봉 기사는 약간의 차이를 보이고 있다.

[백제] 武德四年, 其王扶餘璋遣使來獻果及馬. 七年, 遣大臣奉表朝貢. 高祖嘉其誠款, 遣使就冊爲帶方郡王·百濟王. 自是歲遣朝貢. 高祖撫勞甚厚.[55]

[신라] 武德四年, 遣使朝貢. 高祖親勞問之, 遣通直散騎侍郎庾文素往使焉, 賜以璽書及畫屛風·錦彩三百段. 自此朝貢不絶…高祖旣聞海東三國舊結怨隙, 遞相攻伐, 以其俱爲藩附, 務在和睦, 乃問其使爲怨所由…七年遣使冊拜金眞平爲柱國, 封樂浪郡王·新羅王.[56]

[고구려] 武德二年, 遣使來朝. 四年, 又遣使朝貢. 高祖感隋末戰士多陷其地, 五年…建武悉搜括華人, 以禮賓送, 前後至者萬數, 高祖大喜. 七年, 遣前刑部尙書沈叔安往冊建武爲上柱國·遼東郡王·高麗王, 仍將天尊像及道士往彼, 爲之講『老子』, 其王及道俗等觀聽者數千人.[57]

백제는 무덕 4년에 말을 조공했고, 7년에는 표를 받들어 조공을 바쳤다

---

53) 劉昫 외, 1975, 『舊唐書』, 中華書局, 14쪽.
54) 구체적인 논의는 다음 성과를 참고. 馮立君, 2017, 「帶方郡王爵號考 : 中國與百濟關係的視角」『百濟學報』 19 ; 馮立君, 2016, 「唐代朝鮮郡王考」『中國古中世史研究』 42.
55) 劉昫 외, 1975, 『舊唐書』, 中華書局, 5320~5321쪽.
56) 劉昫 외, 1975, 『舊唐書』, 中華書局, 5329쪽.
57) 劉昫 외, 1975, 『舊唐書』, 中華書局, 5334쪽.

고 했는데, 고조가 그 "정성을 가상히 여겨"(嘉其誠款) 책봉한 것으로
짐작된다. 백제는 작위와 봉호를 받고 나서, 해마다 조공을 바쳤으며,
그에 대해 고조 또한 "수고로움을 위무하고 매우 후대하였다."(撫勞甚厚)

신라의 경우, 역시 무덕 4년에 처음 조공을 바쳤는데, 고조가 "친히
노고를 치하"(親勞問之)했다고 하여, 고구려나 백제와 달리 서술하고 있다.
뿐만 아니라, 이연은 사신을 신라에 보내 "새서(璽書) 및 그림 병풍과
비단 300단을 하사했다."(賜以璽書及畫屛風·錦綵三百段) 이때부터 신라의
"조공이 끊이지 않았다."(朝貢不絶) 다만 무덕 7년 신라왕 책봉과 관련해서
는 더 이상 자세한 기록은 찾아볼 수 없다.

고구려 책봉과 관련해, 고조가 무덕 7년에 파견한 사신은 형부상서로서,
무덕 4년에 신라에 파견한 사신인 통직산기시랑(通直散騎侍郎) 보다 관직
이 훨씬 높으며, 책봉과 더불어 성대한 도교 교류 활동이 이루어졌다.
이는 백제, 신라 책봉에서는 찾아볼 수 없는 내용이다.『자치통감』에서는
삼국을 책봉한 시점에 대해,『구당서』의 '정월'이라는 기록과는 달리,
무덕 7년 2월이라고 기록하고 있다.

> 丁未, 高麗王建武遣使來請班曆. 遣使冊建武爲遼東郡王·高麗王 ; 以百濟王扶餘
> 璋爲帶方郡王, 新羅王金眞平爲樂浪郡王.58)

위의 문장 상, 당은 고구려에서 사신을 보내 역법을 청하자, 그에
응하여 조처한 것으로 보인다. 이른바 역법이란 바로 당의 정삭(正朔)을
받드는 것을 말한다.『구당서·동이전』에 수록되어 있는 관련 기록과
비교해봤을 때, 이연이 고구려를 더 중요시했음을 알 수 있다. 물론
백제, 신라에 대해서도 아주 우호적이었다. 이는 당고조 시기 고구려를
상대로 취했던 이성적인 태도의 한 단면을 보여주는 것으로서, 그 독특한

---

58) 司馬光, 1956,『資治通鑑』, 中華書局, 5976쪽.

이념의 두 번째 측면이라고 할 수 있다.

이점에 대해, 다음과 같은 군신 사이의 대화 기록을 통해 입증 가능하다. 『구당서·온언박전』에는 다음과 같은 내용이 수록되어 있다.

> 時高麗遣使貢方物, 高祖謂群臣曰 "名實之間, 理須相副. 高麗稱臣於隋, 終拒煬帝, 此亦何臣之有? 朕敬於萬物, 不欲驕貴, 但據土宇, 務共安人, 何必令其稱臣以自尊大? 可卽爲詔, 述朕此懷也." 彦博進曰 : "遼東之地, 周爲箕子之國, 漢家之玄菟郡耳. 魏·晉已前, 近在堤封之內, 不可許以不臣. 若與高麗抗禮, 則四夷何以瞻仰? 且中國之於夷狄, 猶太陽之比列星, 理無降尊, 俯同夷貊." 高祖乃止.[59]

국내외 학자들은 대개 이 자료를 고구려가 한진 시기 군현을 차지했다는 근거로 삼아 관련 논의를 펼치고 있다. 사실상 이 구절에서는 이연의 개인적인 인식이 잘 드러나 있다.

우선, 당시 온언박이 "중서시랑, 서하군공"의 신분이었고, 또 고려전 기록에서 "고조께서 시신(侍臣)들에게 이르기를"이라고 했다는 점으로 미루어, 고조의 위와 같은 견해는 고구려에서 처음 조공을 바쳤을 당시, 온언박과 같은 근신들과의 논의 장에서 나온 발언으로 짐작된다. 다시 말해, 수나라 말에 직접 요동지역을 경험한 이연이 신분을 전환한 이후 처음 고구려와 접촉한 경우로서, 그 언사에는 직관적이고도 감성적인 인식이 담겨져 있다.

그는 고구려가 수나라에 신하를 칭했으나, 수나라와 끊임없이 전쟁했으

---

59) 『구당서』 권61, 온대아전부제언박전(2360쪽)과 권199상, 고려전(5320~5321쪽)에도 관련 기록이 있는데 약간의 차이를 보이고 있다. 첫째, 그 시기를 무덕 7~9년으로 기록하고 "高祖嘗謂侍臣曰"이라고 보충 설명하고 있다. 둘째, 온언박이 홀로 고조에게 간언한 것을 "侍中裴矩·中書侍郎溫彦博"에서는 두 인물이 간언한 것으로 기록하고 있다. 셋째, 가장 중요한 "若與高麗抗禮, 則四夷何以瞻仰"이라는 구절이 보이지 않는다. 넷째, "俯同夷貊"을 "俯同藩服"으로 기록했는데, 여기에서 맥은 고구려를 지칭한다.(박진석, 2011, 『고구려 역사 제문제』, 경인문화사, 185~226쪽)

므로, 사실상 군신 명분에 어긋난다고 지적했다. 이연의 언사 속에는 그의 현실적인 태도가 여실히 드러나 있다. 즉, "다만 살고 있는 영토 안에서 모든 사람들이 편안히 살 수 있도록 함께 힘쓸 뿐"(但據土宇,務共安人)이라는 것인데, 이는 무덕 5년 교서에서 언급한 평화 공존의 이념과도 일치한다. 더불어, 그는 고구려를 강제로 복종시키는 것을 "스스로 존대함을 자처하는"(以自尊大) 행위로 인식했다. 이연은 건국 초기이래의 솔직담백한 태도를 견지하며, 근신들에게 교지를 지어 이 같은 이념을 하교할 것을 요구했다.

하지만 그의 근신들은 완전히 다른 주장을 펼쳤다. 온언박, 배구가 제시한 반대 의견의 전제는 역사적 전통이었다. 요동 땅은 한·위진 시기 중원 왕조의 군현이었다는 것이다. 이는 당 제국의 지배질서가 안정되고 나서, 뚜렷해진 변경 의식을 보여준다. 그들은 당과 주변 이민족 관계문제까지 고민하고 있었다. "네 오랑캐들이 어찌 우러러 보겠습니까."(四夷何以瞻仰)라고 반문한 구절에서 알 수 있듯이, 주변 세력과의 관계에서, 당나라는 자존감을 버리고 고구려를 그에 칭신(稱臣)하지 않는 나라로 묵인함으로써, 부정적인 모범으로 내버려 둘 리는 없었다. 마지막으로, 그들은 당과 고구려를 포함한 주변 세력들을 "태양과 행성"과도 같은 화이 개념으로 규정지었다.[60]

당고종 시기, 허경종(許敬宗)이 편찬한 『문관사림(文館詞林)』에는 당고조가 내린 「무덕년중진무사이조일수(武德年中鎭撫四夷詔一首)」라는 제목의 조서 한편이 완정한 형태로 수록되어 있다. 이 조서에는 고구려에 대한 이연의 정책 이념이 잘 드러나 있다.

門下 : 畫野分疆, 山川限其內外 ; 遐荒絶域, 刑政殊於函夏. 是以昔王禦世, 懷柔遠

---

60) 이러한 내용이 수록된 것은, 후대에 이르러, 고종 총장 원년(668)에 고구려를 정복한 후, 이 같은 화이인식이 깊어졌음을 설명하고 있다.(박한제, 2015, 『대당제국과 그 유산―호한통합과 다민족국가의 형성』, 세창, 75~124쪽)

人, 義在羈縻, 無取臣屬. 渠搜卽敘, 表夏後之成功；越裳重譯, 美周邦之長算. 至如秦皇好勝, 口逐戎夷, 漢武憑威, 交兵胡越. 遂使四萌曝骨, 九府無儲, 天下騷然, 海內愁怨.(1) 有隋季代, 黷武耀兵, 萬乘疲於河源, 三年伐於遼外. 構怨連禍, 力屈貨殫. 緣邊苦亭障之虞, 列郡勞烽燧之警. 棄義交惡, 深乖至仁.(2) 朕祇膺寶圖, 撫臨四極, 悅近來遠, 思得安寧. 今旣曆運初基, 追革前弊, 要荒藩服, 宜與和親.(3) 其吐谷渾已修職貢, 高句麗遠送誠款, 契丹·靺鞨, 鹹求內附. 因而鎮撫, 允合機宜, 分命行人, 就申好睦, 靜亂息民, 於是乎在. 佈告天下, 明知朕意.(61)

문장 첫머리에서 진시황, 한무제 시기 대외 전쟁을 일으켜 민생을 어지럽혔음을 서술하고, 나아가 수양제가 일으킨 요동정벌의 부정적인 영향, 특히나 변군지역에 가해진 고통에 대해 집중적으로 비판했다.(1) 그리고 그 화란의 근원은 수나라 통치자가 "도의를 저버리고 악에 빠져든데" 있다고 귀결하였다. 한편, 수나라를 대체한 당나라의 황제로서, 그는 그와 상반되는 이념을 취해, "가까이 있는 사람들을 기쁘게 하고, 먼 곳의 사람들을 오게 하며, 안정과 평화를 이루어", "요황 지역과의 화친(和親)을 통해 화해를 이루고자" 했던 것이다.(2)

한편, 수나라 때의 어질지 못한 행위에 대해서는, 변방을 자주 범한 전형적인 "불신지국"(不臣之國)의 네 사례를 들고 있는데, 그 중에는 변경지대를 빈번히 침탈한 토욕혼(吐谷渾), 복속과 배신을 거듭해온 거란과 말갈, 그리고 장기간 중원왕조와 전쟁을 치러온 고구려가 포함되어 있었다. 하지만 현재 이들은 당에 조공을 바쳐 정성을 보이고 있음을 언급하면서, 이들 주변 오랑캐에 대한 기본 정책을 "화목을 도모함으로써, 어지러움을 바로잡아 백성들을 편안케 하는 것"이라고 강조하고 있다.(3)

이상의 내용에서 이연 시기의 주변 세력에 대한 기본적인 태도가 잘 드러나고 있다. 특히 대 고구려 정책의 기조는 일종의 평화공존 이념으로

---

61) 許敬宗 原編·羅國威 整理, 2001, 『日藏弘仁本文館詞林校證』, 中華書局, 246쪽 ; 陳尙君, 2005, 『全唐文補編(上冊)』, 中華書局, 4쪽.

서, 고구려에 칭신조공 조차도 강요할 필요가 없다는 것이다. 왜냐하면 고구려는 수나라에 대해 명목상으로 신하를 칭했으나, 실상은 그와 달랐으므로, 결국 양자 관계는 국력을 바탕으로 하기 때문이라는 것이다. 이러한 인식은 그가 요동 전선에서 직접 겪은 경험, 그리고 수양제의 요동 전쟁에 대한 전반적인 인식과 무관하다고 보기 어렵다. 한편, 이 같은 태도는 수대 요동 정벌로 인한 사회적 혼란에 대한 여러 차례 지적과도 일맥상통한다. 따라서 무덕 연간에 당은 고구려 등 동아시아 세력과의 관계에 있어서, 침착하고 냉정한 태도를 취할 수 있었으며, 그에 앞선 대업 연간, 그리고 그 후 이어지는 정관 시기와는 판이한 양상을 띠고 있다.

맺음말

본고는 이연이 태원유수로 재직하기까지 소홀했던 경력을 둘러싸고 이연의 당시 임직·행적·활동 내용에 관한 문헌 사료를 일일이 다루면서 그 역사를 좀 더 세밀하게 복원하고, 이를 태원기병과 무덕 연간의 해동 정책과 결부시켜 요동지역(遼東之役)과 이연의 개인 정치 생애, 나아가 당나라 국책과의 은밀한 연관성을 짚어보았다.

수양제 대업 9년에 고구려를 공격한 요동지역 와중에 위위소경 신분으로 요동 전선 회원진으로 군량을 독운하던 이연은 도성에서 변경으로 진격하던 도중 탁군에서 우문사급과 밀담을 나누었는데, 이때 이미 군사를 일으킬 마음을 품었다. 이연은 회원진에서 군량미를 운송하는 동안 양현감의 이러한 수나라 반란 기미를 예리하게 감지했다. 양현감 형제가 고구려 전선에서 내지로 도망 왔다는 소식을 재빨리 수양제에게 밀주해 양제의 포상과 봉상을 받은 뒤 더 큰 권력을 쥐게 된다. 이로써, 요동지역은 객관적으로 이연이 벼슬길에 오를 기회를 제공하였다. 태원기병 전후에, 이연 집단은 수나라가 징병하여 요동으로 진격한다고 거짓 소문을 퍼뜨리면서 민심을 어지럽혀 정세를 자신 쪽에 유리하도록 선동하였다. 이로써 수군의 요동군 및 효과를 자신의 군사역량으로 편입시켰다. 이런 의미에서 요동지역은 객관적으로 이연 집단의 기병에 선동 자본을 마련하고 군사 역량을 보충하기도 하였다.

당고조는 당나라를 건립하고 황제로 된 후 고구려 및 해동 여러 나라에 대한 현실적이면서 평화로운 정책을 실행하였는데 그는 종래의 칭신납공(稱臣納貢)식 예의성 통교에는 관심이 없었다. 이는 수양제나 당태종과 현저히 대비된다. 물론 당나라 초기 백폐구흥(百廢俱興)의 내외 국면은 당연히 이러한 정책을 초래하기 마련이다. 대업 9년, 요동지역을 치르고 이에 대한 반성이 당고조 자신의 인식 기초가 되었을지도 모른다. 다만 당나라 초기, 특히 정관이후 한진의 해동 질서라는 전통 이념이 대두하면서 이연의 개인적 고구려관이 국책에서 배제되었다.

辛 時 代 번역 : 姜成山(湖北師範大學 歷史文化學院 副教授)

발해국 중앙사무기구에 대한 초보적 검토

머리말

발해국은 당나라의 중앙사무기구를 모방한 위에서 자신의 중앙사무기구를 설치하였다. 발해국의 중앙사무기구의 연구에 관하여 저명한 역사학자 진위푸(金毓黻)는 발해의 통사적 시야 속에서 발해중앙기구를 검토하였는데, 당나라의 문헌과 대조하는 작업을 통하여 발해 통치기구의 설치와 기능을 추론하였다.[1] 이후의 연구는 대체적으로 진위푸가 제출한 분석체계 속에서 전개 및 서술되었다. 만약 발해국 중앙사무기구와 당나라 중앙사무기구에 대하여 더욱 세밀한 비교를 해보면, 발해국에서 당나라의 중앙사무기구를 참조할 때 제도적 등급, 중앙사무기구 장관 지위의 변화 등등 문제에 관하여 국내외 연구가 미진하다. 이 글에서는 당나라 제도를 참조로 발해국의 중앙사무기구에 대하여 정리하고 나서, 당나라와 발해의 중앙사무기구의 변화 양상의 내재적 원인을 검토하여 발해중앙사무기구에 대한 연구를 심화시키고자 한다.

---

1) 金毓黻, 1934, 『渤海國志長編』, 千華山館.

1. 발해중앙사무기구의 대체적 상황

『신당서(新唐書)』「발해전(渤海傳)」에 발해국 중앙사무기구의 대체적
상황을 아래와 같이 적고 있다.

　　전중시와 종속시가 있는데, [각각] 대령이 있다. 문적원에는 감이 있다.
[대]령과 감[밑]에는 모두 소[령·소감]이 있다. 태상시·사빈시·대농시에는 시
마다 경이 있다. 사장시·사선시에는 시마다 영과 승이 있다. 항백국에는
상시 등의 관이 있다.[2]

　　위의 기록에 따라 발해국과 당나라의 사무기구를 대조하면 아래와
같다.

　　　문적원(文籍院)　　－　비서성(秘書省)

　　　항백국(巷伯局)　　－　내시성(內侍省)

　　　전중시(殿中寺)　　－　전중성(殿中省)

　　　태상시(太常寺)　　－　태상시(太常寺)

　　　사선시(司膳寺)　　－　광록시(光祿寺)

　　　종속시(宗屬寺)　　－　종정시(宗正寺)

　　　사빈시(司賓寺)　　－　홍려시(鴻臚寺)

　　　　　　　　　　　　－　위위시(衛尉寺)

　　　대농시(大農寺)　　－　사농시(司農寺)

　　　　　　　　　　　　－　태복시(太仆寺)

---

2) 『新唐書』 권219, 「渤海傳」, 中華書局 교감본 20책, 6183쪽 “殿中寺, 宗屬寺, 有大令.
文籍院有監. 令, 監皆有少. 太常, 司賓, 大農寺, 寺有卿. 司藏, 司膳寺, 寺有令, 丞.
胄子監有監長. 巷伯局有常侍等官”.

사장시(司藏寺)　　－　　태부시(太府寺)

　　　　　　　　　　－　　대리시(大理寺)

주자감(冑子監)　　－　　국자감(國子監)

　　　　　　　　　　－　　소부감(少府監)

　　　　　　　　　　－　　장작감(將作監)

　　　　　　　　　　－　　군기감(軍器監)

　　　　　　　　　　－　　도수감(都水監)

　위와 같은 비교를 해보면 발해국의 중앙사무기구는 당나라의 중앙사무기구와 달리 편제가 완비하지 못하고 기능이 구전하지 않은 듯 해 보인다. 일부 연구자는 이에 근거하여 발해국 중앙사무기구는 1원, 1국, 1감, 7시밖에 없다고 한다. 사실상 『남당서(南唐書)』의 기록에 근거하여 『신당서』 「발해전」의 내용을 보완할 수 있다.

　『남당서』의 기록에 열조(烈祖) 승원(昇元) 2년(938) 6월 요나라 태종 야율덕광(耶律德光)이 매리납노고(梅裏捺盧古)를 사신으로 보냈는데 "동란사 병기시소령 고도환이 양과 말로 입공하고, 아울러 양 3만구, 말 2백필을 가져와 팔고, 그 값으로 비단, 차, 약을 샀다"라고 하였다.[3] 현재 학계에서의 주도적 관점은 동란국은 발해국의 옛 제도를 이어받았다고 한다. 그러므로 병기시는 발해시기의 사무기구였을 것이다. 이 사례는 『신당서』 「발해전」에 기록된 중앙사무기구가 완전하지 않다는 것을 시사한다.

　종합적으로 보면, 당나라 중앙사무기구 중의 '3성'은 발해국에서 대응되는 기구를 찾아볼 수 있다. '9시'는 발해국에서 '7시'로 대응되는 기구를

---

3) 『南唐書』 권18, 「契丹傳」, 傅璿琮, 徐海榮, 徐吉軍主編, 2004, 『五代史書彙編』, 杭州出版社 "東丹王使兵器寺少令高徒煥以羊馬入貢, 別持羊三萬口, 馬二百匹來鬻以其價市羅紈茶藥".

찾을 수 있어 대체적으로 그 기능을 수행할 수 있었을 것이다. '5감'은 주자감을 제외하고 기타 기구는 명확치 못하다. 이는 문헌의 결여에 의한 가능성이 크다. 발해국 중앙사무기구는 당나라의 3성, 9시, 5감을 중심으로 하는 중앙사무기구의 체계를 수용하여 설치하였을 가능성이 매우 크다.

당나라 중앙사무기구 중의 '3성' 아래에는 '국'을 설치하였다.

(1) 비서성 아래 저작국(著作局)과 태사국(太史局)을 설치하였다. 그중 저작국에 낭(郞) 2인, 좌랑(佐郞) 4인, 태사국에 영(令) 2인, 승(丞) 2인을 두었다.

(2) 내사성 아래 내알자(內謁者)·액정국(掖庭局)·궁위국(宮闈局)·해관국(奚官局)·내복국(內仆局)·내부국(內府局)을 설치하였다. 그중 내알자에 감(監) 6인, 내야자 12인, 액정국에 영 2인, 승 3인, 궁위·해관· 내복·내부 4국에는 각각 영 2인, 승 2인을 두었다.

(3) 전중성 아래 상식국(尙食局)·상약국(尙藥局)·상주국(尙主局)·상사국(尙舍局)·상승국(尙乘局)·상련국(尙輦局)을 설치하였는데, 각 국에는 봉어(奉禦) 2인, 직장(直長) 4인을 두었다.

관서명칭으로 보면, 발해국에서 당나라 제도를 수용하는 과정에서 당의 중앙사무기구 '시', '감'은 수용하였지만 '성'은 받아들이지 않았다. 왜냐하면, '성시(省寺)'는 중국 고대 중앙부서의 범칭이기는 하나 '관사(官司)의 차이'가 있었기 때문이다.[4] 『설문해자주(說文解字注)』에 "성은 찰이

---

4) 『新唐書』 권46, 百官1(4-1181) "官司之別".

다. 찰은 복이다. 한대 금중을 성중으로 불렀다. 사고(師古)가 이르기를 '이 중에 들어온 자는 모두 감찰하여야 하고 거짓말을 하면 안 된다.' 『한서(漢書)』주에 이르기를 '부정에 있는 자를 모두 시라고 불렀다.' … 『광운(廣韻)』에는 '시는 사이다. 관의 소지는 구시(九寺)이다'5)라 하였다. 즉 '시'는 국가적 공식기구이고, '성'은 황실의 내부기구인데 황권의 위엄과 관계되었던 것이다. 발해국은 당나라의 기미부주로서 중앙사무기구 중에 '성'은 사용하지 않은 것은 참월(僭越)을 피하기 위하여서이다. 따라서 문적원은 당나라의 비서성으로 비정할 수 있고6) 항백국은 당나라의 내시성, 전중시는 당나라의 전중성으로 비정할 수 있다. 당나라 제도와 비교해볼 때, 문적원 장관은 여전히 경(卿)이고, 그 아래 술작국을 설치하였고 당나라의 비서성의 제도적 지위와 별반 차이가 없었다. 항백국의 제도적 지위는 당나라의 내시성 아래에 설치한 기구의 국에 속하며 지위가 현저하게 하강하였다. 전중시는 당나라 전중성에 비하여 기구의 성격이나 시중대상에서 현저한 차이를 보여준다.

당나라 중앙사무기구 중의 여러 시의 장관과 차관은 경과 소경(少卿)이며, 태상경(太常卿)의 관품은 정3품으로 지위가 제일 높고, 기타 여러 경은 종3품이다. '시'아래 '서(署)'를 설치하고, 서의 장관과 차관은 영, 승이다. 예를 들면, 태부시아래 양경제시서(兩京諸市署), 평준서(平准署), 좌장서(左藏署), 우장서(右藏署), 상평서(常平署)를 설치하였다. 그중 양경 제시서에는 각각 영 1인, 승 2인을 두었고, 평준서에는 영 2인, 승 4인을 두었다. 그리고 홍려시아래 전객서(典客署)와 사의서(司儀署)를 설치하였

---

5) 『說文解字注』 권6, 說文解字 제3편 注下, 중화서국 四部備要影印本, 92쪽 "省者, 察也. 察者, 覈也. 漢禁中謂之省中. 師古曰'言入此中者皆當察視, 不可妄也.'『漢書』注曰'凡府庭所在皆謂之寺' …『廣韻』寺者, 司也, 官之所止有九寺'."

6) 문적원의 명명은 비서성과의 관련이 존재한다. 중국에서는 한위이후, 殿·館에 書院을 설치하였는데, 그 직무는 비서성에서 담당하였다. 당나라에 이르러 門下省에 弘文館, 동궁에 崇文館, 中書省에 集賢殿등 서원을 설치하여 비서성에서만 도서를 관리하는 기능을 약화시켰다.

고, 그중 전객서에는 영 1인, 승 2인을 두었고, 사의서에는 영 1인, 승 1인을 두었다.

　그 외에 발해국 여러 시의 장관과 차관의 명칭으로는 '경-소경', '대령(大令)-소령(少令)'과 '영-승'의 세 가지 패턴으로 되어 있었다. 명칭으로 보아 '대령-소령'의 지위는 '영-승'보다 높았을 것이다. 위 단락에서 열거한 당나라 태부시와 홍려시의 예를 감안하면, 발해국 대령은 당나라의 여러 시아래 단일 영서의 장관직에 해당될 가능성이 높고, '소령'은 당나라의 여러 시아래 단일 영서의 차관에 해당될 가능성이 높다. '영'은 당나라 여러 시 아래 여러 영서중의 장관직에 해당하며, '승'은 당나라 여러 시 아래 여러 영서중의 차관에 해당된다. '경-소경'의 지위는 '대령-소령'보다 높았다. 사빈시를 예로 들면 장관은 경이고, 차관은 소경이다. 사빈서는 그 아래에 설치한 기구로서 장관은 사빈대령이고, 차관은 사빈소령이다. 웨이궈중(魏國忠)은 사빈경과 사빈대령을 동일시하였는데,[7] 이러한 견해는 재검토할 여지가 있다. 당나라 홍려시를 예로 들어볼 때 경, 소경은 주관기구의 장관과 차관이다. '영-승'은 소속기구의 장관과 차관이다. 이로부터 추론하면 발해국에서 사빈시의 '경'과 '대령'의 관계는 상사와 부하의 관계다. 이러한 인식의 기초 상에서 발해의 여러 시는 세 가지 등급으로 나눌 수 있다. 즉 장관과 차관이 '경-소경'인 태상시, 사빈시와 대농시가 제1등급이고, 장관과 차관이 '대령-소령'인 병기시, 전중시와 종속시가 제2등급이며, 장관과 차관이 '영-승'인 사장시와 사선시가 제3등급이다. 당나라와 비교해 볼 때 대체적으로 제1등급은 당나라 여러 시에 해당하며, 그 기능은 발해국에서 상대적으로 중요하였고 여러 시(寺)중에서도 위치가 상대적으로 높았다. 제2등급은 당나라 여러 시의 소속기구인 단일 영, 서에 해당하며, 제3등급은 당나라 여러 시의 소속기구 중에서의 여러 영, 서에 해당하며, 지위가 상대적으로 낮았다.

---

7) 魏國忠·朱國忱·郝慶雲, 2014, 『渤海國史』, 黑龍江人民出版社, 309쪽.

2. 중앙사무기구의 기능

다음으로는 선행연구를 참조하면서 당나라 중앙사무기구를 참조로
발해국 중앙사무기구의 설치와 주관범위에 대하여 살펴보고자 한다.

1) 1원 1국 1시

발해국에서는 중원의 예법을 따른다는 이념 하에 당나라 중앙사무기구
의 '3성'을 참조로 문적원, 항백국, 전중시를 설치하였다.

문적원 : 당나라의 비서성에 해당하며, '경적, 도서 관련 사무(經籍圖書之
事)'를 주관하였다. 발해국에서 비록 '성'을 '원'으로 바꾸었지만, 장관의
호칭에는 아무런 변화도 없다. 문적원 장관은 감(監)이며, 당나라의 비서감
에 해당하고 차관은 소감(少監)이며, 당나라의 비서소감에 해당한다.
당나라 비서성아래에는 두 기구를 설치하였는데, 그 중 하나는 '비문,
축문, 제문 찬수(修撰碑志, 祝文, 祭文)'를 분관하는 저작국의 장관은 저작랑
이다. 또 하나는 '천문관찰과 역법을 규정(觀察天文, 稽定曆數)'하는 태사국
이 있었다. 태사국의 장관은 영이며, 태사국에는 사역(司曆), 천문생(天文
生)을 두었다.
문헌기록에 보이는 발해국 문적원 소속의 관리로서는 소감인 배정(裴
頲)· 왕구모(王龜謀)·배구(裴璆)가 보인다.『일본삼대실록(日本三代實錄)』
권43의 기록에 요제이(陽成)천황 간교(元慶) 7년(883), 일본에서 '(발해국)
대사 문적원소감 정4품 사자금어대 배정(裴頲)에게 종3위를 내렸다'[8]라
하고,『본조문수(本朝文粹)』권12에 수록한「증발해국중대성첩(贈渤海國中

台省牒)」에는 '(발해국)입근사, 문적원소감 왕구모'9)라는 기록이 보이고,
『일본기략(日本紀略)』「후편」의 기록에 다이고(醍醐)천황 엔기(延喜) 8년
(908), '존문발해령객사, 대내기 등원박문(藤原博文) 등, 문(발해국)입근사,
문적원소감 배구'10)가 있다.

그리고 문적원 술작랑(述作郎)으로 이승영(李承英)이 보인다.『유취국사
(類聚國史)』의 기록에 사가(嵯峨)천황 고닌(弘仁) 10(819)년 11월, 발해국에
서 '문적원 술작랑 이승영을 파견하여 계를 지참하여 입근하였는데, 겸령
신사'11)라 하였다.「정혜공주묘지(貞惠公主墓誌)」와「정효공주묘지(貞孝
公主墓誌)」를 비교해보면, 두 묘지명의 대다수 부분의 용어가 완전히
동일하다. 이는 두 묘지명이 어느 한 개인의 저술이 아니라 공식적 규정에
근거하여 묘지명 템플릿에 맞춘 것이다. 이런 공식적 묘지명을 편찬하는
작업은 저술국에서 담당하였을 것이다.

그 외에 발해국의 대일본교류에서 천문생(天文生)들이 활약하였다.
예를 들면, 세이와(淸和)천황 조간(貞觀) 14년(872) 5월, 일본에서 "(발해
국) 대사 양성규(楊成規)에게는 종3위를, 부사 이흥성(李興晟)에게는 종4
위하를 내리고 … 품관 이하와 아울러 수령들에게도 관위를 내렸는데
각각 등급이 있었다. 또 천문생 이상은 위계에 따라 각각 조복(朝服)을
내렸다."12)『연희식·주세상(延喜式·主稅上)』의 기록에는 "발해객식법(渤
海客食法)에 따르면 발해 대사와 부사에게 날마다 벼 5속을, 판관과 녹사에

---

9)『本朝文粹』권12,「贈渤海國中台省牒 入覲使文籍院少監王龜謀等一百五人」. 田中長
　左衛門開板本(1629), 28~29쪽 "(渤海國)入覲使、文籍院少監王龜謀".

10)『日本紀略』후편1 醍醐天皇 延喜 8년 4월 8일, 일본경제잡지사, 1897,『국사대계본』
　제5권, 788쪽 "存問渤海領客使, 大內記藤原博文等, 問(渤海國)入覲使, 文籍院少監
　裴璆".

11)『類聚國史』권194,「殊俗部·渤海下」嵯峨天皇 弘仁 10년 11월 甲午. 일본경제잡지사,
　1917,『국사대계본』제6권, 1283쪽 "遣文籍院述作郎李承英賚啓入覲, 兼令申謝".

12)『日本三代實錄』권21, 淸和天皇 貞觀 14년 5월 19일 戊子(4-355) "授大使楊成規從三
　位, 副使李興晨從四位下 … 品官以下幷首領等授位各有等級, 及天文生以上隨位階各賜
　朝服".

게 각각 4속을, 사생·역어·천문생에게는 각각 3속5파를, 수령·초공에게
는 각각 2속5파를 지급한다."13)라고 하였다. 천문생은 사신단에서 중요
한 역할을 하였는데, 그들의 주요한 직무는 천상을 점쳐 사신단의 출항에
알맞은 정보를 제공하는 것이었다. 세이와천황 조간 원년(859), "발해국
대사 오효신(烏孝愼)이 새로이 『장경선명력경(長慶宣明曆經)』을 바치며
'이는 대당(大唐)에서 새로이 쓰는 역경(曆經)입니다'라고 말하였다. 마노
마로(眞野麻呂)가 시험 삼아 살펴보았는데, … 청하건대 옛 역법을 그만두
고 새로운 曆法을 사용하였다."14) 이곳에서 "신공(新貢, 새로이 바치다)"이
라는 용어를 보면, 『장경선명력경』을 일본에 전하는 것은 발해국의
공식적 행위이며, 이 사신단 파견 전에 발해국에서는 이미 『장경선명력
경』을 배포, 사용하였을 것이다. 이와 관련하여 『장경선명력경』 배포와
그 이후의 별자리, 해그림자 관측 등은 모두 전문적 기구와 전공자가
필요하다. 이로 미루어 볼 때 발해국에는 문적원 아래 "천문관찰과
역법의 규정"을 분관하는 당나라 태사국에 유사한 기구가 존재하였을
것이다. 문헌상의 제한으로 이 기구의 명칭에 대하여 더 고증할 수는
없다.

항백국 : 당나라에서는 내시성의 주요 직무를 담당하였는데, "왕실
후궁의 명령전달·호위·일상생활의 시중"15)을 주관하였다. '항백'이라는
용어는 『시경』 「항백편」에 "陳曰詩名巷伯, 以寺人解之, 明巷伯卽寺人也. 寺人
被宮刑者, 蓋因讒而被刑也"16)에서 나온다. 항백국의 장관은 상시(常侍)이며,

---

13) 『延喜式』 권26, 「主稅上·渤海客食法」, 일본경제잡지사, 1900, 『국사대계본』 제13
    권, 798쪽 "凡渤海客食法, 大使·副使日稻各五束, 判官·錄事各四束, 史生·譯語·天文生
    各三束五把, 首領·梢工各二束五把".

14) 『類聚三代格』 권17, 「文書並印事·應用長慶宣明曆経事」, 일본경제잡지사, 1900, 『국
    사대계본』 제12권, 928쪽) "渤海大使烏孝愼新貢長慶宣明曆經言, '是大唐新用經也.'
    眞野麿試加覆勘 … 請停舊用新".

15) 『唐六典』 권12, 「內官宮官內侍省」, 중화서국 교감본, 상책, 356쪽 "在內侍奉, 出入宮
    掖, 宣傳制令".

제도적 지위는 당나라 내시성 아래 설치한 기구, 국에 해당한다.

전중시 : 당나라에서 전중성의 주요 직무를 담당하였다. 국왕의 '궁정생활 즉 음식·옷·주거·행차시의 수레 등'[17]을 담당하였다. 전중시의 장관은 대령이고, 그 다음은 소령이다.

2) 7시

발해국 중앙사무기구는 당나라'9시'의 체계를 수용하였는데, 현재 문헌상에서 태상시, 대농시, 사빈시, 종속시, 병기시, 사장시와 사선시를 확인할 수 있다.

태상시 : 당나라의 태상시와 동일명칭의 기구이다. '예악·종묘·사직'[18]을 장관한다. 태상시의 장관은 경이고, 당나라의 태상경에 해당한다.

대농시 : 당나라의 사농시에 해당하고 '창고·누적'[19]에 관한 사무를 담당한다. 대농시의 장관은 경이고, 당나라의 대농경에 해당한다.

사빈시 : 당나라의 홍려시에 해당하고 '빈객(賓客)', '흉의(凶儀)'에 관련된 사무를 담당한다.[20] 사빈시의 장관은 경이며, 당나라의 홍려경에 해당하고, 차관은 소경이며, 당나라의 홍려소경에 해당한다.

---

16) 『毛詩正義』 권12, 「小雅·節南山之什」, 중화서국『十三經注疏』본(1980), 456쪽. 王成國은 '蒼伯'으로 오인하였다.

17) 『唐六典』 권11, 「殿中省」(상-323) "在內侍奉, 出入宮掖, 宣傳制令".

18) 『新唐書』 권48, 百官3(4-1241).

19) 『新唐書』 권48, 百官3(4-1259).

20) 『新唐書』 권48, 百官3(4-1257).

당나라의 홍려시에서는 두 소속기구를 관할하는데 하나는 '빈객'에 관련된 사무를 보는 전객서(典客署)이며 장관은 영이고, 차관은 승이다. 또 하나는 '흉의'관련 사무를 보는 사의서(司儀署)인데 장관은 영이고, 차관은 승이며 정9품하이다.[21]

발해국 사빈시의 문헌기록으로는 그 속관인 사빈경(司賓卿) 하수겸(賀守謙)이 확인된다. 「장건장묘지(張建章墓誌)」에 "발해국왕 대이진(大彝震)이 사빈경 하수겸을 보내어 방문하러 왔다."[22]라고 기록되어 있다. 그리고 사빈소령에 사도몽(史都蒙), 장선수(張仙壽)가 있었다. 『속일본기(續日本紀)』에 고닌(光仁)천황 호키(宝龜) 8년(777), 일본에서 "발해 대사 헌가대부(獻可大夫) 사빈소령(司賓少令) 개국남(開國男) 사도몽에게 정3위를 내려주었다."[23]라고 기록되어 있다. 그리고 고닌천황 호키 10년(779), "천황이 태극전(太極殿)에서 조회를 받았다. 발해국이 헌가대부 사빈소령 장수선 등을 보내어 입조하고 하례하였다. 그 의식은 상례와 같았다."[24]라고 기록되어 있다.

대 일본사신 중 사도몽이 '사빈소령'이라는 관직인데 웨이궈중은 이로부터 사빈경은 사빈대령으로도 볼 수 있고 사빈소경은 사빈소령으로도 볼 수 있다고 하였다.[25] 이러한 견해에 대하여 필자는 동의할 수 없다. 사빈소령으로부터 장관은 사빈대령으로 유추할 수 있는데, 사빈시의 장관이 사빈경이면 사빈대령, 사빈소령은 사빈시의 장관, 차관이 아니라

---

21) 『新唐書』 권48, 百官3(4-1258).

22) 陝西省古籍整理辦公室編, 吳鋼主編, 王京陽等點校, 1996, 『全唐文補遺(第三輯)』「唐幽州盧龍節度押奚契丹兩蕃副使攝薊州刺史正議大夫檢校太子左庶子兼禦史大夫上柱國賜紫金魚袋安定張公墓志銘並序」(三秦出版社, 289쪽) "渤海國王大彝震遣司賓卿賀守謙來聘".

23) 『續日本紀』 권34, 光仁天皇 寶龜8년 4월 丁未, 일본경제잡지사, 1897, 『국사대계본』 제2권, 604쪽 "授渤海大使, 獻可大夫, 司賓少令, 開國男史都蒙正三位".

24) 『續日本紀』 권35, 光仁天皇 寶龜10년 春정월 壬寅삭(2-621) "天皇禦太極殿, 受朝. 渤海國遣獻可大夫, 司賓少令張仙壽等朝賀, 其儀如常".

25) 魏國忠·朱國忱·郝慶雲, 2014, 앞의 책, 345쪽.

사빈시의 소속기구—사빈서의 장관과 차관이 된다. 만약 이러한 추측이 성립된다면, 사빈소령은 당나라의 전객서중의 전객승에 해당한다. 사도몽, 장선수가 발해국왕의 명을 받들어 사신으로 파견된 것으로 보아, 사빈서에서 분관한 직무는 사빈시의 "빈객"에 관한 직무일 것이다. '흉의'에 관한 일도 사빈시의 또 다른 소속기구의 분관 직무일 것이다. 『정효공주 묘지』의 "장례를 치르는 의식은 관청에 명하여 잘 갖추었다."[26]에 의거하면 발해국에는 "흉의"를 분관하는 공식적 기구가 분명 존재하였을 것이다. 문헌상의 제한으로 이런 기구의 명칭은 확인할 수 없다.

종속시 : 당나라의 종정시(宗正寺)의 주요 직무를 담당하였는데 '황실9족·6친의 속적 관리'[27]에 관련된 사무를 주관하며, 종속시의 장관은 대령, 차관은 소령이었다.

병기시 : 당나라의 위위시(衛尉寺)에 해당하며, '기계(器械, 문물(文物)의 정령(政令)'[28]을 주관하였다. 병기시 장관은 대령, 차관은 소령이었다.

그 외에 '병서(兵署)'라는 명칭이 보인다. 『속일본기』 기록에 준닌(淳仁) 천황 덴표호지(天平寶字) 2년(758), "발해대사 보국대장군(輔國大將軍) 겸 장군 행목저주자사(行木底州刺史) 겸 병서소정(兵署少正) 개국공(開國公) 양승경(揚承慶) 이하 23인이 타모리(田守)를 따라 내조하니 에치젠국(越前國)에 안치하였다."[29]라 하였다.

당나라의 위위시아래 세 기구를 설치하였는데, 하나는 '병장기 수장藏(兵械)'을 분관하는 무고서(武庫署), 또 하나는 '재외 무기 출입(在外戎器)'을

---

26) 延邊博物館, 1982, 「渤海貞孝公主墓發掘淸理簡報」『社會科學戰線』, 1982-1, 177쪽, "喪事之儀, 命官備矣".

27) 『唐六典』 권16, 「衛尉宗正寺」(하-465) "掌皇室九族·六親屬籍".

28) 『唐六典』 권16, 「衛尉宗正寺」(하-459) "器械, 文物之政令".

29) 『續日本紀』 권34, 淳仁天皇 天平寶字 2년 9월 丁亥(2-359) "渤海大使輔國大將軍兼將軍行木底州刺史兼兵署少正開國公楊承慶已下卄三人, 隨田守來朝, 便於越前國安置".

분관하는 무기서(武器署), 세 번째는 '천막 제공(供帳之屬)'을 분관하는 수궁서(守宮署)이다.30) 일본학자 도리야마 기이치(鳥山喜一)의 고증에 의하면, 병서는 발해 병기시에 소속되는 기구의 하나로서 당나라 위위시중의 무기서에 해당한다고 하였다.31) 병서소정으로부터 병서의 장관은 병서정이라는 사실을 추론해 볼 수 있다.

사장시 : 당나라 태부시의 주요 직무를 담당하며, '재정, 창고, 무역(財貨, 廩藏, 貿易)' 관련 사무를 주관한다.32) 한국학자 김동우는 발해국 사장시는 당나라 상서성(尙書省) 24부중의 하나인 태부시에 해당한다고 하였다.33) 이러한 견해는 상서성 호부(戶部)의 창사(倉司)와 중앙사무기구인 태부시를 혼동한 것이다. 사장시의 장관은 영이고, 차관은 승이다. 제도적 지위는 당나라 태부시의 소속기구 즉 여러 영서가 있는 부서에 해당한다.

사선시 : 당나라 광록시의 주요 직무를 담당하며, '조정의 연회와 제사의 제물(酒醴膳羞之事)'34)을 주관한다. 사선시의 장관은 영이며, 차관은 승이다. 제도적 지위는 당나라 태부시의 소속기구 즉 여러 영서가 있는 부서에 해당한다. 왕청귀(王成國)는 사선시의 주관사무는 왕실 후궁의 식사를 주관한다고 하면서, 당나라와 대응되는 기구를 지적하지 않았다.35) 이러한 견해는 표면적인 이해에 지나지 않는다. 사선시의 장관범위는 아마 왕청귀의 이해한 바보다 더욱 컸을 것이다. 제공한 식사는 왕실과 후궁에만 국한된 것이 아니었을 것이다. 『당육전』과 『신당서』「백관지(百官志)」

---

30) 『唐六典』 권16, 「衛尉宗正寺」(하-460~464).

31) 鳥山喜一, 1915, 『渤海史考』 奉公會, 124쪽.

32) 『新唐書』 권48, 百官3(4-1263).

33) 김동우, 2007, 「발해의 중앙 제도」 『발해의 역사와 문화』, 동북아역사재단, 178쪽.

34) 『唐六典』 권15, 「光祿寺」(하-443).

35) 王成國, 1982, 「唐代渤海國官制槪述」 『學習與探索』 1982-5, 136쪽.

에 의하면 당나라 광록시아래 태관(太官), 진수(珍羞), 양온(良醞), 장해(掌醢)의 네 부서를 설치하여, 구체적으로 '사당이나 연회에 제공할 음식(供祠宴朝會膳食)', '제사·조회·빈객을 위한 여러 음식(供祭祀·朝會·賓舍之庶羞)', '태묘에 제사를 지낼 술(供(祭祀)五齊·三酒)', '젓갈과 식초 절임 채소 등(供醢醢之物)'[36)]에 관련된 사무를 각각 담당하였다. 따라서 광록시의 주관 직무는 발해의 사선시의 직무와 비슷하였을 것이다.

3) 1감

발해국 중앙사무기구 중 당나라 '5감'의 체계를 수용한 것 중에 현재 주자감(胄子監)만 확인된다.

주자감 : 당나라의 국자감에 해당된다. '유학훈도(儒學訓導)'의 사무를 주관한다.[37)] '주자(胄子)'라는 용어는『상서(尙書)』「요전(舜典)」의 "제순(帝舜)이 말씀하기를 '기(夔)야. 너에게 명하여 음악을 주관하게 하노니, 주자를 교육하라.' 안사고(顔師古)주에 이르기를 '주자는 국자(國子)이다'"[38)]에 전거한 것이다. 주자감의 장관은 감장(監長)이며, 당나라 국자감 좨주(祭酒)에 해당하며, 차관은 소감(少監)이며, 당나라 국자감 사업(司業)에 해당한다. 청나라 장분(張賁)의『동경기(東京記)』에 "토인이 땅을 파니 부러진 비석을 발견했는데(土人掘地得斷碑), 그 위에 '下瞰臺城儒生盛于東觀'이라는 10글자가 새겨져있어 아마 국학비였을 것이다"라고 기록하였는데, 단편적 비문으로 보아 발해국 문학의 성황을 알 수 있다.

---

36)『新唐書』권48, 百官3(4-1247·1248).
37)『新唐書』권48, 百官3(4-1265).
38)『尙書正義』권3,「虞書」, 중화서국 교감본(1980), 131쪽.

3. 발해국과 당나라 정치제도의 관계

발해국과 당나라 정치제도의 연원에 관하여 국내외 학자들은 '대저 헌상중국제도(大抵憲象中國制度)'[39]라는 사료를 자주 인용한다. 그러면 발해국에서는 대체로 어느 정도로 당나라의 정치제도를 수용하였을까. 북한학자 장국종은 발해국은 원래 고구려 영토에 위치하고 또 고구려 유민들이 세운 나라이기에 그 정치제도도 필연코 고구려의 정치제도를 계승하였고 당나라는 그다지 모방하지 않았다고 하였다.[40] 이러한 견해는 검토의 여지가 있다.

중앙사무기구를 예로 들면, 발해국은 대체적으로 당나라의 중앙사무기구인 '3성, 9시, 5감'체계를 수용하였으며, 세부적인 면에서 조절하였던 것이다.

기구 명칭으로 볼 때, 발해국은 당나라 제도와 기능에 따라 중앙사무기구를 명명하였다. 하지만 명명 원칙은 일정한 룰이 있었던 것으로 보인다. 대체적으로 당나라 중앙사무기구 명칭과 가깝거나 상관된 용어를 사용하였다. 비교해보면 양자의 대응관계를 쉽게 찾아낼 수 있다.

관서 명칭으로 볼 때, 발해국의 중앙기구에는 '시', '감'이 있으며, 당나라 제도와 비슷하다. 이와 동시에 발해국은 '원', '국', '시'가 당나라의 중앙사무기구의 '3성'과 대응하는데, 이는 중원의 예제를 준수하는 의식을 반영한다. 그러나 '원', '국'은 발해의 독창적 제도가 아니라 당나라의 중앙사무기구에 그 연원이 있으며, '3성'의 소속기구였던 것이다.

장관과 차관 명칭의 패턴으로 볼 때, 발해국의 제사는 세 등급으로 구분된다. 장관과 차관이 '경 – 소경'으로 부르는 제사가 제1등급이며 제시 중에서 지위가 제일 높다. 장관과 차관이 '대령 – 소령'으로 부르는

---

39) 『新唐書』 권219, 「渤海傳」(20-6182).

40) 장국종, 1997, 「발해국의 정치제도」, 조선사회과학원역사연구소편, 『발해사 연구논문집』, 과학백과사전종합출판사, 182쪽.

제시가 제2등급이고, 장관과 차관이 ‘영―승’으로 부르는 제사가 제3등급인데, 제시 중에서 지위가 가장 낮다. 당나라 제도와 횡적으로 비교해보면 제1등급은 당나라의 제시에 해당하며, 제2등급과 제3등급은 당나라 제시 중의 소속기구 중에서 단일 영서와 여러 영서에 해당한다.

발해국은 당나라 제도를 참고로 자신의 중앙사무기구를 설치하였는데, 부단히 조절하면서 점차적으로 규범화하였다. 이러한 제도적 조절은 대체적으로 당나라 제도의 체계 속에서 진행하였으며, 발해국의 통치 수요와 중원의 예제에 따라 전개되었는데, 고구려 정치제도와는 아무런 관계도 없었다.

발해 역사를 거시적으로 감안할 때 일본학자 도리야마 기이치의 견해에 따르면, 발해에서의 당나라 제도 연원은 마치 달이 해의 빛을 반사하듯 하다.[41] 발해국은 당나라의 제도를 끊임없이 배우면서 시행하는 과정에서 자신이 면하는 과제와 곤경을 파헤쳐 나가 이른바 해동성국의 눈부신 성과를 이룩하였던 것이다. 자신의 문화 재생기초가 결핍한 탓에 발해국의 정치제도 변혁에는 내재적 동력이 결핍하여 당나라 제도의 역사적 관성에서 벗어나지 못하였다. 당나라의 쇠망에 따라 발해국 말기의 역사적 흐름은 제도적 참고 대상을 잃어 사회위기와 외부 종족의 침입과 더불어 국가의 붕괴 직전의 저녁노을과 같은 양상을 보여주었다.

---

41) 鳥山喜一, 1915, 앞의 책, 159쪽.

제4부

고구려·발해 유적 조사와 새로운 역사상

鄭 京 日

최근 평양시 낙랑구역에서 이룩한
발굴 조사 성과에 대하여
―긴골동 고구려 벽화무덤을 중심으로―

머리말

10년간 평양시 낙랑구역의 '10만세대 살림집 건설'장에서 수많은 유적들이 새롭게 발굴 조사되었다. 그 중에서 가장 많이 조사된 유적은 귀틀무덤, 나무곽무덤, 벽돌무덤[1]과 고구려의 석실봉토묘이다. 이중에는 고구려 벽화무덤들도 여러 기 조사되었는데 동산동벽화무덤,[2] 전진동벽화무덤[3], 보성리벽화무덤[4] 등이 포함된다.

본고는 2019년에 낙랑구역 긴골동에서 새롭게 조사된 두 기의 벽화무덤의 발굴 정형에 대해서 요약 소개하기로 한다.

---

1) 정영진·이동휘·정경일, 2014,『평양일대의 낙랑무덤』, 香港亞洲出版社.

2) 고적발굴대, 2011,「동산동 벽화무덤 발굴보고」『조선고고연구』 2011년 제4호, 28~30, 43쪽 ; 동북아역사재단, 2011,「평양시 낙랑구역 동산동 고구려 벽화무덤의 발굴 정황」『옥도리 고구려벽화무덤』, 동북아역사재단, 62~66쪽.

3) 정경일, 2020,「새롭게 조사된 평양시 낙랑구역 전진동 벽화무덤의 발굴정형에 대하여」, 이인재 엮음,『경계를 넘어서는 고구려·발해사 연구』, 혜안, 495~502쪽.

4) 전광진·김영일, 2019,「보성리벽화무덤 발굴보고」『조선고고연구』 2019년 제3호, 31~35쪽.

1. 긴골동 고구려고분군의 위치 및 분포상황

평양시 낙랑구역의 서쪽에 위치하고 있다. 긴골동의 동쪽에는 보성리와 전진동이 있고, 서쪽에는 원암동이 있으며, 북쪽에는 두단동, 남쪽에는 송남리가 있다. 긴골동은 1967년 10월에 원암리 일부를 갈라 내왔다. “긴골”이라는 지명은 옛날부터 이 고장에 골짜기가 길게 뻗어내린 곳에 있다 하여 “긴골”이라고 하였다. 한자로 긴 “長”자와 골 “谷”자를 써서 “長谷”이라고도 한다. 긴골동은 바로 이 “긴골”이라는 이름이 그대로 마을 이름으로 되고 마을 이름이 동 이름으로 된 것이다.

긴골동의 북쪽에 “달린절”이라고 불리는 산등성이가 있는데 이러한 지명은 대동강 기슭에 길게 뻗은 산인 긴 산벼랑에 매달아 놓은 듯한 절이 있었다고 하여 지어진 이름이다. 『평양지』에서는 그 절을 세운 연대와 유래를 알 수 없으나 절의 남쪽 언덕 밑(절골)에서 고구려시대의 기와조각이 많이 발견되었다고 기록하고 있다.

긴골동의 전반적 지형을 보면 서쪽에서 동쪽으로 길게 뻗은 구릉과 그 사이사이의 골짜기들로 이루어져 있다.

무덤들은 긴골동의 구릉과 평지에 떼를 지어 분포되어 있는데 그 분포 상황에 따라 크게 두 지구로 갈라볼 수 있다. 1지구는 긴골동 소재지에서 동쪽으로 1.5㎞정도 떨어진 곳에 위치하고 있고 2지구는 동남쪽으로 2㎞정도 떨어진 곳에 위치하고 있다.

2018~2019년에 조사된 1지구의 12기 석실봉토묘 중에 2기의 벽화무덤 이 포함된다. 무덤들은 발굴한 순서에 따라 번호를 주었는데 8호무덤과 10호무덤이 벽화무덤이다.

2. 긴골동8호무덤

무덤 봉분은 이미 없어지고 평지로 되어 있었다. 무덤은 무덤길, 안길, 앞칸, 사이길, 안칸으로 이루어진 반지하식의 이실묘이다. 무덤의 방향은 235°이다.

무덤길은 땅을 파고 원토를 다져 만들었는데 바깥쪽에서 안쪽으로 가면서 점차 낮아졌다. 무덤길의 경사도는 15°정도이고 크기는 길이 420㎝, 너비 130㎝이다.

안길은 앞칸 남벽 중심에서 동쪽으로 완전히 치우쳐있다. 바닥은 원토를 다지고 그 위에 회 미장을 하였는데 문턱에 의해 두 부분으로 나누어진다. 즉 앞칸 입구에서부터 문턱 시설까지는 바닥면이 수평을 이루고, 문턱 시설에서부터 안길 입구까지는 경사져 올라갔다. 문턱 시설과 안길 입구 쪽의 바닥 높이 차이는 20㎝이다. 벽체는 점판암 돌을 회죽에 물려 곧추 올려쌓고 그 겉면에 회 미장을 하였다. 천정은 파괴되었다.

안길에는 계단식으로 만든 문턱 시설이 있었다. 즉 제일 밑에 두께가 2~4㎝인 돌을 회죽에 물려 한 벌 깔고, 그 위에 길이 80㎝, 두께 8㎝, 너비 32㎝인 점판암 돌을 하나 가로 눕혀서 올려놓아 단을 하나 만들었다. 그 윗면 바깥쪽 너비 10㎝정도 되는 구간에 두께가 4㎝정도인 얇은 점판암 돌을 한 벌 깔고 그 위에 2~4㎝정도로 회 미장을 하여 너비 12㎝, 높이 16㎝정도의 단을 하나 더 만들었다. 문턱 시설의 크기는 윗단과 아래 단이 각각 길이 100㎝, 너비 12㎝, 높이 16㎝이다.

문턱 시설의 바깥으로는 16㎝ 두께로 문을 세웠던 자리가 남아있고 그 바로 뒤로는 폐쇄돌이 있었다. 폐쇄돌은 점판암 돌을 회죽에 물려 차곡차곡 쌓아올렸다. 제일 밑에는 큰 판돌 한 개와 작은 판돌 한 개를 문돌 바로 뒤에 눕혀 놓았다. 큰 판돌은 길이 80㎝, 너비 70㎝, 두께 16㎝이고 작은 판돌은 길이 40㎝, 너비 16㎝, 두께 12㎝이다.

안길의 크기는 길이 188㎝, 너비는 안칸 입구 쪽이 100㎝, 안길 입구 쪽이 108㎝이며 남은 벽체 높이는 60~104㎝이다.

앞칸은 평면 생김새가 동서로 긴 장방형이다. 바닥은 안길 바닥처럼 원토 위에 회 미장을 하여 만들었는데 안길 바닥과 수평을 이룬다. 벽체는 점판암 돌을 회죽에 물려 서로 어긋 물림하면서 곧추 올려쌓고 그 위에 2벌 정도로 회 미장을 하여 만들었는데 북벽과 남벽, 서벽은 비교적 잘 남아있고 동벽은 많은 부분이 파괴되어 밑돌기만이 남아있다. 동벽은 안길 동벽과 일직선을 이룬다. 앞칸의 크기는 동서 길이 220㎝, 남북 길이 168㎝, 남은 벽체 높이 6~80㎝이다.

사이길의 평면 생김새는 동서 길이가 남북 길이보다 더 긴 장방형이다. 사이길의 동벽은 앞칸 동벽과는 일직선을 이루나 안칸 동벽보다는 안쪽으로 약간 들어와 있다. 바닥은 안길이나 앞칸 바닥처럼 원토 위에 회 미장을 하여 만들었다. 벽체는 점판암 돌을 회죽에 물려 곧추 올려쌓고 그 겉면에 회 미장을 하였다. 사이길의 양 벽에는 안칸 입구 쪽에 턱 시설이 있다. 서벽의 것이 비교적 잘 남아있는데 안칸 입구 쪽에서부터 앞칸 쪽으로 40㎝정도 되는 곳까지 사이길 벽체보다 6~7㎝정도 두텁게 턱을 지어 만든 것이다. 이 턱 시설 바깥으로는 너비 8㎝, 두께 2㎝정도로 회 미장을 매끈하게 하고 그 바깥쪽에 1㎝정도 너비로 회를 덧 미장한 부분이 있다. 동벽에는 너비 7㎝, 깊이 1.5㎝정도로 회 미장을 하여 만든 홈이 있다. 드러난 상태로 보아 축조 당시에 두께가 7~8㎝인 문을 세우고 그 바깥으로 테두리를 따라 회 미장을 하였던 것이 문이 없어지고 남은 흔적으로 보인다. 사이길의 천정은 파괴되었다. 사이길의 크기는 남북 길이 96㎝, 동서 길이 116㎝, 남은 벽체 높이 12~80㎝이다.

안칸은 평면 생김새가 남북으로 긴 장방형이다. 바닥은 원토 위에 회 미장을 하여 만들었던 것인데 회 미장 면이 대부분이 없어진 상태이다. 벽체는 점판암 돌을 회죽에 물려 곧추 쌓고 그 겉면에 회 미장을 하였다. 동벽이 파괴가 심하고 나머지 세 벽체는 비교적 잘 남아있다.

안칸에는 관대가 있다. 관대는 안칸의 서쪽에 치우쳐 남벽과 북벽에

잇닿아 있는데 동쪽 면이 사이길의 서벽과 거의 일직선을 이룬다. 관대는 동쪽 테두리에 두께가 10㎝인 점판암 돌의 매끈한 면을 맞추어서 놓고 그 안쪽에 얇은 판돌들을 채웠으며 그 위에 2~4㎝정도의 회 미장을 하여 만들었다. 현재 돌들도 많이 빠지고 회 미장 면도 많이 없어진 상태이다. 관대의 크기는 길이 272㎝, 너비 120㎝, 높이 12㎝이다. 안칸의 크기는 길이 272㎝, 너비 252㎝, 남은 벽체 높이 16~80㎝이다.

무덤에서는 벽화가 알려졌다. 벽화는 무덤칸의 앞칸과 안칸에만 일부 남아있다. 벽화의 주제는 인물풍속도이다.

앞칸에서 벽화는 남벽의 윗부분에만 남아있는데 1명의 보행자와 말을 탄 4명의 기마인물을 그린 행렬도이다. 제일 앞에는 깃발을 들고 나가는 보행자를 그렸는데 머리에는 검은 수건을 쓰고 아래에는 검은색의 통이 넓은 바지를 입고 있다. 그 뒤로는 4명의 기마인물이 따르고 있다. 앞의 기마수 그림에서는 기마인물은 지워지고 그가 입은 누런색의 긴 저고리 아래 부분과 말의 윤곽만이 보인다. 말은 검은색으로 윤곽을 그렸을 뿐 몸통부분에서는 색이 뚜렷하지 않다. 말 다리는 앞의 두 발은 땅을 박차며 앞으로 나갈 듯이 안쪽으로 굽은 상태이고, 뒤의 두 발은 한 발은 땅을 내짚고 다른 한 발은 땅을 박차는 상태이다. 꼬리는 늘어뜨린 상태인데 끝부분만이 남아있다. 말잔등에는 검은색으로 테두리만 그린 장방형의 말다래가 말배 밑 부분까지 길게 내려왔다. 그 뒤의 기마수는 비교적 잘 남아있다. 기마수는 앞의 기마수처럼 누런색의 긴 저고리를 입고 있는데 오른섶으로 되어있고 허리에는 검은색의 끈을 동여맸다. 말은 앞의 말과는 달리 몸통을 검은색으로 그렸다. 말의 다리와 꼬리는 앞의 것과 그 형상이 비슷하다. 안장 아래에는 말다래가 있다. 다음의 것은 많이 지워졌으나 말의 윤곽은 어느 정도 보인다. 제일 앞의 말과 그림 수법과 형상 내용이 비슷하다. 말잔등 부분에 누런색 부분이 있는 것으로 보아 말 위에는 역시 누런색의 긴 저고리를 입은 인물이 탔던 것으로 보인다. 제일 뒤의 그림은 다 지워지고 말 다리만이 보이는데 앞의 말들과 형상이 비슷하다.

안칸에는 북벽과 서벽에 벽화가 약간 남아있는데 붉은 밤색으로 기둥 같은 것을 표현한 것이다. 북벽에는 서쪽 모서리에서 동쪽으로 23㎝정도 떨어진 곳에 5㎝정도 굵기의 붉은 밤색 선이 곧추 그려져 있고, 여기로부터 동쪽으로 104㎝정도 떨어진 곳에 또 이와 같은 붉은 밤색 선이 그려진 것이 흔적으로 남아있다. 서벽에는 북쪽 모서리에서 남쪽으로 30㎝정도 떨어진 곳에 5~6㎝정도 두께로 붉은 밤색을 칠하였던 것이 흔적으로 남아있고 여기로부터 남쪽으로 94㎝정도 떨어진 곳에 또 이와 같이 붉은 밤색으로 칠한 흔적이 남아있다. 그리고 남쪽 모서리에서 북쪽으로 30㎝정도 떨어진 곳에 붉은 밤색을 칠한 것이 흔적으로 보인다. 남아있는 벽화 상태로 보아 안칸의 네 벽면에는 5~6㎝정도로 붉은 밤색의 기둥 같은 것을 그렸던 것으로 볼 수 있다.

무덤에서는 은가락지, 금동장식품, 쇠관못, 질그릇 등 여러 가지 유물이 나왔다.

은가락지는 1㎜정도 두께의 은줄을 원형으로 2~3겹 타래지게 만든 것이다. 가락지의 바깥 면에는 칼 같은 것으로 눌러 새긴 무늬가 있다. 가락지의 직경은 1.8㎝이다.

금동장식품은 0.3㎜정도의 얇은 금동판을 반구형으로 만든 것인데 한쪽 가장자리에 두 개의 구멍을 뚫어놓았다. 크기는 직경이 1㎝정도이다.

쇠관못은 7~8개가 나왔는데 그중 온전한 것은 3개이다. 모두 버섯갓모양의 머리 중심에 단면이 방형인 못대가 달린 것이다. 크기는 못 머리 직경 4㎝, 두께 1.2㎝이며 못대의 두께는 8㎜, 길이는 2개는 14㎝, 1개는 13㎝이다.

질그릇으로는 도기조각이 나왔다. 도기조각은 몸체부분인데 회색 도기이다.

3. 긴골동10호무덤

무덤 봉분은 이미 없어지고 평지로 되어있었다. 무덤은 무덤길, 안길, 문칸, 안칸으로 이루어진 반지하식의 석실봉토단실묘이다. 무덤의 방향은 200°이다.

무덤길은 땅을 파고 원토를 다져 만들었는데 바깥쪽에서 안쪽으로 들어가면서 경사졌다. 남은 무덤길의 크기는 길이 60㎝, 너비 120~128㎝이다.

안길은 중심에서 동쪽으로 약간 치우쳐 있다. 안길 바닥은 원토를 다지고 그 위에 3㎝정도의 회 미장을 하여 만들었던 것인데, 문칸 입구쪽의 서쪽부분에만 회 미장 흔적이 약간 남아있었다. 바닥면은 안길 입구 쪽에서 문칸 입구 쪽으로 가면서 점차 경사져 낮아졌는데 그 차이는 20㎝이다. 안길 벽은 점판암 돌을 회죽에 물려 곧추 올려쌓고 그 안쪽 면에 회 미장을 하였다. 크기는 동벽이 길이 100㎝, 남은 높이 36~56㎝이고, 서벽이 길이 100㎝, 남은 벽체 높이 36~64㎝이다. 안길 천정은 파괴되었다.

안길에는 문칸 입구 쪽에 문턱 시설이 있다. 문턱 시설은 안길 양 벽에 4~6㎝정도 두께의 점판암 돌을 회죽에 물려 세워서 쌓고, 그 겉면에 2~4㎝정도로 매끈하게 회 미장을 하여 만든 두께가 각각 8㎝가량 되는 턱 시설의 가운데에 만들었다. 문칸 입구 쪽에는 벽돌을 3장씩 가로 길게 눞혀서 두 줄 쌓고 그 바깥쪽에는 길이 108㎝, 너비 16㎝, 두께 7㎝인 화강암 돌을 가로 길게 세워놓았으며, 그 윗면과 양쪽 면에 매끈하게 회 미장을 하여 만들었다. 문턱 시설의 크기는 길이 108㎝, 너비 24㎝, 높이 10㎝이다.

문턱 시설의 바깥으로 22㎝ 떨어진 곳에 2㎝정도 두께로 얇게 회 미장을 한 것이 10㎝정도의 높이로 남아있는데, 안쪽 면은 비교적 매끈한 반면에 바깥 면은 매끈하지 못하고 회덩이가 돌들과 함께 붙어있었다. 문을 세웠던 자리로 보인다. 발굴 당시 안길 입구에서 문칸 안까지 비교적 작은 돌들이 무질서하게 놓여있는 것으로 보아 폐쇄에 사용되었던 돌들이 무너져 문칸 안까지 들어간 것으로 보인다. 즉 안길에 설치한 문턱 시설의 바깥에 22㎝정도 두께의 문을 세우고 회 미장을 얇게 한 다음, 그 바깥으로 돌을 회죽에 물려 올려쌓아 폐쇄하였던 것으로 볼 수 있다. 안길의 크기는 길이 100㎝, 너비는 문칸 입구 쪽이 104㎝, 안길 입구 쪽이 112㎝이며 남은 높이는 36~64㎝이다.

문칸은 평면 생김새가 거의 방형에 가까운 장방형이다. 문칸 바닥은 원토 위에 얇게 회 미장을 하였다. 벽체는 안길 벽체와 같이 점판암 돌을 회죽에 물려 곧추 쌓아올리고 그 안쪽 면에 회 미장을 하여 만들었다. 천정은 파괴되고 없어졌다. 문칸에는 안칸 입구 쪽에서 바깥으로 4㎝ 떨어진 곳에 문턱 시설이 있다. 문턱 시설은 안길의 문턱 시설과 비슷한 방법으로 만들었다. 즉 문칸의 양 벽에 벽돌을 가로 길게 세워서 쌓고, 그 겉면과 양쪽 옆면에 회 미장을 매끈하게 하여 만든 각각 8㎝정도 두께의 턱 시설의 가운데에 3장의 벽돌을 한 줄로 가로 길게 눕혀 쌓고 그 윗면과 양쪽 옆면에 매끈하게 회 미장을 하였다. 현재 회 미장한 부분이 많이 없어졌다. 문턱 시설의 크기는 길이 96㎝, 너비 16㎝, 높이 8㎝이다. 문칸의 양 벽 밑부분에는 4~6㎝정도의 폭으로 바닥보다 경사져 내려간 부분이 있는데 배수시설로 인정된다. 문칸의 크기는 길이 120㎝, 너비 104㎝, 남은 높이는 동벽이 52~72㎝, 서벽이 60㎝정도이다.

안칸은 평면 생김새가 방형에 가까운 장방형이다. 바닥은 안길이나 문칸의 바닥처럼 원토를 다지고 그 위에 회 미장을 하여 만들었다. 벽체는 점판암 돌을 회죽에 물려 곧추 올려쌓고 그 안쪽 면에 2~3벌의 회 미장을 하여 만들었다. 천정은 파괴되어 잘 알 수 없다. 발굴 당시 묘실 안에서 큰 판돌 3개가 드러났다. 안칸의 크기는 남북 길이 292㎝, 동서 너비 260㎝, 남은 벽체 높이 12~128㎝이다. 안칸의 네 벽 밑에는 문칸에서처럼 4~6㎝의 폭으로 바닥보다 경사져 내려간 부분이 있었는데 배수시설로 인정된다.

무덤에서는 벽화가 알려졌다. 벽화는 문칸의 양 벽과 안칸의 네 벽면과 천정에 그렸던 것인데 대부분이 박락되었다. 발굴 당시 벽화 조각들은 2층으로 쌓여있었다. 즉 안칸 바닥에서 40㎝정도 높이에 박락된 벽화 조각들이 한 벌 깔려 있었고 그 위에서 30~40㎝정도 높이에 또 한 벌 깔려 있었다. 드러난 상태로 보아 무덤은 적어도 두 번에 걸쳐 무너졌다는 것을 알 수 있다. 벽화의 주제는 인물풍속도로 보인다.

문칸의 양 벽에 벽화를 그린 것으로 보여지는데 많은 부분이 떨어져 그림 내용을 잘 알 수 없다. 문칸에서 벽화는 동벽에 비교적 잘 남아있다. 현재 남쪽 끝부분에 너비 7㎝정도로 곧추 그린 붉은 밤색의 벽화가 남아있고 가운데 부분에는 전면에 걸쳐 누런색의 벽화 흔적이 많이 남아있다. 이 누런색을 바탕으로 하여 검은색과 붉은색으로 그린 그림들이 일부 보인다. 안칸 입구 쪽의 문턱 시설의 남쪽 끝부분에서 25㎝ 떨어지고 바닥에서 52㎝ 되는 곳에 치켜 올라간 짐승꼬리 모양으로 된 검은색의 그림이 있고, 여기서 남쪽으로 8~10㎝정도 떨어진 곳에 검은색으로 원을 긋고 그 안쪽에 붉은색을 칠한 그림이 있는데 무엇을 형상한 것인지는 잘 알 수 없다.

문칸 입구 쪽과 안칸 입구 쪽의 턱 시설에서 문칸 쪽으로 놓인 면들에도 붉은 밤색을 칠하였던 것이 드문드문 남아있다. 드러난 상태로 보아 문칸의 양 벽에는 양쪽 끝부분에 너비 7㎝정도로 붉은 밤색의 기둥 같은 것을 그리고 그 사이의 벽면에 누런 바탕색을 칠한 다음 검은색과 붉은색 등으로 그림을 그렸던 것으로 보인다.

안칸에는 네 모서리에 기둥을 그리고 그 사이의 벽면에 벽화를 그렸는데, 많이 떨어지고 지워져 현재 북벽과 동벽에 일부만이 남아있고 서벽에는 흔적만이 남아있다. 기둥은 벽 모서리에서 17㎝정도 떨어진 곳에 1㎝ 두께의 검은 색 선을 곧추 긋고 그 안쪽에 붉은 밤색을 칠한 것이다. 현재 북벽의 동쪽 끝과 동벽의 북쪽 끝, 남쪽 끝, 남벽 동쪽 부분에 남아있다.

　북벽에는 서쪽에서 110㎝, 바닥에서 80㎝정도 되는 곳에 짐승꼬리 모양으로 구분 그림이 남아있다. 테두리는 붉은색으로 얇게 그리고 그 안쪽에는 검은색을 칠하였다. 테두리의 굵기는 1~1.3㎝가량 된다. 이밖에 동쪽 부분에서도 서쪽 부분의 것과 비슷한 위치에서 검은색과 붉은색의 흔적이 약간 보인다.

　동벽도 많이 파괴되어 벽면에 남아있는 벽화 조각이 얼마 없다. 다만 남벽에서 94㎝ 떨어져 바닥에서 40㎝ 높이에 검은색 선으로 얇게 타래무늬 같은 것을 그리고 그 중심점으로부터 남쪽으로 5㎝, 6㎝, 7.2㎝정도 되는 곳에 검은색으로 2㎜, 4㎜정도의 동심원을 그린 것들이 남아있을 뿐이다.

　이와 같이 벽면에 남아있는 벽화는 얼마 없다. 그러나 안칸에서 많은 벽화 조각이 수집되었다. 수집된 벽화 조각들은 정확히 어느 벽면에서 나왔다고 확인할 수는 없으나 대체로 수집한 조각과 가까운 벽면의 것으로 인정하고 분류하였다. 따라서 여기서도 편의상 수집한 벽화 조각들을 벽면별로 분류하여 소개하기로 한다.

1) 북벽

　북벽 가까이에서 수집된 벽화 조각에는 인물그림과 건물그림, 구름무늬 등이 있다. 인물그림에서는 머리부분과 옷깃이 잘 나타나 있다. 머리에는 청라관을 쓰고 있다. 덧관이 비교적 잘 나타난다. 테두리를 검은색으로 그렸는데, 윗 테두리만은 검은색 위에 붉은색을 덧그렸다. 그리고 안에는 사선격자로 그물무늬를 형상하였다. 얼굴은 불그스름하고 눈과 눈썹은 검은색으로 그렸으며 입술은 붉은색으로 진하게 그렸다. 옷깃은 직선으로 되어있는데 테두리에는 검은색을, 안쪽에는 청색을 칠하였다. 인물의 왼쪽에는 어깨와 수평으로 굵은 검은색 선을 길게 그린 것이 있는데 평상 등받이의 테두리로 보인다. 건물 그림 조각들은 비교적 많이 나왔는 데 대체로 기둥과 두공장식, 지붕, 장방휘장 등이 있다. 기둥은 곧은 기둥이다. 두공은 기둥 위에 놓인 주두 위에 하나의 첨차가 놓이고 그 위에 소로가 한 개씩 놓인 형식이다. 주두는 윗부분의 모서리는 직각을 이루고 아래 부분의 모서리들은 둔각을 이루고 있으며 소로는 주두보다 짧게 그려졌다. 두공은 검은색 선의 테두리에 붉은 밤색으로 덧테두리를 그렸는데 검은색 테두리를 따라 전부 그린 것이 아니라 불규칙적으로 그렸다. 이밖에 기둥 위에 주두와 소로가 한 개씩 놓인 벽화 조각들도 있다. 두공 위에는 지붕이 보이는데 검은색 선을 가로 두 줄 길게 그리고 그 위에 검은색 선을 세로 0.8㎝정도의 간격으로 곧추 내리그어 기와를 형상한 것이다. 이와 같이 검은색 선을 가로세로 그어 기와를 형상한 벽화 조각이 많이 발견되었는데 그 가운데는 지붕의 한 쪽 끝면이 그려져 있는 벽화 조각도 나왔다. 그 표현수법을 보면 가로로 두 줄 그은 선 위에 0.8㎝정도의 간격으로 검은색 선을 사선으로 내리그어 지붕 위에 얹은 기와 형상을 그렸는데 우진각 지붕을 형상한 것으로 보인다. 장방휘장이 그려져 있는 조각들도 많이 나왔다. 장방휘장은 걷어 올려 장식 끈으로 묶은 상태이다. 휘장은 검은색 선으로 테두리만 표현한 것과 모두 검은색으로만 칠한 것 두 가지로 나누어진다. 장식 끈은 검은색 선을 두 개 내리그어 끝부분에서 이등변 삼각형 모양으로 합쳐진 것으로 표현되어 있는데 긴 것과 짧은 것이 각각 한 개씩 조를 이루고 있다. 이런 장식 끈이 그려져 있는 벽화 조각도 여러 개 드러났다.

구름무늬는 대체로 가운데에 호선의 짧은 선들을 3~4개 정도 그리고 그 바깥의 양옆으로 여러 개씩의 고사리무늬를 길게 뻗어나가게 그린 것이다. 구체적인 생김새에서 약간의 차이가 있는데 실례로 가운데에 있는 호선의 짧은 선을 3~4개 정도 그린 것에서는 비슷하지만, 그 양옆으로 뻗어나간 고사리무늬들의 양상에서 일부 차이가 있다. 즉 양옆으로 뻗어나간 고사리무늬가 반원에 가깝게 대칭으로 뻗어나간 것이 있는가 하면 그보다 길게 뻗어나가면서 끝부분이 오므라든 것도 있고, 고사리무늬가 반리무늬처럼 "S"형으로 구분한 것도 있다.

이밖에 북벽에서 수집한 벽화 조각 중에는 바깥 테두리에는 검은색을 칠하고 안쪽에는 붉은 밤색을 칠한 벽화 조각들도 여러 개 나왔다.

2) 동벽

동벽 가까이에서도 많은 벽화 조각을 수집하였다. 그 가운데는 기마인물과 연꽃무늬, 구름무늬 등이 있다. 기마인물은 얼굴 부분은 지워지고 머리카락과 머리쓰개의 뒷부분만이 보인다. 머리는 내린 머리로 보이며 머리에는 두건을 쓰고 있는 것으로 보인다. 두건은 뒷부분만이 남아있는데 새꼬리 모양으로 생겼다. 옷은 검은색 바탕의 긴 두루마기 같은 것을 입고 있다. 옷깃은 오른섶으로 보이는데 옷깃과 옷의 테두리에는 검은색 밖으로 붉은색을 얇게 덧그렸다. 허리에는 붉은색의 얇은 띠(끈)를 두르고 있다. 어깨 부분에 붉은색의 흔적들이 많이 확인되는 것으로 보아 어깨 부분에 검은색 바탕에 붉은색의 세로선무늬로 그린 옷을 입었거나 검은색 바탕에 붉은 점무늬를 장식한 옷을 입고 있는 것으로 보인다. 기마인물의 뒤에는 끝이 뾰족한 것이 그려져 있다. 검은색으로 그린 것인데 테두리에는 붉은색을 칠하였다. 그 생김새로 보아 일산대로 생각된다. 말은 머리 부분과 다리 부분이 지워졌을 뿐 기본적인 생김새는 잘 나타나고 있다. 말갈기와 꼬리 부분은 검은색으로 두텁게 칠하고 말목의 윗부분에는 말고삐가 검은색으로 그려져 있다. 가슴에는 검은 줄을 얇게 두 줄 가로 그어 가슴 띠를 형상하였다. 말 엉덩이에는 검은색 줄을 가늘게 가로 5줄, 세로 3줄 그어 고들개 끈을 그렸다. 세로 그은 고들개 끈의 끝에는 검은색으로 그린 원형의 고들개 장식이 있다. 말잔등에는 말안장이 있는데 안교와 안교깔개, 말다래가 다 갖추어져 있다. 안교는 전안교와 후안교로 되어있는데 전안교는 후안교보다 약간 낮고 작다. 안교들은 "∩"형으로 생겼는데 겉 테두리는 검은색 선으로 얇게 그리고, 안쪽에는 붉은색 선으로 테두리를 그렸다. 안교의 바탕색은 검은 회색이다. 안교깔개는 안장보다 길게 나가있는데 테두리를 검은색 선으로 그리고 안쪽에 붉은색을 덧칠하였다. 말다래는 아래로 길게 내려왔는데 아래부분이 지워져 구체적인 형태는 잘 알 수 없다.

연꽃무늬가 그려져 있는 조각은 여러 개가 나왔다. 모두 정면 연꽃무늬이다. 제일 잘 남아있는 것은 4분의 1정도 남아있는 조각으로서 연꽃무늬와 함께 그 옆으로 구름무늬가 그려져 있는 것이다. 자방은 원형으로 그리고 그 바깥쪽에 연꽃잎을 그렸는데 안쪽에 그린 연꽃잎은 긴 타원형으로 된 둥근 잎이고 바깥쪽의 잎은 끝이 뾰족한 타원형의 잎이다. 바깥쪽에 그려진 잎 사이에는 또 끝이 뾰족한 연꽃잎이 있다. 연꽃잎의 바탕은 누런색으로 칠하고 꽃잎 테두리는 검은색 선으로 그렸다. 자방에는 아무런 바탕색도 칠하지 않았다. 연꽃잎의 크기를 보면 자방의 직경은 8~10㎝, 연꽃잎까지 포함한 직경은 24~28㎝이다. 연꽃의 바깥쪽 잎에 검은색으로 그린 구름무늬가 연결되어 있다. 구름무늬는 짧은 호선을 3개, 그리고 그 양옆에 비교적 긴 호선들과 짧은 호선, 고사리무늬를 배합하여 그린 것이다. 연꽃무늬와 구름무늬가 결합된 연꽃구름무늬이다. 이 벽화 조각은 묘실의 모서리 부분으로서 두 면은 서로 직각을 이루고 있다. 한쪽 면의 테두리에는 붉은 밤색이 1㎝정도 가량 칠해져 있다. 다른 하나의 연꽃무늬에는 원형의 자방에 4개의 작은 원형으로 된 씨가 검은색으로 그려져 있다. 자방의 바탕색은 누런색이다. 자방 바깥으로는 두 겹으로 된 길고 둥근 꽃잎을 그리고 그 사이에 한 겹의 뾰족한 잎을 그렸다. 꽃잎들의 바탕색은 검은 회색이다. 또 다른 하나는 원형의 자방에 작은 원형의 씨가 그려져 있는 것으로서 자방에는 아무런 색을 칠하지 않고 직경 1㎝정도의 원형의 씨를 여러 개 검은색으로 그린 것이다. 위의 것들과 비슷하나 꽃잎의 형상에서 차이가 난다. 연꽃잎의 바탕색은 누런색으로 칠하고 꽃잎은 검은색으로 형상하였다. 꽃잎은 비교적 긴 타원형인데 한 겹으로 그렸다. 꽃잎의 가운데에는 검은색으로 된 줄을 1개 내리 긋고 그 양옆에 검은색의 점을 한 개씩 그렸다. 연꽃잎의 한쪽으로는 검은색의 호선이 한 줄 지나갔는데 구름무늬로 보인다. 이 연꽃무늬도 구름무늬와 결합된 연꽃구름무늬로 보인다.

사람의 다리가 그려져 있는 조각도 있다. 한쪽 다리만 남아있는데 가랑이가 좁은 바지를 입고, 앞코가 약간 들릴 듯한 신발을 신고 있다. 바지는 검은색으로 테두리만 그렸고 신발은 이와 달리 전부 검은색으로 진하게 그렸다.

이밖에 사람의 머리 같은 것이 그려져 있는 조각도 나왔다. 머리는 상투를 틀어 올린 머리로 보인다.

구름무늬가 그려져 있는 조각들은 가운데에 짧은 호선을 3~4줄, 그리고 그 양옆으로 긴 호선을 한 줄 그린 것과 짧은 호선의 양옆으로 그렸던 고사리무늬 조각이 나왔다.

3) 서벽

서벽 부근에서도 적지 않은 벽화 조각을 수집하였다. 그 가운데는 사람의 머리로 보이는 것이 있는데 얼굴 부분은 없어지고 머리 윗부분과 뒷부분이 남아있다. 머리는 내린 머리로 보이는데 위에는 상투 같은 것이 있다.

이 밖에 연꽃무늬와 구름무늬가 있다. 연꽃무늬는 여러 조각이 나왔는데 그 가운데서 비교적 잘 남아있는 것은 연꽃잎 끝부분은 없어지고 연꽃의 자방과 그 안의 씨만 남아있다. 자방은 원형으로 되어있는데 누런색으로 칠하고, 그 안에는 직경 1㎝정도로 원형의 씨를 검은색으로 그렸던 것인데 현재 3개의 씨가 남아있다. 꽃잎부분에는 검은 회색을 칠하였다. 다른 하나의 연꽃무늬는 원형의 자방과 연꽃잎 부분만이 남아있는 것인데, 위의 것과는 달리 자방에는 아무런 색을 칠하지 않고 연꽃잎 부분에는 바탕색을 노란색으로 칠하였으며 그 위에 검은색으로 꽃잎을 형상한 것이다.

구름무늬는 다른 벽체들에서 나온 구름무늬와 마찬가지로 가운데에 짧은 호선을 3~4개, 그리고 그 양옆으로 고사리무늬를 그린 것인데 대부분 조각들로 발견되었다. 어떤 구름무늬의 옆에는 2㎝정도의 붉은 밤색 선을 "ㄷ"모양으로 돌린 것들도 있다.

이밖에 붉은 밤색으로 그린 장식무늬 같은 것도 적지 않게 나왔다. 붉은 밤색으로 2㎝정도의 띠를 돌린 것인데 어떤 것은 직선으로 그리고 어떤 것은 사선으로, 또 어떤 것은 건물의 활개와 같이 "ㅅ"모양으로 그린 것도 있다. 또 어떤 것은 세 면이 사귀는 모서리 부분에 그려진 것으로서 모서리면마다 붉은 밤색 선을 그리고 그 사이에 세로 붉은 밤색 선을 여러 줄 내리 그은 것도 있다.

이밖에 검은색으로 그린 벽화 조각들이 적지 않게 나왔는데 그 내용을 잘 알 수 없다.

무덤에서는 인골과 쇠관못, 오수전조각, 질그릇조각 등의 유물이 나왔다. 인골은 머리뼈 조각인데 안칸의 남벽에서 50㎝정도 떨어진 동벽 가까이에서 나왔다. 쇠관못은 안칸과 문칸에서 나왔다. 안칸에서는 북벽에서 140~200㎝정도 떨어지고 동벽에서 50~100㎝정도 떨어진 곳에서 여러 개가 나오고 문칸에서는 문턱 시설의 양쪽 끝부분 바깥에서 3개가 나왔다. 오수전 조각은 안칸의 동북모서리에서 나왔으며, 질그릇조각은 북벽에서 180㎝, 동벽에서 100~130㎝정도 떨어진 곳에서 나왔다.

쇠관못은 7~8개체분이 나왔는데 비교적 온전한 것은 3개이다. 모두 버섯갓 모양의 머리 중심에 단면이 방형인 못대가 달린 것이다. 크기는 머리 직경 2.4㎝, 두께 0.8~1㎝이며 못대의 두께는 0.5㎝, 0.6㎝, 0.8㎝이고 남은 길이는 5~9.4㎝이다.

질그릇조각은 3개가 나왔는데 2개는 몸체 조각이고 1개는 밑굽 조각이다.

몸체 조각들은 검은색 도기인데 겉면이 매끈하다. 밑굽 조각은 진흙질의 회색 도기로서 밑창은 납작 밑창이다. 모두 바탕흙에 다른 것은 섞지 않았다. 밑굽 직경은 17.6㎝이며 그릇살의 두께는 0.8㎝이다.

문턱 시설 축조에 쓴 벽돌은 낙랑 벽돌무덤 축조에 쓴 벽돌과 같은 것인데 무늬가 없는 것이다.

맺음말

새천년에 들어서서 북한 고고학계에서는 계획을 세워 고구려 유적을 조사하였다. 그 중에서도 고구려 성곽과 무덤을 집중적으로 발굴 조사하였는데 특히 벽화무덤의 발굴 소식이 계속 보도되면서 학계의 주목을 받고 있다.

본고는 2019년에 평양시 낙랑구역에서 새롭게 발굴 조사된 긴골동8호, 10호 벽화무덤의 발굴 정형을 짚어보았다. 앞으로 더 넓은 지역에서 고구려 벽화무덤이 더 발견될5) 가능성이 높으며 이를 통해 고구려 벽화무덤에 대한 관심이 고조되기를 기대해 본다.

---

5) 조선중앙통신의 보도에 따르면 2020년도에는 황해남도 안악군 월지리에 2기, 남포시 용강군 은덕지구에서 1기 조사되었다.

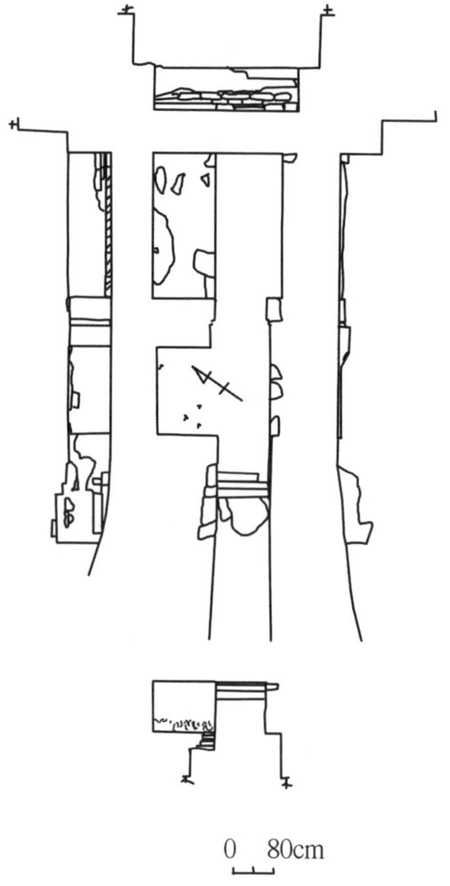

0　80cm

〈그림 1〉 긴골동8호 벽화무덤 실측도

〈사진 1〉 긴골동8호 벽화무덤 전경(동─서)

〈사진 2〉 긴골동8호 벽화무덤 앞칸 남벽 벽화

〈사진 3〉 긴골동8호 벽화무덤 앞칸 남벽 벽화

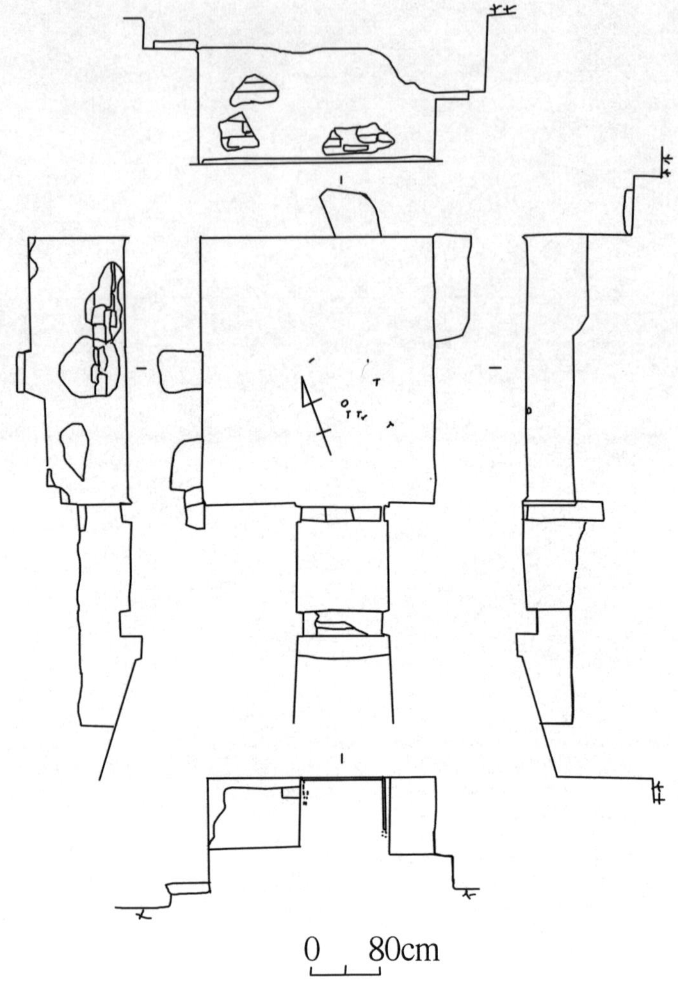

0　80cm

〈그림 2〉 긴골동10호 벽화무덤 실측도

〈사진 4〉 긴골동10호 벽화무덤 전경(동-서)

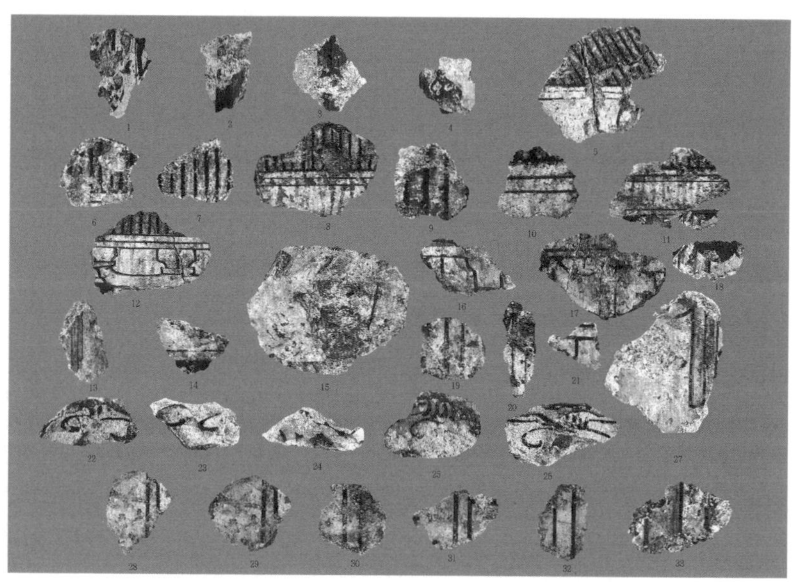

〈사진 5〉 긴골동10호 벽화무덤 안칸 북벽 벽화파편

〈사진 6〉 긴골동10호 벽화무덤 안칸 동벽 벽화파편

〈사진 7〉 긴골동10호 벽화무덤 안칸 서벽 벽화파편

王 天 姿 번역 : 金善姬(長春師範大學 馬克思主義學院 講師)

고구려 안시성 지리적 위치에 대한 새로운 고찰

머리말

안시성은 요동 지역의 고구려성 중 연구가 일찍 이루어지고 논쟁도 많았던 성이다. 유명한 안시성 전투는 고구려-당 전쟁사에서 대표적 전투 사례로 안시성은 당군에게 끝까지 함락되지 않았던 몇 안 되는 고구려성 중의 하나였다. 안시성의 지리적 위치에 대한 고증은 요동 지역의 고구려 역사 지리 문제, 특히 고당전쟁 과정에 대한 연구에 중요한 의미를 지닌다. 본고는 종래 여러 학자들의 관점을 짚어보고 문헌기록과 현지조사에 기초하여 안시성의 위치를 추정하고 연구하여 사학계의 가르침을 구하고자 한다.

1. 고구려 안시성에 관한 문헌기록 및 안시성 전투의 경위

고구려 안시성은 『구당서』「동이전」 고려조에 처음 등장하여 그 후 『신당서』「동이전」 고려조와 『자치통감』「당기」14에도 안시성에 대한 일부 기록을 남겼다. 이 세 문헌은 안시성 및 안시성 전투에 관한 거의 모든 정보를 담고 있어 오늘날 안시성을 연구하는 데 가장 중요한 문헌적 근거가 되고 있다.

이 세 역사문헌 모두 안시성에 대한 비교적 상세한 기록이 남아 있다. 그 중 『신당서』와 『자치통감』은 전체적으로는 『구당서』의 내용을 전하고 있지만 안시성 전투의 일부 세부 사항에서는 그 내용이 보다 풍부하다. 예를 들면 당태종은 주필산 전투를 앞두고 고구려의 용장 고연수·고혜진이 15만 명의 군사를 이끌고 온 것을 대처하기 위해 부하들과 군사 배치를 논의할 때 어적지책(禦敵之策)에 대한 전술을 상세히 기록하고 있다.

『신당서』에는 "彼若勒兵連安市而壁, 據高山, 取城中粟食之, 縱靺鞨略吾牛馬, 攻之不可下, 此上策也. 拔城夜去, 中策也. 與吾爭鋒, 則禽矣."[1]라고 기록하고 있다. 『자치통감』에는 태종의 이 말이 보다 상세하게 기록되어 있다.

今爲延壽策有三 : 引兵直前, 連安市城爲壘, 據高山之險, 食城中之粟, 縱靺鞨掠吾牛馬, 攻之不可猝下, 欲歸則泥潦爲阻, 坐困吾軍, 上策也. 拔城中之衆, 與之宵遁, 中策也. 不度智能, 來與吾戰, 下策也. 卿曹觀之, 必出下策, 成擒在吾目中矣![2]

이로부터 당 태종은 적정에 대해 깊이 생각하고 치밀하게 고려하였음을 알 수 있으며, 특히 고연수가 '不度智能, 來與吾戰'을 정확하게 판단할 수 있어 주필산 전투에서 승리할 수 있는 기반을 마련하였다. 안시성 공격 과정을 두고 『신당서』 및 『자치통감』 모두 당군 최고 지휘층 간의 서로 다른 전략적 분기와 논쟁을 기록하였으며 또한 당 태종이 안시성 내의 '닭과 돼지 소리(雞彘聲)'를 통해 안시성 고구려 수군(守軍)의 야습 시도를 간파했다는 내용은 모두 『구당서』에서 찾아볼 수 없는 귀중한 기록이다.

전략상의 논쟁에 관하여 『신당서』의 기록은 이러하다.

---

1) 『新唐書』 권220, 동이전·고려, 北京 : 中華書局, 1975년 標點本, 6191쪽.
2) 『資治通鑑』 권198, 당기14, 北京 : 中華書局, 1956년 標點本, 6223쪽.

帝與勣議所攻, 帝曰 : '吾聞安市地險而衆悍, 莫離支擊不能下, 因與之. 建安恃險絶, 粟多而士少, 若出其不意攻之, 不相救矣. 建安得, 則安市在吾腹中.' 勣曰 : '不然. 積糧遼東, 而西擊建安, 賊將梗我歸路, 不如先攻安市.' 帝曰 : '善.' 遂攻之, 未能下. 延壽·惠眞謀曰 : '烏骨城傉薩已耄, 朝攻而夕可下. 烏骨拔, 則平壤擧矣.' 群臣亦以張亮軍在沙城, 召之一昔至, 若取烏骨, 度鴨淥, 迫其腹心, 計之善者. 無忌曰 : '天子行師不徼幸. 安市衆十萬在吾後, 不如先破之, 乃驅而南, 萬全勢也.' 乃止. 城中見帝旌麾, 輒乘陴噪, 帝怒. 勣請破日男子盡誅.[3]

『자치통감』은 관련 내용을 『신당서』보다 더 상세하게 기록하고 있다.

上之克白岩也, 謂李世勣曰 : '吾聞安市城險而兵精, 其城主材勇, 莫離支之亂, 城守不服, 莫離支擊之不能下, 因而與之. 建安兵弱而糧少, 若出其不意, 攻之必克. 公可先攻建安, 建安下, 則安市在吾腹中, 此兵法所謂城有所不攻者也.' 對曰 : '建安在南, 安市在北, 吾軍糧皆在遼東 ; 今踰安市而攻建安, 若斷吾運道, 將苦之何? 不如先攻安市, 安市下, 則鼓行而取建安耳.' 上曰 : '以公爲將, 安得不用公策. 勿誤吾事!' 世勣遂攻安市. 安市人望見上旗蓋, 輒乘城鼓噪, 上怒, 世勣請克城之日, 男女皆坑之, 安市人聞之, 益堅守, 攻久不下. 高延壽·高惠眞請於上曰 : '怒旣委身大國, 不敢不獻其誠, 欲天子早成大功, 奴得與妻子相見. 安市人顧惜其家, 人自爲戰, 未易猝拔. 今奴以高麗十餘萬衆, 望旗沮潰, 國人膽破, 烏骨城傉薩老耄, 不能堅守, 移兵臨之, 朝至夕克. 其餘當道小城, 必望風奔潰. 然後收其資糧, 鼓行而前, 平必不守矣.' 群臣亦言 : '張亮兵在沙城, 召之信宿可至, 乘高麗凶懼, 並力拔烏骨城, 渡鴨綠水, 直取平壤, 在此擧矣.' 上將從之, 獨長孫無忌以爲 : '天子親征, 異於諸將, 不可乘危徼幸. 今建安·新城之虜, 衆猶十萬, 若向烏骨, 皆躡吾後, 不如先破安市, 取建安, 然後長驅而進, 此萬全之策也.' 上乃止.[4]

여기에서 주목할 것은 『신당서』의 "請破日男子盡誅"라는 기록인데 안시

---

3) 『新唐書』 권220, 동이전·고려, 北京 : 中華書局, 1975년 標點本, 6193쪽.
4) 『資治通鑑』 권198, 당기14, 北京 : 中華書局, 1956년 標點本, 6228쪽.

성과 오골성 논쟁 이후의 일로 서술하고 있다. 하지만『자치통감』에서는 이적(李勣)이 "請克城之日, 男女皆坑之."라고 기록하고 더욱 강경한 태도를 보였는데 안시성과 오골성 논쟁 이전의 일로 서술하고 있다. 김부식의 『삼국사기』고구려본기 보장왕조에는 이적이 "請克城之日, 男子皆坑之."[5] 라고 기록하고 있다. 필자는 이적이 성안의 남성을 구덩이에 묻어 죽일 타산이었을 것으로 판단한다. 종전의 주필산 전투에서 승리한 후 당군이 "收靺鞨三千三百, 盡坑之."한 것을 참고하면 구덩이에 묻어 죽이는 것은 당군이 강졸 포로를 처치하는 주된 방식이었음을 알 수 있다.

당태종이 안시성 내의 "雞彘聲"을 듣고 안시 수군(守軍)의 야습을 깨뜨린 기록을 보면『자치통감』또한『신당서』보다 그 내용이 풍부하지만 다른 내용도 있다. 밧줄을 타고 내려온 고구려 수백 수군을『신당서』는 다만 "悉禽之"라고 기록하고 있지만『자치통감』에서는 "上聞之, 自至城下, 召兵急 擊, 斬首數十級, 高麗退走."[6]라 하여『신당서』와 비교하면 훨씬 처참한 전쟁상을 묘사하였으며 당태종이 성 아래까지 친히 군사를 이끌고 참살한 사실을 강조하고 있다. 또한 고구려인을 모조리 사로잡은 것이 아니라 수십 명을 죽이고 나머지는 도망쳤다.『삼국사기』고구려본기 보장왕조의 "帝聞之, 自至城下, 召兵急擊,我軍死者數十人, 餘軍退走."[7]라는 기록은『자치 통감』의 내용과 거의 일치하다. 보다시피 당시 안시성 야습에 대한 정확한 사실은 수십 명이 죽고 나머지는 도망친 것이다.

요컨대『구당서』의 기록이 비교적 간략하고『신당서』와『자치통감』은 보다 상세하며 그중에서도『자치통감』의 기록이 가장 상세한 편이다. 그러나『신당서』는 도종이 토산을 쌓았다는 기록은『구당서』나『자치통 감』에 비해 간략하다. 세 역사문헌을 종합적으로 보면『자치통감』은 보다 생생한 필치로 안시성 전투의 경위와 인물상을 묘사하여 인물 묘사가

---

5)『三國史記』권21, 高句麗本紀第九·寶藏王上, 263쪽.
6)『資治通鑑』권198, 당기14, 北京 : 中華書局, 1956년 標點本, 6228쪽.
7)『三國史記』권21, 高句麗本紀第九·寶藏王上, 263쪽.

보다 구체적이고 태도가 더욱 강렬하며 정감이 보다 풍부하고 이미지가 더욱 뚜렷하다는 특징을 나타내고 있다. 이 세 역사문헌 외에도 『당회요·고구려』,『통전·변방이·동이』,『통지·고구려』,『문헌통고·사이고』,『책부원구·외신부·친정』 등 기록이 있으나 거의 『구당서』,『신당서』를 발췌·정리한 것이고 『삼국사기·고구려본기·보장왕』은 주로 자치통감의 내용을 그대로 옮긴 것이다.

위 역사기록으로 고당 안시성 전투의 대체적 경과를 추정할 수 있다. 당 정관 19년(645), 당태종은 몸소 군사를 거느리고 고구려 정벌에 나서게 된다. 정벌 대군은 남·북 두 갈래로 나누었다. 남로 대군은 형부상서(刑部尚書) 장량(張亮)을 평양도행군대총관(平壤道行軍大總管)으로 삼아 장군(將軍) 상하(常何) 등과 강(江)·회(淮)·영(嶺)·협(硤)의 군사 4만명·전선(戰船) 5백척을 이끌고 내주(萊州)에서 발해를 건너 요동반도 남부로 상륙하여 남에서 북으로 진격하였다. 북로 대군은 특진(特進) 영국공(英國公) 이적을 요동도행군대총관(遼東道行軍大總管)으로 삼고 예부상서(禮部尚書) 강하왕(江夏王) 도종(道宗)을 부총관으로 삼아서 보병·기병 6만을 이끌고 요서주랑(遼西走廊)에서 요동으로 나아가 요동반도 북단을 따라 북에서 남으로 직격하였다. 남로 대군은 고구려 요남의 요충지인 비사성(지금의 대련 금주구 대흑산산성)을 함락시켰고, 북로 대군은 연이어 개모성(현 선양 탑산산성이라는 견해도 있다)·요동성(현 요양 노성구)·백암성(현 요양 등대시 연주산성)을 함락시켜 개주(蓋州)·요주(遼州)·암주(岩州)를 두었다. 당태종은 백암성을 함락한 후 "거가(車駕)가 안시성 북쪽으로 진주하여 진영을 벌려 놓고 군사를 내보내 성을 공격함"으로 안시성 전투가 시작되었다. 안시성 전투는 주필산 전투와 안시성 공성 전투 두 단계로 나누어 볼 수 있다.

1단계는 정관 19년(645) 6~7월의 주필산 전투이다.

당태종이 안시성 북쪽에 진입하자 고구려 북부 욕살(傉薩) 고연수(高延壽), 남부 욕살 고혜진(高惠眞)은 고구려·말갈의 무리 15만 대군을 이끌고 안시성 지원에 나섰다. 고구려 대로(對盧) 고정의(高正義)는 고연수(高延

壽)더러 적의 예봉을 피하고 견벽청야(堅壁淸野)의 지구전으로 당군의 전투력을 소모할 것을 조언하였지만 고연수는 굳이 출격해 "군사를 이끌고 바로 공격을 가하였다." 당태종은 친히 전략 배치하여 이적더러 보병과 기병 15,000명을 이끌고 성 서쪽 고개에 진영을 세우도록 하였다. 장손무기(長孫無忌)는 우진달(牛進達) 등 정예 병사 11,000명을 이끌고 "산의 북쪽으로부터 협곡으로 나오도록 하였다." 당태종 자신은 몸소 보병과 기병 4,000명을 거느리고 성 북쪽의 높은 봉우리로 올라갔다. 이적은 고연수와 정면으로 맞섰고, 장손무기는 우회하여 고구려군의 측면과 후방을 기동 공격하였다. 이에 당태종은 시기를 타 산에서 내리쳐 삼군이 합세하자 고연수 부대는 크게 패하여 안시성 동남 방향 8리로 도망쳐 "산에 의지하면서 스스로를 지켰다." 이적 등은 끝까지 쫓아가 "동천의 다리를 부수어 퇴로를 끊었다." 이로서 고정의·고연수는 결국 대패하여 당에 투항하였다. 당태종은 말갈 병사 3,300명을 구덩이에 묻어 죽이고 나머지 무리는 놓아주었는데 이 싸움에서 수많은 소와 말, 그리고 경중 무기를 노획하였다. 당태종은 성 북쪽의 높은 산의 이름을 주필산이라고 하였다. 또한 명하여 파진도를 만들도록 하고 중서시랑 허경종에게 글을 짓고 돌에 새겨 그 공적을 기록하도록 하였는데 아쉽게도 이 중요한 석각은 아직 찾지 못한 상태다. 주필산 전투에서 당군은 3만 군사로 고구려의 15만 대군을 이겨 적은 수로 많은 것을 이긴 유명한 전투 사례로 기록되었다.

주필산 전투 또한 고구려에게도 큰 영향을 미쳤는데 이 전투 이후 고구려 온 나라가 놀라 떨었고 후황성과 은성 사람들이 서둘러 달아났고, "수백 리에 인가의 연기가 끊겼다." 어느 학자가 기재한 바와 같이 "고구려군은 원기를 크게 상했을 뿐만 아니라 고구려 군민의 정신에 파멸적 타격을 입혔다. 15만 군대는 고구려군 전체의 절반에 가까웠고 당시 고구려가 집결할 수 있었던 기동 병력의 전부였다. 그것의 결성은 다른 지역의 공허함을 의미하기도 했고 그것의 파멸은 또한 고구려의 저항력과 의지의 상실을 의미하기도 했다."

2단계는 정관 19년(645) 8월의 안시성 공성 전투이다.

당태종은 주필산 전투 이후 본영을 안시성 동쪽으로 옮기고 8월 병오에 다시 안시성 남쪽으로 옮겼다. 바로 이때 당군 최고 지휘층 내부에서는 전략 배치 문제를 놓고 서로 다른 의견과 논쟁이 벌어졌는데, 당태종은 안시성이 "험준하고 병력이 정예하며" "성주는 재능과 용기가 있고", 건안성은 "병력이 약하고 양식이 부족함"으로 "안시를 건너뛰고 건안을 공격하자"고 제안하였으나 이적의 반대에 부딪혔다.

> 津安在南, 安市在北, 吾軍糧皆在遼東, 今踰安市而攻津安, 若麗人斷吾糧道, 將若之何. 不如先攻安市, 安市下, 則鼓行而取建安耳.

고구려로부터 항복한 장수 고연수는 당태종에게 "오골성의 욕살은 이미 늙었으므로 아침에 치면 저녁에 함락시킬 수 있다"면서 "안시를 건너뛰고 오골을 칠 것"을 건의하였다. 이에 여러 신하와 장수들이 찬성하였으나 유독 장손무기만이 반대하였다.

> 天子親征, 異於諸將, 不可乘危徼幸. 今建安·新城之虜, 衆猶十萬, 若向烏骨, 皆躡吾後, 不如先破安市, 取建安, 然後長驅而進, 此萬全之策也.

이에 전력을 다해 안시성을 공격하게 되었다. 당태종은 이적에게 안시성 서면을 공격하도록 명하여 포석과 당거로 성의 누각과 치첩을 무너뜨렸다. 고구려는 무너진 곳이 생기면 "목책을 세웠다." 파괴된 곳에 나무를 세워 방책을 삼았다.

또한 도종더러 안시성 동남쪽에서 밤낮으로 쉬지 않고 흙을 감싸 토대를 이루고 쌓아올려 산을 이루도록 하여 "점차 성을 핍박하였다." 결국 "산꼭대기에서 성까지의 거리가 몇 길정도나 되고 성안을 내려다보게 되었다." 높은 곳에서 적군의 동향을 한눈에 관찰할 수 있는 전략적 의도를 실현한

셈이다. 그러나 흙으로 일군 산은 너무 높은 나머지 무너지고 그 부근의
안시성 성벽도 무너뜨렸다. 고구려 군사들은 당군 복애가 제 마음대로
자리를 비운 틈을 타서 "성이 무너진 곳으로부터 나가 싸워" 흙산을
빼앗았다. 이에 당태종은 대노하여 복애의 목을 베고 여러 장수들에게
명하여 공격을 가하였으나 "사흘이 지나도록 점령하지 못하였다." 당군이
공을 들여쌓은 토산은 제 기능을 발휘하지도 못하고 무너지고 오히려
고구려가 차지하게 되었다.

정관 19년(645) 당태종의 고구려 정벌에 대하여 『자치통감』은 이렇게
기록하고 있다.

拔玄菟·橫山·蓋牟·磨米·遼東·白岩·卑沙·麥穀·銀山·後黃十城, 徙遼·蓋·岩三州
戶口入中國者七萬人. 新城·安市·駐蹕三大戰, 斬首四萬餘級, 戰士死者幾二千人, 戰
馬死者什七八.[8]

알다시피 이번 동정(東征)에서 안시성은 끝까지 함락되지 않았다.
안시성의 함락에 관한 역사기록은 다음 문헌에서 찾아볼 수 있다.

『구당서·학처준전』: 鹹亨初 … 時東州道總管高侃破高麗餘衆於安市城 …[9]
『신당서·동이전·고려』: 侃徙都護府治遼東州, 破叛兵於安市, 又敗之泉山, 俘新羅
　　援兵二千.[10]
『자치통감·당기18』 고종 함형2년 추7월조 : 乙未朔, 高侃破高麗餘衆於安市城.[11]
『삼국사기·고구려본기·보장왕』 함형2년(671)조 : 辛未歲秋七月, 高侃破餘衆於
　　安市城.[12]

---

8) 『資治通鑒』 卷198, 唐紀十四, 北京 : 中華書局, 1956년　標點本, 6228쪽.
9) 『舊唐書』 卷84, 列傳三十四·郝處俊傳, 北京 : 中華書局, 1975년　標點本, 2798쪽.
10) 『新唐書』 卷220, 東夷傳·高麗, 北京 : 中華書局, 1975년　標點本, 6198쪽.
11) 『資治通鑒』 卷220, 唐紀十八, 北京 : 中華書局, 1956년　標點本, 6367쪽.

알다시피 고구려가 당 총장(總章) 원년(668)에 당군에 의해 멸망한 후 안시성은 3년간 계속 존재하다가 함형 2년(671)에야 당 대장군 고간(高侃)에게 함락되었다. 위 사료들은 정관 19년 안시성 전투 이후 이 성에 관한 몇 안 되는 기록으로 남아있으며 안시성에 관한 마지막 기록이기도 하다.

2. 고구려 안시성 지리적 위치에 대한 여러 견해와 그에 대한 논평

"안시"라는 단어는 처음으로 『한서·지리지』 요동군 18현의 하나인 안시현에서 나오는데 고구려 안시성은 한나라 안시현의 이름이다. 고구려 안시성의 위치에 대한 고증은 오래전부터 있었는데 정사 문헌 및 지방지 문헌 중에도 기록되어 있다. 지금까지 고구려 안시성 위치에 대한 견해는 아래와 같은 몇 가지가 있다.

1) 탕지(湯池)설

이 설은 『요사』 지리지에 처음 보이는데 「동경도철주(東京道鐵州)」조에는 "鐵州, 建武軍 刺史. 本漢安市縣, 高麗爲安市城. 唐太宗攻之不下, 薛仁貴白衣登城, 卽此."[13] 『요동지(遼東誌)』 고적조에도 "安市廢縣, 在蓋平城東北七十裏. 漢置. 唐太宗征高麗, 攻之不下, 薛仁貴白衣登城, 卽此."[14] 『개평현지(蓋平縣誌)』에는 "鐵州, 漢安市縣, 地距城六十裏, 卽今湯池."[15]라고 하였다. 이 현지의 "탕지" 기록은 다음과 같다.

---

12) 『三國史記』 卷21, 高句麗本紀卷9·寶藏王上.

13) 『遼史』 卷38, 志8·地理志二, 北京 : 中華書局, 1974년 標點本, 460쪽.

14) 『遼東志』 卷1, 古跡.

15) 『蓋平縣誌』 卷下, 十二.

　　湯池堡, 在城東北六十裏, 周圍一百二十步, 卽古之安市縣, 西漢置, 晉廢, 高麗爲安
　市城, 在湯池後街尙存土城舊址.[16]

　　이상의 기록으로부터 알 수 있듯이 고구려 안시성은 한나라 안시현과
가까우나 두 성이 한곳에 있지 않았다. 이는 한나라시기의 군현 성지는
모두 지세가 평탄하고 농경생산에 유리한 평원지대에 축조하지만 고구려
안시성은 기록에 따르면 험난한 지세를 이용하여 쉽게 수성할 수 있었고
전쟁도 많았기에 이 성이 산성임을 알 수 있다. 이 설은 한나라 안시현과
고구려 안시성을 혼돈하였기에 믿음성이 없다. 개평성은 지금의 영구
개주지역이다. 『요동지』에는 안시성이 "在蓋平城東北七十裏"라 하였고『개
평현지』에는 "地距城(지금의 蓋州, 필자주)六十裏"라고 하였는데 지금의
탕지진 일대의 북탕지고성(北湯池古城)·영수구고성(英守溝古城)이 지금의
개주시내와 60~70리 사이이다. 『한서 지리지』에는 "大遼水出塞外, 南至安市
入海."[17]라고 하였다. 『수경주』에는 "大遼水出塞外白平山, 東南入塞, 過遼東
襄平縣西.又過安市縣西, 南入於海."[18]라고 하였는데 대요하는 바로 탕지진
서쪽에 있다. 손진기(孫進己)·풍영겸(馮永謙)이 주편한『동북역사지리』에
서 고증한 한나라 안시현은 지금의 대석교 영수구한성[19]이다. 영구시박물
관의 문물사업 연구자들이 위의 고성에 대한 세밀한 연구를 통하여 북탕지
고성은 요나라 성지로 요나라시기의 철주성임이 틀림없다고 하였다.
그러면 영수구고성은 "한나라 요동군 소속의 18현 중의 평곽현전사야철업
(平郭縣專司冶鐵業) '철성'의 고지이고" 해성시 동남쪽의 석목성(析木城)은
한나라 안시현 고지이다.[20]

---

16) 『蓋平縣誌』卷下, 十二.
17) 『漢書』卷28下, 地理志8下, 北京：中華書局, 1962년 標點本, 1626쪽.
18) 『水經注』卷14, 大遼河.
19) 孫進己·馮永謙, 2013, 『東北歷史地理』, 哈爾濱：黑龍江人民出版社.
20) 營口市博物館, 2000, 「關於安市城址的考察與硏究」『北方文物』2000-2.

결론적으로 필자는『요사』,『요동지』의 한나라 안시현 고지의 기록은
믿을만하다고 생각된다. 지금의 대석교시 탕지진 일대가 곧 한나라 안시현
관할구역이다. 그러나 상술한 성지는 그 규모 및 위치한 지리환경으로
보아 고구려 안시성은 아니다. 이는『한서 지리지』의 한나라 안시성이
요하의 바다 입구에 있다는 명확한 기록과 역도원『수경주』의 대요수가
안시성 서남에서 바다로 흘러들어간다는 기록과 어울리지 않는다. 왜냐하
면 탕지설의 탕지보고성의 지리위치는 지금의 요하 입해구와 멀리 떨어져
있기 때문에 고구려 안시성이 탕지진이라는 관점은 성립되기 어렵다.

2) 요양(遼陽)설

이 설은 문인들의 기록에서 나타난다. 송나라 증공량(曾公亮)의『무경총
요』기록에 의하면 "北番地理有雲, 東京(遼陽市)遼東安市城也."[21]라고 하였
다. 송나라 설계선(薛季宣)의『지리총고』(『영악대전』권14385)의 기록에
의하면 "安東府, 契丹東京, 實安市"[22]라고 하였다. 이상 송나라 사람들의
고증과 역사문헌 기록에 의하면 안시성 위치는 상당히 거리가 멀기 때문에
믿을 수 없다.

3) 봉황성(鳳凰城)설

조선시대 정약용의『대한강역고』권3의 기록에는 "說雲 : 古之方言謂鳳爲
阿市, 安市者今之鳳凰城也"[23]라고 하였다. 청나라 박명(博明)의『봉성쇄록
(鳳城瑣錄)』기록에 의하면 "鳳凰山麓, 有故石城一, 周十餘裏, 設二門, 依山設險,
石堞俱存. 相傳爲舊鳳凰城, 朝鮮人呼之曰安市[24]라고 하였다.『신당서』정관

---

21)『武經總要』前集卷22, 北番地裏.
22)『永樂大典』卷14385, 地理叢考.
23) 丁若鏞,『大韓疆域考』卷3.

19년조에 "… 進攻安市, 攻未下, 帝怒, 敕諸將攻之, 三日不克, 乃班師 … 今此城最險, 計其地勢, 無不合當日兵機, 其爲安市無疑."[25]라고 하여 두 사람의 기록은 지금의 단동 봉성시 봉성진 동남 5km의 동대정자(東大頂子)와 봉황산 사이 협곡 중의 봉황산산성이다. 이 성은 요동에서 한반도 왕기지역으로 들어오는 "평양도" 중심 도시이며 요동지역 또는 압록강 우안에서 규모가 가장 큰 산성이다. 현재 학계에서는 이 성이 고구려 오골성(烏骨城)으로서 안시성이 아님에 모두 동참하는 분위기이다.

4) 한반도설

청나라 말기 위원(魏源)이 『성무기(聖武記)』에 기록하기를 고구려 안시성은 청천강 좌안이라 하고 『동국여지승람』에는 "조선 평양시 남 용강 북 오석산 부근"이라 하였다. 상술한 두 설은 모두 문헌에 기록된 안시성의 조건과 부합되지 않으므로 믿을 수 없다.

5) 해성(海城) 영성자산성(英城子山城)설

1920년대에 일본학자 시마다 요시유키(島田好)는 해성 영성자산성을 조사하고 처음으로 안시성이 해성 영성자산성이라고 주장하였으며 김육불(金毓黻)도 그의 『동북통사』 권4의 「안시성고」에서 역사문헌 분석을 통하여 시마다의 관점을 받아들였다. 여기에서 김육불은 "최근 일본의 시마다 요시유키는 지금의 해성 남쪽 15리의 영성자를 답사하고 이곳을 안시성의 소재지로 보았다. 이 성은 『요동지』에 기록된 해주 남쪽 20리의 남고성인데, 『성경통지(盛京通志)』에 기재된 해성 동남쪽 13리의 영성산(贏城山)과 같은 성이다. 민국 23년 겨울에 고성을 답사하여 산성은 산세에

---

24) 『遼海叢書』 第3冊, 『鳳城鎖錄』.

25) 『新唐書』 卷220, 東夷傳·高麗, 北京 : 中華書局, 1975년 標點本, 6198쪽.

따라 쌓고 그 둘레길이가 십리에 미치지 못하고, 동쪽이 높고 서쪽이 낮은 타원형을 이루며, 서쪽에 문이 있고 성 안에서 화살촉, 철가마 및 당나라 시기의 샘을 확인하였다. 성에 올라 바라보니 동쪽 가까운 산은 동북쪽 및 동남쪽을 둘러막고, 서남쪽에도 산이 있으며, 서북쪽에는 멀리 작은 산이 있다. 태종은 이적에게 명하여 군사를 서령, 즉 지금의 성 서남쪽 산에서 진을 치도록 하였다. 장손무기는 협곡에서 군사를 이끌고, 태종도 군사를 거닐고 북산으로 올랐다. 즉 성 동북쪽 산인 이른바 주필산을 포위하였다. 그리고 다리 철수를 명하였는데 이는 부근에 강이 있다는 것을 설명하는데 현재 해성의 남강(南河)이다. 이 모든 것은 『구당서』·『신당서』·『통감』 기록과 맞물린다. 이러한 발견으로 안시성의 소재지가 대충 확정되었다."26)라고 하였다. 시마다 요시유키와 김육불의 이러한 연구는 영성자산성을 안시성으로 비정하는 기초가 되었으며 이후 긴 세월동안 학계의 정론으로 자리 잡게 되었다. 이문신(李文信)의 『요녕사적자료』,27) 담기양(譚其驤)의 『〈중국력사지도집〉 석문휘편·동북권』28)은 모두 이 관점을 찬성하고 있다. 1981년, 염만장(閻萬章)과 왕면후(王綿厚)은 함께 영성자산성을 조사하였는데 이 산성이 해성 동남 8㎞ 떨어져 있는 패루향 영성자둔 동산에 있다고 기록하였다.29)

영성자산성은 영성자산성(營城子山城)으로도 불리며 해성시 동남 10㎞의 팔리진 영성자둔 동산비탈에 위치하고 있다. 산성 성벽은 산마루를 따라 축조하였는데 고구려에서는 보기 드문 토축 산성이고 둘레의 길이는 4㎞이다. 성내에는 샘이 있으며 동쪽에서 서쪽으로 흘러나온다. 산성에는 모두 네 개의 성문이 있는데 서문은 산성의 정문이고 문 남쪽에는 골짜기가 있는데 성내의 샘물이 이 골짜기를 따라 흘러 나온다. 동·남·북에는

---

26) 金毓黻, 1981, 『東北通史』(上編), 五十年代出版社, 220쪽.

27) 李文信, 1962, 『遼寧史跡資料』, 遼寧省博物館.

28) 譚其驤, 1988, 『中國歷史地圖集』 釋文彙編·東北卷, 北京 : 中央民族學院出版社.

29) 王綿厚, 2002, 『高句麗古城硏究』, 北京 : 文物出版社, 81쪽.

각각 문이 하나씩 있으며 성내에는 현재 원형 유적이 세 곳 남아 있는데 "수옥(水牢)"이라고 부른다. 성지 동남 모서리 바깥에는 인공으로 축조한 자그마한 토산이 있는데 허다한 학자들은 이를 당나라 이도종(李道宗)이 축조한 토산으로 보고 이 토산이 마침 동남쪽에 있다는 문헌기록과 부합된 다고 하여 안시성임에 틀림없다고 하였다. 성내에서 출토된 유물로는 회색 승문전, 회색 승문과 방격문 기와, 옹기·단지 등 토기 파편과 함께 쇠칼·철검·철모·화살촉과 포석 및 명도전·오수전·개원통보 등 화폐가 있는데 화폐 중에는 개원통보가 가장 많다. 포석은 대부분 성벽에서 발견되었는데 이는 당군이 충차(衝車)와 포석으로 성을 쳤다는 기록과 맞물린다. 성 내외에서는 또 요나라의 가래·호미·보습 등 철제 농기구 및 회색 암막새·괴면 와당·전돌·백색 자기편 등이 발견되었다. 이로부터 영성자산성은 고구려시대에 축조하여 요금원까지 연용되었음을 알 수 있다. 왕우랑(王禹浪)과 왕굉북(王宏北)의 『고구려발해고성지연구휘편』,[30] 풍영 겸(馮永謙)의 「고구려성지집요」,[31] 왕면후(王綿厚)의 『고구려고성연구』,[32] 이치정(李治亭)의 『관동문화대사전』,[33] 요녕성지방지편찬위원회판공실 에서 편집한 『요녕성지·문물지』,[34] 왕우랑(王禹浪)의 「안산지구 산성 연 구」[35] 등은 모두 영성자산성에 대하여 언급이 있다. 1990년대 초, 안산시박 물관과 해성시박물관의 문물일꾼들은 영성자산성에 대하여 조사를 하고 처음으로 영성자산성에 관한 전문 연구논문인 「해성 영성자 고구려산성 조사기」[36]를 내놓았다. 이 글에서는 영성자산성의 지리위치, 형식과 구조, 유적 및 유물에 대하여 설명하였는데 이 성지를 고구려 역사상의 어느

---

30) 王禹浪·王宏北, 1994, 『高句麗渤海古城址研究彙編』, 哈爾濱 : 哈爾濱出版社.

31) 馮永謙, 1994, 「高句麗城址輯要」 『北方史地研究』, 鄭州 : 中州古籍出版社.

32) 王綿厚, 2002, 『高句麗古城研究』, 北京 : 文物出版社.

33) 李治亭, 1993, 『關東文化大辭典』, 瀋陽 : 遼寧教育出版社.

34) 遼寧省地方誌編纂委員會辦公室, 2001, 『遼寧省志·文物志』, 瀋陽 : 遼寧人民出版社.

35) 王禹浪·王文軼, 2012, 「鞍山地區山城研究」 『黑龍江民族叢刊』 2012-2.

36) 富品瑩·吳洪寬, 1994, 「海城英城子高句麗山城調査記」 『遼海文物學刊』 1994-2.

성인지에 대하여서는 언급하지 않았다. 2008년, 하얼빈출판사에서 출판한 『요동반도지구의 고구려산성』[37])에는 「안산 해성시 영성자산성 고찰보고」를 수록하고 영성자산성의 보존 상황 및 유적에 대하여 상세하게 서술하고 분석하였으며 이 성이 고구려의 안시성이 아니라고 단정하는데 그 이유로 첫째, 이 성의 면적과 규모가 작아 고구려 10만명의 군대를 수용할 수 없다. 둘째, 주변 지형이 역사문헌의 고구려 안시성 기록과 부합되지 않는데 특히는 이 성이 위치한 곳이 대요하 하구 부근이 아니라는 것이다.

6) 대석교 해룡천산성설

근년에 영구지역 문물 근무자들이 대석교시에서 해룡천산성을 발견하였다. 해룡천산성의 발견은 고구려 안시성 위치에 대한 학계의 논쟁을 불러일으켰다. 최염여(崔豔茹)·염해(閻海)·왕면후(王綿厚) 등을 대표로 하는 학자들은 안시성 영성자설에 대해 이의를 제기하고 대석교시 주가진 동금촌의 해룡천산성을 고구려 안시성 고지로 설정하였다. 이 산성은 해룡천 주봉 밑 서남 산기슭에 쌓았는데 산성 평면은 불규칙한 장방형이다. 석축의 성벽은 산세에 따라 쌓았는데 둘레길이는 3000m좌우로서 중등 규모의 고구려 산성이다. 해룡천산성은 동쪽이 높고 서쪽이 낮은 포곡식 산성으로 세 면은 산으로 감싸있고 8개의 산봉우리가 있으며 동서방향으로 뻗은 중간 산봉우리가 가장 높다. 성내의 풍부한 물 원천은 동북에서 서남 방향으로 시내를 이루며 흘러내린다. 산성 서문은 골짜기로서 성내의 물 원천이 이 골짜기를 통해 흘러나오는데 산성의 정문이기도 하다. 성에는 동·서·남·북 4개의 성문이 있으며 성내의 서북쪽에는 전망대 터가 2곳이 있다. 남아있는 성벽의 너비는 1m, 높이 1-3m이다. 산성

---

37) 王禹浪·王文軼, 2008, 『遼東半島地區的高句麗山城』, 哈爾濱 : 哈爾濱出版社.

내에는 중요한 건축 유적인 일명 "연병장"이라 부르는 평탄한 대지가 세 곳 있다. 산성 내에서 고구려 유물 외에도 수많은 요금시기 유물이 발견되었는데 이는 산성이 고구려시기에 축조하여 요금시기까지 사용하였음을 알 수 있다. 지금까지 해룡천산성에 대한 전문 연구는 왕우랑 등이 집필한 「대석교시 해룡천산성 고찰 보고」[38]를 꼽을 수 있다. 이 글은 『요동반도 지역의 고구려산성』에 수록한 「영구 대석교시 주가진 동금촌 해룡천산성 고찰 보고」를 보완한 것이다. 이외에 왕면후의 『고구려 고성 연구』, 영구시박물관의 최염여·손선의 「영구 지역에서 발견된 고구려시기 산성의 기본 개황과 초보적 탐구」,[39] 최염여의 「영구 지역 산성 조사와 탐구」,[40] 왕우랑과 왕문질의 「영구 지역의 고구려산성」[41] 등 글도 해룡천산성을 언급하고 있다. 영구 지역의 지역학자들은 보편적으로 해성 영성자산성이 안시성 고지라는 점에 의문을 제기하고 대석교시 해룡천산성이 안시성 소재지라고 주장하였다. 영구시박물관의 왕영매·염해 등 학자들은 문헌 기록을 바탕으로 안시성이 구비되어야 할 7가지의 조건을 제시하였다.

첫째, 안시성은 요동성(지금의 요양시)과 270리 거리를 두고 있고 둘째, 안시성은 요동성(지금의 요양시)의 남쪽 혹은 서남쪽에 위치하며 건안성(즉 청석령산성) 의 동 혹은 동북에 있어야 한다. 셋째, 안시성은 10만 명의 군사를 수용할 수 있어야 한다. 넷째, 안시성 서남에는 고개가, 남쪽에는 큰 산이, 북쪽에는 협곡이 있어야 한다. 다섯째, 성북 혹은 동북에는 성남의 전투를 관찰할 수 있는 높은 산이 있어야 한다. 여섯째, 성남 혹은 동남에는 강이 있어야 하고 다리를 놓을 수 있어야 한다.

---

38) 王禹浪·劉冠縷, 2009,「大石橋市海龍川山城考察報告」『黑龍江民族叢刊』 2009-3.

39) 崔豔茹·孫璿, 2008,「營口地區發現的高句麗時期所建山城的基本概況與初探」『遼東半島地區的高句麗山城』, 哈爾濱 : 哈爾濱出版社 참고.

40) 崔豔茹, 2009,「營口地區山城調查與探討」『東北史地』 2009-3.

41) 王禹浪·王文軼, 2011,「營口地區的高句麗山城」『哈爾濱學院學報』 2011-9.

일곱째, 산성 동남에는 인공으로 축조된 작은 산이 있어야 한다.

이러한 일곱 가지 조건에 따라 해성 영성자산성과 대석교 해룡천산성을 고찰하여 해성 영성자산성이 요양시(요동성)의 서남에 있고 청석령진 고려성촌산성(건안성)의 동 혹은 동북이 아니라고 하였다. 영성자산성은 요양시와 100리 거리로서 문헌상의 270리 거리와 부합되지 않고, 해발이 낮아 산세도 험하지 않으며, 성의 규모가 작아 10만의 군사가 주둔할 수 없을 뿐만 아니라 산성의 동남쪽에 인공으로 쌓은 작은 토산마저 없다. 이러한 이유로 연구자들은 해성시 영성자산성이 안시성의 조건에 부합되지 않아 이 산성은 고구려가 요동을 차지하였을 때 축조한 일반적인 군사 보루로 보았다. 해룡천산성의 서문(정문)을 나와 탕지진을 경유하여 대석교시를 지나 다시 해성시를 거쳐 요양시(요동성)에 도착하는 거리가 약 270리 좌우인데 그 지리적 위치가 대체적으로 요양시(요동성)의 남 혹은 서남으로 약간 치우쳐 있다. 산성의 산세가 험악하고 성 내부가 넓어 10만의 병마가 주둔하기에는 문제가 없으며 산성의 서남에는 한 고개가 있는데 지금은 서령(西嶺)이라 부른다. 성의 남쪽에는 큰 산이 있고, 성의 북쪽에는 협곡이 있으며, 산성 동북모서리에는 해발 663.5m의 산봉우리가 있고, 성 남쪽에는 대청하 상류의 여러 갈래 하천이 있는데 현재 다리가 설치되어 있고, 산성 동남모서리 몇 미터 거리에 인공으로 축조된 토산이 있다. 이 산성은 안시성으로 비정할 할 만한 7개의 조건이 완벽하게 구비되고 있다. 이상의 여러 가지 근거로 왕영매(王詠梅) 등 학자들은 대석교 해룡천산성[42]을 안시성으로 인정하였다. 왕면후는 "그 위치는 북쪽으로 한나라 때 '안시현'(석목성)과 접하고, 남쪽으로 개주진 동북쪽 '고려성산성'(건안성)과 접하여 고금의 지리와 서로 맞아떨어진다. 고구려가 한현의 이름을 따서 산성을 명명하였기 때문에 영구시 동북의 해룡천산성을 '안시성'으로 보는 것이 타당하다"[43]라고 서술하고 있다.

---

42) 營口市博物館, 2000, 「關於安市城址的考察與硏究」『北方文物』 2000-2.

43) 王綿厚, 2002, 『高句麗古城硏究』, 北京 : 文物出版社, 212쪽.

최염여(崔豔茹)는 대석교 해룡천산성과『구당서』·『신당서』·『자치통감』 등 문헌의 안시성 기록을 종합적으로 고찰하고 해룡천산성의 축조 년대와 지명을 고증한 후 이 산성이 고구려 안시성[44]이라고 주장하였다. 염해(閻海)는 현지 고찰과 문헌을 결합하여 안시성의 영성자산성설에 반대 의견을 제기했다. 그는 안시성과 한안시현 등 시각에 입각하여 해룡천산성의 특징이 안시성과 부합되기에 안시성 소재지라고 주장하였다.[45] 조빈복(趙賓福)도 영성자산성설에 의문을 제기하고 해룡천산성이 안시성이라고 주장하였다."[46] 왕우랑은 여러 학자들의 해룡천산성설을 논증하고 현지 조사를 거쳐 해룡천산성설에 이의를 제기하였다."[47] 이러한 해룡천산성설은 모두 청석령 고려성자산성이 건안성이라는 전제로 한데서 비롯된 안시성 위치에 대한 오판이다. 이외, 해룡천산성의 규모는 고구려 10만 남짓의 군사를 수용할 수 없으며 요하 하구에서 멀리 떨어져 있어 이 성을 안시성으로 볼 수 없다.

7) 개주 청석령진 고려성산성설

청석령산성에 대한 연구는 1958년과 1964년에 역사학자 염만장(閻萬章)이 두 차례에 걸쳐 청석령산성을 조사하고 귀중한 유물을 확보하였고, 1981년에는 또 왕면후와 함께 산성을 답사하였으나[48] 유감스럽게도 관련 조사 자료가 발표되지 않았다. 90년대 이래 왕우랑과 왕굉북이 공동저술한『고구려발해 고성지 연구휘편』, 풍영겸(馮永謙)의『고구려 성지 집요』,

---

44) 崔豔茹·孫璐, 2008,「營口地區發現的高句麗時期所建山城的基本槪況與初探」『遼東半島地區的高句麗山城』, 哈爾濱 : 哈爾濱出版社　참고.

45) 閻海, 2011,『營口歷史與文物論稿』, 長春 : 吉林大學出版社, 24~29쪽.

46) 趙賓福, 2014,「安東都護府初建時行政建置考略－兼論高句麗末期政局與安東都護府行政建置的關係」『東北史地』2014-1.

47) 王禹浪·劉冠纓, 2009,「大石橋市海龍川山城考察報告」『黑龍江民族叢刊』2009-3.

48) 王綿厚, 2002,『高句麗古城硏究』, 北京 : 文物出版社, 83쪽.

왕면후의 『고구려 고성 연구』 및 『요녕성지·문물지』와 『관동문화대사전』, 신점산(辛占山)의 「요녕경내 고구려 성지의 고찰」, 왕우랑과 왕문질의 「영구지구의 고구려 산성」, 최염여의 「영구지구 산성 조사와 탐구」[49]는 모두 청석령산성을 소개하거나 논술하였다. 왕면후는 "고구려의 '건안성' 은 산성과 평지성의 구분이 있다. 소위 평지성이란 한위시대의 요동군의 '평곽현'에서 유래한 것이며, 그 지점은 지금의 요남 고개주현성 아래에 있어야 한다. 이 산성을 개현 경내의 대형 고구려 산성으로 볼 때 지금의 개현 동북쪽의 고려성산성인데 일명 '청석령산성'이라 불린다."[50]라고 지적하였다. 왕면후가 제기한 건안성이 평원성과 산지성으로 구성되었다 는 관점은 새롭기는 하나 이에 대한 구체적인 근거는 제출하지 못하였다. 보다시피 많은 학자들이 개주청석령산성을 고구려 건안성으로 비정하고 있다. 그러나 풍영겸·왕면후 등은 모두 지리적 위치의 시각에서 고증하였 을 뿐이다. 근년에 왕우랑은 청석령산성을 직접 답사하고 「영구시 청석령 진 고려성자촌산성 고찰 보고」를 작성하여 『요동반도지역의 고구려 산성』 에 수록하였다. 2009년에는 또 『흑룡강민족총간』 2009년 5기에 「영구시 청석령진 고구려 산성 고찰보고」[51]를 발표하여 전에 발표한 「영구시 청석령진 고려성자촌산성 고찰 보고」를 수정 보완하였다. 이 두 편의 고찰보고는 지금까지 청석령산성을 가장 상세하게 연구한 성과물이다. 염해는 건안성의 입지, 전략방어 및 병력, 그리고 고당전쟁 중의 역할에 대하여 연구를 진행하였는데 건안성이 개주시 청석령산성임을 주장하였 다. 당이 고구려를 멸하고 이곳에 건안주도독부(建安州都督府)를 설치하였 는데 여기가 요남지역의 통치 중심으로서 당이 지금의 영구지역에 설치한 최고 행정기구라고 하였다.[52] 조빈복(趙賓福)도 건안성은 지금의 개주시

---

49) 崔艶茹, 2009, 「營口地區山城調査與探討」『東北史地』 2009-3.

50) 王綿厚, 2002, 『高句麗古城硏究』, 北京 : 文物出版社, 211~212쪽.

51) 王禹浪·王海波, 2009, 「營口市靑石嶺鎭高句麗山城考察報告」『黑龍江民族叢刊』 2009-5.

청석령산성이고 당나라 시기에는 안동도호부 산하의 건안주도독부 소재
지라고 주장하였다.[53]

　　종전에 학계에서 개주 청석령산성을 고구려　건안성으로 비정하였으나
왕우랑은 이에 이의를 제기하고 청석령산성은 고구려 안시성이라고 주장
하였다. 그는 「영구시 청석령진 고구려 산성 고찰보고」에서 처음으로
안시성이 개주 청석령진 고려성자촌산성이라는 관점을 제기하였다. "주
요 원인은 바로 요하 하구와 인접해 있어, 당시 당군 남부의 수군과
요하를 건너는 육군을 막는 중요한 전략 거점이었기 때문이다." 이후
저자는 『하얼빈학원학보』 2011년 제9기에 「영구지역의 고구려 산성」을
발표하여 진일보로 건안성이 청석령산성이라는 관점에 이의를 제기하고
두 학자(풍영겸과 왕면후, 필자주)가 청석령산성을 고구려 건안성으로
비정한 주요 근거는 지리적 위치와 요동성과의 거리로 추정한 것인데,
일정한 가능성은 있지만 의연히 두 가지 문제점이 있다고 제시하였다.
하나는 문헌에 "建安恃險絶"이라는 기록이 나오는데 청석령산성은 산세가
비교적 완만하고 실제 답사와 영구 지역의 기타 고구려　산성과 비교해
볼 때 청석령산성은 결코 험하지 않다. 둘째는 당태종이 건안성을 평가할
때 "粟多而土少"라고 하였다. 청석령산성의 규모는 요동반도 지역의 고구려
산성에서 대형에 속하고, 또한 그 규모는 영구지역에서 현존하는 고구려
산성 중에 제일 큰 것으로 학계에서 고증한 안시성의 규모를 능가하여야
한다.　이러한 규모의 산상을 당태종이 "土少"라고 평가할 리가 없다.
　　그러므로 청석령산성이 고구려의 건안성설은 토론 여지가 있다.[54]
　　필자는 본문에서 안시성이 지금의 청석령산성이다는 관점을 전면적으
로 분석하고 논증하겠다. 왕우랑은 청석령산성이 고구려의 안시성이고

---

52)　閻海, 2010, 「平郭與建安」『博物館研究』 2010-4 ; 閻海, 2011, 『營口歷史與文物論稿』,
　　　長春 : 吉林大學出版社, 14~18쪽.

53)　趙賓福, 2014, 「安東都護府初建時行政建置考略－兼論高句麗末期政局與安東都護府
　　　行政建置的關係」『東北史地』 2014-1.

54)　王禹浪·王文軼, 2011, 「營口地區的高句麗山城」『哈爾濱學院學報』 2011-9.

적산산성이 고구려의 건안성이라고 주장하였는데 이 두 성은 마침 남쪽과 북쪽에 자리 잡고 있다.

8) 해성시역설

이 설은 근년에 안산사범대학(鞍山師範學院)의 장사존(張士尊)·소위국(蘇衛國)이 새롭게 제기한 것이다. 그들은 여러 설을 분석하고 문헌과 고고학 및 지리환경 등을 종합하여 고구려 안시성이 한나라 안시현과 같은 지점에 있으므로 오늘의 해성시역 소재지[55]가 안시성이라고 보았다. 그러나 지금의 해성시역은 지세가 평탄하고 방어할 만한 험난한 곳이 되지 못하며 성역 주변의 남쌍산·북쌍산·녕가산은 모두 낮은 해발의 완만한 구릉으로서 안시성이 가져야 할 특징이 없고 해성시역 이북의 해성하유역도 군사를 주둔할만한 고사협곡이 아니다. 저자는 해성시역 서남쪽의 녕가산(일명 영가산 또는 당왕산이라고도 한다)을 안시성 전투 과정에서의 주필산으로 정하였는데 이는 지명과 민화를 임의로 문헌 기록과 결부시킨 것으로 이 설은 논거가 없다.

3. 개주 청석령진 고려성산성의 고구려 안시성 비정

지금까지 안시성 전투 과정에 대한 정리 및 논술, 그리고 역사 문헌의 추가 분석을 통해 안시성의 지리적 위치를 다음과 같은 조건에 부합해야 함을 확인할 수 있었다.

(1) 고구려 안시성은 한나라 안시현 고지와 가깝게 위치하고 있다.

---

55) 張士尊·蘇衛國, 2013, 「高句麗"安市城"地點再探」 『鞍山師範學院學報』 2013-3.

(2) 당태종이 말한 "據高山之險"·"地險而衆悍"·"城險而兵精"; 당군의 주필산 전투 전의 전략적 배치와 고연수의 "依山自保"; 도종이 흙을 쌓아 산을 쌓았다는 등 기록으로 보아 안시성은 지세가 험하여 수비하기 쉽고 공격하기 어려우며, 그 주변은 산줄기가 기복하고 골짜기가 종횡무진하여 지리적 조건이 극히 복잡함을 알 수 있다.

(3) 장손무기가 말한 "安市衆十萬在吾後"는 것으로 보아 안시성 안에 군민이 10만명에 달한다는 것을 알 수 있다. 따라서 이 성은 반드시 규모가 큰 대형 산성이 될 것이며, 그 성안은 10만 인구가 생산과 생활할 수 있는 광활한 지역이어야 한다.

(4) 안시성은 대요하구 부근에 위치한다. 『신당서·동이전·고려』에는 "水有大遼·少遼 : 大遼出靺鞨西南山, 南曆安市城 ; 少遼出遼山西, 亦南流, 有梁水出塞外, 西行與之合. 有馬訾水出靺鞨之白山, 色若鴨頭, 號鴨淥水, 曆國內城西, 與鹽難水合, 又西南至安市, 入於海."라는 기록이 보인다. 여기에서 "대요"·"소요"·"양수"는 지금의 대요하·혼하·태자하로서 대요하는 혼하·태자하로 흘러들어 다시 남쪽으로 안시성 부근을 거쳐 바다로 흘러든다. 이로부터 안시성은 반드시 대요하구 부근의 대요하 삼각주와 입해구의 수륙 요충지에 위치한다는 것을 확인할 수 있다. 그러나 대요하 입해구와 압록강 입해구는 거리가 멀고 『신당서』에서 나오는 압록강 서남류, 다시 말해 안시성 부근에서 바다로 흘러든다는 것은 한나라 시기의 서안평현이 압록강 입해구 부근에 있었던 것과 혼동한 것이다. 사실 이는 요하 하구의 고구려 안시성과 관련성이 없다.

(5) 안시성은 요동성과 건안성 사이에 위치한다. 이적은 "안시성을 건너뛰고 건안성을 공격"하는 것을 반대한 것은 바로 "건안성은 남쪽에 있고 안시성은 북쪽에 있으며, 군량은 모두 요동에 있기" 때문이다. 보다시피 안시성의 북쪽에 요동성이, 남쪽에 건안성이 있어 세 성은 위치적으로 거의 남북으로 분포하고 있다.

(6) 안시성 밖은 산들이 연결되어 있고 협곡과 하천이 자리하고 있다.

주필산 전투 이전 당태종은 이적에게 "城西嶺"에 진영을 치도록 하고, 장손무기는 "산의 북쪽으로부터 협곡으로 나오도록" 명하였으며, 태종은 친히 북산(즉 주필산)에 올라탔다. 이는 안시성 서쪽에 산줄기가, 북쪽에 산봉우리가 있어 북산에 오르면 산 남쪽의 상황을 바라볼 수 있음을 알 수 있다. 또한 북산 아래에는 군사를 숨길 수 있는 험준한 협곡도 있었을 것이다. 패배한 고연수가 안시성 동남쪽 8리까지 물러난 것은 안시성 동남 8리 되는 곳에 병사를 주둔시켜 진을 칠만한 산이 있었을 것이다. 이적 등이 추격 와중에 "동천의 다리를 망가뜨려 퇴로를 차단"한 기록에서 "동천"은 안시성 동쪽에 있는 하천임을 의미하는데 이는 안시성 동쪽과 동남쪽에 하천이 있었고 하천에는 다리가 설치되어 있었음을 알 수 있다. 주필산전투 이후 당태종이 "徙營安市城東嶺"것으로 보아 안시성 동쪽에도 산이 있었음을 확인할 수 있다. 이로서 안시성 주변의 환경을 추측해 볼 수 있다. 첫째, 안시성 동·북·서 삼면에 모두 산이 있는데 그중 북산이 가장 높아 남쪽의 전쟁 상황을 살필 수 있다. 둘째, 안시성 동남 8리 되는 곳에 산이 있다. 셋째, 성 동 및 동남쪽에 하천이 있고 하천에는 다리가 놓여있다.

(7) 안시성 동남 모서리에 도종이 쌓은 토산 유적이 있어야 하고 토산이 무너진 후 안시성의 동남쪽 성벽의 일부분을 깔아 묻었을 것이다.

(8) 안시성 전투 와중에 이적이 성의 서쪽을 돌파구로 삼아 포석당차(抛石撞車) 등 대형 공성 무기를 사용한 것으로 보아 안시성 서문 바깥의 지형은 비교적 완만해서 포석기 등 대형 무기의 사용에 유리했을 것이다. 그러나 실패로 끝난 것으로 미루어 보아 안시성 서문의 방어는 아주 견고하였을 것이다.

(9) 안시성은 고구려가 요동반도를 다스림에 가장 중요한 전략적 요충지 중 하나로 "견고하고" "병사가 정예"하다. 또한 성의 시설이 완비하여 수많은 대형 건축과 주변의 적정을 효과적으로 장악할 수 있는 전망대·점장대를 갖추고 있으며 성안에도 10만 군민의 생활을 만족시킬 수 있는

유적과 유물이 있어야 한다.

(10) 안시성은 고구려가 요동반도를 장악한 이후에 쌓아 200년가량 사용했을 것이고 성내에서 발견되는 유물은 고구려 문화의 특징을 갖추어야 한다.

필자는 대요하구 부근 일대의 고구려산성을 종합적으로 고찰한 결과, 개주시 청석령진 고려성자촌의 고려성산성만이 이러한 조건에 부합된다는 결론을 내리게 되었다. 아래에 위에 제시한 10가지 조건에 근거하여 개주 고려성산성에 관해 다음과 같이 구체적으로 설명하는 바이다.

(1) 위에서 한나라 시기 안시현 고지에 대하여 이미 논증한바 있다. 『한서』·『수경주』·『요사』·『요동지』 등 문헌의 기록을 종합해 보면 대요하 하류 동쪽, 지금의 대석교시 탕지진 일대가 한나라 시기 안시현 고지임을 알 수 있다. 고려성산성은 동북쪽에서 탕지진에서 직선거리로 불과 20㎞ 떨어진 곳에 위치하여 두 지역이 가깝고 서로 인접해 있으며, 고구려가 안시성을 쌓은 위치는 곧바로 한나라 시기 안시현 관할구역 내에 있다.

(2) 고려성산성은 주로 청석령진 고려성촌 앞의 석성산 산줄기에 쌓은 성이다. 고려성산성이 자리한 석성산은 백두산맥에 속하는 천산산맥 서부의 한 갈래이다. 산세가 험준하고 그 서남 산봉우리는 해발이 300m가량으로 성터 주변에는 산들이 줄기차고 계곡이 많아 안시성 성터와 그 주변 지리환경이 복잡한 특성에 부합된다.

(3) 고려성산성은 전형적인 "築斷爲城" 형식의 고구려 대형 산성으로 둘레길이가 6,000m에 가까운 지금까지 발견된 규모가 가장 큰 고구려 산성중의 하나이다. 이 성의 평면은 불규칙적인데 성벽은 서·남·북산의 산줄기를 따라 쌓았다. 동쪽 성벽은 남북으로 뻗어 있는 산등성이 위에 쌓았다. 성내에는 큰 분지가 있어 지세가 완만하고 토양이 비옥하여 농사가 용이하다. 지금도 계곡이 흐르고 있어 그 면적과 수원으로 보아

충분히 많은 인구를 수용할 수 있어 요동반도 고구려 산성 중 10만 인구의 거주 조건을 갖춘 대형 산성이다.

(4) 고려성산성은 수륙 교통의 요충지를 차지하고 있으며 북서쪽은 영구에서 30㎞, 남쪽은 개주시역에서 7.5㎞, 서쪽은 요동만에서 12㎞, 북서쪽은 요하구에서 31㎞ 떨어져 있다. 금전산 혹은 지대가 높은 성벽 위에 오르면 날씨가 좋을 시 멀리 발해와 대요하구를 내려다볼 수 있다. 고려성산성은 현재 요하구에서 31㎞밖에 떨어져 있지 않다. 천여 년 전 양자 사이의 거리는 더욱 가까웠는데 이는 요하 하류가 오랫동안 지세가 낮은 우안을 씻어내면서 그 수로가 끊임없이 북서쪽으로 이동했기 때문이다. 요하구도 요하 하류 수로의 변천 속에서 북서쪽으로 지금의 영구시 서포대와 반금시 요빈 부근으로 옮겨졌다. 따라서 고려성산성은 대요하구와 가장 가까운 고구려의 대형 산성이다.

(5) 고려성산성은 북쪽으로 요양과 직선거리로 110㎞, 당나라 리로는 약 200여 리인데 용양 암주성의 남쪽에 위치한다. 고려성산성이 안시성이라는 것은 의심의 여지가 없기 때문에 건안성이 바로 지금의 고려성산성이다는 학계의 많은 인식은 납득하기 어렵다면 고구려의 건안성의 위치는 어딜까? 건안성이 안시성 남쪽에 위치하고 '險絶'·'土少' 등 특성을 고려할 때 왕우랑이 제기한 고려성산성에서 남쪽으로 42㎞ 떨어진 개주시 만복진 귀자구촌 적산산성의 견해가 옳다고 본다. 현지 조사에 따른 왕우랑에 의하면 "산성은 적산의 남쪽 기슭에 위치해 있으며 돌 성벽은 산을 따라 쌓았는데 평면 생김새가 불규칙한 직사각형으로 그 둘레는 약 3,520m이다. 북면은 5개의 봉우리를 장벽으로 하고 산 아래는 벽류하가 흐르며 절벽이 비교적 가파르고 성벽을 따로 쌓지 않았다. 동·남·서 3면은 자연 돌을 겹쳐 쌓고 있다. 성벽은 총 16개의 고개를 연결하는데 성내는 평탄한 분지로 되어 있으며 1곳의 '저수지(龍潭)'가 자리하고 있다. 성의 서쪽은 좁고 계곡이 굽어 행진이 어렵다. 남쪽은 협곡이 깊어 쉽게 접근할 수 없다. 동쪽은 조금 넓지만 경사가 심하여 오르기가 쉽지 않다. 산성은

산세에 따라 성을 쌓는 데 매우 험준하여 방어하기 쉽고 공격하기 어렵다.[56]" 보다시피 적산산성은 건안성의 특징에 맞춰진 것에서 고구려 건안성임에 틀림없다.

　기록에 따르면 안시성 외곽의 고개는 연결되어 있으며 성 동·북·서·남 모두 고개가 있으며 성동 및 남동쪽에는 하천과 고개가 있다. 고려성산성은 산등성이로 둘러싸여 있고 그 주변에도 서북쪽만 약간 열려 있는 것을 제외하면 모두 산들로 길게 이어져 있어 안시성의 동·북·서·남쪽에 고개가 있다는 특징과 들어맞는다. 고려성산성은 북쪽으로 무림구를 사이 두고 봉우리가 솟아 있다. 이곳은 봉우리가 높고 경사가 완만하여 전황을 관찰하고 산으로부터 군사를 움직여 내려오는 데 유리하여 주필산의 소재일 가능성이 크다. 고려성 동쪽 및 남동쪽에는 개주시 경계에서 가장 유량이 많은 하천인 대청하가 굽이쳐 흘러 지금의 개주시 서부 서하구 부근에서 발해로 흘러든다. 이 하천이 바로 문헌에서 보이는 이적이 다리를 없애고 고연수의 후로를 차단한 "동천"일 것이다. 이적 등이 다리를 파괴함으로 하여 고연수의 후로가 차단되었다는 것은 "동천"이 유량이 어느 정도 되는 큰 강이라는 것을 설명한다. 대청하는 개주시 경내에서 유량이 가장 많은 하천으로 고려성산성 동남단을 포함한 대청하 하류에서 하천의 평균 폭이 200m 이상에 달해 그 유량의 많음을 알 수 있어 다리가 없이는 건너기 어려울 수밖에 없다. 고연수가 안시성에서 동남쪽으로 8리 떨어진 데서 "산에 의지하여 굳게 지켰다"는 곳은 필자가 보기에는 이적이 다리를 없애고 후로를 차단한 후이므로 고연수는 이미 대청하를 건너 그 좌안에 이른 것으로 생각된다. 현재 고려성산성 동남 대청하 좌안의 단전진 후홍촌과 채욕촌 사이에는 마침 고개가 남북 방향으로 분포되어 있어 고연수 패병인 "산에 의지하여 굳게 지켰다"는 곳임을 입증하고 있다. 이곳은 서북쪽으로 고려성산성 동문에서 약 3.5㎞ 떨어져

---

56) 王禹浪·王文軼, 2008, 『遼東半島地區的高句麗山城』, 哈爾濱 : 哈爾濱出版社, 134쪽.

있어 당리(唐里) 8리에 해당하여 "동남 8리"의 거리와 상당하다.

(7) 산성 동문 동남모서리 성벽에는 인위로 쌓은 언덕이 있는데, 그 언덕의 지층과 토질로 보아 인공적으로 쌓은 것이 틀림없다. 대지 아래에는 다른 대지와 유사한 토산이 존재한다. 이가 바로 도종이 쌓았다는 토산 유적이다. 성벽 위의 언덕은 토산이 무너지면서 성벽을 눌러 무너뜨린 유적일 것이다. 그 아래의 토산은 고구려 수비군이 차지하여 당군이 쟁탈함에 "삼일 동안 빼앗지 못한" 토산이 무너진 후에 생긴 유적이다. 이는 고구려 안시성의 지리적 위치를 확정하는데 가장 중요한 증거의 하나이다.

(8) 고려성산성 서문 일대는 지형이 넓고 완만하여 도시 전체에서 지세가 가장 낮은 곳으로 이적이 "포석당차" 등 대형 공성 무기를 사용하는데 매우 유리하다. 그러나 공성에 실패하였다는 것은 서문일대의 방어가 견고하였다는 것을 설명한다. 최근 고고 발굴의 성과도 이를 입증하고 있다. 발굴자들은 산성 4호 문지(서문)에서 곡자형(曲尺形) 옹성을 발견하였다. 이 옹성은 성 내측에 설치되어 있었는데 환도산성 남문의 옹성과 구조적으로 매우 흡사하다. 산성 동·서·북 삼면의 성벽에는 모두 항토성벽이 발견되었는데 특히 서성벽 중간 구간의 항토벽은 잘 남아 있었다. 현존 길이 180여m, 높이 20m이다. 석축 성벽의 일부 구간의 높이는 2m를 넘는다. 이는 안시성 서성벽이 견고하여 난공불락임을 잘 보여준다

(9) 고려성산성은 군민시설이 완비되어 있으며 성 중앙에 자리한 금전산은 높이 약 30m, 남북 너비 100m, 동서 너비 12m에 달한다. 산 위는 평평하고 건물 유적이 남아 있는데 지표면에서는 회색 잔줄무늬(細繩紋) 벽돌, 붉은 줄무늬와 격자무늬 기와 파편, 그리고 회색 토기 파편 등이 산재되어 있다. 2015년에 이곳에서 다량의 암키와와 수키와 파편, 그리고 와장을 기와 파편이 발굴되기도 하였다. 이로부터 이곳이 산성의 지휘부였다는 것을 추증해 볼 수 있다. 금전산 북측 산 아래에 남북향의 토제가

있는데 "적교강"(吊橋杠)이라고 불린다. 이 토제에 트인 곳이 하나 있는데 산물이 이곳을 지나 서문 부근에서 자그마한 못을 형성하고 있는데 음마만(飮馬灣)이라고 불린다. 놀랍게도 금전산 동남쪽에서 대형 건물터가 발견되었는데 현재 발굴된 건물은 동서로 길게 놓여진 남향의 세트 건물로 그 길이 약 28m, 폭 약 9m이다. 시굴 결과로 보아 이 건축지의 총길이는 100m로 추정된다. 이처럼 기세가 드높은 건축 유적은 국내외 다른 고구려 성터에서는 찾아볼 수 없다. 왕도의 규모를 지니고 있는데 국내성과 환도산성과 비교될 정도이다. 건축지의 기초는 용광로 찌꺼기·쇠붙이·숯이 포함된 회토를 다져 닦았다. 유적 인근에서 고구려 연화문 와당 파편(1/6가량)이 수습되기도 하였다. 이 밖에도 성 안에서 수많은 고구려 돌절구가 발견되었는데 이는 다른 고구려 성에서는 보이지 않았던 양상이었다. 이 또한 산성 내에 많은 사람들이 살았음을 설명하고 있다.

(10) 고려성산성에는 풍부한 고구려 유적유물이 분포되어 있는데 그중에는 대형 건물지, 저수지, 옹성, 문터 등 건축 유적이 포함되어 있는가 하면 수많은 고구려시기의 연화문 와장, 기와 파편, 토기, 철기, 석기 등 유물과 고구려 무덤이 발견되기도 하였다. 이 모든 것들은 이 유적이 고구려가 요동을 경략하는 중요한 성의 하나였음을 입증하고 있다. 지역의 정치·경제·문화 중심지 역할을 지닌 대형 성인 셈이다.

맺음말

보다시피 개주시 청석령진 고려성산성은 지리적 위치, 지형적 특징, 성터의 형식과 규모, 유적유물의 문화적 특징, 역사문헌의 기록 등은 안시성이 갖추어야 할 10가지 조건에 모두 부합함으로 역사상에 유명한 고구려 안시성이 틀림없다. 고려성산성의 북쪽은 무림구를 사이에 두고 멀리 맞닿아 있는 봉우리가 바로 당태종이 군사를 주둔시킨 주필산이고,

산성 동부 및 동남부에 위치한 대청하가 바로 이적이 "하천 다리를 없애고 퇴로를 막은" 그 "동천"이었을 것이며, 산성 동남부에서 확인되는 토구와 토대 유적은 도종이 쌓은 토산임에 틀림없다. 안시성과 인접한 한나라 안시현은 지금의 대석교 탕지진 일대이고, 안시성 남부의 고구려 건안성은 고려성산성에서 남쪽으로 42㎞ 떨어져 위치하고 있는 만복진 귀자구촌 적산산성이다.

2015년 1월, 개주시 정부는 중국사회과학원 고고연구소·요녕성문물고고연구소에게 위탁하여 고려성산성에 대한 고고 조사와 발굴을 실시하였다. 같은 해 4월, 중국사회과학원 고고연구소·요녕성문물고고연구소·개주시문물국은 고려성산성발굴대를 조성하여 고려성산성에 대한 5년 조사 발굴을 시작하였다. 2015년 첫해의 발굴 성과만 보더라도 구조가 복잡한 4호문터의 옹성, 금전산유적, 그리고 왕도의 기미가 보이는 대형 궁전 건축터를 발견하였다.

안시성의 지리적 위치의 최종 비정과 고구려산성에 대한 지속적인 발굴 작업은 고구려 산성 문화, 고구려 축성사 및 고구려 역사지리 연구를 심화시키는 데 큰 도움이 될 것이며, 요동반도의 고대교통, 축성 분포, 고구려의 요동 경략 및 고당전쟁사 연구에 많은 도움을 줄 것이다.

김 영 길

북한 함경북도 청진시 부거리 일대 발해 고분 연구[*]

머리말

조선 후기 북방 지역의 지리정보를 체계적으로 정리한 『북새기략(北塞記略)』 중 「북관고적기(北關古蹟記)」에 현재의 함경북도 청진시 부거리 일대 석축묘들에 관한 내용이 있다.

> 부거폐현은 부령부 동쪽 60리에 있다. 석성은 모두 무너졌고 그 터만 남아 있다. 현의 서쪽 산에 옛 무덤 1만여 기가 있는데, 모두 석곽 무덤이다. 어느 때의 무덤인지 모른다.[1]

이처럼 조선 후기까지 이 부거리 일대 석축묘들의 조성 시기에 대해서는 미지의 상태였으나, 일제강점기 때부터 발해의 고분일 가능성이 제기되었다. 부거리 일대 석축묘에 대한 조사는 1910년대부터 1930년대까지 일제

---

[*] 이 논문은 2021년 대한민국 교육부와 한국연구재단의 지원을 받아 수행된 연구임(NRF-2021S1A5B5A17047880)

1) 富居廢縣, 在富寧府東六十里, 石城盡頹, 只存基址, 縣西山, 有古塚萬餘皆石槨, 未知何時物也.(홍양호, 홍의영, 이범윤, 김노규 지음, 손성필, 오세옥, 이정욱 번역, 2018, 『북새기략, 북관기사, 북여요선』, 한국고전번역원, 50쪽에서 재인용)

의 고적조사 항목에 포함되어 시작되었다. 당시 촬영된 유리건판 사진들과 더불어 도리이 류조(鳥居龍藏)가 조선총독부에 제출한 『제1회 사료조사보고』의 「고구려 및 발해 고분 유적」에서 부거리 일대 석축묘들을 언급하고 있어, 이를 통해 이 시기부터 부거리 일대 석축묘들을 발해의 고분으로 인식했음을 알 수 있다.[2]

먼저 고분 구조에 대한 당시 보고내용을 살펴보면 편암과 같이 가공하기 쉬운 석재들을 지상에 조합해 석관을 만들고, 이를 같은 종류의 석재로 석곽을 둘렀으며, 그 바깥에는 토석을 쌓아 조성했다고 하였다. 이와 같은 묘제는 부거 일대에서 특징적으로 보이고 있으며, 그 수는 천을 헤아리고 있다고 언급하였다. 해당 형식의 고분들을 발해시기로 판단한 근거로는 석재의 양과 고분 구조, 유물에서 발해시기의 것과 유사함을 제시하였다. 또한 이 형식의 고분들은 이전 시기의 고분들을 간소화한 느낌이 들며, 출토된 토기들은 점점 기술이 발전된 모습을 보이고 있고, 저부에서는 사절흔도 보이는 상황이 주목됨을 강조하였다.[3]

한편 도리이 류조는 동경용원부의 지리적 위치와 관련된 부거리 일대 석축묘들의 성격에 대해서도 논하였다.[4] 그는 부거리 일대가 발해에서 일본으로 가는 노선상에 위치하고, 상경용천부를 기준으로 동남쪽에 있으며, 바다와 면해있다는 『신당서』의 동경용원부의 위치 설명[5]에 가장 부합함을 주장하였다. 또한 이처럼 대규모 고분군이 밀집해 있는 양상은 흔히 볼 수 없으며, 주변에 위치한 토성[6]이 고분군과 서로 상관관계에

---

2) 鳥居龍藏, 1912, 『第一回史料調査報告－咸鏡南北道 東間島』(국립중앙박물관, 2019, 『유리건판으로 보는 발해 유적』, 9쪽에서 재인용)

3) 鳥居龍藏, 1912, 『第一回史料調査報告－咸鏡南北道 東間島』(국립중앙박물관, 2019, 『유리건판으로 보는 발해 유적』, 10쪽에서 재인용)

4) 鳥居龍藏, 1912, 『第一回史料調査報告－咸鏡南北道 東間島』(국립중앙박물관, 2019, 『유리건판으로 보는 발해 유적』, 11쪽에서 재인용)

5) 『新唐書』, 渤海傳 "貞元時, 東南徙東京 … 濊貊故地爲東京·曰龍原府, 亦曰柵城府, 領慶·鹽·穆·賀 四州 … 龍原東南瀕海, 日本道也.…"

6) 원문에서 언급된 토성은 부거 토성을 지칭하는 것으로 판단된다. 그러나 실제로

있기에 당시 현성의 모습을 보여주는 것이라 판단하였다. 이러한 일제의 발해 동경용원부 부거리 일대 설은 1940년대 훈춘 팔련성 조사 이후 설득력을 잃게 되었다.

팔련성 발굴조사 이후 동경용원부의 치소가 훈춘에 있었다는 주장은 이미 정치된 학설이다. 그러나 북한학계에서는 여전히 부거리 일대 설을 주장하고 있으며, 그 근거 중 하나로 부거리 일대의 수많은 석축묘들을 제시하고 있다. 그런데 이와 관련하여 지적되어야 할 부분은 "부거석성이 동경용원부이기 때문에 이 석축묘들의 조영시기도 발해시기일 것"이라는 주장과 "부거리 일대에 왕릉급으로 보이는 연차골 고분군 1호분이 존재하고 있기에 부거석성의 동경용원부 치소설이 응당하다"[7]라는 주장이 마치 순환논리처럼 제기되었다는 것이다. 또한 일제강점기 당시의 조사에서는 석관이 있는 석곽봉토묘만을 발해 고분으로 분류하였으나, 북한 측에서는 구체적인 비교 검토 없이 부거리 일대의 모든 석축묘들을 일괄적으로 발해유적으로 보고 있어 그 판단 근거가 무엇인지 재검토할 필요가 있어 보인다.

본 연구에서는 먼저 부거리 일대 고분군들의 연구 및 조사 현황들을 정리하고, 무덤 구조와 장속 그리고 토기류와 마구류를 중심으로 출토 유물에서 보이는 특징들을 파악해보았다. 그 다음 장에서는 그간 부거리 일대 고분군들에 제기되었던 의문점들을 중심으로, 특히 고구려 조성설 또는 외부문화 유입설이 언급된 부분들에 대해 검토해 보았다. 그리고 발해 문화만의 특징들과 고구려와 발해 문화의 공통적인 특징들이 나타나는 부분이 있는지 살펴보고, 이를 바탕으로 부거리 일대 고분군의 성격을 구체화해 보았다.

부거토성의 계측치는 장축 길이 93m, 너비 60m로 규모가 작다(동북아역사재단, 2011, 『부거리 일대의 발해유적』, 27쪽). 아마도 부근에 위치한 둘레길이 약 1,236m인 부거석성의 오기일 것으로 판단된다.

7) 김종혁, 2002, 『동해안 일대의 발해 유적에 대한 연구』, 중심, 214쪽 ; 동북아역사재단, 2011, 『부거리 일대의 발해유적』, 163-164쪽.

1. 부거리 일대 고분군의 연구현황과 조사내용

1) 연구현황

발해의 고분 연구는 지속적으로 실시되어 오고 있다. 다만 주로 구국 및 상경 권역 내의 추정 왕릉8)이나 그 외의 대형고분군 또는 위계가 높은 개별 고분9)에 초점이 맞추어진 까닭에 변방 지역에 위치한 고분들은 크게 주목받지 못하였다.

발해 전역의 고분을 대상으로 한 연구에서도 변방 지역과 관련해서는 지역적 특징 파악에 그친 기초적인 분석 단계에서 마무리되었다.10) 비슷한 주제를 다룬 비교적 최근의 연구에서는 묘제와 출토 유물에서 보이는 각각의 특징들을 발해 건국 전부터 거주하였던 집단의 문화적 특성과 결부시키고, 발해 중앙의 영향력 정도에 따라 차이가 있었을 것으로 해석하였다.11) 이 밖에, 발해의 지방지배 방식 연구,12) 중국 경내 발해

---

8) 劉曉東, 2012, 「渤海王陵及相關問題續論」 『北方文物』 2012-3 ; 劉曉東, 2013, 「渤海"珍陵"問題的再檢討 —紀念金毓黻先生逝世50周年」 『北方文物』 2013-3 ; 徐學毅, 2003, 「敦化六頂山"珍陵"新考」 『北方文物』 2003-2 ; 최정범, 2019, 「渤海 王陵比定 試論」 『韓國考古學報』 113, 한국고고학회.

9) 고성욱, 2018, 『발해 육정산고분군 연구』, 단국대학교대학원 석사학위논문 ; 金銀玉, 2011, 『宁安虹鱒漁場渤海墓葬研究』, 吉林大學碩士學位論文 ; 김진광, 2018, 「발해 용두산고분군 용해구역 M13·M14 고분의 위상과 그 주인공에 대한 시론적 고찰」 『先史와 古代』 56, 한국고대학회 ; 劉曉東·付畔, 1992, 「試論三灵墳的年代与墓主人身份」 『北方文物』 1992-1 ; 박유정, 2018, 『발해 정효공주묘 전탑 출현의 의미』, 서울대학교대학원 석사학위논문 ; 王志剛, 2008, 『六頂山渤海墓葬研究』, 吉林大學碩士學位論文 ; 王俠, 1985, 「貞惠公主墓与貞孝公主墓」 『學習与探索』 1985-4 ; 魏存成, 1981, 「渤海王室貴族墓葬」 『中國考古學會第3次會議論文集』, 文化出版社 ; 장철만, 2001, 「륙정산무덤떼에 대한 몇가지 고찰」 『조선고고연구』 2001-2 ; 채희국, 1988, 「발해의 정혜공주묘와 정효공주묘에 대하여」 『조선고고연구』 1988-2.

10) 박규진, 2010, 「渤海石築墓研究」, 고려대학교대학원 석사학위논문 ; 魏存成, 2014, 「渤海墓葬演變与渤海初期人口的民族构成」 『吉林大學社會科學學報』 2 ; 鄭永振, 1984, 「渤海墓葬研究」 『黑龍江文物叢刊』 1984-2 ; 華陽, 2015, 『渤海墓葬研究』, 吉林大學博士學位論文.

유적을 대상으로 한 속말말갈 문화의 형성과 정체성에 관한 논의,[13] 중국 요녕성과 러시아 연해주에 위치한 개별 유적 고찰[14] 등 발해 변장 지역의 고분과 관련된 연구들이 간헐적으로 진행되었다.

북한 경내의 발해 고분들을 대상으로 한 연구들도 시도되었지만, 고구려 계승성 문제만 집중적으로 다루거나,[15] 발굴 간보 성격의 짧은 글[16]이 대부분으로서 고분 자체에 대한 심화적인 연구는 아직 실시되지 못하였다. 이와 같은 상황에서 발표된 부거리 일대 고분들의 문화적 귀속성에 의문을 제기하는 다음의 연구들은 발해 고고학계에 새로운 자극을 주었다.

V. V. 아흐메토프는 판석으로 만든 상자형 묘제는 고구려 매장방식의 특징이며 부거리 일대 연차골 고분군 출토 재갈과 등자들은 고구려와, 운주, 행엽 등의 장식 마구류들은 신라와 유사함을 지적하였다. 이 유적에 서는 발해의 문화적 속성을 전혀 찾아볼 수 없으며, 파수가 부착된 토기들

---

11) 김하늘, 2019, 「발해 고분의 지역성 연구」, 충북대학교대학원 석사학위논문.

12) 양시은, 2015, 「연해주지역 발해의 지방지배 방식 연구」, 『호서고고학』 33, 호서고 고학회.

13) 이종수, 2018, 「속말말갈의 문화적 특징과 형성과정 고찰」, 『東北亞歷史論叢』 61, 동북아역사재단.

14) 강현숙, 2009, 「고구려 고지의 발해고분」, 『韓國考古學報』 72, 한국고고학회 ; 정석 배 외, 2007, 「체르냐찌노 5 발해고분군의 고분유형과 출토유물」, 『고구려발해연 구』 26, 고구려발해학회.

15) 김남일, 2005, 「연차골 1지구무덤떼를 통하여 본 고구려와 발해의 계승관계」, 『조선고고연구』 2005-2 ; 김남일, 2011, 「부거리일대 발해무덤의 분포에 대하여」, 『조선고고연구』 2011-4 ; 장철만, 1997, 「동해안일대의 발해무덤에 대하여」, 『조 선고고연구』 1997-1.

16) 김남일, 2002, 「다래골 및 독동무덤 발굴보고」, 『조선고고연구』 2002-3 ; 김남일· 김성철, 2013, 「부거리 연차골 2지구 발해돌칸흙무덤 발굴보고」, 『조선고고연구』 2013-2 ; 김재용·김영일, 2013, 「다래골돌칸흙무덤떼 3차 발굴보고」, 『조선고고 연구』 2013-3 ; 이은석, 1998, 「새로 발굴된 발해무덤과 마구일식」, 『조선고고연 구』, 1998-3 ; 장철만, 2004, 「옥생동무덤떼 발굴보고」, 『조선고고연구』 2004-1 ; 지화산·김광혁, 213, 「다래골무덤떼 2차 발굴보고」, 『조선고고연구』 2013-2 ; 한 인덕, 1998, 「새로 발굴된 연차골 제1호무덤은 발해의 왕릉급무덤」, 『조선고고연 구』 1998-4 ; 한인덕·김남일, 2000, 「연차골 제2지구 제1호무덤에 대하여」, 『조선 고고연구』 2000-1.

과 연차골 1지구 15호분 출토 철촉 등이 고구려의 것과 매우 유사하기 때문에 이 일대 고분군 조성 집단은 고구려임이 확실하다고 보았다.[17]

강현숙은 부거리 일대를 포함해 발해 시기로 보고된 함경도 지역의 모든 고분들을 연구 대상으로 하였는데, 먼저 함경도 일대 고분들은 크게 적석총과 석실봉토분, 석곽봉토분으로 대별되는 것으로 파악하였다. 부거리 일대의 고분과 관련해서는 석실봉토분과 석곽봉토분을 언급하였다. 석실봉토분에서 보이는 궁륭식, 삼각 고임식 천장의 석실은 고구려 고분의 특징이지만, 고구려 석실에서는 보이지 않는 원형이나 타원형 평면의 석실, 판상석을 이용한 석곽은 발해 여타지역과 구별되는 이 일대의 특징이며, 구체적인 분석이 필요하다고 보았다. 특히 판석으로 축조한 석곽봉토분을 논하면서는 고려시기의 것이 혼재되어 있을 가능성을 열어두었다. 출토 유물중에서는 마구류가 전반적으로 고구려와 유사성을 보이지만 행엽에서만큼은 신라의 것과 형태적으로 더 유사성을 보이는 것에 주목하였다. 결론적으로 고구려와 발해에 국한되지 않은 다각적인 검토의 필요성을 강조하였다.[18]

마지막으로 이동규는 부거리 일대에 조성된 원형·다변형 석실들은 그 구조상 고구려 축조의 전통 또는 지방색으로만 보기에는 무리가 있으며, 축조 기술이 외부에서 도입되었을 가능성과 조영 집단 자체가 외부에서 들어왔을 가능성을 제시하였다. 고고학적 근거로 원형계 묘제가 확인된 내몽골 및 조양 일대의 사례들을 언급하였으며, 역사학적 근거로 함경남도에 어느 정도 자치성을 지닌 말갈 집단이 존재했다는 『삼국사기』의 기록[19]

---

17) Ахметов В.В., 2014, Проблема выделения могильников бохай ского времени на севере Корей ского полуострова // Вестник Новосибирского государственно го университета. Серия : История, филология. Т.13. No. 4., С. 19-25.

18) 강현숙, 2022, 「함경도 일대 고분 조사와 북한의 발해 고분 연구」, 『한국상고사학보』 116, 한국상고사학회.

19) 『三國史記』 「新羅本紀」 제11 헌강왕 12년(886년), 春, 北鎭奏, "狄國人入鎭, 以片木掛樹而歸." 遂取以獻, 其木書十五字云, "寶露國與黑水國人, 共向新羅國和通".

을 제시하였다.[20)]

2) 유적 조사내용

부거리 일대는 해안에서 가까우면서도 동해안의 높은 산줄기들에 둘러싸인 충적지대이다(그림 1, 그림 3). 동해안 일대에서 부거리로 들어가는 길은 이 일대를 흐르고 있는 부거천을 따라 거슬러 올라가는 방법밖에 없으며, 부거리를 거쳐야만 북부 내륙지대인 회령을 거쳐 중국 동북지방으로 향할 수 있다.[21)]

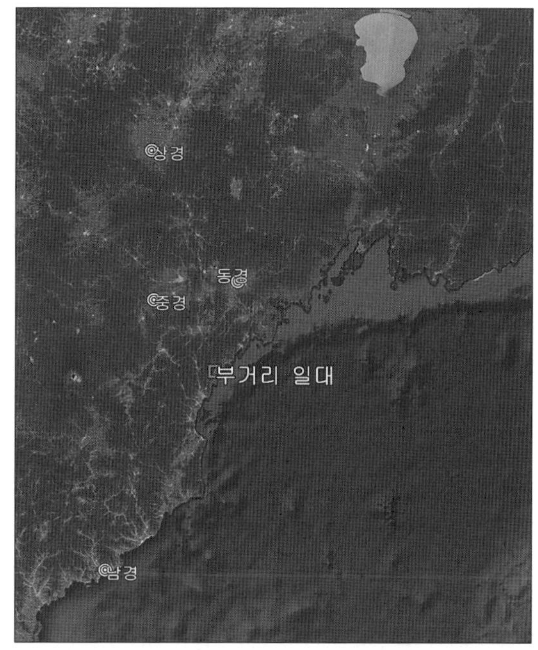

〈그림 1〉 부거리 일대 위치(구글어스, 필자 표시)

가장 최근에 발간된 『부거리 일대의 발해유적』에 따르면 이 일대에는 다래골 고분군, 독동 고분군, 연차골 고분군, 옥생동 고분군, 토성 고분군, 합전 고분군이 있다(그림 2, 그림 3). 그런데 『조선고고학전서』와 『조선향토대백과』에는 약 500여 기의 고분들로 구성된 부거 고분군의 소개글과 고분 분포도가

---

20) 이동규, 2017, 「회령·부거리 일대 발해고분의 계통에 대한 연구－원형·다변형 고분의 구조를 중심으로－」『고대사회 고분자료 집성의 성과와 의의』, 중앙문화재연구원 ; 李東奎, 2022, 「會寧·富巨里一帶の渤海古墳の造營集団について」『人·墓·社會－日本考古學から東アジア考古へ－』, 土生田純之先生退職記念事業學編, 雄山閣.

21) 동북아역사재단, 2011, 『부거리 일대의 발해유적』, 20~21쪽.

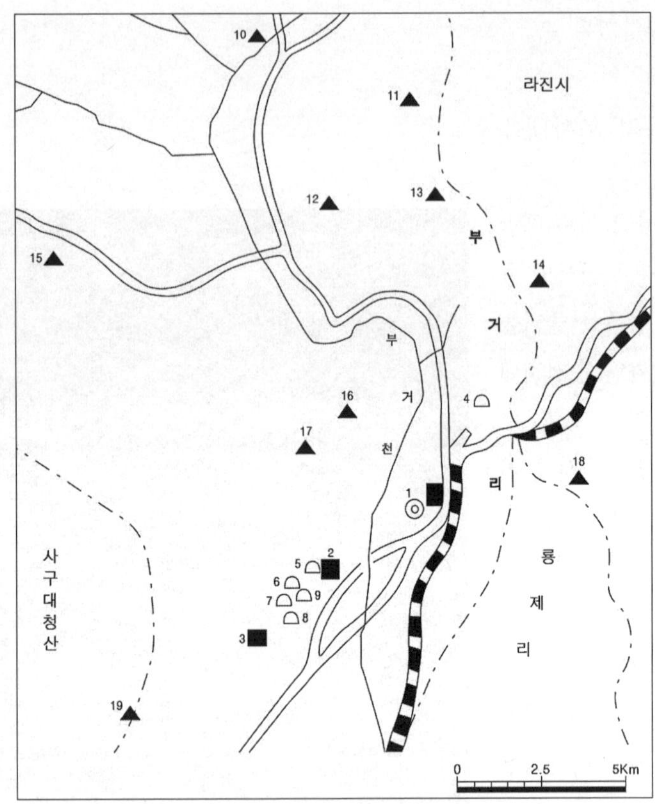

〈그림 2〉『부거리 일대의 발해유적』에 제시된 유적 분포도(동북아역사재단 2011a) : 1.부거석성, 2.부거토성, 3.독동산성, 4.옥생동 고분군, 5.토성 고분군, 6.다래골 고분군, 7.연차골 고분군, 8.독동 고분군, 9.합전 고분군, 10.간농 봉수대, 11.등수무산 봉수대, 12.암기동 봉수대, 13.추골2 봉수대, 14.추골1 봉수대, 15.온수동 봉수대, 16.김삼득 봉수대, 17.바른골 봉수대, 18.연대봉 봉수대, 19.독동 봉수대

제시되어 있는데,『부거리 일대의 발해유적』에서는 언급되지 않았다.[22]

부거 고분군은 1985년과 1987년에 발굴조사된 것으로 보고되어 있으며,[23]

---

22) 〈그림 5〉는 필자가 『조선향토대백과』에 수록된 부거고분군 분포도에 『부거리 일대의 발해 유적』에 기술된 고분 위치 서술 내용을 근거로 하여 부거토성, 토성 고분군, 합전 고분군, 다래골 고분군, 연차골 고분군의 위치를 표시한 것이다.

23) 사회과학원 고고학연구소, 2009,『조선고고학전서 42 : 발해의 무덤』, 진인진.

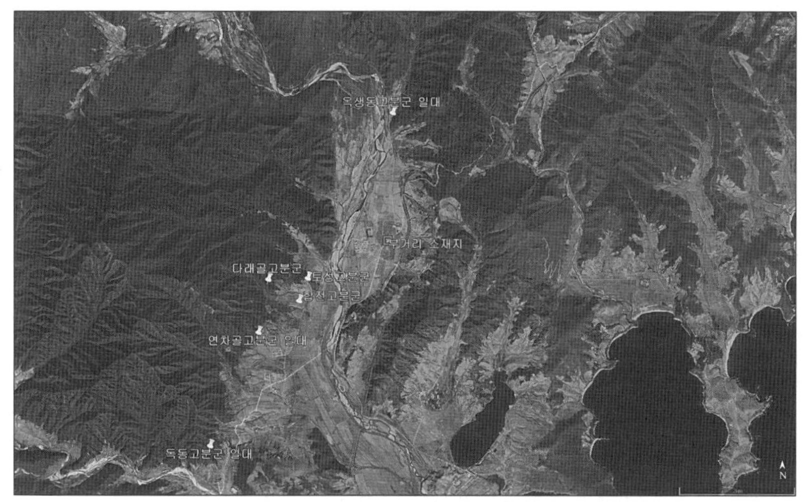

〈그림 3〉 부거리 일대 유적 분포 모습(구글어스, 필자 표시)

1914년 조선고적조사의 일환으로 촬영된 유리건판 사진 기술에서도 부거 고분군으로 정확히 명시되어 있는 것으로 보아 단순 오기 문제는 아닐 것으로 생각된다.[24] 이에 상기한 자료들을 비교 검토한 결과 부거 고분군으로 보고된 유구 도면들은 『부거리 일대의 발해유적』에서 모두 합전 고분군으로 편입된 것으로 보인다. 도면이 없고 계측치만이 보고된 경우에도 기술 내용을 대조했을 때 모두 일치하였다. 대표적인 사례는 〈그림 4〉와 같다.

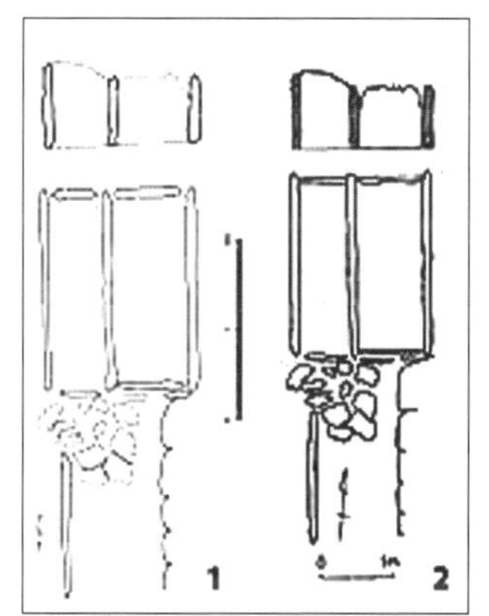

〈그림 4〉『부거리 일대의 발해유적』에 제시된 합전 36호분(1)과 『조선고고학전서 42 : 발해의 무덤』에 제시된 부거리 36호분(2)

이러한 상황은 1980년대에 북한의 대대적인 동해안 일대의 발해 유적조사의 일환으로 부거리 일대의 고분군에 대한 조사가 재개되며 유적명 재편성 과정을 거쳤기 때

---

24) 국립중앙박물관, 2019, 『유리건판으로 보는 발해 유적』.

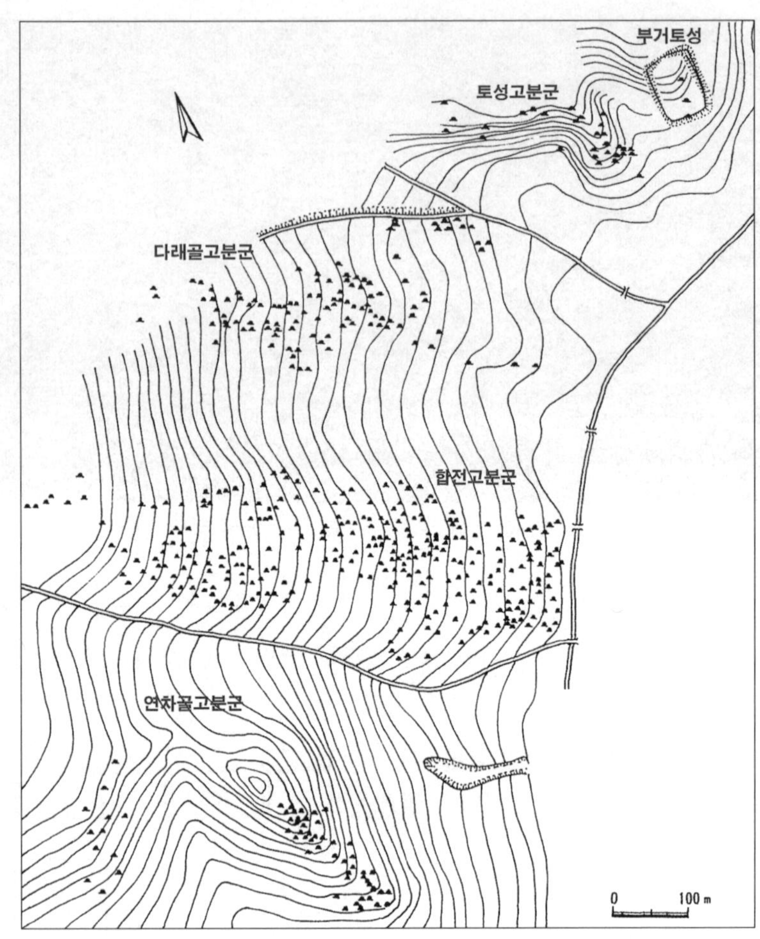

〈그림 5〉『조선향토대백과』에 제시된 부거리 일대 고분 분포 현황
(조선 과학백과사전출판사 2005, 필자 표시)

문에 일어났을 것으로 추정된다. 따라서 본 연구에서는 기존에 부거고분군
으로 보고된 유적은 합전고분군으로 파악하였다.

정리해보면 다래골 고분군에서 약 50여기 중 12기, 독동 고분군에서
100여기 중 7기, 연차골 고분군에서 26여기 중 20기, 옥생동 고분군에서
15기 중 4기, 토성 고분군에서 200여기 중 4기, 합전 고분군에서 500여기
중 50기의 고분이 각각 발굴조사 되었다.[25] 부거리 일대에서 조사가 완료되

어 현황을 파악할 수 있는 고분의 수는 97기로 집계되며, 이 중 잔존
상태가 비교적 양호하고 유구 도면까지 제시되어 규모와 벽체 축조방식
등을 파악할 수 있는 개체 수는 총 58기이다.[26]

(1) 옥생동 고분군[27]

옥생동 고분군은 부거석성에서 북쪽으로 약 1.5㎞ 떨어진 옥생동골의
북쪽 경사면에 있다. 무덤은 총 15기로 첫 번째 골짜기에서 5기, 두 번째
골짜기에서 10기가 확인되었다. 2002년 북한 사회과학원 고고학연구소에서
비교적 잔존상태가 양호한 4기를 선정해 발굴조사를 진행했는데, 그중
2호분 도면은 보고되지 않았다. 2008년에 연변대학교 발해사연구소와
공동으로 재조사를 진행한 것으로 보이지만, 내용은 2002년의 것과
동일하다.

첫 번째 골짜기에서는 1호분이 조사되었는데, 발굴보고자는 옥생동
고분군에서 확인된 유일한 석실봉토묘라 보고하였다. 그러나 구조가
석곽 혹은 석관묘에 부합하는 것으로 보인다. 두 번째 골짜기에서 발견된
2, 3, 4호분은 석관묘로 보고되었다. 장축방향은 모두 남-북 방향이다.
무덤은 1~2매의 큰 판석을 세워 반지하식으로 조성하였다. 덮개석도 판석이
있을 것으로 추정되며, 바닥 부분에는 판석 여러 장을 깔아 마감한 모습이
확인된다(그림 6). 각 무덤의 규모는 표에 제시된 바와 같다(표 1).

---

25) 각 고분군별 총 무덤의 분포 수는 『부거리 일대의 발해유적』의 22~23쪽에
 기술되어 있는 내용을 참고하였다. 다만 합전 고분군의 무덤의 총 분포수는
 부거 고분군 조사 당시의 분포수를 참고해 500여기가 분포하고 있을 것으로
 추정하였다.
26) 『부거리 일대의 발해유적』의 23쪽에 기술된 내용을 따르면 각 고분군에 분포하는
 무덤의 수를 합쳤을 때 약 641여기로 집계된다. 그런데 바로 그 다음 문장에서는
 부거리 일대에서 확인된 무덤의 총수는 1,000여기가 넘는다고 언급하고 있다.
27) 동북아역사재단, 2011, 『부거리 일대의 발해유적』; 사회과학원 고고학연구소,
 2004, 「옥생동무덤떼 발굴보고」『조선고고연구』 2004-1.

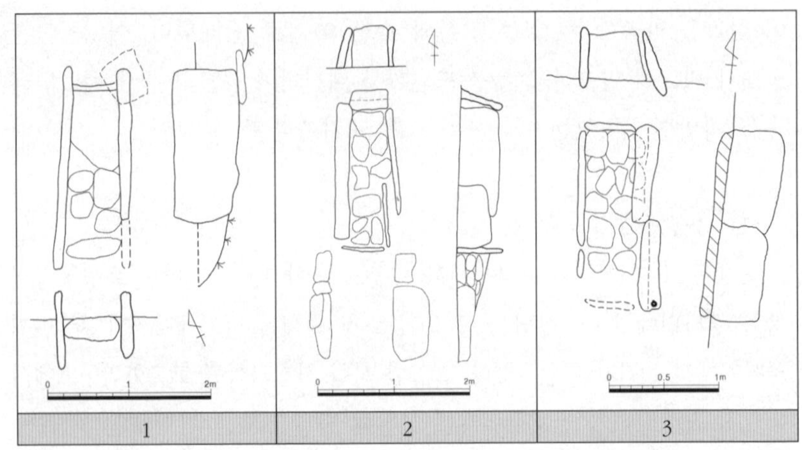

〈그림 6〉 옥생동 고분군 무덤 도면(동북아역사재단 2011a) : 1. 1호분, 2. 3호분, 3. 4호분

〈표 1〉 옥생동 고분군 무덤별 계측치

무덤	길이(m)	너비(m)	높이(m)
1호분	1.75	0.65	0.67
3호분	1.9	0.55	0.5
4호분	1.45	0.55	0.43

(2) 다래골 고분군[28]

다래골 고분군은 부거토성 기준 서북쪽 산봉우리에서 동남쪽으로 뻗어 내려간 능선의 경사면 중턱에 위치한다. 50여기의 무덤들이 발견되었으며, 북한 사회과학원 고고학연구소에서 2000년에 2기를, 그리고 연변대학교 발해사 연구소와 공동으로 2008년에 5기, 2009년에 5기를 발굴하여 총 12기가 조사되었다.

묘제는 모두 지상에 설치된 횡혈식 석실봉토묘이며, 봉토는 대부분 유실되었다. 장축 방향은 대체로 남-북 방향이나 동쪽으로 치우치거나

---

28) 동북아역사재단,『부거리 일대의 발해유적』, 2011 ; 사회과학원 고고학연구소, 「다래골 및 독동무덤 발굴보고」『조선고고연구』 2002-3 ; 사회과학원 고고학연구소, 「다래골무덤떼 2차 발굴보고」『조선고고연구』 2013-2 ; 사회과학원 고고학연구소, 「다래골무덤떼 3차 발굴보고」『조선고고연구』 2013-4.

〈그림 7〉 다래골 고분군 무덤 도면 및 사진(동북아역사재단 2011a) : 1. 1호분, 2. 2호분, 3. 3호분, 4. 4호분, 5. 5호분, 6. 6호분, 7. 7호분, 8. 8호분, 9. 9호분, 10. 10호분, 11. 11호분, 12. 12호분

서쪽으로 치우친 경우도 확인된다. 묘실의 벽체는 다듬지 않은 돌로 수직으로 쌓거나 조금씩 안으로 들여쌓았다. 묘실 천장은 대부분 무너져 내려 확신할 수 없으나 궁륭식으로 추정된다. 묘실의 평면 형태는 원형, 타원형 그리고 말각 장방형이며, 묘실 바닥은 흙다짐하거나 강돌 혹은 잔돌을 흙에 섞어 다진 모습이 확인되었다. 조사된 모든 무덤의 석실 내에서 판석으로 만든 1기 또는 2기의 석관이 발견되었는데, 1호분의 경우 석관 밑에 강돌을 한겹 깔은 모습이 확인되었다. 연도는 묘실의 남벽 중앙에 설치했다(그림 7). 각 무덤의 규모는 표에 제시된 바와 같다(표 2).

<표 2> 다래골 고분군 무덤별 계측치

무덤	길이(m)	너비(m)	높이(m)
1호분	3.4	2.8	1.2
2호분	3.68	3.16	1.3
3호분	3.16	3	1.6
4호분	3.5	3.05	1.54
5호분	2.72	1.66	1.2
6호분	3.2	1.66	1.22
7호분	2.88	1.6	1.2
8호분	2.8	1.42	1.16
9호분	3.6	2.9	1.6
10호분	3.14	2.7	0.82
11호분	2.5	1.62	1.2
12호분	2.9	1.63	0.94

(3) 독동 고분군 29)

부거리 일대의 고분군 중 가장 남쪽에 있다. 2000년에 북한 사회과학원 고고학연구소에서 1호분을, 2008년에는 2~7호분을 연변대학교 발해사 연구소와 공동으로 발굴조사하였다. 이 중 1~3호분만 도면이 제시되었다. 5, 6, 7호분은 파괴되었으나 그 규모로 보아 석관묘였을 것으로

---

29) 동북아역사재단, 2011, 『부거리 일대의 발해유적』; 사회과학원 고고학연구소, 2002, 「다래골 및 독동 무덤 발굴보고」『조선고고연구』.

보고되었다.

독동 1호분은 지상에 축조한 횡혈식 석실봉토묘로, 연도는 남벽 중앙에 설치하였다. 묘실의 평면 형태는 방형이며, 장축 방향은 동쪽으로 치우친 남북 방향이다. 천장은 무너져 내려 결구 구조를 알 수 없다. 묘실 벽체는 할석을 사용해 면을 맞추면서 수직으로 축조하였으며, 묘실 바닥에는 강돌을 한 벌 깔았다고 보고되었다. 2, 3호분은 옥생동고분군의 석관묘와 구조와 규모가 유사하다. 장축 방향은 동-서 방향이다(그림 8). 4호분은 지하에 타원형의 할석조 석곽을 조성하고, 석곽 내에는 판석조 석관을 안치하였다. 석관의 서쪽면에 판석으로 부장칸을 조성했다고 보고되었으나, 유구 도면이 제시되지 않아 자세한 양상은 알 수 없다. 각 무덤의 규모는 표에 제시된 바와 같다(표 3).

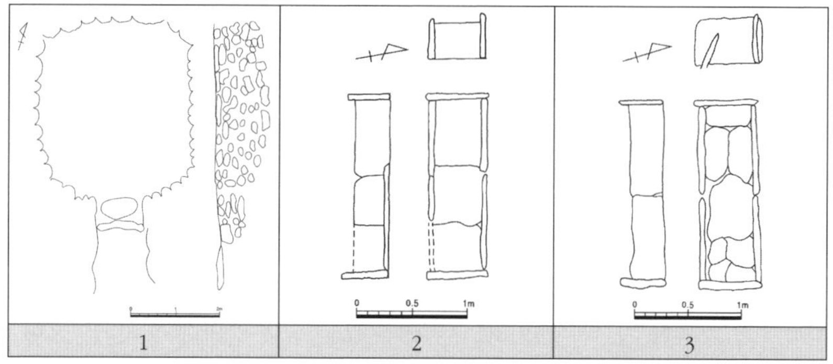

〈그림 8〉 독동 고분군 무덤 도면(동북아역사재단 2011a) : 1-1호분, 2-2호분, 3-3호분

〈표 3〉 독동 고분군 무덤별 계측치

무덤	길이(m)	너비(m)	높이(m)
1호분	3.5	3.2	1.2
2호분	1.3	0.5	0.4
3호분	1.8	0.5	0.9

(4) 연차골 고분군[30)

부거리 일대의 연차골 중턱에 위치한다. 고분군은 골짜기와 동쪽 능선

에 걸쳐 있는데 골짜기 쪽을 제1지구, 동쪽 능선 쪽을 제2지구로 설정하였다. 북한 사회과학원 고고학연구소에서 1997년에 제1지구 16기를 모두 발굴했으나, 8호분과 16호분은 도면이 보고되지 않았으며 5호분은 파괴가 심해 구체적인 정황을 알 수 없다. 제2지구에서는 확인된 10여기 중 1997년에 1기, 2009년에는 연변대학교 발해사연구소와 공동으로 3기를 발굴하였다.

모두 지상에 설치된 횡혈식 석실봉토묘이며, 봉토는 대부분 유실되어 원래의 형상을 알 수 없다. 장축 방향은 서쪽으로 약간 치우친 제1지구 13호분을 제외하고 모두 동쪽으로 치우친 남-북 방향이다. 묘실과 연도 모두 할석을 들여쌓아 벽체를 축조하였다. 묘실 천장은 대부분 무너져내렸으나 일부 무덤에서 궁륭식과 삼각고임식으로 추정되는 천장 구조의 흔적이 확인되었다. 묘실의 평면 형태는 말각장방형, 말각방형 혹은 원형, 장방형 등 다양하다(그림 9, 그림 10). 묘실 바닥은 흙다짐 처리가 기본적이나, 할석 혹은 판석을 깔기도 했고 1지구 1호분의 경우 석회와 숯을 섞은 혼합물을 덧씌우고 불다짐을 했다. 묘실 내에서는 장구가 확인되지 않은 경우가 판석조 석관을 사용한 경우보다 2배 정도 많다. 석관이 확인된 무덤들 중 2지구 1호분에서는 석관 밑에 3개의 받침석을 둔 사례가 주목된다. 1지구 1호분에서는 목관 사용 사례도 보고되었다. 연도는 미세하게 치우친 경우를 제외하고는 모두 묘실 남벽 중앙에 설치되었으며, 안쪽에서 바깥쪽으로 갈수록 넓어지는 나팔형이다. 매장방식과 관련해서는 1지구 15호분의 묘실 바닥에 깐 돌들에서 불에 탄 흔적이 발견되어 화장을 했을 것으로 추정하고 있다. 각 무덤의 규모는 표에 제시된 바와 같다(표 4, 표 5).

---

30) 동북아역사재단, 2011, 『부거리 일대의 발해유적』.

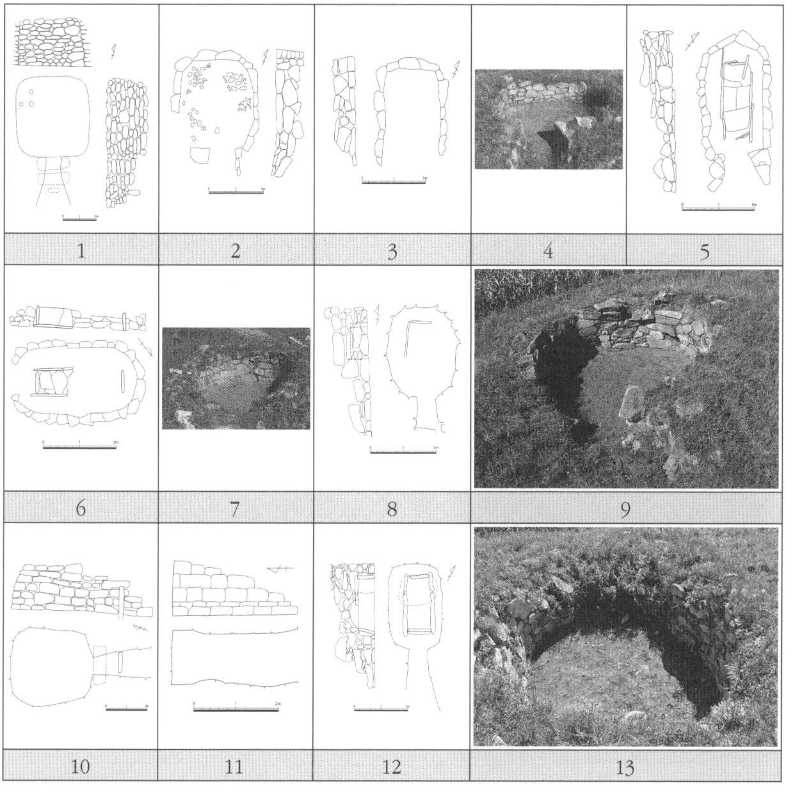

〈그림 9〉 연차골 고분군 1지구 무덤 도면 및 사진(동북아역사재단 2011a) : 1. 1호분, 2. 2호분, 3. 3호분, 4. 4호분, 5. 6호분, 6. 7호분, 7. 9호분, 8. 10호분, 9. 11호분, 10. 12호분, 11. 13호분, 12. 14호분, 13. 15호분

〈그림 10〉 연차골 고분군 2지구 무덤 도면 및 사진
(동북아역사재단 2011a) : 1. 1호분, 2. 2호분, 3. 3호분, 4. 4호분

<표 4> 연차골 고분군 1지구 무덤별 계측치

무덤	길이(m)	너비(m)	높이(m)
1호분	4.56	4.48	2.4
2호분	3.28	2.8	1
3호분	2.88	1.8	0.68
4호분	2.72	2.88	0.96
6호분	2.88	1.42	1
7호분	3.28	1.5	1.8
9호분	3.45	2.7	0.32?
10호분	2.44	2	1.25
11호분	4	3.4	1.2
12호분	3.8	3.52	2
13호분	2.9	1.2	1.2
14호분	3	1.95	1.6
15호분	3.56	3.18	1.6

<표 5> 연차골 고분군 2지구 무덤별 계측치

무덤	길이(m)	너비(m)	높이(m)
1호분	3.52	2.44	1.76
2호분	3.06	1.45	0.74
3호분	2.86	2.66	0.64
4호분	3.6	2.32	0.94

(5) 토성 고분군[31]

2008년 북한 사회과학원 고고학연구소와 연변대학교 발해사연구소의 공동조사 당시 발굴이 진행된 것으로 추정된다. 부거토성의 남서쪽 언덕 경사면에 위치하며, 200여기 중 4기가 발굴되었다. 유구 도면은 2, 4호분만 보고되었다. 4호분에서 발견된 청동제 반지 1점을 제외하고는 유물이 출토되지 않았으며, 묘제는 할석조인 1호분을 제외하면 모두 판석조 석관묘다. 장축방향은 남-북 방향이지만, 서쪽으로 치우치거나 동쪽으로 치우친 경우도 있다. 전반적인 구조와 축조방식은 옥생동 고분군과 유사하다(그림 11). 각 무덤의 규모는 표에 제시된 바와 같다(표 6).

---

31) 동북아역사재단, 2011, 『부거리 일대의 발해유적』.

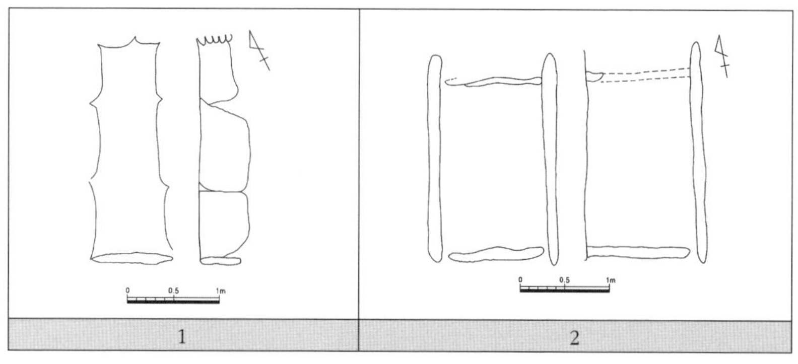

〈그림 11〉 토성 고분군 무덤 도면(동북아역사재단 2011a) : 1. 2호분, 2. 4호분

〈표 6〉 토성 고분군 무덤별 계측치

무덤	길이(m)	너비(m)	높이(m)
2호분	2.28	0.68	0.6
4호분	1.88	1.2	1.16

(6) 합전 고분군[32]

토성고분군에서 서남쪽으로 약 400m 떨어진 곳에 위치한다. 북한 사회과학원 고고학연구소에서 1985년과 1987년에 조사를 진행했으며, 2008년에 연변대학교 발해사연구소와 공동으로 추가 조사를 진행하였다.[33]

무덤은 대부분 지하 또는 반지하에 조성되었다. 약 500여기의 무덤들이 분포하고 있는 것으로 추정되며, 일단 보고된 내용으로는 횡혈식 및 횡구식 석실묘 25기, 판석조 석곽 혹은 석관묘는 25기인 것으로 보인다. 그러나 이 중 도면이 제시된 무덤 수는 21기다.

횡구식과 횡혈식 석실묘 모두 벽체는 할석을 쌓아 축조하였다. 다만

---

32) 동북아역사재단, 2011, 『부거리 일대의 발해유적』 ; 사회과학원 고고학연구소, 2009, 『조선고고학전서』 42(중세편 19)−발해의 무덤, 진인진.

33) 1980년대 부거고분군 조사보고에서 제시된 도면들이 2000년대 합전고분군 발굴보고 내용에 동일하게 수록되어 있음이 파악되었다. 따라서 2011년에 발간된 『부거리 일대의 발해유적』의 내용 중 합전고분군에서 51기의 무덤이 발굴되었다고 기술한 부분에는 1980년대에 조사된 무덤의 수도 함께 집계된 것으로 판단된다.

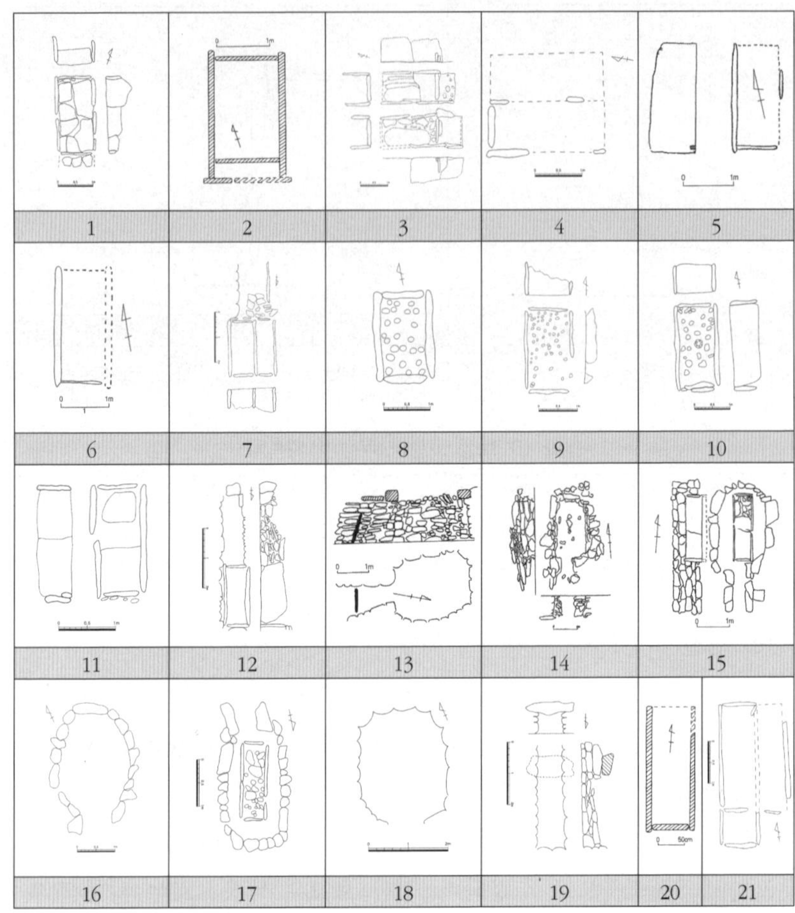

<그림 12> 합전 고분군 무덤 도면(동북아역사재단 2011a ; 사회과학원 고고학연구소 2009) : 1. 3호분, 2. 4호분, 3. 12호분, 4. 16호분, 5. 20호분, 6. 29호분, 7. 36호분, 8. 42호분, 9. 46호분, 10. 56호분, 11. 93호분, 12. 98호분, 13. 99호분, 14. 101호분, 15. 106호분, 16. 112호분, 17. 114호분, 18. 241호분, 19. 245호분, 20. 249호분, 21. 254호분

횡혈식 석실묘로 보고된 것들 중에 판석을 세워 묘실 벽체를 조성하고 연도부만 할석으로 쌓아 만든 사례도 있다. 장축방향은 대부분 서쪽으로 치우친 남-북 방향이나, 남-북 또는 동쪽으로 치우친 남-북 방향도 확인된다. 묘실의 평면형태는 장방형, 말각장방형, 원형, 타원형 등 다양하며, 횡혈식의 경우 연도는 좌편재, 중앙식이 모두 확인되고, 중앙식이 절대다

수인 것으로 보고되었다. 천장 축조방식은 확인할 수 없다. 묘실의 바닥은 대부분 흙다짐해 마무리했으며, 대부분의 석실 내에서 판석으로 만든 석관이 있는 모습을 확인할 수 있었다.

석곽 혹은 석관묘는 모두 평면형태 장방형으로 판석을 세워 조성하였으며, 12호분, 36호분과 같이 쌍곽 구조도 확인되었다. 바닥에 판석 또는 강돌을 부석한 모습이 확인된다. 254호분처럼 판석으로 공간 분할을 해 부장칸을 별도로 조성한 사례도 확인된다. 장축 방향은 정 남-북, 동쪽 또는 서쪽으로 치우친 남-북 방향이다(그림 12). 각 무덤의 규모는 표에 제시된 바와 같다(표 7)

〈표 7〉 합전 고분군 무덤별 계측치

무덤	길이(m)	너비(m)	높이(m)
3호분	2.15	1.07	0.7
4호분	?	?	?
12호분	2.68	0.96	0.84
16호분	2.56(3.22)	0.6(0.82)	0.64
20호분	1.92	0.84	0.92
29호분	2.16	0.88	0.5
36호분	2.1	0.88	0.88
42호분	1.64	0.96	0.86
46호분	2.16	0.9	0.84
56호분	2.28	0.96	0.8
93호분	1.8	0.8	0.6
98호분	2.3	0.64	0.88
99호분	2.52	2.12	1.44
101호분	2.31	1.16	0.96
106호분	2.5	1.5	0.9
112호분	2.6	1.84	0.48
114호분	2.6	1.2	0.92
241호분	2.76	2.2	1.12
245호분	3.32	0.88	0.64
249호분	2.15	0.66	0.65
254호분	2.4	0.9	?

2. 부거리 일대 고분군의 무덤 구조와 출토유물

앞서 언급하였다시피 부거리 일대 고분군들은 무덤의 분포 수도 정확히
파악되지 못하고 있으며, 발굴조사 진행률도 낮아 이 일대에서 가장
대표적인 묘제가 무엇인지 명확히 알기 어렵다. 또한 모든 무덤들이
조사된 연차골 고분군을 제외하고, 나머지 각 고분군들별 묘제 분포
비율 역시 알 수 없다. 일단 현재로서는 일제강점기 조사 당시 부거리
일대에 석관이 있는 석곽묘(횡구식 석실묘)가 약 1,000여기로 가장 많다는
언급으로 보아,[34] 전체적으로 보았을 때 부거리 일대에서는 이 묘제의
분포 비율이 가장 높을 것으로 추측할 수 있을 뿐이다. 출토된 유물들
역시 수량이 적은 편이며, 고분군별로 편차가 크다.

1) 무덤 구조와 장속

부거리 일대에서 현재까지 보고된 묘제로는 횡혈식 및 횡구식 석실묘,
수혈식 석곽묘 및 석관묘가 있다. 본 연구에서는 횡혈식 및 횡구식 석실묘
들의 경우 판석조 석관이 있는 것과 목관이 있는 것 그리고 장구가 없는
것으로 세분하였다. 수혈식 석곽묘 및 석관묘는 그 분류기준에 대해서는
후술하겠으나, 일단 수혈식 판석조 석축묘로서 같은 묘제로 분류하였다
(표 8).[35] 동일한 묘제로 파악되는 무덤들 간의 구조상의 시간적 변화는
크게 보이지 않으며, 묘실 내의 석관의 경우 그 구조가 수혈식 판석조
석축묘와 같다는 점이 특징적이다.

일단 판석조 석관이 있는 횡혈식 석실묘들의 경우 다래골 고분군,
연차골 고분군, 합전 고분군에서 확인되었다. 벽체는 할석을 쌓아 조성하
였으며, 묘실의 평면 형태는 타원형을 비롯한 원형계와 말각 처리된

---

34) 국립중앙박물관, 219, 『유리건판으로 보는 발해 유적』, 10쪽.
35) 〈표 8〉은 도면이 보고된 무덤들에 한정해 정리한 것이다.

〈표 8〉 부거리 일대 고분군의 묘제별 무덤 분포 현황

묘제	장구	묘실 평면형태	무덤
횡혈식 석실묘	석관	타원형	다래골-1, 다래골-2, 다래골-3, 다래골-4, 다래골-9, 다래골-10, 연차골1-10, 연차골2-1, 합전-106
		말각 방형	연차골1-4
		말각 장방형	다래골-5, 다래골-6, 다래골-7, 다래골-8, 다래골-12, 연차골1-6, 연차골1-7, 연차골1-14, 연차골2-2, 합전114
	-	타원형	다래골-11, 연차골1-2, 연차골1-9, 연차골1-11, 연차골1-15
		말각 방형	독동-1, 연차골1-12
		말각 장방형	연차골1-3, 합전-99
		방형	연차골2-3
		장방형	연차골1-13, 연차골2-4, 합전-36, 합전-98, 합전-101, 합전-245
	목관	방형	연차골1-1
횡구식 석실묘	석관	타원형	합전-112
	-	타원형	합전-241
수혈식 판석조 석축묘(석관/석곽묘)			옥생동-1, 옥생동-3, 옥생동-4, 토성-2, 토성-4, 독동-2, 독동-3, 합전-3, 합전-4, 합전-12, 합전-16, 합전-20, 합전-29, 합전-42, 합전-46, 합전-56, 합전-93, 합전-249, 합전-254

방형 및 장방형계가 모두 확인되었다. 천장은 잔존 상태가 좋지 않아 정확한 구조를 알 수 없으나, 벽체의 기울기로 보아 궁륭식이 대부분이었을 것으로 추정된다. 다만 연차골 1지구 14호분의 경우 묘실의 서북쪽 모서리에 큰 돌이 대각선으로 걸쳐진 채 발견되어 삼각고임식으로 천장을 조성했을 것으로 추정되고 있다(그림 9의 12). 그리고 석관을 안치한 모습을 보면 대부분 바닥에 바로 설치하거나 판석을 부석한 후 그 위에 두었는데, 다래골 1호분의 경우에는 강돌을 한번 깔았고(그림 7의 1), 연차골 2지구 1호분의 경우에는 석관 밑에 받침석을 두었다(그림 10의 1).

장구가 없는 횡혈식 석실묘들의 경우는 독동 고분군, 다래골 고분군, 연차골 고분군, 합전 고분군에서 확인되었다. 할석을 쌓아 벽체를 조성하였으며, 묘실의 평면 형태는 타원형을 비롯한 원형계와 말각 처리된 방형 및 장방형계가 모두 확인되었다. 천장은 잔존상태가 좋지 않아

정확한 구조를 알 수 없으나 벽체의 기울기로 보아 대부분 궁륭식이었을 것이며, 묘실의 평면형태가 세장방형이고 벽체를 수직으로 쌓은 경우에는 평천장이었을 것으로 추정되고 있다(그림 9의 11). 한편 합전 고분군에서는 횡혈식 석실묘로 보고된 사례들 중 판석을 세워 벽체를 조성하고 연도부분만 할석으로 쌓은 특이한 경우도 확인된다(그림 12의 7, 12).

목관이 확인된 횡혈식 석실묘의 경우 연차골 1지구 1호분이 유일하다. 할석을 쌓아 묘실의 벽체를 조성하였고, 묘실의 평면형태는 방형이다. 묘실의 천장 구조는 궁륭식이었을 것으로 추정되고 있다(그림 9의 1).

횡구식 석실묘들의 경우 합전 고분군에서 확인되었는데, 112호분과 241호분만 도면이 보고되었다. 112호분에서는 석관이 확인되었으나 241호분에서는 확인되지 않았다. 석곽은 할석으로 조성했으며, 묘실의 평면형태는 원형계에 속한다. 천장은 대부분 무너져내려 결구 방식을 추정할 수 없다(그림 12의 16,18). 기술 내용으로만 보면 일제강점기 조사 당시 가장 많은 수가 분포하고 있다는 '석관이 있는 석곽묘'가 아마도 이 유형이지 않을까 생각된다. 한편 석관이 있는 석곽묘로 보고된 독동 4호분의 경우 도면이 제시되지 않아 자세한 정황은 알 수 없으나, 석곽의 평면형태가 다른 석곽묘들과는 달리 타원형으로 기술된 것으로 보면 이 역시 횡구식 석실묘에 해당될 것으로 판단된다.

석곽묘의 경우 독동 고분군과 합전 고분군에서 확인되었다. 모두 판석을 세워 평면 형태를 장방형으로 축조하였으며, 개석 역시 판석으로 덮어 마무리했을 것으로 보인다. 석관묘의 경우 옥생동 고분군, 토성 고분군, 독동 고분군, 합전 고분군에서 확인되었으며, 대부분이 판석을 세워 축조하였으나 토성 2호분처럼 북벽만 할석으로 조성한 사례도 보인다(그림 11의 1). 그런데 석곽묘와 석관묘의 경우 구조가 같으며 계측치 역시 크게 차이가 나지 않는 모습이 보인다. 예를 들어 합전 3호분은 길이 2.15m에 너비 1.07m로 석곽묘로 보고되었는데(그림 12의 1), 합전 46호분은 길이 2.16m, 너비 0.9m로 석관묘로 보고되었다(그림 12의 9). 따라서 두 묘제는 '수혈식 판석조 석축묘'라는 동일한 묘제로 살펴봄이 맞다고 판단된다. 이 유형의 무덤에서는 판석으로 공간을 분할해 부장칸을 따로 만든 사례도 확인된다(그림 12의 21).

무덤 축조 과정에서의 특이사항은 횡혈식 및 횡구식 석실묘들의 경우 묘실 바닥을 대부분 진흙 다짐을 하거나 판석 또는 강돌을 부석하였는데, 연차골 1지구 1호분의 경우 진흙 다짐 후 숯과 석회를 섞어 다지고 불 다짐까지 한 상황이 확인되었다는 것이다. 벽체에도 진흙과 석회를 다져 바르고 회칠을 더한 모습이 확인되어 주목된다. 다만 벽화의 흔적은 확인되지 않았다. 매장 방식에서의 특이사항은 연차골 1지구 15호분 바닥에 부석한 강돌에서 화장의 흔적이 발견되었다는 점이 있다.

2) 출토 유물

부거리 일대 고분군에서 출토된 유물은 토기류, 마구류, 무기류, 장신구류, 농공구류 등이 있다.

토기류는 토성 고분군을 제외한 모든 고분군에서 출토되었으며, 총 12기종으로 수량에 비해 다양하게 확인되었다. 크기는 대부분 기종과 상관없이 기고 30㎝ 미만인 중소형에 속한다. 색조는 회색조, 흑회색조, 황갈색조 등 다양하며, 대부분 윤제인 것으로 보이나 다래골 9호분의 협사계 심발과 연차골 고분군의 잔은 수제로 보고되었다. 출토 수량은 외반구연호 15점, 직구호 11점, 완 9점, 뚜껑 8점, 심발 7점, 장동호 3점, 내만구연호 3점, 반 2점, 잔 2점, 부형토기 1점, 합 1점, 병 1점이다.

외반구연호는 동체부의 형태에 따라 구형, 장동형, 견부 발달형, 편구형으로 나누어진다(그림 13). 먼저 구형은 다래골, 연차골, 합전 고분군에서 출토되었으며, 횡구식 석실묘를 제외한 모든 형식의 무덤에서 확인되었다. 태토는 대부분 니질계이며, 연차골 1지구 6, 10호분 출토품의 경우 견부에 여러 줄의 파상문이 시문되어 있다. 장동형은 다래골, 연차골,

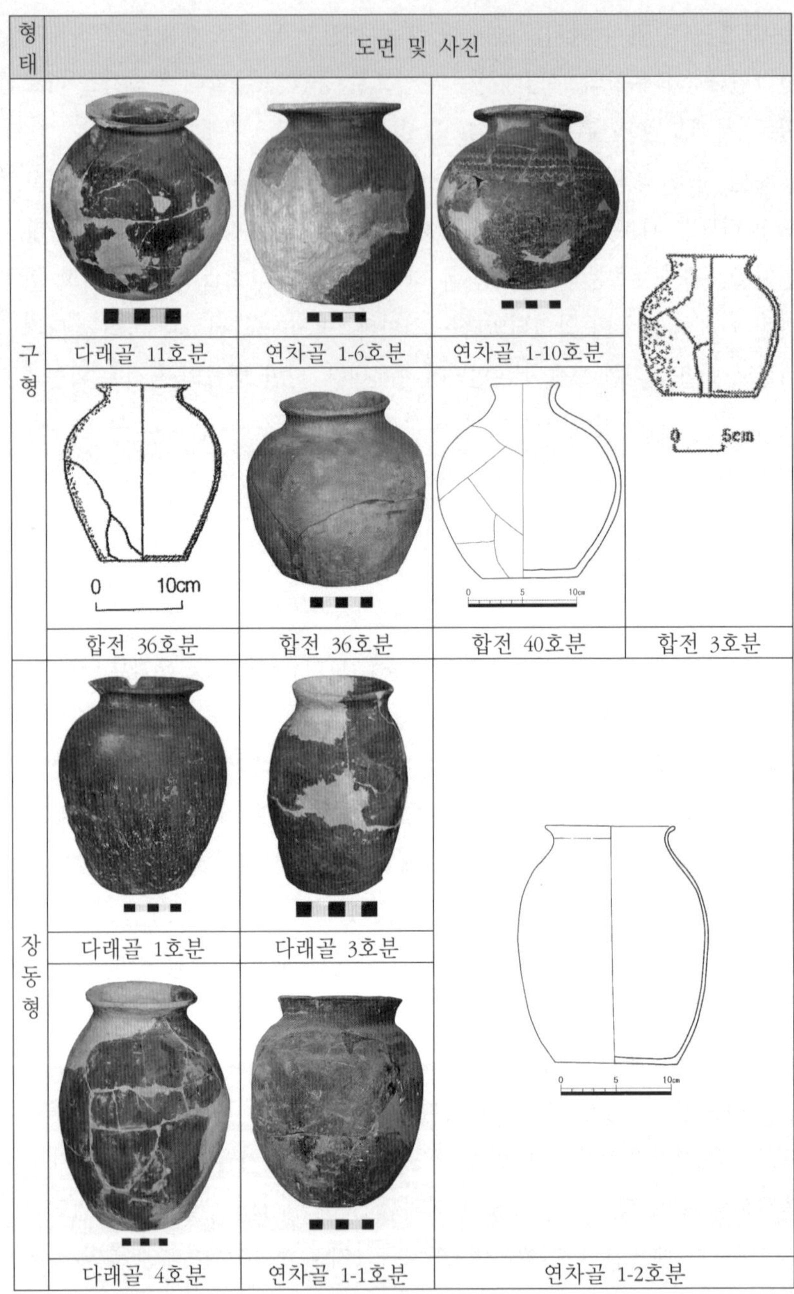

형태
도면 및 사진
구형
다래골 11호분
연차골 1-6호분
연차골 1-10호분
합전 36호분
합전 36호분
합전 40호분
합전 3호분
0   5cm
0   10cm
장동형
다래골 1호분
다래골 3호분
다래골 4호분
연차골 1-1호분
연차골 1-2호분
0   5   10cm

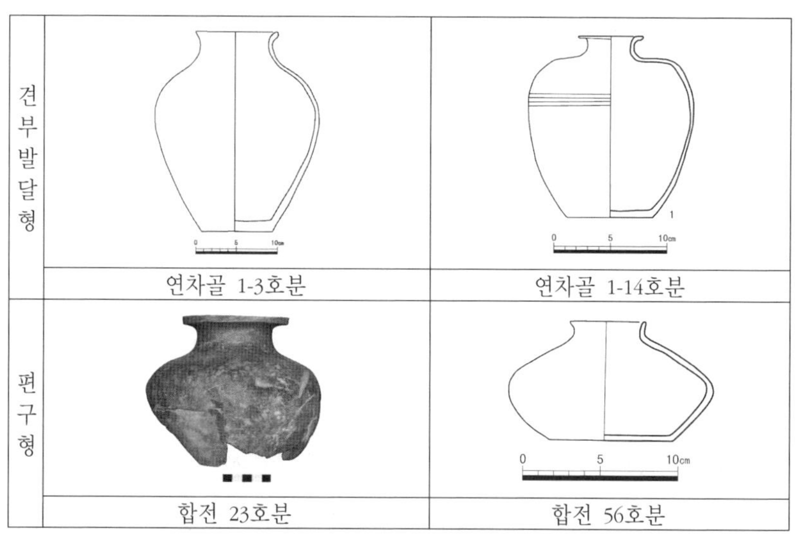

〈그림 13〉 부거리 일대 고분군 출토 외반구연호
(동북아역사재단 2011a ; 사회과학원 고고학연구소 2009, 필자 재편집)

합전 고분군의 횡혈식 석실묘에서 출토되었고, 대부분 니질계이나 연차골 1지구 2호분에서는 협사니질계가 출토되었다. 표면에는 검은 슬립을 입히거나 마연을 한 정황이 확인되며, 견부에 부호를 새기기도 하였다. 견부 발달형은 연차골 고분군의 횡혈식 석실묘에서 출토되었고, 연차골 1지구 14호분 출토품의 경우 견부에 4줄의 음각 선문이 있다. 편구형은 합전고분군의 판석조 석축묘에서 확인되었으며, 흑회색조의 니질계다.

직구호는 동체부의 형태에 따라 장동형과 구형으로 나누어지는데, 두 형식 모두 고리형 귀가 있는 것과 없는 것이 공존하고 있다(그림 14). 장동형은 다래골과 연차골 고분군의 횡혈식 석실묘에서 출토되었고, 태토는 니질계인 것으로 판단되며 고리형 귀는 2~3개씩 부착되어 있다. 구형은 다래골, 연차골, 합전 고분군의 횡혈식 석실묘와 독동 고분군의 판석조 석축묘에서 출토되었으며, 고리형 귀는 기본적으로 3개씩 부착되어 있다. 태토는 니질계가 대부분이나 연차골 1지구 11호분 출토품의 경우 협사 니질계다. 구형 직구호에서는 표면에 부호를 새기거나 견부에

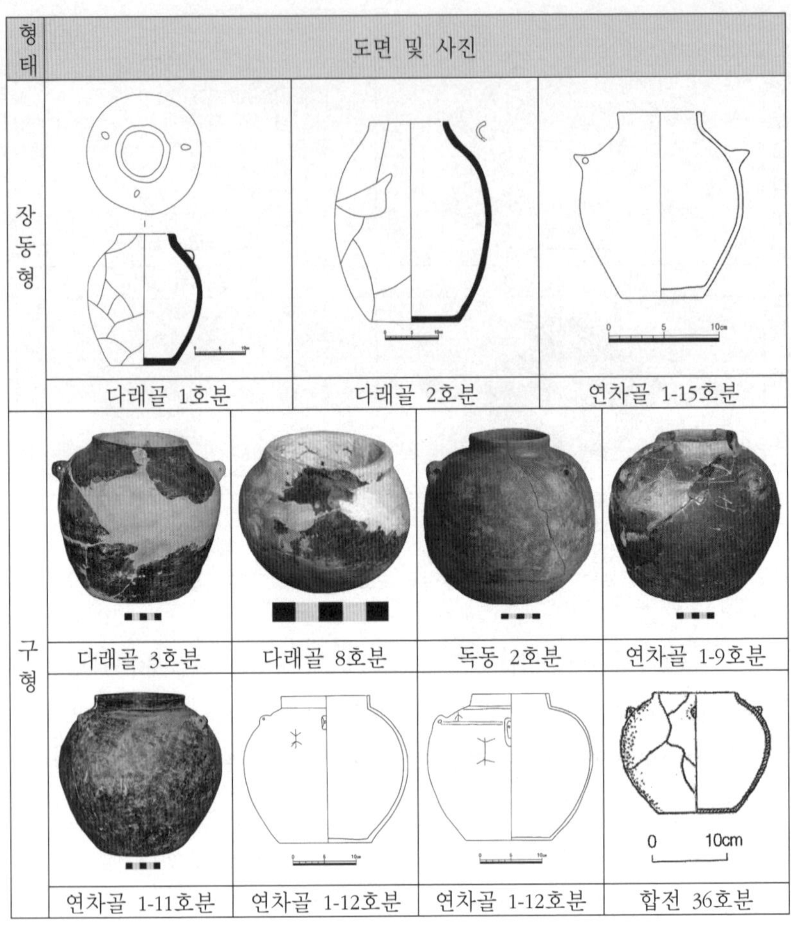

〈그림 14〉 부거리 일대 고분군 출토 직구호
(동북아역사재단 2011a ; 사회과학원 고고학연구소 2009, 필자 재편집)

귀를 평행하게 부착하기 위한 선문을 음각한 모습이 확인되었다. 다래골 8호분 출토 직구호의 경우 귀가 없으며 종지에 가까운 극소형이다.

완은 옥생동, 합전 고분군의 판석조 석축묘와 다래골, 연차골 고분군의 횡혈식 석실묘에서 출토되었고, 대부분 니질계이나 다래골 7호분 출토품의 경우 협사계다. 표면을 마연한 모습도 확인되며, 옥생동 고분군의 판석조 석축묘와 다래골 고분군의 횡혈식 석실묘에서는 뚜껑과 결합된

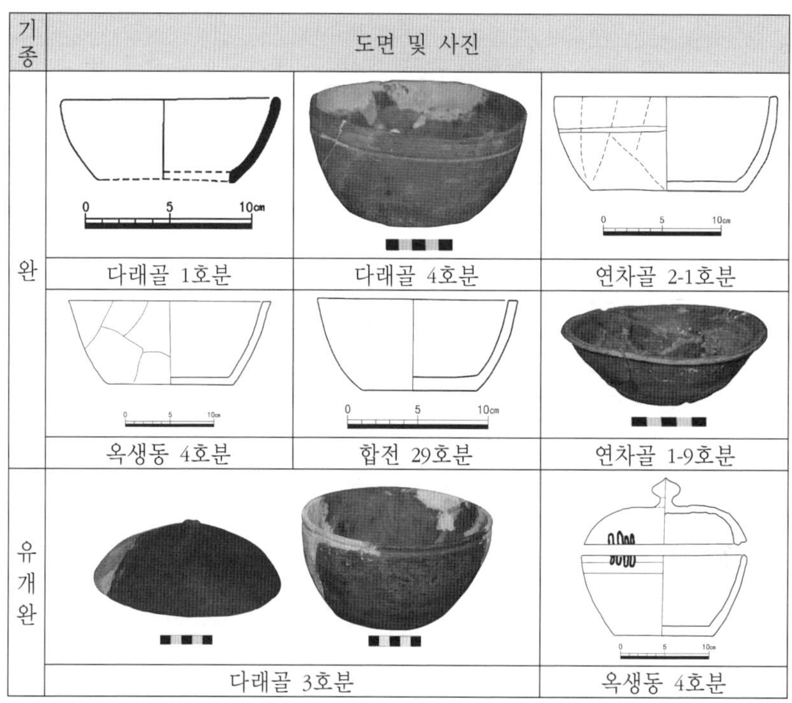

〈그림 15〉 부거리 일대 고분군 출토 완(동북아역사재단 2011a, 필자 재편집)

사례도 보인다(그림 15).

뚜껑은 모두 보주형 꼭지가 부착되어 있으며, 독동 고분군과 옥생동 고분군의 판석조 석축묘와 다래골, 연차골 고분군의 횡혈식 석실묘에서 출토되었다. 태토는 협사계와 협사니질계가 비슷한 비율로 확인되었다 (그림 15, 그림 16, 그림 19).

심발의 태토는 니질계인 독동고분군 판석조 석축묘 출토품을 제외하고 나머지는 협사계다. 동체부가 세장한 형태인 심발들은 합전고분군의 판석조 석축묘와 횡구식 석실묘에서 발견되었으며, 둥근 형태인 심발들은 독동 고분군의 판석조 석축묘와 다래골, 연차골 고분군의 횡혈식 석실묘에 서 출토되었다. 동체부가 둥근 형태인 심발들에서는 구순에 각목처리가 되어 있거나 동체부에서 점열문이 시문된 양상들이 확인된다(그림 17).

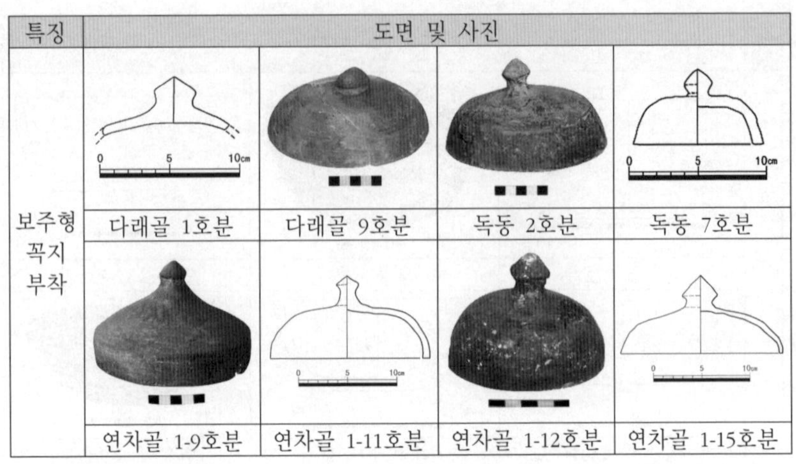

특징	도면 및 사진			
보주형 꼭지 부착	다래골 1호분	다래골 9호분	독동 2호분	독동 7호분
	연차골 1-9호분	연차골 1-11호분	연차골 1-12호분	연차골 1-15호분

〈그림 16〉 부거리 일대 고분군 출토 뚜껑(동북아역사재단 2011a, 필자 재편집)

　　장동호는 모두 연차골 고분군의 횡혈식 석실묘에서 발견되었으며, 태토는 니질계와 협사니질계가 확인되었다. 1지구 12호분 출토품의 경우 견부에 여러줄의 파상문이 시문되어 있다(그림 18).

　　내만구연호는 독동 고분군의 판석조 석축묘와 다래골 고분군의 횡혈식 석실묘에서 출토되었다(그림 19). 독동 고분군 출토품의 경우 견부에 고리형 귀가 3개 부착된 모습이 확인되며, 다래골 고분군 출토품의 경우 동체부에 파상문이 시문되었고, 보주형 꼭지가 부착된 뚜껑과 함께 출토되었다. 태토는 모두 니질계다.

　　반은 다래골 고분군의 횡혈식 석실묘와 합전 고분군의 판석조 석축묘에서 발견되었으며, 태토에 대한 정보는 명확치 않으나 협사니질계로 추정된다(그림 20).

　　잔은 연차골 고분군의 횡혈식 석실묘에서 출토되었으며, 수제 니질계다. 둥근 파수가 달린 것과 달리지 않은 것이 확인되었다(그림 21).

　　부형토기는 연차골 고분군의 횡혈식 석실묘에서 출토되었으며, 협사니질계다. 구연부쪽에 턱이 형성되어 있으며, 둥근 동체부 중간에 납작한 파수를 평행하게 붙이기 위한 선문이 음각되어 있다(그림 22).

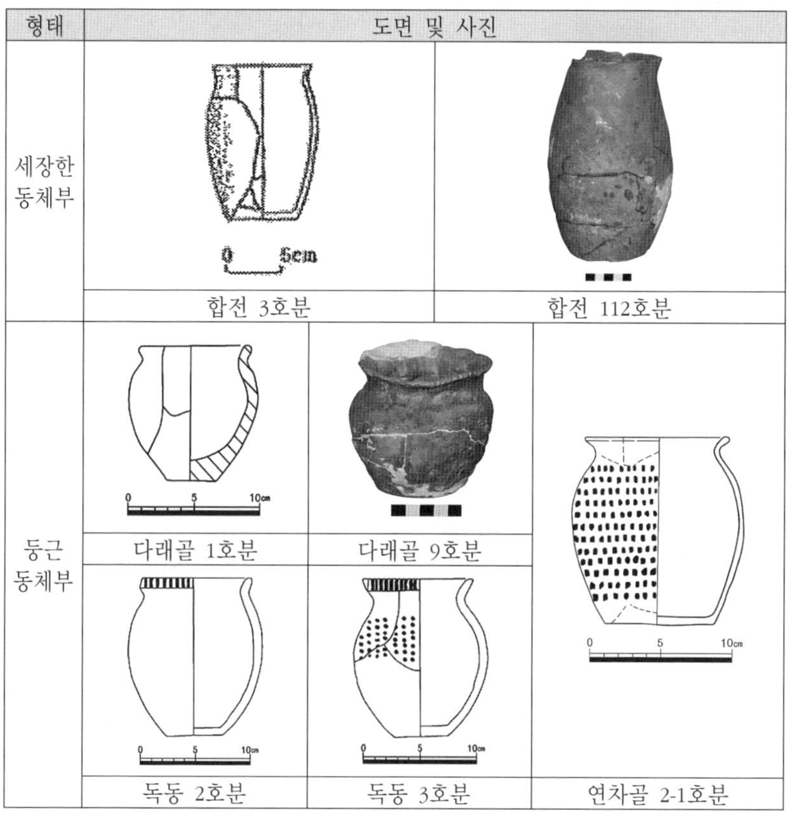

〈그림 17〉 부거리 일대 고분군 출토 심발
(동북아역사재단 2011a ; 사회과학원 고고학연구소 2009, 필자 재편집)

〈그림 18〉 부거리 일대 고분군 출토 장동호(동북아역사재단 2011a, 필자 재편집)

기종	도면 및 사진		
내만 구연호	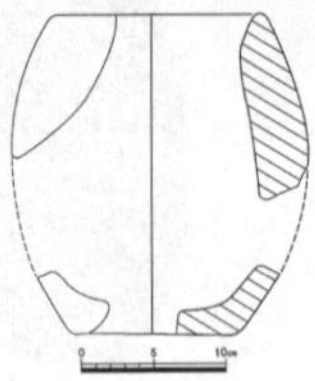		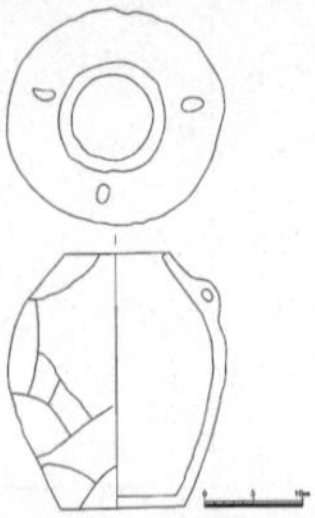
	다래골 1호분	다래골 1호분	독동 2호분

〈그림 19〉 부거리 일대 고분군 출토 내만구연호(동북아역사재단 2011a, 필자 재편집)

기종	사진	
반		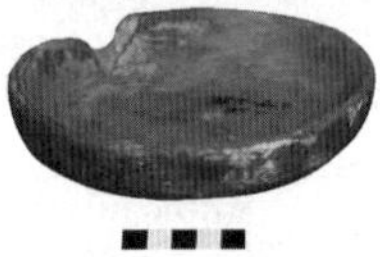
	다래골 12호분	합전 33호분

〈그림 20〉 부거리 일대 고분군 출토 반(동북아역사재단 2011a, 필자 재편집)

기종	사진	
잔		
	연차골 1-2호분	연차골 2-2호분

〈그림 21〉 부거리 일대 고분군 출토 잔(동북아역사재단 2011a, 필자 재편집)

합은 연차골 고분군의 횡혈식 석실묘에서 발견되었으며, 니질계다. 동체부는 긴 원통형으로 사진 자료나 자세한 기술 내용이 없어 확실치 않으나 여러줄의 선문이 음각되어 있는 것으로 보인다(그림 22).

병은 합전고분군의 판석조 석축묘에서 발견되었으며, 태토는 협사계고 동체부가 삼각 플라스크 형태에 가깝다(그림 22).

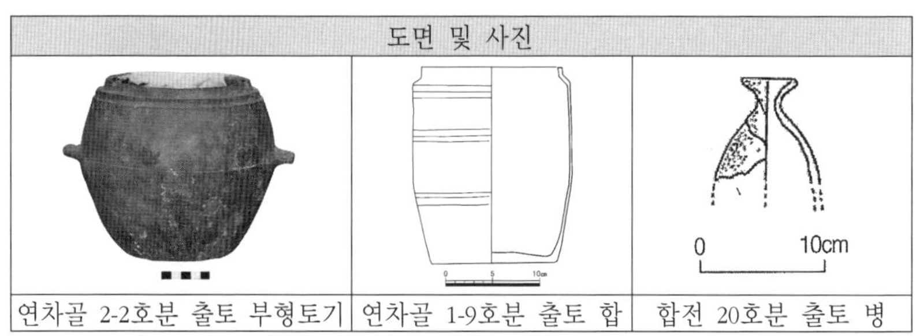

<table>
<tr><th colspan="3">도면 및 사진</th></tr>
<tr><td></td><td></td><td></td></tr>
<tr><td>연차골 2-2호분 출토 부형토기</td><td>연차골 1-9호분 출토 합</td><td>합전 20호분 출토 병</td></tr>
</table>

〈그림 22〉 부거리 일대 고분군 출토 토기
(동북아역사재단 2011a ; 사회과학원 고고학연구소 2009, 필자 재편집)

유적	도면		
다래골 고분군			
	1호분	2호분	9호분
연차골 고분군		1-1호분	
			1-3호분
	1-12호분		1-15호분

〈그림 23〉 부거리 일대 고분군 출토 무기류
(동북아역사재단 2011a, 필자 재편집)

　무기류는 다래골 1, 2, 9호분에서 철도, 연차골 고분군에서는 1지구 1호분에서 환두도, 철촉, 활, 화살통, 3호분에서 철도, 1지구 12호분에서 철도, 철모, 철촉, 1지구 15호분에서 철촉, 철모, 찰갑편 등이 발견되었다 (그림 23).

　마구류는 모두 철제이며 연차골 고분군에서만 발견되었다. 1지구 1호분에서는 판비, 장병형 등자, 심엽형 행엽, 각종 띠고리, 띠고정 교차금구가, 1지구 2호분에서는 장병형 등자, 1지구 12호분에서는 재갈 편, 등자 답수부 편, 각종 띠고리, 운주가, 1지구 15호분에서는 표비, 장병형 등자, 띠고정 교차금구, 안장테 장식, 심엽형 행엽이 확인되었다(그림 24).

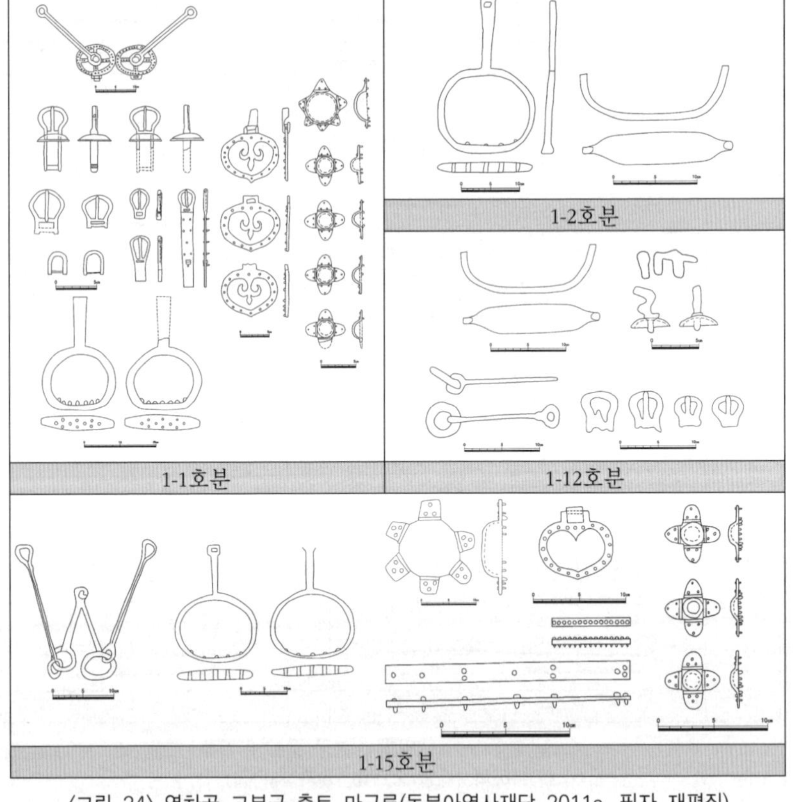

<그림 24> 연차골 고분군 출토 마구류(동북아역사재단 2011a, 필자 재편집)

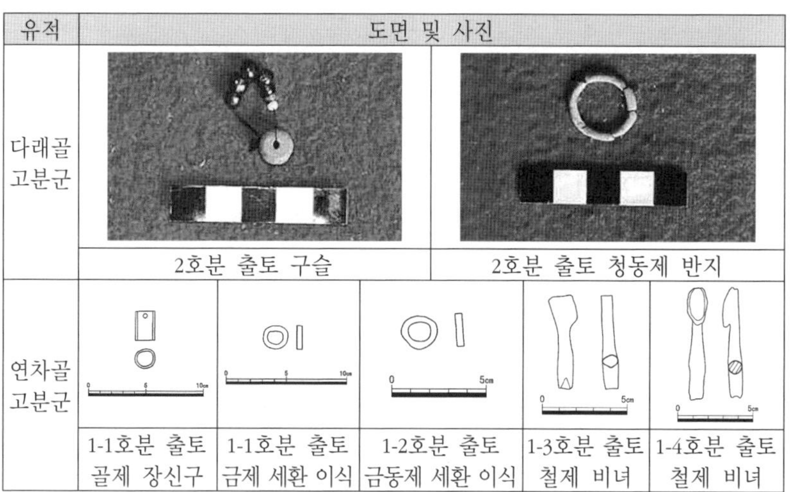

유적	도면 및 사진	
다래골 고분군	2호분 출토 구슬	2호분 출토 청동제 반지
연차골 고분군	1-1호분 출토 골제 장신구　　1-1호분 출토 금제 세환 이식　　1-2호분 출토 금동제 세환 이식　　1-3호분 출토 철제 비녀　　1-4호분 출토 철제 비녀	

〈그림 25〉 부거리 일대 고분군 출토 장신구류(동북아역사재단 2011a, 필자 재편집)

유적	도면	
다래골 고분군	9호분 출토 방추차, 못	12호분 출토 방추차
연차골 고분군	1-1호분 출토 낫, 끌, 정	
	1-12호분 출토 정, 끌	1-15호분 출토 정, 낫, 끌

〈그림 26〉 부거리 일대 고분군 출토 농공구류(동북아역사재단 2011a, 필자 재편집)

장신구류는 다래골 2호분에서 구슬과 청동제 반지, 연차골 고분군에서는 1지구 1호분에서 골제 장신구와 금제 세환 이식, 1지구 2호분에서 금동제 세환 이식, 1지구 3, 4호분에서 철제 비녀 등이 발견되었다(그림 25).

농공구류로는 다래골 9호분에서 못, 방추차, 12호분에서 방추차 등이, 연차골 1지구 1, 15호분에서 끌, 정, 낫, 1지구 12호분에서 끌, 정 등이 출토되었다(그림 26).[36]

3. 부거리 일대 고분군의 문화적 귀속성 문제

앞서 언급하였다시피 부거리 일대 고분군 조사 당시 구체적인 분석이 결여된 채 발해 고분으로 결론지어졌기 때문에, 발해 강역 내에서 발견된 발해 고분 조사자료들이 어느 정도 축적된 현 시점에서 무덤 구조와 출토 유물들에 대한 비교 검증이 필요하다. 따라서 본 장에서는 선행 연구들에서 제기된 문화적 귀속성에 관한 의문들을 검토해보고, 본 연구를 진행하며 추가적으로 도출된 문화적 특징들에 대해 논해보고자 한다.

1) 무덤 구조와 장속

(1) 무덤 구조
ㄱ) 원형계 묘제

일반적으로 고구려와 발해의 횡혈식 석실묘는 모두 평면형태를 기준으로 하면 방형/장방형계에 속한다(그림 28, 그림 29). 그런데 부거리 일대의 고분군에서는 원형계 석실묘들이 다수 확인되었으며, 익히 알려진 방형/장방형계의 석실묘와 공존하는 양상을 보이고 있어 문제가 되었다. 이

---

36) 끌과 정의 경우 『부거리 일대의 발해 유적』에서 철모와 철촉으로 잘못 보고되었다.

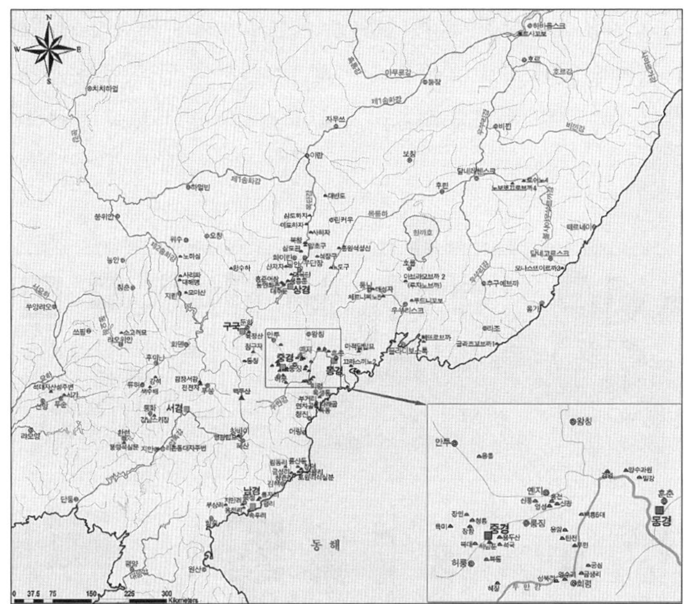

〈그림 27〉 발해 고분 분포도(중앙문화재연구원 2021)

양상에 대해서는 독특한 지역색으로 보는 관점이 일반적이었으나,[37] 외부로부터의 축조 기술 도입 또는 조영 집단의 외부 유입 가능성은 없는지 강한 의문이 제기되었다.[38]

한편 한반도에서도 원형계 묘제가 6세기 중엽~7세기 전후로 편년되는 충주 하구암리 12호, 32호 신라 석실묘[39]와 고려시기로 알려진 여주

---

37) 강현숙, 2022, 「함경도 일대 고분 조사와 북한의 발해 고분 연구」, 『한국상고사학보』116, 한국상고사학회 ; 김하늘, 2019, 「발해 고분의 지역성 연구」, 충북대학교 대학원 석사학위논문 ; 박규진, 2010, 「渤海石築墓研究」, 고려대학교대학원 석사학위논문 ; 중앙문화재연구원 편, 2021, 『발해고고학』, 진인진.

38) 이동규, 2017, 「회령·부거리 일대 발해고분의 계통에 대한 연구-원형·다변형 고분의 구조를 중심으로-」, 『고대사회 고분자료 집성의 성과와 의의』, 중앙문화재연구원 ; 李東奎, 2022, 「會寧·富巨里一帶の渤海古墳の造営集団について」 『人·墓·社會-日本考古學から東アジア考古へ-』, 土生田純之先生退職記念事業學編, 雄山閣.

39) 中央文化財研究院·애강, 2010, 『忠州 下九岩里 (주)애강工場敷地內 忠州 下九岩里遺蹟』, 100쪽, 195쪽.

상교리,[40] 영월 법흥사,[41] 동해 삼화동 석실묘[42]에서 확인된 바 있으나, 국내의 원형계 묘제 자료 부족으로 인해 이 역시 유입 경로를 추정하지 못하고 있으며 국내 학계에서도 이질적인 형식으로 분류된 상태다(그림 30).

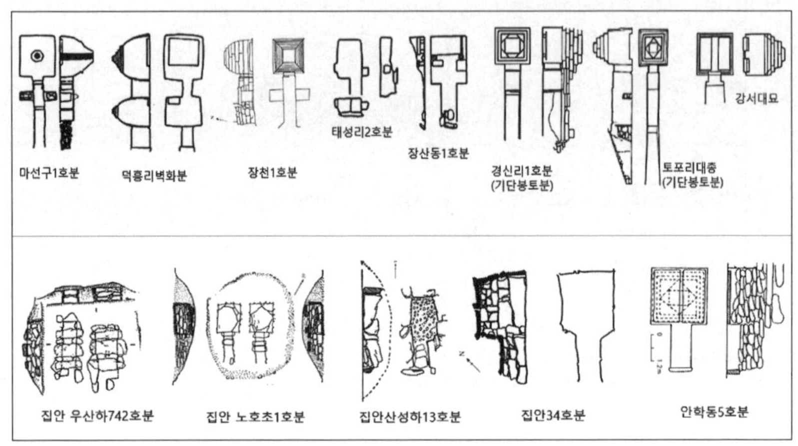

〈그림 28〉 고구려 석실봉토분 사례(강현숙 2022 : 71)

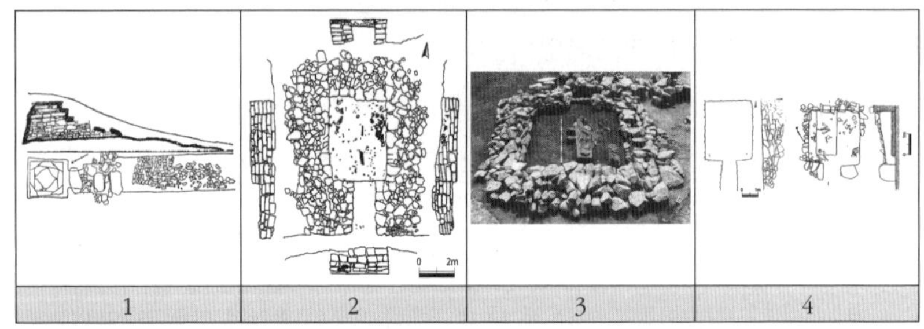

〈그림 29〉 발해 횡혈식 석실묘 사례 : 1.정혜공주묘(吉林省文物志編修委員會 主編 1985a), 2.영안 홍준어장 2001호분(중앙문화재연구원 편 2021), 3.연해주 체르냐찌노 5 고분군 71호분(한국전통문화학교 외 2005), 4.무송 전전자 1호분(좌), 무순 시가23호분(우)(중앙문화재연구원 편 2021)

---

40) 漢陽大學校博物館, 1984,『驪州 上橋里 上方下圓石室墓』, 44쪽.

41) 강원고고문화연구원, 2018,『東海 三和洞 高麗古墳』, 52쪽.

42) 강원고고문화연구원, 2018,『東海 三和洞 高麗古墳』, 68쪽.

〈그림 30〉 한반도 지역 원형계 묘제 사례 : 1. 충주 하구암리 12호분(中央文化財研究院·애강 2010) 2. 충주 하구암리 32호분(中央文化財研究院·애강 2010), 3. 동해 삼화동 고려 석실묘(강원 고고문화연구원 2018), 4. 여주 상교리 고려 석실묘 복원도(漢陽大學校博物館 1984)

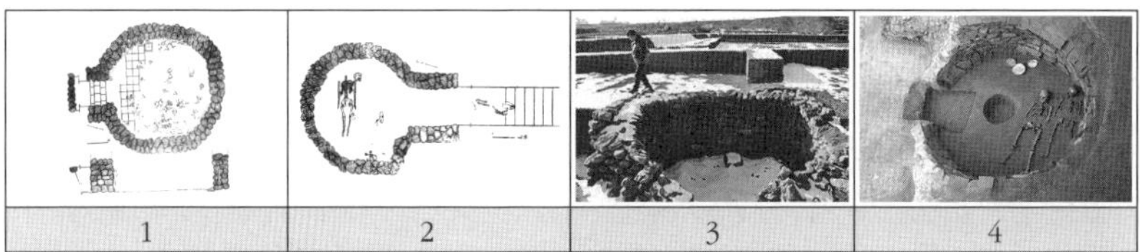

〈그림 31〉 요금대 원형계 묘제 사례 : 1. 요녕성 객좌현 북령요묘 1호분(武家昌 1986), 2. 요녕성 객좌현 북령요묘 4호분(武家昌 1986), 3. 북경시 방산 금대 고분(中國社會科學院考古研究所), 4. 하북성 서수현 금대고분(中國社會科學院考古研究所)

일단 이 원형계 묘제가 북방지역에서 가장 활발히 조성된 시기는 발해 멸망 후인 요금대다(그림 31). 그런데 이동규(2017)의 연구에 따르면 원형계 묘제는 이르게는 6세기 후반 당의 변경지역에서 이미 등장했고, 꾸준히 조성

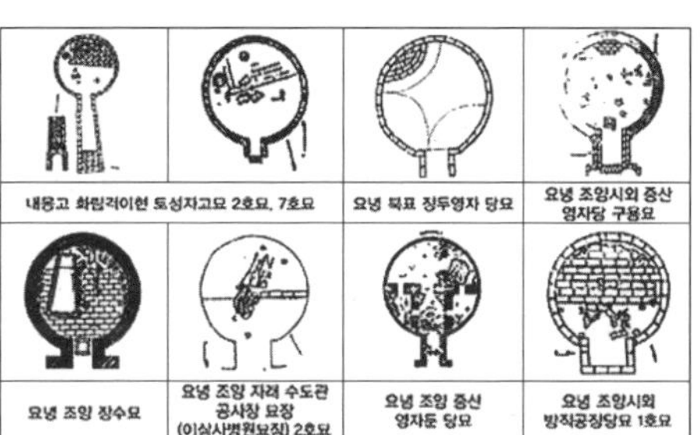

〈그림 32〉 6세기 후반~8세기 중반 원형계 고분
(이동규 2017, 필자 재편집)

되었음을 알 수 있다(그림 32). 그 근거로 제시한 조양 장수묘, 중산영자둔 당묘 등의 원형계 묘제의 피장자는 대부분이 이민족 출신의 장수들이다43). 비슷한 시기의 원형계 묘제들을 언급한 연구에서는 지속적인 당대

---

43) 이동규, 2017, 「회령·부거리 일대 발해고분의 계통에 대한 연구─원형·다변형 고분의 구조를 중심으로─」『고대사회 고분자료 집성의 성과와 의의』, 중앙문화 재연구원, 136쪽.

북방 민족들과의 전란으로 인해 당 중앙집권의 영향력이 이 지역까지 크게 미치지 못했고, 그 결과 북조에서부터 내려온 토착 세력의 원형 묘제 특징들이 그대로 계승되어 지역색으로 강하게 남은 것으로 보고 있다.[44]

이동규(2017)는 시공간적인 차이는 있으나 북방민족들의 무덤 축조 방법에서 원형계 묘제를 사용한다는 어느정도 공통된 인식이 있었을 것으로 보았다. 그리고 문헌에 등장하는 9세기 후반의 흑수말갈에 대한 기록[45] 등을 참고해 부거리 일대의 원형계 묘제 축조 집단은 발해의 용인 아래 이 일대로 이주한 말갈일 가능성을 제시하였다. 그러나 이 흑수말갈에 대한 기록을 비판적으로 보는 연구에서는 정상적인 정치세력 이었다면 사절을 보내 서한을 전달하였을 것이지 나무쪽을 나무에 걸어 놓고 돌아가지는 않았을 것이라 보았으며, 이들은 어쩌면 흑수말갈 '부흥' 세력의 행동이었을 수도 있다고 추정하였다.[46]

어찌되었든 말갈 집단 축조설을 제시했던 이동규(2017)도 역으로 말갈 의 원 거주지에서 원형계 묘제 축조 사례가 없으며, 말갈의 원 묘제가 토광묘 중심이라는 기존의 인식과 상반되고, 흑수말갈의 영역으로 비정되 는 지역에서 석실묘 발견 예가 확인되지 않는다는 점을 한계점으로 언급하 면서, 연구의 보완이 필요함을 강조하였다.[47]

이와 관련하여 발해 고분군으로 보고된 중국 흑룡강성 해림시 동사 고분군이 주목된다(그림 33). 부거리 일대와 마찬가지로 방형 및 장방형계 와 원형계 석실묘가 공존하고 있다. 이 고분군의 한 무덤 묘실 내에서 청동제 용기가 수습되었다고 전해지며, 또 고분군 주변에서 적갈색조의

---

44) 제동방 지음·이정은 옮김, 2012, 『중국 고고학 수·당』, 사회평론, 113~115쪽.

45) 『三國史記』「新羅本紀」 제11 헌강왕 12년(886년), 春, 北鎭奏, "狄國人入鎭, 以片木掛 樹而歸." 逐取以獻, 其木書十五字云, "寶露國與黑水國人, 共向新羅國和通."

46) 정석배, 2022, 「발해의 북방영역에 대해」 『추계학술발표대회 논문집』, (사)한국 건축역사학회, 331쪽.

47) 이동규, 2017, 「회령·부거리 일대 발해고분의 계통에 대한 연구 — 원형·다변형 고분의 구조를 중심으로—」 『고대사회 고분자료 집성의 성과와 의의』, 중앙문화 재연구원, 138쪽.

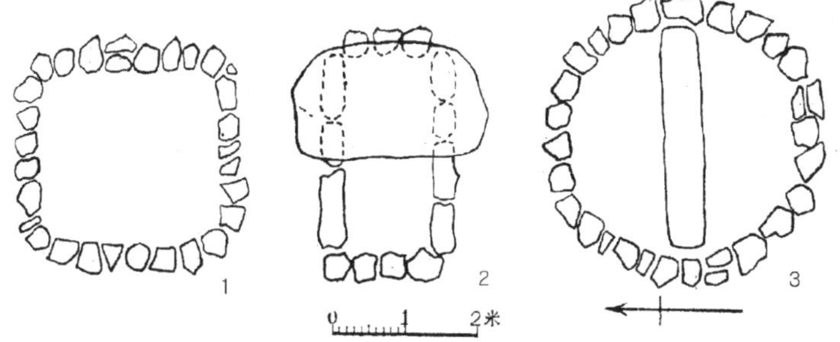

<그림 33> 동사고분군 1, 2, 3호분 평면도(黑龍江省文物考古研究所 1991, 필자 재편집)

수제 및 회색조의 윤제 토기편들이 발견되어 당시 조사단은 고분군을 발해시기의 것으로 판단하였다.[48]

ㄴ) 판석조 석축묘

부거리 일대에서 원형계 묘제 다음으로 가장 주목을 끄는 상황은 판석조 석축묘들이 다수 확인되었다는 점이다. 이 묘제는 다른 지역의 발해 고분군에서도 석관묘로 보고된 것을 확인할 수 있지만, 각 고분군에서 차지하는 비중이 많지 않아 그 대표성이 현격하게 결여된다고 보는 견해가 일반적이다.[49] 이러한 상황에서 평안남도의 고려 석곽묘와 비교하며 고려시대의 무덤이 포함되어 있을 가능성과[50] 판석조 석축묘는 고구려 무덤의 특징이라는 의견이 제시되었다.[51]

먼저 고려 무덤일 가능성과 관련해 구조상 유사성은 높아 보이지만, 고려의 북방 경계와 관련해 유의해야 할 필요가 있어 보인다(그림 34).

---

48) 정석배 외, 2023, 『발해유적총람 Ⅰ』, 예지안, 2023, 253~254쪽.

49) 박규진, 2010, 「발해 석축묘 연구」, 고려대학교 석사학위논문, 87쪽.

50) 강현숙, 2022, 「함경도 일대 고분 조사와 북한의 발해 고분 연구」 『한국상고사학보』 116, 한국상고사학회, 75쪽.

51) Ахметов В.В., 2014, Проблема выделения могильников бохайского времени на севере Корейского полуострова // Вестник Новосибирского государственного университета. Серия : История, филология. Т.13. № 4., 20p.

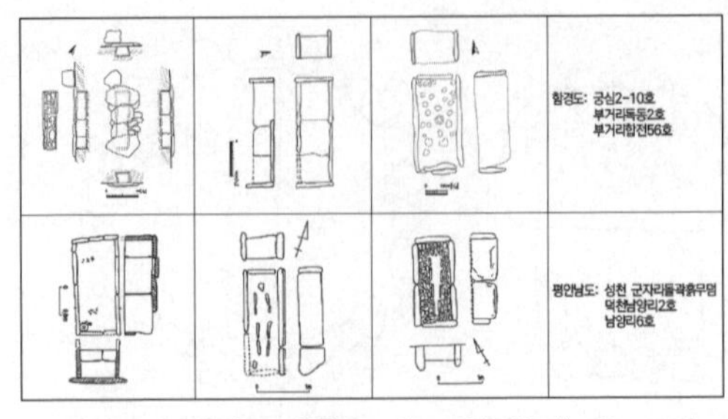

〈그림 34〉 판석조 석축묘 비교 : 상. 발해, 하. 고려
(강현숙 2022)

부거리 일대는 고려의 9성 설치로 인해 일시적으로 고려의 강역에 포함되었으나 곧 토착 여진 세력에게 반환되었고,[52] 고려의 북계는 함흥 이남 지역에 머물러 있었다(그림 35).

9성 설치를 위한 파견 시점은 고려 예종 2년 10월,[53] 반환 시점은 예종 4년 7월[54]로, 이 일대가

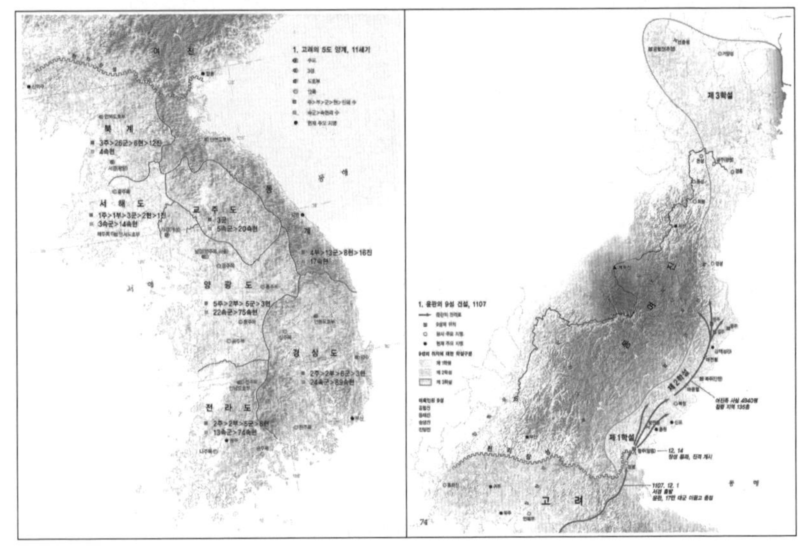

〈그림 35〉 고려의 5도 양계(11세기, 좌)와 윤관의 9성 건설(우) (홍형우 2018 재인용)

52) 권영국, 2013, 「고려전기 동북면과 동해안의 방어체제」『숭실사학』30, 숭실사학회, 46쪽 ; 나영남, 2017, 「고려와 동·서여진의 관계」『歷史學研究』67, 호남사학회, 225쪽.

53) 『高麗史』卷18,「志」睿宗 2年 10月, 睿宗二年十月壬寅 命尹瓘爲元帥, 吳延寵副之, 往伐女眞.

54) 『高麗史』卷13,「世家」睿宗 4年 7月, 丙午 御宣政殿南門, 引見裹弗等, 許還九城, 裹弗感泣拜謝. 王賜物遺還, 命內侍金珣, 護送境上. 仍詔元帥等, 諭以還九城之意.

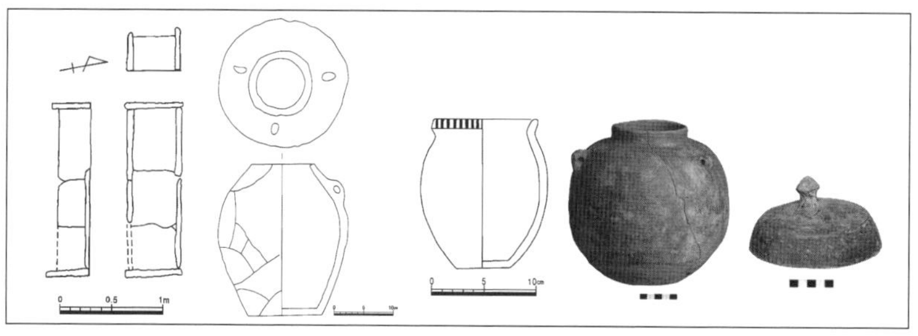

〈그림 36〉 독동 2호분 평단면도와 출토 토기(동북아역사재단 2011a, 필자 재편집)

고려의 강역이었던 기간은 만 2년이 채 되지 않는다. 따라서 아직 조사되지 못한 무덤들까지 고려한다면 짧은 기간 내에 큰 규모의 고분군이 조성되기에는 무리가 있지 않을까 싶다. 또한 유물이 발견되지 않은 무덤들은 차치하고서라도, 이 판석조 석축묘에서 출토된 구순부에 각목 처리를 하거나 동체부에 점열문을 시문한 심발(그림 17), 삼각 플라스크형 병(그림 22)은 고려 토기에서는 찾아볼 수 없다. 협사계 심발과 보주형 꼭지가 부착된 니질계 뚜껑이 공반된 양상도 고려의 것이라 보기에는 무리가 있는 부분이다(그림 36).

고구려 무덤의 특징이라는 의견과 관련해서는 재검토가 필요해 보인다. 이 의견을 제시한 연구자는 평안남도 남포시 강서구역 태성리(舊 보림리) 소동 고분군의 1무덤떼 1호분을 근거로 들었다(그림 37).[55] 그러나 이러한 무덤의 형태는 전반적인 고구려 무덤들을 대상으로 한 연구에서도 서북한 일대에서 나타나는 이례적인 현상으로 보고 있으며, 고

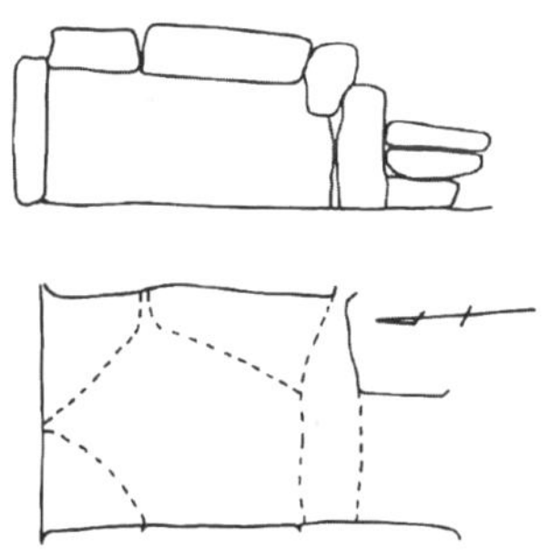

〈그림 37〉 남포시 강서구역 태성리 소동고분군 1무덤떼 1호분 평단면도(문화재관리국 문화재연구소 1991)

---

55) Ахметов В.В., 2014, Проблема выделения могильников бохай ского времени на севере Корей ского полуострова // Вестник Новосибирского государственно го университета. Серия : История, филология. Т.13. No. 4., 20p.

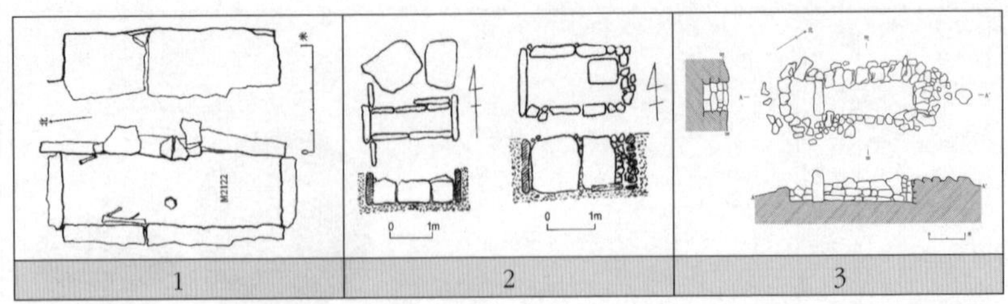

〈그림 38〉 발해 석관묘 사례 : 1. 영안 홍준어장 2122호분(黑龍江省文物考古研究所 2009), 2. 해림 이도하자 3구역 1호분(사회과학원 고고학연구소 2009), 3. 육정산 고분군 1구역 16호분 (吉林省文物考古研究所·敦化市文物管理所 2012)

구려 무덤에서 보이는 특징으로 제시하기에는 너무 지엽적이다. 조성 배경 및 기원과 관련해서는 청동기시대의 지석묘 또는 적석총의 하부구조 등 논란이 지속되고 있는 상태이며,[56] 천장부 마감 역시 삼각고임으로 부거리 일대의 판석조 석축묘들은 대부분 큰 판석을 덮어 마무리했다는 점에서 차이가 있다.

무덤 조성 위치 등에서 약간의 차이가 있으나 어찌되었건 이 판석조 석축묘는 흑룡강성 영안 홍준어장고분군, 해림 이도하자고분군 등 다른 지역의 발해 고분군에서도 확인가능한 묘제다. 네 면이 다 판석으로 되어 있거나, 세 면에 판석을 세우고 나머지 한 면은 할석으로 쌓은 형태이며, 흙으로 봉분을 조성한 흔적이 확인된 점이 유사하다. 또한 할석조 묘제라 는 점에서 차이는 있으나 판석을 세워 공간을 분할해 부장칸을 따로 조성한 방식은 길림성 돈화 육정산고분군에서도 확인되고 있다(그림 38).

ㄷ) 석실 내 석관의 존재

부거리 일대 횡구식 및 횡혈식 석실묘 내에 석관이 사용된 상황은 다른 지역의 발해 무덤들과 큰 차이를 보이고 있기에, 일률적으로 발해의 것으로 보기보다는 구체적인 검토가 필요하다는 지적이 있었다.[57]

---

56) 중앙문화재연구원 편, 2020, 『고구려 고고학』, 진인진, 183쪽.

57) 강현숙, 2022, 「함경도 일대 고분 조사와 북한의 발해 고분 연구」 『한국상고사학보』

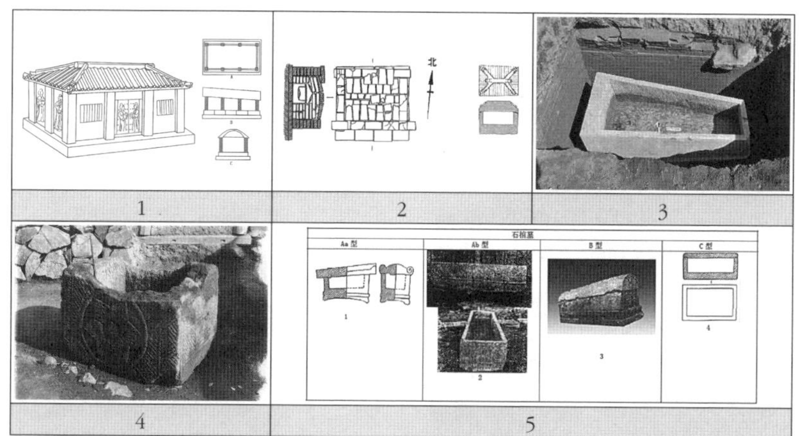

〈그림 39〉 당, 요금대 석관 사용 사례 : 1. 당대 석관(袁胜文 2017), 2. 대심양광의가요묘(對沈陽广宜街遼墓) 출토 석함(林棟·金愉 2014), 3. 산서성 장치현(長治縣) 출토 금대 석관(山西省考古研究所·長治縣博物館 2018), 4. 함경북도 온성 훈융진 출토 여진시기 석관(국립중앙박물관 소장 유리건판), 5. 금대 석관 유형(趙永軍 2010)

통상적으로 석실묘에 안치되는 관은 목관과 석관으로 나눌 수 있는데 고구려의 석실에는 일반적으로 목관이 안치되었으며,[58] 발해의 경우 대부분 관을 설치하지 않았고 소수의 사례에서 목관 또는 목곽의 흔적이 발견되었다. 당과 요, 금에서 전실묘 내에 석관을 설치한 상황이 확인되지만, 관상을 조성하거나 목관을 설치한 사례에 비해 소수이며,[59] 형태 또한 돌을 파서 만든 석함 혹은 가옥형으로 부거리 일대의 것과 차이가 있다. 함경북도 온성(穩城) 훈융진(訓戎鎭)에서 출토된 여진 시기 석관[60] 역시 석함의 형태이다(그림 39).

그나마 부거리 일대의 상황과 유사한 사례는 일본 고분시대에서 찾아볼 수 있었으며(그림 40),[61] 이와 관련해 한반도 내에서도 남서부지역에서

116, 한국상고사학회, 71쪽.

58) 국립문화재연구소, 2009, 『한국 매장문화재 조사연구방법론』 5, 13쪽.

59) 동북아역사재단 북방사연구소 편, 2021, 『동북아시아 고고학개설Ⅱ-역사시대 편-』, 동북아역사재단, 2021, 496·512쪽.

60) https://www.museum.go.kr/dryplate/searchplate_view.do?relicnum=005666

〈그림 40〉 오사카부(大阪府) 다카스키시(高槻市) 카지와라 고분군(梶原古墳群) D-1호분 (名神高速道路內遺跡調査會 1998)

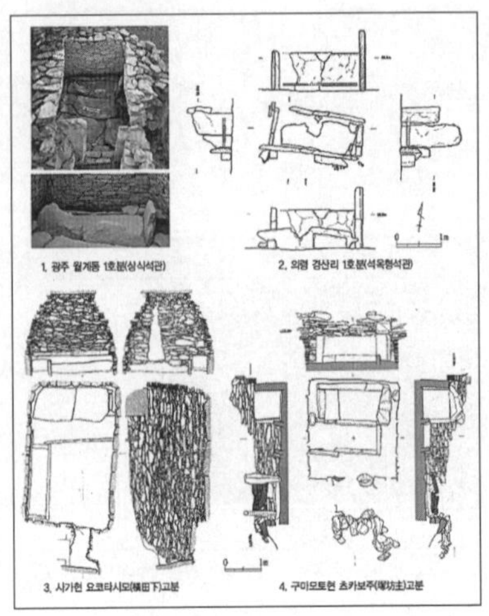

〈그림 41〉 한반도 남서부지역 왜계 횡혈식석실묘와 일본 열도 비교 사례(최영주 2017)

발견된 6세기 초중반의 왜계 석실묘에서 석관이 확인된 사례가 있어 주목된다(그림 41).[62] 그러나 묘실의 평면 형태가 두 사례 모두 장방형이고 부거리 일대에서 왜계 유물들이 보고된 사실이 없기 때문에 직접적으로 연관짓기에는 아직 무리가 있다.

그런데 이 판석조 석관들은 앞서 언급된 판석조 석축묘와 동일한 구조다. 앞의 장에서 언급하였다시피 출토된 토기 양상에서도 시간적 차이가 거의 보이지 않고, 사실상 두 묘제들은 석실의 유무에서만 차이가 있다고 할 수 있을 것이다. 정황상 동일한 문화를 공유한 집단에 의해서 축조되었으나, 석실의 유무로 위계 차이를 둔 것이 아닐지 의구심이 든다.

한편 이 일대는 청동기시대 이후 석관묘가 발전한 지역이며, 연길 소영자 유적(延吉小營子遺蹟)을 비롯해 옥저지역에 석관묘 전통이 강했음

---

61) 국립문화재연구소, 2009, 『한국 매장문화재 조사연구방법론』 5, 13쪽.

62) 최영주, 2017, 「韓半島南西部地域倭系 橫穴式石室의 特徵과 出現背景」 『호서고고학』 38, 호서고고학회, 78쪽.

을 인정한다면, 옛 옥저지역의 발해 무덤에서 석실 내부에 석관이 사용되거나 아니면 석실과 별도로 석관이 공존하는 현상을 이해할 수 있다고 보는 의견도 제시된 바 있다. 이에 덧붙여서 발해 내에서 고구려계 주민은 횡혈식 석실묘와 목관을, 옛 옥저계 주민은 횡혈식 석실묘와 석관을 사용하고, 말갈계 주민은 목관묘나 목곽묘에 매장되었을 것이라 보았다.[63]

다만 현재까지 알려진 옥저의 무덤 자료는 매우 소략해 고고학적 양상을 단정지을 수 없는 상황이다. 그나마 판석조 석축묘로 알려진 것은 연해주 시코토보 지구(Шкотовский рай он)의 이즈베스트코바야 솝카(Известк овая Сопка) 석상묘인데, 문화적 귀속성에 대해 아직 논란의 여지가 있는 상태다.[64] 또한 이 주장 역시 석관이 있는 원형계 묘제의 유입을 고려한 해석은 여전히 어렵다.

ㄹ) 유사 횡혈식 석실묘

합전 101호분은 전형적인 횡혈식 석실묘의 구조를 갖추고 있으나, 높이가 0.96m로 매장 당시에 연도가 실질적인 역할은 하지 못했을 것으로 판단된다(그림 12의 14). 이러한 특징을 가진 무덤은 박규진(2010)에 의해 유사 횡혈식 석실묘(C형 석실묘)로 분류되었다(그림 42). 또한 그

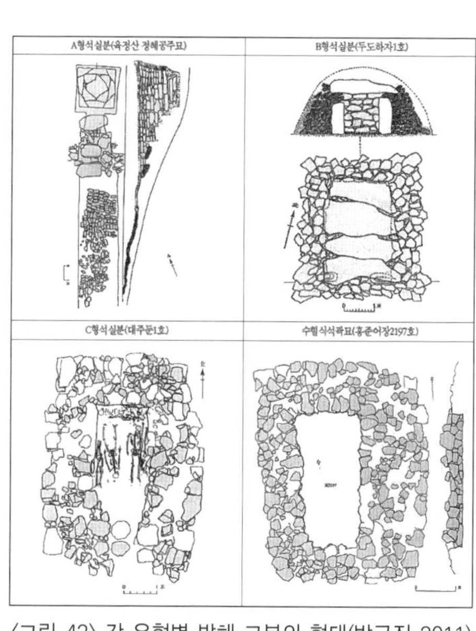

〈그림 42〉 각 유형별 발해 고분의 형태(박규진 2011)

---

63) 동북아역사재단 북방사연구소 편, 2021, 『동북아시아 고고학개설 II – 역사시대 편 –』, 동북아역사재단, 357쪽.

64) 정석배, 2008, 「연해주의 초기철기문화와 한반도 – 끄로우노브까 문화를 중심으로 – 」 『한국전통문화연구』 6, 85~86쪽.

는 발해 전역의 석축묘들을 분석한 결과, 발해 각지에 널리 파급된 가장 대표적인 묘제는 수혈식 석곽묘와 유사 횡혈식 석실묘라고 보았다. 부거리 일대에서 발굴된 사례는 현재까지는 1기에 불과하다. 그러나 발해 고분군 에서만 보이는 특징적인 묘제이기 때문에 이 일대의 고분군 조성 시기 판단에 중요한 기준이 될 수 있다고 생각한다.

ㅁ) 석실묘의 외호하는 벽체

〈그림 43〉 무순 시가 27호분(遼寧省文物考古研究所·順市博物館 2007)

다음으로 부거리 일대의 방형계 석실묘들에서 일직선이 아닌 약간 외호하는 벽체로 이루어져 있는 모습들을 주목할 수 있다. 연차골 1지구 4호분(그림 9의 4), 독동 1호분(그림 8의 1), 다래골 12호분(그림 7의 12) 등이 그러하다. 이러한 현상은 기존에 고구려 고분으로 보고되었던 중국 요녕 지역 일대 석실묘들이 발해시기에 속할 가능성에 대해 논할 때 함께 언급된 바 있으며, 고구려 석실묘에서는 관찰되지 않는다고 보았다 (그림 43).[65] 따라서 이 부분도 부거리 일대의 고분군에서 보이는 발해 시기 무덤의 특징이라 볼 수 있을 것이다.

ㅂ) 석실 천장 결구 구조와 바닥처리 기법

부거리 일대 고분군의 석실 천장 결구 방식에서는 궁륭식, 삼각고임식, 평천장 등이 보이는데, 이는 모두 고구려와 발해의 석실에서 공통적으로

---

65) 강현숙, 2009, 「高句麗 故地의 渤海 古墳—中國 遼寧地方 石室墳을 中心으로」 『한국 고고학보』 72, 172쪽.

확인할 수 있는 부분이다.

석실의 바닥 처리 기법에서 보이는 흙 또는 진흙 다짐, 강돌 및 판석 부석, 회를 섞어 바르는 등의 모습 역시 고구려와 발해 양쪽에서 모두 확인 가능하다.

다만 불다짐까지 한 경우는 특수한 상황이다. 불다짐 처리가 확인되는 고구려 석실은 남한지역에서만 발견되었으며, 이와 관련해 중국지역의 고구려 무덤에서는 보이지 않기 때문에 현지화된 중원식 속성으로 언급된 바 있다.66) 발해의 경우 환인 봉명 석실분(鳳鳴石室墳)에서 확인되었는데, 조사 당시 한대 무덤일 가능성이 제기되었으나 발해의 특징적인 산형 뒤꽂이가 출토되어 현재는 발해 무덤으로 분류된 상태다.67) 바닥 불다짐 기법과 관련해 비교할 만한 자료가 충분치 않지만, 고구려의 남한지역 진출 당시 형성된 석실 축조 기법 중 한 부분이 발해의 석실에서도 관찰되고 있다는 점이 주목된다.

(2) 장속

장속과 관련해서는 연차골 1지구 15호분에서 화장의 흔적이 발견된 사실이 주목된다. 석실 바닥은 진흙다짐을 한 후 그 위에 작은 돌들을 깔았는데, 이 돌들에 불에 탄 흔적이 많이 남아 있다고 한 것으로 보아 시신을 안치한 후에 화장한 것으로 추정된다.68) 이러한 번소 행위는 발해 토광묘와 석실묘에서 확인된 바 있으며, 석실묘의 경우 영안 홍준어장 고분군, 연해주 체르냐티노-5 고분군 등 대표적인 대규모 발해 고분군들이 해당된다. 고구려의 석실에서는 확인되지 않기 때문에, 고구려와 구분되는 발해의 장속 중 하나로 알려져 있다.69)

---

66) 강현숙, 2022, 「중원지역 고구려 석실봉토분의 고고학적 의미」 『중원문화연구』 30, 충북대학교 중원문화연구소, 75~76쪽 ; 중앙문화재연구원 편, 2020, 『고구려 고고학』, 진인진, 246쪽.

67) 정석배 외, 2023, 『발해유적총람 Ⅰ』, 예지안, 377쪽.

68) 동북아역사재단, 2011, 『부거리 일대의 발해유적』, 120쪽.

2) 유물

(1) 토기류

ㄱ) 귀달린 직구호

부거리 일대 고분군에서 출토된 토기류 중 가장 주목되는 기형은 고리형 귀가 부착된 직구호다. 이와 관련해 발해 전역에서 출토된 토기들을 대상으로 한 연구에서는 전반적인 토기의 흐름상에서 벗어나 특이성을 보이는 부분이라고 언급하였다(그림 14).[70] 고구려, 발해 토기에서는 2개 혹은 4개의 횡이 대상 파수가 부착된 장경호, 옹, 동이, 시루, 옹류가 일반적이며, 이외에는 2개의 종이 대상 파수가 부착된 고구려의 심발형 토기가 확인된다.

기종은 다르지만 발해시기로 보고된 연길시 하룡고분군(河龍古墳群)의 석관묘에서 4개의 고리형 파수가 부착된 외반구연호가 발견되었다(그림 44). 고구려의 경우 이러한 형태의 귀는 시유기나 청자류에서 확인되나, 이를 부거리 일대의 사례에 연결시키기에는 무리가 있다.

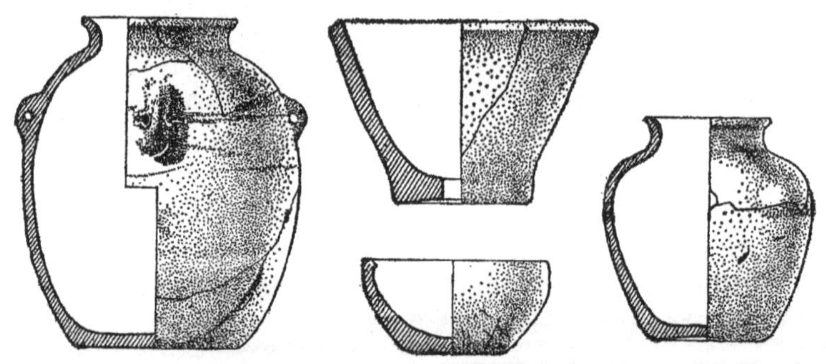

〈그림 44〉 하룡고분군 출토 토기
(吉林省文物志 主編 1985b, 필자 재편집)

---

69) 중앙문화재연구원 편, 2021, 『발해 고고학』, 진인진, 229쪽.
70) 임누리, 2014, 「발해 토기 연구」, 고려대학교 석사학위논문, 69쪽.

ㄴ) 원말갈계 토기

다음으로 구순부에 각목 처리를 하거나 동체부에 점열문이 시문된 심발형 토기들이 주목된다(그림 17). 이 심발형 토기들이 가진 특성들에 대해서는 심재연(2009)의 연구가 주목된다. 그는 회령 오동 7기의 일련의 토기들을 전형적인 말갈관이 출현하기 전 시기에 속하는 토기로서 '원말갈 토기'라고 정의하였는데,[71] 구순부에 각목을 시문하고 동체부에 점열문을 시문한 것이 특징적이라고 주장했다(그림 45). 이후 고구려와 백제 한성기 원말갈 토기 비교 사례에서 말갈의 영역까지 세력을 확장한 고구려의 남하가 거론되었으며(그림 46),[72] 최근까지 발견된 한반도 중부지역의 원말갈 토기 자료들의 보충으로 그 논지가 더욱 설득력을 얻게 되었다(그림 47).[73] 여기서

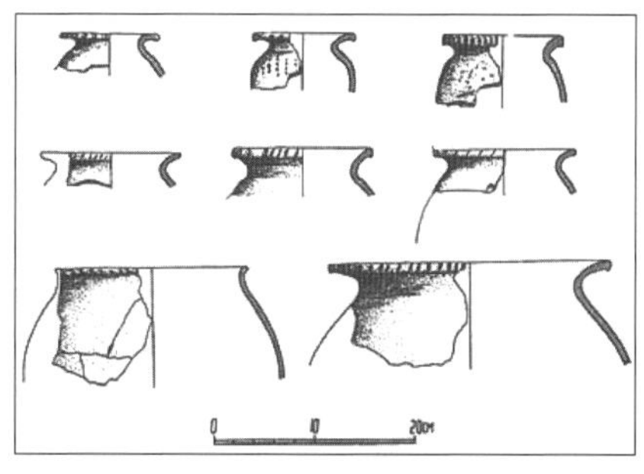

〈그림 45〉 회령 오동 7기 토기(도유호 1960)

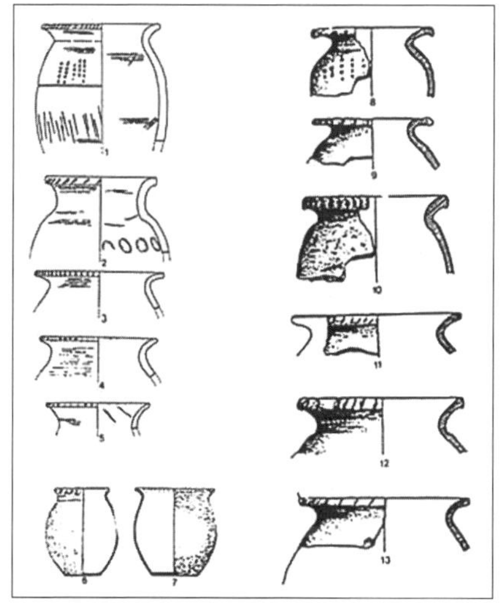

〈그림 46〉 고구려토기의 구순각목 양상(심재연 2018 재인용) : 1~5. 몽촌토성, 6. 법동리 하구비 1호분, 7. 집안 상활용촌 2호분, 8~13. 회령 오동

다래골 고분군과 독동 고분군 출토품들은 발해시기에 확인되는 원말갈

---

71) 심재연, 2009, 「한성백제기의 영동·영서」『고고학』8, 중부고고학회, 65쪽.

72) 심재연, 2018, 「토기로 본 고대 북방과 한국문화-폴체, 원말갈, 말갈계 토기를 중심으로」『인문학연구』37, 198쪽.

73) 강인욱, 2022, 「말갈자료를 중심으로 본 서기 5~6세기 한반도 중부지역과 연해주」『고고학』21, 중부고고학회.

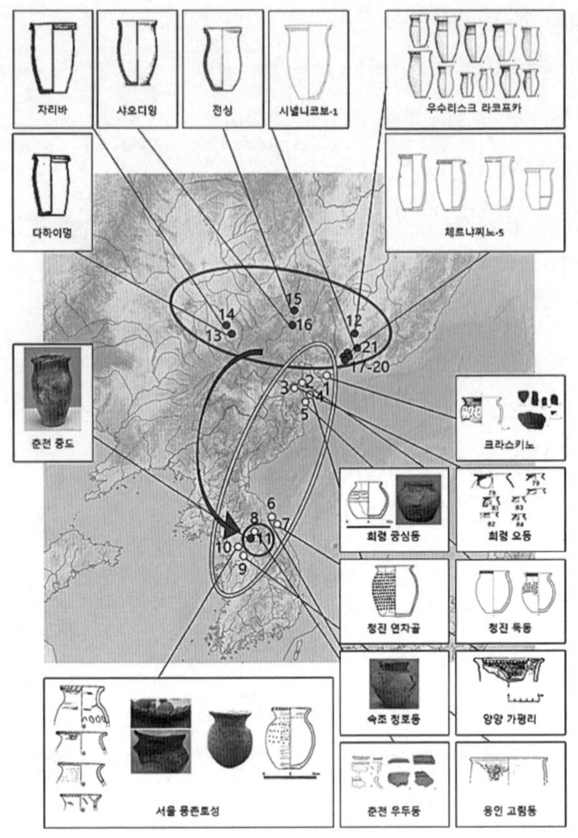

〈그림 47〉 한반도 중부지역과 연해주 일대 말갈계 토기의 분포도(강인욱 2022) : 노란색 범위는 폴체 계통 토기와 유사한 말갈토기, 붉은색은 연해주와 송화강 중류 유역의 말갈관

토기의 하한연대 자료로서 언급되었다.[74]

이에 덧붙이자면 연해주의 크라스키노 성에서도 고구려, 발해 전기, 발해 중기 문화층에서 원말갈 토기의 특징을 가진 심발형 토기들이 발견되었다(그림 48). 크라스키노 성은 다년간 층위발굴이 진행된 발해 치소급 평지성이며, 이 사례들은 원말갈계 토기가 발해 건국 이후에도 말갈관과

---

74) 심재연, 2018, 「토기로 본 고대 북방과 한국문화−폴체, 원말갈, 말갈계 토기를 중심으로」 『인문학연구』 37, 198쪽.

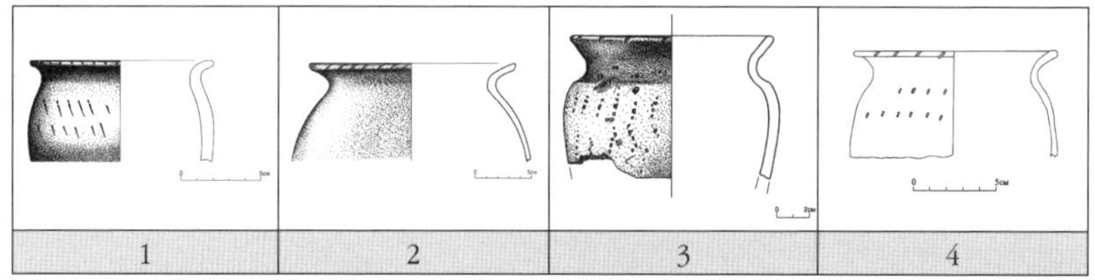

〈그림 48〉 크라스키노성 출토 원말갈계 토기(동북아역사재단 2021) : 1. 제44구역 서쪽섹터 제21인공층 게-22방안, 2. 제45구역 남쪽섹터 제13인공층 예-9방안, 3. 제41구역 제6인공층 제-4방안, 4. 제41구역 8호 주거지 까-2,엘-1방안

함께 발해시기까지 공존했다는 사실을 보다 객관적으로 검증할 수 있게 해주었다. 또한 부거리 일대의 고분군이 발해시기에 존속했을 가능성을 높여주는 지표가 되었다고 볼 수 있을 것이다.

ㄷ) 삼각 플라스크형 병

합전 20호분에서 출토된 협사계 병에서는 발해 토기의 특징이 보인다고 할 수 있겠다(그림 22). 일반적으로 고구려 병류 토기들의 경우 목의 길이와 상관없이 둥근 동체부를 가지고 있다(그림 49의 1). 발해의 경우에

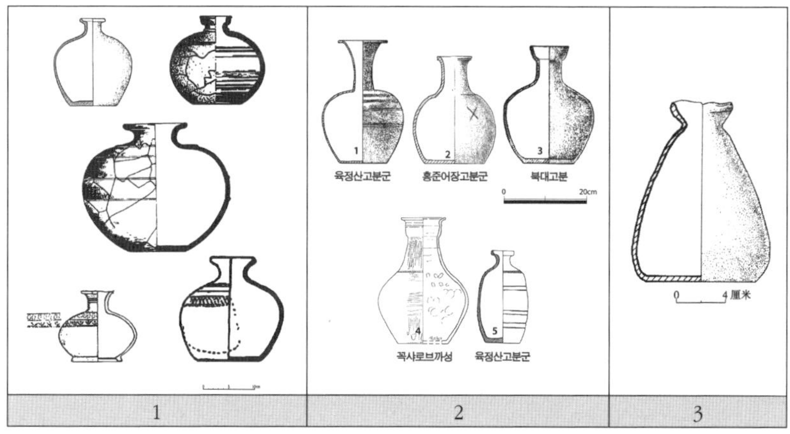

〈그림 49〉 고구려와 발해의 병류 토기 사례 : 1. 고구려 각종(국립문화재연구소 2016 재편집), 2. 발해 각종(중앙문화재연구원 2021 재편집), 3. 홍준어장 2072호분 출토 협사계 병(동북아역사재단 2011b)

도 역시 일반적으로 일부 장동병류를 제외하면 동체부가 호형 토기처럼 둥근데(그림 49의 2), 홍준어장 2072호분에서 출토된 삼각 플라스크형 협사계 병이 합전 20호분에서 출토된 병과 태토 및 형태 면에서 유사해 주목된다(그림 49의 3).

ㄹ) 제작 기법

다음으로 토기 제작 기술에 주목하였다. 발해 토기의 경우 물레에서 제작한 후 토기를 떼어낼 때 실로 바닥을 잘라내는 방식을 주로 사용했는데, 이는 바닥에 남아있는 고리형 혹은 선형의 사절흔으로 파악할 수 있다[75](그림 50의 2, 3). 간혹 액상의 점토층으로 덮어 지우는 경우도 있으나, 후자의 경우 이후 박리되는 것들이 많아 절삭면의 흔적이 그대로 발견된다.[76] 발해 멸망 이후의 연해주 일대에서 확인되는 동하국 시기의 토기 저부에서도 고리형의 사절흔이 확인되기도 한다.

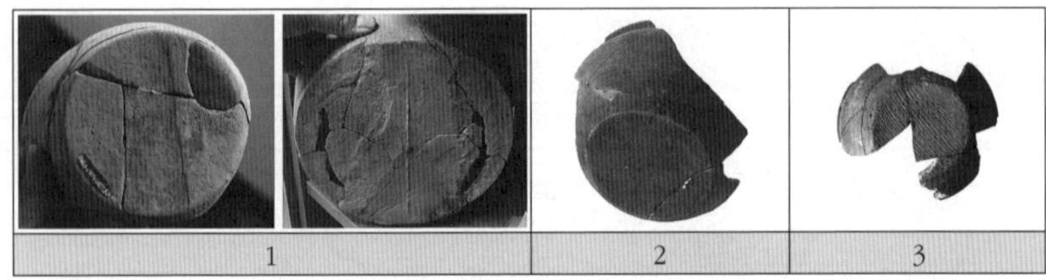

〈그림 50〉 고구려, 발해 토기 저부 모습 : 1. 아차산 4보루 고구려 평저 토기 저부의 돌대흔(동북아역사재단 북방사연구소 2021), 2. 크라스키노성 제40구역 제7인공층 1호 수혈 출토 동이-발(동북아역사재단 2021), 3. 제35구역 제4인공층 베-3방안 출토 외반구연 발(동북아역사재단 2021)

고구려의 경우 평저토기의 저부에서는 일자형의 돌대흔이 주로 확인되

---

75) O.V. 디야코바·정석배 번역, 2006, 「연해주 발해 문화의 토기 : 지리, 형식 분류, 기원」『고구려발해연구』25, 고구려발해학회, 226쪽, 236쪽.

76) O.V. 디야코바·정석배 번역, 2006, 「연해주 발해 문화의 토기 : 지리, 형식 분류, 기원」『고구려발해연구』25, 고구려발해학회 ; Yakupov Maxim Anvarovich, 2009, 「러시아 沿海州 地域 渤海土器 硏究」, 고려대학교 석사학위논문.

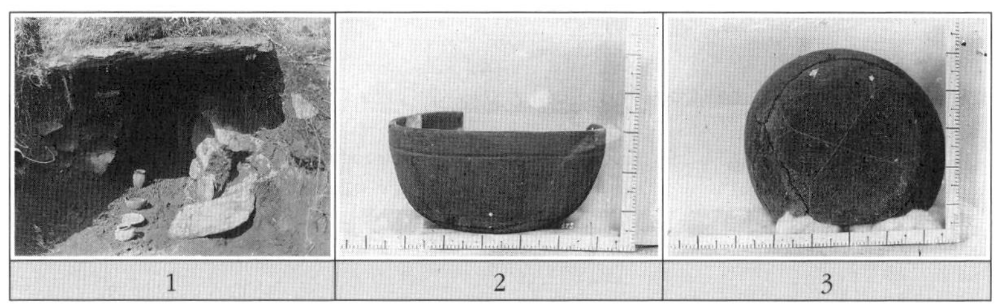

〈그림 51〉 함경북도 부령 부거동 1호 고분과 출토 토기(국립중앙박물관 2019)

며, 실로 떼어낸 흔적이 관찰되지 않는다(그림 50의 1). 이는 고구려 토기의 제작방식을 논할 때 중요하게 검토되는 기술 속성으로 알려져 있다.[77]

마침 일제강점기 유리건판 자료에서 저부에 고리형의 사절흔이 관찰되는 완을 확인할 수 있었는데, 이는 부거리 일대의 '석관이 있는 석실묘'에서 출토된 것으로 보고되었다(그림 51).

다만 안타깝게도 이후 2011년에 출판된 『부거리 일대의 발해유적』에서는 토기 저부 사진이 하나도 제시되지 않았다. 토기 제작과 관련된 상황들도 다래골 11호분 출토 외반구연호 등 몇몇 토기에 관한 기술에서 동체 하단부에 물레로 돌릴 때 생긴 듯 한 줄들이 그대로 남아있다는 내용으로 말미암아 단편적으로 짐작할 수 있을 뿐이다.[78]

이 유리건판 자료만으로 부거리 일대의 모든 토기들을 단언할 수는 없을 것이다. 그럼에도 불구하고 이와 유사한 형태의 완이 연차골 2지구 1호분과 다래골 4호분 등의 동일한 구조의 석축묘에서 출토되었기 때문에 해당 묘제의 조성 시기의 상한을 발해 건국 이후로, 그리고 하한을 발해 멸망 이후까지로도 내려 볼 수 있는 가능성을 높여준다고 판단된다(그림 15).

---

77) 동북아역사재단 북방사연구소 편, 2021, 『동북아시아 고고학개설Ⅱ−역사시대 편−』, 동북아역사재단, 120~122쪽.
78) 동북아역사재단, 2011, 『부거리 일대의 발해유적』, 76쪽.

ㅁ) 토기 견부 파상문 시문

부거리 일대 고분군의 외반구연호와 장동호에서 음각 선문 외에 견부에 파상문을 시문한 모습들을 볼 수 있다(그림 13, 그림 18). 고구려와 발해 모두 토기에 문양이 시문된 경우는 드물지만, 고구려의 경우 호류 토기 견부에 시문된 여러 줄의 파상문은 중기 이후의 토기에서 많이 확인되며, 특히 5세기대에 집중적으로 나타나고 있다(그림 52).[79] 발해의 경우 대부분 홍준어장 고분군 출토 토기에서 나타나고 있다(그림 53).

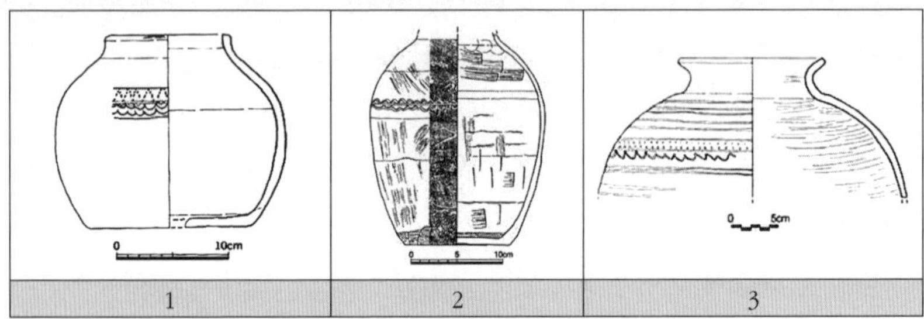

〈그림 52〉 고구려 토기 파상문 시문 사례 : 1. 연천 호로고루 토광유구 출토 직구호(한국토지공사 토지박물관 2007), 2. 충주 두정리 6호분 출토 호(中原文化財硏究院 2010), 3. 연천 은대리성 출토 호(단국대학교 매장문화재연구소 2004)

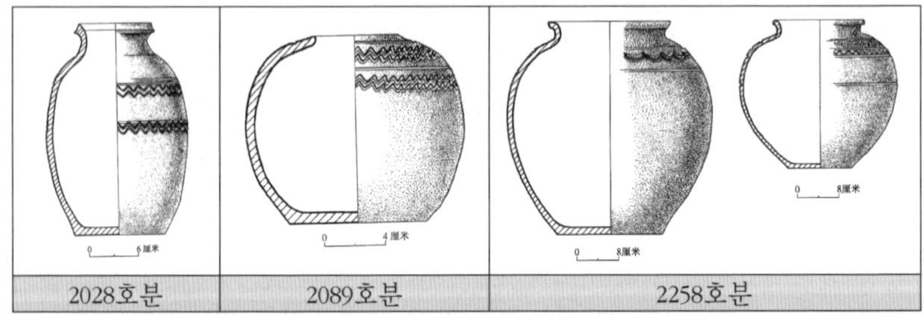

〈그림 53〉 홍준어장 고분군 출토 토기 파상문 시문 사례(동북아역사재단 2011b)

---

79) 중앙문화재연구원 편, 2020, 『고구려 고고학』, 진인진, 291~292쪽 ; 양시은, 2014, 「남한지역 출토 고구려 토기의 현황과 특징」 『湖南考古學報』 46, 호남고고학회, 80쪽.

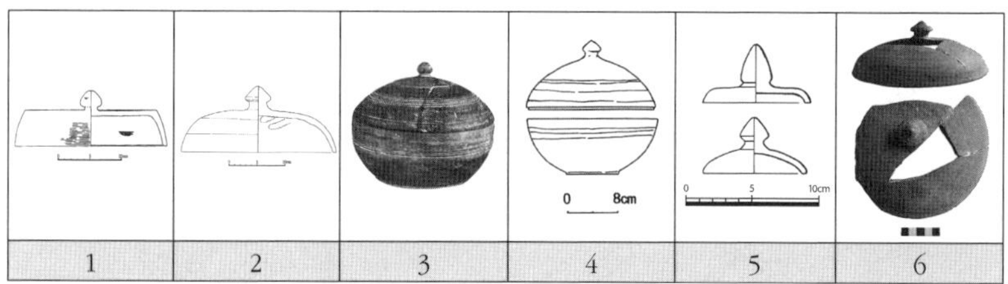

〈그림 54〉 보주형 꼭지가 부착된 뚜껑 : 1. 아차산 4보루(국립문화재연구소 2016), 2. 탑평리 유적(국립문화재연구소 2016), 3. 산성하 940호분(吉林省文物考古研究所·集安市博物館·吉林省博物院 2010), 4. 심귀리 8호분(문화재관리국 문화재연구소 1991), 5. 니콜라옙카-2성(국립문화재연구소 2014), 6. 크라스키노성(동북아역사재단 2021)

ㅂ) 보주형 꼭지가 부착된 뚜껑

부거리 일대 고분군에서 출토된 뚜껑들은 꼭지 부분이 유실된 다래골 3호분 출토품을 제외하고 모두 보주형 꼭지가 부착되어 있다(그림 15, 그림 16, 그림 19). 태토는 니질계 또는 협사니질계이며, 뚜껑받이 턱은 형성되지 않았고 직립하는 형태다.

이는 고구려 중기부터 등장하는 뚜껑류와 유사한 것으로 알려져 있으며,[80] 연해주 니콜라옙카-2성, 크라스키노성 등에서 확인된다(그림 54의 5, 6).

한편 다래골 고분군의 석관이 있는 횡혈식 석실묘와 옥생동 고분군의 판석조 석축묘에서 뚜껑과 완이 세트로 출토된 사례는 고구려에서 유사점을 찾아볼 수 있다(그림 52의 3, 4).

(2) 고식 마구류

현재까지 발해 시기로 보고된 마구들 중 가장 많은 수량이 부거리 일대의 연차골 고분군에서 발견되었다. 1호분에서 판비, 장병형 등자, 심엽형 행엽, 운주, 띠고정 교차금구, 안장테 장식이, 2호분에서 장병형 등자, 12호분에서 고삐 이음쇠로 추정되는 재갈 부품, 등자 답수부 편,

---

80) 중앙문화재연구원 편, 2020, 『고구려 고고학』, 진인진, 291쪽 ; 임누리, 2014, 「발해 토기 연구」, 고려대학교 석사학위논문, 103쪽.

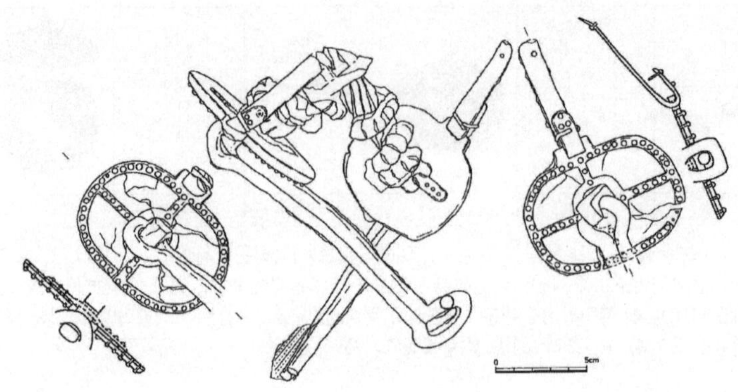

<그림 55> 신라 계림로 14호분 출토 판비(국립경주박물관 2010)

운주, 15호분에서 표비, 장병형 등자, 심엽형 행엽, 띠고정 교차금구, 안장테 장식 등이 확인되었다. 확인된 마구류들은 모두 철제다(그림 24).

연차골 1지구 1호분 출토 판비는 재갈멈추개의 형태가 타원형이고 그 안에 십자형의 가름대가 나 있으며, 가장자리에는 장방형의 굴레 연결부가 형성되어 있다. 재갈쇠는 잘못된 실측 문제로 도면상에서 확인할 수는 없으나, 보고된 내용을 보면 꼬지 않은 2연식이며, 재갈멈추개와 연결되는 외환은 장방형에 가까운 것으로 추정된다. 고삐이음쇠는 2조선 으로 곧게 뻗어 있으며, 내·외환은 모두 원형이다. 연차골 고분군 출토 판비와 유사한 사례는 고구려 만보정 78호분, 장천 4호분, 신라 계림로 14호분 출토 판비가 제시된 바 있다(그림 55, 그림 56).[81]

다만 계림로 14호분의 판비는 고삐이음쇠의 외환이 꺾인 형태로 이는 신라 및 대가야 지역과의 교류 과정에서 유입된 영산강 유역의 재갈에서 주로 보이는 특징으로 알려져 있으며,[82] 고구려의 재갈에서는 보이지 않는다. 연차골 고분군 출토 판비의 고삐이음쇠와 유사한 사례는 오녀산성 출토 고구려 판비에서 찾아볼수 있으며(그림 56의 11, 12), 재갈의 형식은

---

81) 강현숙, 2022, 「함경도 일대 고분 조사와 북한의 발해 고분 연구」 『한국상고사학 보』 116, 한국상고사학회, 76쪽.

82) 권도희, 2024, 「馬韓·百濟地域馬具研究」, 충북대학교 박사학위논문, 208쪽.

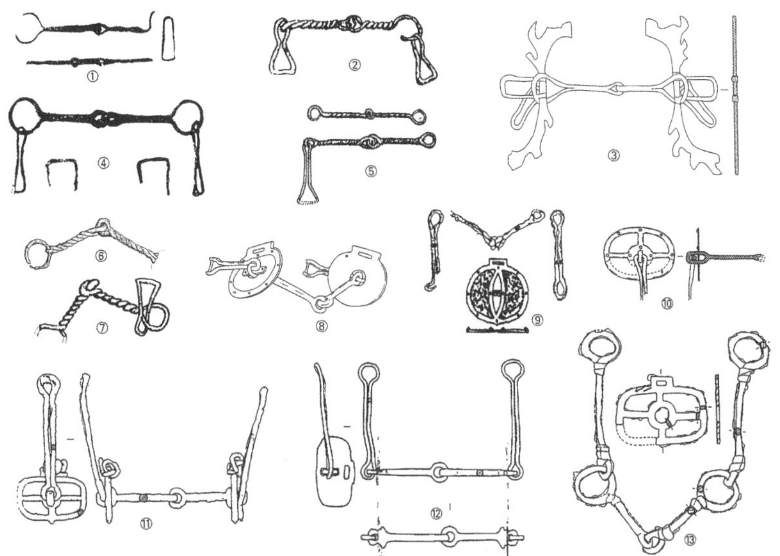

〈그림 56〉 고구려 재갈 각종(중앙문화재연구원 편 2020 재편집) : 1. 법동리 하구비적석총,
2. 우산 3241호분, 3. 만보정 242호분, 4. 서해리 2지구 1호분, 5. 우산 집석공로고분군,
6. 임강총, 7. 우산3283호분, 8. 칠성산 1096호분, 9. 평성 지경동 1호분, 10. 만보정 1078호분,
11~12. 오녀산성, 13. 아차산 4보루

〈그림 57〉 동청고분군 출토 목심철판피 등자와 환판비(연변박물관, 필자 촬영)

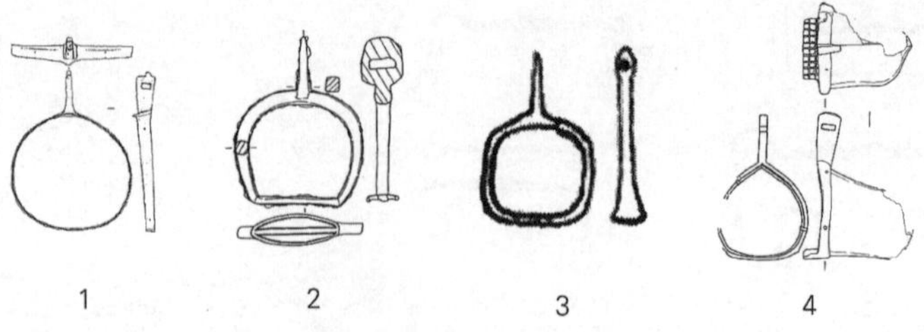

<그림 58> 병부 측에 역혁공이 형성된 등자(김영길 2020) : 1. 오녀산성 JC35,
2. 아차산 4보루, 3. 집안현 일대, 4. 광양 마로산성

다르나 동청 고분군 출토 발해 환판비에서도 확인되어 발해 이른 시기까지 2조선의 긴 고삐이음쇠가 사용되었음을 알 수 있다(그림 57).

연차골 고분군 출토 등자는 모두 철제 장병형이며, 답수부의 돌기 유무 및 형태, 병부 상단 턱의 유무 및 역혁공의 방향 등에서 각기 차이가 보이고 있다. 특히 병부 상단의 역혁공이 측면 방향으로 난 경우는 기본적으로 호등 또는 단병형 등자에서 주로 나타나고 있으며, 장병형 등자의 병부 상단에 턱이 있는 경우는 6세기대의 철제 등자 확산 단계에서 주로 확인되는 현상으로 보이고 있다(그림 58).[83]

또한 연차골 1지구 2호분에서 답수부 편만 발견된 경우는 완형이 아니라 단정지을 수는 없지만 답수부가 비교적 넓게 확장되어 있고, 잘려진 윤부 단면이 철봉 형태에 가까울 정도로 얇기 때문에 발해시기에 흔히 사용되었던 단병형 혹은 고리형 등자일 가능성을 완전히 배제할 수는 없다고 생각된다(그림 24).

선행 연구에서 지적한 바와 같이 등자의 종류가 장병형이라는 점에서 발해시기보다는 고구려시기로 볼 수도 있겠지만, 상기한 세부 정황들로 보면 하한은 충분히 발해시기까지 내려갈 수 있다고 판단된다. 덧붙여 그 가능성은 발해 무덤임이 확실한 동청 고분군에서 고식 장병형 등자의 제작기법이 남아 있는 목심철판피 등자와 철제 단병형 등자가 공반 출토된

<hr>

83) 김영길, 2020, 「발해 마구 연구」『동북아역사논총』 69, 135쪽.

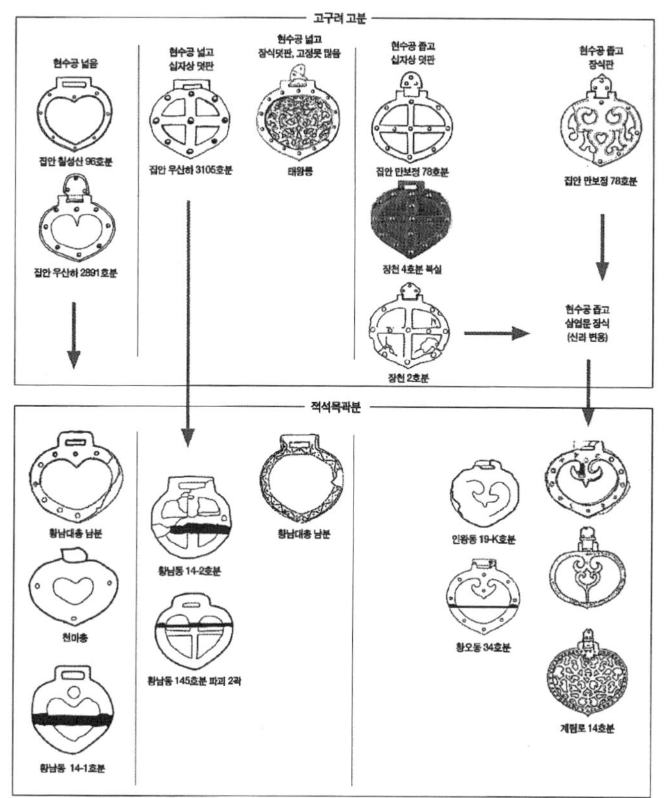

〈그림 59〉 고구려 고분과 신라 적석목곽분 출토 심엽형 행엽 비교(강현숙 2013)

상황이 뒷받침해줄 수 있다고 본다.[84]

연차골 고분군 출토 행엽은 모두 심엽형으로 테두리를 따라 작은 못을 박았으며, 중심부에 삼엽문 장식이 있는 것과 없는 것이 모두 확인되었다. 재질은 모두 철제이며, 상단에는 장방형의 역혁공이 형성되어 있다(그림 24).

유사 사례로는 경주 금관총, 서봉총, 인왕동, 황오동 등 신라 적석목곽분 출토 행엽들이 언급되었으며,[85] 이와 관련해 심엽형 행엽 자체는 고구려식

---

84) 김영길, 2020, 「발해 마구 연구」 『동북아역사논총』 69, 141~142쪽.
85) 강현숙, 2022, 「함경도 일대 고분 조사와 북한의 발해 고분 연구」 『한국상고사학보』

〈그림 60〉 서울 아차산성 출
토 통일신라 철제 행엽(한성
백제박물관 2020)

이지만 삼엽문을 부가한 것은 고구려에서 보이지 않기 때문에 신라에서 변용·제작한 것으로 보는 의견이 제시된 바 있다(그림 59).[86] 한편 아차산성에서 부거리 일대의 것과 유사한 통일신라의 철제 심엽형 행엽이 발견된 사례가 주목된다(그림 60).

이처럼 단편적인 사례들이지만 시기적으로 완전히 삼국시대의 마구라고 단정지을 수 없는 상황들이 연이어 보이고 있으며, 마구들이 출토된 묘제의 양상에서도 연차골 1지구 15호분의 경우 고구려 계통에서는 찾아볼 수 없는 원형계 석실이기에 더욱 난해한 상황이다(그림 9의 13). 일각에서는 한반도 중남부 지역에서 삼국시대 말기에 보였던 마구들이 통일신라 시기에도 계속적으로 사용되었을 가능성이 제기되고 있어,[87] 현재로서는 부거리 일대에서도 비슷한 상황이 전개되었을 가능성을 열어두는 것이 최선일 듯하다.

(3) 착두형 철촉

부거리 일대 고분군 출토품 중에서 마구류 다음으로 고구려적 요소가 강하게 언급된 것은 철촉이다. V.V. 아흐메토프는 연차골 1지구 15호분에서 출토된 철촉의 형태가 착두형이며, 이 형태의 철촉은 고구려에서 주로 사용되었기에 연차골 고분군의 조성 시기를 고구려로 보아야 한다고 주장했다(그림 23).[88] 그러나 착두형 철촉은 홍준어장 고분군, 체르냐티노-5 고분군, 상경성, 크라스키노성, 마리야놉카성, 콕샤롭카성 등의 발해 유적에서도 출토되었다(그림 61).[89] 착두형 철촉이 삼익형, 장경유엽형,

---

116, 한국상고사학회, 77쪽.

86) 강현숙, 2013, 『고구려 고분 연구』, 진인진, 295쪽.

87) 중앙문화재연구원 편, 2019, 『통일신라 고고학개론』, 진인진, 168~169쪽.

88) Ахметов В.В., 2014, Проблема выделения могильников бохайского времени на севере Корейского полуострова // Вестник Новосибирского государственно го университета. Серия : История, филология. Т.13. No. 4., 21p.

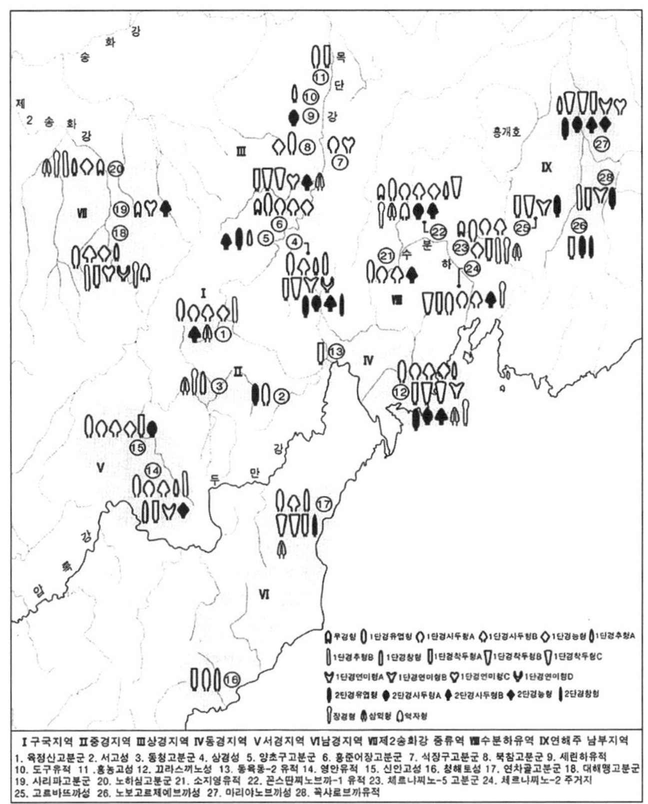

〈그림 61〉 발해 철촉 형식별 분포도(이민영 2017)

창형과 함께 고구려에서 유행했던 형식인 것은 맞지만,[90] 발해 건국 이후에도 계속 사용되었기 때문에 문화적 계통성을 논할 때 거론될 수는 있겠으나, 이것을 고분군 조성 시기를 판단하는 기준으로 두기에는 무리가 있다고 생각된다.

---

89) 이민영, 2017, 「발해 철촉 연구」, 한국전통문화대학교 석사학위논문, 65쪽.

90) 이민영, 2017, 「발해 철촉 연구」, 한국전통문화대학교 석사학위논문, 77~78쪽.

맺음말 : 결론을 겸하여

이르게는 조선 후기부터 시기적 논란이 있었던 함경북도 청진시 부거리 일대의 석축묘들은 일제강점기 당시 조선총독부의 고적 조사와 해방 이후 북한 사회과학원 고고학연구소의 동해안 일대 조사를 거쳐 발해 고분군으로 자리매김하게 되었다. 그러나 일제 측에서는 조성 시기에 대해 구체적인 근거 제시 없이, 무덤에 사용된 석재의 양과 출토 유물 등이 발해시기와 유사하며, 이전 시기보다 간소화된 묘제를 기준으로 판단한 것이었다. 북한 측에서는 더 나아가 동경 용원부의 부거리 일대 설을 근거로 하는 순환논리를 앞세우며 발해 고분군임을 주장하였다. 이후 발해 고분 연구 성과들이 축적되었음에도 불구하고 부거리 일대의 석축묘들과 관련해서는 막연히 고구려의 색채가 강하면서도 독특한 지역 성을 보이고 있다고 강조할 뿐, 구체적인 검토가 진행되지 못했다. 최근 들어 고구려·발해 연구자들에 의해 부거리 일대 고분군의 문화적 귀속성 에 대해 의문이 제기되기 시작했고, 본 연구 역시 이 의문 해결에 동참하고 자 진행하게 되었다.

본 연구에서는 무덤 구조와 장속에서 보이는 특징과 출토 유물, 특히 토기류와 마구류를 중심으로 한 형식상의 특징 파악에 주력했다. 또한 선행 연구들에서 제기된 문화적 귀속성에 대한 의문점들을 함께 검토하였 고, 부거리 일대 고분군의 성격을 구체적으로 논해보기 위해 고구려, 신라, 당, 발해, 통일신라, 요금대, 일본 등의 자료들과의 비교 분석을 진행했다.

선행 연구들에서 제기된 무덤 구조에 대한 가장 큰 의문점들은 원형계 석실과 판석조 석축묘, 석실 내 석관의 존재다.

먼저 선행 연구에서 원형계 묘제는 이 일대에서만 나타나는 독특한 지역성으로 보는 시각이 일반적이었다. 원형계 묘제는 고구려에서는 발견되지 않았으며, 한반도에서는 신라 후기와 고려의 무덤에서 확인된

바 있으나 자료 부족으로 유입 경로를 추정하지 못해 이질적인 형식으로
분류만 된 상태다. 중국 동북지방에서 원형계 묘제가 가장 흔히 발견되는
시기는 요금대이지만, 그보다 이른 6세기 후반 조양 일대의 당대 무덤에서
도 확인되고 있다. 이를 근거로 일각에서는 시공간적인 차이는 있으나
북방 민족들간에 원형계 묘제 축조라는 어느정도 공통된 인식이 있었을
것이며, 문헌에 등장하는 흑수말갈에 대한 기록과 결부시켜 부거리 일대의
원형계 묘제 축조 집단이 발해의 용인 아래 이주한 말갈일 가능성을
제시하였다. 그러나 말갈의 원 거주지에서 원형계 묘제 축조 사례가
없으며, 말갈의 원 묘제가 토광묘 중심이라는 기존 인식과 상반되고,
흑수말갈의 영역으로 비정되는 지역에서 석실묘 발견 예가 확인되지
않는다는 점을 한계점으로 보고 연구의 보완이 필요함을 강조하였다.
본 연구에서는 이 문제를 검토하며 발해 시기로 보고된 동사 고분군에서
방형 및 장방형계와 원형계 석실묘가 공존하고 있는 상황을 주목했다.

　판석조 석축묘와 관련해서는 고려의 무덤일 가능성과 고구려 무덤의
특징 중 하나라는 두 가지 의견이 제시되었다. 그러나 고려의 북방 경계선
의 위치를 염두에 두어야하며, 이 형식의 무덤에서 출토된 원 말갈계
심발과 삼각 플라스크형 병 등의 토기류에서 고려 시기일 가능성이 보이지
않고, 여타 지역의 발해 고분에서도 판석조 석축묘가 확인된 상황으로
볼 때 발해 시기일 가능성이 더 높아 보인다. 고구려 무덤의 특징이라
언급한 부분에 대해서는, 근거로 제시한 고구려 무덤이 서북한 일대의
지엽적인 자료라 재검토가 필요한 것으로 보았다.

　석실 내 석관의 존재와 관련해서는 직접적인 유입 경로를 밝히기 어려우
며, 판석조 석축묘와 구조가 같은 것으로 보아 석실의 유무로 위계 차이를
둔 것이 아닐지 추정해보았다.

　한편 부거리 일대 고분군의 무덤 구조와 장속에서는 발해 문화만의
특징들과 고구려와 발해 문화의 공통적인 특징들도 확인되었다. 먼저
유사 횡혈식 석실묘, 방형계 석실묘들에서 보이는 외호하는 벽체, 석실

내 화장의 흔적 등은 발해의 고분에서 찾아볼 수 있는 특징이다.

그리고 궁륭식, 삼각고임식, 평천장 등의 석실 천장 결구방식과 진흙다짐, 강돌 및 판석 부석, 회를 섞어 덧바르는 등의 석실 바닥 처리 기법은 고구려와 발해 고분에서 공통적으로 찾아볼 수 있는 특징들이다. 다만 석실 바닥을 불다짐한 사례는 고구려 쪽에서는 남한지역의 석실묘에서만 확인되었고, 발해 쪽에서는 요녕성의 일부 석실에서만 관찰되고 있다는 점이 주목된다.

다음으로 출토 유물과 관련해 토기류에서 보이는 특징들을 분석하고, 선행 연구들에서 의문점이 제기된 마구류와 철촉에 대해 검토했다.

먼저 고리형 귀가 부착된 직구호들은 발해의 전반적인 토기의 흐름상에서 벗어나는 특이성을 보이고 있으며, 유사한 형태의 고리형 귀가 부착된 사례는 발해 시기로 보고된 하룡 고분군 출토 토기에서 확인할 수 있었다. 원말갈 토기들은 크라스키노 성 출토품과의 비교를 통해 부거리 일대 고분군이 발해 시기에 조성되었을 가능성을 높여주는 지표가 될 수 있음을 알 수 있었다. 삼각 플라스크 형태의 협사계 병류 토기는 고구려의 병류 토기에서는 찾아볼 수 없고, 발해 홍준어장 고분군에서 유사 사례가 보고된 바 있다. 토기 제작기법과 관련해서는 저부에서 보이는 실로 떼어낸 절삭흔에 주목했는데, 이는 고구려 토기에서는 확인되지 않았으며, 발해 그리고 발해 이후 시기의 토기에서 관찰 가능한 특징 중 하나다. 견부에 여러 줄의 파상문이 시문된 호와 보주형 꼭지가 부착된 뚜껑 등은 고구려와 발해 토기에서 모두 찾아볼 수 있는 것들이다.

연차골 고분군에서 출토된 고식 마구류들은 고구려와 신라의 것일 가능성이 제기되었다. 그러나 판비의 고삐이음쇠 형태와 장병형 등자의 병부 상단부 및 답수부의 형태, 통일신라의 것과 유사한 심엽형 행엽 등의 상황들이 일괄적으로 삼국시대의 것으로 보기는 어려울 것으로 판단되었다.

착두형 철촉과 관련해서는 고구려에서 주로 사용되었던 형식이기에 무덤의 조성 시기를 고구려로 보아야 한다는 의견이 제기되었다. 하지만 착두형 철촉은 여타 지역의 발해 유적에서도 다수 출토되었기에, 고구려 계통성을 논할 수는 있으나 시기 비정의 근거로는 사용되기 어렵다고 판단하였다.

종합해보자면 부거리 일대의 석축묘들은 발해 건국 이후부터 조성되었을 가능성이 높으며, 조성 집단은 고구려 멸망 이후 잔존했던 고구려 유민들이 주를 이루고, 이들과 잡거했던 말갈인들 그리고 이질적인 문화들을 만들어낸 발해 시기의 주민들로 구성되었을 것이다. 다만 토기 저부에서 확인되는 고리형의 사절흔은 이 무덤들 중 일부는 발해 멸망 이후 그 잔존 세력들에 의해 조성되었을 가능성도 내포하고 있기 때문에, 부거리 일대의 석축묘들은 매우 복합적인 성격을 가지고 있는 것으로 보인다.

梁 會 麗 번역 : 佟艶(湖北師範大學 歷史文化學院 講師)

중국 길림성 지역의 발해유적

머리말

중국 길림성 관할권 내에서 알려진 발해 유적은 300개가 넘으며 주로 길림성 남동부의 압록강-두만강 유역, 목단강 상류, 중부 송화강 유역과 인접지역에 분포되어 있다. 일부 유적지에 대해 규모가 같지 않은 고고발굴을 진행하였으나, 대부분 유적지는 지표조사와 간단한 기록만 하였을 뿐 구체적인 도면자료가 결실된 상황이다. 분포구역을 보면 연변조선족자치주의 관할구역 내에 258곳으로 수량이 가장 많으며 이에는 성지, 고분, 사찰, 주거지 등이 포함된다. 이런 유적지의 대부분은 강 주변에 분포되어 있는데 주로 두만강 유역과 그 지류인 훈춘하(琿春河), 가야하(嘎呀河), 부르하통하(布爾哈通河) 및 기타 지역과 목단강 상류의 각 지류에 집중 분포하고 있다. 이밖에 76곳의 발해 유적지는 통화, 백산, 길림, 장춘, 사평 등 지역에도 분포하고 있는데 이런 지역은 그 대부분이 종전에 발해 유적에 대한 전문 고고작업을 하지 않았고, 심지어 현지의 말갈(靺鞨)-발해 유적의 문화에 대한 이해가 부족하기 때문에 이들 유적의 시대나 속성에 대한 판단이 많은 의문점을 안고 있다.

길림성 관할구내의 발해 유적지는 그 일부가 현대 도시개발에 의해

묻혀있는 것을 제외하면 그 대부분은 교외에 위치하고 있는데 현재 농경지로 많이 개간되고 일부는 황무지에 위치하고 있다. 농경지로 인한 유적의 파괴는 보편적인 문제이다. 최근 길림성은 경내 발해 유적의 수량, 보존현황, 성격을 규명하는 목적으로 유적에 대한 전면적 조사를 실행하였다. 본고는 발해시기 부주(府州)의 설치, 유적 분포에 대한 대외 교통노선의 영향 등을 결부시켜 하천을 단위로 이번 조사사업의 성과를 지역별로 소개하고자 한다.

1. 두만강 유역

두만강은 중국과 북한의 경계에 있는 장백산 주봉의 동쪽 기슭에서 시작되며, 중국 경내의 주류 길이는 510㎞, 중국과 북한을 잇는 경계강이다. 주류의 좌안과 지류는 중국에 있으며 행정구역으로는 연변조선족자치주 화룡시, 용정시, 연길시, 도문시, 훈춘시, 왕청현 전체와 안도현 북부가 포함된다. 유역은 22,000㎢ 이상의 면적을 차지하며 주요 지류로는 부르하통하, 해란강(海蘭江), 가야하, 훈춘하가 있다.

두만강 유역은 발해 유적이 가장 밀집한 지역 중 하나로 서고성(西古城), 팔련성(八連城) 등 도성 유적지와 용두산 묘군[1] 등 왕실무덤뿐 아니라 중소형 평원성, 산성, 사찰지 등 관영 건축과 관련 유적지가 대량 분포되어 있다. 일반 주거 유적지도 많이 산발적으로 분포되어 있다. 최근 몇 년간 이동 불가능 문화 유적에 대한 조사를 통해 이 유역에서 발해시대 유적을 포함한 총 221개의 유적이 발견되었다. 그 중에는 성지 유적 46곳, 관문류 유적 13곳, 무덤 유적 40곳, 사찰 유적 19곳, 기능이 불분명한

---

1) 길림성문물고고연구소, 2008,『전야고고집수 – 길림성문물고고연구소 설립 25주년 기념』, 문물출판사 ; 길림성문물고고연구소 등, 2009,「길림성 화룡시 용해 발해왕실 고분발굴간보」『고고』2009-6.

19개의 건물 유적과 84개의 일반 유적이 있다.

과거에 두만강 유역의 발해 유적지에 대한 조사와 발굴이 많았고 그 지역에 있는 발해의 기본 정보도 상대적으로 많이 파악되어 있다. 이번 조사는 먼저 현재 알려진 발해 유적을 정리하고 성격을 확인한 다음 개별 시대의 의문스러운 유적지에 대해 재조사를 했다. 과거 고고학적 조사와 발굴은 성지, 귀족 무덤, 사찰건물 등에 치우쳤으며 중하층의 일반 백성의 생존상태에 대해서는 고고학적 탐구가 진행되지 않았기에 이 부분의 역사적 자료가 상대적으로 부족하다. 이번에 우리는 두만강유역의 발해 유적을 착안점으로 기존의 인식에 기초하여 주로 평민 거주지 관련 상황을 고찰하고 선별하여 발해 평민 거주지의 보존특징과 문화특징, 구성, 규모 등 정보를 알아보았다. 조사를 통해 이른바 민간 거주지의 특징은 대략 다음과 같다. 1. 부지면적은 대부분 3만~10만㎡ 사이이며 대부분 시야가 넓은 평원과 지세가 상대적으로 평탄한 산간하곡 양측 대지에 분포되어 있으며 일부는 가파른 산기슭에 있다. 2. 유적지 부근에 규모가 같지 않은 성지가 많다. 3. 유적지 내부나 근처에 상대적으로 독립된 건축유적이 자주 나타나며 사찰이 많다. 4. 유적지는 지표면이 대부분 평탄하고 뚜렷한 유적현상이 없으며 출토된 유물은 항아리(缸), 관(罐), 반(盤), 그릇(碗), 뚜껑 등 일용 도기가 위주이며 모두 바퀴제조법으로 만든 진흙 회색 도기다. 자기는 보이지 않고 기와조각[2]은 간혹 보이거나 보이지 않았다.

이 유역은 발해시대의 유적이 가장 많고 가장 밀집된 지역으로서 유적지는 작은 지역에 집중되어 상대적으로 독립되고 체계적인 군락을 형성했으며, 군락 사이에 분명한 경계는 찾아볼 수 없지만 서로 멀리 떨어져 있지는 않다. 그러나 대부분은 완전한 기능과 다양한 특징을 보였으며 이는 발해시대 행정단위의 기능 계획이 상당히 성숙되었음을 반영한다.

---

2) 길림성문물고고연구소, 2017, 「두만강유역 발해유물 조사보고」 『지역문화연구』 2017-1.

발해의 초기 유적을 확인하는 것도 두만강 유역 조사의 중요한 학술적 목표 중 하나이다. 과거에는 이 부분의 발굴이 거의 없었기 때문에 초기 발해의 유적과 '발해 이전'시대에 대한 이해가 명확하지 않다. 근년에 연길 마반촌(磨盤村) 산성에 대한 발굴에서 적갈색 줄무늬, 격자무늬 기와, 봉황문 와당을 비롯한 유물[3]이 발견되었다. 조사를 통해 이런 기와는 두만강유역에 비교적 널리 분포되어 있는데 주로 두만강 주류와 해란강, 부르하통하 등 지류 지역에 집중되어 있으며, 동부 지류인 훈춘하에서도 발견되었다. 그러나 북부 지류인 가야하에서는 보기 드물다. 전형적인 기물은 타날된 줄무늬(拍印繩紋), 격자무늬 암키와(网格紋板瓦), 장식없는 면에 미구가 없는 수키와(筒瓦)등이다. 기와장이 상대적으로 얇고 모래가 많이 섞였으며 소성 온도가 낮다. 암키와는 대부분 장방형이고 한끝은 흔히 호각으로 제작되었다. 이런 유물들은 대부분 산성이나 작은 평원의 성지에서 볼 수 있는데 일반 유적지에서는 보기 드물며, 우리가 익숙히 알고 있는 발해 중말기의 유적과 비교적 적게 공존하며 한 유적지에서도 유물 분포지점은 상대적으로 독립적이다.

마반촌 산성과 같은 유적의 속성에 대하여 발굴자들은 돈화 육정산(敦化 六頂山)고분군[4]과 마찬가지로 발해의 초기 유적으로 보고 있으며 이에 따라 마반촌 산성은 발해의 초기 왕성 소재지로 추정되고 있다. 출토된 와당 문양이 고구려 문화의 고변륜 연꽃무늬 와당(高邊輪 蓮花紋 瓦當)과 아주 흡사하므로 고구려의 유적이라는 학자들도 있다. 필자는 현재 육정산 고분 등에서 출토된 발해의 초기 기와와 문양의 풍격과 제작공예는 고구려 문화에서 전승되었다고 믿는다. 두만강유역의 여러 유적지에서 채집한 형태특징이 같은 기와조각은 육정산 고분군과 대체로 같은 시기이다. 그리고 상당한 수량의 같은 유형의 기와가 있는데 제작기법이 상대적으로

---

3) 길림성문물고고연구소·연변주문물보호센터, 2017, 「도문시 마반산촌 산성」 『중국고고학연감(2016)』, 중국사회과학출판사.
4) 길림성문물고고연구소, 2012, 『육정산발해고분』, 문물출판사.

거칠어 보인다. 이런 기와들은 대부분 손으로 만든 것이고 모양이 정연하지 않으며 두께가 고르지 않은 것이 많다. 기와의 무늬장식은 격자무늬, 바구니무늬가 많고 줄무늬가 적으며 선이 굵은 편이다. 일부 격자무늬 장식은 인쇄가 매우 자유롭고 무늬장식이 중첩되거나 방향이 일치하지 않은 것이 많다. 육정산 고분군에서 출토된 같은 종류의 기물에 비해 소성 온도가 낮고 두께가 얇다. 이로 보아 기와를 제조하는 기술수준에 차이가 있으며 시대적 차이가 있음을 알 수 있다. 두만강유역의 발해 유적지에서 볼 수 있는 이런 유형의 유물은 상당한 부분이 토착문화의 대표, 즉 고구려 문화의 유입에서 영향을 받은 백산말갈의 유물이다.

2. 목단강 유역

목단강은 길림성을 흐르는 부분이 상류 지역으로서, 모두 돈화시 관할구에 있으며 장광재령 산맥의 동남쪽에서 발원한다. 서남-동북 방향은 돈화시 전역을 거의 관통하고 대산취자(大山嘴子)를 거쳐 흑룡강성의 경박호로 흘러든다. 길림성 경내의 주류는 총길이가 195.1㎞이고 유역면적이 약 1만㎢이며 황니하, 사하, 주르도하 등 주요 지류가 있다.

이 유역에서 성지 7곳, 성루 및 관문류 유적 3곳, 고분 2곳, 사찰 1곳, 일반 유적 10곳 등 발해시대 유적을 포함한 총 23곳의 유적이 발견되었다.

목단강 상류지역에 대한 조사도 발해의 초기 유적을 조사하는데 초점을 맞추었다. 역사자료에 따르면 발해가 동모산(東牟山)에서 처음 건국하였다는 기록이 있는데, 수년간 학자들의 끊임없는 탐구는 발해 초기 왕성의 구체적인 지점에 대해 공감대를 형성하지 못하였지만 동모산의 위치가 현재의 돈화시5)여야 한다고 주장하는 학자들이 많다. 육정산 발해 고분군 내의 건축류 유적 발굴은 학계에서 발해의 초기 및 중기 유적을 이해하는 기준이 되었다. 특히 발굴된 유물은 연구자가 지면 답사 단계의 작업에서 지표면에서 수집한 유물을 식별하는데 중요한 참고자료가 된다. 이곳에서 출토된 암키와는 주로 청회색 줄무늬, 바구니무늬, 격자무늬가 많고 일부분은 적갈색이며 무늬가 없는 것은 아주 적다. 수키와는 대부분 장식이 없고 형태는 주로 두 가지가 있다. 한 부류는 비교적 두껍고 미구가 없으며, 다른 한 부류는 비교적 얇으며 굵고 곧은 큰 직마디형 미구가 있고, 와당은 높은 변륜을 연결하는 형식이다. 도기의 경우 모래 섞인 도기는 주로 구연부 가장자리가 두터운 관(罐)인데 색상이 고르지 않고 회갈색과 적갈색이 비교적 많으며, 니질 도기는 대부분 구연부가 확장되었으며 사각 가장자리 또는 얇은 가장자리가 비교적 많다.

영승 유적은 돈화시 강남진에 위치하고 있는 목단강 동안 대지 위에 있으며 유적지 범위가 비교적 크다. 1980년대에 실시한 조사에서는 5곳의 뚜렷한 건축지6)를 볼 수 있었는데 발해 초기의 도읍지7)로 일부 학자들은 여기고 있다. 2002년에는 이 유적지에서 가장 큰 건축물을 발굴했는데 출토된 유적 유물이 모두 금대(金代)8)여서 학계에서는 이 유적의 시대가 발해시기였는지에 대해 의문을 제기하기도 했다. 우리는 이번 조사를 통해 유적지 서부에서 줄무늬 기와를 포함한 발해 초기 유물을 많이 수집하여 이 유적지에 발해시대의 유물이 포함되어 있음을 확인했으나, 유적지의 지상 유적 보존 상황이 좋지 않아 예전의 조사 자료에 기재된 성벽 건축 흔적을 발견하지 못했다. 유적 범위내의 다른 몇몇 지표면보다 높은 건축 유적들도 그 시대가 발해였는지를 증명할 충분한 증거가 없어 영승유적의 성격은 여전히 의문이 남아있다.

---

5) 이건재, 2002, 「발해초기 수도에 관한 연구」『북방문물』 2002-3.
6) 길림성문물지 편집위원회, 1985, 『돈화시문물지』.
7) 이건재, 2002, 「발해초기 수도에 관한 연구」『북방문물』 2002-3.
8) 길림대학 변강고고연구센터·길림성문물고고연구소, 2007, 「길림성 돈화시 영승 금대유적1호건축기지」『고고』 2007-2.

이번 조사를 통해 목단강 상류의 초기 발해 유물이 우리가 이전에 생각했던 것만큼 의외로 풍부하지 않다는 사실을 발견했다. 제3차 전국문물보편조사에서 확인된 발해 유적지에 대한 재조사를 통해 영승 유적지, 염어강 유적지, 모둔 절터 등 몇 군데에 불과한 유적에서만 줄무늬 기와, 모래 섞인 구순이 두터운 도기 구연부 편 등 전형적인 발해 초기 특징을 가진 유물들을 수습했다. 다른 유적지에서 보았던 발해의 유물은 대부분 단순한 진흙 회도기 조각이나 장식이 없는 평기와로서 늦은 시대적 특징이 있다.

3. 송화강 상류지역

송화강 상류 발원지의 지류인 두도강(頭道江), 이도강(二道江) 및 휘발하(輝發河) 유역을 포함하여 그 소속 행정구역으로는 연변조선족자치주의 안도현 중남부, 돈화시의 남단, 백산지구의 무송현과 정우현, 길림지구의 반석(磐石)시와 화전(樺甸)시, 통화지구의 휘남(輝南)현과 류하(柳河)현 및 매하구(梅河口)와 요원(遼源)시 동풍(東丰)현 등이 있다.

첩첩한 산봉우리와 하천이 많고 지류가 밀집되어 있는 이 지역에는 유적지가 산간계곡 또는 하천 2급 대지에 많이 분포되어 있는데 성지가 비교적 많다. 특히 보루 성격의 산성은 흔히 평지의 유적과 공존하며 서로 호응한다. 이곳에서 발해시대를 포함한 유적 33곳이 발견됐는데 성지, 성곽, 관새류(關塞類) 7곳, 고분 6곳, 사찰 유적 1곳, 일반 유적 19곳이 있다. 이 지역의 발해 유적지 가운데서 안도 동청고분,[9] 백산 영안유적,[10] 무송 신안유적,[11] 전전자(前旬子) 고분,[12] 화전 소밀(蘇密)

---

9) 연변박물관, 1992, 「동청발해고분발굴보고」 『발해사 연구(제3집)』, 연변대학출판사.

10) 길림성문물고고연구소, 1997, 「길림혼강영안유적발굴보고」 『고고학보』 1997-2.

성[13] 등 여러 곳에서 고고발굴을 진행하였다. 발굴된 이런 유적지들은 특성이 다양하고 출토된 유물도 풍부하여 대량의 도기와 건축류 유물이 많아서 우리는 이 지역의 발해시대 유물 형태 특징에 대해 비교적 뚜렷한 인식을 가지게 되었다. 그러므로 이곳의 발해 유적지는 비교적 식별하기 쉽지만 다수의 일반 유적지의 성질, 기능 등에 대한 인식이 부족하다.

두도강 연안과 그 지류가 있는 지역에 유적지가 가장 밀집되어 있다. 이곳은 발해 서경 압록부가 관할하는 풍주(豊州) 지역인데 강 연안에 위치한 신안 유적지는 한때 풍주성 옛터[14]로 알려졌던 곳이다. 그러나 발굴을 통해 그것은 성지가 아니라 수로의 요새를 지키는 군사요새나 역참[15]일 가능성이 크다는 것을 확인하였다. 이 유적은 두도강 북안 2급 대지에 위치해 있으며 산을 등지고 물을 마주하고 있다. 그 맞은편 물길 양안 고지에 발해시기의 소형 성지가 한곳씩 있다. 즉 정우 유수천 성지와 무송 동대자 고성이 있다. 유수천 성지는 두도강 남쪽 기슭의 고산평지에 위치해 있으며 신안 유적지와 강을 사이에 두고 마주하고 있는데 직선거리가 500m[16]도 안된다. 성지는 자연지세를 이용하여 건설 되었고 평면구조가 불규칙적이며 대체로 서북-동남 방향으로 장방형이 다. 동, 서, 북 3면은 절벽 가장자리에 흙과 돌을 섞어 쌓았고 남쪽 벽은 비교적 정연하게 쌓았으며 중간에 옹성이 있는 성문이 하나 있다. 성지는 둘레가 1400m가 넘고 성안의 지세는 평탄하며 지표에서 유물이 발견되지 않았다. 동대자 고성은 신안유적지의 동북쪽 약 1㎞ 떨어진 곳에 50m

---

11) 길림성문물고고연구소, 2013, 「길림 무송 신안유적발굴보고」『고고학보』 2013-3.

12) 방지국·유란, 1983, 「무송현 전전자발해고분 정리 간보」『박물관연구』 1983-3.

13) 길림성문물고고연구소·화전시문물관리소, 2016, 「길림성 화전시 소밀성 외성 남옹 고고발굴간보」『변강고고연구(제19집)』, 과학출판사.

14) 장전갑, 1988, 「훈강지구 발해유적과 유물」『박물관연구』 1988-1.

15) 량회려, 2013, 「신안유적 발해유물 성질 신론」『동북사지』 2013-2.

16) 길림성문물지 편집위원회, 1988, 『정우현 문물지』.

높이의 남북방향의 산등성이 남단에 위치하고 있으며 삼면절벽이 물에 닿아[17]있다. 산세에 따라 건축된 이 성지는 성벽은 보이지 않고 평면은 불규칙한 줄 모양이다. 그 안에는 거의 평행을 이루는 3개의 담장이 성지를 상대적으로 독립된 3개 구역으로 나누었는데 지표에는 대량의 진흙 회색 도기 조각이 있다. 유수천 성지(산성)와 동대자 고성은 바로 강하천의 압권에서 아래쪽을 내려다보는 위치여서 신안 유적지와 멀리서 서로 호응하면서 엄밀한 군사방어체계를 형성하였다.

백산시 강원구의 영안 유적은 두도강 남부 지류인 탕하(湯河) 오른쪽 기슭에 있는데 그것은 오래 지속된 발해시대의 부락 유적지로서 발해 건국 전에 형성되어 전체 발해시대에 지속되었으며 발해에서 당나라로 가는 교통로인 '조공도'의 중요한 허브임을 발굴을 통해 알게 되었다.

두도강과 인접한 이도강지역은 지류 분포범위가 비교적 넓고 지형이 다소 복잡하다. 이곳은 목단강 상류지역 및 두만강 상류지맥과 인접하고 유적지 분포 법칙과 문화특징이 비교적 일치한다. 중소 규모의 성지, 성곽, 고분군과 일반 주거 유적이 고루 분포해 성지, 평민 주거지, 고분이 삼위일체를 이룬 상대적으로 독립적인 부락군을 형성했다. 예를 들면 안도의 동청 고성은 이도강의 동쪽 지류인 고동하(古洞河) 오른쪽 기슭에 위치한 평지성으로서 성지 평면은 장방형이고 면적은 5,250㎡이다. 성 밖 서남쪽은 동청 사찰지이고 서북쪽은 면적이 3만여㎡에 달하는 동청 유적지이며 강을 따라 서쪽으로 600m 떨어진 곳은 면적이 약 1,250㎡에 달하는 동청 고분군이다. 사방의 유적지는 모두 하천의 한쪽에 있으며 거리가 가깝고 기능이 완벽한 부락군을 형성한다. 동청 고분군에서 1990~1991년 기간에 13기 고분을 발굴되었으며 그것은 발해의 전형적인 초기 유적으로 확인되었다.

휘발하 지역은 발해와 중원 사이의 주요 도로인 영주도가 지나는 곳이

---

17) 길림성문물지 편집위원회, 1988, 『무송현 문물지』.

다. 영주도는 혼강(渾江)에서 북동쪽으로 역행하여 류하, 매화구, 휘남 및 기타 지역을 거쳐 장령부 옛터-화전 소밀성을 지나 발해주의 옛터에 들어갔다. 사방이 산으로 둘러싸여 있고 지세가 험준하여 이곳도 송화강의 수로와 육로의 교통 요충지를 고수하는데 중요한 군사기능과 행정기능을 갖고 있다. 이곳에서 발견된 발해시기 소형 성지 및 봉토석실(封土石室) 고분 등의 유적도 대체로 영주도 연선지부에 거의 남아 있다.

4. 압록강 유역

길림성 경내의 압록강은 길이가 575㎞에 달하는 주류 및 그 지류인 혼강이 소재한 구역을 포함하며, 소속 행정구역으로는 백산(白山)시, 임강 (臨江)시, 장백(長白)조선족자치현 및 통화(通化)시, 통화현과 집안(集安)시 가 있다.

이 유역에서 발견된 발해시대의 유적으로는 성지, 고분, 불탑 및 일부 일반적인 주거 유적이 있으며 동광 유적, 벽돌 가마 등 수공업 유적이 많다. 압록강 유역은 발해국 서경 압록부의 관할지역으로서 발해 조공도가 경유하는 곳이기도 하다. 압록부 부지가 바로 지금의 임강시에 있는데 발해시대의 도기와 철기물이 많이 발견된 임강진 유적지는 부치 신주(神 州)의 소재지[18]이었을 가능성이 매우 크다.

임강시 육도구진에 위치한 '보산-육도구' 구리제련소 유적지는 구리제 련 유적은 1998년부터 2005년까지 여러 차례 조사와 소규모 발굴을 거쳐 발해시기부터 금나라까지 연속 사용되었던 채광, 제련, 운송을 위한 대형 구리제련소 유적으로[19] 확인되었다. 제3차 전국문물조사에서 육도구진

---

18) 길림성문물지 편집위원회, 1987, 『혼강시 문물지』.
19) 길림성문물고고연구소, 2008, 『전야고고집수-길림성문물고고연구소 설립 25주 년 기념』, 문물출판사.

동산촌과 곡류수촌에서 발해시기 광갱 및 구리제련소 유적 8곳[20]을 새로 발견하였다. 구리제련 유적의 규모와 밀집 정도를 보면 이곳은 발해시대의 중요한 구리제련 장소일 것이다. 발해국은 구리 생산량이 많고 정동의 품질이 뛰어났으며 본국에 수요되는 구리 공급은 물론 수출[21]할 수 있는 여분도 있었다. 『책부원구(冊府元龜)』「호시(互市)」에는 "문종 개성 원년 6월, 지청 절도사가 상주하기를, 발해가 곧 정동에 이를 것이니 금지하지 마십시오."라고 기재되어 있다. 이로부터 발해국은 당나라와 정동무역을 했음을 알 수 있다. 안사의 난 이후 발해와 중원 정권이 서로 통하는 가장 주요한 경로는 조공도로서, 압록강에서 물길 따라 남하하여 등주로 간다. 압록강 연안에 있는 육도구는 수로로 조공도와 연결되어 있어서 동재를 운반하는 것이 『요사(遼史)』에 기록된 '동산군(銅山郡)' 소재지 산이 험한 지세[22]에 비해 훨씬 편리했다. 따라서 필자는 이곳이 발해국이 중원지역으로 수출하던 정동의 주요 산지일 가능성이 높다고 생각한다.

최근 백산시 문물관리위원회 사무실에서 조직하여 실시한 '양강' 유역 전문 고고학 조사에서 장백조선족자치현 14도구, 간구자, 임강시 4도구, 이민 등 몇 곳에서 예전에 신석기~청동기 시대 유물이 발견됐던 유적지에서 발해시대 유물[23]을 수집했다. 그리하여 이 지역에서 발해시기 유적이 총 25곳 발견되었는데, 상기 유적 외에도 임강화피전자 성지, 임성 성지, 장백 고성, 집안 국내성[24] 등 4개의 성지, 통화 철창진 일심촌 고분군, 장백민주요지 및 장백조선족자치현과 임강시 관할구에 있는 6곳의 일반 유적이 있다.

---

20) 길림성문화청, 2018, 「길림성 이동불가 문물 명부」.

21) 위국충·주국침·학경운, 2017, 『발해국사(수정본)』, 흑룡강인민출판사.

22) 『요사』 권38 지리2 동경도 (중화서국 교감본 2책 469쪽).

23) 백산시의 '압록강, 훈강 유역 유물조사' 프로그램 조사에서 얻은 정보 참조.

24) 길림성문물고고연구소, 2003, 『국내성 – 2000-2003년 집안국내성 및 민주 유적 시험발굴보고』, 문물출판사.

5. 송화강 중하류지역

송화강 주류와 그 지류인 음마하 일대, 라림하 좌안지역이 포함된다. 관련 행정구역으로는 길림시와 길림시가 관할하는 영길현, 서란현 및 장춘시와 장춘시가 관할하는 덕혜, 유수, 구대, 농안 등 현이 있다.

이 지역은 발해 영토의 서북쪽에 위치해 있으며 고고학 발굴을 통해 서란(舒蘭)의 황어권 주산(黃魚圈珠山) 유적,[25] 영길의 사리파(査里巴) 고분군,[26] 양둔(楊屯)의 대해맹(大海猛) 유적,[27] 유수(楡樹) 노하심 상층(老河深上層) 고분군,[28] 교하 칠도하자(七道河子) 유적,[29] 길림시 오랍(烏拉) 고성,[30] 동단산(東團山) 평지성 유적지,[31] 용담산(龍潭山)사슴목장 유적[32] 등 발해시기 유적이 있음이 밝혀졌다.

발굴된 상기 유적지와 고분을 통해 이 지역의 발해유물은 가장자리가 두꺼운 것과 어깨에 톱날무늬 돌대를 붙여 장식한 적갈색 또는 흑갈색의 구연이 넓고 속이 깊은 모래섞인 도기 항아리, 즉 우리가 흔히 말하는 말갈관이 전형적인 기물이고, 고분은 대부분 석축 및 토갱묘이며 시대는 대부분 발해 초기, 심지어 그보다 더 이른 발해 건국 전의 속말말갈

---

25) 길림성문물공작대, 1985, 「길림 서란 황어권 주산 유적 정리간보」『고고』 1985-4.

26) 길림성문물고고연구소, 1995, 「길림 영길 사리파 말갈묘지」『문물』 1995-9.

27) 길림시박물관, 1987, 「길림 영길 양둔 대해맹 유적지」『고고학집간(제5집)』, 중국사회과학출판사 ; 길림성문물공작대등, 1991, 「길림 영길 양둔 유적지 제3차 발굴」『고고학집간(제7집)』, 과학출판사.

28) 길림성문물고고연구소, 1987, 『유수 노하심』, 문물출판사.

29) 길림시박물관, 1993, 「길림성 교하시 칠도하촌 발해건축유적 정리간보」『고고』 1993-2 ; 팽선국, 2010, 「교하 칠도하촌 발해유적 속성 판별」『동북사지』 2010-3.

30) 2017년 길림성문물고고연구소 본 성터를 발굴하였지만 자료는 미공개.

31) 2015~2018년 길림성문물고고연구소 본 유적을 발굴였지만 자료는 미공개. 1980 년대 길림시박물관은 조사 중에 발해 암키와, 수키와 및 말갈관 구연부 조각을 수집, 자세한 내용은 동학증, 1982(「길림 동단산 원시, 한(漢)나라, 고구려, 발해 유물 조사간보」『박물관연구』 1982-1) 참조.

32) 길림성문물고고연구소등, 2014, 「길림시 용담산사슴목장 유적 발굴간보」『북방 문물』 2014-1.

시기임을 알 수 있다. 그 중에서 소량의 시대가 조금 늦은 발해의 유물을 볼 수 있다. 예를 들어 노하심 묘지 M21에서 출토된, 구연부가 약간 안으로 말려 들어가고 배가 불룩하고 가로 손잡이가 달린 니질 도기는 서고성, 발해 상경성에서 출토된 동종 기물과 똑같으며 발해 중후기의 전형적인 기물 형태이다.

제3차 전국문물조사 결과 이 유역에서 성지 8곳, 고분 4곳, 일반 유적 18곳 등 총 30개의 발해시대 유적이 발견되었다. 이런 유적 대부분은 지표에서 말갈관 조각을 채취해 발해시대의 유적 또는 유물을 포함한 유적으로 확정됐으나 다른 유형의 말갈~발해시대 유물은 거의 찾아볼 수 없었다. 그 원인은 대체로 두 가지이다. 첫째, 이 지역은 발해 건국 전에는 속말말갈 영지에 속했는데 말갈관은 초기 말갈인의 전통 기형으로 서 비교적 널리 응용되었고, 발해 건국 후 정권이 동쪽으로 이동하면서 이 지역은 발해국의 변방이 되었다. 그러므로 초기의 유물이 비교적 많고 말기의 유물은 보기 드물다. 둘째, 이 지역의 발해 중말기 유물에 대한 지식이 부족하여 이 시기에 유행되었던 진흙 회도기를 대량의 요금시 기의 도기에서 선별해내지 못했다.

이 지역 조사에서 발해의 기본 면모를 식별하는 것 외에 길림성 경내에 있는 발해의 북쪽 경계를 탐색하려는 것이 다른 하나의 목적이다. 농안현 북단의 황어권향과 청산구향의 경우 송화강 주류의 남쪽에 있고 연안에 유적들이 밀집하여 있는데 그중 2개의 산성과 9개의 일반 유적에서 말갈관 잔해를 채집했다. 이는 현재 길림성에서 발굴된 말갈~발해시대 유물이 출토된 유적 중 지리적 위치가 가장 북쪽이다. 부여시 서북쪽 송화강 하류 오른쪽 기슭에 있는 백도 고성은 연꽃무늬 와당이 출토된 적이 있기 때문에 당대(唐代)의 발해시기에 이미 중요한 건축과 절터지[33)가 있었다고 알려졌다. 필자는 백도 고성에서 본 연꽃무늬 와당은 발해

---

33) 길림성문물지 편집위원회, 1984, 『부여현문물지』.

시대가 아니며, 그 중앙이 두껍고 가장자리가 얇고 테두리가 없는 것, 그리고 구슬 꿴 무늬의 가장자리 장식 등 특징을 보면 요나라 와당일 것이라고 생각한다. 다시 말해서 송화강 하류 북쪽에 있는 부여시는 아직 말갈·발해 문화의 유물로 확정된 유적이 발견되지 않았다. 그러므로 발해 유적은 이곳에서 송화강 주류가 북쪽 경계라고 판단할 수 있다. 마찬가지로 남쪽 지류인 이통하, 음마하 유역에는 발해 유물이 아주 적은 반면 강기슭 일선 60㎞ 미만의 범위에서는 이처럼 밀집된 발해 유적지와 산성이 발견되며, 국경 방어용으로 활용된 이유를 해석할 수 있다.

6. 동요하(東遼河) 유역

동요하 유역에 대한 조사는 발해의 유적 분포 범위를 서쪽으로 넓혀 조사하려는 학술목적에 입각하였다. 동요하 유역이 있는 길림성 사평지구에서 이전의 문물조사에서 몇 곳의 유적들이 발해시기 유적으로 의심되었으나 완전히 확정할 수 없었다. 이번 조사에서는 이 지역의 이런 의심스러운 상황을 재점검했다. 지표면에서 채집한 유물을 살펴보면 발해시기로 명확히 밝혀진 건축기와가 2곳에서 발견되었는데 각각 성릉자 고성과 사릉격자 유적이다.

성릉자(城楞子) 고성은 이수(梨樹)현 동하진, 동요하 상류 왼쪽 기슭 2급 대지에 위치하여 있다. 남, 북 두개 성으로 나뉘는데 모두 비교적 정연한 사각형으로서 북성이 비교적 크고 둘레의 길이가 약 1,300m이며 남성은 북성 서남쪽 300m 되는 곳에 위치하고 있으며 면적이 좀 작고 둘레의 길이가 약 700m이다. 현지 문물관리부서의 연구원들은 고고조사 발견과 문헌의 기재에 따라 그것은 발해국 부여부라는 관점[34]을 제기했다. 발해국 변방 최서단의 부여부 소재지에 대해 학술계에서는 비록 견해가 다르지만 대부분 지금의 농안현성 일대에 있다고 생각하며 오늘의 농안고성 유적지[35]로 추정하고 있다. 그러나 이 같은 견해는 아직 고고학적 증거로 뒷받침되지 않고 있다. 농안 고성에서 발해 유물이 전혀 발견되지 않았고 주변에도 발해 유적이 없으며 부주성의 당연한 상황에도 맞지 않기 때문이다. 성릉자 고성에 대한 조사과정에서 채집한 발해시기의 유물은 모두 남, 북 두 성지 사이의 구역에서 출토되었다. 발굴을 거쳐 유물 출토 위치와 성지 본체의 층위관계를 명확히 하지 않으면 이 성지가 발해 때 성지인지 아닌지를 확인하는 직접적인 증거가 될 수 없고, 그것은 발해 부여부의 치소라는 점을 고고학적으로 증명하기는 더욱 어렵다. 그러나 전형적인 빗살무늬 물받이 평기와와 곡절형 미구 수키와의 발견은 적어도 동요하 유역의 발해 유적의 존재를 입증할 수 있다.

사릉격자(四楞格子) 유적은 사평시와 이수현의 접경지대 산언덕 남쪽의 비탈에 위치하여 있으며 동요하 상류지역에도 위치하여 있다. 이 유적에는 산세를 따라 아래에서 위로 4층의 인공 대지가 형성되어 있으며 북쪽이 높고 남쪽이 낮다. 면적은 약 2.5㎢, 대지는 비교적 평탄하며 그 위에 일정한 규모를 갖춘 건축물이 존재하였는데 현재 지표면에는 형상이 정연한 주초석들이 보인다. 채집한 기와를 살펴보면 발해 말기와 요금 두 시기의 건축 유물[36]이 있다.

또한 서요하 하류 좌안 지역에 위치한 쌍요(雙遼)시 홍기진(紅旗鎭)의 상수(桑樹) 유적에서 전국문물조사 때 연판문 와당과 줄무늬 기와, 그리고 '상(上)'자가 음각된 기와조각이 발견되어 "발해문화 특징[37]을 띠고 있다" 고 인정받았다. 이 정보가 확인되면 이 유적은 현재 알려진 발해유적

---

34) 섭탁혜, 2018, 「길림성 이수현 성릉자 성터의 조사 및 사고」『초원문물』 2018-2.
35) 길림성문물지 편집위원회, 1987, 『농안현문물지』.
36) 사평시문물관리위원회사무실 야외조사자료에 근거.
37) 길림성문물지편집위원회, 『쌍료현문물지』.

분포의 최서단이 된다. 이번 조사에서는 이 유적에서 발해문화의 특징을
지닌 유물을 채집하지 못했다. 제2차 전국문물조사에서 채집한 상수
유적의 유물에 대해 필자는 일부 사진만 보았는데 대부분 요대였다.
'상(上)'자 기와조각의 문자는 기와를 구운 후 새긴 것 같다. 글자 방향이
가로로 되어 있는데 이는 발해 문자 기와의 특징에 부합되지 않으므로
발해시기의 유물이 아니다. 다른 수키와의 미구는 곡절형인데 그것은
확실히 발해문화의 특징이다. 그러나 이 하나로 이 유적지에 발해유물이
존재한다고 말할 수는 없다. 현지 거란인(契丹人)들이 발해문화를 흡수하
여 초래된 현상일 수도 있다.

요약하면, 길림성의 발해유적 분포가 서쪽으로 동요하 상류에 도달한
것은 확실하다. 이 지역에서 발견된 두 유적은 건축 유적으로서 비록
성격을 결정할 수 없지만 그곳에서 본 처마기와는 예전에도 발해 도성,
부주성, 사찰, 역참 등 건축유적에서 볼 수 있었으며, 대개 공식 시설이라고
판단할 수 있다. 그렇다면 이론적으로는 그 주변에 아직 알려지지 않은
발해시기 생산, 생활류 유적이 있어야 한다.

길림성은 중국 내 발해유적이 분포되어 있는 주요한 성의 하나로서
발해고고학연구의 중요한 지역이기도 하다. 특별 조사를 통해 길림성
발해유적의 잔존 수량, 보존 현황 및 성격에 대해 더 잘 알게 되었으며
일부 새로운 학술적 수화과 인식도 가지게 되었다.

우선 길림성 내 발해유적 분포범위를 알아냈다. 여기에서 논란이 되고
있는 문제는 발해국의 서쪽 경계이다. 이 문제와 관련하여 역사가들이
비교적 공감대를 형성한 관점은 전성기에 서북에서 이미 지금의 길림성
농안, 이수, 요녕성 창도 일대에 이르렀고 서남쪽은 요하 동쪽 기슭[38]에
이르렀다는 것이다. 고고학적 관점에서 우리는 지상 조사와 초기 고고학
조사에서 얻은 자료를 수집하고 실물자료를 이용해 길림성 경내의 분포

---

38) 유효동·학경운, 2017, 『발해국역사문화연구』, 흑룡강인민출판사 ; 정영진·이동
  휘·윤현철, 2011, 『발해사론』, 길림문사출판사.

최서단이 확실히 사평 지역의 이수현 관할구역에 들어갔음을 증명했다.

고고학 조사를 통한 발해유물 식별 방법에 대해 어느 정도 경험과 이해가 있게 되었다. 이번 조사를 두만강 유역의 발해유적에서 시작한 이유는 두 가지가 있다. 첫째, 이 지역은 발해의 핵심 지역 중 하나로 유적 분포가 밀집되고 유형이 많으며 전형적이다. 둘째, 이 지역은 과거 발해유적에 대한 조사와 발굴이 많이 이루어져 기초 자료가 보다 포괄적이고 명확하다. 이미 발굴된 유적의 유물을 척도로 삼아 발굴하지 못한 유적 지표에서 채집한 동종류 유물의 유형과 연대를 판단하고 깨진 도기의 구연부, 벽돌과 기와조각을 통해 비교적 정확하게 그 유적지가 발해시기인지, 대개 어떤 성질의 유적인지를 판단할 수 있다. 발해유적 수가 적고 문화상이 불투명한 일부 지역의 경우 전형적인 유물과 비교하거나 지역적 차이 및 외국 문화적 요인의 영향으로 인한 변화를 충분히 고려해야 한다. 고고 발굴 자료를 증거로 삼지 않은 상황에서는 배제법으로 이미 알려진 기타 기간 고고학 문화 유물을 분리하면 대상을 확정하여 비교하고 식별하는데 도움이 된다.

발해의 물질 문화 유물 분포는 지역별로 차이를 보인다. 특징의 변화가 가장 뚜렷한 것은 도기다. 전형적인 기물인 말갈관을 예로 들면 송화강 유역은 출토된 말갈관 수량이 가장 많은 지역으로서 이곳의 말갈관은 보편적으로 구연부 하단과 어깨에 누르고 잘라서 만든 톱날무늬 진흙오리를 덧붙인 것이 많다. 우리는 이 지역 조사에서 역시 이러한 기물의 구연부를 자주 수집했으며 동부의 두만강 유역에서는 목단강 상류 지역을 포함하여 이런 띠모양의 무늬가 붙어있는 말갈관은 거의 보지 못했고 그 대신 구연부가 두꺼운 무늬장식이 없는 동류의 기물로 대체했다. 이런 돌대 장식은 초기 거란의 고복 통형의 관에서도 발견되었고 그 후에 요나라와 금나라 시대의 옹, 항아리류의 진흙 회색 도기에서도 사용되었다. 이는 이러한 문화요소가 동쪽으로 발해에 이르지 못하고 서쪽으로 거란 문화에 영향을 미쳤음을 설명하는 것이 아닐까? 즉 이런 지역적 차이는 더욱 유물의 연대에 존재하는 일찍이거나, 늦은 시간적 관계의 반영일 수도 있다. 또 압록강 유역 및 송화강 상류 지역의 발해 유적지에서 채집한 물결무늬, 오목끈무늬, 드리운 휘장무늬가 있는 도기 조각을 다른 지역에서는 드물게 발견했는데 고구려 문화요소를 전승하여 형성된 지방적 특징으로 보인다. 전형적인 고구려 문화의 특징을 지닌 줄무늬와 격자무늬 평기와를 또한 길림성 동남부지역 여러 유역에서도 많이 볼 수 있으며 송화강 중하류지역과 동요하 유역에서는 보기 드물거나 보이지 않는다.

필자 소개

이인재   한국, 연세대학교 역사문화학과 명예교수
이준성   한국, 경북대학교 사학과 조교수
鄭京日   中國, 長春師範大學 高句麗渤海研究院 敎授
包雨鑫   中國, 延邊大學 博士過程修了
植田喜兵成智 日本, 早稻田大學 講師
권순홍   한국, 한국항공대학교 인문자연학부 조교수
김성현   한국, 서울대학교 역사교육과 조교수
이종록   한국, 고려대학교 한국사연구소 연구교수
김효진   한국, 충청북도역사문화연구원 연구원
이규호   한국, 동북아역사재단 연구위원
나유정   한국, 한국외국어대학교 역사문화연구소 연구교수
張　芳   中國, 黑龍江省社會科學院 歷史研究所 副研究員
전상우   한국, 단국대학교 사학과 강사
馮立君   中國, 陝西師范大學 歷史文化學院 敎授
辛時代   中國, 渤海大學 副敎授
王天姿   中國, 河北民族師範學院 馬克思主義學院 副敎授
김영길   한국, 한국전통문화대학교 문화유산융합학과 박사수료
梁會麗   中國, 黑龍江大學 渤海研究院 敎授

고구려 · 발해 연구의 최전선

이 준 성 엮음

초판 1쇄 발행   2026년 4월 30일

펴낸이   오일주
펴낸곳   도서출판 혜안

등록번호   제22-471호
등록일자   1993년 7월 30일

주 소   ㉾04052 서울시 마포구 와우산로35길3 (서교동) 102호
전 화   3141-3711~2
팩 스   3141-3710
이메일   hyeanpub@daum.net

ISBN   978-89-8494-768-9   93910

값   40,000원